北京通州年鉴

BEIJING TONGZHOU NIANJIAN

2010

北京市通州区党史区志办公室 编

方志出版社

图书在版编目（CIP）数据

北京通州年鉴. 2010 / 北京市通州区党史区志办公室编. —北京：方志出版社，2010.9
ISBN 978-7-80238-845-1

I. ①北… II. ①北… III. ①通州区—2010—年鉴 IV. ①Z521.3

中国版本图书馆CIP数据核字（2010）第170809号

北京通州年鉴（2010）

编　　者：北京市通州区党史区志办公室
责任编辑：陈　颖

出 版 者：方 志 出 版 社
（北京市建国门内大街5号中国社会科学院科研大楼12层）
邮编　100732
网址　http://www.fzph.org

发　　行：方志出版社发行部
（010）85195814　85196281

经　　销：新华书店总店北京发行所
法律顾问：北京市大禹律师事务所
印　　刷：北京通州丽源印刷厂

开　　本：889×1194　　1/16
印　　张：30
字　　数：787千
版　　次：2010年09月第1版　　2010年09月第1次印刷
印　　数：0001—2000册

ISBN 978-7-80238-845-1/K·487　　定价：150.00元

通州区地方志编纂委员会

顾　　问	王云峰
主　　任	岳　鹏
副 主 任	李玉君　于世疆（常务）
委　　员	尚祖国　王岩石　崔松光　杜德久　宋京璋 季志会　董维毅　李柏松　陈国庆　王士杰 王振良　刘汝林　王杰群　王立生　张春良 高德澍　田晓江　陈宏毅

史志办公室

主　　任	陈宏毅
副 主 任	翟荣华　禹万新
工作人员	邢松臣　郭宝祥　梁春水　艾玉勃　张亚昆 刘晓林　肖姗姗　孙连庆　崔洪生　赵龙刚 杨世乾　张永奇　王　英

《北京通州年鉴》编辑部

主　　编	陈宏毅
副 主 编	禹万新　梁春水(执行)
责任编辑	梁春水　张亚昆

编 辑 说 明

一、《北京通州年鉴》是一部大型的综合性资料工具书和史料文献。在通州区委、区政府的领导下，由区地方志编纂委员会主持编纂，区史志办公室具体承办。

二、本年鉴以马列主义、毛泽东思想、邓小平理论、“三个代表”重要思想为指导，贯彻落实科学发展观，以经济建设为中心，坚持四项基本原则，科学地反映客观情况。

三、本年鉴采用文章和条目两种体裁，以条目为主体，用规范的语体文、记述体直陈其事，文字力求言简意赅。

四、本年鉴从1999年开始逐年编辑。当年出版的年鉴全面汇集上一年度通州区政治、经济、文化、社会发展等诸方面的重大事件和新的情况，为各级领导决策提供参考依据，为各行各业提供有价值的信息资料，为各方面人士了解通州提供全面情况和最新信息。本年鉴反映2009年1月1日至12月31日期间情况(部分内容依据实际情况时限略有前后延伸)，文中一般直书月、日，不再写年份。本年鉴农用面积采用亩为计量单位。

五、本卷年鉴文字内容，设有综述、特载、专文、大事记、党派、政权•政治协商、群众团体、政法•武装、经济管理、财税•金融•审计、农业、工业、商贸•旅游、交通•邮电、城乡建设、科教文卫体、社会生活、街道、乡镇、人物、统计表、附录共22个类目，100个分目，85个子目，1877个条目。

六、本卷年鉴收有通州区党、政、军，区各民主党派、群众团体、区各街道、乡镇和各局(公司)、事业单位负责人名录，所列负责人均以2009年内任职为限，其中有任免情况的分别予以注明。收录2009年内获得市以上各类先进人物、先进单位名单。

七、选入年鉴的文章和条目，均由各单位确定专人撰写，经单位主要领导审阅。统计资料由统计局提供。照片由各单位提供。

八、本年鉴的编辑工作得到各撰稿单位及各方面的大力支持，在此深表谢意。由于水平有限，对本书的疏漏之处与不足，恳请各界批评指正，以利于今后改进。

▶ 2009年12月29日，中共北京市通州区第四届委员会第九次全体（扩大）会议召开

◀ 2010年1月12日，北京市通州区第四届人民代表大会第五次会议召开

▶ 2010年1月11日，政协北京市通州区第四届委员会第四次会议召开

通州区第一批深入学习实践科学发展观活动总结大会

通州区国庆60周年庆祝活动表彰会

中共通州区委党校建校50周年庆祝大会

通州区旅游产业发展大会

通州区政府机构改革启动大会

区委书记王云峰与日本伊那市市长为樱花友谊园揭幕

苏宁电器北京物流基地奠基仪式

京杭大运河特种邮票首发式

益民书屋图书发放仪式

◀ 北京欢乐之都青少年社会职业体验馆建成对外开放

北京史家小学通州分校剪彩仪式

北京史家小学通州分校

◀ 新建成的通州区台湖卫生院

▶ 新修建的运河新堤路

▶ 九德路建成通车

◀ 通州新城万亩滨河森林公园建设启动仪式

通州滨河森林公园

上海卷烟集团北京卷烟厂

北京通州运河艺术节开幕式演出

“我家住在运河旁”公共文化服务赛事活动优秀节目汇演

通州区“我家住在运河旁”公共文化服务赛事活动舞蹈决赛

国庆60周年通州区游园文化系列活动花会表演区

通州区组织高校师生和社区群众参加天安门广场国庆群众游行“和谐家园”方阵的游行活动

▶ 阅兵村邮局职工热情为官兵服务

▶ 区领导慰问阅兵村官兵

北京市级非物质文化遗产项目 ——通州运河龙灯会

通州区非物质文化遗产项目 ——里二泗高跷会

全国千村健身气功交流展示北京会场

◀ 运河艺术冰灯展

目　　录

共青团通州区委员会

通州区妇女联合会

通州区工商业联合会

商 贸·旅 游

商　业

对外及港澳台经济贸易

旅　游

交通·邮电

公　路

运　输

邮　政

电　信

城 乡 建 设

环境卫生

水务管理

供　水

节　水

供　电

燃　气

环境保护

社会组织活动

街　　道

中仓街道

新华街道

北苑街道

玉桥街道

乡　镇

永顺镇

梨园镇

宋庄镇

张家湾镇

漷县镇

马驹桥镇

西集镇

潞城镇

台湖镇

永乐店镇

于家务回族乡

人　　物

统 计 表

附　　录

综　　述

地情概况

通州区位于北京市东南部，京杭大运河北端。区域地理坐标北纬39º36′～40º02′,东经116º32′～116º56′。东西宽36.5公里，南北长48公里，面积912.34平方公里。西邻朝阳区、大兴区，北与顺义区接壤，东隔潮白河与河北省三河市、大厂回族自治县、香河县相连，南和天津市武清区、河北省廊坊市安次区交界。全区地处永定河、潮白河洪冲积平原，地势平坦，平均海拔高程20米。分布13条河流，总长245.3公里，主要河流有北运河、潮白河、凉水河、凤港减河。气候属暖温带大陆性半湿润季风气候区，年日照2498.8小时，年平均气温13.7℃，降水544.7毫米。

通州区历史悠久，早在新石器时期，境域内即有人类活动。西汉初(公元前195年)始建路县，后先后改称通路亭、潞县、通州、通县。1948年12月通县解放，分置通县、通州市。1958年3月县市由河北省划归北京市后，合并为北京市通州区。1960年复称通县。1997年4月国务院批准撤销通县设立通州区，9月通州区正式成立。通州区辖10个镇、1个乡、4个街道。2009年末，户籍人口65.5万人，其中非农业人口31.9万人、农业人口33.6万人。全年人口出生率9.45‰，人口自然增长率2.05‰。

2009年国民经济和社会发展

2009年，地区生产总值278.9亿元，比上年增长23.5%。其中一二三产业增加值分别为14.1亿元、118亿元和146.77亿元，同比分别增长2.9%、9.5%和40.7%。三次产业构成为5.06：42.32：52.62。税收总额83.6亿元，增长12.1%；地方财政收入66.1亿元，增长88.5%。全社会固定资产投资310.2亿元，增长97.4%。社会消费品零售额实现162亿元，增长10%；城镇居民人均可支配收入达到22454.9元，农民人均纯收入达到11361元，分别比上年增长8.4%和11.2%。城乡居民储蓄余额457.3亿元，增长25.1%。

农　业

农业生产稳步发展，实现农林牧渔业总产值38.5亿元，比上年增长1.3%。其中种植业、林业、牧业、渔业和农林牧渔业服务业产值分别为22.2亿元、0.987亿元、12.4亿元、2.2亿元和0.7亿元。全年粮食总产量23.4万吨，蔬菜产量68.57万吨，比上年分别增长2%和3.2%。

推动特色农业发展，形成蔬菜、果品、养殖、籽种四大主导产业。全区蔬菜种植面积15万亩，果树种植面积9万亩，观赏鱼养殖水面7000亩。果品产量达到6.5万公斤，年销售额实现2.1亿元；花卉产业年销售额实现8800万元；以林菌、林桑栽培为主的林下经济总面积达1733公顷，年产值实现8000万元，食用菌产业发展迅速，年产各类食用菌6500吨。

发展设施农业，新增设施农业1万亩。建设以漷大路、张凤路、运河左堤路为重点的都市型现代农业生态走廊。加快休闲观光农业发展，建成食用菌主题公园、金果冠采摘园等一批农业主题公园，其中11处被评为市级农业观光示范园。

年内出栏生猪33.19万头，下降4%；羊10.54万只，下降 3.1%；肉牛1.23万头，下降3.8%；肉鸭502.7万只，增长17.8%。产鲜奶8.05万吨，下降7.2%；鲜蛋7106吨，下降4.4%；水产品9580吨，下降0.2%。

年内实施通州新城滨河森林公园、平原治沙、第二道绿化隔离地区建设等市、区和乡镇级重点绿化工程33项，绿化面积2015.3公顷，栽植各类苗木593.3万株。13.6万人次参加义务植树活动，植树64万株。

工　业

全部法人单位工业总产值实现456.4亿元，同比下降1.6%。其中规模以上工业总产值426.4亿元，增长1.9%。大项目带动作用突出，第三产业比重进一步提高，北京卷烟厂、烟草总公司北京公司、李宁体育用品公司、苏宁电器、国美电器等8家企业完成税收占全区税收总额的22%。大项目引进建设成效显著。北京卷烟厂、天宇朗通、捷宸阳光、吉林森工、泰禾酒店等一批项目竣工；引进北京汽车动力总成项目、北京经开投资开发股份有限公司、深圳华强电子商务项目、中国动向(集团)有限公司、交通银行北京分行数据中心、利星行（北京）奔驰产品支持中心等知名企业。

产业园区快速发展。园区全年实现总收入403亿元，同比增长18%；利润总额18.6亿元，同比增长17.9%；税收21.2亿元，同比增长30.1%，占全区税收总额25.3%。光机电基地税收突破9亿元，金桥基地、物流基地税收增幅分别达到54%、34%。产业项目建设进展顺利，园区63个建设项目，总投资达169亿元；竣工项目10个，总投资10.1亿元。

建筑业完成总产值225.5亿元，比上年增长43.2%。实现增加值32.8亿元，比上年增长25.9%。全区有资质的建筑业企业234家，比上年减少1家。其中施工总承包企业78家、专业承包企业151家、劳务分包企业5家。房屋建筑开复工面积1558.6万平方米，竣工面积245.5万平方米，比上年分别增长40.1%和32.8%。

商业　对外经贸

全年实现社会消费品零售额161.8亿元，比上年增长10%。各类市场成交额实现45.9亿元，增长9.5%。吃、穿、用、烧类零售额分别达到36.8亿元、14.9亿元、103.7亿元、6.5亿元。住房消费增长较快，普通商品房销售额实现128亿元，增长197.5%。全面落实促进消费的各项政策措施。做好“家电、汽车、摩托车下乡”和“家电、汽车以旧换新”等专项工作，全区设立“家电下乡”销售网点84个，家电“以旧换新”销售点24个，覆盖全区各乡镇。

年内引进北京华联、中国照相馆等商业企业，新建农村连锁超市157家，举办外贸大集等促销活动，活跃城乡消费市场。召开旅游产业发展大会，举办旅游项目推介会和草莓音乐节等系列活动，积极参与“北京拍卖季”艺术品交易活动，促进旅游、文化等新兴消费增长。旅游业全年接待旅游者271万人次，实现旅游收入5.3亿元，比上年增长15%。农业观光园32处，全年接待游客52.5万人次，观光园总收入实现8920万元。

全年新批三资企业31家，其中外商独资企业22家、中外合资企业9家。全年投资总额3.2亿美元，增长3.2%；实际利用外资8088万美元，下降41.2%；实现出口创汇总额9.4亿美元，下降9.6%；进出口贸易总额达到16亿美元，下降14.9%。

城乡建设

基础设施和公用设施体系不断完善。加

快道路基础设施建设，改善商务园重点功能区的道路交通状况，完成朝阳北路东延一期、邓家窑大桥、滨榆东路、温榆河西路和潞苑东路北段5项工程；有效缓解新城重点区域的交通压力，完成京榆旧路三期、觅西路、九德路一期、北运河新堤路、王辛庄平改立等工程建设。潞苑北大街、潞苑北大街跨温榆河大桥、徐尹路3项工程进展顺利。配合市有关部门，加快亦庄线征地拆迁工作，完成机场二通道、机场南线、京津二通道和京津城际铁路建设扫尾工作。玉带河东街东延、朝阳北路东延二期等工程开工建设。通州新城与中心城、首都机场、天津滨海新区的联络更加通畅。

加快环卫设施和新城供热体系建设，梨园垃圾中转站等工程投入使用，城西5号燃煤锅炉房试运行，替代供热面积106万平方米，三河热电联供一期工程建设顺利。新铺设天然气管线14公里，完成天然气入户8000户。优化公共交通环境，机场巴士专线、快速公交2号线武夷花园支线开通。

旧城旧村改造全面展开。年内，首次成规模地启动旧城拆迁改造，完成旧城改造拆迁项目7个，拆迁总面积54万平方米，动迁总户数8628户，腾退建设用地1078亩。落实北京市棚户区改造政策，完善拆迁安置补偿办法，上营片区拆迁工作基本完成，推进北苑商务区、新城南街、帅府园、水月院等地区拆迁工作。启动新城范围内、开发区周边、亦庄线“两站一街”等区域34个村的旧村改造，“两站一街”80万平方米村民回迁楼开工建设，14个村征地补偿协议完成签约。将保障性住房建设与拆迁安置相结合，廉租房、限价商品住房、经济适用住房、公租房等政策性住房开复工面积达到325万平方米，3025户居民完成选房。

加快推进农村“五项基础设施”建设，2009年确立新农村基础设施建设整体推进村184个。年内全区村庄街坊路硬化总面积458万平方米，农村街坊路主路两侧绿化面积135万平方米，改造农村户厕4.6万座，建设农村公厕426座，完成19个村309公里农村饮用水老化管网改造和皇木厂村污水处理设施，完成6个乡镇农村垃圾分类项目。“三起来”工程实施推广绿色照明，更换节能灯泡154万盏，完成528户农宅节能保温改造，安装节能吊炕2000铺，建成太阳能公共浴室50个。12项全覆盖工程扎实推进，信息服务站、便民连锁超市等9项工程覆盖率达到100%

科技 教育 文化 卫生 体育

全区高新技术企业77家，年内新增加54家。实现总收入67亿元，比上年增长14.5%。上缴税金4.35亿元，出口创汇1.77亿美元；组织实施科技计划项目44项，其中通州区观赏鱼良种繁育体系建设项目被列为北京市科委重大科技项目，通州蔬菜新品种繁育技术研究及展示基地建设项目、李宁运动科学研究总部创新能力提升建设项目被列为北京市科委2009—2010年绿色通道项目。登记技术合同184项。全年专利申请数1207件，同比增长45.9%。科技直通车参与活动30次。利用全区146个农村远程教育工作站开展农业实用技术、医疗卫生等培训500期，培训人数达到2.2万人次。

全区有幼儿园77所、小学89所、中学46所、特殊教育学校1所。小学、初中入学率100%，特殊教育普及率98.3%，高中阶段入学率95%以上，高考上线率83%，5452名高三毕业生被高等院校录取。进一步优化教师队伍结构，44名区属优秀教师到农村支教。继续加强教育设施建设，史家小学通州分校、玉桥中学专业教学楼投入使用，完成6万平方米校舍加固和改扩建工程。历时3年的初中建设工程全面完成，通过市教委验收合格，初中学校整体办学质量和水平明显提高。继续调整教育布局，撤并农村小学2所。

加快公共文化设施建设，通州区社区文化服务中心升级改造工程基本完成，建筑面积5380平方米。投入资金4320万元，新建农村数字影厅216个，累计验收合格的固定影厅达498个。文化活动更加丰富，举办新中国60华诞系列文化庆祝活动，组织北京通州运河艺术节、通州区第十九届农民艺术节。通州图书馆总藏书30万册，年接待读者17万人次，书刊外借近16万册次。通州博物馆先后举办15个展览，参展作品近2500件，吸引观众近6万人次。韩美林艺术馆接待游客近5万人次，举办多项高层次文化活动。2009年，区文化遗产保护工作成绩显著，通州区被文化部、国家文物局授予“全国文物先进县”称号。

全区卫生机构243个，实有床位2527张，卫生技术人员5379人。加强医疗卫生设施建设，张家湾卫生院、台湖卫生院和次渠卫生院建设工程完工。完善社区卫生服务网络，121个社区卫生服务站投入使用。稳步推进新型农村合作医疗制度，一级以上医院率先实现新型农村合作医疗“出院即报”。2009年，全区参加新型农村合作医疗人员32.9万人（包括低保人员7133人），参合率96.4%。迅速启动突发公共卫生事件应急机制，全面防控甲型H1N1流感，年内完成疫苗接种12万人。

全年体育活动经费投入1366万元。其中群众体育经费120万元、竞技50万元、体育场馆1115万元、体育器材81万元。组织全区性各类竞赛14次，举办通州区全民运动会，组织门球、乒乓球等比赛。举办镇（局）级各类竞赛210次。参加市级各类竞赛获得奖牌34枚，其中金牌11枚、银牌9枚、铜牌14枚。开展全民科学健身大课堂活动。

劳动和社会保障

劳动就业、社会保障工作取得新成效。全面落实就业政策，培训城乡劳动力2万人，城镇登记失业人员实现就业12023人，城镇登记失业率为1.92%；农村富余劳动力向二三产业转移就业9173人次。五项社会保险覆盖面不断扩大，社会保险基金收缴额达到11.3亿元。全面实施城乡居民养老保险制度，年末参加城乡居民养老保险19.5万人，覆盖率达到93%，比上年增加2个百分点；参加基本养老、基本医疗、失业保险人数分别为18.7万人、25.5万人和15.9万人，比上年末净增2.3万人、1.6万人和2万人。社会保障系统不断完善，新型农村合作医疗参合人数达32.9万人。加强养老服务设施建设，新增养老床位1220张，在中仓街道试点建立养老助残服务中心。区儿童福利院新楼建成投入使用。

精神文明建设

围绕国庆60周年深入开展“迎国庆 讲文明 树新风”活动和群众性精神文明创建活动。举办迎国庆“文明北京大家谈”系列活动，“迎国庆 讲文明 树新风”社会宣传环境布置活动；开展“文明之春——踏青赏花文明游”主题实践活动；举办“首都十大道德模范”周波事迹报告会，开展“通州道德模范”评选活动，在首都文明网、区电视台、《通州时讯》、八通网等市区媒体设立“通州好人榜”专版专栏，全方位、多角度宣传涌现出的模范典型。开展农村群众性精神文明创建活动成果征文活动，收集散文、诗歌等征文200余篇。圆满完成国庆阅兵服务保障和参与工作，积极做好阅兵方队和群众游行方队的服务和组织工作，获得“国庆60周年最佳服务保障奖”和“首都国庆60周年阅兵服务保障先进单位”称号。

特 载

以饱满的精神 昂扬的斗志 全力推进通州新城跨越式发展

——2009年12月29日在中共北京市通州区委四届九次全体（扩大）会议上的报告

中共通州区委书记 王云峰

今天，我们召开区委四届九次全会，会议的主要任务是，认真总结今年工作，部署明年任务，总体要求是，解放思想，抢抓机遇，以饱满的精神，昂扬的斗志，全力推进通州新城跨越式发展。

现在，我受区委常委会委托，向全会作工作报告。

一、2009年主要工作回顾

2009年是极不平凡、极具挑战的一年，是我们拼搏创新、攻坚克难、团结奋进的一年。一年来，常委会坚持总揽全局，协调各方，团结带领全区广大党员干部群众，以深入学习实践科学发展观活动和作风建设年活动为契机，以“保增长、保民生、保稳定”为主线，以落实各项规划为龙头，全力保持经济增长，推进“两新”建设，强化国庆服务保障、党的建设等工作，圆满完成了全年各项任务。

（一）积极应对挑战，经济实现平稳较快发展。常委会坚持把应对金融危机、保增长作为全年首要任务，制定出台了一系列促进经济发展的政策措施，超常规、大力度、快节奏地保增长、促发展。主要经济指标完成情况好于预期。预计全年地区生产总值实现234亿元，同比增长10%；税收总额实现83.5亿元，同比增长12%；地方财政一般预算收入实现26亿元，同比增长21.2%；城镇居民人均可支配收入和农民人均纯收入为22572元和11234元，同比增长9%和10%。投资力度创新高。全社会固定资产投资额实现321亿元，同比增长104.3%，创历年之最。土地一级开发力度不断增强，供应速度明显加快，土地入市交易量在全市各区县中排名第二。产业项目引进建设取得重大突破。一批高端、高效、高辐射的二三产业融合的大项目相继入驻、建设、投产，为全区经济发展注入了新的活力，产业项目呈现出梯次推进、滚动发展的良好态势。园区和功能区带动作用明显增强。园区税收占全区税收总额的25%，经济主战场作用进一步显现，核心竞争力明显增强。发展环境不断优化。制定了促进产业发展暂行办法，安排了产业发展专项资金，建立了重大项目联席会议制度、项目审批绿色通道制度，帮扶企业力度不断加大，发展环境明显改善。

（二）精心组织协调，国庆系列活动优质圆满。常委会坚持把筹办和服务国庆庆祝活动作为重点大事，精心组织，统筹推进，高标准、高效率、高质量完成了各项任务。安全保卫和服务保障工作严密到位。围绕“平安国庆”，加大专项整治力度，严密组织超常规大防控，实现了“四个坚决防止”的目标，确保了各项庆祝活动的安全。圆满完成国庆阅兵训练、晚会演练及群众游行方阵训练的服务保障工作，荣获国庆最佳服务保障奖。群众庆祝活动丰富多彩。“和谐家园”游行方阵和群众游园活动彰显了通州风采，获得了市级嘉奖。“爱祖国、爱北京、爱家乡”等群众性爱国主义教育活动特色鲜明，运河艺术节异彩纷呈，科技发展成就展成功举办。国庆志愿服务工作蓬勃开展。环境建设和整治重点突出。京塘路等庆典路线及重要节点的整治效果明显，为国庆活动营造了整洁、靓丽的环境。

（三）统筹城乡一体化建设，城乡面貌明显改观。常委会坚持统筹安排，不断加大城乡建设力度，积极推动城乡一体化进程。新城规划体系进一步完善。在全市率先编制完成并开始组织实施新城近期建设行动方案。重新审视新城发展定位，着手实施运河核心区规划编制调整工作。《通州新城城市可识别系统规划》等城市特色规划正在加紧编制。重点工程进展顺利。温榆河西路、邓家窑大桥等一批道路、桥梁建成通车，新城道路交通进一步畅通。朝阳北路东延二期等重点道路工程全面启动，三河热电联产项目等一批市政工程加快推进。重要节点和功能区开发取得实质性进展。上营棚户区拆迁工作基本完成，工作推进居全市棚户区拆迁试点前列。北苑商务区、“两站一街”项目进展顺利，运河核心区、商务园、宋庄文化创意产业集聚区开发建设取得新进展。新农村建设步伐加快。大力发展都市型现代农业，新增设施农业1万亩，建成一批独具特色的农业主题公园，农业产业结构进一步优化。新农村“五项基础设施”建设和“三起来”工程进展顺利，新农村整体推进村街坊路建设工程基本完成，工程进度位居全市郊区县前列。以普惠制为基础的“十二项全覆盖”工程实现了9项全覆盖。台湖等小城镇建设取得新进展。农村集体经济产权制度改革不断深化，“撤村建居资产处置”试点工作顺利完成。成立了北京市首家农村土地流转管理服务中心，土地流转速度进一步加快。生态建设不断加强。在全市率先启动并推进了万亩滨河森林公园建设。京津城际铁路等奥运绿色通道绿化工程景观初具规模。新城内景观街道、城市公园等建设取得新成效。国家生态示范区、市卫生区创建工作通过考核验收。环境优美乡镇和生态村创建工作取得新成效。

（四）着力改善民生，社会保持和谐稳定。常委会坚持把解决民生问题作为推动社会建设的重要着力点，着力保障和改善民生，健全社会管理体制，推进和谐社会建设。民生工作取得新成效。惠民政策全面落实，各项社会保障制度覆盖面稳步扩大，城乡低保标准和社会救助水平进一步提高。城乡就业形势基本稳定。公共卫生体系建设逐步完善，医疗卫生重点工程建设全面加快，在全市率先实现了新型农村合作医疗住院费在全区所有一级以上医院“出院即报”。社区卫生服务工作明显加强。教育基础设施建设进一步加快，教育教学环境进一步改善。为民办实事力度加大，保障性住房和廉租房建设进展顺利，建设征地农转工历史遗留问题得到妥善解决。社会建设迈出新步伐。成立了区社会工委，健全完善了相关工作机制，社会组织和社会工作队伍建设进一步加强。社区居委会换届选举顺利完成。楼门文化建设不断加强，“魅力社区”、“和谐社区”建设取得新成绩。文化事业发展加快，率先在全市实现农村“益民书屋”全覆盖，群众性文化活动和“迎国庆、讲文明、树新风”为主线的精神文明创建活动蓬勃开展。社会更加安全稳定。积极开展“信访积案化解年”活动，信访总量大幅下降，一批信访疑难案件得到妥善解决。积极开展社会治安综合治理，加强社会治安防控体系建设，提高治安科技防范能力，依法严厉打击各种违法犯罪活动，刑事案件发案率明显下降。安全生产形势保持稳定。甲型H1N1流感疫情得到有效防控。安定团结的政治局面进一步巩固。区人大紧紧围绕区委的中心工作，以促进“三保”为目标，认真履行宪法和法律赋予的职责，圆满完成了各项工作任务。区政协坚持把推动科学发展作为履行职责的第一要务，积极建言献策，为推动通州发展做出了积极贡献。政府机构改革进展顺利，部门撤并、调整和组建以及“三定”工作稳妥推进。统战、对台、侨务工作力度加大。工、青、妇等群团组织充分发挥各自优势，在组织国庆庆祝活动中发挥了重要作用。民兵预备役和双拥共建工作取得新成绩，为国庆庆祝活动圆满成功做出了积极贡献。

（五）强化党建工作，执政水平明显提升。常委会以深入学习实践科学发展观活动和作风建设年活动为契机，加强执政能力和先进性建设，为完成“三保”工作目标提供了强有力的保障。学习型政党建设不断推进。认真抓好各级党委中心组学习，坚持用中国特色社会主义理论体系武装党员干部头脑，深入开展学习十七届四中全会精神主题教育活动，党员干部的理想信念更加坚定。学习实践活动成效显著。圆满完成全区第一批学习实践活动各项任务，确定了推动科学发展的七大工程和45项整改措施，构建了推动科学发展的五大制度体系，学习实践活动取得扎实成效。全区第二批学习实践活动正在有序推进。作风建设年活动顺利进行，各级领导干部领导作风、工作作风、生活作风得到进一步转变。基层党组织建设进一步加强。深化“三级联创”活动，推广“双述双评”经验，进一步夯实了党在农村基层的执政基础。机关党建、社区党建、非公企业党建等工作取得了新进展，党组织的覆盖面和影响力进一步扩大。廉政建设进一步加强。积极开展对重点工程的廉政监督，确保了基本建设工程廉洁、高效实施。深入开展“加强党性修养、弘扬良好作风、实践科学发展、推进新城建设”主题教育活动，党员领导干部廉洁从政意识不断增强。在全市率先开展了廉政风险防范管理“向上”延伸工作，廉政风险防范管理工作扎实推进。充分发挥反腐倡廉组织协调五项机制作用，党风廉政建设各项任务得到落实。农村基层党风廉政建设取得新成效。

（六）规范选拔任用，干部队伍建设全面加强。认真贯彻执行《干部任用条例》及相关配套制度。坚持把干部选拔任用制度纳入各级领导班子中心组学习内容，在通州党建网、《通州组工通讯》开辟宣传专栏，政策宣传力度进一步加大；严把民主推荐、组织考察和讨论决定关，工作程序进一步规范；建立受理用人举报情况报告制度，抓好预防拉票行为专项行动，监督力度进一步加强。全年共进行6次干部调整，任免干部211人。新提拔任用的27名处级干部全部为大学本科以上学历，其中研究生学历4人，占提拔干部总数的14.8%；女干部5人，占18.5%；非中共党员干部3人，占11.1%。加大干部队伍培训力度，先后举办各类干部培训班28期，培训干部2072人。全区干部队伍的年龄结构、知识结构进一步优化，领导科学发展、促进社会和谐的能力进一步增强。

同志们，回顾2009年，面对错综复杂的形势，我们付出了艰苦的努力，完成了繁重的任务，向全区人民交上了一份合格的答卷。成绩的取得，是市委、市政府亲切关怀、正确领导的结果，是区四套班子团结协作、共同努力的结果，是全区各级党组织和广大党员群众凝心聚力、共同奋斗的结果。在此，我代表区委常委会，向在座的各位同志，向全区各级党组织和广大党员群众，表示衷心的感谢！

在肯定成绩的同时，我们也要清醒地看到发展中存在的主要问题和不足。领导干部思想解放程度与形势发展的要求还存在差距，作风还不够扎实。经济实力仍不够强，结构仍需进一步优化，发展后劲仍需进一步加强。重点区域、重要节点开发建设进程仍需进一步加快，城市功能还需进一步完善。城乡之间、乡镇之间发展还不平衡，城乡一体化任务依然艰巨。机关工作效率和服务水平有待进一步提高，发展环境还有待进一步优化。个别干部仍存在着精神状态不佳等问题。党风廉政建设仍需进一步加强。所有这些，我们都必须高度重视，采取有效措施，认真加以解决。

二、认清形势，明确要求

明年是全面完成“十一五”规划任务的最后一年，是按照建设“人文北京、科技北京、绿色北京”要求集中精力加快通州发展的重要一年。通州发展既面临着难得的机遇，又面临着严峻的挑战。

我们面临的难得机遇：

一是加快新城建设的机遇前所未有。国内外新城建设为我们提供了丰富、可借鉴的经验。市委提出要积极推动世界城市建设，根据新形势下首都发展的需求，集中力量，聚焦通州，借助国际国内资源，尽快形成与首都发展需求相适应的现代化国际新城。时至今日，通州新城基本框架初步形成，土地一级开发、融资等方面取得突破性进展，全区广大干部群众加快新城建设的愿望更加迫切。实践中，我们积累了新城建设的经验。这些都为形成合力，在更高层次上加快推进新城建设提供了难得的机遇。

二是加快产业发展的机遇前所未有。国家将继续实施积极的财政政策和适度宽松的货币政策，落实和丰富完善应对国际金融危机的一揽子计划。在应对金融危机过程中，北京为新一轮大发展做了大量准备，提出要充分发挥投资、消费的拉动作用，切实抓好一批重点产业、企业和项目，加大领导力度，破解发展难题。我区产业定位符合首都发展方向，在区位、交通、发展空间等方面具有比较优势。这些都为我区加快转变经济发展方式、推进产业结构优化升级提供了难得的机遇。

三是加快城乡一体化的机遇前所未有。党中央对“三农”工作的力度逐年加大。市委对“三农”工作提出了新要求，将继续加大“三农”投入，积极推动农村改革与发展，加快农村城镇化进程，下气力进一步解决城乡结合部存在的问题。我区制定了加快城乡一体化的实施意见，明确了工作思路、目标和具体措施，在城乡产业、生态环境、基础设施、公共服务等一体化方面取得了初步成效。这些都为进一步加快城乡一体化进程提供了难得的机遇。

我们面临的严峻挑战：

一是大发展带来的大挑战。受国际金融危机影响，保持发展的难度增大。但首都已孕育着新一轮更大的发展。奥运会后，围绕建设“人文北京、科技北京、绿色北京”的战略目标，兄弟区县都在抢抓机遇促发展，迅猛态势前所未有。形势逼人，发展得不好、不快，不仅会丧失难得机遇，也难以保持现有地位。新城是北京的新城。目前新城发展的基础、速度和水平，与市委、市政府的新要求比，与周边先进区县比，与新城功能定位比，与广大人民群众的期盼比，仍存在不小差距。如何在发展难度增大、标准提高的形势下，赢得发展的主动权，力争通州各方面工作走在全市前列，这既是市委、市政府的要求，也是对我们各级领导干部执政能力的极大考验。

二是大竞争带来的大挑战。大发展必然带来大竞争。当前，为在发展中脱颖而出，各地都在奋勇拼搏，争政策、争项目、争人才，以在新一轮大竞争中抢占先机。特别是北京三个重点新城，多层面的竞争激烈程度前所未有。如何在发展竞争加剧、标准不降的形势下，抢占制高点，使最优的政策、最多的资金、最佳的项目，以及发展急需的各类人才向我区汇聚，增强通州发展活力，是我们急需破解的重要难题。

三是大维稳带来的大挑战。金融危机影响下就业形势严峻等民生问题，大发展中遇到的拆迁占地、转非安置，以及农村“两委”换届选举等方面，直接涉及百姓利益，处理不好，极易引发矛盾纠纷。随着奥运、国庆两个大活动的超常措施转为常规措施，一些不稳定因素将会凸现出来。“对敌斗争复杂、人民内部矛盾凸显、刑事案件高发”的特点仍未改变。如何为大发展营造和谐稳定的环境，是我们面临的重要课题。

机遇与挑战并存，机遇大于挑战。在新的起点上，面对首都新一轮发展，我们必须以饱满的精神、昂扬的斗志，高起点、高标准、大气魄、大力度，全力推进通州新城跨越式发展。这是形势的要求，也是我们的光荣使命。高起点就是立足于建设世界一流水平和国际化、现代化的北京新城，来谋划通州发展。高标准就是立足于建成新城的典范和精品，着力在新城规划、设计、经营、建设、管理等方面彰显人文、科技和绿色理念。大气魄就是立足于实现跨越式发展，放活思想、放开手脚、放大胆量，敢想、敢做、敢为。大力度就是立足于攻坚克难，形成强大发展合力，以大举措推进新城发展的大突破。跨越式发展就是立足于走在全市前列，努力实现发展的高速度、高质量。在明年工作中，我们必须做到以下五点：

一是必须大力强化发展意识。发展是第一要务。推进新城跨越式发展，首先要强化忧患意识、机遇意识、责任意识。强化忧患意识。与自身比，成绩明显，与先进地区比，差距有拉大趋势。如果我们只安于现状，就不能实现跨越式发展。必须居安思危，快马加鞭，只争朝夕，奋勇争先。强化机遇意识。要牢牢把握千载难逢的最佳机遇期。认清机遇，谋划发展；把握机遇，推进发展；赢得先手，加快发展。强化责任意识。决不能让通州发展大业耽误在我们的身上。各级领导干部、各部门都要恪尽职守，攻坚克难，为发展大局做出积极贡献。

二是必须大力解放思想。要着力排除妨碍通州科学发展的观念，解开束缚通州发展的绳索。发展视野要更开阔。站在全国、全市的大局把握区情，以大视野、大气魄谋求通州最佳、最快发展路径。发展理念要更超前。用国际一流、现代化的理念来审视、谋划、统筹推进通州经济社会发展。发展举措要更大胆。勇于打破常规，尤其是在破解发展难题上，既要坚持依法行政，更要勇于、善于实践，推动大发展。

三是必须大力改革创新。要加快调整不适应先进生产力发展要求的体制机制障碍，提升通州发展的内在活力和动力。大力营造改革创新氛围。要发扬敢为人先、勇于担当的精神，营造尊重改革者、鼓励探索者的良好氛围。大力创新科学发展新机制。要努力在土地利用、产业发展、投资融资、城市管理等重点领域，以及行政审批等关键环节的改革上实现新突破。大力破解发展难题。要综合运用法律、行政、财政等手段，破解一批影响通州发展的难题。高度重视政策机遇，用足用好政策破解发展中遇到的资金、手续办理、项目落地建设等方面的难题。

四是必须大力振奋精神。把通州发展大业，作为我们各级干部大显身手、大有作为的舞台。振奋不松懈。要以勇攀高峰、争创一流的志向鞭策自己，以时不我待的紧迫感、心忧滑坡的使命感、负重而上的责任感勉励自己，切实履行好职责。求为不求位。要把全心全意为人民服务作为最高准则，坚决破除患得患失思想，倍加珍惜从政时光，倍加珍惜干事创业舞台，干出一番事业。克难不畏难。新城大发展已到关键时刻，重担落到我们身上，畏难就不会有大作为，要坚定信心、攻坚克难，敢打、善打硬仗。

五是必须大力抓落实。通州发展不是说出来的，是干出来的。广大干部要切实把肩负发展的压力转化为推动工作的动力。精心谋划求作为。要着眼全局找定位、着眼实际找优势、着眼长远搞规划、着眼突破抓运作，进一步明确发展思路、目标和具体措施。突破重点求作为。要善于认清重点、把握重点、推进重点，带动全局。各单位要认真研究和确定明年乃至“十二五”期间发展重点和推进举措，突出针对性和可操作性。力求实效求作为。要真正把精力放在抓落实上，抓紧每一天，干好每一月，确保实现明年一季度高起步，推动全区经济社会又好又快发展。

三、2010年工作的总体思路、目标和任务

做好2010年工作，对于进一步有效应对金融危机冲击、巩固回升基础，提升通州建设发展水平至关重要。

2010年工作总体思路：全面贯彻党的十七大、十七届四中全会、中央经济工作会议和市委十届七次全会精神，深入学习实践科学发展观，按照建设“人文北京、科技北京、绿色北京”的要求，围绕建设“创意通州、活力通州、和谐通州”的目标，以新城建设和产业发展为主线，以项目建设为抓手，以优化环境为保障，以改革创新为动力，以人才队伍建设为支撑，进一步解放思想，抢抓机遇，以饱满的精神、昂扬的斗志，高起点、高标准、大气魄、大力度，为全面实现“十一五”时期经济社会发展目标，推进通州新城跨越式发展而努力奋斗。

2010年经济社会发展主要目标：在优化结构、提高效益、降低消耗和保护环境的基础上，地区生产总值增长10%，税收总额增长15%，地方财政一般预算收入增长10%，全社会固定资产投资额增长12%，社会消费品零售额增长12%。城镇居民人均可支配收入和农民人均纯收入分别增长9%和10%。

为完成以上目标，要重点做好以下七项工作。

（一）着力提升新城建设水平，进一步加快新城建设步伐

按照建设现代化国际新城的要求，加大新城开发力度，完善城市功能，努力建设更具人文关怀、更具文明风采、更具文化魅力、更为和谐宜居的新城。

高起点、超前性完善新城规划。以构建规模结构组合有序、功能定位优势互补、空间布局科学合理、人居环境良好的现代化城市体系为目标，进一步完善新城规划体系，推进规划编制全覆盖向规划有序实施转变。做好运河核心区等重点地区及城市主要地段标志性建筑物形体、色彩及城市景观的规划设计，确保规划设计的高水平。启动东方化工厂搬迁研究。强化规划刚性约束，严格规划控制，用规划指导新城建设，用城市设计引导地块开发，严格依法查处违法用地、违章建筑。

高标准、大力度推进新城建设。推进新城建设从以道路基础设施为主向基础设施与公共服务设施并重转变，在重点功能区及重要节点的开发建设上取得新进展。突出新城建设重点。以运河核心区建设为龙头，加快运河两岸及东部地区重要地块的开发建设。启动西海子周边棚户区改造，推进北大街等地块一级开发。力争早日开工建设北苑商务区。加快“两站一街”项目建设。加快功能性项目引进建设。围绕强化城市功能，提前谋划一批城市功能性项目，力争1—2个展现新城形象的大项目落地建设。运河核心区、商务园、宋庄文化创意产业集聚区等要加大高端功能性项目引进力度。提高项目建设质量和档次，力争有更多的项目和建筑成为精品和典范。继续加快道路、市政等基础设施建设，重点支持产业园区和功能区发展。加

快旧城、旧村改造步伐。调整优化房地产结构，提高商务地产比重。加强住房保障工作，加快政策性住房建设。完善新城建设体制机制。进一步理顺各部门关系，形成加快新城建设的合力。探索强化政府建设主体责任、带动更多社会资本参与城市建设的有效机制。

精细化、全覆盖实施城市管理。明确城市管理责任，完善城市管理体系，推进人性化、精细化、网格化、实时化和无缝隙管理。加大生态环境建设力度，积极倡导低碳生产生活方式。加大城乡环境整治力度，美化亮化环境。巩固国家生态示范区和市卫生区创建成果，争创国家卫生区。

（二）着力提升产业发展水平，进一步壮大经济实力

抓住新城建设契机，立足高端发展、集聚发展、错位发展，加速推动产业结构优化升级，壮大全区经济实力。

大力度推进项目引进建设。把产业大项目签约落地作为衡量招商引资成效的重要标准，把产业大项目的投产见效作为调结构、增实力的重要力量。力促优质大项目签约落地。拓宽信息渠道，提高项目跟踪能力，瞄准世界500强和国内外民营企业总部、研发中心、高端制造业，重点引进规模大、效益好、带动作用强，在整个产业链中起主导作用的大项目，着力引进发展潜力大、成长性强的项目。每个乡镇、园区都要引进2个以上重大产业项目。力促产业集群形成。加大区级层面协调力度，引导项目合理布局，推进总部项目、汽车、商贸、信息通讯、高端物流、金融、文化等产业集群的形成。鼓励发展与主导产业配套的上下游产业中的高端产业，增强高端产业的辐射力，提高产业的抗风险能力。力促项目投产见效。整合资源，破解项目引进建设各环节存在的问题，保持项目梯次推进、滚动发展的良好态势。力促现有项目效益和质量提高。认真落实重点产业调整振兴规划，加快传统产业优化升级。积极支持民营经济和中小企业发展。加快推进节能减排，大力发展低碳经济，加快建设资源节约型、环境友好型社会。

大力度推进园区发展。坚持园区带动战略，把园区作为产业结构调整和经济增长的重要空间。各园区要瞄准国内先进园区建设水平，进一步找准发展定位，做强园区品牌。统筹各园区土地一级开发，统筹园区基础设施和配套设施建设，统筹园区开发建设和招商引资，统筹项目引进建设和现有企业发展。创新开发建设模式，提高园区整体运作水平，推动园区升级。

大力度推进旅游业发展。深化运河旅游发展方向的研究和规划。积极引进重大旅游项目，促进旅游与文化、体育、农业、商业等融合发展，全力打造旅游新亮点。加大投入力度，进一步提升旅游配套水平，扩大运河水上观光游等品牌的影响力和吸引力。强化开发营销，不断推动旅游纪念品向产业化、规模化、品牌化发展。

大力度推进投融资。注重抓项目支撑，精心谋划并启动一批拉动产业发展的投资项目。继续加大争取市级资金的力度，更好地利用上级政策、资金支持我区产业发展。继续深化投融资体制改革，解决项目融资难、担保难等问题。广泛吸引社会资金，推进投资主体多元化，千方百计推进经济增长的动力由政府投资向市场驱动转变。大幅提高投资效益，使投资更好地为产业发展服务。

（三）着力提升新农村建设水平，进一步推进城乡一体化进程

全面落实《关于加快形成城乡一体化发展新格局的意见》，努力使农村成为北京新的战略发展空间，农业成为一二三产相互融合的产业，农民成为拥有集体资产的市民。

强化农村产业支撑。加大投入力度，推进农民就业基地规范化、标准化、园区化发展，实现产业园区、就业基地和村级产业聚集区互动发展。加快都市型现代农业生态走廊建设，加快发展民俗游、观光采摘游等休闲旅游业，培育壮大农业龙头企业，不断提高都市型现代农业发展水平。

积极推进农村改革。大力推进新城中心城、乡镇中心区等地区集体经济产权制度改革，适应城市化进程加快的形势。鼓励土地承包经营权流转向“符合都市型农业，促进农民增收”的方向发展。规范农民专业合作社发展，提升农民专业合作社运营水平。推进集体林权制度改革。认真搞好集体建设用地确权工作。进一步规范农村“三资”管理。强化新型农民培养，加快农民增收致富步伐。

加快城乡结合部地区发展。充分发挥政府主导作用，以保障农民利益为核心，以规划引导发展为基础，以统筹土地资源、一级开发为主要措施，整合资源，有针对性地解决城乡结合部问题。科学制定土地、产业、房屋规划。抓好市级挂账村整治。大力推进旧村改造。结合实际，选择试点村，鼓励试点村在重点领域积极探索。

加快推进小城镇建设。坚持突出特色与完善功能并举，强化小城镇产业支撑，加快推进以建制镇中心区为核心的小城镇建设，增强小城镇对人流、物流、资金流的吸引力和对村的带动能力，带动农村城镇化。

完善农村基础设施建设管理。在全市率先完成所有村庄规划编制工作。加快实施“十二项全覆盖”工程，确保覆盖率达到100%；完成“五项基础设施”建设工程，加快推进“三起来”工程，改善农村生产生活条件。坚持建管并重，健全管护制度，切实加强农村基础设施和公共服务设施管理。加大环境建设和保护力度，继续推进环境优美乡镇和生态村创建。

（四）着力提升社会建设水平，进一步推进民生改善和社会建设

以解决民生问题为重点，大办顺民心解民忧惠民生的实事好事，让广大群众共享改革发展成果。

大力改善民生。完成为民办实事工程。积极落实市、区促进就业优惠政策，大力开发就业岗位，加大职业技术培训力度，推进农村劳动力向二三产业转移，实现充分就业。着力推进社会保障体系建设，加强制度建设和政策衔接，形成全覆盖、保基本、多层次、可持续的社会保障新格局。积极落实北京市“九养政策”，加快构建城乡一体化的社会化养老服务体系。继续加大危旧房改造和保障性住房建设力度，加快解决城市低收入家庭住房问题。

全面推进社会事业发展。坚持教育优先发展战略，推动教育公平，实现各级各类教育优质、均衡、协调发展。进一步落实新城医疗卫生机构设置规划，加快推进区域综合性医疗中心建设，不断改善医疗卫生条件。科学有序做好甲型H1N1流感疫情防控工作。加大文化设施建设力度，不断完善覆盖城乡的公共文化服务体系。继续实施科教兴区战略，开展国家科技进步示范区创建工作，创建“创新型科普社区”。加强体育设施建设，广泛开展全民健身活动。

切实提升社会建设水平。进一步推进社区规范化建设试点工作和农村社区建设工作。继续深化楼门建设。积极探索“枢纽型”社会组织管理模式。充分发挥志愿者在构建和谐社会中的积极作用。不断加强社会工作人才队伍建设。进一步健全社会建设工作运行机制。

（五）着力提升精神文明和民主法制建设水平，进一步巩固安定团结的政治局面

大力加强社会主义精神文明和民主法制建设，在提高市民文明素质和巩固安定团结的政治局面上实现重大突破。

进一步推进精神文明建设。继承、巩固和发展奥运、国庆筹办期间群众性精神文明创建工作形成的好经验、好做法，探索建立群众性精神文明创建活动的长效机制。加大宣传力度，让建设现代化新城这一目标家喻户晓，形成人人关注、参与、支持新城建设的良好氛围。以做“文明有礼北京人”活动

为抓手，进一步加强社会公德、职业道德、家庭美德、个人品德建设，深入开展文明社区、文明村镇创建活动。继续开展“通州公德之星”评选活动。大力加强未成年人思想道德建设和法制教育。继续争创“全国双拥模范城”。

进一步推进民主法制建设。加强和改善党对人大、政协工作的领导，支持人大及其常委会依法履行职责，保障人大代表依法行使职权。支持政协围绕经济社会发展重大问题开展政治协商、民主监督、参政议政，进一步提高履职水平。认真贯彻党的民族、宗教、侨务、对台政策，加强与民主党派、无党派代表人士的团结合作，巩固和发展最广泛的爱国统一战线。支持工会、共青团、妇联等群众团体参与社会管理和公共服务，维护人民群众的合法权益。全面落实“五五”普法规划。不断提高依法行政水平。

（六）着力提升和谐社会建设水平，进一步维护社会安全稳定

坚持以“平安通州”建设为载体，固化国庆安保机制，抓好基层基础，全力做好维护稳定的各项工作。

切实做好矛盾纠纷化解工作。坚持科学决策、民主决策，建立和完善安全稳定风险评估机制，从源头上预防和减少矛盾纠纷。夯实基层基础，充分发挥基层第一道防线的作用，最大限度地把矛盾解决在基层、化解在萌芽状态。坚持走进矛盾、解决问题，协调关系、破解难题，坚持定期排查，首问责任制、领导接待日等制度，落实领导责任，确保“案结事了，息诉息访”。切实解决一批群众关注的热点难点问题，集中梳理一批疑难复杂信访案件，确保全区信访工作形势平稳。

切实做好流动人口服务管理工作。进一步完善“党委政府统一领导，专门机构统一协调，各部门分工负责，条块结合、以块为主”的流管体制。不断加大流动人口聚居区清理整治力度。坚持管理和服务并重，积极为流动人口解决实际困难。积极探索适应北京新城特点的实有人口管理体系。

切实推进平安建设。逐步建立党委政府统一领导、部门各负其责、社会各界广泛参与的现代社会治安防控体系。严密防范、严厉打击境内外各种捣乱破坏活动，加大对黑恶势力、严重暴力犯罪、多发性侵财等犯罪行为打击力度，切实解决一批影响安全稳定的突出问题。进一步做好对各类安全生产事故、公共卫生事件、社会突发事件的预测预警、指挥协调、应急处理工作，保护人民群众生命财产安全。

（七）高标准做好“十二五”规划编制，夯实“十二五”发展基础

把编制高水平的“十二五”规划作为全年的重要工作。围绕体现通州特色、建设国际一流水平的现代化新城目标，组织强有力的班子，吸引国内外一流研究机构、人员，研究、编制通州“十二五”发展规划。各地区、各部门要围绕全区发展总要求，科学规划“十二五”时期工作。

四、以改革创新精神加强和改进党的领导

完成明年各项工作任务，全力推进通州新城跨越式发展，关键在全区各级党组织和广大党员干部，关键在抓好党的十七届四中全会精神的贯彻落实，全面提高各级党组织引领科学发展的能力。

（一）加强学习，建设学习型党组织

建设马克思主义学习型政党，是加强党的建设重大而紧迫的战略任务。各级党组织要立足于服务新城跨越式发展，完善中心组学习制度，大力推进学习型党组织建设。党员和干部要把学习当成一种生活态度、一种工作责任、一种精神追求，学习不懂的东西，思考发展中的问题，不断提高党性修养，增强干事业的能力。要在深入思考和理论联系实际上下工夫，努力把学习的成果转化为谋划工作的思路、促进工作的措施、领导工作的本领。

（二）加强领导班子建设，努力建设高素质的干部队伍

着力打造现代型、建设型干部队伍来担当通州发展的重任。建立健全科学的用人导向机制。坚持德才兼备、以德为先的用人标准，注重把那些讲党性、重品行、善创新、有实绩的干部选拔到重要岗位，让那些坚持打基础利长远推动科学发展、一心干事、群众公认的领导干部受到重用。突出选好配好党政正职，不断优化领导班子配备。大力培养选拔优秀年轻干部、女干部、少数民族干部和党外干部。完善干部选拔任用工作机制。健全完善干部考核评价机制，充分发挥干部考核的导向、评价和监督作用。坚持严格要求与关心爱护相结合，进一步健全干部管理机制。

（三）加强基层基础，大力推进基层党组织建设

积极探索完善不同类型基层党组织设置形式，加强“两新”组织、城乡结合部等薄弱环节党的组织建设，实现党的组织和党的工作全覆盖。创新基层党组织活动方式，提高基层组织为群众办实事、谋利益的能力和积极性，充分发挥基层党组织推动发展、服务群众、凝聚人心、促进和谐的作用。深化农村基层党组织建设，加强对农村“两委”换届领导，精心安排，周密组织，确保“两委”换届圆满成功。健全农村基层组织负责人基本报酬和社会保障制度。加强基层干部队伍建设，选好配强基层党组织书记。健全党员教育、管理、服务和保障机制。积极推进基层党内民主政治建设，拓宽党员意见表达渠道。构建城乡统筹基层党建新格局。继续扎实推进全区第二批学习实践科学发展观活动。

（四）加强引才引智，全面深化人才队伍建设

以优秀的人才队伍支撑通州大发展。大力引进和培养懂经济、懂建设，善于投融资、招商引资、市场化运作等“两新”建设急需的各级各类优秀人才。大胆使用人才，切实把他们安排到合适岗位，做到人尽其才。大力营造人才安心干事业、干成事业、干好事业的良好环境。健全与市场经济相适应、与工作业绩相联系的人才激励机制，重奖、重用在服务通州发展中做出突出贡献的优秀人才。

（五）加强作风建设，进一步优化发展环境

在开展领导干部作风建设年活动的基础上，大力开展党员作风建设年活动。把优化发展环境作为党员作风建设年活动的重要任务，着力营造一流的舆论环境、政策环境、服务环境。强化“人人都是发展环境”的意识，牢固树立发展至上、环境至重的理念，形成推动通州发展的良好局面，提升通州影响力和吸引力。深入经营者、投资者中，依其所难、所需，健全完善扶持产业发展的各项政策，确保各项政策落实到位，大力营造良好的政策环境。围绕更加快速、更加简化、更加协调，推进体制机制创新，把通州打造成审批环节最优、办事效率最高、服务质量最好的区域，大力营造一流的服务环境。建立完善重点工程区级领导协调机制，实行重大项目区级领导领导责任制，聚焦发展重点，加大领导力度。突出对优化发展环境考核的针对性，把考核落实到具体部门，延伸到具体承办人。对不作为、乱作为加大问责、处罚力度。

（六）加快推进惩防体系建设，构建党风廉政建设新格局

坚持以党风廉政建设责任制为龙头，以反腐倡廉五项组织协调机制为抓手，全面落实惩防体系牵头单位和协办单位的任务、责任，着力推进全区惩防体系建设工作。坚持反腐倡廉宣传教育工作格局，进一步打造“运河清风”廉政文化品牌，深化“六进”工作，以丰富多彩的廉政文化活动营造良好的区域发展环境。认真落实领导干部廉洁自律各项规定。加强各级干

部特别是各级领导班子及主要成员对权力运行的制约和监督，建立党风廉政建设巡查制度。坚持和完善“三重一大”等制度。深化廉政风险防范管理工作，突出抓好廉政风险防范管理向基层科队站所、社区和村级干部延伸。严肃查办违纪违法案件。加强对损害群众利益突出问题的专项治理工作，切实维护群众利益。加强对建设领域突出问题的专项治理工作。继续深入推进农村基层党风廉政建设。加强对落实科学发展观重大决策部署、全区中心工作和重点工作情况的监督检查，确保政令畅通。

同志们，做好明年各项工作，任务繁重而艰巨，责任重大而光荣。让我们紧紧抓住难得的历史机遇，继续解放思想，真抓实干，攻坚克难，以饱满的精神、昂扬的斗志，为推进通州新城跨越式发展而努力奋斗！

通州区人民代表大会常务委员会工作报告

——2010年1月13日在通州区第四届人民代表大会第五次会议上

通州区人大常委会主任　石进贤

各位代表：

我受区人大常委会委托，向大会报告工作，请予审议。

2009年的主要工作

2009年是新中国成立60周年，是我国积极应对国际金融危机，保持经济社会平稳较快发展的一年，也是我区落实“保增长、保民生、保稳定”的各项政策措施、通州新城和新农村建设快速推进的一年。一年来，区人大常委会在区委的正确领导下，深入学习实践科学发展观，紧紧围绕全区工作大局，按照“坚持方向、贯穿主线；服务大局、突出重点；完善方式、提高水平”的工作思路，依法有效履行职能，各项工作都取得了新的进展。全年共举行7次常委会会议，听取和审议18项议题，其中专项工作报告12项；任免“一府两院”工作人员33人次；召开17次主任会议，听取18项专题工作汇报；组织代表视察15次，参加代表800余人次；督办代表建议113件；开展专题调研9项，较好地完成了区四届人大四次会议确定的工作任务，为坚持和完善人民代表大会制度、促进全区经济社会平稳较快发展，发挥了重要作用，做出了积极贡献。

一、认真筹备召集人民代表大会会议，保障人民当家做主

召开人民代表大会会议，讨论决定本地区重大事项，是保障人民当家做主的基本形式和重要体现。常委会对开好每年的人民代表大会会议高度重视，精心筹备。一是对召开区人代会的指导思想、议程、日程、主席团秘书长名单草案、会议安排等事项进行认真细致研究，提出会议方案，经区委常委会讨论通过后组织实施。二是适时召开人大常委会会议，依法审议决定关于召开区人代会的有关事项；进行全体代表的资格审查，及时安排代表出缺的选区补选代表，为人代会的顺利进行奠定法律基础。三是集中一个月的时间开展常委会组成人员联系代表、代表联系选民活动，了解民情，集中民智，反映民意，并将征求到的意见归纳整理，转交区政府研究参考。四是积极开展代表会前活动。包括组织全体代表分组集中视察财政经济、社会事业发展、城建环保、新农村建设等工作；在分团讨论政府工作报告的基础上，围绕代表关心的热点难点问题，组织部分代表与区长、副区长座谈；开展区政府各部门负责人接受代表询问活动，等等。帮助代表深入了解全区经济社会发展情况，为代表在大会上审议各项工作报告及提出议案、建议提供条件。

二、强化监督，讲求实效，促进了全区经济增长、民生改善和社会稳定

人大监督是代表国家和人民进行的具有法律效力的监督。一年来，常委会深入贯彻落实监督法，紧紧围绕全区“保增长、保民生、保稳定”的工作大局和涉及群众切身利益的重要问题，加大监督力度，增强监督实效，推动了全区科学发展与社会和谐。

1. 紧紧围绕保增长，发挥监督职能作用。

保持经济平稳较快增长是2009年经济工作的首要任务。常委会高度关注国际金融危机对我区经济的不利影响，着力在保增长上发挥监督职能作用。一是切实加强对经济工作的调研和指导。常委会领导及时到区发改委和财政局调研我区贯彻落实国家和北京市关于促进经济发展的各项政策措施的情况，多次听取计划和预算执行情况汇报，深入多家企业了解生产经营状况，并就做好“保增长、调结构、上水平”的有关工作提出了指导意见。二是积极支持政府破解融资难题。常委会审议通过了区政府关于提请将北京银行股份有限公司授信项下公共基础设施项目贷款偿还本息所需资金列入年度财政预算的议案，为解决资金难题，加快城乡基础设施建设提供了有力保障。三是依法审查批准了2008年财政决算，批准调整了2009年财政预算，就进一步做好财政、审计工作提出了审议意见书交区政府研究办理。四是认真听取和审议了区政府关于2009年上半年工作情况的报告以及2009年上半年国民经济、社会发展计划和财政预算执行情况的报告，在充分肯定区政府工作成绩的同时，提出了要加快重点功能区建设步伐，着力解决土地储备、一级开发、拆迁和资金短缺等瓶颈问题，加大大项目引进力度和对中小企业的扶持力度等意见。区政府认真办理常委会审议意见，进一步完善措施，加强任务落实，确保了经济平稳较快增长和全年各项任务的完成。

2. 紧紧围绕保民生，发挥监督职能作用。

北运河水系承担着北京中心城区90%的排水任务，全流域水系水质达标率仅为20%。加快北运河水系治理，对于改善水生态环境，建设绿色北京，促进经济社会发展具有十分重要的战略意义，是一项迫在眉睫、惠及子孙的民心工程。市区人大代表给予高度关注，连续多年提出治理北运河的议案建议。在2009年初召开的市十三届人大二次会议期间，通州代表团积极呼吁，领衔联合昌平、顺义、朝阳等代表团提出了关于加大北运河水系综合治理力度的议案。议案得到市人大常委会的高度重视，将其列为重点督办的议案之一。市人大常委会主任杜德印、副主任赵凤山等领导多次实地考察，亲自督办北运河水系治理工作。我区人大常委会积极配合，采取多种方式做好相关督办工作。在各方面的共同努力下，我市制定和完善了北运河流域水系综合治理规划，落实了资金保障，计划总投入162亿元，加大了流域水系监管和执法力度，使治理工作有重点、分阶段、有序推进。为推动我区水污染防治工作的深入进行，常委会在积极开展专题调研的基础上，听取和审议了区政府关于贯彻实施《水污染防治法》和《北京市实施〈水污染防治法〉办法》情况的报告，深刻分析了水污染防治工作取得的成绩、存在的主要问题及原因，提出了要紧抓市政府治理北运河水系及东南郊水网水污染的大好机遇，加快区内水环境治理，依法查处污水超标排放，鼓励中水回收利用等意见。区政府高度重视常委会审议意见，研究制定了进一步做好水污染防治工作的整改措施。

食品卫生与安全是关系人民群众生命健康的大事，也是做好国庆六十周年服务保障及国家卫生区创建工作的重要方面。2008年，常委会开展了食品卫生与食品安全及清真食品生产经营有关法律法规的执法检查。2009年，常委会连续监督，通过到区有关部门、乡镇、街道调研座谈，组织各代表小组开展食品卫生与安全视察检查活动，听取和审议区政府相关工作报告等多种途径，对区政府办理执法检查审议意见的情况进行了跟踪督办，促进了食品卫生与安全方面法律法规的深入贯彻实施和全区食品卫生与安全状况的持续改善。

农村基础设施建设是新农村建设的重要任务，是惠及广大农民的民心工程。常委会在充分调研的基础上，听取和审议了新农村基础设施建设情况的报告，督促区政府要加强领导，完善部门联动机制和责任考核机制；要积极争取市级资金支持，同时建立投资配套机制；要加大宣传力度，调动农民参与新农村建设的积极性；要加强对农村基础建设的后期管护，巩固建设成果。

老年人权益保障工作是加强社会建设、改善民生、构建和谐社会的重要内容。常委会听取和审议了区政府关于贯彻实施《老年人权益保障法》和《北京市老年人权益保障条例》情况的报告，提出了要进一步提高对老龄工作重要性的认识，加强对老年人权益保障法律法规的宣传，加快推进养老服务体系建设，加强老龄工作机构和队伍建设等意见，推动了全区老龄事业和老年人权益保障工作的发展。

万亩滨河森林公园建设是落实“绿色北京”建设的重要举措，也是我区弘扬运河文化、打造滨水生态特色品牌、建设滨水宜居新城的重要内容。常委会从项目立项、规划设计到方案实施给予全程关注，连续几年召开主任会议听取相关情况汇报。2009年，主任会议听取和视察了森林公园建设进展情况，并就森林公园建设的一二期衔接、建成后的管护和未来的发展运营等问题提出了意见和建议。区政府及其有关部门积极采纳这些意见，进一步强化工作措施，推进了森林公园建设的顺利进行。

3. 紧紧围绕保稳定，发挥监督职能作用。

安全生产关系人民群众切身利益，关系经济发展和社会稳定。常委会听取和审议了区政府关于贯彻实施“安全生产法”和“北京市安全生产条例”情况的报告，提出了要始终坚持“安全发展理念”，落实企业安全生产主体责任，充实安全监管网络末梢力量，加强安全生产宣传教育，特别是要加大对一线班组长和作业人员的安全培训力度等意见。区政府认真办理常委会审议意见，进一步提升了全区安全生产工作水平。

民事审判工作对于维护公民合法权益、促进社会和谐稳定发展具有重要作用。常委会积极组织代表旁听民事案件审判，并召开主任会议听取相关情况汇报，提出了民事审判工作要为全区工作大局服务，要加强调查研究和队伍建设，不断提高新形势下民事审判工作水平等意见和建议。区法院采取有效措施，继续深化审判改革和基础基层工作，提高了民事审判质量。

常委会通过召开主任会议听取工作汇报、组织代表视察、开展专题调研、督办代表建议等多种方式，加强对工业和都市型现代农业发展、劳动就业和社会保障、人口和计划生育、农产品质量安全、运河中心区城市设计、道路和公交场站规划设计、重点工程建设、垃圾处理、城市道路改造、全民健身、残疾人保障等工作的监督，提出了有针对性和建设性的意见和建议，促进了经济发展和社会进步。

常委会把信访工作作为监督工作的重要内容，全年共受理群众来信来访82件次，加大协调督办力度，促进了一些事关群众切身利益的实际问题的解决。

三、提高为代表履职服务的水平，代表作用得到进一步发挥

发挥代表作用，是坚持和完善人民代表大会制度的重要内容。常委会继续深入贯彻落实中央2005年9号文件、市委2007年23号文件和区委转发的关于进一步加强人大代表工作的若干意见精神，提升为代表履职服务的能力和水平，代表作用得到进一步发挥。

1. 改进服务工作，保障代表依法行使职权。

常委会把为代表履职提供服务作为一项重要的工作来抓，着力做了七个方面工作。一是加强代表培训。常委会制定年度代表培训意见，举办预算监督培训讲座，并以代表小组为基础，组织开展多种形式的学习培训活动。通过培训，增强了代表的履职意识和能力。二是坚持常委会主任、副主任接待代表日制度，听取和反映代表的意见和呼声。对代表反映的问题及时交由有关单位办理，并由承办单位在规定时限内答复代表。三是坚持常委会主任、副主任联系代表小组制度，推进代表小组工作的开展。四是创新代表列席常委会会议制度。邀请列席会议的乡镇人大专职主席（副主席）和人大街工委副主任等代表参与审议发言，并将他们的意见和建议纳入常委会审议意见。五是为代表订阅《中国人大》和《北京人大》刊物，为代表提供人大常委会及“一府两院”重要工作信息资料，帮助代表知情知政。六是积极开展代表视察、检查、调研、代表联系选民等活动，推荐代表担任“一府两院”有关部门监督员，同时加强对代表履职情况的宣传，促进代表作用的发挥。七是积极组织市人大通州区代表组活动，努力为市人大代表履职提供良好服务和保障。

2. 做好代表建议督办工作，提高办理质量。

区四届人大四次会议交由区政府办理的建议108件，闭会期间代表提出的建议5件，全部依法予以办复。常委会严格交办时限，及时掌握办理进度，认真征求代表意见，加大对重点、难点建议的跟踪督办，促进了办理工作的开展和办理质量的提高。代表建议办理满意率达到97.2%。代表提出的“解决1993年前因占地农转非人员社会保障问题”、“解决沥青搅拌站和混合料场环境污染问题”等一批建议，都得到有效办理和落实。常委会继续实行主任、副主任督办重点建议制度，推动了“启动凉水河跨河桥工程建设”、“对故城东路向南至内环路口路段进行综合改造”等建议的办理。

四、加强联系和指导，提高乡镇人大和人大街工委工作水平

加强乡镇人大和人大街工委工作，对于坚持和完善人民代表大会制度，推进基层民主政治建设具有重要意义。常委会把指导推进乡镇人大和人大街工委工作作为一项重要任务来抓，着力加强了四个方面工作。一是分别召开乡镇人大和人大街工委工作会议，统一思想认识，总结交流经验，促进工作开展。二是坚持邀请乡镇人大专职主席（副主席）和人大街工委副主任参加常委会组成人员学习班和听取各项专题讲座，提高他们的履职能力。三是坚持常委会主任、副主任联系指导乡镇人大和人大街工委制度，着力保证乡镇人代会、乡镇人大执法检查和专项工作评议的依法顺利进行，着力推进人大街工委制度落实和代表进社区联系选民工作。四是常委会有关工作机构经常深入乡镇和街道开展调研，了解和反映乡镇人大和人大街工委的意见和要求。一年来，各乡镇人大和人大街工委紧紧围绕本地区的中心工作和群众普遍关心的问题，认真履行职责，积极组织代表活动，人大整体工作水平有了新的提高。

五、抓好自身建设，提高工作质量和实效

加强常委会及机关自身建设是依法有效履行职责的基础和保障。一年来，常委会适应新的形势和任务，着力加强自身建设，工作质量和实效有了进一步提高。

1．开展深入学习实践科学发展观和作风建设年活动。通过学习调研、分析检查和整改落实，认清了人大在贯彻落实科学发展观，推动通州科学发展中肩负的责任和使命，明确了工作任务和努力方向，推进了“坚持正确政治方向、保持良好精神状态、完善科学工作方式、提高队伍素质能力”等问题的解决，保证了学习教育活动取得实效。

2．加强学习和调研。通过举办组成人员学习班和专题讲座、组织参观考察等途径，拓宽了思路，开阔了眼界，提高了整体素质和履职能力。围绕计划和预算执行、新农村基础设施建设、食品安全、安全生产、水污染防治、老年人权益保障、生活垃圾处理、乡镇人大工作等课题，深入开展调研，为常委会行使职权和有关部门改进工作提供了依据。

3．加强宣传和信息工作。及时向社会公开人大监督工作计划和常委会审议议题安排，及时报道人大各项重要活动，营造了人大工作良好的社会氛围。加强人大网站建设，宣传了人民代表大会制度和人大工作。成功承办全国十五县市区人大工作研讨会第二十五次会议，在相互学习与交流的同时，密切了与兄弟县市区人大常委会的联系，宣传了通州。召开人大信息工作会议，提出了推进人大信息工作的具体措施。进一步提高了《通州人大》刊物和《通州人大信息》的编辑质量。

4．加强机关建设。加强常委会工作机构建设，较好地发挥了各工作机构的职能作用。加强机关干部队伍建设，积极改善机关办公条件和工作环境，使机关工作效能有了新的提高。切实做好老干部工作，做到政治上尊重、思想上关心、生活上照顾，使老干部在安享晚年的同时有所作为。

各位代表，常委会一年来工作取得的进展和成绩，是区委正确领导，全体区人大代表和常委会组成人员共同努力的结果，是“一府两院”有力配合支持，广大人民群众和社会各方面关心、帮助的结果。在此，我代表区人大常委会，向各位代表和所有关心、支持、帮助人大工作的同志们、朋友们，表示崇高的敬意和衷心的感谢！

面对新形势新任务，我们也清醒地看到，常委会的工作同宪法和法律的规定、同代表和群众的期望还有一定的差距。主要是：监督工作的程序需要进一步规范，监督工作的实效需要进一步增强；代表活动方式需要进一步创新，服务代表的工作需要进一步深化；常委会审议专项工作报告的质量和机关服务水平需要进一步提高，等等。这些都需要在今后的工作中不断加以改进。

2010年的主要任务

2010年是全面完成“十一五”规划任务的最后一年，是按照建设“人文北京、科技北京、绿色北京”要求集中精力加快通州发展的重要一年。去年底，在市委召开的十届七次全会上，提出了要集中力量，聚焦通州，借助国际国内资源，尽快将通州建成与首都发展需求相适应的现代化国际新城。为贯彻落实市委全会精神，区委四届九次全会对全力推进通州跨越式发展作出了全面部署。面对新的形势和任务，我们倍感责任重大，使命光荣。因此，我们要以饱满的精神、昂扬的斗志，迎接新的挑战。我们的工作思路是：在区委的领导下，认真贯彻党的十七大、十七届三中、四中全会、中央经济工作会议、市委十届七次全会、市委第三次人大工作会议和区委四届九次全会精神，深入学习实践科学发展观，按照建设“人文北京、科技北京、绿色北京”的要求，本着“围绕中心、服务大局、促进发展”和“少而精、抓重点、求实效”的工作思路，认真履行法定职责，切实提高人大工作的质量和实效，为建设“创意通州、活力通州、和谐通州”，推进通州跨越式发展，做出新的更大贡献。

一、落实市委第三次人大工作会议精神，努力开创人大工作新局面

2009年12月11日，市委召开了第三次人大工作会议，就新形势下加强和改进人大工作提出了新的更高要求。常委会要认真学习贯彻市委人大工作会议精神，总结人大工作经验，认真开展调查研究，提出改进和加强人大工作的意见，为区委召开第三次人大工作会议做好准备，在区委的领导下，努力把全区人大工作提高到一个新水平。

二、加强和改进监督工作，推动经济发展和社会进步

继续深入贯彻落实监督法，立足于人大监督的特点和优势，规范监督程序，完善监督方式，增强监督实效。紧紧围绕通州跨越式发展面临的艰巨任务和突出矛盾，围绕群众反映强烈和社会高度关注的问题开展监督，促进依法行政、公正司法，推动经济发展和社会全面进步。

第一，要认真听取和审议专项工作报告。常委会要听取和审议区政府关于国民经济和社会发展第十二个五年规划纲要（草案）编制情况的报告；关于2010年上半年工作情况的报告；关于贯彻实施“村委会组织法”情况的报告；关于教育资源整合和布局结构调整情况的报告；关于做好拆迁安置工作，加快棚户区改造，进一步改善人居环境情况的报告；关于代表议案、建议办理情况的报告等。要加强对常委会各项审议意见落实情况的跟踪检查，务求实效。

第二，要继续做好对计划和预算的监督。常委会要依法听取和审议区政府关于2009年决算、审计工作、2010年上半年计划和预算执行情况和提请调整2010年预算的报告，加强对部门预算编制及执行情况的监督，深化对政府重大项目投资建设的监督，保证全年计划和预算目标的实现。

第三，要围绕落实市委、区委全会精神，加快建设现代化国际新城的重大任务，综合运用听取工作汇报、组织代表视察、开展专题调研等多种方式，加大监督力度，推进新城建设、产业发展、城乡一体化和社会各项事业发展。要跟踪监督北运河水系综合治理、滨河森林公园建设、垃圾处理、保障性住房建设等情况。要进一步做好人大信访工作，提高信访办理质量。

三、加强代表工作，进一步发挥代表作用

人大代表是国家权力机关的组成人员，代表人民的利益和意志，参加行使国家权力。常委会要把保证代表依法行使职权作为保障人民当家做主的重要途径，把代表工作作为常委会工作的重要基础，努力为代表履职提供良好服务，进一步发挥代表作用。

以提高代表审议“一府两院”工作报告水平为重点，加强代表培训工作，帮助代表提高履职能力。采取有效措施，保障代表知情权和参与权。推进代表小组工作的制度化、规范化建设。创新代表活动方式，增强代表活动实效。坚持常委会主任、副主任联系代表小组，常委会主任、副主任接待代表日，常委会组成人员联系代表，代表接待群众，代表列席常委会会议等制度。完善代表联系选民制度，集中一个月的时间开展代表走访选民活动，密切代表与群众的联系。继续实行常委会主任、副主任督办重点建议制度，加大督办检查力度，提高代表建议办理质量和代表满意率。加强代表宣传工作，为代表履职营造良好社会氛围。继续做好市人大代表的联络服务工作。

四、加强乡镇人大和人大街工委工作，推进基层民主政治建设

加强对乡镇人大和人大街工委工作的联系和指导，开展学习培训、理论研讨、工作交流等活动，总结和推广先进经验，推动乡镇人大办事机构的设立和人大街工委办公经费的解决，提高乡镇人大和人大街工委工作水平，进一步发挥其在推进基层民主政治建设，促进本地区经济社会发展中的积极作用。

五、继续抓好自身建设，提高工作水平

始终坚持正确的政治方向，不断增强坚持党的领导、人民当家做主和依法治国有机统一的自觉性和坚定性。始终保持良好的精神状态，不断增强做好人大工作的责任感和使命感。巩固和扩大学习成果，抓好整改措施落实，确保学习实践科学发展观活动取得实效。创新工作机制，完善工作方式，提高工作实效。继续举办组成人员学习班和专题讲座，提高组成人员的履职能力。推进常委会执法检查、听取和审议专项工作报告、调查研究等工作的制度化、规范化建设。通过坚持常委会审议议题重点发言人制度，继续邀请列席会议的代表参与审议发言，规范审议意见书的办理等途径，进一步提高常委会会议审议质量。创建学习型机关，建设高素质干部队伍，创造高效率机关工作。适应加强人大信访工作的需要，增设副处级信访办公室。完善人大网站，发挥网站功能。继续抓好人事任免、专题调研、理论研究、宣传信息、老干部等工作。

各位代表，过去的一年，我们万众一心，硕果累累；新的一年，我们信心百倍，豪情满怀。责任和使命激励着我们，困难和挑战考验着我们。让我们在区委的领导下，把思想和行动统一到市委十届七次全会和区委四届九次全会精神上来，高起点、高标准、大气魄、大力度，真抓实干，攻坚克难，为发展社会主义民主政治，推进通州跨越式发展而努力奋斗！

政府工作报告

——2010年1月12日在通州区第四届人民代表大会第五次会议上

通州区区长　邓乃平

各位代表：

现在，我代表通州区人民政府向大会报告工作，请予审议，并请区政协各位委员提出意见。

2009年工作回顾

2009年是新中国成立60周年，也是全区人民积极应对金融危机挑战，取得显著成绩的一年。一年来，在市委、市政府和区委的正确领导下，全区上下以科学发展观为统领，认真贯彻落实中央、市委、市政府和区委的各项决策部署，以保增长、保民生、保稳定为目标，迎难而上，扎实工作，圆满完成区四届人大四次会议确定的各项任务。

一、积极应对金融危机，全力保增长

充分发挥政府调节经济、促进发展的职能作用，有效化解国际金融危机不利影响，扭转了年初经济增速下滑的不利局面，全区经济保持平稳较快增长。预计地区生产总值实现234亿元，增长10%；税收总额实现83.6亿元，增长12.1%；地方财政一般预算收入实现26亿元，增长21.4%；全社会固定资产投资额实现321亿元，增长104.3%；社会消费品零售额实现164亿元，增长12%；城镇居民人均可支配收入实现22572元，农民人均纯收入实现11234元，分别增长9%和10%。

抓投资，拉动经济增长。坚持把扩大投资放在保增长的关键位置，合理把握投资结构，重点投向城乡建设的急需领域和民生工作的薄弱环节。土地储备投资规模空前，投入资金上百亿元，运河核心区、北苑商务区、亦庄线“两站一街”等29个项目全面启动，投资额是土地储备制度改革以来投资总数的三倍以上。城乡基础设施和房地产投资大幅增加，基础设施投资完成47亿元，增长32.5%；农村固定资产投资完成35.3亿元，增长80.1%；房地产投资完成221亿元，增长160%。融资工作和金融机构建设成效显著，开展银政合作，实现融资98亿元；国有资本投融资平台正式启动，一批商业银行分支机构入驻我区，小额贷款公司、村镇银行建设取得新进展。

促消费，多渠道扩大内需。全面落实促进消费的各项政策措施，社会消费品零售额保持郊区县首位。住房消费增长较快，普通商品房销售额实现128亿元，增长197.5%。积极做好“家电、汽车、摩托车下乡”和“家电、汽车以旧换新”等专项工作，共支付补贴资金6086万元。引进北京华联、中国照相馆等商业企业，新建农村连锁超市157家，举办外贸大集等促消费活动，活跃城乡消费市场。召开旅游产业发展大会，制定加快旅游业发展的意见，举办旅游项目推介会和草莓音乐节等系列活动，积极参与“北京拍卖季”艺术品交易活动，促进旅游、文化等新兴消费增长。

抓帮扶，着力优化发展环境。制定《通州区促进产业发展暂行办法》等一揽子加快发展的政策措施，安排1.4亿元产业发展专项资金，支持重点项目建设和中小企业发展。建立完善重大项目联席会议制度、区级领导联系重点项目（企业）制度等一系列促进产业发展的体制机制，117个项目纳入市、区两级绿色审批通道，项目落地建设速度明显加快。帮助企业解决160多项实际困难，先后为76家企业提供贷款担保2.6亿元，为338家企业落实就业岗位和社会保险补贴3127万元。

二、产业发展保持良好态势

大项目引进建设成效显著，产业结构进一步优化。产业项目呈现梯次推进、滚动发展的良好态势。北京卷烟厂、天宇朗通、捷宸阳光、吉林森工、泰禾酒店等一批项目竣工；苏宁二期、国际电子商务中心、华润物流等一批项目加快建设；IDC产业城、雨润二期、正元矿业等一批项目积极办理开工手续；北汽控股动力总成、中国传媒大学科技园、中国动向集团、北京国际金融论坛永久会址等29个亿元以上项目签约落地。大项目带动产业结构不断优化，第三产业比重进一步提高，二三产业融合发展态势明显，李宁公司等8家重点企业税收达到18亿元，占全区税收总额的22%。产业特色进一步显现，现代物流业特色更加突出，总部项目聚集趋势明显，高端商务前景广阔，汽车产业链向高端延伸。

产业园区健康发展，经济贡献持续增强。园区实现税收21亿元，增长28%，占全区税收总额的25%。光机电基地税收超过9亿元，金桥基地、物流基地税收增幅分别达到51%和32%，商务园、永乐开发区税收实现新的突破。投资12亿元建设41个基础设施项目，园区承载能力和产业聚集效应不断增强，新引进项目90%以上落户园区、功能区。园区发展模式实现创新，光机电基地、商务园与知名公司合作，保证了开发建设的高标准、高品位，实现了与市场的顺利接轨。

发展方式进一步转变。支持鼓励企业自主创新，37家企业通过国家高新技术企业认定，积极利用中关村国家自主创新示范区的政策，74家企业成为中关村高新技术企业。提高资源利用效率，吸引社会资本50亿元，盘活闲置资产112处，盘活闲置厂房面积46万平方米。实施12项节能减排工程，完成城乡建筑节能改造19万平方米，淘汰黄标车7161辆，万元地区生产总值能耗下降5%，二氧化硫排放量、化学需氧量分别下降2%和3%。开展违法用地专项整治工作，拆除违法建筑12万平方米。

三、新城建设迈出新步伐

基础设施承载能力进一步提高。交通设施进一步完善，朝阳北路东延一期、邓家窑大桥、温榆河西路、京榆旧路三期、九德路一期、觅西路等工程完工；滨榆东路、潞苑北大街及跨温榆河大桥、张凤路、通香路二期、徐尹路等工程进展顺利；朝阳北路东延二期、玉带河东大街东延、宋郎路北延等工程开工建设；故城东路、玉桥东路等道路微循环改造工程建设完成。市政设施保障水平得到提升。建成1座现代化燃煤锅炉房，新建14个换热站，关闭分散燃煤锅炉房11座，替代供热面积106万平方米。三河热电联供项目完成供热管线铺设18公里，新铺设天然气管线14公里，建成2座11万伏变电站，消防指挥中心及特勤消防站开工建设。

重点功能区建设取得实质进展。发挥规划引领新城建设的龙头作用，覆盖城乡的规划体系基本形成。深化运河核心区城市设计，规划面积由16平方公里扩展到48平方公里，核心区中心北移至运河源头五河交汇处，土地一级开发取得新进展。商务园基础设施工程全面启动，园区内10条道路开工建设，40公顷景观公园加紧施工，8个地块拆迁任务全部完成。宋庄文化产业集聚区一级开发资金10亿元落实到位，3个街区控规深化方案获得批复，六合新村安置楼开工建设，公共服务平台主体封顶。

旧城旧村改造全面展开。坚持“惠民、阳光、依法、和谐”拆迁工作理念，积极利用北京市棚户区改造政策，完善拆迁安置补偿办法，上营片区拆迁任务基本完成，北苑商务区、新城南街、帅府园、水月院等地区拆迁工作顺利推进，完成拆迁总面积54万平方米，动迁总户数8628户，腾退建设用地1078亩。启动了新城范围内、开发区周边、亦庄线“两站一街”等区域34个村的旧村改造，“两站一街”80万平方米村民回迁楼开工建设，14个村征地补偿协议完成签约。旧城旧村拆迁改造实现了“零投诉”，得到了市委、市政府的充分肯定。

生态环境明显改善。一批水系治理工程如期推进，北运河城区段补水净化、通惠河北部城区截污工程启动建设。运潮减河师姑庄橡胶坝、凉水河水南橡胶坝等水利设施开工建设。一批绿化美化工程顺利实施，万亩滨河森林公园南区绿化工程基本完工。完成15条道路绿化，新增绿化面积820万平方米，城市绿化覆盖率达到39.1%。实施82项环境基础设施和生态保护工程，顺利通过国家生态示范区考核验收。空气质量二级和好于二级天数提前完成目标任务。

城市综合管理不断加强。加强市容环境综合治理，投资4000万元完善环卫基础设施，维修改造城区旱厕、公厕133座，整治重点地区广告牌匾472处，实施建筑工地综合治理，全面清理背街小巷、卫生死角。加强市场综合整治，完成梨园东里等7个社区菜市场和3个农村集贸市场升级改造，取缔杨庄等3个露天市场。“创卫”工作10大类62项任务基本完成，获得“北京市卫生区”称号。健全交通管理体系，实施故城东路、玉桥中路等8处路口渠化工程，新建妇幼医院等7个停车场。加大交通执法力度，交通事故发生率和死亡人数实现双下降。

四、新农村建设取得新成果

都市型现代农业加快发展。打造都市型现代农业生态走廊，新增设施农业面积1万亩。启动5.3万亩都市型现代农业基础设施建设，落实高产创建示范面积8200亩。观光农业呈现亮点，建成食用菌主题公园、宋庄国际宠物公园等一批农业主题公园，农业观光园达到80处，11处被评为市级示范园。蔬菜、果树种植和观赏鱼养殖等特色农业形成规模，食用菌产量占全市60%以上。富勤科技等重点企业建成投产，规模以上农产品加工企业达到31家。动物防疫、农产品质量认证、农业机械化等各项工作得到加强。

农村基础设施建设全面提速。“五项基础设施”建设进展顺利，街坊路硬化、户厕改造等工程进度居全市郊区县前列。“亮起来、暖起来、循环起来”工程加快实施，农村节能、节水和新能源利用技术逐步推广。“12项全覆盖工程”全面推进，便民连锁超市、文化活动中心等9项工程覆盖率达到100%。农村基础设施和公共服务水平显著提高，为加快推进城乡一体化创造了良好条件。

农村改革不断深化。规范农村“三资”管理，增加农民“三金”收入。完成59个村集体经济产权制度改革工作。实现土地承包经营权流转1万亩，促进土地规模化经营。新成立农民专业合作社50家，带动农户2万户，在全市率先成立土地（股份）专业合作社，为探索农村土地资本运作新模式创造了条件。

五、国庆60周年系列活动服务保障工作圆满完成

阅兵服务保障万无一失。按照“贴近服务、融入服务、主动服务”的要求，围绕“一村、两所、一驻地”，高质量完成阅兵村十四项服务保障任务。主动延伸服务领域，高标准完成张采路环境整治、周边企业隐患治理等服务保障工作，受到各级领导和部队首长的肯定，荣获“国庆60周年最佳服务保障奖”和“首都国庆60周年阅兵服务保障先进单位”称号。

庆祝活动丰富多彩。圆满完成游行方队、群众游园等活动的组织实施，组织1.8万人参观新中国成立60周年成就展，做好晚会彩排服务保障工作。开展系列文化活动，成功举办通州运河艺术节，推出文化活动15项，参与群众达到10万人，为60年大庆营造了喜庆祥和的良好氛围。

社会保持安全稳定。以“平安国庆”为目标，启动六大专项行动。实施环京“护城河”工程，率先建成集8项职能为一体的白庙、觅子店、应寺综合检查站，消除了一批安全隐患。建立重大决策信访评估机制，化解了一批不稳定因素。建立社会面大防控网络，形成了群防群治的良好局面。全面推进应急管理“五大体系”建设，有效控制突发事件，妥善处理新华联小区安全事故。开展安全生产大检查，组织安全生产大培训，组建基层专职安全员队伍，安全监管基础工作得到加强。

六、以改善民生为重点的社会建设全面加强

各项事业全面推进。教育事业稳步发展。名校办分校取得新进展，史家小学通州分校投入使用，北京小学分校签约落地。开工建设觅子店学校等工程。投资1亿元，完成6万平方米校舍加固和改扩建任务。农村中小学教师集体宿舍改造和小学办学条件达标工作顺利推进。实施教师绩效工资改革，加强师资队伍建设，教学水平不断提高。公共卫生体系逐步完善。潞河医院成为首都医科大学教学医院，手术病房楼开工建设。121个社区卫生服务站投入使用。科学有序做好甲型H1N1流感防控工作，完成疫苗接种12万人。新型农村合作医疗参合人数达32.9万人，全区一级以上医院在全市率先实现医疗费“出院即报”。加强食品、药品安全监管，确保公共卫生安全。科技支撑作用逐步加强。实施李宁运动科学研究等一批科技项目，推动6个“科技创新型乡镇”创建工作。文化体育事业蓬勃发展。广播电视发射塔投入使用。完成216处农村数字影厅升级改造。做好第三次全国文物普查工作，获得“全国文物工作先进县”荣誉称号。成功举办区第三届全民运动会，举办自行车健身游等14项全民健身活动。人口计生、新闻、气象、档案、史志、保密和红十字会等各项事业发展呈现新局面。

民生状况持续改善。就业培训服务成效显著。培训城乡劳动力2万人，新增就业岗位2万个，城镇登记失业率控制在1.92%，农村劳动力向二三产业转移9173人。城乡大保障格局基本形成。认真落实六项惠民政策，26.3万人受益。各项社会保险参保人数58万人，占户籍人口的89%。政策性住房开复工面积达到325万平方米，3025户居民完成选房。完成城镇直管危房340户解危任务，为490户优抚社救对象实施房屋改造。社会救助工作扎实推进，新增养老床位1220张，在中仓街道试点建立养老助残服务中心，顺利通过残疾人社区康复达标区考核验收。继续为人民群众办实事，首都机场巴士专线开通运营，朝阳北路大容量快速公交线路延伸至武夷花园，贵友大厦过街天桥建设和乔庄北街、中山街、中仓路街巷整治等31项为民办实事工程顺利完成。妥善解决历史遗留问题。筹资5.4亿元，解决了六环路占地和1993年前征地遗留问题，为2982人发放安置补偿、补缴社会保险。

社会建设不断推进。组建社会建设工作机构，统筹推进社会建设各项工作。开展21个社区规范化建设试点工作，完成44个农村社区服务站建设。葛布店北里社区被评为北京市十大魅力社区，果园西社区被评为全国和谐社区建设示范社区。完成第七届社区居委会选举，对换届后的社区干部开展培训，选聘一批高校毕业生和优秀大学生“村官”到社区工作。

精神文明和民主法制建设得到加强。以“迎国庆、讲文明、树新风”为主题，全面开展文明素质提升、社会志愿服务、窗口文明服务等6大类21项活动。圆满完成“通州道德模范”评选活动。继续开展军（警）民共建，营造良好社会环境。自觉接受人大法律监督、工作监督和政协民主监督，累计办复人大代表建议113件，办复政协委员提案192件。全面推进依法行政工作，加大行政执法监督力度，深入开展法制宣传教育。民族、宗教、侨务和对台工作取得新进展，工、青、妇等群团组织桥梁纽带作用得到有效发挥。

此外，按照“转变职能、理顺关系、优化结构、提高效率”的要求，稳步推进政府机构改革，调整12个政府工作部门职能，重新核定33个政府工作部门。组建新城建设管理委员会，统筹新城建设各项工作。

各位代表，2009年是遭受国际金融危机冲击最为严重的一年，经济社会发展经受了严峻考验，在外部经济环境极为不利的情况下,取得这样的成绩来之不易。这是市委、市政府和区委正确领导的结果，是社会各界关心支持的结果，是全区人民共同努力的结果。在此，我代表区政府向全区广大干部群众、驻通部队、武警官兵、公安干警、驻通中市属单位和所有关心支持通州发展的各界友人，向各位人大代表、政协委员和各民主党派、人民团体表示崇高的敬意和衷心的感谢!

回顾过去一年工作,在肯定成绩的同时,我们也清醒地认识到，经济社会发展中还存在不少困难和问题，主要是：经济实力需要进一步壮大，经济发展的活力和动力仍需增强，产业结构和城乡结构仍需优化；重点区域、重要节点开发建设进程仍需进一步加快，城市功能还需进一步完善；城乡之间、乡镇之间发展还不平衡，城乡一体化任务依然艰巨；服务发展的环境还有待进一步优化。这些问题需要引起高度重视，并在今后的工作中努力加以解决。

2010年工作的总体思路、奋斗目标和主要任务

新的一年，国内外经济形势持续好转，全国和北京市经济回升向好的基础更加巩固，经济社会平稳较快发展的态势更加明朗，经济发展的外部环境更加有利。北京市成功举办奥运会和新中国成立60周年庆典后，迎来了经济社会发展的新高潮。市委、市政府提出建设世界城市的战略目标，将“人文北京、科技北京、绿色北京”三大理念深化为行动计划，做出了安排部署。加快建设重点新城、集中力量建设通州新城成为新时期北京发展的重要战略。市委十届七次全会明确提出“集中力量、聚焦通州，借助国际国内资源，尽快形成与首都发展需求相适应的现代化国际新城”，把通州新城建设提上了前所未有的高度。这充分体现了通州新城在北京建设世界城市战略中的重要地位，充分说明了市委、市政府对通州新城建设成果的高度肯定，这是全区上下多年来扎实工作的结果，更是全区人民翘首期盼的福祉和未来!

今年是“十一五”规划全面实现之年，也是全面推动新城建设的重要一年。市委、市政府对通州新城寄予厚望，这是难得的历史性机遇。我们必须进一步统一思想，立足当前、着眼长远，统筹谋划新城科学发展的宏伟蓝图，高标准规划建设、高质量服务管理、高水平开放发展，在北京迈向世界城市的进程中，加快建设现代化国际新城。进一步增强机遇意识、竞争意识和发展意识，树立强烈的使命感、责任感和紧迫感，解放思想、大胆创新、真抓实干，努力开创新城科学发展、社会和谐进步的新局面!

2010年政府工作的总体思路是：全面贯彻党的十七大、十七届四中全会、中央经济工作会议精神，落实市委十届七次全会和区委四届九次全会工作部署，深入学习实践科学发展观，按照建设“人文北京、科技北

京、绿色北京”的要求，围绕建设“创意通州、活力通州、和谐通州”，以建设现代化国际新城为目标，进一步解放思想抓机遇，全面完成“十一五”规划各项目标任务，科学编制“十二五”规划，新城建设要有大举措、产业发展要抓大项目、城乡一体化要实现大发展。

2010年全区经济社会发展的主要目标是：地区生产总值增长10%，税收总额增长15%，地方财政一般预算收入增长10%，全社会固定资产投资额增长12%，社会消费品零售额增长12%，城镇居民人均可支配收入和农民人均纯收入分别增长9%和10%，万元地区生产总值能耗下降5%，二氧化硫排放量和化学需氧量分别下降2%和3%。

2010年全区经济社会发展的主要任务是：

一、抓机遇、大举措，加快建设现代化国际新城

抓住北京市加快建设重点新城的历史性机遇，在运河核心区规划建设、土地一级开发和旧城改造、重点功能区和城市重要节点建设上推出大举措，加快新城建设步伐。

高标准规划建设新城核心区。瞄准世界一流水平，高起点谋划新城发展，与具有国际水准的设计机构合作，高标准完成运河核心区规划的深化工作。创新开发建设体制机制，引进具有国际市场开发实力的战略合作伙伴，积极引导国内外优质资源向新城核心区聚集，形成以总部形态为特征的高端文化商务中心区。集中资源，着力打造运河源头五河交汇处，优先推进区域内土地一级开发、市政交通和滨水景观建设，逐步建成体现“人文北京、科技北京、绿色北京”理念的典型示范区。

加快重点地区开发建设。继续保持投资平稳较快增长，加快新城土地一级开发和旧城旧村改造。大力推进运河核心区土地储备工作，启动西海子周边棚户区改造，推进源头岛、北大街等重要地块的一级开发，推动上营地块、杨坨村地块尽快入市交易。实现商务园内外路网全部贯通，完成景观公园建设，实现3750亩土地入市交易，开工建设金融街分区、商务园示范园。全面启动宋庄文化产业集聚区基础设施建设，在土地一级开发和重点项目落地上取得实质进展。推动北苑商务区城市综合体项目加快落地。加快推进亦庄线“两站一街”、主题公园、新北京东站、M6轨道交通沿线等重点地区土地一级开发工作。更加注重土地一级开发与二级开发的有序衔接，形成新城土地开发、储备、入市的良性循环。

继续加快基础设施建设。加强重点功能区外联交通，加快构建运河源头五河交汇处便捷交通体系，包装一批道路市政设施建设项目，加紧办理前期手续，力争实现早日开工；开工建设潞苑北大街二期、潞苑南大街西段、朝阳北路东延三期、张采路北延等工程。完善新城路网体系，打通怡乐西路、芙蓉路等多条道路断点；筹建临河里路、东六环西侧路、梨园路等南北向通道；筹建九德路二期、宋郎路南延等一批南部交通主干道；实施玉桥西路、梨园北街等道路微循环改造工程。加快完善市政设施，推进老城区集中供热改造，新建9个换热站，全部关闭西南部城区分散燃煤锅炉房，替代供热面积200万平方米；加快三河热电联供项目进程，力争实现向部分地区供热。加快建设信息基础设施，实施信息化提升工程，建设3G网络基站，编制运河核心区、商务园、“两站一街”等重点地区信息基础设施建设规划。

提升滨水生态环境建设水平。围绕五河交汇处，集中力量启动一批水利工程，开工建设河东再生水厂及配套管网，完成北运河城区段补水净化、通惠河北部城区截污等一批工程。加快生态景观建设，贯彻《北京市绿化条例》，落实“绿色北京行动计划”，完成万亩滨河森林公园“六园十八景”建设，建立城乡一体化的大园林、大绿化、大生态格局，初步形成水绿交融的生态景观。加大节能减排工作力度，继续推进建筑节能、黄

标车淘汰、“三高”企业退出等相关工作，倡导低碳生产生活方式，努力建设低碳新城。

全面提高城市管理水平。加大市容环境治理力度，配合市有关部门建设市级生活垃圾综合利用园区，继续推进公厕改造、垃圾收集站点建设、乡镇生活垃圾分类等相关工作。进一步落实“门前三包”责任制，加大对脏点、乱点的治理力度。推进区级环卫作业中心改革，逐步实现政事分开、管干分离。积极开展国家卫生区创建工作，力争年内通过验收。加大交通疏导力度，着力治理交通乱点、堵点，完善公共停车场、交通标识等静态交通设施，最大限度提高道路通行能力。适时开展公交客运改革，规范小公共运营。加大流动人口管理与服务力度，加强城乡结合部综合治理，重点治理低端市场、无业人员集中居住区等秩序混乱场所，整治私搭乱建、无照经营等非法行为；完善“以业控人、以房管人、以证管人”的流动人口管理机制，以规范出租房屋管理为重点，加强动态监管和服务，控制人口无序流动，实现人口、资源、环境协调发展。

二、调结构、上水平，提高经济发展质量和效益

紧紧围绕调结构、上水平，突出抓好实体经济的培育，狠抓重大项目建设，推动产业结构升级和发展方式转变。

突出高端运作，提升园区发展水平。把园区作为产业结构调整和经济增长的主要空间，创新开发建设模式，同国内外先进园区合作，提高园区整体运作水平。夯实园区发展基础，统筹土地一级开发和基础设施建设，确保重点产业项目按时供地。

突出大项目带动，促进产业结构优化。壮大总部经济，促进光机电总部集群、中国动向集团、阳光保险等一批项目开工建设。充分利用北京市引进总部企业的优惠政策，大力引进跨国公司、央企总部、民营企业总部，支持研发、结算、采购、营销等贡献率高、辐射力强的总部项目落地建设。积极发展供应链物流、电子商务等现代物流高端业态，提高物流业服务现代制造业的能力和水平。适应高端产业发展和高端人群消费需求，继续引进大商场、大餐饮、大酒店，推进商业向高端化发展。大力发展文化、旅游产业，深入挖掘运河文化内涵，扩大运河文化、宋庄画家村等特色品牌影响力，整合旅游资源，促进旅游业与文化、体育产业融合发展。促进制造业优化升级，抓住北京市建设自主创新型城市的机遇，积极争取中关村国家自主创新示范区优惠政策，努力在科技成果引进、促进科技成果产业化方面取得明显成效。大力引进低碳型、新材料、新能源等战略性新兴产业。积极推进北汽控股动力总成产业基地建设，促进汽车零部件产业聚集发展。

突出思路创新，提高招商引资水平。瞄准国际市场谋合作，积极引进世界高端战略合作伙伴，参与我区产业投资、园区功能区开发建设，实现跨越式发展。瞄准高端领域搜信息，搜集一批危机后引领发展的战略性新兴产业信息，建立高端产业项目信息库。瞄准产业规划找项目，抓住中央、北京市出台产业振兴规划的机遇，积极争取一批落实全市产业规划的重大项目落户通州。瞄准一流人才建队伍，着力培养和引进一批知区情、通政策、懂产业、精管理的专业招商人才，创新招商思路和工作方法，进一步提高招商引资的实际效果。

三、抓三农、强镇域，推进城乡一体化发展迈出新步伐

全面提高新形势下“三农”工作水平，大力推进城乡一体化，力争走在全市郊区县前列。

加快城市化进程，打造新的战略发展空间。以旧村改造推动城市化，加快推进新城范围内、小城镇和开发区周边旧村改造，启动50个村的改造工作。依托新城重点功能区、重要节点的开发建设，加快推进新城范围内六合新村、杨坨、曹园等旧村改造工作，做好各类社会保障的对接，提升社会化管理

水平，加快城市化进程。以小城镇建设推动城市化，加快推进以建制镇中心区为核心的小城镇建设，着力加强市政道路、公共服务等基础设施建设，启动一批土地一级开发工程，提高小城镇综合承载能力。以镇域经济发展推动城市化，依托产业园区和农民就业基地，发展镇域经济，促进资源集聚，带动农村劳动力向二三产业转移。

加快农村基础设施建设，夯实城乡一体化基础。完善村庄规划体系，完成120个村的规划编制工作。全面完成“12项全覆盖工程”,确保实现100%全覆盖。深入推进“五项基础设施”建设工程，启动180个基础设施整体推进村的建设。继续实施“亮起来、暖起来、循环起来”工程，完成节能路灯安装、太阳能公共浴室建设等各项任务。

繁荣农村经济，促进农业与二三产业融合发展。提高农业生产科技含量，加快发展设施农业，推进都市型现代农业生态走廊建设，新发展设施农业1万亩。促进农业与服务业相融合，实施乡村旅游改造提升工程，完善50个农业观光采摘园基础设施建设，整合农旅资源，打造一批乡村旅游产业带和休闲度假示范村。促进农业与加工业相融合，延伸都市农业产业链，培育壮大一批具有竞争优势和较强带动能力的龙头企业，提高农产品技术开发、深度加工、市场推广水平。

深化农村改革，形成农民持续增收的长效机制。进一步拓宽农民增收渠道，增加农民经营性、财产性和工资性收入。全面推进村级产权制度改革，启动50个村、完成35个村的改革工作，让更多农民成为拥有资产的股东。引导土地承包经营权向经济效益和社会效益双优的都市型农业项目流转，实现流转面积1万亩。规范发展农民专业合作社30个，提高农业生产经济效益。推进集体林权制度改革，实现“兴林富民”。

四、促和谐、惠民生，开创社会建设新局面

坚持以人为本，全面推进以改善民生为重点的社会建设，努力为人民群众办实事，让人民群众共享发展成果。

加快发展各项社会事业。加快科技教育事业发展。围绕科技北京“2812”建设工程，抓好一批市级重大科技项目的实施，继续做好高新技术企业管理服务，提升科技服务经济社会发展的能力和水平。完成宋庄中心小学等学校建设，继续推进校舍安全工程和中小学办学条件达标工程，积极开展课程改革实验工作。加强公办幼儿园建设，促进学前教育规范发展。完成区职业教育学校建设并投入使用。推进各类学习型组织创建工作。促进卫生事业持续发展。落实新城医疗卫生机构设置规划，整合区域医疗资源，加快推进潞河医院、中医医院等区域综合医疗服务中心建设。完成潞河医院手术病房楼建设，积极推进医药卫生体制改革，完善以重大传染病和突发公共卫生事件处理为重点的疾病预防控制体系。推动文化体育事业繁荣发展。开工建设区文化中心，完成广播电视综合业务平台建设，启动梨园体育中心、博物馆新馆前期工作。打造特色文化品牌，举办运河艺术节等文化活动。继续稳定低生育水平，推动人口计生工作向综合管理服务延伸。加强组织领导，做好第六次全国人口普查工作。

完善社会保障体系。进一步做好就业促进工作。落实更加积极的就业政策，支持鼓励劳动者自主创业和自谋职业。大力开展职业技能培训和公共就业服务，加强对就业困难人员和零就业家庭的就业援助，切实提高就业率。实现社会保障城乡全覆盖。大力推进社会保险扩面征缴工作，协调解决低龄人群和低保群体的参保问题。全面落实城镇居民参加大病医疗保险工作。启动建设区级社会福利中心，加快建设区“为老服务中心”，积极探索社会力量兴办养老机构试点工作。落实居家养老助残“九养政策”，完善老年社会保障体系。加强住房保障工作。完成半壁店、京贸家园、玉桥东小区83.7万平方米经济适用房和限价房建设，加快推进玻璃钢厂、制线厂等地块政策性住房项目。完善政策性住房建设与管理机制，适应新城土地一级开发和旧城旧村改造的需要，进一步做好拆迁安置与政策性住房建设的有效衔接，更好地满足拆迁群众的住房需求。

全面加强社会建设。在40个社区开展社区规范化建设试点工作，逐步理顺社区居委会、社区服务站工作职能和运行机制。深化楼门文化建设，着力创建和谐社区。加快农村社区建设，力争完成100个农村社区服务站和6个镇级社区服务中心建设。做好村委会换届选举工作。做好社区用房和设施配套保障工作，在棚户区、城中村改造中，同步推进社区配套设施的规划建设与验收达标工作。

保持社会安全稳定。加强安全生产监管，强化基础工作和薄弱环节管理，充分发挥基层专职安全员作用，以高危行业安全监管为重点，全面加强安全隐患大排查，坚决预防和控制重特大安全生产事故。完善应急体系建设，夯实应急管理工作基础，提高预防和处置突发事件的综合能力。做好矛盾纠纷排查化解工作，严厉打击各类刑事犯罪，保持良好治安环境。

加强精神文明建设。深入开展“爱首都、讲文明、树新风”活动和群众性精神文明创建活动，切实加强未成年人思想道德建设，不断提升市民文明素质和城市文明程度。巩固和发展首都文明区创建成果，争创全国文明区；继续开展双拥共建工作，推进全国双拥模范城建设。全面贯彻党的民族、宗教政策，充分发挥工、青、妇等群团组织的桥梁纽带作用，切实做好侨务和对台工作。

五、优环境、促发展，加强服务型政府建设

按照北京市建设服务型政府的相关要求，深化改革、转变职能、提高效率，全面加强政府自身建设。

进一步优化政务环境。巩固机构改革成果，按照新的“三定”方案，理顺职责关系，落实部门责任，切实转变政府职能，提高行政效能。坚持和完善行之有效的体制机制，提高服务质量和办事效率，在加快新城建设、促进产业发展、全力服务群众等方面继续挖掘潜力，创造良好的政务环境。

全面推进依法行政。自觉接受人大法律监督、工作监督和政协民主监督，认真办理人大代表议案、建议和政协委员提案。提高依法行政能力，加大行政执法监督力度，落实行政执法责任制。加强对规范性文件的备案监督，进一步抓好依法行政宣传培训。

加强勤政廉政建设。认真贯彻落实中央、北京市和区委加强党风廉政建设的一系列部署，深入开展廉政风险防范管理工作，加强对政府投资项目和大额资金使用情况的监督检查。扎实开展作风建设，切实做到勤政为民、进取有为、求真务实、廉洁高效。

各位代表，加快建设现代化国际新城是市委、市政府的重托，是全区人民的期盼，光荣的历史使命落在我们肩上，让我们在市委、市政府和区委的正确领导下，深入贯彻落实科学发展观，以饱满的精神、昂扬的斗志，投入百倍精力，付出百倍努力，顽强拼搏，扎实工作，为迎接北京新城建设的新高潮而努力奋斗！

政府工作报告名词解释

（按在报告中出现的先后顺序排列）

1. 亦庄线“两站一街”。“两站”指亦庄轻轨线次渠站、亦庄火车站，“一街”指站前街。

2. 化学需氧量。是衡量水体有机污染程度的一项重要指标，指在一定的条件下，采用一定的强氧化剂处理水样时，所消耗的氧化剂量。化学需氧量越大，说明水体受有机物的污染越严重。

3. 棚户区。北京市将棚户区定义为北京旧城范围以外居住环境差、房屋危破、缺乏必要市政基础设施的区域。我区的棚户区包括上营片区、西海子周边和南大街三个区域。

4. 生态示范区。是以生态学和生态经济学原理为指导，以协调社会、经济发展和环境保护为主要目标，统一规划，综合建设，生态良性循环，社会经济全面、健康、持续发展的示范性行政区域。

5. “创卫”工作。根据全国爱卫会下发的通知，在北京、天津、上海、重庆四个直辖市开展创建国家卫生区活动。国家卫生区标准是在《国家卫生城市标准》基础上制定的，“区”是指直辖市所辖的行政区域单位。

6. 路口渠化。是指依据《城市道路设计指南》，根据路口流量和基本特征，对车辆、行人作合理分离、导流等设计，是提高道路通行能力的重要措施，也是提高交通安全水平的重要手段。

7. 五项基础设施。指郊区范围内村庄的街坊路、安全饮水、污水处理、厕所改造和垃圾处理等五方面的基础设施。

8. 12项全覆盖工程。我区在推进新农村建设过程中，为贴近广大农村的生产、生活实际，以普惠制为基础，实施了12项工程，并设定了相应的指标。包括农村的垃圾密闭化管理、社区卫生服务、安全饮水工程、村级主干路建设、体育健身场所、信息服务站、亮起来工程、便民连锁超市、文化活动中心、卫生厕所、有线电视入户、村域林木绿化率。

9. “三资”管理。即农村集体资源、资产和资金管理。

10. “三金”收入。是指农民流转土地的租金收入、参与就业的薪金收入和实行产权制度改革后的股金分红收入。

11. 一村、两所、一驻地。“一村”是通州阅兵村，“两所”是指空中梯队指挥所和辅助指挥所，“一驻地”是指空中梯队陆航驻地。

12. “护城河工程”。是指北京市与周边各兄弟省、区、市围绕维护首都安全稳定建立的地区间联防、联控、联调、联打的工作模式和工作机制。2009年，北京、天津、河北、内蒙古、辽宁、山西、山东等七省、自治区、直辖市启动新中国成立60周年首都国庆安保工作“护城河工程”。

13. 六项惠民政策。包括“一升一降、一统一分、一抓一放”。是指提高社会保险待遇标准，降低社会保险缴费费率；统一城乡居民养老保险制度，退休人员医疗待遇与单位缴费脱钩；抓好农村劳动力转移就业，放开城镇老年人和灵活就业人员门诊。

14. 五河交汇处。是指运河、通惠河、温榆河、小中河、运潮减河交汇的地区。

15. 城市综合体。是指将城市中的商业、办公、居住、旅店、展览、餐饮、会议、文娱和交通等城市生活空间的三项以上进行组合，并在各部分间建立一种相互依存、相互助益的能动关系，从而形成的一个多功能、高效率的综合体。

16. 六园十八景。六园即皇木园、春花园、湿地园、银枫园、明镜园和郁林园；十八景即运河泛舟、沿河观柳、堤岸赏花、长桥映月、高台林郁、风行芦荡、静闻莺歌、湿地蛙声、枣红若涂、秋收归仓、皇木古韵、大棚话夕、农家美味、林中健身、方池知鱼、闸泄涛声、平林烟树、明镜飞帆。

17. “三高”企业。即“高污染、高耗能、高耗水”企业。

18. 总部经济。是指某区域由于特有的资源优势吸引企业将总部在该区域集群布局，以及由此对该区域经济发展产生重要影响的一种经济形态。总部经济一旦形成，可以给当地区域经济发展带来诸多外溢效应，如税收供应效应、产业聚集效应、产业关联效应、消费带动效应、就业乘数效应、资本放大效应等。

19. 科技成果产业化。是指为提高生产力水平而对科学研究与技术开发所产生的具有实用价值的科技成果所进行的后续开发、应用、推广直至形成新产品、新工艺、新材料，最终发展为新产业等活动。

20. 战略性新兴产业。是指具有市场需求前景、具备资源能耗低、带动系数大、就业机会多、综合效益好等特征的产业，主要包括新能源、新材料、生命科学、生物医药、信息网络、空间海洋开发、地质勘探等行业。

21. 九养政策。2009 年 11 月 12 日，北京市出台《北京市市民居家养老（助残）服务办法》，制定了包括“居家养老（助残）券服务制度”在内的 9 条惠及老年人和残疾人的相关政策，简称“九养政策”。

22. “三定”方案。即“定职责、定机构、定编制”，是政府机构改革中明确职能定位，优化整合内设机构，重新核定人员编制的具体实施方案。

政协北京市通州区第四届委员会常务委员会工作报告

——2010年1月11日在政协通州区第四届委员会第四次会议上

政协通州区委员会主席　王玉辉

各位委员：

现在，我受政协北京市通州区第四届委员会常务委员会的委托，向大会报告工作，请予审议。

2009年工作回顾

2009年是新中国和人民政协成立六十周年，也是全区上下积极应对国际金融危机，集中精力“保增长、保民生、保稳定”，保持经济社会平稳较快发展的一年。在中共通州区委的领导下，区政协常委会坚持以邓小平理论和“三个代表”重要思想为指导，深入贯彻落实科学发展观，认真学习贯彻中共十七大、十七届三中、四中全会和区委四届七次、八次全会精神，牢牢把握团结和民主两大主题，把推动科学发展作为履行职能的第一要务，把促进民生改善作为政协工作的出发点和落脚点，把促进和谐稳定作为政协工作的重中之重，为通州区经济社会又好又快发展和建设“人文北京、科技北京、绿色北京”作出了应有的贡献。

一、围绕我区中心工作和重要事项，积极开展政治协商活动

常委会组织委员紧紧围绕区委、区政府的重要决策和经济社会发展中的重要问题，积极开展协商活动。

协商讨论《政府工作报告》。区政协四届三次会议前，将《政府工作报告》（征求意见稿）寄送给全体委员，请委员们认真研读，提出修改意见，并召开主席（扩大）会议协商讨论报告。全会期间，委员们以高度负责的精神，围绕《政府工作报告》畅所欲言，就积极应对金融危机、加快产业发展、促进劳动力就业、推进科技创新、深化农村改革等问题提出了60余条意见、建议，并提

交了33篇大会发言，举办了“新农村建设专题论坛”。委员们的许多建议被政府采纳，在具体工作中得到落实。

协商讨论区政府机构改革方案和新城规划。主席会议专题听取了有关部门关于区政府机构改革方案的通报，就职能定位以及在机构撤并中做好衔接工作等提出了建议；专门听取了运河核心区和城区道路交通及公交场站规划情况通报，就在新城建设中增强产业功能、完善文化设施等提出了建议，得到相关部门的高度重视。

积极做好对口协商工作。有关专委会通过召开情况通报会、寄发书面材料等形式组织委员对区住建委、农委、教委等20多个部门的2009年工作计划进行协商，提出意见、建议60多条。

二、关注热点、难点问题，积极履行民主监督职能

常委会组织委员以区委、区政府重大决策、重要部署的贯彻落实情况为重点，通过多种形式积极履行民主监督职能。

积极开展视察、专题座谈、情况通报等活动。常委会议就党风廉政建设、新城区重点工程、新城滨河森林公园建设等工作，主席会议就创建国家级卫生区、园区产业发展和农业产业结构调整等工作，有关专委会分别就污水治理、民营企业发展、社会治安综合治理、民事行政检察、学前教育等工作开展了视察、专题座谈和情况通报等。在活动中坚持把知情和建言紧密结合起来，让委员在了解情况的基础上充分发表意见、建议，并以会议纪要、《委员之声》等形式送达区委、区政府领导和被视察单位。常委们在视察我区2009年重点工程建设时强调，要处理好基础设施项目、产业项目和配套功能性项目的关系，新城建设与老城改造的关系，新城开发和老城改造与保护历史文化的关系。同时提出了不断提高新城功能区的层次，增加功能区数量；充分考虑未来城市发展需要，预留轻轨、立交建设空间；进一步简化行政审批环节，提高工作效率等具体建议。社会法制与民族宗教委员会在视察我区社会治安综合治理工作时，委员们从进一步加强社会治安工作宣传力度、加大政府资金投入、拓宽预防群体事件信息渠道等方面提出了意见、建议。在区委、区政府和有关部门的重视下，委员们提出的很多建议得到了落实，政协的民主监督作用得到了较好发挥。

组织召开社情民意恳谈会。在恳谈会前，组织全体委员听取了区政府关于上半年经济社会发展情况的通报，并将恳谈会参考题目印发给相关委员，要求委员加强调查研究，加强情况分析，使所提意见、建议更具有针对性。在恳谈会上，各民主党派、人民团体负责人和各界委员代表从加速产业发展、提高新城建设和管理水平、加强农村“两委”班子建设等方面提出了具体意见、建议。区委书记王云峰、区长邓乃平等区委、区政府领导到会听取了委员们的意见、建议，并给予了充分肯定。

充分发挥特约监督员作用。100多位担任区政府及34个职能部门特约监督员的委员，认真履行职责，在科技、教育、文化、城市管理、社会治安等领域，以及各行政执法部门的具体工作中，较好地发挥了民主监督的作用。

三、围绕“保增长、保民生、保稳定”，积极参政议政

常委会发挥政协人才荟萃、智力密集的优势，以“三保”为主线，选择具有综合性、全局性、前瞻性的重大课题，组织委员开展调查研究，广泛参政议政，为稳步推进我区“两新”建设建言献策。

围绕全区重点工作开展专题调研。应对金融危机、保增长是去年全区的首要任务，也是区政协参政议政的一项重要内容。从二月下旬到四月底，由区政协六位主席、三个办公室和各民主党派成员、部分界别委员，以及区内相关职能部门负责同志共同组成三个调研组，就我区工业企业如何应对金融危机进行专题调研。调研组听取了区经信委、商委、园区管委会情况介绍，与11个乡镇、4个园区的领导和92家企业负责人分别进行了座谈，向50家民营企业发放了调查问卷，并到昌平区、大兴区、河北涿鹿县考察学习。在全面、深入调研的基础上，完成了《关于积极应对国际金融危机 促进我区工业企业健康发展的调查和思考》调研报告。报告全面、具体地分析了我区工业企业基本情况、国际金融危机对我区工业的冲击及影响，从尽快完善和落实各项扶企政策、积极构建政银企合作新机制、进一步优化服务环境等方面提出了具体建议。主席会议、常委会议先后讨论了报告，形成了常委会议建议案，得到了区政府领导的高度重视，其中的很多建议被采纳，有力地促进了我区经济平稳较快发展。由两位副主席牵头，教文卫体委员会和区委统战部、九三学社通州支社组成联合调研组，完成了关于通州区医疗卫生服务站室建设的调研，从多种渠道解决医务人员配备问题、规范社区卫生站建设与管理工作、加大财政支持力度等方面提出了建议，为区委、区政府和有关部门的决策提供了重要参考。

13个界别组发挥自身优势积极开展界别活动。工商联界和经济界大部分委员参与了关于应对国际金融危机，促进我区工业健康发展的调研。医药卫生界和财政预算民主监督小组的委员视察了我区甲型H1N1流感防控工作。工会、妇联、台胞台属归侨侨眷等界别的委员开展了到区外参观学习活动。民族宗教界委员捐款救助一名患白血病的回族居民，产生了很好的社会影响。

6个乡镇地区委员活动组积极为地区发展献计出力。梨园台湖地区组的委员以地区组名义提出了关于通州区北运河排污口治理等2件提案。宋庄地区的委员主动与镇党委、政府沟通，提出了关于加快宋庄地区生态环境建设与开发等提案。宋庄潞城、永顺、漷县西集等地区组在本地区开展了参观、调研、座谈活动，为地区发展提出了一些好的意见、建议。

四、关注民生民意，认真做好提案和社情民意信息工作

常委会高度关注民生民意，组织委员通过提案、社情民意信息等形式积极建言献策，促进了相关问题的解决。

加大提案督办力度，扎实推进提案工作。各民主党派、人民团体和各界委员积极参与提案工作。参与撰写提案的委员比2008年提高了15个百分点。七个民主党派组织提出了11件党派提案，工商联界、农业界、教育界、工会界提出了9件团体界别提案，实现了新的突破。为发挥好提案在履行政协职能中的重要作用，进一步加大了提案督办力度。主席扩大会议听取了提案委员会工作汇报和区委办、区政府办关于提案办理情况的通报。驻会主席通过加大协调力度和组织委员视察的形式分别对关于乡镇农村集贸市场改造等4件提案进行了督办。编发《重点提案摘报》16期报送区委、区政府主要领导阅批。这些措施有效地促进了提案的落实。对于区政协委员提出的9件超越我区办理权限的提案，积极协调在通州工作的市政协委员将其转化为市政协委员提案，得到市有关部门的高度重视。市交通委认真办理关于开通通州至首都机场公交线路的提案，协调有关单位于去年8月8日开通了全市首条远郊区县机场巴士专线。

畅通信息渠道，积极反映社情民意。广大委员就我区经济社会发展中的一些重要问题以及人民群众密切关注的热点、难点问题，如安全生产管理、道路交通环境改善和旧城旧村改造等问题，积极报送信息，提出意见、建议。全年共收到信息410条，同比增长33%。经筛选整理，通过《委员之声》向区委、区政府及有关部门反映136条，同比增长24%；电话处理72条，同比增长38%。区委、区政府领导同志先后40次对28期《委员之声》作了批示，有关部门高度重视、积极办理，促使一些问题得到了有效解决。区教委认真研究了委员提出的关于更加充分利用示范高中校资源的建议，进一步采取措施对我区高中教育资源进行整合，制定了具体的计划，并已着手实施。

五、把握政协工作主题，为建设和谐通州献计出力

常委会牢牢把握团结和民主两大主题，充分发挥政协联系面广、团结面大的优势，通过组织开展主题鲜明、形式多样的促进大团结、大联合的活动，努力营造和谐稳定的社会氛围。

充分发挥民主党派、无党派人士和人民团体在政协中的作用。鼓励各民主党派在政协的会议、活动中畅所欲言，支持各民主党派、人民团体开展视察，就共同关心的问题联合开展调研，做到了优势互补。召开以民主党派、人民团体负责人和无党派人士为主体的社情民意恳谈会。对于党派提案和团体界别提案，坚持由主席阅后报送区委主要领导阅批。与区委统战部一道，积极解决各党派活动中需要协调的相关问题。加强同民族宗教界委员及代表人士的联系，认真做好民族宗教工作，促进了民族团结和宗教和睦。

召开庆祝人民政协成立60周年大会。区委、区人大、区政府领导与区政协四届全体委员、文史和学习委员会特邀委员、历届委员代表欢聚一堂，重温人民政协60年光辉历程和业绩，展望人民政协的美好前景。区委书记王云峰同志在讲话中对继续开创通州区政协工作新局面，进一步加强和改善党对政协工作的领导提出了新的要求。与会同志深受鼓舞，委员们纷纷表示，一定不负众望、不辱使命，认真履行委员职责，为促进通州区科学发展、社会和谐，推进人民政协事业作出自己的贡献。

认真做好文史资料的抢救、征集工作。围绕纪念新中国和人民政协成立60周年、文史工作开展50周年，通过电视、报刊、网络等媒体发布征稿启事，向政协委员及社会各界征集文史资料，共征集稿件64篇，40余万字。编辑出版了《风雨同舟》专辑，记录了半个多世纪以来通州区政协及文史工作的变迁与发展。按照全国政协和市政协的要求，上报了文史工作经验交流材料和文史资料7篇、图片17幅，其中有6篇被市政协出版的《北京文史50年》收录。

坚持政协领导和机关干部分头走访委员制度。主动征求委员对全区工作和政协工作的意见，及时把委员对我区经济社会发展提出的意见、建议报送区委、区政府和相关部门。协调委员所在单位对委员履职给予支持。通过广泛走访委员，进一步增强了委员的责任意识，密切了政协机关与委员之间的联系。

积极开展联谊活动。举办了“春之韵”新春联谊会，各界委员共庆新春佳节，共叙通州发展大业。在妇女节、青年节、教师节等节日，组织相关委员开展了界别联谊活动。及时给每位委员寄送生日贺卡。这些活动进一步加深了委员之间的友谊，增强了政协组织的凝聚力。

六、加强自身建设，努力提高履职水平

常委会坚持从多方面加强政协自身建设，为不断推进政协工作、提高履职水平打下坚实基础。

加强思想建设，不断提高委员素质。组织委员深入学习贯彻科学发展观和中央、市委、区委大政方针及工作部署。举办了全体委员参加的金融危机对中小企业的影响及对策报告会。多次组织有关委员参加市政协举办的报告会和专题讲座。举办第二期政协常委读书班，观看了全国政协理论研究会秘书长原冬平主讲的《人民政协的经常性工作》录像，研讨了政协工作。针对委员普遍关心的时事政策、市情、区情，编发《学习资料》10期。给常委会组成人员订阅《学习》和《北京观察》，给每位委员订阅《人民政协报》、《中国统一战线》和《通州时讯》，为委员提高自身素质，更好地建言献策、参政议政提供了帮助。

加强制度建设，进一步推动政协工作规范化。制定了《政协北京市通州区委员会特约监督员工作简则》，使特约监督员工作更加规范化、制度化。认真贯彻落实《关于加强政协委员队伍管理的暂行办法》，对委员参加政协活动情况进行考勤汇总，并抓好委员年末书面述职工作。

加强宣传工作，扩大政协的社会影响力。密切与新闻媒体的联系与合作，通州电视台播放关于政协工作的新闻、信息80多条，《通州时讯》刊登关于政协工作的稿件40余篇。

加强机关建设，为委员履行职能做好服务。按照中央、市委和区委的统一部署，政协机关以争做“三个模范”、创“四型机关”为载体，开展了深入学习实践科学发展观活动和领导干部作风建设年活动。通过学习、调研和大讨论，深化了对科学发展观的理解和对政协工作的认识，并就加快产业发展、搭建银企沟通平台、进一步提高行政效能等方面提出建议39条。同时认真查找了政协工作中存在的问题，进一步明确了工作思路和措施，增强了政协的凝聚力。机关干部职工大力弘扬“勤学、勤思、勤奋、勤勉”的良好风气，以高度负责的精神，认真履行岗位职责，为各项活动的顺利开展作出了努力。

各位委员，过去的一年，政协各项工作取得了新的进展。这些成绩的取得，是市政协有力指导、中共通州区委正确领导的结果，是区人大、区政府大力支持、有关部门密切配合的结果，也是参加区政协的各民主党派、人民团体和全体委员认真履职、团结合作的结果。在这里，我代表区政协常委会，向市政协、区委、区人大、区政府各位领导，向所有关心、支持区政协工作的单位和各界人士，向为政协工作付出心血、作出贡献的各民主党派、人民团体和各界委员，致以衷心的感谢和崇高的敬意！

回顾一年的工作，我们也清醒地认识到，与新形势、新任务和新要求相比，我们的工作还存在着一定差距，主要表现在：一是对统一战线理论、人民政协理论的学习有待于进一步深入；二是面对新形势，履职方式有待于进一步创新；三是协商于决策之前的制度有待于进一步完善。对于这些问题，我们要认真研究并加以解决。

2010年工作意见

2010年是全面完成“十一五”规划任务的最后一年，是按照建设“人文北京、科技北京、绿色北京”要求集中精力加快通州发展的重要一年。市委十届七次全会明确提出，要加快重点新城建设，特别是要集中力量聚焦通州，尽快形成与首都发展需求相适应的现代化国际新城，这使我们通州迎来了前所未有的发展机遇。同时我们也面临着严峻的挑战，国际金融危机影响依然存在，保持经济平稳较快发展的难度仍然很大。刚刚闭幕的区委四届九次全会在认真分析形势的基础上，明确提出要进一步解放思想，抢抓机遇，以饱满的精神、昂扬的斗志，高起点、高标准、大气魄、大力度，全力推进通州新城跨越式发展，并确定了今年我区的奋斗目标和主要任务。我们必须增强危机感和紧迫感，为实现区委提出的奋斗目标作出应有的努力。

在新的一年里，区政协工作的指导思想是：以邓小平理论和“三个代表”重要思想为指导，深入贯彻落实科学发展观，全面贯彻中共十七大、十七届三中、四中全会、胡锦涛总书记在庆祝人民政协成立六十周年大会上的重要讲话和区委四届九次全会精神牢牢把握团结和民主两大主题，把推动科学发展作为第一要务，把促进社会和谐作为重要责任，高度关注新城建设、产业发展和民生民意，以改革创新的精神推进人民政协事业，富有成效地履行政治协商、民主监督、参政议政职能，切实发挥好协调关系、汇聚力量、建言献策、服务大局的重要作用，为建设“创意通州、活力通州、和谐通州”，推进通州新城跨越式发展作出新的更大的贡献。

2010年重点做好以下几个方面的工作：

一、认真学习贯彻胡锦涛总书记重要讲话精神，不断推进人民政协事业

胡锦涛总书记在庆祝人民政协成立六十周年大会上的重要讲话，是指导新形势下人民政协事业发展的纲领性文件。我们要认真学习、深刻领会、全面贯彻好讲话精神，切实把最广泛的爱国统一战线巩固好、发展好，把中国共产党领导的多党合作和政治协商制度坚持好、完善好，把人民政协这一政治组织和民主形式的独特优势运用好、发挥好，不断推进人民政协理论创新、制度创新、工作创新，使人民政协协调关系、汇聚力量、建言献策、服务大局的重要作用得到更好发挥。要通过举办报告会、专题讲座、知识竞赛等形式，不断把学习引向深入。要把学习胡锦涛总书记重要讲话与学习贯彻落实科学发展观结合起来，与学习贯彻党的十七届四中全会精神和区委四届九次全会精神结合起来，与提高委员履职能力和做好本职工作结合起来。全体委员要进一步统一思想，坚定不移地走中国特色社会主义政治发展道路，增强政治责任感和历史使命感，不断提高理论水平和参政议政能力，为建设“创意通州、活力通州、和谐通州”贡献力量。

二、认真履行政协职能，积极为推动科学发展建言献策

以我区“十二五”规划编制为重点，积极履行政治协商职能。坚持和完善全体会议集中协商、常委会议和主席会议专题协商、专委会对口协商制度，积极主动地开展好政治协商活动。常委会议、主席会议就我区“十二五”规划、新调整的新城核心区规划和新农村建设规划进行协商讨论；有关专委会就有关部门的“十二五”专项规划进行协商讨论。要在深入调查研究的基础上提出意见、建议，为区委、区政府科学决策、民主决策提供重要参考。

关注民生、关注社会，积极履行民主监督职能。要对有关法律法规和区委、区政府重大方针政策的贯彻执行情况，以及群众普遍关心的热点、难点问题的解决进行民主监督。常委会议、主席会议就党风廉政建设、产业发展和园区建设、政府为民办实事工程、职业教育、依法行政等工作，有关专委会就棚户区改造、城市管理、社会保障、农村文化建设等工作，财政预算民主监督小组就财政预算执行情况，开展视察、专题座谈。要继续做好提案、社情民意信息、特约监督员工作，并不断有所创新，使其在民主监督中发挥更大作用。

重视调查研究，积极参政议政。充分发挥政协人才荟萃、智力密集的优势，围绕新城建设、城乡一体化、现代服务业和高新技术产业发展等问题，通过专题调研、研讨论坛等形式，积极为我区经济社会又好又快发展献计献策。充分发挥专委会作用，做好专题调研工作，特别是要在为推动科学发展、促进社会和谐提出有针对性建议上下工夫，形成高质量的调研报告和建议案，为区委、区政府科学决策、民主决策提供参考依据。切实发挥政协界别作为扩大社会各界有序政治参与的重要渠道作用，积极探索开展界别活动新方法、新途径。各乡镇地区委员活动组要结合地区经济社会发展实际，精心组织座谈、调研、参观、考察等活动。要不断拓宽委员知情渠道，确定参政议政题目，探索参政议政的有效形式和方法，组织更多的委员参与到履行职能的各项活动中来。

三、突出团结民主主题，为促进全区稳定与和谐贡献力量

发挥好人民政协作为中国共产党领导的多党合作和政治协商的重要机构作用。坚持和完善中国共产党领导的多党合作和政治协商制度，认真贯彻“长期共存、互相监督、肝胆相照、荣辱与共”的方针，坚持把发扬民主、增进团结、协调关系、化解矛盾作为履行职能的重要着力点，营造宽松和谐的政治环境，充分发挥各民主党派、无党派人士和人民团体在人民政协中的作用，努力促进政党关系、民族关系、宗教关系、阶层关系、海内外同胞关系的和谐。组织各民主党派和无党派人士参与全区重大方针政策协商讨论，支持他们开展各项参政议政活动。鼓励民主党派、无党派人士和人民团体单独开展调研或与政协联合开展调研。组织好民主党派、人民团体负责人和各界委员代表参加的社情民意恳谈会。坚持政协领导联系党派和走访委员制度，促进区政协各参加单位和各界委员的团结合作。

发挥好人民政协作为大团结大联合组织的作用。认真贯彻党的民族宗教政策，加强同民族宗教界代表人士的联系，努力发挥民族宗教在建设和谐社会中的作用。发挥台胞台属归侨侨眷界委员的优势，为促进对外开放、推动海峡两岸关系和平发展、实现祖国统一作出贡献。各界委员要密切联系本界别的群众，及时向党和政府反映本届别群众的呼声和诉求，同时要积极宣传党的路线方针政策，协助党和政府做好协调关系、化解矛盾、凝聚人心、增进团结的工作，为促进全区稳定与和谐作出应有贡献。

继续做好文史和宣传工作。有计划、有重点地抢救“三亲”史料，编辑出版《文史选刊》第26期，发挥文史资料“存史、资政、团结、育人”作用。加强与兄弟区县政协的联系与合作，举办好“沿运河历史文化名城政协主席（通州）年会”。加强政协宣传工作，为政协开展工作创造良好的舆论氛围和社会环境。

四、加强自身建设，为更好地履行职能奠定更为坚实的基础

进一步加强常委会建设。举办好第三期常委读书班，就学习贯彻胡锦涛总书记重要讲话精神进行专题研讨。不断强化常委会组成人员的政治意识、大局意识、责任意识和表率意识，在履行政协职能的各项活动中做出表率，发挥好常委会的集体领导作用，促进政协工作的有效开展。

进一步加强委员队伍建设。以提高委员参政议政水平为核心，加强委员培训和管理工作，增强委员的责任感和使命感，提高履行职责的能力和水平，切实发挥政协委员在本职工作中的带头作用、政协工作中的主体作用、界别群众中的代表作用，自觉树立和展示政协委员的良好形象。

进一步加强履行职能的制度化、规范化和程序化建设。深入学习贯彻《中共中央关于加强人民政协工作的意见》，继续推进政协工作的制度化、规范化、程序化建设。在市委召开第三次政协工作会议后，协助区委召开通州区第三次政协工作会议。要根据新形势、新任务的要求，对现有规章制度的落实情况进行检查总结，并对有关制度加以完善，使政协工作更加规范、更加富有成效。

进一步加强政协机关建设。巩固和扩大深入学习实践科学发展观的成果，认真落实各项整改措施，以“争做求真务实的模范、合作共事的模范、廉洁奉公的模范，创学习型、服务型、创新型、和谐型机关”为主旨，进一步完善机关工作。继续推进机关办公信息化建设，设立委员公共电子邮箱，并通过邮箱发布学习资料、政协文件等。大力弘扬“勤学、勤思、勤奋、勤勉”的良好风气，努力造就一支政治坚定、作风优良、学识丰富、业务熟练的政协干部队伍，继续强化为委员服务意识，使“委员之家”更具凝聚力和亲和力。

各位委员，回顾过去，我们为创造的业绩感到欣慰和自豪；展望未来，我们对政协事业的发展前景满怀希望和信心。让我们紧密团结在以胡锦涛同志为总书记的中共中央周围，高举中国特色社会主义伟大旗帜，在中共通州区委的领导下，振奋精神，扎实工作，一心一意谋发展，同心同德促和谐，为全面实现“十一五”时期经济社会发展目标，推进通州新城跨越式发展作出新的更大贡献！

关于通州区2009年国民经济、社会发展计划执行情况和2010年计划草案的报告

——2010年1月12日在通州区第四届人民代表大会第五次会议上

通州区发展和改革委员会主任 崔松光

各位代表：

我受区政府委托，向大会报告2009年国民经济、社会发展计划执行情况和2010年计划草案，请予审议，并请政协各位委员提出意见和建议。

一、2009年国民经济和社会发展计划执行情况

在区委的正确领导下，在区人大和区政协的监督、指导下，全区上下坚决贯彻落实中央和市委、市政府决策部署，深入学习实践科学发展观，紧紧围绕区委四届七次、八次全会和区四届人大四次会议确定的任务，面对前所未有的金融危机对经济发展的巨大冲击、国家活动之多、拆迁任务之重、维稳工作之艰等诸多压力，制定措施、落实政策、积极应对，努力“调结构、上水平、保增长、保民生、保稳定”，快节奏、高强度、创造性开展工作，齐心协力、迎难而上，保持了经济持续平稳较快发展、社会祥和安定的良好态势。指标任务完成好于预期，全面完成了区四届人大四次会议确定的工作目标。预计地区生产总值实现234亿元，同比增长10%；税收总额实现83.6亿元，同比增长12.1%；一般预算收入实现26亿元，同比增长21.4%，实现了快速增长，区级可支配财力显著增强；全社会固定资产投资额实现321亿元，同比增长104.3%，拉动了经济增长；社会消费品零售额实现164亿元，同比增长12%；城镇居民人均可支配收入、农民人均纯收入分别达到22572元和11234元，同比分别增长9%和10%；城镇登记失业率控制在1.92%，低于3.5%的调控目标；万元GDP能耗下降5%。

（一）以促进投资为目标，新城建设取得新成绩

土地一级开发取得明显成效。以功能区和重要节点为重点，全力推进土地一级开发进程。城市功能区开发建设取得积极进展。运河核心区杨坨地块取得征地批复，启动拆迁及安置楼建设；5号地一期齐天乐园地块完成收购；上营棚户区拆迁基本完成，签订拆迁补偿协议5151户，签约率达97.3%。商务园8个授权地块拆迁全部完成，2个地块挂牌交易。宋庄文化创意产业集聚区土地一级开发启动，六合新村安置楼动工建设。新城重要区域和节点开发建设加

快推进。北苑商务区、新城南街、帅府园二期拆迁工作加快推进。宏鑫花园、京贸家园等节点项目启动建设。“两站一街”控规编制形成初步方案，启动拆迁和安置楼建设。坚持土地储备和入市交易并举，果园环岛D地块、福田、科技大厦等23个地块成功实现上市交易。此外，乡镇及产业园区地块一级开发加快推进，为开发建设和产业项目落地提供了条件。

新城基础设施和公用设施体系不断完善。加快道路基础设施建设。朝阳北路东延一期、温榆河西路、潞苑东路北段、邓家窑大桥等工程完工，潞苑北大街、内环路改造等工程进展顺利，玉带河东大街东延、朝阳北路东延二期等工程开工建设。区域交通得到改善，京榆旧路三期、觅西路、九德路一期及跨凉水河大桥等一批工程完工，徐尹路西段、通香路二期等工程进展顺利。加快环卫设施建设，梨园垃圾中转站等工程投入使用。加快新城供热体系建设，城西5号燃煤锅炉房试运行，替代供热面积106万平方米，三河热电联供一期工程建设顺利。新铺设天然气管线14公里，完成天然气入户8000户。加强电力设施建设，半壁店110千伏变电站等工程主体完工。优化公共交通环境，机场巴士专线、快速公交2号线武夷花园支线开通，百姓出行更加方便快捷。

破解新城建设难题取得显著成效。出台《扩大内需重大项目绿色审批通道实施办法（试行）》，建立投资项目绿色审批通道机制，主动调控投资节奏，加快项目前期手续办理，促进投资落地。纳入市、区两级绿色审批通道项目117项，共完成投资148亿元。搭建投融资平台，拓宽融资渠道，积极推进银政企合作，获得金融部门授信额度680亿元，已到位98亿元。完善新城规划动态调整机制，按照“建成首都乃至全国新城的精品和典范”的目标，运河核心区拓展到48平方公里，打造运河北京高端文化商务中心区。创新新城建设管理体制，成立了新城建设管理委员会，统筹协调新城开发建设和管理。

（二）以转变发展方式为目标，产业发展迈出新步伐

产业发展环境进一步改善。出台了《通州区促进产业发展暂行办法》、《关于加快推进旅游产业发展的意见》、帮扶企业28条等一系列政策办法，建立了区级领导联系重大项目（企业）、重大项目联席会议、产业项目绿色审批通道等促进产业发展制度，加快了产业项目的引进和建设。全力开展企业帮扶，建立调度会制度，开展多种形式的帮扶。安排1.1亿元产业发展专项资金，支持产业发展。安排3000万元中小企业扶持专项资金，用于贷款贴息。积极举办和参加各类宣传推介、商务年会等活动，促进产业发展。

产业结构调整取得明显成效。产业结构趋于合理，产业发展多点支撑的局面初步形成。集聚化、高端化发展趋势显现，以经开集团、金融街分区为代表的总部集群呈现高端发展态势，以摩比斯、福耀玻璃、玲珑集团为代表的汽车产业链集聚发展。大项目带动作用突出，“两烟”、“两宁”、国美等8家企业完成税收占全区税收总额的22%。创新发展模式，形成了光机电和经开合作模式、商务园模式、枢密院模式等，破解了园区发展当中遇到的难题。新型产业加快培育。金融业发展加速，泛华保险、交通银行北京分行数据中心、兴业银行等相继入驻，农投首诚小额贷款公司组建成立。召开了区旅游产业发展大会，全年实现旅游接待291.2万人次，同比增长160%。房地产业稳步发展，开复工面积425.6万平方米，新开工面积86.3万平方米。

项目引进建设取得显著成效。项目建设不断加快，中冶焊接、捷宸阳光、华润物流、天宇朗通等一批重点项目竣工投产或主体完工；苏宁二期、玲珑集团、邮件综合处理中心等一批项目开工建设；阳光财险、金融街分区、IDC产业城等项目前期手续正加

快推进。加大新型和主导产业项目的引进，北汽控股动力总成、北京国际金融论坛永久会址、中国动向集团、中国传媒大学科技园、华联上市公司、利星行、东滩·香格里拉五星酒店等一批投资亿元以上产业项目签约；成城国际城、奥特莱斯华北区总部等一批项目在谈。

产业园区发展步伐加快。产业园区逐渐成为大企业、大项目的聚集地，对全区经济增长贡献突出，累计实现税收21亿元，贡献率达到25%，同比增长28%。金桥基地、物流基地税收增长分别达到51%和32%，光机电基地税收突破9亿元，商务园等新建园区已形成效益。加强园区定位和差异化发展研究，积极拓展发展空间，光机电、金桥基地等扩区11.5平方公里，加入中关村国家创新示范区。基础设施进一步完善，投资近12亿元实施41个基础设施项目，开工建设道路20条，光机电变电站投入使用，商务园变电站顺利推进，宋庄文化创意产业集聚区公共服务平台主体封顶。此外，潞城、漷县、于家务等农民就业产业基地因地制宜，整合资源，加强项目引进，成效明显。

（三）以城乡一体化发展为目标，新农村建设取得新成效

农村经济加快发展。大力发展设施农业，新增设施农业1万亩。以漷大路、张凤路、运河左堤路为重点的都市型现代农业生态走廊加快建设。休闲观光农业发展加快，建成食用菌、金果冠采摘园等一批农业主题公园，其中11处被评为市级农业观光示范园。蔬菜、果品、养殖、籽种四大主导产业发展壮大，形成观赏鱼、花卉、食用菌等特色知名农产品品牌。扶持龙头企业发展，培育壮大仙源食品、吉鼎立达等一批农业龙头企业。加强农产品认证体系建设，全区78家基地获得有机食品认证，133个产品获无公害农产品认证。加大农业发展扶持力度，认真落实粮食综合直补、生态作物补贴等政策。

农村基础设施和公共服务水平进一步提高。基础设施建设全面提速，“五项基础设施”建设加快推进，超额完成184个村366万平方米街坊路硬化工程，完成19个村309公里饮用水管网改造，改造户厕4.6万户，污水处理、垃圾处理等工程全面推进。“三起来”工程加快实施，推广绿色照明，更换节能灯泡154万盏，完成528户农宅节能保温改造，安装节能吊炕2000铺，建成太阳能公共浴室50个。12项全覆盖工程扎实推进，信息服务站、便民连锁超市等9项工程覆盖率达到100%。积极开展家电和汽车下乡，农民得到更多实惠。推动乡镇社区服务中心和农村社区建设，建成44个农村社区服务站。

镇村建设迈出新步伐。以推进城市化为目标，加大旧村改造力度。加快新城规划范围内旧村改造，新启动徐辛庄、龙旺庄等15个村改造，永顺焦王庄、刘庄等旧村改造进展顺利，梨园砖厂、西小马等村自住楼加快建设。加快小城镇和开发区周边旧村改造，新启动金桥基地古庄等7个村改造，亦庄东扩5村拆迁项目顺利完成。加强中心镇开发建设，台湖生态小镇中心区建设加快推进，中心区一级开发、道路、村民自住楼取得积极进展。于家务中心区路网开工建设，乡中心水厂建设完工。台湖、漷县、永乐店、西集等重点镇基础设施和公共服务设施建设加快推进，完成永乐店污水处理厂及宋庄、漷县等镇垃圾中转站建设。

（四）以宜居新城为目标，新城管理水平得到新提高

街道和社区管理工作得到加强。创新社会管理体制，组建了区社会工委和社会办，理顺管理机制。加强街道和基层社区建设，圆满完成第七届社区居委会选举工作。加快社区服务站建设，促进社区服务站规范化。深化楼门文化建设，积极探索社区自主管理新途径。完善社会组织建设，积极构建“枢纽型”社会组织。选聘高校毕业生到社区工作，推进社区工作者专业化、职业化进程。

以国庆环境建设为契机，环境整治再上新台阶。加大城乡环境综合整治力度，城乡环境明显改善。进一步完善环卫设施，新增垃圾收集和压缩等车辆52辆、果皮箱2000套，改造城区旱厕、公厕133座。垃圾分类工作有序推进，11个居民小区、23家机关单位和6所学校实现垃圾减量化、资源化、无害化处理。深入开展城乡环境综合执法，以大检查、大清理等活动为抓手，完成全区村庄环境整治工作，城乡环境卫生水平全面提升。围绕国庆60周年城市街景布置，摆放花卉40万盆、悬挂灯笼1.1万盏、景观造型12处。加强重点区域内户外广告和牌匾整治，取得显著成效。加大交通执法力度，净化城市道路交通环境。着力改善城市交通微循环，实施了中仓路、乔庄北街、中山街等街巷道路改造，完成西大街、南大街等11条道路老旧路灯更换工作。

生态环境建设成效明显。滨河森林公园南区绿化工程主体完工，东南郊水网改造工程加快推进，生态功能和景观效果初显。完成“三北”四期防护林3000亩和三间房机场绿化工程，继续实施第二道绿化隔离地区、平原治沙、运潮减河植被恢复等工程。加大水环境治理力度，实施北运河城市段补水净化工程，河东再生水厂及管网配套工程前期手续加快推进。加大污染控制力度，二氧化硫和化学需氧量排放总量分别下降2%和3%，加快黄标车淘汰、更新，空气质量二级和好于二级以上天数超额完成目标任务。“双创”工作取得新成绩。创卫标准达标，顺利通过市级验收；实施82项环境基础设施和生态保护工程，通过国家生态示范区验收，生态文明建设进一步彰显。

（五）以增强发展活力为目标，体制机制创新取得新进展

农村改革稳步推进。11个乡镇全面启动村级产权制度改革，完成59个村的改革工作。创新村级产权改革工作思路，完成马驹桥镇北五村“撤村建居资产处置”试点。规范农村土地经营权流转，率先建立农村土地流转指导价格评估机制，全年流转土地1万亩，并成立2个乡镇“农村土地流转管理服务中心”。加快农村专业合作社发展，成立全市首家土地股份专业合作社，新发展农民专业合作组织50家，带动农户2万户。扩大合作社内部资金互助服务试点工作，11家合作社开展了内部资金互助服务。积极稳妥推进集体林权制度改革。

国有资产管理体制改革进一步深入。探索国有资本运营新机制，成立了国有资产投融资平台，开展融资担保等服务。整合国有优质资产，推进国有资本投资平台建设，优化资源配置，为新城建设募集资金。加快国有资本向新领域进军步伐，加强与新型金融企业合作，拓展国有资本投资领域。国有商业企业运营机制改革稳步推进，顺利完成人民商场整体包装租赁改革，华联商场股权转让取得积极进展。国有资本退出与资产盘活力度加大，通过土地与资产的整体盘活，国有资产产权转让收益得以实现。

政府机构改革工作稳步推进。围绕转变政府职能和理顺部门职责关系，按照职能有机统一、职责清晰的要求，稳步推进政府机构改革。加快职能转变，调整划转了住建委、经信委、市政市容委、商务委、人保局、园林绿化局等部门职能，新组建金融办、社会办等职能部门，完善了服务三农、产业发展、住房保障、人力资源和社会保障、园林绿化等方面的管理体制，强化了市政市容管理、社会建设、金融等方面的管理职能。

（六）以改善民生为目标，社会建设开创新局面

科技、教育事业取得新成绩。积极推进科技事业进步。开展创新型乡镇建设和科普社区创建活动，大力开展科技创新和科技推广，推进科技成果应用。推动教育事业发展。继续加强教育设施建设，史家小学通州分校、玉桥中学专业教学楼投入使用，觅子

店学校、宋庄镇中心小学开工建设，区职业学校、西集中学等前期手续加快办理。积极推进校舍安全工程，实施6万平方米校舍加固和翻改扩建工程。完成25所农村中小学教师集体宿舍改造和18所小学办学条件达标工作。全面完成初中建设工程，初中学校整体办学质量和水平明显提高。继续调整教育布局，撤并农村小学2所。教育教学水平不断提高，高考上线率达到83%。安排44名区属优秀教师到农村支教，教师队伍结构进一步优化。职业教育和成人教育进一步发展，学习型新城区建设稳步推进。

卫生、文化、体育事业取得新进展。医疗卫生设施建设得到加强，张家湾卫生院、台湖医院和次渠卫生院完工，潞河医院手术病房楼建设工程进展顺利。首都医科大学潞河教学医院正式挂牌成立。完善社区卫生服务网络，121个社区卫生服务站投入运行。深入开展常用药品零差率销售工作，群众医药费降幅达20%左右。新型农村合作医疗制度稳步推进，一级以上医院率先实现新型农村合作医疗“出院即报”。迅速启动突发公共卫生事件应急机制，全面防控甲型H1N1流感。加快文化设施建设，完成47个行政村文化活动室建设，实现全区行政村文化活动室全覆盖。社区文化服务中心升级改造工程完工，区文化中心加快推进。积极开展丰富多彩的群众文化活动，圆满完成国庆文化系列活动。加强文物普查和修缮保护工作，文物保护工作扎实推进。体育设施得到改善，新建全民健身工程26处，为农村更新健身器材100套。全民健身深入开展，举办第三届全民运动会，积极开展多项全民健身活动，不断提高全民素质。

劳动就业、社会保障等民生工作取得新成效。加强失业人员再就业培训，实现就业11500人。农村富余劳动力向二三产业转移就业9173人次，开发社区就业岗位8994个。加快完善覆盖城乡的社会保障体系，“一升”、“一降”、“一分”工作顺利完成。城镇五险基金累计收缴达到11.2亿元。全面放开医疗保险“两个门诊”，顺利启用城乡居民养老保险制度。继续加强养老服务设施建设，新增养老床位1220张。区儿童福利院新楼建成投入使用。政策性住房工作扎实推进，芙蓉花园、半壁店限价房等项目建设进展顺利。

圆满完成国庆60周年安全保障服务工作。加大安全执法力度，开展有限空间作业等10大行业领域安全生产大检查，安全生产形势保持稳定。积极开展“国庆平安行动”，扎实推进重点区域国庆专项安保工作，未发生敏感问题。积极落实“平安北京”和“护城河工程”，建成白庙、觅子店等3个公路综合检查站，确保进京车辆安全。做好危险化学品恐怖袭击防范工作，重点落实国庆重点控制区域反恐防范措施。圆满完成国庆服务和参与工作，积极做好阅兵方队和群众游行方队的服务和组织工作，获得“国庆60周年最佳服务保障奖”和“首都国庆60周年阅兵服务保障先进单位”称号。

同时，人口与计划生育、妇女儿童、广播电视、档案、保密等各项事业全面发展。

各位代表，过去的一年是新世纪以来全区经济发展最为困难、极不平凡的一年，在经历考验、攻艰克难的基础上，取得了令人振奋的成绩，这是全区人民团结一致、努力拼搏的结果，也是区委科学决策、精心领导和区人大监督指导的结果。在肯定成绩的同时，也应清醒地看到，全区发展面临的形势依然比较复杂，经济社会发展中还有一些矛盾和问题。一是经济发展与我区在首都经济未来发展的大局和所处环渤海经济圈的位置相比，经济总量还显不足，经济内生性增长活力不强，集聚发展还不够。二是新城建设管理水平与快速发展的要求还有差距。三是城乡发展现状与区委提出的在城乡一体化发展新格局中走在郊区县前列的目标相比，加快城市化发展还需做大量工作。四是正确处理人口资源环境之间的关系给加快发展、科学发展带来的压力还需深入研究。五是在进一步解放思想、创新体制机制，加快项目落地，促其早日见效上有待进一步提高。

二、2010年发展环境和国民经济、社会发展主要目标

2010年是“十一五”规划收官之年，也是“十二五”规划的编制之年，是巩固应对金融危机成果，保持全区经济社会平稳较快发展、深化结构调整的关键之年，是深入落实“人文北京、科技北京、绿色北京”战略全面加快新城建设的重要一年，也是建设现代化国际新城的第一年，面临前所未有的重大机遇，同时也面临着复杂的形势和挑战。安排好2010年国民经济和社会发展计划至关重要。

（一）2010年发展面临的形势

宏观形势继续向好，为实现新发展创造了条件。一是政策面预期将保持连续性。经济复苏预期性增强，国家宏观调控政策将保持连续性、稳定性。但政策作用的领域和结构将会调整，需要我们正确把握政策方向。二是首都经济步入了新的发展阶段，建设“人文北京、科技北京、绿色北京”将是今年乃至更长一个时期全市工作的重点，必将在调结构、保增长上有大动作、大举措，为我们的发展创造了政策机遇。三是新城建设步入了全新的发展阶段，将实现打基础向加快建设的转变。同时，市委、市政府提出“集中力量、聚焦通州，借助国际国内资源，尽快形成与首都发展需求相适应的现代化国际新城”的新要求，有利于更好的集聚高端要素，从更高层次、更宽领域谋划和推动发展。四是在应对金融危机过程中，形成了行之有效的机制和经验，为加快新城建设提供了有利条件。五是土地和项目资源储备充足，有利于更加高效、主动地加快发展。

发展中还面临着诸多挑战需要积极应对。一是经济发展中还存在许多不稳固、不确定的因素，会对经济发展产生不利影响。二是进一步实施刺激政策的空间缩小，短期政策效应逐步递减，政策推动选择空间缩减。三是新一轮高端竞争将会进一步加剧，优化产业结构、提升产业发展层次的难度不断加大。四是环境宽松伴随的预期通胀增强，特别是房地产市场的走势趋于复杂。五是统筹城乡一体化发展、就业保障、公共资源均衡化等社会建设面临新的要求，需要进一步加大力度，统筹解决好新问题。

（二）发展计划安排的思路和原则

合理安排2010年的发展计划，要以科学发展观为指导，落实党的十七届三中、四中全会和中央经济工作会议、市委十届七次全会精神，按照区委四届九次全会的总体部署，以建设现代化国际新城为目标，着力调结构、全力保增长、力促上水平；进一步解放思想，集中力量在新城建设上有大举措、产业发展上有大项目、城市化进程上有作为，促进重点领域大发展、大突破；把握新规律、新要求，打好“十二五”规划编制攻坚战，高水平谋划、高层次推进，高效率实施，推动新城建设取得新成绩。为此计划安排要处理好“六个关系”，体现“六个更加注重”。一是处理好保增长与调结构的关系，更加注重转变发展方式基础上的较快发展；二是处理好基础设施和公共服务的关系，更加注重完善新城功能的提升；三是处理好传统要素驱动与创新驱动的关系，更加注重高端、高效要素聚集驱动；四是处理好发展环境和服务环境的关系，更加注重政策集合和优质服务的打造；五是处理好城乡协调发展的关系，更加注重城乡一体化建设；六是处理好社会领域改革和民生保障的关系，更加注重民生改善和促进社会和谐。

（三）2010年经济社会发展主要目标

按照统筹兼顾、规划衔接、引导预期的原则，建议主要目标安排如下：

——地区生产总值比上年增长10%

——一般预算收入比上年增长10%

——全社会固定资产投资额比上年增长12%

——社会消费品零售额比上年增长12%

——城镇居民人均可支配收入比上年增长9%

——农民人均纯收入比上年增长10%

——城镇登记失业率控制在3.5%以内

——万元地区生产总值能耗比上年下降5%

——食品抽检合格率稳定在90%以上

——药品抽检合格率保持在99.5%以上

三、实现2010年国民经济、社会发展计划的主要措施

北京的发展进入了从中等发达城市向发达城市迈进的新阶段，通州要按照北京发展新阶段的要求，在更开阔视野、更高层次上全面推动新城建设。全区上下要按照“人文北京、科技北京、绿色北京”战略构想，进一步解放思想，创新体制机制，构建“创意通州、活力通州、和谐通州”，为“十二五”规划启动实施打下坚实的基础。要着重做好以下几项工作。

（一）着力加快新城建设步伐

发挥投资对新城建设的带动作用。保持合理的投资规模，以一二级开发跟进和重点工程为抓手，引导关联性投资稳步增长。优化投资环境，完善绿色审批通道长效机制，加强主动服务，提高服务效率，为社会投资创造良好的氛围。加快项目开发和土地入市进度。及早谋划，提前准备，按照多储快供的思路，加快土地储备开发，狠抓入市交易。优化投资结构。政府性投资重点投向事关新城建设长远和全局的项目，事关经济社会、城乡一体化协调发展的领域，提高投资效益。全面促进社会投资跟进，以政府投资带动社会投资。进一步加快城市功能区和重要节点土地上市速度，促进二级开发项目建设进程，着力改善投资结构。创新融资模式，保障资金需求。继续深化银政企合作，充分利用好金融信贷工具。整合国有资源，推进国有资本投资平台建设，为新城建设筹集资金。

加快功能区开发建设。加快运河核心区建设，使之成为建设“人文、科技、绿色”北京的典范。进一步完善核心区规划设计，优化“五河交汇处”交通体系，加快地块一级开发和上市速度，继续推进运河核心区一级开发，尽早启动5号地一期一级开发，完成运河家园三期土地上市交易，为功能性项目入驻提供条件。加快商务园土地一级开发进度，力争2个地块获得一级开发授权，5个已授权地块获得征地批复，6个地块实现入市交易；抓好项目建设，积极推进金融街分区、商务园示范园、阳光财险等项目建设，完成滨河公园、变电站和道路建设工程。加快推进宋庄文化创意产业集聚区开发进度，力争完成3个地块的一级开发工作，具备上市条件，并力促引进项目的落地。推动主题公园及新北京东站土地一级开发前期工作。

加大重要节点开发和旧城旧村改造力度。完成北苑商务区拆迁工作，力争达到上市条件，为实施城市综合体项目建设奠定基础。继续推动上营棚户区改造，实现上市交易。启动西海子周边改造，推进源头岛、北大街等地块一级开发。积极协调，力争半壁店、果园环岛B3地块实现上市交易。积极推进科技大厦、宏鑫花园等项目的开工和建设。大力推进台湖“两站一街”开发进度，促进具备条件的地块入市交易，推动北关等重要节点的土地一级开发。继续加大旧城旧村改造力度，加快西小马、焦王庄等旧村拆迁改造步伐，积极推进杨庄、北马庄等村民自住楼建设。

（二）着力推进重点工程建设

加快道路基础设施建设。创新思路，寻求突破，道路基础设施建设要从构建新城框架向围绕产业发展谋建设的方向转变，形成基础设施建设和产业发展的良性互动。围绕商务总部功能区，加快实施潞苑北大街二期等工程，确保完工；围绕宋庄文化创意产业集聚区，加快实施宋郎路北延、潞苑南大街西段、规划三路一期等工程；围绕南部区域发展，加快实施张凤路、宋郎路南延、通香路二期、九德路二期和马驹桥、于家务、台湖、漷县等一批乡镇路网工程。继续完善新城框架和城市道路内部循环，实施玉带河东大街东延、东六环西侧路北延、内环路改造等一批工程。

提升城市运行保障能力。加强市政设施体系建设，确保三河热电联供一期竣工，启动二期工程建设；积极推进城西5#区燃煤锅炉房整合项目后续替代任务，做好老旧小区供热管网的改造；加快推进河东再生水厂及配套管网工程，争取早日开工建设；加快推进张家湾110千伏等变电站新改建工程。加强公共安全设施体系建设，确保消防指挥中心和特勤消防站工程完工，开工建设商务园消防站和运河东大街消防站工程。

加强生态环境建设。完成滨河森林公园工程建设，形成景观效果。加大水系治理力度，实施通惠河北部城区污水截流等一批项目，加快东南郊水网工程建设，完成师姑庄橡胶坝、水南村橡胶坝建设，启动丰字沟综合改造及小中河改造工程。加强绿化美化工程建设，启动运河源头岛环境整治工程，完成第二道绿化隔离地区、平原治沙、道路绿化美化等工程。完成1个“环境优美乡镇”和10个“文明生态村”的创建目标。

（三）着力推进产业结构调整

狠抓产业内部结构调整。以重点项目为带动，促进主导产业培育。抓住北汽控股动力总成、成城国际城等大型汽车零部件项目，促进汽车产业发展壮大。抓好三辰动漫、中国传媒大学科技园等项目，促进文化产业发展。抓好金融街分区、阳光财险等项目建设，大力发展金融产业。加快北苑商务区、运河核心区等城市综合体建设，促进商业高端化发展。做好旅游资源的整合，促进旅游业和文化产业、体育产业融合发展。注重抓好上下游企业集聚，延伸产业链条。推动总部及其上下游企业发展，形成产业上下游关联、产业链条长的合理结构。加强产业分类指导，对符合新城功能定位的朝阳产业、成长性好、地方贡献大的企业，加大扶持支持力度，对夕阳产业、弱势产业和“三高”企业，加快整合和腾退。

狠抓增量扩张，促进大项目落地建设。集中精力抓大项目的引进，积极促成运河核心区、宋庄文化创意产业集聚区、“两站一街”等具备上市条件的地块上市交易，引入符合功能定位的高端大项目；充分利用优惠政策，继续大力引进企业总部；实施“走出去”战略，加快名院名校、酒店、文化休闲等城市功能性项目的引进；做好项目跟踪服务，促进成城国际城、哈佛医疗城、新星集团、中唱文化产业园等一批重点在谈项目签约入驻；各乡镇、园区要重点出击，争取引进2—3个重大项目。抓好签约项目的开工建设，加快办理前期手续，促进北汽控股动力总成、利星行、中国传媒大学科技园、中国动向集团等一批项目开工建设。狠抓项目竣工投产，加快苏宁二期、华润物流、邮件综合处理中心、玲珑集团等项目建设，力争竣工投产项目在16个以上。

狠抓资源整合，进一步优化产业发展环境。研究出台一批鼓励和支持产业发展的办法和措施，促进新型产业的培育。加强招商资源整合，建立信息共享和合作机制，形成全区招商引资的合力。继续深化一站式服务、全过程服务、绿色审批通道等措施，提高办事效率和服务水平。优化产业发展的人才环境，人才引进重点向“两新”建设以及先进制造业、金融业、文化产业等领域转变。注重园区资源整合，加大园区基础设施投资力度，投资10亿元，实施28项园区基础设施建设项目。完成商务园变电站和高压线迁改工作，加快园区内道路建设，初步形成内外贯通的路网体系。推进宋庄文化创意产业集聚区、永乐经济开发区等开发建设工作，进一步提升园区重大项目承载力。完善园区商务服务和生活服务配套设施体系，提升园区的服务水平。进一步加强农民就业基地建设，促进与园区联动发展。

加快国有资本战略性调整。加强国有资本运营平台建设，力争通过三至五年的经营成长期，完成境内主板上市融资任务。加快国有资本投资重点的调整，推动国有资本向新领域投资。与中信合作，成立融资租赁公司，推进国有资本运作。参股村镇银行建设，拓展国有资本在金融领域的发展。

（四）着力推进城乡一体化发展

以加快旧村改造为重点，推进镇村建设。加强分类指导，推进以旧村改造为重点的镇村建设。推进新城规划范围内旧村改造步伐，加快杨庄、北马庄等村安置楼建设，开工建设曹园、车里坟等村的拆迁安置楼。加快重点镇建设步伐，带动引领其他乡镇加快发展。从产业用地指标、土地一级开发和供应、拆迁补偿方式等方面，研究支持政策，切实加快重点镇项目建设和经济发展。推进产业园区周边村的改造，加快实施南堤、驸马庄等村的拆迁，为园区发展提供用地空间。稳妥推进存量集体建设用地的流转，调动各方面的积极因素，加快城镇化步伐。加强引导，促进乡镇之间基础设施和产业发展之间的互补与合作，实现乡镇间的协调发展。

加快发展都市型现代农业。继续加强农业基础设施建设，实施新河灌区再生水利用五期、中低产田改造和坑塘集雨利用等基础设施提升工程，提高农业现代化水平。继续推进张凤路、漷大路设施农业产业带建设，新改建设施农业1万亩，新建标准化生产基地100个，打造20个设施农业专业村。继续推进北运河观光旅游产业带建设，完善50个农业观光采摘园基础设施建设。集中包装，打造一批乡村旅游和休闲度假示范村。立足蔬菜、林果、花卉、养殖等优势，发展特色农业主导产品。加快农业产业化发展，集中力量培育东升方圆、富勤食用菌等农产品加工龙头企业。

完善农村基础设施和公共服务建设。多方筹措资金，加大投入力度，确保12项全覆盖工程实现100%。继续实施“五项基础设施”建设和“三起来”工程，实施180个村的建设工程，硬化街坊路320万平方米，改造农村户厕4万座，确保完成全区农村户厕改造。继续完善乡镇道路、供排水、供热、垃圾转运等基础设施体系，完成西集、漷县等5个乡镇的生活垃圾分类工作。加快农村公共服务设施建设，促进公共服务资源均等化。完成宋庄镇中心小学、觅子店学校、西集中学等建设工程，继续加大对乡镇综合文化站和村文化活动室建设的支持力度，着力提升农村公共卫生服务站点运营水平。

深化农村各项改革。继续推进村级集体经济产权制度改革，完成35个村的改革工作。积极引导、全面推进农村土地承包经营权流转工作，流转土地1万亩。推进农业经营体制机制创新，规范发展各种农业社会化服务组织和农民专业合作社。积极做好集体林权制度改革，实现“兴林富民”。完善新农村公共设施管理办法，从运营主体、管护责任等方面完善公共设施的管护。加强制度建设和政策落实，推进城乡居民养老保险制度、基本医疗保障等工作，促进城乡保障一体化。

（五）着力加快社会事业发展

加快教育、科技事业发展。提高教育基础设施水平，确保北京二中通州分校二期工程竣工，全面推进校舍安全工程建设。加强公办幼儿园建设，促进学前教育规范发展。优化整合教育资源，继续实施中小学办学条件达标工程。加大教师队伍建设力度，促进教师队伍向专业化、高层次方向发展。推进科技事业发展，加强对高新技术企业的管理及服务。加大科学技术推广力度，加快科技成果转化，加大科普工作力度，提升区域科技创新能力。

加快卫生、文化、体育等事业发展。积极推进医疗卫生体制改革，落实新城医疗卫生机构设置规划。积极推进潞河医院手术病房楼工程，力争年内投入使用。加快推进区疾病预防控制中心前期手续办理，力争年内开工。加强公共卫生体系建设，启动建设突发公共卫生事件应急救治中心，有效控制各类传染病的暴发。加强文化设施建设，启动区文化中心工程建设，加快博物馆新馆前期工作。推进图书室、文化广场、数字影院等设施建设。加强文化遗产保护，实施文物修缮工程。举办丰富多彩的文化活动，满足人民群众文化需求。加快体育事业发展，积极推进梨园体育中心前期手续办理，加强各项体育设施建设，更新器材，深入开展全民健身运动，提高人民身体素质。

（六）着力做好以民生为重点的社会建设

积极做好劳动就业和社会保障等民生工作。完善就业政策体系，多渠道开发就业岗位。加强劳动技能培训，实现失业人员就业1.1万人，转移农村劳动力5000人。深化充分就业社区（村）创建工作，全区充分就业社区（村）达到总数的75%以上。落实促进劳动就业的各项法规政策，鼓励和引导自主创业、灵活就业。加快完善覆盖城乡居民的社会保障体系建设，完善养老、医疗、工伤保险等制度。各项社会保险基金收缴率均保持在95%以上。推进农村新型合作医疗，提高报付率。做好“一老一小”大病医疗保险新参保及续保工作，推进城镇无业居民大病医疗统筹制度。继续完善城乡救助体系，加大对困难群体的救助力度。加快政策性住房建设进程，积极推进北京工具厂、芙蓉花园等项目建设。

加强社会建设和社区规范化建设。开展社会组织改革与发展试点工作，确认2个“枢纽型”社会组织，新建1个社会组织联合会。深入开展社区规范化建设，完成40个规范化社区建设。加快农村社区建设，力争完成100个农村社区服务站和6个镇级社区服务中心建设。提升楼门文化的内涵和品位，深入开展“星级楼门”评比活动，实现楼门文化建设的可持续发展。凝聚各方合力，争创全国双拥模范城。精心组织，认真做好第六次人口普查工作。

加大综合整治、维护安全稳定力度。继续深化安全监管措施，强化安全监管责任体系建设，完善安全监管长效机制。进一步加强安全生产执法检查，抓好重点行业和领域的安全生产专项整治工作。加强社会治安综合治理，开展集中清理整治。加强基础治安管理工作，拓展防控手段，全面提升社会治安防控能力和水平。坚持防灾、抗灾、救灾相结合，建立健全城市预警体系和应急机制，不断提高突发事件的处置能力。加强环境综合整治，与新城建设快速发展的综合管理新要求相适应，继续开展专项环境综合治理，固化环境综合治理和管理的长效机制。继续改善城市微循环，完成玉桥西路、梨园北街、西海子西路等8条道路改造工程。

（七）着力做好规划编制工作

加快完善新城规划体系。一是高标准完成北京高端文化商务中心区的规划设计和批复，为高水平建设新城核心功能区奠定基础。二是全面完成街区控规的编制和报审，为重点区域、功能区、节点开发建设提供规划依据。三是全面完成村庄规划的编制报审，实现村庄规划全覆盖，科学合理有序引导新农村建设。

全力做好“十二五”规划编制工作。一是扎实做好“十二五”规划前期研究。科学分析判断当前和今后一个时期经济社会发展面临的新形势、新机遇和新挑战，组织动员社会力量开展课题研究，为科学编制规划、制定相关政策措施提供重要支撑。二是提出“十二五”规划基本思路。在前期研究的基础上，组织精干队伍，研究提出“十二五”时期通州经济社会发展的总体思路、主要目标和重点任务。三是组织好专项规划和乡镇规划编制。加强培训工作，协调组织区各有关部门、各乡镇编制好“十二五”专项规划和乡镇“十二五”规划。

（八）着力加强统筹协调，保障计划顺利实施

狠抓责任落实。进一步统一思想，增强发展的紧迫感和责任感，层层分解目标任务，明确责任，狠抓落实，确保各项指标任务的完成。加大监督考核力度，将责任和年度考核挂钩，切实加强指标任务的落实执行力度。

狠抓收支规范化管理。采取有力措施，加快税源引进和建设，加强对重点税源的管理和服务，确保项目落地、税收落地。落实促进产业发展的政策办法，加大纳税大户考核奖励扶持力度。发挥乡镇、园区税收增长主力军作用，为全区税收增长做出贡献。同时，加强规范管理，促进其他收入稳定增长。坚持有保有压，优化支出结构，深化财政预算管理体制改革。

完善项目管理工作。高度重视项目前期工作，超前谋划、全面推进，为项目顺利实施提供保障。积极探索建立重大项目洽谈、落户、开工、建设、达产全过程的跟踪、服务和促进机制。促进项目管理与建设水平的不断提高。加强政府宏观管理，尤其是投资管理。完善项目建设资金的审核监督机制，对政府投资项目资金使用情况进行全过程的监管，提高项目规范化管理水平。

各位代表，2010年是我们紧抓机遇、实现新城大发展的重要一年。全区上下要认真贯彻十七届三中、四中全会和中央经济工作会议、市委十届七次全会精神，深入实践科学发展观，按照建设“人文北京、科技北京、绿色北京”对通州新城的新要求，全面落实区委四届九次全会和区四届人大五次会议工作部署，解放思想，真抓实干，为全面建设现代化国际新城、实现通州国民经济和社会事业的全面协调可持续发展而努力奋斗！

关于通州区2009年财政预算执行情况和2010年财政预算草案的报告

——2010年1月12日在通州区第四届人民代表大会第五次会议上

通州区财政局局长　刘汝林

各位代表：

我受区人民政府委托，向大会报告我区2009年度财政预算执行情况和2010年财政预算草案，请予审议，并请政协各位委员提出意见和建议。

一、2009年财政预算执行情况

2009年，是全区经济社会发展形势极为严峻的一年，也是财政工作极不平凡的一年。在区委的正确领导下，在区人大和区政协的监督指导下，全区上下深入学习实践科学发展观，紧紧围绕区委四届七次、八次全会和区四届人大四次会议确定的任务，积极应对金融危机，认真落实“保增长、保民生、保稳定”各项工作部署，坚持依法聚

财、科学理财，齐心协力，共克时艰，努力增收节支，优化支出结构，加强财政管理，全区经济实现平稳较快发展，各项重点支出得到有效保障，全面完成了区四届人大四次会议批准和市政府下达的财政收支任务，预算执行情况良好。

（一）财政收入预算执行情况

2009年地方财政收入完成660859万元，同比增长78.7%。其中，一般预算收入完成260607万元，同比增长21.4%；完成年初人代会批复一般预算收入220584万元的118.1%，完成全市增收任务236118万元的110.4%；基金收入完成400252万元（含土地出让基金收入285128万元、按规定由预算外纳入预算内基金管理的城市基础设施配套费收入84454万元）。

2009年财政预算内区级总财力实现1284191万元（本年实现总财力1061401万元）。其中：一般预算总收入766023万元。包括：地方一般预算收入260607万元，市体制返还及转移支付补助资金279202万元，市追加专项资金161981万元，上年结转64233万元；基金预算收入508189万元。包括：本年收入400252万元，市级追加专项16338万元，上年结转91599万元；调入资金（基金）9979万元。

（二）收入预算执行的特点

一是全年收入呈现了前低后高的增长态势。受宏观经济环境影响，年初一般预算收入大幅下滑，比去年同期下降20.9个百分点。随着一揽子调结构、上水平，保增长、保民生、保稳定政策措施的效果显现，全区经济逐步回暖。自5月份以后，收入形势加速回升，全年一般预算收入同比增长21.4%，实现了平稳较快增长。车船使用税、耕地占用税、印花税、房地产业营业税增收对区财政收入拉动作用明显。其中，车船使用税、耕地占用税、印花税增收15613万元，拉动一般预算收入增长7.3个百分点；营业税增收27247万元，拉动一般预算收入增长12.7个百分点，房地产业营业税大幅增收是财政收入实现较高增长的主要动力。但财政收入增量构成中一次性入库、非经济增长因素所占比重较大，全区财政增收基础和持续潜力仍需进一步加强。

二是六大重点行业（工业、建筑业、房地产业、商业、社会服务业、金融业）形成税收占全区税收比重为78%，对我区财政增收贡献较大，但其中社会服务业、商业、金融业与新城产业发展定位相比还需加强。

三是乡镇园区经济发展对收入贡献作用突出。全区11个乡镇（含园区）实现税收626505万元，较去年同期增加93444万元，增长17.5%；实现一般预算收入189883万元，较去年同期增加55923万元，增长35.6%，占一般预算收入比重为72.9%，比去年同期提高7.5个百分点，占据全区收入增长的主导地位。

（三）财政支出预算执行情况

区四届人大四次会议批准：2009年财政支出预算为453251万元。后经区四届人大常委会第二十一次会议批准，财政总支出调整为834000万元，实际总支出为895808万元。其中：一般预算支出704147万元，比上年决算增长52.1%；基金预算支出191661万元。

需要说明的是今年财政总支出与年初预算安排数差距较大，一是年初预算中没有安排新体制和市级专项资金，随着市区新体制资金和市级专项的到位，相应加大支出；二是年初土地出让金收入情况无法预计，因今年房地产市场回暖，土地交易增加，土地出让金收入增长，支出加大。

1．一般预算支出704147万元，主要支出情况如下：

一般公共服务支出56422万元，完成预算60000万元（为四届人大常委会第二十一次会议批准的调整预算数，以下同口径）的94%。主要是保障党政机关正常运转支出。

国防支出3243万元，完成预算2100万元的154.4%。主要用于武装部民兵建设、国庆60周年服务保障、兵役征集等支出。

公共安全支出29633万元，完成预算28500万元的104%。专项资金主要用于看守所、公安检查站、消防支队和消防指挥中心特勤站建设、法律服务室及法律服务中心建设、国庆安保支出以及公检法司设备购置、岗位津贴等。

教育支出78704万元，完成预算75000万元的105%。其中区本级支出57162万元，比上年52274万元增长9.4%，高于财政经常性收入增长比例（财政经常性收入增幅为7.6%，下同），符合法定增长要求。专项资金主要用于落实义务教育教师绩效工资、落实两免一补、来京务工子女免借读费补助、优质高中校建设还贷贴息、中小学校舍安全加固工程、农村教师集体宿舍改造、史家小学通州分校建设、北京二中通州分校Ⅱ期建设、中小学办学条件达标工程、校舍修缮、教学设备购置及小学规范化建设等。

科学技术支出4640万元，完成预算3950万元的117.5%。其中区本级支出1391万元，比上年1288万元增长8%，高于财政经常性收入增长比例，符合法定增长要求。专项资金主要用于北运河通州段城市水环境改善研究与示范项目、科普惠农和社区科普益民项目支出。

文化体育与传媒支出16738万元，完成预算5210万元的321.3%。专项资金主要用于宋庄文化创意产业集聚区公共服务平台建设、社区群众文化中心建设、农村数字电影放映厅建设、村级和社区基层文化设施建设等支出。

社会保障和就业支出83956万元，完成预算72500万元的115.8%。专项资金主要用于城乡无保障老年人福利金、城乡居民基础养老金、城（农）低保补助、“一老一小”医疗保障、解决1993年10月以前建设征地农转工补缴保险补助、城乡无丧葬费补助、就业经费、行政事业单位离退休经费、退役安置等支出。

医疗卫生支出47901万元，完成预算39500万元的121.3%。其中区本级支出35268万元，比上年23051万元增长53%，高于财政支出增长比例，符合法定增长要求。专项资金主要用于新型农村合作医疗补助、创建国家卫生区经费、防控甲流疫情专项经费、潞河医院病房楼建设、新中医医院建设、妇女两癌筛查及0—6岁儿童免费体检、乡村医生待遇补助、社区卫生服务中心经费、公费医疗、医疗设备购置等。

环境保护支出7860万元，完成预算2600万元的302.3%。专项资金主要用于河东再生水厂工程、黄标车更新淘汰、供热系统节能减排改造项目等支出。

城乡社区事务支出175853万元，完成预算167786万元的104.8%。专项资金主要用于新农村五项基础设施建设17900万元（包括街坊路、安全饮水、污水处理、公厕及户厕改造、垃圾处理）、全区重点工程支出109100万元、城乡市政设施改造、维护养护资金36252万元等。

农林水事务支出71631万元，完成预算71000万元的100.9%。其中区本级支出30292万元，比上年25174万元增长20.3%，高于财政经常性收入增长比例，符合法定增长要求。专项资金主要用于新农村建设、农业结构调整补贴、三北防护林工程、东南郊水网等小型农田水利工程、林业病虫害防治、农业综合开发土地治理和产业化经营项目等。

交通运输支出7308万元，完成预算6500万元的112.4%。专项资金主要用于小公共运营补贴、区内客运石油价格补贴、65岁以上老年人乘坐境内客运车辆补贴、治超经费等。

采掘电力信息等事务支出45908万元，完成预算52000万元的88.3%。主要用于乡镇园区给予企业的扶持发展资金。

粮油物资储备管理资金等事务支出7941万元，完成预算2100万元的378.1%。专项资金主要用于家电以旧换新、家电下乡、汽车下乡补贴、粮食风险金、扶持旅游事业发展等支出。

地震灾后恢复重建支出2046万元。

其他支出64363万元，完成预算63204万元的101.8%。专项资金主要用于偿债资金、住房公积金等以及不能具体划分到上述功能科目的支出。

2．基金支出191661万元，基金支出重点用于落实新城建设规划、新城基础设施、重点工程建设、残疾人就业保障、墙体材料等专项支出。

（四）2009年预算平衡情况

2009年预算内区级总财力1284191万元，总支出895808万元,收支相抵后结余388383万元。其中：一般预算结余61826万元，具体包括市级专项结转43000万元，乡镇结转5000万元，区本级净结余13826万元；基金结余326557万元，具体包括土地出让金结余199426万元(土地出让金净结余154608万元，农业土地开发资金结余23584万元、廉租住房保障资金结余21234万元)、按照规定从预算外调入预算内基金管理的城市基础设施配套费84454万元、其他为墙体材料专项基金、残疾人就业保障金、城镇公用事业附加等结余。

需要说明的是，上述数字是根据预算收支情况初步汇总的结果，待地方财政决算完成后，还会有所变化。

总体看来，2009年预算执行情况良好，财政收入好于预期，超额完成市委、市政府下达的增收任务，财政收入保持平稳较快增长，支出结构不断优化，重点支出得到切实保障，圆满完成全年预算收支任务。

二、2009年财政主要工作

（一）正视困难，应对挑战，“保增长”目标顺利实现

受国际金融危机等因素影响，2009年1月地方一般预算收入同比下降20.9%，财政工作形势异常严峻。为实现“保增长”工作目标，区财税部门积极采取措施，上下联动，充分发挥调节和促进经济发展的职能作用，财政收入实现稳步增长。一是充分发挥财政资金的“四两拨千斤”作用，认真落实《通州区促进产业发展暂行办法》，设立产业发展专项资金，支持原有企业作大作强，积极吸引总部经济等高端产业项目落户我区，努力扩大地方经济总量。二是加大对中小企业的帮扶力度，安排3000万元扶持资金和2000万元信贷担保资本金，支持中小企业健康发展。全年为28家企业提供了扶持资金，为76家企业提供2.6亿元担保贷款。三是完善各项“保增长”工作机制，全面强化收入管理。建立财税、乡镇（园区）收入征管联动机制和财税、工商、统计等职能部门联席会议制度，加强协调配合，加大税源监控力度，改进收入征管手段，坚持抓大不放小，努力做到应收尽收。四是及时下发《关于规范我区区域内纳税行为管理的通知》，进一步规范税收秩序，有效避免了财政收入的流失。五是认真落实“家电下乡”、“家电以旧换新”、“汽车下乡”、“汽车以旧换新”等财政补贴政策，全年共拨付补贴资金6086万元，进一步带动消费。六是积极筹备项目，争取资金支持，全年到位市级专项资金17.8亿元，财政保障能力进一步增强。七是引导乡镇、园区加强税源建设工作。建立财政局长联系乡镇（园区）制度，密切关注乡镇经济发展趋势，把握组收工作的主动性。通过努力，全年一般预算收入同比增长21.4%,为我区经济社会的健康、协调发展奠定了坚实的财力基础。

（二）统筹安排，有促有控，资金使用效益得到提高

今年是财政工作比较艰巨和困难的一年，财政收入增势趋缓，收支矛盾空前加大。财政部门坚持科学统筹，合理安排支出，保证了各项工作有序推进。一是适度调控各类预算资金的拨付规模和进度，优先保证政权政法机关的工作需要，重点保障两新

建设、折子工程、为民办实事项目的资金需要。二是统筹安排资金,保障全区重点工作顺利进行。投入资金2362万元，加大城市绿化美化、集贸市场改造等环境综合整治投入,全力支持“北京市卫生区”创建工作；投入资金4172万元，全面落实国庆筹备各项服务保障工作，保障了国庆演出排练、阅兵村周边治安防控等项工作顺利开展；投入资金2500万元，全力做好甲型H1N1流感防控经费保障工作，及时采购必要医疗防控设备，保证了防控工作有序开展。三是坚持厉行节约，严格控制一般性支出，对办公设备及车辆购置从严进行审批，大力压缩公用经费支出，降低行政运行成本。全区2009年公用经费支出比2008年同口径减少1150万元。

（三）管好用好新体制资金，资金安全和效益得到切实保障

2009年新体制调整下划资金达到14.56亿元，落实各项划转责任、加强区级统筹，任务艰巨。一是坚持“三优先”：优先用于政策不足资金的足额安排、优先保障民生投入、优先保证法定增长，做好资金统筹。二是全面梳理划转事项，落实各项支出责任，确保划转事业正常发展。三是加强新体制资金监管，对资金运行进行全程监控，确保体制资金发挥应有效益。

（四）加大社会各项事业投入，“保民生”、“保稳定”工作取得新成效

财政社会保障能力稳步提升。全年投入到社会保障领域的资金达到11.6亿元，比2008年增长36.8%。全面落实多层次养老保障政策，为8.7万名城乡居民发放基础养老金和无保障老年人保障金2.2亿元。投入资金6700万元，为1.1万名城乡低保人员发放低保金及粮油帮困补助，切实保障困难群体基本生活。落实城乡无丧葬人员丧葬补贴政策，丧葬费补助标准实现统一。投入资金1980万元，为490户优抚社救对象进行危房改造。投入资金2.1亿元，潞河医院手术病房楼开工建设，支持医疗机构设备更新改造，积极防控甲型H1N1流感，保证适龄妇女两癌筛查、老年居民及0—6岁儿童免费体检等经费投入。深化新型农村合作医疗改革，筹资1.38亿元，进一步提高报付水平，减轻群众医疗负担。投入资金2600万元，提高重残生活补助标准，对残疾人参加城乡居民养老保险予以补贴，落实用人单位安排残疾人就业岗位补贴政策。投入资金2560万元，提高规范化建设社区公益性事业补助标准和社区工作者待遇，确保各项社区公益活动有序开展。统筹安排各项就业再就业资金，确保各项就业政策落实，实现9173名农村富余劳动力向二三产业转移，开发社区就业岗位8994个。积极与市有关部门沟通，争取资金5亿元，六环路占地补偿等历史遗留问题得到彻底解决，有效维护了和谐稳定的社会局面。

教育事业发展得到切实保障。支持全区教育事业发展，全年教育投入达到10.5亿元。改善教育基础设施，史家小学通州分校投入使用，潞河中学分校体育馆主体完工，觅子店中学、宋庄小学开工建设。投入资金1.25亿元，积极推进校舍安全工程，完成4.5万平方米楼房加固和1.5万平方米平房改建工作。投入资金3520万元，圆满完成25所农村中小学教师宿舍改造和18所小学办学条件达标的市政府实事工程，初中建设工程通过市政府全面验收。积极推进教师绩效工资改革工作、落实教育资助减免政策等，教育保障能力进一步提升。

科技、文化、体育事业得到全面推进。投入资金4715万元，重点支持水环境改善等科技创新和科技示范项目，科技通州建设取得新成效。投入资金7560万元，完成社区群众文化服务中心改造工程，支持举办了通州运河艺术节、三教庙春节庙会、中央电视台“中国记忆——通州段大运河”电视直播等大型活动。加大文化向农村和基层的倾斜力度，推动“文艺演出星火工程”、“农民艺术节”等文艺下乡活动。圆满完成国庆文化

系列活动，文化通州建设得到有力推进。投入资金1177万元，保障区第三届全民运动会圆满举办，全面完成区体育场改造等项目，进一步丰富了群众文体生活。

政府为民办实事项目资金保障到位。积极落实政府为民办实事资金，预算内外总投入达到3.2亿元，全力保障旧城区街巷整治、规范化社区建设、改造城区街巷照明设施、农村社区服务站建设、扶贫帮困等实事项目的资金投入，一批事关群众利益的热点、难点问题得到解决。

（五）加大“两新”建设投入，统筹城乡发展能力进一步提高

加大新城建设投入。全年投入到城市建设领域的财政资金达到28亿元。朝阳北路东延一期、邓家窑大桥、玉桥东路、故城东路等项目顺利完工，宋郎路北延、玉带河东大街东延等工程进展顺利，城市交通状况得到改善；推进了运河核心区、宋庄文化创意产业集聚区等基础设施建设，为新城产业发展奠定了基础；城西5号燃煤锅炉房试运行，三河热电联供一期工程进展顺利，新城供热体系初步形成；支持了新城滨河森林公园、河东再生水厂、城市排水和防汛工程等城市公用设施建设，城市宜居水平进一步提升；圆满完成上营棚户区拆迁资金保障任务，城市发展空间进一步拓展。增加城市管理投入，积极推进城市垃圾治理、黄标车淘汰等综合整治工作，巩固“北京市卫生区”创建成果，为争创“国家级卫生区”奠定基础。

加大对新农村建设的支持力度。一是筹集资金4.76亿元（其中，财政投入2.36亿元，争取贷款2.4亿元），“新农村五项基础设施建设”和“三起来”工程进展顺利。以普惠制为基础的12项全覆盖工程全面推进，9项工程覆盖率达到100%。二是投入资金2亿元，大力发展设施农业和都市型现代农业，设施农业面积累计达到6万亩，“漷大路”农业生态走廊等一批都市型现代农业项目得到有力推进。三是全面完成4.5万亩中低产田改造，农业综合生产能力得到提高。四是发放各项农业补贴资金6898万元，粮食直补、生态作物及良种补贴等惠农政策得到全面落实。五是投入资金1.13亿元，林业绿化、城市防汛和乡村水环境保护工作进展顺利。六是继续加大农村社会保障、教科文卫体等方面投入，全面促进农村公益事业发展。

（六）深化财政管理改革，科学理财水平实现新提高

深化国库集中支付制度改革。进一步细化二级预算单位项目支出管理，顺利完成教育公用经费二级单位国库集中支付工作，财政支出更加规范。全年直接支付资金11.4亿元，授权支付资金21.2亿元，国库集中支付改革成果得到巩固。对预算单位基本账户及零余额账户资金运行情况进行全面监管，违规转账行为得到有效抑制。

深化部门预算改革。科学合理编制部门预算，完善基本支出定额体系，重点做好单位结余资金的编制使用，财政资金使用效益和规范性得到提高。

推动政府采购工作健康发展。全年共完成采购项目248项，采购资金3.92亿元。制定完善通州区行政事业单位会议费及公车维修、加油管理办法等制度规定，对会议费和车辆维修等相关支出进行严格监管，进一步规范了公务支出行为。

深化投资评审制度改革。全年完成评审项目223项，送审资金36.82亿元，审减资金5.22亿元，审减率14.2%。在加强区级重点工程资金评审的基础上，将财政投资评审工作向乡镇延伸，完成乡镇评审项目24项，送审资金3.52亿元，审减资金0.56亿元，审减率15.9%，乡镇财政资金使用效益得到提高。

强化乡镇财政财务管理。积极推进乡镇财务网络化管理，统一预算编制和记账模式，提高乡镇预算管理水平。指导乡镇组织部门预算编制，强化支出管理，规范支出行

为。积极开展乡镇财务工作检查，制定《关于加强通州区乡镇人民政府财政、财务资金及银行存款账户管理的通知》，保证乡镇财政财务管理工作规范有序。

加强行政事业单位国有资产管理。一是制定实施区级行政事业单位固定资产配置管理办法，完善制度体系，健全信息网络，资产管理水平得到提高。二是加强对国有资产使用收益的监管。对行政事业单位资产出租、出借、担保行为，严格按照规定进行审批。加强对区属行政事业单位不动产收益的监管，对上营棚户区改造中涉及的4家单位全部房屋拆迁补偿实行"收支两条线"管理。三是充分发挥公物仓的资源整合功能，促进行政资源在各部门之间的整合流转。2009年入库各类物资845件套，调拨、调剂、处置物资825件套，处置收入122.6万元全部上缴国库。协助市财政局接收奥运物资6.4万件套，资产总值2130万元，完成调拨5.2万件套，避免了资产闲置浪费，有效提高了行政资源的使用效益。

推进绩效考评工作。完善《绩效考评工作办法》，健全绩效评价机制。全年共考评项目14个，涉及行政政法、城建、社保、农业等多个领域，财政资金使用效益进一步提高。

强化会计管理工作。贯彻落实《会计法》等法律法规，加强会计行业监管，加大会计信息质量监控力度，不断强化会计基础工作。认真开展会计人员继续教育培训及日常会计从业资格管理工作，会计管理水平进一步提升。

（七）坚持依法理财，财政服务效能实现新提高

依法加强资金监管。制定完善《通州区财政局财政监督检查工作制度》、《通州区财政局行政处罚工作规程》，强化监管力度，创新工作方法，积极开展专项资金检查工作，全年检查项目221项。同时，开展预算单位各类财政资金使用情况检查，使财政监督贯穿于财政运行的各个环节。根据"小金库"专项治理工作部署，对全区301家单位进行全面检查。认真开展乡镇资金、账户使用情况大检查，提高乡镇财务管理水平。进一步加强政府债务管理，严格控制信贷规模，加强政府或有债务监控，有效维护了政府信誉。

认真接受依法监督。严格执行《预算法》、《北京市预算监督条例》等法律法规，认真接受区人大依法监督和区政协民主监督；依法向人大报审预算编制、预算执行及决算报告；积极邀请区人大代表和区政协委员视察财政工作；认真办理人大代表、政协委员提出的建议、议案，财政工作更加规范、高效和透明。

各位代表，过去一年，面对国际金融危机等因素带来的不利影响，在区委的正确领导和区人大、区政协的监督、指导和支持下，财政工作取得了一定成效。但同时也应清醒地认识到，财政工作还面临一些困难和问题：一是税源结构仍不尽合理，抗风险能力较弱。据统计，近两年房地产业形势变化，都对当年全区收入产生了直接影响。2008年，全区房地产业形成税收9.39亿元，同比下降28%，占全区税收12.6%的比重。2009年，房地产业形成税收17.6亿元，同比增长87.4%，占全区税收比重提高到21%。此外，车船使用税、印花税、耕地占用税等一次性增收因素所占增收比例较高，抬高了税收基数，对2010年财政收入的增长造成了一定压力。受这些不确定因素影响，2010年乃至"十二五"期间，保持财政收入稳定增长的任务依然艰巨。二是加快发展、改善民生的需求不断增加，对公共财政保障能力提出了更高要求。三是财政支出规模逐年加大，财政管理科学化、精细化、规范化任务更加繁重。四是管好用好资金，实现体制资金、预算外资金及存量资金的统筹管理，提高资金效益的要求更加迫切。这些问题，需要认真分析，采取有效措施切实加以解决。

三、2010年财政预算草案

根据《预算法》有关规定，按照北京市财政局关于2010年财政预算编制工作的总体要求，综合考虑全市和全区经济发展形势，确定通州区2010年财政预算(草案)的指导思想是：全面贯彻党的十七大和十七届三中、四中全会以及中央经济工作会议精神，落实市、区全会工作部署，围绕“人文北京、科技北京、绿色北京”三大理念，着力发挥公共财政职能，进一步推动经济结构调整，提高发展质量；积极培育和涵养财源，依法加强收入征管；调整和优化财政支出结构，严格控制一般性支出，增加对重点公共服务领域和改善民生的投入，保障全区各项重点工作扎实推进；以强化预算管理为核心，积极推进科学化、精细化管理，提升预算管理绩效，为新城区实现跨越式发展提供坚实的财力保障。

按照以上要求，本着积极稳妥、统筹兼顾、有保有压、集中财力办大事的原则，2010年财政预算草案安排如下：

（一）2010 年财政收支预算

财政收入预算：2010年，区级可支配财力946051万元。其中：一般预算收入286668万元，较上年增长10%；市体制补助收入271000万元(含新体制资金)；上年结转61826万元。基金预算收入326557万元（上年结余）。

财政支出预算：财政支出预算安排946051万元，其中：一般预算支出619494万元，基金预算支出326557万元。

需要说明的是，今年已将新体制资金全部列入相应支出科目。

一般预算支出具体安排如下：一般公共服务60000万元；国防支出700万元；公共安全支出25000万元；教育支出65000万元；科学技术支出3000万元；文化体育与传媒支出5000万元；社会保障和就业支出64500万元；医疗卫生支出39000万元；环境保护支出4000万元；城乡社区事务支出166970万元；农林水事务支出50000万元；交通运输支出5000万元；资源勘探电力信息等事务40000万元（主要对应调整前“采掘电力信息等事务支出”科目的采掘业支出、制造业支出、建筑业支出、电力监管支出、工业和信息产业监管支出、安全生产监管支出、国有资产监管支出、支持中小企业发展和管理支出等）；商业服务业等事务支出1200万元（新增科目，取消原“粮油物资储备及金融监管等事务支出”科目，修改为商业服务业事务，主要反映商业流通事务支出、旅游业管理与服务支出、涉外发展服务支出）；金融监管等事务支出30万元(新增科目，从取消的“粮油物资储备及金融监管等事务支出”科目调出)；地震灾后恢复重建支出2607万元；国土气象资源等事务130万元(新增科目，由“一般公共服务”科目调出，主要反映国土资源、海洋管理、测绘、地震、气象事务)；住房保障支出36700万元(新增科目，集中反映政府用于保障性住房、住房改革、城乡社区住宅支出)；粮油物资储备支出800万元(新增科目，主要反映粮油事务、物资储备支出)；其他支出49857万元。

基金支出预算：由于当年土地出让金收入无法预测，此次预算草案安排的是上年结余资金326557万元，主要用于全区基础设施建设。

2010年财政预算安排考虑的主要因素：

1．收入预算安排所考虑的主要因素。从有利因素方面来看：一是明年国家将会继续实施积极的财政政策和适度宽松的货币政策，北京市的政策制定、资金支持将进一步向新城区倾斜，区域投资规模将随新城区建设全面启动进一步扩大，全区各项促进经济增长的政策措施逐步落实，经济运行中的诸多积极因素必将在2010年财政收入中有所体现，为我区经济实现跨越式发展提供了新的机遇和有力支持。二是乡镇、园区发展增势平稳，产业结构不断优化，税源建设成效明显，经济发展的内在动力不断增加，财政增收基础更加稳固。三是随着区内“两限房”、经济适用房以及其他房地产项目的启动，开、复工面积不断增加，有助于拉动房地产业的快速发展。四是重点税源大户及新增税源增加，将成为拉动我区财政收入增长的重要力量。“两烟”、“两宁”等重点纳税企业目前运行态势良好，玲珑集团、中国动向集团、北汽控股动力总成等一批新企业陆续签约入驻将会进一步拉动税收增长。这些都为财政收入稳定增长奠定了较为坚实的基础。

从不利因素来看：短时期内经济自主复苏和增长动力仍显不足，经济回升过程中还存在不稳定因素；结构性减税的持续性影响仍然存在，部分重点企业减收等因素进一步加剧组收压力；加之大额一次性入库等非正常经济增长因素抬高了收入基数，财政收入继续保持较高增长的难度加大。综合考虑上述因素，按照“积极稳妥、实事求是”的原则，安排2010年预算收入286668万元，同比增长10%。

2. 支出预算安排所考虑的主要因素。按照公共财政的要求，进一步优化财政支出结构，科学合理安排资金，集中财力保障重点支出需要。一是保“法定增长”。依法增加对教育、卫生、“三农”、文化、科技等方面的投入。二是“保民生”。优先保障和改善民生，满足各项民生政策资金需要。三是“保稳定”。根据有关政策要求，合理安排公共突发事件应急专项资金、偿债资金及相关政策规定的资金投入。积极筹措资金，加大沟通协调力度，逐步解决历史遗留问题，维护社会稳定。四是“促发展”。发挥财政资金的“四两拨千斤”作用，进一步促进产业结构调整和优化升级，支持符合新城区功能定位的产业发展壮大，巩固财政增收基础。五是强化预算控制。一方面，保障部门履行基本职责所必需的经费需要；另一方面，认真贯彻关于党政机关厉行节约的有关规定，控制和压缩行政运行成本，集中财力办大事。

四、以科学发展观为统领，把握机遇，明确重点，确保完成2010年各项预算任务

2010年是全面完成“十一五”规划任务的最后一年，是集中精力加快通州发展的关键一年。市委十届七次全会明确提出，要根据新形势下首都发展的需求，集中力量，聚焦通州，尽快形成与首都发展相适应的现代化国际新城，机遇和挑战前所未有。2010年财政工作将以建设“创意通州、活力通州、和谐通州”为工作目标，以建设现代化国际新城为奋斗方向，重点做到“五个切实”、“五个着力”。

（一）切实践行“科学发展”，着力实现财政收入稳定增长

一是充分发挥财政促进经济发展的职能，努力培育新的经济增长点。积极发挥产业发展资金的支持引导作用，促进产业优化升级，壮大后续财源。进一步加大对中小企业的帮扶力度，创新财政资金投入机制，通过财政补贴、资本注入、贷款担保等多种形式，支持中小企业做大做强。二是以调整优化财税结构、增加区级财力为重点，积极落实各项产业发展政策，吸引优势企业落户通州，进一步壮大区域经济总量。三是加大税收及非税收入征缴力度，统一思想，明确责任，巩固齐抓共管的组收工作格局。进一步严肃财经纪律，加大稽查力度，杜绝跑冒滴漏。加大非税收入的管理力度，着力推进财政票据电子化管理工作，规范非税收入收缴程序，确保各项收入足额、及时入库。四是提升组收工作的信息化水平，积极推进财政综合服务平台建设，全面、及时掌握经济动态，提供强有力的数据支撑。五是继续加强对乡镇经济运行情况的监测分析，密切关注税源和税收结构变化，及时采取应对措施，把握组收工作主动性。六是努力争取市级资金支持，为两新建设的顺利推进奠定坚实的财力基础。

在确保财政收入稳定增长的基础上，继

续把节支作为工作重点。既要保证基本需求，又要集中财力办大事、办实事。优先保障和改善民生，满足区委、区政府折子工程、实事工程和重点工程建设资金需要。积极倡导勤俭节约，降低行政运行成本，努力建设节约型政府。

（二）切实加大“两新”建设投入，着力推进城乡一体化发展

加大新城建设投入。按照建设现代化国际新城的要求，统筹安排资金，拓宽融资渠道，高标准，大力度推进新城建设，保障新城建设的资金需要。全面加大新城建设和管理投入，从以道路基础设施建设为主向基础设施与公共服务设施并重转变，推动城市公用事业发展，不断提高新城承载能力和综合品质，为新城跨越式发展奠定基础。

推进城乡一体化建设。进一步加大农村基础设施及环境建设投入，确保完成“新农村建设四年任务两年完成”工作目标。支持都市型现代农业、观光农业、特色农业发展，发挥农业龙头企业的引导带动作用，促进农业产业结构优化升级。加大农村公益事业投入，提高公共服务保障水平。认真落实粮食直补、家电下乡、汽车下乡等惠民政策，让公共财政更多地惠及农民。

（三）切实加大社会各项事业投入，着力保障和改善民生

促进教、科、文、体事业发展。加大教育投入，建立完善的义务教育学校绩效工资和校舍抗震加固等经费保障机制，优化教育布局，改善办学条件，整合教育资源，提高全区教育工作水平。加大科技投入，支持重大科技项目实施和科技成果转化，提高科技工作对新城和新农村建设的支撑作用。加大文化事业投入，努力满足全区群众文化需求。加大体育事业投入，推进全区体育事业健康发展。

加大社会保障、卫生和就业投入。认真执行各项养老保障政策，足额发放城乡居民基础养老金和无保障老年人保障金；完善城乡居民医疗保障制度，解决无保障人员医疗保障问题；加强城乡社会救助体系建设，保障困难群体基本生活；推进城乡卫生服务体系建设，深化社区卫生服务机构“收支两条线”改革和医药卫生体制改革，进一步减轻群众医疗负担。加大疾病预防控制体系建设和资金投入力度，继续做好甲型H1N1流感等疾病防控经费保障工作。统筹安排资金，全面做好社会建设、就业再就业、离退休经费保障、优抚社救、退伍安置、扶贫助残等方面的工作，努力维护和谐稳定的社会局面。

做好为民办实事资金保障。健全政府为民办实事项目资金保障机制，将办实事项目纳入部门预算编制范围，强化实事项目资金管理，确保专款专用，切实把实事办好，把好事办实。

（四）切实加强财政精细化管理，着力提高理财水平

深化预算管理改革。按照精细化预算管理要求，不断完善基本支出定额体系，做好2010年部门预算编制工作。统筹安排体制下划资金和自有财力，强化单位结余资金的编制使用，逐步实现财政综合预算。强化支出管理，逐步建立部门预算、资金及资产管理、财政投资评审、政府采购和绩效评价各环节有机结合的财政管理模式。

深化国库集中支付制度改革。巩固二级预算单位国库集中支付改革成果，逐步扩大财政直接支付范围，降低授权支付比重。大力推进专项资金的国库集中支付工作，加强对零余额账户及基本账户管理，严格资金拨付程序，确保财政资金规范、高效使用。

推动政府采购工作健康发展。贯彻落实《政府采购法》，加强政府采购各环节监管力度。重点做好政府采购合同的监督管理，维护政府采购市场秩序。探索建立政府采购与国库集中支付相衔接的有效途径，继续推进公车维修和会议定点的国库集中支付工作，确保工作取得实效。

强化财政投资评审工作。进一步拓宽评审范围，实现评审工作程序化、制度化。加强区重点工程竣工结算和乡镇建设项目的评审力度，提高财政资金使用效益。

深化乡镇财政财务管理。健全完善乡镇收入目标考核机制，充分调动乡镇发展经济的积极性。进一步发挥乡镇经济的主体作用，保障全区经济稳定增长。加强乡镇预算管理，指导乡镇科学编制预算，严格预算执行，硬化预算约束。规范乡镇财务管理，严格执行《关于加强乡镇财政投资评审和政府采购的指导意见》、《关于乡镇国有资产管理职责和工作程序的指导意见》等制度规定。继续强化乡镇及村级财务工作者培训，不断提高乡镇财务规范化水平。

加强行政事业单位国有资产管理。继续完善全区行政事业单位国有资产管理配套办法和信息网络建设。严格控制办公设备购置、更新，努力降低行政运行成本。依托政府公物仓，完善闲置资产、罚没物资的公开拍卖机制，实现国有资产的保值增值。

积极开展绩效评价工作。进一步完善《绩效考评工作办法》等制度规定，健全财政投资绩效评价机制，扩大考评范围，提高考评结果对实际工作的指导促进作用，切实提高财政资金使用效益。

加强会计管理工作。进一步强化会计监督，提高会计从业人员素质和会计信息质量，规范财经秩序。加大会计培训力度，不断提高财会人员综合素质，提升全区会计工作水平。

（五）切实强化财政监督工作，着力提升财政服务效能

坚持依法理财，全面强化财政监督检查工作力度。加强对区政府重点工程支出等大额资金的管理力度，认真完成“小金库”专项治理工作，全面规范行政事业单位资金管理，提高单位存量资金的使用效率和规范性，减少资金沉淀、浪费，节约更多资金投入到两新建设各个领域。加强政府债务监控力度，健全债务风险预警机制，防范和化解债务风险，努力维护政府信誉。认真听取区人大、区政协对财政工作的意见、建议，自觉接受人大代表、政协委员的依法监督。

各位代表，2010年是“十一五”规划收官之年，也是“十二五”规划编制启动之年，更是实现新城跨越式发展的关键一年。我们将在区委的正确领导下，在区人大、区政协的监督、指导和支持下，全面贯彻落实区委四届九次全会和区四届人大五次会议精神，求真务实、奋勇拼搏、大胆创新、扎实工作，努力完成会议确定的各项任务，为将通州建设成为现代化国际新城而努力奋斗！

专 文

北京市通州区人民政府关于机构改革方案的实施意见

（通政发〔2009〕30号）

各乡、镇人民政府，区政府各委、办、局，各街道办事处，各区属机构：

《北京市通州区人民政府机构改革方案》已经市委、市政府批准，为确保机构改革顺利进行，现就我区政府机构改革，提出如下实施意见：

一、指导思想和基本原则

（一）指导思想

高举中国特色社会主义伟大旗帜，以邓小平理论和“三个代表”重要思想为指导，深入贯彻落实科学发展观，按照加快建设“人文北京、科技北京、绿色北京”的要求，以推进“创意通州、活力通州、和谐通州”建设为着眼点，着力转变职能、理顺关系、优化结构、提高效能，建立健全有利于科学发展的体制机制，为加快建设繁荣、文明、和谐、宜居的首善之区提供体制机制和组织保障。

（二）基本原则

1．以人为本，执政为民。把维护人民群众的根本利益作为改革的出发点和落脚点，以转变政府职能为核心，着力解决人民群众最关心、最直接、最现实的利益问题，提高区政府为基层、为群众服务的能力，努力建设服务型政府。

2．积极探索，改革创新。适应完善社会主义市场经济和建设社会主义民主政治的要求，努力转变管理理念和管理职能，积极创新工作方式和工作方法，把工作重点切实转到创新体制机制上来，探索符合本区实际的改革路子。

3．因地制宜，科学发展。从本区经济社会发展实际和功能定位出发，既注意与市政府机构改革相衔接，建立与市政府组织框架大体协调的行政组织体系，又注意从实际出发，因地制宜地推进改革。

4．积极稳妥，循序渐进。按照北京市深化行政管理体制改革的目标任务，把长远目标与阶段性目标相结合，把全面推进与重点突破相结合，既着眼长远，坚持改革方向，又立足当前，解决突出问题，处理好改革发展稳定的关系。

二、机构调整设置的主要内容

围绕转变政府职能和理顺部门职责关系，积极探索实行职能有机统一的大部门体制，调整完善服务三农、产业服务、住房保障、人力资源和社会保障、园林绿化等方面的管理体制，强化市政市容管理、社会建设、金融等方面的管理职能。清理和规范议事协调机构、临时机构及部门管理机构，议事协调机构和临时机构不设实体性办事机构。清理自定行政机构，清理和规范承担行政职能的事业单位。具体调整及设置情况如下：

（一）将农业委员会更名为农村工作委员会，负责“三农”工作和新农村建设的统筹协调。组建农业局，挂动物卫生监督管理局牌子，为区政府工作部门，负责农业生产管理和执法监督以及兽医行政管理等工作。将动物卫生监督管理局的机构和职能以及其他相关机构承担的有关农业行政管理职能划入农业局（动物卫生监督管理局）。

（二）组建经济和信息化委员会，为区政府工作部门。将原区工业局（乡镇企业局）除煤炭、电力职责外的其他职责、区信息化工作办公室的全部职责和区委保密办承担的无线电管理工作职责，整合划入经济和信息化委员会。不再保留工业局（乡镇企业局）、信息化工作办公室。

将原工业局（乡镇企业局）承担的煤炭电力职能划入区发展和改革委员会。

（三）将建设委员会更名为住房和城乡建设委员会，挂政府住房保障和改革办公室牌子。

（四）组建人力资源和社会保障局，为区政府工作部门，对外可使用公务员局名称开展工作。将人事局的职责、劳动和社会保障局的职责，整合划入人力资源和社会保障局。不再保留人事局、劳动和社会保障局。将机构编制委员会办公室调整为与人力资源和社会保障局合署办公,列入区委机构序列。

（五）组建园林绿化局，挂绿化委员会办公室牌子，为区政府工作部门。将市政管委的有关园林绿化管理职责、林业局的职责，整合划入园林绿化局。不再保留林业局。

（六）将社会建设工作办公室调整为与区委社会工作委员会一个机构两块牌子,为区政府工作部门。

（七）将市政管理委员会更名为市政市容管理委员会。

（八）将商务局更名为商务委员会，挂粮食局牌子。

（九）将民防局由议事协调机构的常设办事机构调整为区政府工作部门。

（十）将与民政局合署办公的民族事务委员会调整为在民政局挂牌子，并更名为民族宗教侨务办公室。

（十一）组建金融服务办公室，为部门管理机构，由发展和改革委员会管理。

三、改革的方法步骤及时间安排

（一）动员准备阶段(9月21日前完成)

该阶段工作按以下步骤进行：

1．完成涉及改革各部门领导班子调整工作；召开区政府机构改革动员大会，对区政府机构改革方案的实施工作进行动员部署。

2．改革涉及各有关部门分别成立本单位机构改革领导小组，并将领导小组成员名单及联系电话报区编办备案。

3．改革涉及各有关部门要认真传达、学习我区政府机构改革的有关文件精神，使广大机关干部深刻理解、认识政府机构改革的重要意义，提高认识、统一思想，服从大局。

4．9月21日前，以新组建（调整）部门的名义对外开展工作。

（二）“三定”阶段（10月底前完成）

“三定”工作是机构改革的中心内容和关键环节，也是衡量和评价机构改革的重要标志。各部门的“三定”工作要按以下步骤进行：

1．明确职能定位。科学合理地确定政府部门职能是机构改革的核心内容，也是确定内设机构、人员编制的依据和基础。各部门要立足于改革，把部门职能配置与推进行政管理体制改革和政府机构改革的任务和目标紧密结合起来；要着眼于全局，把特定部门的具体职能配置放在政府整体职能的大格局中统筹考虑、把握；要认真参照市级相关部门的“三定”，对照本单位近年来“三定”的执行情况，重点围绕转变职能、明确分工、强化责任，调整本部门的主要职能。

2．优化整合内设机构。内设机构作为职能的直接载体，要充分体现精简、效能的原则。设置形式上不要求上下完全对应，要积极探索实行职能有机统一的大内设机构体制，改变分工过细的状况。工作内容相近或相似的要予以归并，工作内容较少的应综合设置或归并到职能相近的内设机构；调整变动的部门，有关内设机构随职责调整相应划转，并进行整合归并；对以机关内部管理为主的内设机构要予以归并，对工作任务特别繁重的内设机构可按工作职责适当分设；设党委的部门其党委办事机构与行政办公室合署办公；严格控制内设机构加挂牌子，确因工作需要，可在综合设置的内设机构增挂机关科室牌子；纪检监察机构按有关规定设置。

3．重新核定人员编制。这既是机构改革的重要内容，也是巩固改革成果的重要保障。这次机构改革虽然没有确定具体的精简指标，但是由于机构的撤并和职能的划转，也存在局部编制调整。对于人员编制的调整，各部门要按如下要求把握：

人员编制：保留部门人员编制数量原则上保持稳定；按照转变职能的要求，新增职责所需编制，原则上在现有编制总数内调剂。确因职责调整增加较多而需增加人员编制的，由区编办汇总后报区编委审批；进行部门间主要职责调整的，根据主要职责调整方案，按“人随事走、编随人转”的原则，进行人员编制的相应划转；新组建部门的人员编制，根据其承担的职责任务和权限范围严格核定，并与内设机构数量相协调；调整组建部门的人员编制，按照其承担的主要职责和履职的实际需要从严核定，其中职责相同、相近内设机构人员编制应予以精简。

领导职数：处级领导职数按《市编委关于印发北京市区县政府工作部门领导职数配备标准的通知》（京编委〔2009〕25号）确定的标准执行；内设机构的科级领导职数，按编制数3名以下的设正职1名，编制数4—7名的设正、副职各1名，编制数8名以上的可再增配1名副职；纪检、监察机构的处、科级领导职数，按有关规定另行核定。

非领导职数：按《公务员法》的规定配备。

4．“三定”规定的报批程序。各有关部门“三定”规定按以下程序报批：

（1）各部门“三定”规定（草案）形成并征求主管区领导同意后，要与区编办先沟通情况，交换意见，在意见基本一致后，正式报送区编办。

（2）区编办收到各部门“三定”规定（草案）后，就其中需要协调的问题，征求相关部门及有关领导的意见，在此基础上形成各部门“三定”规定送审稿，经区编委会审定并报区委、区政府批准后，以区委、区政府名义印发。

（三）人员定岗阶段（11月20日前完成）

人员定岗安置是机构改革中十分重要的环节，直接关系到政府职能转变、组织机构优化等机构改革目标的实现。改革中调整变动部门和新组建部门要按照我区政府机构改革人员定岗安置工作意见和《公务员法》及配套法规的要求，结合本单位实际，认真做好以下工作：

1．在机构调整中，要按照机构改革中部门调整变动和新组建要求，将列入机构调整范围的所有人员整建制归并、划转到新调整设立的机构，并按照机构调整前的职责任务，各司其职，确保各项工作正常开展。

2．在人员定岗安置工作中，要以部门

"三定"规定为基础，在规定的编制限额内，平稳做好人员定岗安置工作。对于部门内设机构未作调整变动的，原则上人员不调整；对于职能调整的内设机构，原则上人随事走；对于新增的内设机构，要采取公平、公正的方式选人用人。对于需要带编安置的人员，可本着职责相近、发挥专长、双向选择、组织调剂的原则，经机构编制部门批准后，在其他区政府工作部门进行带编安置。部门内设机构领导职位的人选，原则上从本部门现有同级职务的公务员中产生。人员定岗安置期间不提拔使用干部，超出规定职数的，逐步消化。人员定岗安置工作完成后仍空缺的内设机构领导职位，可按照有关规定进行公开选拔或竞争上岗。

（四）检查验收阶段（11月底前完成）

本阶段主要是在前3个阶段工作基本结束后，各有关部门要对机构改革的进展情况与成效做出总结，并报区编办。区编办将对各有关部门的机构改革工作进行检查验收，并将检查验收结果汇总后向区政府机构改革领导小组和区编委会进行汇报，确保机构改革的各项任务落到实处。

四、机构改革的组织实施

这次区政府机构改革，时间紧、任务重、要求高。各部门要按照区委、区政府的统一部署，本着"既要积极、又要稳妥"的原则，高质量地完成好机构改革的各项任务。

（一）加强领导，积极推进

机构改革是一项政治性和政策性很强的工作，为确保区政府机构改革的顺利进行，区委、区政府成立以区委书记王云峰同志任组长、区长邓乃平同志任常务副组长的机构改革领导小组，统筹负责区政府机构改革有关工作。区政府各有关部门也要成立机构改革领导小组，实行"一把手"负责制，把机构改革工作作为当前的一项重要任务来抓，切实负起第一责任人的责任。同时，各有关部门还要严格把握政策，积极稳妥推进改革的各项工作，要注意研究和妥善处理机构改革中出现的新情况和新问题，及时沟通协商，采取相应措施，确保机构改革工作顺利完成。

（二）统一思想，提高认识

机构改革是深化行政管理体制改革的重要环节，各有关部门要从政治和全局的高度充分认识这次政府机构改革的重要意义，把机构改革作为实践科学发展观的实际行动，统一思想、顾全大局、加强领导、周密部署，积极推进行政管理体制和运行机制创新。

（三）认真研究，做好"三定"

这次政府机构改革，无论是调整变动部门，还是保留部门，都要按照本实施意见的要求重新确定各自部门的"三定"规定。要通过重新制定"三定"规定全面梳理、集中解决政府管理中的突出矛盾和问题，实现权责一致，切实把改革的目标、任务和要求落到实处。

（四）过细工作，平稳操作

这次政府机构改革，由于部分部门的调整变动和职能划转，部分人员需要重新定岗安置。这项工作关系到干部群众的切身利益，一定要做细、做好、做扎实，使改革平稳顺利推进。要把工作需要、优化结构和干部安排有机结合起来，最大限度地调动干部的积极性。要认真细致地做好思想政治工作，确保方案平稳执行，确保队伍稳定、工作不断、秩序不乱、人心不散。

（五）严格纪律、杜绝违纪

机构改革涉及多方面工作格局和利益关系的调整，涉及改革发展稳定的大局。各有关单位领导干部和工作人员要以"三个代表"重要思想和科学发展观为指导，讲政治、顾大局，以对党和人民事业高度负责的精神，严格执行机构改革的各项纪律规定。要扎扎实实地落实部门"三定"规定。严禁擅自增设机构、突破编制增加人员、超职数配备干部。要正确对待并积极支持部门之间职责的调整和机构编制的划转。要严格执行组织人事工作的有关规定，严禁借机构改革之机突击进人、突击提高干部职级待遇。机构改革涉及的人员要正确对待岗位的调整，服从组织安排。要严格遵守财经纪律，认真执行国有资产管理规定，切实防止国有资产流失，机构改革涉及的部门要认真做好资产清查登记、财务清算和资产处置工作，严禁在机构调整中违规调度资金、转移资产、私分钱物、大吃大喝或组织公费旅游等活动。纪检、组织、人力资源、机构编制、财政、审计和档案部门要认真履行职责，及时发现和纠正存在的问题，对违反纪律的行为，一经查出，要坚决处理，确保我区机构改革平稳顺利进行。

附件：北京市通州区人民政府机构改革领导小组人员名单（略）

北京市通州区人民政府
2009年8月27日

大 事 记

2009年通州区大事记

1 月

1日　北京欢乐之都青少年社会职业体验馆建成对外开放。

3日　市委常委、统战部长牛有成到通州区漷县镇高庄村和宋庄镇小堡村调研新农村建设情况。

5日　通州区召开纪念区委党校成立50周年庆祝大会。

6～8日　政协通州区第四届委员会第三次会议举行。

7～9日　通州区第四届人民代表大会第四次会议举行。

18日　2009年“科技套餐工程”暨“三下乡”活动启动仪式举行。

19日　北京月亮河假日酒店举行挂牌仪式。

22日　副市长夏占义到通州区检查禽流感防控工作。

24日　副市长程红到通州区检查食品安全、消防安全和节日市场供应情况。

▲　副市长刘敬民视察怡佳家园空中梯队指挥所现场。

25日～2月9日　农历腊月三十至正月十五，运河艺术冰灯展在运河公园举行。

2 月

6日　北京市星级农家书屋表彰仪式暨农民选书会在于家务乡仇庄村举行。

11日　中共中央政治局委员、北京市委书记刘淇到通州区调研经济工作，考察了金桥科技产业基地、物流基地、光机电产业基地等6家企业。

▲　中国关心下一代工作委员会主任顾秀莲到通州区调研关心下一代工作。

11～13日　通州区工会第三次代表大会召开。

13日　区政府出台《通州区促进产业发展暂行办法》。

3 月

3日　北京市通州区第三次妇女代表大会召开。

▲　区政府出台《通州区城乡居民养老保险实施方案》。

4日　副市长夏占义到于家务、漷县、永乐店3个乡镇的农业产业项目基地进行实地调研。

11日　通州区召开深入开展学习实践科学发展观活动暨领导干部作风建设年活动动员大会。

21日　副市长夏占义到凉水河海子洼橡胶坝、宋庄水厂、北关闸改造工程现场调研通州水务工程建设情况。

25日　以日本长野县伊那市市长为团长的政府访问团访问通州，与区领导就经济、文化、体育等方面进行交流。

26日　区委书记王云峰与日本长野县伊那市市长共同为“樱花友谊园”揭幕，庆祝通州区与伊那市缔结友好城市关系15周年。

▲　社区教育中心、农民科技教育培训中心举行揭牌仪式。

4　月

15日　区政府出台《通州区扩大内需重大项目绿色审批通道实施办法(试行)》。

▲　通州新城万亩滨河森林公园建设启动仪式举行。

▲　光机电基地与亦庄开发区经开公司举行合作签约仪式。

24日　通州区社会建设工作暨区委社会工作委员会、区社会建设工作办公室成立大会召开。

25日　通州区首届中小学中华传统文化教育节开幕式举行。

28日　北京宋庄文化创意产业集聚区公共服务平台奠基仪式举行。

5　月

6日　市委常委牛有成、副市长夏占义到马驹桥镇考察小城镇建设情况。

7日　通州区举行银政战略合作暨重点项目融资签约仪式。

8日　华润物流（北京）有限公司仓储项目开工奠基仪式举行。

18日　“运动·健身·和谐”互动体验展暨2009年通州区科技周启动仪式举行。

22日　北京玲珑轮胎有限公司项目开工奠基典礼仪式举行。

24日　西集镇第五届樱桃节启动仪式暨开发建设推介会举行。

26日　通州区举行2009年安全生产月暨第四届安全文化节开幕式。

30日　通州区政府与北京市环保局共同举办“骑车逛运河　生态游通州”主题环保公益活动。

31日　通州区儿童福利院新楼落成揭牌仪式举行。

6　月

13日　“2009中国记忆——中国文化遗产日大型直播行动”在通州运河举行。全国首条遗产小道“大运河遗产小道”通州段路标举行揭幕仪式。

17日　通州区爱国主义教育基地命名授牌仪式举行。通州区国防教育广场、韩美林艺术馆、潞河中学等13家单位被命名为通州区爱国主义教育基地。

21日　“为伟大祖国骄傲”——通州区庆祝新中国成立60周年系列文化活动启动仪式在潞河中学体育馆举行。

23日　市人大常委会主任杜德印、副主任赵凤山到通州区调研都市型现代农业建设情况。

24日　通州区国家生态示范区创建工作通过验收。

27日　通州区举办首届自行车健身游活动。

▲　北京宋庄文化创意产业集聚区被国家广电总局认定为国家级动画产业基地。

30日　市政协主席阳安江、市委常委牛有成、市政协副主席沈宝昌到梨园镇大稿村慰问全国劳模、市优秀共产党员邢仲山。

7　月

3日　市人大常委会副主任赵凤山、副市长夏占义视察通州区污水防治工作。

9日　通州区举行张丽晓烈士遗体告别仪式。

11日　全国千村健身气功交流展示暨通州区第三届全民运动会工间操比赛开幕式举行。

16日　通州区举行“首都十大道德模范”周波先进事迹报告会。

21日　北京市通州区新城建设管理委员会成立。

8 月

7日 区政府出台《通州区土地储备开发项目资金监督管理办法（试行）》。

13日 副市长黄卫到通州调研白庙和应寺进京综合检查站建设情况。

14日 江西省委常委、副省长陈达恒带领考察团考察通州城乡绿化工作。

21日 市委常委牛有成到通州调研台湖镇五村整建制拆迁及城乡一体化工作。

27日 区政府出台《北京市通州区人民政府关于机构改革方案的实施意见》。根据本方案新组建农业局、经济和信息化委员会、人力资源和社会保障局、园林绿化局、金融服务办公室五部门。

▲ 北京华威建筑工程有限公司举行“百万助学”捐赠仪式。

9 月

1日 通州区消防指挥中心和特勤消防站项目奠基仪式举行。

3日 北京市综合检查站建成进驻仪式在京哈高速白庙南综合检查站举行。市委副书记王安顺、副市长黄卫出席仪式。

8日 区政府出台《通州区帮扶工业企业应对金融危机实施办法》。

10日～10月9日 北京通州运河艺术节举行。

▲ “盛世丹青”——庆祝新中国成立60周年中国名画家邀请展在台湖国画院开幕。

11日 通州区召开政府机构改革启动大会。

12日 宋庄镇第四届梨园采摘节暨合作社农产品交流会举行。

14日 公安部部长孟建柱到通州区检查国庆安保工作。

15日 通州区国庆60周年安保社会面防控工作启动仪式举行。

▲ 通州非物质文化遗产大型专场演出“不能隔断的记忆”举行。

17日 通州区通过市爱卫会考核，晋升为北京市卫生区。

▲ 亦空间研发中心奠基仪式在北京通州物流基地举行。

19日～10月12日 “第五届中国·宋庄文化艺术节——群落！群落”在宋庄文化艺术区举行。

20日 通州区召开庆祝中国人民政协成立60周年大会。

▲ 市委副书记王安顺视察通州区应寺综合检查站。

▲ 朝阳北路东延工程竣工。

22日 中共中央政治局常委、中央政法委书记周永康视察通州区应寺综合检查站工作情况。公安部党委书记、部长孟建柱，公安部党委副书记、副部长刘京，市委副书记王安顺等陪同检查。

24日 “感动通州”通州区道德模范颁奖典礼举行。

26日 《京杭大运河》特种邮票首发式暨“祝福祖国”大型寄语活动走进通州活动仪式在运河广场举行。

▲ 北京农投首诚小额贷款股份有限公司举行开业仪式。

27日 北京市农口老干部庆祝新中国成立60周年文艺汇演在运河文化广场举行。市委常委牛有成等领导观看演出。

▲ 《通州英模》首发式举行。

29日 “两站一街”安置楼工程奠基仪式举行。

10 月

2日 通州区庆祝新中国成立60周年国庆游园活动暨科技发展成就展在西海子公园启动。

13日 全国十五县市区人大工作研讨会第25次会议在通州召开。

▲ 通州区举行庆祝中国少年先锋队建队60周年活动。

14日 “天山祝福”新疆彩车落户潞河中学赠送仪式举行。

15日 通州区召开国庆60周年庆祝活动总结表彰会。

▲　2009北京新城·通州国际商务年会开幕。

17日　首都医科大学潞河教学医院成立。

▲　通州区第三届全民运动会开幕式举行。

19日　2009北京拍卖季在宋庄开幕。

20日　通州区召开第二批学习实践科学发展观活动动员会。

21日　朝阳北路东延二期、玉带河东大街东延、宋郎路北延工程举行开工奠基仪式。

24日　北京市小城镇产业发展现场观摩会在通州区举行。副市长夏占义出席活动。

是月　上海烟草集团北京卷烟厂完成易地技改整体搬迁。新厂址位于通州区梨园镇。

11　月

16日　通州区人工耳蜗学校新校区举行落成剪彩仪式。

18日　中华老字号中国照相馆通州分店正式开业。

20日　中共中央政治局委员、北京市委书记刘淇到通州区调研新城建设和滨河森林公园建设情况。市委常委、常务副市长吉林，市委常委、统战部部长牛有成，副市长陈刚等陪同调研。

26日　第四届文博会——台湖国际图书分会场开幕式举行。

27日　市政协主席阳安江到通州区调研经济社会发展和政协工作。

29日　宋庄镇六合村定向安置房项目举行开工仪式。

12　月

2日　市委副书记、市长郭金龙到光机电基地、宋庄镇小堡村和新城规划展厅视察通州新城建设进展情况，并听取了本区经济社会发展情况的汇报。副市长苟仲文、陈刚陪同视察。

8日　区政府出台《通州区对著名商标和驰名商标权利人奖励办法》。

▲　新建成的广播电视发射塔通过验收。发射塔高148米，位于潞城镇。

▲　北京苏宁物流基地二期项目奠基仪式举行。

11日　日本民主党代表团暨第十六次"长城计划"友好交流使节团成员到通州区皇木厂村参观考察。

17日　通州区举办2009年楼门文化建设论坛。

22日　通州区与北京汽车工业集团签署"动力总成项目"入驻通州经济开发区东区协议。市人大常委会主任杜德印、副市长苟仲文参加签约仪式。

▲　副市长苟仲文到光机电产业基地调研北京中科信电子装备有限公司高新技术企业生产、销售情况。

23日　欧美同学会、伦敦发展署、第一财经等10家知名专业机构与区投资促进局签署投资促进战略合作协议。

28日　台湖卫生院、次渠卫生院落成。

29日　区委四届九次全体（扩大）会议召开。

党　派

中国共产党北京市通州区委员会

概　述

2009年，通州区委坚持总揽全局，协调各方，团结带领全区广大党员干部群众，以深入学习实践科学发展观活动和作风建设年活动为契机，以“保增长、保民生、保稳定”为主线，以落实各项规划为龙头，全力保持经济增长，推进“两新”建设，强化国庆服务保障、党的建设等工作，圆满完成各项任务。

积极应对挑战，经济实现平稳较快发展。主要经济指标完成情况好于预期。税收总额实现83.6亿元，同比增长12%；地方财政一般预算收入实现26亿元，同比增长21%。投资力度创新高。全社会固定资产投资额实现310.2亿元，同比增长97.4%，创历年之最。土地一级开发力度不断增强，供应速度明显加快，土地入市交易量在全市各区县中排名第二。产业项目引进建设取得重大突破，一批高端、高效、高辐射的二三产业融合的大项目相继入驻、建设、投产。园区和功能区带动作用明显增强，园区税收占全区税收总额的25%，核心竞争力明显增强。发展环境不断优化。制定促进产业发展暂行办法，安排产业发展专项资金，建立重大项目联席会议制度、项目审批绿色通道制度。

精心组织协调，国庆系列活动优质圆满。安全保卫和服务保障工作严密到位。围绕“平安国庆”，加大专项整治力度，严密组织超常规大防控，实现“四个坚决防止”的目标。圆满完成国庆阅兵训练、晚会演练及群众游行方阵训练的服务保障工作，获得国庆最佳服务保障奖。群众庆祝活动丰富多彩。“和谐家园”游行方阵和群众游园活动彰显通州风采，获得市级嘉奖。“爱祖国、爱北京、爱家乡”等群众性爱国主义教育活动特色鲜明，运河艺术节异彩纷呈，科技发展成就展成功举办。国庆志愿服务工作蓬勃开展。环境建设和整治重点突出。京塘路等庆典路线及重要节点的整治效果明显。

统筹城乡一体化建设，城乡面貌明显改观。新城规划体系进一步完善。在全市率先编制完成并开始组织实施新城近期建设行动方案。重新审视新城发展定位，着手实施运河核心区规划编制调整工作。重点工程进展顺利。温榆河西路、邓家窑大桥等一批道路、桥梁建成通车，新城道路交通进一步畅通。朝阳北路东延二期等重点道路工程全面启动，三河热电联产项目等一批市政工程加快推进。重要节点和功能区开发取得实质性进展。上营棚户区拆迁工作基本完成，工作推进居全市棚户区拆迁试点前列。北苑商务区、“两站一街”项目进展顺利，运河核心区、商务园、宋庄文化创意产业集聚区开发建设取得新进展。新农村建设步伐加快。大力发展都市型现代农业，新增设施农业1万亩，建成一批独具特色的农业主题公园。新农村“五项基础设施”建设和“三起来”工程进展顺利，新农村整体推进村街坊路建设工程基本完成，工程进度位居全市郊区县前列。以普惠制为基础的“十二项全覆盖”工程实现9项全覆盖。台湖等小城镇建设取得新进展。农村集体经济产权制度改革不断深化，“撤村建居资产处置”试点工作顺利完成。成立北京市首家农村土地流转管理服务中心，土地流转速度进一步加快。生态建设不断加强。在全市率先启动并推进万亩滨河森林公园建设。京津城际铁路等奥运绿色通道绿化工程景观初具规模。新城内景观街道、城市公园等建设取得新成效。国家生态示范区、市卫生区创建工作通过考核验收。环境优美乡镇和生态村创建工作取得新成效。

着力改善民生，社会保持和谐稳定。民生工作取得新成效。惠民政策全面落实，各项社会保障制度覆盖面稳步扩大，城乡低保标准和社会救助水平进一步提高。城乡就业形势基本稳定。公共卫生体系建设逐步完善，医疗卫生重点工程建设全面加快，在全市率先实现新型农村合作医疗住院费在全区所有一级以上医院“出院即报”。社区卫生服务工作明显加强。教育基础设施建设进一步加快，教育教学环境进一步改善。为民办实事力度加大，保障性住房和廉租房建设进展顺利，建设征地农转工历史遗留问题得到妥善解决。社会建设迈出新步伐。成立区社会工委，健全完善相关工作机制。社区居委会换届选举顺利完成。楼门文化建设不断加强，“魅力社区”、“和谐社区”建设取得新成绩。文化事业发展加快，率先在全市实现农村“益民书屋”全覆盖，群众性文化活动和“迎国庆、讲文明、树新风”为主线的精神文明创建活动蓬勃开展。社会更加安全稳定。开展“信访积案化解年”活动，信访总量大幅下降，一批信访疑难案件得到妥善解决。开展社会治安综合治理，加强社会治安防控体系建设，刑事案件发案率明显下降。安全生产形势保持稳定。甲型H1N1流感疫情得到有效防控。安定团结的政治局面进一步巩固。

强化党建工作，执政水平明显提升。学习型政党建设不断推进。认真抓好各级党委中心组学习，深入开展学习十七届四中全会精神主题教育活动，党员干部的理想信念更加坚定。学习实践活动成效显著。圆满完成全区第一批学习实践活动各项任务，确定推动科学发展的七大工程和45项整改措施，构建推动科学发展的五大制度体系。全区第二批学习实践活动有序推进。作风建设年活动顺利进行，各级领导干部领导作风、工作作风、生活作风得到进一步转变。基层党组织建设进一步加强。深化“三级联创”活动推广“双述双评”经验，进一步夯实党在农村基层的执政基础。机关党建、社区党建、非公企业党建等工作取得新进展，党组织的覆盖面和影响力进一步扩大。廉政建设进一步加强。积极开展对重点工程的廉政监督，确保基本建设工程廉洁、高效实施。深入开展“加强党性修养、弘扬良好作风、实践科学发展、推进新城建设”主题教育活动。在全市率先开展廉政风险防范管理“向上”延伸工作，廉政风险防范管理工作扎实推进。充分发挥反腐倡廉组织协调五项机制作用，党风廉政建设各项任务得到落实。农村基层党风廉政建设取得新成效。

规范选拔任用，干部队伍建设全面加强。认真贯彻执行《干部任用条例》及相关配套制度。坚持把干部选拔任用制度纳入各级领导班子中心组学习内容，在通州党建网、《通州组工通讯》开辟宣传专栏。严把民主推荐、组织考察和讨论决定关，工作程序进一步规范；建立受理用人举报情况报告制度，抓好预防拉票行为专项行动。全年进行6次干部调整，任免干部211人。新提拔任用的27名处级干部全部为大学本科以上学历，其中研究生学历4人，占提拔干部总数的14.8%；女干部5人，占18.5%;非中共党员干部3人，占11.1%。加大干部队伍培训力度，先后举办各类干部培训班28期，培训干部2072人。全区干部队伍的年龄结构、知识结构进一步优化，领导科学发展、促进社会和谐的能力进一步增强。

（蔺 艳）

重要会议和活动

【领导调研与视察】 1月3日，市委常委、统战部长牛有成调研通州区新农村建设情况，先后到漷县镇高庄村和宋庄镇小堡村，实地察看了漷大路设施产业带发展情况及画家村发展现状。1月22日，副市长夏占义检查通州区禽流感防控工作，先后到漷县镇中辛庄鸭场、觅子店公路动物卫生监督检查站和北京全聚德金星鸭业食品有限公司，实地察看了养殖防疫、屠宰生产及禽流感防控工作措施落实等情况。1月24日，副市长刘敬民视察通州区阅兵空中梯队指挥部现场。同日，副市长程红到八里桥市场、苏宁电器“家电下乡”专柜、张家湾镇皇木厂村福兰德超市检查食品安全、消防安全和节日市场供应情况。同日，中共中央政治局委员、市委书记刘淇到通州区调研经济工作，实地考察了金桥科技产业基地、物流基地、光机电产业基地的6家企业，详细询问企业发展现状、面临困难以及应对危机所采取的措施等情况。市领导李士祥、苟仲文、程红等陪同调研。同日，中国关工委主任顾秀莲到通州区调研关心下一代工作。3月4日，副市长夏占义到于家务、漷县、永乐店3个乡镇的农业产业项目基地进行实地调研。3月21日，副市长夏占义到凉水河海子洼橡胶坝、宋庄水厂、北关闸改造工程现场调研通州水务工程建设情况。5月1日，市委常委、市教工委书记赵凤桐到通州区调研。考察落户光机电基地的李宁公司、星海钢琴公司，听取园区、企业发展情况的汇报，并参观台湖中学和敬业中学。5月6日，市委常委牛有成、副市长夏占义到马驹桥镇考察小城镇建设情况，并实地观摩物流和金桥科技产业基地的落户企业。6月23日，市人大常委会主任杜德印、副主任赵凤山一行到通州区调研都市型现代农业建设情况。实地考察了东升方圆农业开发有限公司、永乐店镇林菌间作生产基地，并听取相关汇报。6月30日，市政协主席阳安江、市委常委牛有成、市政协副主席沈宝昌到梨园镇大稿村慰问全国劳动模范、市级优秀共产党员邢仲山。7月3日，市人大常委会副主任赵凤山、副市长夏占义视察通州区污水防治工作。8月13日，副市长黄卫到通州调研白庙和应寺进京综合检查站建设情况。8月14日，江西省委常委、副省长陈达恒带领考察团到通州区考察城乡绿化工作，听取相关情况汇报并参观万亩滨河森林公园绿化工程。副市长夏占义、市政府副秘书长安钢陪同考察。8月21日，市委常委牛有成到通州调研台湖镇五村整建制拆迁及城乡一体化工作情况。8月31日，副市长苟仲文到通州区调研。听取了产业发展、两站一街拆迁及建设工作情况汇报。9月14日，公安部部长孟建柱到通州区检查国庆安保工作。在通州阅兵村实地查看安全警卫设施，看望慰问了安保工作人员，听取阅兵活动安保工作汇报，并到白庙检查站详细了解检查站工作情况和国庆安保环京“护城河”工程运转机制。公安部党委副书记、副部长刘京，国务院副秘书长汪永清，公安部党委委员、副部长黄明，市委常委、市公安局局长马振川等陪同检查。9月20日，市委副书记王安顺视察通州区应寺综合检查站。9月22日，中共中央政治局常委、中央政法委书记周永康视察通州区应寺综合检查站工作情况，实地查看安检通道并慰问坚守岗位的工作人员。公安部党委书记、部长孟建柱，公安部党委副书记、副部长刘京，市委副书记王安顺等陪同检查。10月22日，国务院台湾事务办公室副主任叶克冬一行到通州调研文化创意产业发展情况，听取相关汇报，并实地参观北京出版发行物流中心、宋庄文化创意产业集聚区。11月20日，中共中央政治局委员、市委书记刘淇到通州区调研，现场察看了滨河森林公园建设情况，并到新城基业公司听取新城建设情况汇报，观看新城规划展片。市委常委、常务副市长吉林，市委常委、统战部部长牛有成，副市长陈刚等陪同调研。12月2日，市委副书记、市长郭金龙到通州区调研新城建设进展情况，视察天宇朗通公司、宋庄美术馆、通州新城规划展厅，听取关于通州经济社会发展特别是新城建设汇报。副市长苟仲文、陈刚等陪同视察。12月22日，副市长苟仲文到位于光机电产业基地的北京中科信电子装备有限公司调研高新技术企业生产、销售情况。

（蔺　艳）

【全区领导干部会】 1月22日，通州区领导干部大会召开。区委副书记张文山主持，区委书记王云峰就春节期间有关社会稳定、安全生产、送温暖、节日供应以及一季度工作等提出要求。区四套班子领导出席会议。4月28日，全区领导干部大会召开。会议传达市委十届六次全会精神，总结一季度经济社会各项工作，针对当前形势部署下阶段任务。区委书记王云峰就全区下一阶段工作提出明确要求。区长邓乃平就全力以赴决战第二季度，狠抓基础设施、园区产业项目、新农村建设重点工程等项目建设的落实提出要求。区委副书记张文山主持，四大家领导出席。9月27日，全区领导干部会议召开。区长邓乃平、区委副书记张文山分别传达胡锦涛总书记在党的十七届四中全会上的重要讲话以及市委书记刘淇在学习贯彻十七届四中全会精神会议上的要求。区委书记王云峰主持并提出要求。区委、区人大、区政府、区政协领导班子成员出席。

（蔺　艳）

【安全工作会议】 2月10日，通州区召开安全工作会议。区委常委、常务副区长张永明通报市安全工作会精神并就全区安全工作进行部署。区委书记王云峰就加强全区安全工作提出要求，全力确保全国“两会”及新中国成立60周年大庆期间通州区的安全稳定。区领导张文山、王春元、李玉君、张秀余、尹燕京、储怀森等出席。

（蔺　艳）

【农村工作会议】 3月17日，通州区召开2009年农村工作会议。副区长于世疆作报告，区委书记王云峰就新农村建设工作提出要求，要把推进农村发展与学习实践科学发展观活动紧密结合，切实加快农村产业发展，促进农民就业增收，推进农村城市化进程。区长邓乃平主持，区领导石进贤、王玉辉、王春元、李玉君、张秀余、尹双曼等出席。

（蔺　艳）

【区委四届八次全会】 7月24日，中共北京市通州区第四届委员会第八次全体（扩大）会议召开。区委书记王云峰代表区委常委会作题为《再努一把力　再加一把劲　确保完成全年“三保”各项任务》的工作报告。区长邓乃平作关于通州区上半年经济社会发展情况和下半年重点工作的报告。区委副书记张文山传达北京市2009年上半年经济形势分析会议精神。会议审议通过《区委四届八次全体会议决议》。区委委员、候补委员出席会议。

（蔺　艳）

【召开领导干部会】 8月25日，通州区召开领导干部会议，对通州区迎国庆各项工作作出部署。区长邓乃平主持，区委书记王云峰传达市委市政府迎国庆60周年会议精神，并就做好国庆各项工作强调，要增强责任意识、忧患意识，把责任细化到每个人、落实到每个岗位，以优异成绩迎接新中国成立

60周年。区领导石进贤、王玉辉、张文山、王春元、岳鹏、张秀余、尹双曼、张勇等出席。

（蔺　艳）

【国庆60周年庆祝活动总结表彰会】 10月15日，通州区召开国庆60周年庆祝活动总结表彰会。区长邓乃平主持，区委副书记张文山宣读表彰决定。区委书记王云峰讲话强调，要大力发扬国庆筹办精神，努力完成本年保增长的任务，切实完成好改善民生的各项工作，做好安全稳定工作，落实好加强党的建设各项任务，筹划好2010年的工作。区领导石进贤、王玉辉、李玉君、张秀余、尹双曼、储怀森等出席，并为先进单位和先进集体颁奖。

（蔺　艳）

【务虚工作会议】 11月27日至28日，通州区召开务虚工作会议。各区委常委、副区长结合本年分管工作，各乡镇、各街道党工委书记结合本年本地区工作，分别进行认真总结，谋划明年乃至“十二五”期间的发展思路和重点。区长邓乃平从四个方面谋划2010年工作，即指标确定上要体现主动性，新城建设要有大举措，产业发展要有大项目，城乡一体化要有大发展。区委书记王云峰强调，动员全区力量，全面完成“十一五”确定的各项任务，认真制定“十二五”规划，全力推进“两新”建设，全面加强党的建设，快速、健康、和谐地推动政治、经济、社会、生态的科学发展。区领导石进贤、王玉辉、张文山出席会议并提出要求。

（蔺　艳）

【区委四届九次全会】 12月29日，区委四届九次全体（扩大）会议召开。区领导张文山传达市委十届七次全会精神，区委书记王云峰代表区委常委会作题为《以饱满的精神昂扬的斗志 全力推进通州新城跨越式发展》的工作报告，区长邓乃平作《关于经济社会发展工作的报告》，区委常委、组织部长郭旭升就《中共北京市通州区委关于加强和改进新形势下党的建设的实施意见（审议稿）》作说明。与会有关人员就干部选拔任用工作和2009年度新选拔任用的党政正职进行民主测评。大会审议通过《中共北京市通州区第四届委员会第九次全体会议决议》、《中共北京市通州区委关于加强和改进新形势下党的建设的实施意见》。区委书记王云峰作总结讲话。区委委员、候补委员出席会议。

（蔺　艳）

学习实践科学发展观活动

【概　况】 按照中央和市委的统一部署，3月至8月底，通州区开展第一批深入学习实践科学发展观活动。10月，启动第二批学习实践活动。两批活动共涉及2588个党组织、48822名党员。区委牢牢把握“党员干部受教育，科学发展上水平，人民群众得实惠”的总要求，紧紧围绕“打造区域服务中心，推进‘两新’建设，构建创意、活力、和谐通州”的活动主题，精心组织，统筹安排，顺利完成学习实践科学发展观活动的各项任务，开创了通州科学发展的新局面。

*紧紧抓住统筹兼顾这个根本方法，学习实践活动各项工作步步跟进，衔接有序。*一是健全组织，构建一张立体工作网。各部门、各单位分别成立由“一把手”负总责的学习实践活动领导机构和工作机构。区委派出22个区委指导检查组、5个分系统指导小组，建立统筹协调工作机制。二是确定载体，吹响科学发展冲锋号。围绕建设“三个北京”的战略目标确定活动载体，明确活动方向。三是组织协调，下活一盘联动棋。坚持分类指导，细化实施步骤；统筹安排学习实践活动与中心任务、日常工作，加强上下互动、左右联动，形成条块结合、相互协调，立体式、全覆盖的工作格局。

*紧紧抓住学习教育这个首要环节，进一步解放思想、形成科学发展共识。*一是通过整体开展健全制度引领学、专家领导辅导学、参观考察借鉴学、廉政教育警示学、深入联

系点指导学等五种促学方式，推动学习不断深入。二是采取整体宣教、结对帮教、上门面教、远程助教、寄学送教等五项辅教措施开展学习培训，确保学习全面覆盖。

*紧紧抓住突出实践这个特点，努力推动学习实践活动取得实际成效。*一是带动示范，引领实践。区委、区政府带头开门纳谏，广泛征求意见建议后，形成分析检查报告和整改落实方案，重点实施了凝心聚力、产业强区、功能提升、强农富民、民生改善、平安通州和党建创新“七大工程”。涉及的117项近期整改任务全部完成，20项中长期整改任务积极推进。二是深入一线，带头实践。各级领导干部带头深入学习、调查研究、查找问题、整改落实，坚持重心下移，做到情况掌握、协调指挥、问题解决、经验总结在一线，广泛征求来自基层一线的意见建议，共同研究解决突出问题。三是增强活力，生动实践。各基层党组织坚持边学边改、边查边改、边整边改，开展“三围绕三分析检查”，实施了审阅整改落实方案、跟踪督查整改落实、整改问题挂销账管理、公示整改落实情况四项措施，完成整改任务1579项，解决了一批实际问题。

*紧紧抓住联系群众这个基本要求，不断激发人民群众积极投身科学发展伟大实践的热情。*一是发动群众，问政于民。区委、区政府邀请部分区“两代表一委员”、人民团体组织和基层党员群众110人及基层单位主要负责人总计213人，对区委、区政府分析检查报告进行评议。各部门、各单位也分别邀请党员群众代表共14005人对各自的分析检查报告进行评议，自觉接受群众的监督和评判。二是深入群众，问需于民。各级领导干部及农村、社区和“两新”组织党组织负责人积极开展调研走访，调研走访16907人次，受邀请参加访谈人员6563名，15284名党员干部入户，当面了解群众需求和意见。三是依靠群众，问计于民。先后开展“我为通州科学发展建言献策”、“我为通州‘两新’建设献一策”征文和合理化建议征集以及“三个走访”活动。发放调查问卷和征求意见表4万余份，收到合理化建议9199条、征文4191篇，查找出制约科学发展的突出问题1035个，为全区科学发展广泛汇集了民智。

*紧紧抓住党的建设这个着力点，进一步打牢党的执政基础。*一是全面提高领导班子执政能力和干部队伍综合素质。以理论中心组学习为载体，加强各级领导班子思想政治建设；结合政府机构改革，优化班子配备，增强班子的整体功能与合力；举办各类干部培训班351期，培训干部3.5万人次；选派年轻干部进行实岗锻炼，抽调干部参与学习实践活动的组织协调，干部队伍的能力素质大幅提升。二是积极稳妥推动党内民主建设。完善区委常委会议事规则，坚持“三重一大”事项集体决策。探索实施“乡镇党代表任期制”等制度，加大基层民主的创新力度。三是着力强化党的基层组织建设。深化农村党的建设“三级联创”活动；顺利完成478个村党组织换届选举工作；落实村党支部书记“一定三有”政策；加强全区社会领域党建工作。四是充分发挥党员的先锋模范作用。健全党员发展、教育管理机制；发挥组织优势，广泛开展“共产党员献爱心”等活动；1.4万名党员参加国庆60周年服务保障志愿服务。

*紧紧抓住舆论引导这个有效措施，积极营造学习实践活动良好氛围。*一是提升舆论引导力，树立正确的舆论导向。突出重点，拓宽渠道，不断加强宣传报道工作。北京电视台、《人民政协报》等市级以上媒体多次对通州区学习实践活动进行详细报道，中央学习实践活动简报刊发通州专刊2期，市委简报刊发通州专刊14期；区委编印《通州区深入学习实践科学发展观活动资料汇编》等系列书目9套，编发活动简报282期，宣传和总结了全区开展活动好的经验和做法。二是提升舆论感染力，增强针对性和实效性。精选45篇学习实践活动典型事例，编发实

用教材《科学发展在身边——通州区学习实践科学发展观事例选编》；设置48个科学发展观现场教学点，使不同类型的典型经验为参学单位提供借鉴，促进了活动的成果交流。三是提升舆论亲和力，吸引干部群众广泛参与。通过巡回演出文艺节目、开展知识竞赛等方式向群众宣传科学发展观，营造良好的活动氛围。

*学习实践科学发展观活动取得的成效。*一是党员干部真正学有所获，推动通州跨越式发展的理念和认识又有新提升。全区党员干部真正理解了科学发展观内涵，真正认清了通州发展定位，真正形成了科学发展共识，党员干部作风得到真正转变。二是“三保”目标圆满完成，全区科学发展再上新水平。经济发展企稳向好。全区经济保持平稳较快增长，地区生产总值234亿元，增长10%；税收83.6亿元，增长12.1%；地方财政一般预算收入26亿元，增长21.4%；城镇居民人均可支配收入22572元、农民人均纯收入11234元，分别增长了9%和10%。民生状况极大改善。就业培训服务成效显著。城乡大保障格局基本形成。各项社会事业全面推进。社会救助工作扎实推进。和谐稳定的社会局面进一步巩固。全面构建维稳工作体系，圆满完成国庆60周年服务保障工作。启动六大专项行动，实施环京“护城河”工程，加强社会治安防控体系建设，安定团结的政治局面进一步巩固。三是“现代化国际新城建设”拉开序幕，城乡一体化建设形成新格局。新城基础设施承载能力不断提高，重点功能区建设进展迅速，旧城旧村改造全面展开，城乡环境明显改善，新农村建设卓有成效。四是科学的体制机制逐步完善，践行科学发展再创新成果。构建了加快产业发展、提升新城功能、推进城乡一体化、维护社会和谐稳定、推动党建创新五大制度体系。全区废止制度202项、修改473项、建立598项，为实现通州科学发展、快速发展、跨越式发展提供坚实的制度保障。五是党的工作活力不断增强，基层党建创新集成新体系。党组织服务能力显著提高，基层干部队伍建设全面加强，党员队伍综合素质得到提升，党的工作覆盖面逐步扩大。

(林长春)

【学习实践科学发展观活动筹备工作第一次会议】　2008年12月10日，学习实践活动领导小组办公室召开筹备工作第一次会议，对相关工作人员进行了培训，进一步明确了办公室的工作重点、各工作组的职责分工及对工作人员的具体要求。区委常委、组织部长王春元，区委组织部副部长王杰群参加。

(林长春)

【第一批学习实践活动指导检查组培训会】　2009年3月9日，通州区第一批深入学习实践科学发展观活动指导检查组培训会在区委党校报告厅召开。区人大常委会主任石进贤，区委常委、组织部长王春元，区委组织部常务副部长刘瑞祥，区纪委副书记张希芳，区委组织部副部长王杰群等出席会议。会议对区委各指导检查组的工作提出具体要求。石进贤结合自身参加市委指导检查组的经验，对学习实践活动中的指导检查工作，提出了好的工作经验和工作方法。14个区委指导检查组成员参加会议。

(林长春)

【深入开展学习实践科学发展观活动动员大会】　3月11日上午，全区深入开展学习实践科学发展观活动暨领导干部作风建设年活动动员大会在陆航学院礼堂召开。会议由区委副书记张文山主持，区委书记王云峰作动员讲话，区委副书记、区长邓乃平、市委第三指导检查组组长陈继平同志出席会议并讲话，区委常委、组织部部长王春元对全区开展深入学习实践科学发展观活动暨加强领导干部作风建设年活动进行部署。6个基层单位的主要领导作表态发言。区领导石进贤、王玉辉、张秀余、尹双曼、张勇、储怀森等区委、区政府、区人大、区政协、各乡镇党委、各街道工委、区直各工委、各处级单位和区属国有企业的相关负责同志，共计800余人参加会议。

(林长春)

【学习实践科学发展观活动专题报告会】 3月18日，举行学习实践活动首场专题辅导报告会。市科协副主席王渝生作题为《科学发展与社会进步》的专题讲座。报告会由区委副书记张文山主持。区委书记王云峰、区长邓乃平、区人大常委会主任石进贤、区政协主席王玉辉等区委、区人大、区政府、区政协领导班子成员，全区第一批学习实践活动96家单位处级以上领导干部参加会议。3月19日，区委副书记、区长邓乃平就深入学习实践科学发展观作专题辅导报告。区委、区人大、区政府、区政协领导班子成员，全区处级以上领导干部参加了报告会。3月20日，举行学习实践活动专题辅导报告会。首都师范大学郭海燕教授作题为《保增长、保民生、保稳定 推动科学发展 促进社会和谐》的专题辅导报告。4月8日，区委书记王云峰就深入学习实践科学发展观作专题报告。报告会由区委副书记、区长邓乃平主持。市委指导检查组组长陈继平及市委指导检查组成员、区级领导班子成员、第一批学习实践活动参学单位相关领导、区委指导检查组及区委学习实践活动领导小组办公室成员参加报告会。11月11日，通州区第二批深入学习实践科学发展观活动专题辅导报告会在北发大酒店召开，会议由区委副书记张文山主持，区委书记王云峰对全区11个乡镇和4个街道的支部书记做辅导报告。市委学习实践活动第三巡回检查组全体成员出席会议。

(林长春)

【第一批学习实践科学发展观活动总结大会】 8月20日，通州区第一批深入学习实践科学发展观总结大会在新华联培训中心报告厅召开。大会由区委副书记、区长邓乃平主持。与会人员观看了全区开展学习实践活动专题片《运河潮涌驾东风》；区发改委、区劳动局、玉桥街道、台湖镇的主要领导进行交流发言；区委书记王云峰作了总结讲话；市委学习实践活动第三指导检查组组长陈继平充分肯定了本区第一批学习实践活动取得的成绩，并提出相关工作建议。会上对全区第一批学习实践活动进行了现场群众满意度测评。区委、区人大、区政府、区政协领导班子成员，区委学习实践活动领导小组成员，参加全区第一批学习实践活动单位的党政正职、主管党务工作副职、纪委书记、组织委员、宣传委员，区委指导检查组成员，区委学习实践活动领导小组办公室成员以及区委学习实践活动参评人员共计500余人参加会议。

(林长春)

【学习实践活动整改落实“回头看”工作会】 9月4日，召开学习实践活动整改落实“回头看”暨第二批学习实践活动筹备工作部署会。会议传达了中央、市委有关会议精神，区委常委、组织部长王春元出席会议并讲话。全区各部委办局主管党务工作的副职，各乡镇党委、街道工委主管党群工作的副书记，组织部长，区委指导检查组和区委学习实践活动领导小组办公室全体成员参加会议。

(林长春)

【市委巡回检查组检查通州区整改落实“回头看”工作】 9月22日，市委第三巡回检查组检查本区整改落实“回头看”工作完成情况。市委第三巡回检查组对本区第一批学习实践活动形成的档案材料进行了查阅，听取了区委副书记张文山的汇报，并与部分单位进行交流座谈。

(林长春)

【第二批学习实践科学发展观活动动员大会】 10月20日，召开通州区第二批学习实践科学发展观活动动员大会。会议由区委副书记、区长邓乃平主持。市委第三巡回检查组组长刘俊和区委书记王云峰作重要讲话，区委副书记张文山宣读《通州区开展第二批学习实践科学发展观活动的指导意见》。出席会议的区领导还有石进贤、王玉辉、储怀森、李玉君、张秀余、尹双曼、岳鹏、张勇、赵玉影等。

（林长春）

【中央巡回检查组到通州调研】 12月10日，中央第一巡回检查组领导到通州调研学习实践活动开展情况，检查组一行参观考察了梨园镇西总屯村、魏家坟村。中央第一巡回检查组听取了通州区开展学习实践活动工作汇报及两个村学习实践活动的介绍。中央巡回检查组第一副组长、全国政协委员高俊良就本区学习实践活动取得的成效给予充分肯定，并明确了今后工作努力的方向。

（林长春）

【通州区深入学习实践科学发展观活动总结大会】 2010年3月9日，召开通州区深入学习实践科学发展观活动总结大会。会议由代区长岳鹏主持，区委常委、组织部长郭旭升对本区学习实践活动的开展情况进行了总结。区委书记王云峰、市委第三巡回检查组组长刘俊讲话。全区600余名干部参加了大会。

（林长春）

组织工作

【概　况】 2009年，全区组织系统紧密围绕全区改革发展稳定的大局，认真贯彻落实科学发展观，解放思想、务实创新，全面推动组织工作的科学发展，服务全区科学发展的水平得到新提升，为科学发展选干部、配班子，建队伍、聚人才，抓基层、打基础，各项工作取得新进展。

一是扎实推进深入学习实践科学发展观活动，全区党员干部服务科学发展的意识和能力进一步提高。按照中央、市委和区委的要求，参与组织全区第一、二批深入学习实践科学发展观活动。全区有1766个党组织、46685名党员以“打造区域服务中心，推进‘两新’建设，构建创意、活力、和谐通州”为活动载体，以科学发展观理论、十七届四中全会精神等为重要学习内容，以落实“保增长、保民生、保稳定”任务为实践平台，积极参与学习实践活动。通过广泛学习调研、深刻分析检查、集中整改落实，认真领会科学发展观的深刻内涵和精神实质，解决了部分影响通州发展、稳定的实际问题，构建加快产业发展、提升新城功能、推进城乡一体化、维护社会和谐稳定、推动党建创新五大制度体系。

二是着力提高执政能力和领导水平，领导班子和干部队伍建设得到全面加强。制定实施《关于深入学习实践科学发展观，开展弘扬北京奥运精神、加强领导干部作风建设年活动的实施意见》，各级领导班子和领导干部带头深入工作一线，帮助基层解决实际问题。精心组织、全面完成乡镇届中考察工作。结合政府机构改革，积极优化班子配备，先后进行6次干部调整，任免干部211人次。不断深化干部人事制度改革，健全完善了干部选拔任用全程纪实、干部职责管理、“一报告两评议”等制度，制定《通州区科级干部选拔任用工作监督检查办法（试行）》，完善电话举报、信访举报等干部监督网络，进一步促进选人用人公平公正。制定实施《通州区关于大规模培训干部工作的实施意见》，举办各类干部培训班351期，培训干部3.5万人次，提高了干部队伍的能力素质。完成处级后备干部集中调整工作。注重加强后备干部、年轻干部的党性锻炼和实践培养，先后选派20名新任副处级干部和5名后备干部到区信访部门及乡镇实岗锻炼，选派2名年轻干部到四川什邡挂职锻炼，抽调14名处级干部及17名后备干部参与全区学习实践科学发展观活动的组织协调工作。按照区委要求，圆满完成区人大、区政协人事选举工作，协助区总工会、团区委、区妇联顺利进行领导班子换届。围绕全区工作大局，积极做好老干部工作，切实发挥老干部在推动新城建设中的作用。

三是统筹推进全区人才工作，人才在经

济社会发展中的支撑作用进一步增强。从完善制度、开展培训、强化管理入手，统筹推进各类人才队伍建设，全区党政人才、社会工作人才、企业经营管理人才、专业技术人才、技能人才和农村实用人才队伍得到进一步壮大。其中农村实用人才队伍建设成效尤为突出，年内新增农村实用人才709名，农村实用人才总量达到1603名。组织参加全市农村实用人才创业成果展示推介会，荣获全市活动组织奖第一名。建立健全人才服务、关爱和激励机制，积极开展优秀人才评选表彰、走访慰问、休假疗养等活动。

四是大力加强基层党建工作，基层党组织的战斗堡垒作用和党员的先锋模范作用进一步发挥。深化“三级联创”活动，制定并实施关于加强新时期农村基层组织建设、村党支部书记队伍建设、农村基层党内民主建设等相关文件，基层组织制度更加完善。加大统筹协调力度，精心组织完成478个村党组织换届选举工作。全区选出村党组织委员1500名，有146个村实现“直选”，10名大学生村官进入村党支部班子，村党组织班子的整体结构进一步优化。认真落实村党支部书记“一定三有”政策，进一步加大对村干部的培训力度。认真执行村级党务公开等民主制度，加快农村基层党内民主步伐；深入开展“驻村帮扶”活动，积极探索城乡基层党组织互帮互助新机制。会同区委社会工委研究制定关于加强全区社会领域党建工作等文件，创新“两新”组织中党组织设置形式；完成全区70个社区党组织的换届选举。稳步推进机关党建工作，提高机关工作效能。建立健全党员发展、教育和管理机制，注重在重大活动、重要工作中发展党员。不断丰富电化教育形式和内容，扎实推进农村党员干部现代远程教育工作。充分发挥组织优势，广泛开展“共产党员献爱心”、“共产党员志愿服务”等活动。在国庆系列活动筹备和开展期间，全区设立党员发挥作用岗位4230个，参与设岗定责党员1.5万名，参加志愿服务党员1.4万名，广大党员在国庆服务保障工作中充分发挥先锋模范作用。

五是进一步加强组织部门自身建设，组工干部队伍素质不断提高。结合开展领导干部作风建设年活动，深化拓展“讲党性、重品行、作表率”活动，组织开展学习王彦生、沈浩同志先进事迹活动，注重理论学习和实践锻炼，着力增强组工干部的党性修养和宗旨观念。深入开展“组织部长下基层”活动，全区组织系统各级干部通过深入基层开展调研、与干部进行谈心谈话、广泛开展结对帮扶、主动参加信访接待等形式，及时了解情况，解决实际难题，提升素质能力，锤炼工作作风。坚持从严治部、从严律己、从严带队伍，认真执行“十严禁”纪律，积极开展廉政风险防范管理工作，进一步树立组工干部公道正派、清正廉洁的良好形象。

截至年底，通州区党员总数49772人。基层党组织1946个，其中党委49个、总支133个、支部1777个。新发展党员911人。

（余　龙）

【市创建检查小组检查验收通州区创建工作】 1月26日至27日，市委组织部、市委农工委组成联合检查组，就农村党的建设“三级联创”活动到通州区进行检查验收。区委常委、组织部长王春元汇报2008年全区创建工作。检查组抽查永乐店镇和马驹桥镇两个乡镇党委，以及永乐店镇半截河村和于家务乡西垡村2个“五个好”村党支部、“中间状态村”台湖镇北火垡村党支部、“后进转化村”马驹桥镇后银子村党支部创建工作情况。

（刘　飏）

【组织工作会议】 2月20日，全区组织工作会议召开。区委副书记张文山主持会议并在会上传达全国、北京市组织工作会议精神。区委常委、组织部长王春元作题为《求真务实 改革创新 为通州新城和新农村建设提供坚强的组织保证》的工作报告。区委书记王云峰结合当前经济和社会形势，对全区组织工作提出要求。各乡镇党委书记、党委专职副书记、组织委员；区直单位党委、工委（党组）书记、主管党群工作的副书记、政工科长参加会议。

（刘　飏）

【乡镇领导班子届中考察】 3月12日至5月22日，区委组织部组成两个考察组，通过综合运用民主测评、民主评议、民主推荐、民意调查、履职效能测评、个别谈话、查阅资料等考核方法，对全区11个乡镇的党委、人大、政府领导班子及班子成员进行考察，并对正、副处级后备干部进行民主推荐和考察。有1098人参加考察动员会，534人参加个别谈话和口头推荐，353人参加民意调查。

（刘　飏）

【举办通州区优秀中青年干部培训班】 3月17日至6月19日，通州区优秀中青年干部培训班在区委党校举办。来自全区各单位的32名优秀中青年干部参加了为期三个月的优秀中青年干部培训班。

（刘　飏）

【区级领导班子届中考察】 3月30日至4月22日，配合市委考察组进行区级领导班子届中考察工作。先后组织召开区委常委扩大会议、全区领导干部大会、民意调查会3个会议，组织116名局处级领导干部进行个别谈话，协调相关乡镇、街道，对楼门文化、烟草物流配送中心、龙旺庄学校、韩美林艺术馆、宋庄画家村等进行实地考察。

（刘　飏）

【创建工作推进会】 6月11日，召开通州区2009年创建工作推进会暨贯彻落实中组部推进“万名组织部长下基层”活动会议。与会人员首先参观漷县镇漷大路设施农业产业带和觅子店村巧娘工作室，听取了漷县镇党委在全镇村级党组织中开展“六服务”活动的经验介绍。会议全面总结了近些年来通州区开展农村党的建设“三级联创”活动的主要做法和成效，传达中组部和市委组织部关于组织系统推进“万名组织部长下基层”活动的有关精神并对全区农村基层组织建设进行重点部署。全区各乡镇党委专职副书记、组织委员、各街道工委组织部长参加会议。

（刘　飏）

【举办农村党支部书记、村委会主任和村后备人才培训班】 7月20日至8月22日，举办通州区2009年农村党支部书记、村委会主任和村后备人才培训班。全区700名村级主要干部和160名优秀村后备干部进行分期分批轮训。培训班分十期完成。

（刘　飏）

【村“两委”换届选举准备工作座谈会】 7月28日，组织召开村“两委”换届选举准备工作座谈会。会议由区委常委、组织部长王春元主持。各乡镇党委专职副书记汇报本乡镇村“两委”换届前期准备工作情况。民政局副局长魏国传达中央、市委相关会议主要精神。区领导张文山参加会议并讲话。区领导李玉君、尹双曼、赵玉影参加会议。区委组织部副部长王杰群及各乡镇党委专职副书记、组织委员、主管民政工作的副乡镇长参加会议。

（刘　飏）

【举办通州区处级干部进修班】 10月20日至11月19日，通州区第十期处级干部进修班在区委党校举办。处级干部进修班52名学员参加了历时5周的进修培训。

（刘　飏）

【2009年农村实用人才工作总结表彰大会】 11月26日，全区组织召开2009年农村实用人才工作总结表彰大会。区领导张文山、王春元、于世疆等出席会议。

（刘　飏）

【村党组织换届选举工作动员部署暨培训会】 12月4日，召开通州区2010年村党组织换届选举工作动员部署暨培训会。区委常委、政法委书记李玉君主持会议。区委常委、组织部长郭旭升部署2010年村党支部换届选举工作。区委书记王云峰讲话。区领导张秀余、尹双曼、郭旭升、赵玉影参加会议。区村“两委”换届选举工作领导小组及办公室成员，各乡镇党委书记、党委专职副书记、纪委书记、组织委员、宣传委员以及组织部两名干部，联系乡镇的区委学习实践活动指导检查组成员100人参加会议。

（刘　飚）

宣传工作

【概　况】 2009年，全区宣传思想文化战线按照“高举旗帜、围绕大局、服务人民、改革创新”的总要求，扎实做好宣传思想文化工作，圆满完成各项工作任务，为深入开展学习实践科学发展观活动、保持经济平稳较快增长和服务保障首都国庆60周年庆祝活动提供了强大的思想保证、舆论支持、精神动力和文化条件。

（何　江）

【2009年宣传思想工作会议】 2月24日，通州区召开2009年宣传思想工作会议。区委常委、宣传部长张秀余做工作报告，区委副书记张文山出席会议并对宣传思想工作提出要求。各乡镇、街道主管副书记、宣传部长，区属各部、委、办、局，各人民团体主管领导参加会议。会议全面总结了2008年宣传思想工作，明确了2009年工作任务，通报表彰了2008年度宣传思想工作先进单位、“三下乡”工作先进单位和优秀宣传干部。

（何　江）

【举办北京市“科技套餐工程”暨通州区“三下乡”活动启动式】 1月18日，由市协、市农委、区委、区政府主办，区委宣传部、区科协、区农委等单位承办的北京市2009年第三届“科技套餐工程”暨通州区“三下乡”活动启动仪式在永乐店镇坚村北京金篮子种植有限责任公司隆重举行。市委宣传部、市科协、市农委、市农业局、首都绿化办等市有关部门领导和区委常委、宣传部长张秀余，副区长于世疆等区领导出席活动。市区两级专家、本区18家“三下乡”成员单位主管领导和10个远郊区县科协领导及永乐店镇300余名农民朋友参与活动。市科协党组副书记、副主席贺慧玲，区委常委、宣传部长张秀余为“农民致富科技服务套餐配送工程示范点”揭牌，市区领导向永乐店镇坚村赠送了科普设备、科技图书、生产资料和春联等。启动仪式结束后，部分农业技术专家深入大棚为农民现场培训指导，解决农民生产生活中的实际问题。市属蔬菜学会、植保学会、昆虫学会、土壤学会、中医药学会、天坛医院以及通州区农业专家开展咨询和义诊活动。由区文化委组织的一台慰问农民朋友的文艺演出受到在场农民朋友欢迎。活动中，展示农村科普展板100块，围绕展板内容填写问卷受到在场群众的欢迎，通过有奖问卷的形式极大地调动了农民群众参与、学习科学技术的积极性。

（何　江）

【举办“北京市星级农家书屋表彰仪式暨农民选书会”】 2月6日，由市委宣传部、市新闻出版局主办，区委宣传部、区文化委承办的“盛世新农村　耕读奏和谐——北京市星级农家书屋表彰仪式暨农民选书会”在于家务乡仇庄村举行。中宣部出版局图书处、新闻出版总署印刷发行司、市委宣传部、市新闻出版局领导，区领导张文山、张秀余及区委宣传部、区文化委、于家务乡等单位的领导出席了活动。活动中，市委宣传部、市新闻出版局对全市荣获“星级书屋”的“农家书屋”示范点进行了表彰，本区张家湾镇张湾村、于家务乡仇庄村“农家书屋”荣获四星级书屋称号，张家湾镇皇木厂村“农家书屋”荣获三星级书屋称号。

（何　江）

【2009年宣传干部培训班】 3月3日至5日，通州区举办2009年宣传干部培训班。全区各乡镇、街道宣传部长，区属各有关单位政工科长（政治部主任）70余人参加培训。此次培训内容涉及“人文北京、科技北京、绿色北京”理念的解读、加强舆论引导与正

确认识网络新闻媒体、精神文明建设、提高文字修养和涉外礼仪与西方文化等5项内容，取得较好的培训效果。

（何　江）

【2009年通州区宣传舆情信息员培训班】 3月26日下午，本区举办2009年通州区宣传舆情信息员培训班，邀请市委宣传部研究室副处长彭司海就舆情信息的分类、2009年舆情信息工作需要把握的重点内容和如何写好舆情信息及分析报告进行了深入浅出的讲解。来自全区各单位百余名宣传干部及舆情信息员参加培训。

（何　江）

【推动深入学习实践科学发展观活动】 强化理论教育，着力用中国特色社会主义理论体系武装党员、教育群众，推动深入学习实践科学发展观活动。一是精心组织区委中心组、协调指导全区处级单位党委（党组）中心组认真学习实践科学发展观，区委中心组学习实践科学发展观的做法在全市党委（党组）中心组研讨班上作典型经验介绍。二是召开处级单位党委（党组）“学习实践科学发展观，庆祝新中国成立60周年”理论研讨会，指导全区各单位梳理、总结、提升学习实践活动的理论成果。三是积极总结交流经验，编发学习实践活动简报192期，被中央和市委学习实践活动简报刊发信息9篇次。四是结合“打造区域服务中心，推进‘两新’建设，构建创意、活力、和谐通州”活动载体，会同区委组织部创作策划一台文艺节目在全区进行巡回演出，成为全区学习实践活动的重要宣传平台。五是组织开展“通州道德楷模”评选表彰活动。举办“感动通州—2009年通州道德模范颁奖典礼”，会同区委组织部将评选出的10名“通州道德模范”的先进事迹制作成书籍和专题片，发放到全区1700多个基层党组织。六是以“唱响主旋律，服务新通州”为活动载体，深入开展宣传思想文化系统学习实践活动，促进了各项工作水平的稳步提升。

（何　江）

【组织开展读书知识竞赛活动】 以深入学习实践科学发展观为契机，以发挥“益民书屋”作用、丰富群众文化生活、提高群众文化素质为目标，3月始，在全区90个“益民书屋”示范点深入开展“深入学习实践科学发展观——益民书屋带给我知识”读书知识竞赛活动。并于4月23日举行知识竞赛决赛。北京市新闻出版局党组书记、局长冯俊科出席活动并讲话。

（何　江）

【组织开展学习实践科学发展观巡演启动仪式】 4月30日，以开展深入学习实践科学发展观，弘扬运河文化，迎接新中国成立60周年为主题，通州区深入学习实践科学发展观巡演启动仪式在宋庄镇原创艺术博展中心举行，全面拉开本区学习实践科学发展观巡回演出的序幕。此次深入学习实践科学发展观巡演活动是用艺术的手法，把对科学发展观的认识、理解展现在舞台上，通过这种喜闻乐见的艺术形式把科学发展观的内涵艺术化、细腻化、具体化，让广大观众更直接、更深刻地理解学习实践科学发展观的重要性。充分发挥文化宣传的作用，发挥文艺节目的感染力、影响力与凝聚力，使学习实践活动充分体现时代性和创造性。

（何　江）

【组织“爱祖国、爱北京、爱家乡”活动启动仪式】 5月21日，由市委宣传部、首都文明办、通州区委、区政府联合主办的“爱祖国、爱北京、爱家乡”活动启动仪式暨“祖国——您听我唱支歌”通州区群众歌咏会在本区运河文化广场举行，全面拉开北京市庆祝新中国成立60周年、深入开展群众性爱国主义教育活动的序幕。为突出体现群众性和参与性，演出以群众歌咏会合唱形式为主，分别由农民合唱方阵、学生合唱方阵、社区合唱方阵、部队合唱方阵和公务员合唱方阵5个合唱方阵共1500名来自全区不同行业的群众参与演出。演出由家乡篇、北京篇、祖国篇三个乐章和尾声组成，分别选取《在希望的田野上》、《运河之歌》、《故乡是北京》、《北京欢迎你》、《没有共产党就没有新中国》、《团结就是力量》等脍炙人口的歌曲，采取台上台下互动、合唱方阵之间互动、领导与群众互动的形式，充分体现不同行业万众一心齐努力、共建美好新家园的热烈氛围。为庆祝新中国成立60周年而创作的歌曲《与你同行》受到在场观众的热烈欢迎，将活动氛围推向高潮。中宣部宣教局、市委宣传部、首都文明办领导及北京市委各工委、各区县委宣传部、团市委、市妇联等有关部门负责同志与2000余名通州各界群众观看演出。

（何　江）

【举行通州区爱国主义教育基地命名授牌仪式】　6月17日，通州区爱国主义教育基地命名授牌仪式在梨园镇韩美林艺术馆举行。通州区国防教育广场、韩美林艺术馆、潞河中学、张家湾镇皇木厂村、中国民兵武器陈列馆等13家单位被命名为通州区爱国主义教育基地。来自全区各行各业300余名代表出席命名仪式。

（何　江）

【举办通州区庆祝新中国成立60周年系列文化活动启动式】　6月21日，一场由2000名群众激情欢唱颂祖国、盛况空前、气势磅礴的群众歌咏会在通州区潞河中学体育馆上演，正式拉开通州区"为伟大祖国骄傲"——庆祝新中国成立60周年系列文化活动的序幕。《祖国你好》、《在希望的田野上》、《打起鼓来唱起歌》、《青春舞曲》等脍炙人口的经典歌曲，由来自通州各乡镇、街道、委办局机关、驻通部队、学校的15支合唱团轮流演唱。

（何　江）

【开展"宣传部长谈工作创新"征文活动】　2009年，区委宣传部在全区宣传干部中开展宣传部长（政工科长）谈工作创新征文活动，全区宣传系统各级领导干部积极参与，踊跃投稿，密切结合本地区经济社会发展实际，结合宣传工作为本地区经济社会发展服务，特别是为保持经济平稳较快发展服务所做的工作，结合深入学习实践科学发展观活动，结合本地区贯彻落实建设"人文北京、科技北京、绿色北京"所做的工作，在广泛调研的基础上，从不同角度、不同层面畅谈宣传思想工作创新，为本地区发展及全区宣传思想工作进步提供了智力支持。区委宣传部在众多来稿中精选30篇，在《宣传情况》上开辟"基层宣传部长、政工科长谈工作创新系列"逐期刊发，为促进基层宣传思想工作提供交流平台。7月，将征文稿件汇编成册，编辑《通州区基层宣传部长（政工科长）谈工作创新征文汇编》一书，并发放至全区各单位，供广大宣传干部借鉴、参考。

（何　江）

【组织开展"平安国庆——我参与　我奉献"主题宣传月活动】　7月3日，通州区"平安国庆——我参与　我奉献"主题宣传月活动启动仪式在梨园镇云景里文化广场举行。全面启动为期一个月的通州区"平安国庆——我参与　我奉献"主题宣传月活动。宣传月期间，区公安分局、司法局、安监局、城管监察大队等区安委会成员单位分别组织不同形式的宣传活动，深入广大群众中开展各类安全生产和平安国庆宣传教育活动，并于8月4日在新华大街举行集中宣传活动。"平安国庆"宣传月活动的开展，极大地提高了广大市民应对突发事件和治安防范的基本能力，营造"平安国庆　人人有责"的浓厚氛围。

（何　江）

【组织北京市百姓宣讲团通州范围内巡回宣讲活动】　8月初，市委宣传部、市委讲师团共同组建北京市百姓宣讲团，深入全市各区县、机关、乡镇、社区开展巡回宣讲活动。8月18日，通州区举行北京市百姓宣讲团通州区首场报告会。并于8月28日至9月4日精心组织北京市百姓宣讲团在通州区的9场巡回报告会，总受众人数达2000多人。通过讲述老百姓身边亲身经历的故事，话变迁、话成就、谈感受，真实生动地展现新中国成立60年特别是改革开放30年来国家和首都北京取得的辉煌成就。

（何　江）

【举办庆祝新中国成立60周年知识竞赛】 9月2日，以回顾60年党和国家光辉历程为主要内容的“迎国庆　讲文明　树新风——通州区庆祝新中国成立60周年知识竞赛”在潞城镇举行。来自全区41支代表队在经过预赛角逐的基础上，有8支代表队进入决赛。决赛分为必答题、抢答题、风险题三个环节，内容涵盖国家、北京和通州60年来走过的光辉历程和取得的辉煌成就。

（何　江）

【举办通州区红色电影广场展映活动】 自7月1日起至10月5日止，选取革命题材和历史题材优秀影片，在通州区运河文化广场举办通州区红色电影展映活动。集中组织展映新中国成立60年来歌颂党、歌颂社会主义的优秀影片，采取每天放映一部优秀影片的形式，在广大群众中开展爱国主义教育，受到全区各界的热烈欢迎。据不完全统计，截至年底共放映优秀影片80部，总观看人数达到近2万人次。

（何　江）

【举行“我和我的祖国”征文活动】 以激发广大群众爱国热情和参与热情为宗旨的“庆祝新中国成立60周年—‘我和我的祖国’征文活动”受到全区广大群众的热烈响应，自6月初活动开始以来，收到来自全区各行各业的征文近2000余篇，征文包括散文、诗歌、传记等不同体裁。参赛作者既有70岁高龄的老人，也有刚刚步入学校的儿童，更多的，则是共和国的同龄人。区委宣传部自7月初在《信报·通州时讯》上开辟专版，逐篇刊登参赛文章，活动持续到9月底结束。

（何　江）

【举办北京通州运河艺术节】 9月10日，北京通州运河艺术节开幕式在通州区运河文化广场举行，标志着为期1个月的运河艺术节正式拉开序幕。市委宣传部常务副部长陈启刚、区委书记王云峰、市文联党组书记朱明德、市文化局巡视员吴然、市文物局副局长王丹江为北京通州运河艺术节开幕式揭幕。北京通州运河艺术节由区委宣传部、区文化委、区文联共同主办。分为预热阶段、开幕式、“千年运河　源远流长”、“时代运河谱写华章”、闭幕式五个部分。“‘我家住在运河旁’公共文化服务赛事活动”包括歌手大赛、合唱比赛、戏曲比赛、舞蹈比赛、乐器比赛等各类比赛13场，直接参与比赛人数超过3000人，吸引观众近万人次。

（何　江）

【抓好“益民书屋”建设工程】 2009年，在各乡镇新建334个“益民书屋”，年内，争取到市委宣传部、市新闻出版局价值超过1000万元的图书、音像制品及设备，配发到每个书屋，通州区率先在全市实现“益民书屋”全覆盖。在“益民书屋”建设、管理和使用上，区委宣传部始终坚持做到抓管理、抓载体、抓反馈，先后举办“盛世新农村　耕读奏和谐——北京市星级农家书屋表彰仪式暨农民选书会”、送图书到英雄部队、“学习实践科学发展观　好书助我踏上致富路”主题活动、“深入学习实践科学发展观——益民书屋带给我知识”世界读书日知识竞赛、北京市新闻出版局向京郊农民赠送《国庆大阅兵》光盘仪式、北京市新闻出版局向通州区捐建“益民书屋”图书发放仪式等一系列活动，全年开展三期“益民书屋”管理员培训班，共培训书屋管理员800余人次。11月，中宣部、国家新闻出版总署在深圳召开的全国阅读工作表彰大会上，通州区获“全国全民阅读活动先进单位”荣誉称号，通州区于家务回族乡仇庄村村民周淑兰获全国读书征文一等奖。

（何　江）

【营造落实“三保”任务良好氛围】 年内，外宣工作扎实有效，为落实“保增长、保民生、保稳定”任务营造良好氛围。一是紧紧围绕坚定发展信心这一主线，切实做好经济宣传。协调市级以上媒体，大力宣传通州区优化发展环境、调整产业结构、提高审批效率等一系列政策措施。制作推出宣传推介五大园区的5集专题片，在北京电视台进行集中展播。在区属媒体重要时段和重要版面开辟专题专栏，及时宣传各部门、各单位围绕“保增长、保民生、保稳定”开展的各项工作，引导社会各方面为应对危机、促进发展出主意、想办法、做贡献。二是紧紧围绕宣传通州形象这一主题，加大对外宣传推介力度。联合中央电视台制作并播出“古画千帆竞，寻河访通州”、“漕运通济——大运河漂来的财富”等多期专题节目，全面介绍通州历史的鼎盛繁华和通州运河的历史文化地位。联合中央电视台组织策划“2009中国记忆—中国文化遗产日”电视直播行动，提升了本区的知名度和美誉度。三是紧紧抓住理顺情绪、化解矛盾这一重点，切实加强舆论引导。全力配合上营棚户区改造工程，积极策划舆论引导，组织市、区级媒体就集中摇号等工作进行现场报道，传递政府对搬迁户的关心，取得较好的反响。组织策划市、区级媒体对本区“两站一街”建设、台湖五村拆迁以及北苑商务区拆迁改造等重点工程进行宣传报道，促进了各项工作的顺利进行。参与策划创建国家卫生区和创建国家生态示范区工作，扩大了创建工作的知晓率和参与度。组织区属媒体开辟预防甲型H1N1流感专题、专栏节目，开展宣传教育活动，宣传普及科学、实用的卫生保健知识，缓解了广大市民群众面对甲型H1N1流感的恐慌情绪。四是组织策划区属媒体推出以庆祝新中国成立60周年为主题的10个系列专题节目，从经济、社会、城市建设等多角度，对新中国成立60年来通州经济及社会发展进行连续重点报道。积极协调市级媒体，全方位宣传展示通州人民全力参与国庆游行以及为社会安全稳定保障、相关服务保障工作所做的贡献。通州区荣获首都庆祝新中国成立60周年新闻宣传工作突出贡献奖。

(何 江)

纪检 监察

【概 况】 2009年，区纪委监察局围绕新城新农村建设，深入贯彻落实科学发展观，坚持标本兼治、综合治理、惩防并举、注重预防的方针，以党风廉政建设责任制为龙头，以反腐倡廉五项组织协调机制为抓手，扎实推进惩治和预防腐败体系建设，党风廉政建设和反腐败工作取得新成效，有力推动了全区经济社会的平稳较快发展。

(褚 锋)

【召开党风廉政建设工作会议】 2月25日，召开区纪委四届五次全会暨全区党风廉政建设工作会议。会上区委常委、区纪委书记尹双曼代表区纪委常委会作了题为《以科学发展观指导反腐倡廉工作，为推进新城新农村建设提供有力保证》的报告。区委书记王云峰出席大会并讲话。会议审议并通过了区纪委五次全会决议。区长邓乃平主持会议，区委、区人大、区政府、区政协主要领导和领导班子成员，区委、区政府各部委办局和有关方面党政主要负责同志，各乡镇、街道办事处党政主要负责同志，纪检监察组织负责人，区政府特约监察员出席会议。市纪委副书记隋秀梅到会并讲话。

(褚 锋)

【开展专项监督检查】 年内，围绕区委、区政府重大决策部署落实情况开展监督检查。加强对扩内需、保增长政策部署执行情况的监督检查，开展对绿色审批通道运行机制和责任体系落实情况的专项检查。加强对政府投资重点工程的监督检查，围绕工程建设招投标、资金拨付管理使用等关键环节，对上营棚户区拆迁改造、新城滨河森林公园、新农村基础设施建设等重点工程进行廉政监督，促进了工程建设廉洁、高效实施。加强对重点工作的监督检查，组织开展对“创卫”、国庆保障服务、安全生产、非法占用土地、保障性住房等工作的效能监察和执法监察，推动了各项决策部署的贯彻落实。

（褚　锋）

【廉政教育工作】　在全区党员干部中深入开展“加强党性修养、弘扬良好作风、实践科学发展、推进新城建设”主题教育活动。全年组织专题学习330余次、专题讲座46场，教育党员干部万余人次。突出抓好对处级以上领导干部的廉政教育，对全区600余名处级以上领导干部进行集体廉政谈话、党性党风党纪和预防职务犯罪教育。切实加强警示教育，分批组织全区1500余名党员干部参观北京市反腐倡廉警示教育基地，有针对性地组织部分党员干部旁听了谷维臣、吕文才等违纪违法案件的法庭审理。深入推进廉政文化建设，广泛开展廉政公益广告巡展、“运河清风”廉政文化品牌标识征集等活动，编发《镜鉴得与失》等教育资料，在全社会营造思廉倡廉的良好氛围。

（褚　锋）

【廉洁自律工作】　严格执行领导干部廉洁自律各项规定，严肃查处违反廉洁自律规定的行为。组织开展对领导干部述职述廉、廉政谈话、民主生活会和党内监督、民主监督、审计监督制度执行情况的抽查和定期检查，领导干部廉洁自律意识进一步增强。加强对“三重一大”制度执行情况的监督检查，领导干部决策行为进一步规范。认真落实中央关于厉行节约的有关要求，加强对因公出国、公务用车、公务接待等消费活动的监督管理，有效节约了财政支出。严格执行《国有企业领导人员廉洁从业若干规定》，加强对国有企业领导人员职务消费的监管，有力促进了国有企业领导人员廉洁从业。

（褚　锋）

【加强农村基层党风廉政建设】　进一步加强对村级党员干部的廉政教育，将廉政教育纳入村级党员干部教育培训总体规划，对村干部进行经常性的党纪条规教育。积极推进廉政文化进农村工作，村级党员干部廉洁自律意识得到增强。制定并印发《关于加强农村党风廉政基本制度建设的意见》，围绕加强农村“三资”监管，大力推进村级财务规范化管理、经济合同管理、重大经济事项招投标等制度建设，农村基层反腐倡廉制度体系进一步建立健全。在全区480个行政村全部建立村级群众监督组织，聘请党风廉政监督员1752名，对村干部的监管进一步加强。层层开展乡镇主要领导与村支部书记、村委会主任，村支部书记与村“两委”班子成员廉政谈话活动，开展村干部“双述双评”活动，基层权力运行不断规范。

（褚　锋）

【推进廉政风险防范管理工作】　组织召开全区廉政风险防范管理工作推进大会，印发《关于全面推进廉政风险防范管理工作的实施方案》，全面推进廉政风险防范管理工作。全区95家单位围绕思想修养、制度机制、外部环境等五类风险，认真查找风险点并制订防范措施，共查找各类风险点20532个，建立完善相关工作制度94项。在全市率先开展“向上”延伸工作，区四套班子及领导干部认真查找风险点并制订防范措施。积极开展“向下”延伸工作，选取30个村进行廉政风险防范管理工作试点。认真开展“小金库”专项治理工作，对43家重点单位进行全面检查，对相关问题及时进行了纠正。

（褚　锋）

【效能监察工作】　制定《北京市通州区关于提高行政执行力的监察办法（试行）》，进一步规范政府机关及其工作人员的履职行为。制定《提高主动服务能力登记表》，加强对各单位服务情况的考核，增强了政府工作人员的主动服务意识。加强对“创卫”、安全生产等政府中心工作的效能督查，开展4个轮次的明查暗访，下发《监察建议书》7份，推动了重点工作落实。认真执行“双访”制度，各单位全年共进行效能回访有效件8000余件，效能跟踪访有效件4300余件，行政机关及其工作人员的办事效率和服务质量进一步提升。

（褚　锋）

【政风行风建设工作】　采取多种形式对22个重点部门及其基层科队站所进行民主评议政风行风工作，重点部门和行业工作作风进一步转变。充分发挥解决损害群众利益突出问题组织协调机制的作用，严肃查处各种侵权行为，解决了一批群众反映强烈的突出问题。

（褚　锋）

【行政投诉工作】　发挥行政投诉主渠道作用，全年受理群众投诉856件，全部予以办结。编发《通州区行政投诉动态》24期，将群众反映的热点难点问题及时向区领导报告，并加大协调解决工作力度，促进了一批难点问题的解决。加大对群众投诉反映问题的暗访回访力度，有效解决重复投诉等问题。认真做好全程代办网上服务监察工作，对16家单位下发督察通报40期，加强对行政部门服务行为的监督。选取部分驻区企业设立“百家企业行政投诉点”，加强了社会监督。

（褚　锋）

【专项治理工作】　稳步推进中小学教育乱收费专项治理，规范教育收费行为。深入开展医疗收费专项检查，规范医疗收费行为。扎实推进环境保护、安全生产、打击非法行医等专项治理工作，维护群众合法权益。

（褚　锋）

【信访工作】　加强信访举报工作，集中力量开展重信重访专项治理，全力做好国庆等重大活动期间信访接待、非正常上访和突发情况处置工作。进一步完善与区信访办等部门的信访联动工作机制，认真做好村干部信访问题的化解等工作。全区到市纪委的越级访同比下降37%，其中集体访同比下降75%，到中纪委的上访为零，维护了社会稳定。加大信访件督办力度，对区纪委领导批示的200件次，区领导批示的51件次信访件进行直查、督办，年内受理群众来信来访电话举报602件次。

（褚　锋）

【案件查办工作】　进一步完善查办案件领导体制和工作机制，纪检监察机关与司法机关、行政执法机关、审计机关的协调配合得到加强，办案合力得到增强。将查处与保护相结合、惩治与教育相结合、治标与治本相结合，查办案件综合效果进一步发挥。全年立案32件，结案30件，给予党纪处分27人（其中开除党籍24人），给予政纪处分7人（其中开除4人），给予党纪、政纪双重处分4人，挽回直接经济损失716万元。

（褚　锋）

【贯彻落实党风廉政建设责任制专项检查】　12月16日至25日，区党风廉政建设责任制领导小组组织区政府各位副区长分别带队，专题听取主管单位和部门贯彻落实党风廉政建设责任制情况的汇报，43家重点单位和部门进行了汇报。

（褚　锋）

统战　对台工作

【概　况】　2009年，统战、对台工作以科学发展观为指针，认真贯彻全国、北京市统战工作会议精神，按照围绕中心、服务大局、突出特色、狠抓落实的总体思路，以纪念新中国成立60周年为契机，在抵御金融危机、服务“三保”和促进社会和谐稳定等方面均发挥统一战线特有的优势和作用，有效推动全区统一战线工作的开展，为通州区经济发展、社会和谐稳定做出积极贡献。

（李　晶）

【开展春节慰问活动】　1月17日，区政协副主席、区委统战部部长李淑华率统战部机关全体人员到于家务回族乡崔各庄村，开展以“迎新春、送温暖、促和谐、谋发展”为主题的春节慰问活动。区委统战部向崔各庄村村民发放新春对联200幅、吉祥“福”字

200个、纪念改革开放30周年《北京新城区——通州》珍藏册100本、2009年台历100本、宣传画100余张、环保便民包100个，走访慰问五户困难家庭，共为他们送去125公斤大米和25公斤食用油，慰问金500元。活动中，区委统战部还与崔各庄两委班子共同谋划2009年该村经济发展思路，就如何利用本村资源、发展新型特色农业、提高村民的就业能力、增加村民收入等问题进行认真细致研究，并制定切实可行的继续帮扶规划和措施。1月19日，北京市政协民族和宗教委员会组织市道教协会书画院10位书法家到张家湾镇里二泗村开展送春联下乡活动。书画家们现场书写春联100余幅。区政协副主席、区委统战部长李淑华参加。

（李　晶）

【各界人士新春团拜会】 1月20日，通州区各界人士暨中市属单位春节团拜会在东方宾馆会议中心召开，全区各民主党派副主委（副主任）以上、无党派代表人士、非公经济代表人士、三个宗教组织负责人、少数民族代表人士、新的社会阶层代表人士、台胞台属代表及驻通中市属单位的代表170余人参加。区委副书记、区长邓乃平通报2008年全区工作和2009年全区经济社会发展的主要任务。各界代表人士围绕邓区长的讲话进行座谈发言。区委书记王云峰向与会代表致以节日的问候和新春的祝福。区领导石进贤、王玉辉、张秀余、赵玉影、李淑华等参加会议。

（李　晶）

【举办民主党派培训班】 4月10日至12日，区委统战部组织全区7个民主党派班子成员及骨干成员64人，在京东第一温泉度假村举办为期3天的培训班。培训班邀请市委统战部、民盟北京市委相关领导和北京大学国际政治系博士生导师李茂春教授分别就中国特色政党制度、参政党自身建设及作用发挥和当前金融危机与中国经济安全等进行深入细致的讲解，并组织学员结合所学课程开展讨论活动。区政协副主席、区委统战部长李淑华参加培训活动。

（李　晶）

【举办统战系统信息员培训班】 4月10日，区委统战部举办“通州区统战系统第五期信息员培训班”，各乡镇、街道、各民主党派等单位和组织近30名信息员参加培训，就信息撰写技巧和需要注意的问题进行专题讲解，并对2008年信息工作成绩突出的个人和单位进行表彰奖励。

（李　晶）

【慰问民办幼儿园】 6月1日，区委统战部一行4人，到区工商联会员企业——北京大运河翰林文化开发中心所属的瀚林华馨幼儿园与小朋友们一起欢度“六一”儿童节，送去100箱儿童营养面慰问品，祝他们健康、快乐成长。区政协副主席、区委统战部长李淑华参加了活动。

（李　晶）

【组织各单位收看文献片《海峡春潮》】 6月至8月间，通州区台办按照北京市台办宣传处的要求，由区台办下发通知，区信息中心配合，组织全区各单位从通州区政府门户网站下载观看文献片《海峡春潮》，宣传党的涉台政策，取得了较好的效果。据不完全统计，全区各级领导、对台干部、台胞台属及各界群众数千人观看专题片。

（曾　琪）

【统战系统宗教知识讲座】 7月22日，区委统战部举办全区统战系统宗教知识讲座。全区各乡镇、街道宣传部长、派出所所长和从事宗教工作的专职人员近50人，接受宗教理论和政策教育。区政协副主席、区委统战部部长李淑华出席讲座。

（李　晶）

【基督教会和非公企业为通州捐资助学】 8月17日至25日，在区委统战部的协调下，北京市基督教三自爱国运动委员会、北京基督教教务委员会和通州区基督教三自爱国运动委员会分别在漷县镇、于家务回族乡举行捐资助学仪式，为两乡镇年内考入高校的93名困难学生送去8.2万元助学金。通州区基督教会连续在本区开展5次捐资助学活动，累计资助学生422人次，捐款41万元。同时，与区工商联积极协调非公企业北京四美国际企业管理有限公司，启动2009年至2011年捐资助学工程。该企业将每年出资12万元，连续3年36万元，捐助本区的低保家庭大学新生。2009年度的捐资助学款于8月21日向60名学生进行发放。

（李　晶）

【通州区台商向台湾灾区捐款】 台湾发生台风灾害后，通州区多名台商主动与区台办联系，纷纷要求捐款，帮助台湾人民重建家园。8月24日，区台办联系通州区红十字会，组织台资企业联谊会和通州区部分台商捐款20000元。区委统战部退休老干部靳来生主动联系台办，向台湾灾区捐款2000元。

（曾　琪）

【举办各界人士中秋联谊会】 9月25日，区委统战部举办全区各界人士中秋联谊会。各民主党派、无党派、民族宗教、工商联、新的社会阶层、海外联谊会以及台胞台属、台资企业、归侨侨眷和部分统战对象中的市、区人大代表及政府特约监察员等各界代表人士150余人同贺佳节。区委副书记、区长邓乃平代表区委、区人大、区政府、区政协向与会各界人士致辞，并通报了1月至8月经济社会发展情况及年内后3个月的重点工作。区领导王云峰、石进贤、王玉辉、张文山、王春元、张秀余、赵玉影、李淑华等参加联谊活动。

（李　晶）

【统战人士庆祝新中国成立60年】 9月28日，区委统战部召开以“祖国祝福您”为主题的庆祝新中国成立60周年大会。区委副书记张文山，区政协副主席、区委统战部部长李淑华等领导与200余位各界统战人士热烈庆祝新中国成立60周年。大会以5位统战人士诗歌朗诵的形式，表达了各界统战人士对祖国母亲的感恩与祝福之情。会上，向参加征文活动的统战人士赠送区委统战部编印的《祖国祝福您》和《真情感怀吐心声》两本书籍。

（李　晶）

【组织重阳节联谊活动】 10月26日，区委统战部组织统战人士中30余位60岁以上的老同志赴北京金篮子生态种植观光园开展重阳节活动，分别参观花纹甜瓜、草莓、水果黄瓜、西红柿等种植大棚，深切感受60年来通州区建设发展的喜人成就。区政协副主席、区委统战部部长李淑华参加活动。

（李　晶）

【召开民主党派年度工作交流座谈会】 11月26日，区委统战部召开民主党派年度工作交流座谈会。全区7个民主党派主委（主任）、副主委（副主任）和专职工作人员26人参加会议。各党派分别将2009年的主要工作和2010年工作设想做交流。区委统战部常务副部长刘景龙简要地回顾区委统战部2009年党派工作，介绍2010年的总体工作思路和重点工作，并对如何编辑好《通州区民主党派历史沿革》一书提出明确要求。

（李　晶）

【慰问宗教教职人员和信教群众】 12月24日晚，区委副书记张文山，区委常委、公安分局局长尹燕京，副区长赵玉影，区政协副主席、区委统战部部长李淑华，区委办公室主任肖志刚等领导分别到杨庄基督教堂，龙庄、牛牧屯、贾后疃三个天主教堂慰问了宗教教职人员和信教群众，共祝他们新年快乐。张文山代表区委、区政府向各教堂送了笔记本电脑、果篮等慰问品。

（李　晶）

【各级领导到通州调研、考察】 4月9日，丰台区台办主任带队，组织涉台工作干部一行40余人到北苑街道办事处考察涉台工作进社区开展情况。座谈会上，两区县涉台工作干部进行了交流。5月22日，中国农业大学统战部领导到通州就加强帮扶新农村建设进行调研。双方就充分发挥自身优势，加强院校与农村合作达成了初步意向。区政协副主席、区委统战部长李淑华陪同调研。5月26日，市委统战部常务副部长闵克等一行4人到通州就基层统战工作开展情况进行调研。7月21日，台盟北京市委副主任陈军一行7人到通州区走访调研，了解国际金融危机对台资企业的影响和惠台政策的落实情况。10月22日，国务院台湾事务办公室副主任叶克冬、国台办交流局局长李维一等一行6人到本区调研文化创意产业发展情况。市台办主任马玉萍，区委书记王云峰，区委副书记、区长邓乃平等领导陪同调研。11月4日，区委统战部邀请北京市宗教事务局副局长季文渊，市佛教协会副会长怡学法师等有关人员到本区考察指导佑胜教寺的基础设施建设、周边环境治理、用水用电、安全防护等项工作。12月25日，市台办副主任王兰栋、市农委副主任康森及市台办、市农委相关处室负责人到马驹桥镇北京金果冠农业科技有限公司考察。

（李　晶　曾　琪）

【多项工作获表彰】　2009年，区委统战部被中央统战部《中国统一战线》杂志社评为中国统一战线宣传先进单位，获北京市统战系统调研工作组织奖，获北京市统战系统信息工作二等奖，获北京市涉台调研课题一等奖；获市台联、市黄埔同学会组办的“走进美丽宝岛——台湾知识有奖竞答”活动优秀组织奖。

（李　晶　曾　琪）

调查研究

【概　况】　2009年，区委研究室报市重点调研课题2个，完成2个，完成率100%。区级领导确定调研课题23个，实际完成23个，完成率100%。处级领导班子党政主要领导上报调研课题82个，实际完成80个，完成率97.6%。全年编发《通州调研》36期，有20多篇调研文章在《北京调研》、《北京农村经济》、《北京农业职业学院学报》、《京郊调研》等市级以上刊物刊发。

（陈　莹）

【通州区“三保”情况调研】　2月初，为全面了解通州区落实市委保增长、保民生、保稳定决策部署的基本情况，区委书记王云峰深入基层，全面调研通州区经济社会发展现状，掌握通州区落实市委保增长、保民生、保稳定决策部署存在的具体困难和问题，并提出具有可操作性的建议和意见，最终形成《通州区“三保”做法及体会》的报告。此报告用于王云峰在全市区县委书记“三保”座谈会上交流。

（陈　莹）

【通州区新城中心城规划范围内危旧房改造调研】　2月中旬，紧紧围绕“两新”建设大局，区委书记王云峰对新城中心城规划范围内危旧房改造情况进行深入调研，最终形成《加快通州新城中心城规划范围内危旧房改造》的调研报告。该调研全面了解掌握了通州区新城规划范围内危旧房改造的现状以及存在的主要问题，并进一步明确推进新城中心城危旧房改造的思路及具体措施。该调研为通州新城建设发展指明方向，对通州新城又好又快发展起到重要促进作用。

（陈　莹）

【通州区新农村建设调研】　3月初，区委书记王云峰对通州区推进社会主义新农村建设情况进行调研，在全面了解通州区社会主义新农村建设的基本情况基础上，形成《在通州区农村工作会议上的讲话》。该讲话总结通州区推进城乡一体化进程取得的成绩，对下一步加快通州区新农村建设提出工作要求，为扎实推进通州区新农村建设、在形成城乡一体化新格局方面走在全市郊区县前列指明方向。

（陈　莹）

【通州区经济发展情况调研】　4月，为全面了解当前通州区的经济运行情况，全力以赴完成“三保”任务，研究破解发展难题的措施，区委主要领导对一季度经济运行情况进行调研，并在此基础上形成《通州区2009年一季度经济形势分析会上的讲话》。此报告准确地分析当前通州区面临的严峻形势，要求各职能部门落实各项政策部署，以更大力度、更快节奏推进“保增长、保民生、保稳定”各项工作，以更完善的机制、更有力的措施全力抓好第二季度乃至全年各项工作的落实。7月底，区委主要领导对通州区经济社会发展情况进行调研，形成区委四届八次全会报告，即区委书记王云峰《在区委四届八次全体（扩大）会议上的讲话》。此讲话明确提出要紧抓新中国成立60周年契机，围绕“打造区域服务中心，推进‘两新’建设，构建创意、活力、和谐通州”，深入学习实践科学发展观，攻坚克难，狠抓落实，全面完成本年“三保”和迎国庆的各项任务。充分体现区委区政府当时推进新城建设的新思路、新举措。

（陈　莹）

【通州区城乡一体化发展新格局实施意见的调研】　5月初，为贯彻落实《中共中央关于推进农村改革发展若干重大问题的决定》和《中共北京市委关于率先形成城乡经济社会发展一体化新格局的意见》，加快推进通州区城乡经济社会发展一体化，由区委研究室牵头，相关部门参加，对通州区城乡一体化发展的情况进行全面调查，明确指导思想、目标任务和总体要求，在产业发展、城乡建设、城乡公共服务、城乡社会保障、城乡社会管理等方面提出具体措施，最终形成《中共北京市通州区委关于加快形成城乡一体化发展新格局的意见》。该意见为指导通州区推进城乡一体化发展进程起到重要的指导作用。

（陈　莹）

【通州区提升“三农”工作水平调查】　6月初，为全面了解通州区“三农”工作水平，加快推进城乡一体化进程，区委书记王云峰就通州区“三农”工作情况深入调研，最终形成《提升“三农”工作水平》的调研报告。该调研提出统筹城乡规划、统筹产业布局、统筹基础设施建设、统筹公共服务、统筹劳动就业、统筹社会管理等推进城乡一体化发展的新观点、新思路。此报告在2009年8月7日的《农民日报》上刊发。

（陈　莹）

【通州区加快农村土地承包经营权流转调查】

8月初，区委书记王云峰就通州区加快农村土地承包经营权流转情况进行深入调研，并最终形成《加快农村土地承包经营权流转，推进通州区都市型现代农业发展》调研报告，提出把加快农村土地承包经营权流转作为推进农村改革，促进城乡一体化发展的重要措施。该调研引起市领导的高度重视，市十届七次党代会报告，就有关工作进行安排，做具体部署。

（陈　莹）

【通州区经济社会发展情况调研】　11月初，区委主要领导对全区经济社会发展情况进行深入调研，形成区委四届九次全会报告，即《以饱满的精神　昂扬的斗志　全力推进新城跨越式发展》。报告重点对通州新城建设的严峻形势和战略机遇进行准确阐述，全面准确分析通州处在新起点上，面临着前所未有的机遇和挑战，这与以往报告有明显不同。报告提出高起点、高标准、大气魄、大力度，全力推进通州新城跨越式发展的新思路，更好地体现了市委十届七次全会对2010年重点推进通州新城建设的部署。

（陈　莹）

保密工作

【概　况】　2009年，通州区保密工作以加强党政机关、参与国庆活动重点服务保障单位、重要涉密单位和领域保密管理为重点，以强化领导干部保密工作责任制，积极探索保密工作协调机制为抓手，以提高保密工作为经济社会发展服务保障能力为主线，以不发生重大泄密责任事件为目标，积极探索新形势下保密工作的特点和规律，紧紧围绕全区中心工作，进一步解放思想，明确工作重点，理顺工作关系，加强服务管理，扎实推进全区保密工作。较好地完成各项工作任务，为维护国家安全和利益、为做好国庆服务保障工作、为推进新城区新农村建设及全区经济社会发展服务做出贡献。全年全区各单位没有发生泄密事件。

（郭立针）

【加强领导和组织建设】 1月12日，调整中共北京市通州区委保密委员会组成人员，调整后的区委保密委员会由25人组成。5月，充实调整全区各单位保密工作领导小组，96个单位建立保密工作领导小组，形成540人的专兼职保密工作队伍。

（郭立针）

【加强机构改革中的保密工作】 3月16日，印发《关于做好机构改革中保密工作的通知》，提出工作要求，加强对政府机构改革中保密工作的监督检查，加强涉密载体的管理。10月，按照机构改革职能划分，区国家保密局将原有的无线电管理职能移交区经信委。

（郭立针）

【开展形式多样保密宣传教育】 4月7日，印发《2009年通州区保密宣传教育工作计划》，分步骤、分阶段部署宣传教育工作；5月，开展以纪念《中华人民共和国保守国家秘密法》实施20周年为主题的法制宣传月活动，在通州电视台播放保密宣传教育口号，利用政府门户网站、《通州时讯》宣传保密知识，编辑保密法律函授教材800份发至全区各基层党支部，利用《通州区保密工作》编辑保密法制教育专刊印发全区各单位，发放《党政机关工作人员保密须知》530本、保密宣传教育挂图65套；9月17日至25日，开展网络安全知识测试答题活动，全区653名保密干部参加网上答题活动。

（郭立针）

【加强国庆服务保障工作的保密管理】 4月10日，印发《关于在国庆活动和服务保障工作中加强保密工作的意见》，提出工作要求；5月至9月，先后开展各项保密工作：对参与国庆服务保障单位领导集中进行保密专题教育，深入国庆服务保障重点单位进行保密检查，29个参与国庆服务保障的成员单位对本单位工作进行自查，区委保密办公室对14个重点单位的56台计算机和部分移动存储介质进行多次检查。

（郭立针）

【完善国家秘密载体销毁工作】 5月14日，各单位保密工作领导小组开展以完善国家秘密载体销毁管理工作为主要内容的保密工作自查，区国家保密局对本行政区域内的2家国家秘密载体定点复制企业、2家国家秘密载体定点销毁企业进行检查。

（郭立针）

【签订保密承诺书】 6月3日，召开通州区签订保密承诺书工作会议。会上，印发区委组织部、区国家保密局、区人事局、区劳动和社会保障局《关于组织开展签订保密承诺书工作的通知》，对全区签订保密承诺书工作进行部署，区委副书记、区委保密委员会主任张文山就签订保密承诺书工作提出明确要求。在总结试点单位工作经验的基础上，全区各单位签订保密承诺书工作全面展开，至6月15日，全区101个单位6612名涉密人员签订保密承诺书，其中区级领导干部35人、处级领导干部1061人、科级干部1957人、科级以下干部2199人、工勤人员1208人、离岗人员152人。

（郭立针）

【开展党政机关保密检查】 6月18日至30日，全区党政机关开展保密工作自查，7月2日至4日，区委保密办公室联合区公安分局对18个重点单位的计算机及移动存储介质使用、管理情况进行上机扫描检查，对23个单位进行巡查，对15个存在严重隐患的单位下达限期整改通知书。7月7日，北京市国家保密局巡查组对通州区党政机关保密检查情况进行巡查。

（郭立针）

【无线电管理频率台站清理整顿】 8月5日，印发《关于开展建国60周年庆祝活动频率台站清理整顿工作通知》，召开无线电频率台站清理整顿工作会议，对清理整顿工作进行部署，区属相关单位认真开展对校园广播、工地无线电对讲机、出租车车载电台的清理整顿，各乡镇、街道办事处开展对辖区内无线电台、对讲机的清理整顿，区国家保密局对23个单位的无线电设备进行检查，配合市无线电管理局开展对通州地区频率台站清理整顿工作。

（郭立针）

【加强保密干部培训】 9月18日，举办通州区保密干部计算机管理技能培训班，北京市国家保密局检测中心主任对全区各单位150余名主管领导和保密干部进行培训；区公安分局40余名干警参加北京市国家保密局保密干部持证上岗培训班。全区有86名保密干部通过培训持证上岗。

（郭立针）

【落实领导干部保密工作责任制】 11月4日至20日，全区各单位开展领导干部贯彻落实保密工作责任制情况自查工作，11月26日至12月16日，区委保密办公室对城口部分重点单位和各乡、镇（共28个单位）贯彻执行领导干部保密工作责任制情况进行抽查。

（郭立针）

【加强涉密单位专项管理】 6月至12月，加强对高考、高自考、成人高考、中考、高中会考和英语四、六级考试的保密管理工作，对区考试中心保密室进行5次检查，对高考考点进行逐一检查，加强对各类考试考点保密室日常巡查；采取单位自查和不定期抽查的方式对本行政区域内的国家秘密载体定点复制、定点销毁单位及军工认证单位进行监管。没有发生泄密事件。

（郭立针）

社会工委工作

【概　况】 4月，中共北京市通州区委社会工作委员会（简称区委社会工委）和北京市通州区社会建设工作办公室（简称区社会办）成立。区委社会工委为区委派出机构，列区委机构序列；区社会办为区政府工作部门，与区委社会工委合署办公。设综合办公室、党建工作科、社会工作队伍建设科、社区建设科、社会组织工作科。工作人员14人，其中公务员10人。

推进社会建设工作，年内，制订10个有关社会建设的工作文件，确定规范化试点社区21个，为21个试点社区配备了复印机和传真机42台，完成15个社区、5394平方米建筑用房、总投资额3349万元的基础设施项目的立项批复及施工前的各项准备工作，制定“369”社区工作项目分工和社区规范化建设“五统一”标准。成立梨园镇、新华街道2个社会工作党委，推进16个非公有制企业党建“五个好”示范点创建。

（王章兴）

【召开区社会建设暨区委社会工委 区社会办成立大会】 4月17日，区机构编制委员会批准成立通州区社会建设工作领导小组。4月24日，在北发大酒店召开通州区社会建设工作暨区委社会工委、区社会办成立大会。区委副书记张文山宣读北京市机构编制委员会办公室《关于成立中共北京市通州区委社会工作委员会、北京市通州区社会建设工作办公室的函》、《关于成立通州区社会建设工作领导小组的通知》。市委常委梁伟、区委书记王云峰为中共北京市通州区委社会工作委员会揭牌，市委社会工委书记、市社会办主任宋贵伦、区长邓乃平为北京市通州区社会建设工作办公室揭牌。副区长赵玉影作题为《创新社会管理体制机制　加快推进通州社会建设》的报告，区委书记王云峰、市委常委梁伟分别做了重要讲话。区社会建设领导小组成员单位及各乡镇（街道办事处）的主要领导等 200 多人参加会议。

（王章兴）

【召开区社会工作人才队伍建设座谈会】 5 月 8 日，副区长赵玉影主持召开由区委社会工委、区人事局、区民政局、区司法局、区教委、区卫生局、区劳动和社会保障局等 7 家单位主管领导参加的区社会工作人才队伍建设座谈会。

（王章兴）

【召开区推进社区规范化建设试点工作座谈会】 5 月 14 日，区委社会工委（区社会办）召开各街道办事处及永顺镇、梨园镇的主管领导和街政科长（社区办主任）参加的区推进社区规范化建设试点工作座谈会。会议向与会人员征求了《通州区关于推进社区规范化建设试点工作的实施方案》的意见和建议。

（王章兴）

【市委社会工委领导调研本区“三进两促”工作】 6 月 23 日，市委社会工委副主任赵小卫等到本区复兴南里、玉桥北里等 4 个社区调研“三进两促”工作。调研中，赵小卫对本区社区规范化建设和玉桥南里南、玉桥北里两个社区的楼门文化给予高度的评价。9 月 11日，市委社会工委委员、市社会办副主任张坚及市委社会工委研究室工作人员、市社科院专家到本区进行社区公共服务和社会组织专题调研，到新华街道、中仓街道社区调研。

（王章兴）

【召开通州区推进社区规范化建设试点工作会】 7 月 10 日，召开通州区推进社区规范化建设试点工作会，区委社会工委书记、区社会办主任宁秋君主持会议，中仓、玉桥、新华、北苑、永顺、梨园等单位的主管领导和街政科（社区办）负责人参加会议。

（王章兴）

【制定《社区规范化建设实施方案》】 年内，制定《通州区关于推进社区规范化建设试点工作的实施方案》。7 月 15 日，区政府第 49 次区长办公会研究通过该实施方案。

（王章兴）

【召开社会领域党建、社会组织专题会议】 7 月 28 日，区委副书记张文山主持召开专题会议，讨论区委社会工委（区社会办）关于社会领域党建、社会组织改革与发展等有关文件。区委社会工委书记、区社会办主任宁秋君，副书记曾祥正，副主任张长利参加会议。

（王章兴）

【举办首届新选聘大学生社区工作者培训班】 8 月 31 日至 9 月 4 日，举办为期 5 天的全区首届新选聘大学生社区工作者培训班，66 名考核合格的大学生社区工作者获得结业证书。

（王章兴）

【召开全区深化楼门文化建设推进会】 9 月 18 日，召开全区深化楼门文化建设推进会，副区长赵玉影等领导现场观摩了四个街道的楼门文化建设，区委常委、宣传部长张秀余到会并讲话。

（王章兴）

【举办区新一届社区书记、主任培训班】 11 月 16 日，区新一届社区党组织书记、居委会主任培训班在区成教中心报告厅开班。副区长赵玉影等领导出席开班典礼。99 个社区、115 位社区党组织书记、居委会主任参加培训。

（王章兴）

【通州区首家商务楼宇党支部成立】 11 月 24 日，通州区首家商务楼宇党组织中仓街道工委经贸中心党支部成立，区委社会工委书记、区社会办主任宁秋君到会并讲话。

（王章兴）

【举办区2009 年楼门文化建设论坛】 12 月 17 日，区委宣传部、区委社会工委（区社会办）、区民政局联合举办以“深化楼门文化　建设和谐社区”为主题的通州区 2009 年楼门文化建设论坛。论坛由副区长赵玉影主持，区委书记王云峰作重要讲话。民政部管理干部学院常务副院长、培训中心常务副主任邹文开，市委社会工委委员、市社会办副主任赵小卫，区委常委、组织部部长郭旭升，区委常委、宣传部部长张秀余，市委党校、市行政学院教授吴刚，区社会建设工作领导小组办公室成员，各街道办事处、永顺、梨园、潞城、马驹桥等乡镇领导参加了论坛。

（王章兴）

老干部工作

【概　况】 2009年，全区老干部工作坚持以科学发展观为统领，以庆祝新中国成立60周年为契机，全面抓好老干部政治、生活待遇的落实，积极为老干部办实事、做好事、解难题，努力实现“让党放心、让老干部满意”的工作目标，扎实有效地做好全年老干部工作。年内，通州区离休老干部、原县政协主席刘庄被中组部评为“全国离退休干部先进个人”。

（丛晓宇）

【离休干部基本情况】 截至年底，全区有离休干部439人（包括双管单位公安局6人，易地进京老干部34人），平均年龄82岁，有153人生活不能自理，195人有两种以上疾病，93个空巢家庭，年内去世离休干部37人，年死亡率为7.7%。另外，市属及外区县属单位在通州居住需要接受“四就近”服务的离休干部有393人。

（丛晓宇）

【老干部党支部建设工作总结会暨迎春座谈会】 1月4日，通州区2008年度老干部党支部建设工作总结暨迎春座谈会在区委老干部局召开。区委老干部局有关领导与全区37位老干部党支部书记欢聚一堂，喜迎新春。会上对2008年度全区老干部党支部建设工作进行全面总结，对 2009年的老干部支部党建工作进行部署。

（丛晓宇）

【召开老年大学及各协会组织迎春座谈会】 1月5日，区老年大学及各协会组织迎春座谈会在老干部局二楼会议室召开。老干部局党组书记姚广生、局长董思瑞、副局长张文霞、赵德启与老年大学、关心下一代协会、老年门球协会、老年台球协会、老年书画研究会、老年风筝协会的负责人欢聚一堂，共迎新春佳节。

（丛晓宇）

【春节走访慰问活动】 1月12日至16日，区委老干部局领导代表区委、区政府入户慰问原区（县）级离退休老领导、老红军遗属、易地进京老干部、生病住院和有特殊困难的老干部130余人，并为全区离休干部发放慰问品。

（丛晓宇）

【举办老干部迎春团拜会】 1月20日，通州区老干部迎春团拜会在东方宾馆会议中心举行。区领导王云峰、邓乃平、石进贤、王玉辉、张文山、王春元等同老干部们欢聚一堂，喜庆佳节。区长邓乃平代表区委、区人大、区政府、区政协向各位老领导致新春贺词并简要介绍通州区2008年经济和社会各项事业发展情况及2009年的工作安排。区委书记王云峰作重要讲话。

（丛晓宇）

【召开老干部工作会】 2月19日，区老干部工作会在区委综合楼大会议室召开。大会表彰2008年度老干部工作先进集体和先进个人。区委常委、组织部长王春元作《工作报告》，区委副书记张文山作重要讲话。区委常委、常务副区长张永明，区政府办公室主任马峰成，区委组织部常务副部长刘瑞祥等领导出席会议。参加会议的还有原副区（县）级以上离退休老领导、区老干部工作领导小组全体成员、区属各单位主管老干部工作的领导、主管部门的负责同志和老干部工作人员、离退休老干部党支部书记、基层老干部活动站站长和老年群团组织负责同志200余人。

（丛晓宇）

【召开深入学习实践科学发展观专题辅导报告会】 3月27日，通州区老干部“深入学习实践科学发展观”专题辅导报告会在老干部局一楼大厅举办，首都师范大学郭海燕教授主讲，来自全区180多名老干部党校学员，其中包括正处级以上离退休干部、老干部党支部书记、易地进京老干部以及老干部局全体机关干部参加报告会。

（丛晓宇）

【举办市农林系统“迎春杯”门球赛】 4月22日，北京市农林系统“迎春杯”门球赛在通州区西海子运河门球场举行。来自北京市农林系统离退休老干部中的12支门球队，裁判员、运动员近120人参加活动。

（丛晓宇）

【区老干部获得“全国健康老人”称号】 7月9日，91岁通州区离休老干部王星铭被中国老年人体育协会、中国老龄协会、中华全国妇女联合会评选为第七届全国健康老人。

（丛晓宇）

【组织庆祝新中国成立60周年系列活动】 9月，为热烈庆祝中华人民共和国成立60周年，组织老同志开展系列庆祝活动：举办全区老干部“爱我中华”歌咏比赛和老干部摄影作品展；组织全区离退休干部参加由北京市委讲师团、北京日报社联合举办的“庆祝中华人民共和国成立60周年”知识竞赛；组织老干部和基层活动站工作人员参观“辉煌六十年——中华人民共和国成立60周年成就展”；与通州电视台合作推出“迎接新中国成立60周年系列特别节目——通州记忆1949—2009”；以“迎国庆，逛城乡，比今昔，乐晚年”为主题组织老干部参观台湖蔬菜基地和于家务南瓜园，到张家湾葡萄园采摘；组织正处级退休干部参观淮海战役纪念馆和铁道游击队纪念馆。

（丛晓宇）

【组织老干部参观“两新”建设】 9月2日，通州区委老干部局组织区县级老领导参观万亩滨河森林公园建设情况。区委副书记张文山，区委常委、组织部长王春元陪同参观。区林业局局长刘卉、副局长王春喜向老领导们汇报万亩滨河森林公园整体规划和建设情况。

（丛晓宇）

【国庆节入户慰问老干部活动】 9月14日至25日，区领导张文山、王春元等对全区离休干部进行走访慰问。区委老干部局由6位局领导带队分六组对全区离休干部、正处级以上退休干部以及生活相对困难、易地安置、生病住院的离退休干部400余人进行走访慰问，为老同志们送去了由市委组织部、市老干部局、市人力资源和社会保障局委托各区县向老同志带来的庆祝中华人民共和国成立六十周年纪念章和慰问信，以及代表区委、区政府送给老同志的慰问品、慰问金，并向他们表达了真诚的节日祝福。

（丛晓宇）

【举行《通州老干部史迹录》首发式】 9月24日，《通州老干部史迹录》首发式在通州区委老干部局二楼多功能厅举行，区委组织部副部长、老干部局局长董思瑞，通州区委老干部局党组书记姚广生、副局长赵德启，以及来自全区各基层活动站站长，离退休干部党支部书记、老干部局工作人员70余人参加首发式。

（丛晓宇）

【举行老干部庆祝新中国成立60周年文艺汇演】 9月27日，由市委农工委主办，通州区委、通州区人民政府承办的老干部庆祝新中国成立60周年文艺演出在通州区运河文化广场举行。北京市郊区县及农口委办局1500余人参加此次活动。市领导牛有成、王孝东、白仙畔，区领导王云峰、邓乃平、张文山等观看演出。

（丛晓宇）

【召开老干部工作领导小组会】 10月19日，通州区老干部工作领导小组会在区委老干部局二层会议室召开。区老干部工作领导小组组长、区委副书记张文山，副组长、区委常委、组织部长王春元，区委常委、宣传部长张秀余及领导小组成员单位的主要领导出席会议。会议由区委副书记张文山主持。会议总结2009年前三季度老干部工作，并研究确定2010年区委、区政府拟为老干部办理的13件实事。区委副书记张文山作重要讲话。

（丛晓宇）

【组织老干部开展“赏田园风光 摘生态苹果”活动】 11月4日至6日，通州区委老干部局组织老干部开展“赏田园风光，摘生态苹果”活动。组织原正处级以上离退休干部、老干部党支部书记，易地自管老干部、正处退休老干部共300余人，先后到“京郊苹果专业镇——北京市昌平区崔村镇”参观采摘。

（丛晓宇）

党校工作

【概　况】 2009年，区委党校深入贯彻落实科学发展观，解放思想，开拓创新，努力拼搏，圆满完成各项工作任务。年内，举办各级各类干部培训班19期，包括1期优秀中青年干部培训班、2期处级领导干部进修班、1期新任副处级领导干部培训班、1期新任正处级领导干部培训班、10期农村基层干部（党支部书记、村委会主任及优秀村后备人才）培训班、1期卫生系统领导干部培训班、1期优秀共青团干部培训班、1期大学生社区工作者岗前培训班、1期村级团支部书记培训班，全年培训党员干部1259人次。

（康树梅）

【优化教学布局】 年内，优秀中青年干部培训班继续以“三基本”、“五当代”为主要内容，通过系统学习马克思主义基本原理及其中国化的最新理论成果，有效提高中青年干部的“理论基础”、“世界眼光”、“战略思维”、“党性修养”水平。处级领导干部进修班继续实行分类培训，并对6个研修课题全部进行调整，新的课题更加紧密结合通州“两新”建设中的热点、难点问题，与实现保增长、保民生、保稳定目标息息相关。第十期处级进修班首次实施异地培训，组织学员赴苏州和成都学习园区建设和城乡一体化发展的先进经验，有效提升培训效果。农村干部培训班围绕学习实践科学发展观、城乡一体化建设、国内外重大时事、作风建设和政策法规等内容，安排8个专题讲座，并加大外请教师授课力度，使3天的培训内容丰富，安排紧凑，效果显著。新任处级领导干部培训班、卫生系统党政干部培训班等非常规班次的教学内容均紧密结合通州区情和参训干部的思想及工作实际，具有较强的针对性。

（康树梅）

【进一步规范培训班管理】 始终坚持“严”字当头，规范培训班学员管理，同时积极尝试新的方式方法，如制发学员请假单，明确学员请销假时限；充实班级管理力量，增加班主任人选，加大执纪力度；在青干班中首次建立调研成果评估制度和学员考核档案制度等。严格规范的组织管理使各个班次学员出勤率和全勤率比往年均有大幅度提高，保证良好的培训秩序。

（康树梅）

【教学和科研水平不断提升】 采取措施有效提高教师整体教学水平。继续坚持新课试讲制度，严把入口关；开展教学效果评估活动，严把授课关；坚持“主持人”制度，开阔教师思维和视野；加大调研工作力度，提高理论联系实际的能力和水平；选派教师到基层挂职锻炼，提高教师分析和解决实际问题的能力；支持和鼓励教师多讲课，为教师锻炼成长搭建平台。此外，配合全区深入学习实践科学发展观活动的开展，党校多名教师深入到30多家基层单位宣讲科学发展观，受教育党员达2000余名，充分发挥党校理论宣传的阵地作用。科研工作成果丰硕，有4名教师在不同类别刊物上公开发表科研论文7篇。全年编辑出版《党校工作通讯》30期。

（康树梅）

【学历班招生管理工作规范有序】 2009年，

党校继续招收大专、本科和研究生班学员。市委党校大专、本科班报名人数909名，录取815名。中央党校领导干部在职研究生班报名79人，录取60人。首次招收的市委党校在职研究生班报名100人，录取57人。按照管理严格，程序规范的原则，市委党校大专、本科班圆满完成20个教学班的授课及考试工作，863名毕业生如期毕业，教学和管理工作在接受市委党校成教院检查和抽查中均得到认可和好评，并连续四年获得“招生管理先进分院”称号。中央党校在职研究生班的管理工作继续保持良好态势。2006级在职研究生班76名学员顺利通过毕业论文答辩，如期毕业。2007级、2008级研究生班教学管理工作运转平稳，管理严格有序，保持品牌班的荣誉。

（康树梅）

【建校50周年校庆活动】 1月，通州区委党校建校50周年之际，组织了一系列庆祝活动：举办征文活动，并编辑出版《励精图治》——中共通州区委党校建校50周年纪念文集和《探索·实践》——首届中央党校在职研究生通州班学员毕业论文集；召开处级领导干部座谈会，征求大家对党校工作的意见和建议；召开党校老领导、老教师代表座谈会，共同回顾党校50年的风雨历程，展望未来美好前景；以区委名义召开纪念通州区委党校成立50周年庆祝大会等。

（康树梅）

【服务保障能力进一步增强】 为应对大规模培训干部的新形势，解决学员用餐和住宿问题，从下半年开始实施食堂改造、学员宿舍楼接层和主楼学员宿舍改造工程。至年底，一期食堂改造和主楼学员宿舍改造工程基本完成。

（康树梅）

区直机关工委工作

【概　况】 2009年，区直机关党建工作，坚持以邓小平理论和“三个代表”重要思想为指导，以科学发展观为统领，以学习贯彻党的十七大精神为主线，围绕区委中心工作，按照区委四届九次全会精神要求，努力加强机关党的思想政治建设、组织建设、作风建设，严格落实党风廉政建设责任制和反腐败工作各项任务，全面促进机关党建工作健康发展。一是深入学习实践科学发展观，党员干部的思想政治素质得到进一步提高；二是加强区直机关党组织建设，党组织的凝聚力和战斗力得到充分发挥；三是深入开展学习型机关创建活动，党员干部服务“两新”建设的本领全面提高；四是以庆祝新中国成立60周年为契机，深入开展弘扬民族精神和爱国主义教育活动；五是抓好党风廉政建设，机关工作作风进一步增强；六是重视群团工作，桥梁和纽带作用得到进一步增强。

（李　莉）

【召开2009年度党建工作会议】 3月13日，区直机关2009年度党的建设工作会在区委综合楼会议室召开。区直机关58个基层党组织负责人和部分优秀共产党员代表共200人参加会议。会议总结了2008年各项工作、对2009年工作进行了部署。会议还对2008年度先进基层党组织、文明单位、优秀共产党员进行了表彰，对先进单位和先进个人进行了表彰。区委副书记张文山对区直机关各项工作所取得的成绩给予充分肯定，并就进一步做好2009年区直机关党建工作提出要求。

（李　莉）

【举办第六届羽毛球比赛】 4月下旬，机关工委在通州区美华天逸俱乐部举办区直机关第六届羽毛球比赛，来自区直机关34个单位的33个 男队和28个女队报名参赛。

（李　莉）

【举办入党积极分子培训班】 5月6日至14日，机关工委在区安监局会议室举办2009年入党积极分子培训班，来自区直机关31个基层党组织的99名要求入党的积极分子，参加了为期一周、以党的基本知识为主要内容的教育培训，授课后进行了理论测试，取得较好效果。

(李 莉)

【组织集体入党宣誓活动】 7月1日，在中国共产党成立88周年之际，机关工委组织区直机关46名新党员在香山进行了集体入党宣誓活动。机关工委领导对新党员提出具体要求，并进行了“牢记党的宗旨，做一个合格的共产党员”的思想教育。

(李 莉)

【组织“共产党员献爱心”“五八红十字会”等募捐活动】 2009年，机关工委分别组织了“共产党员献爱心”、“五八红十字会”等募捐活动。其中“共产党员献爱心”活动缴纳捐款206万余元；“五八红十字会”活动缴纳捐款13万余元。区委、区人大、区政府、区政协领导和区直机关2000余名党员干部、职工积极参加了募捐活动。

(李 莉)

【组织职工参加健康体检】 5月11日至22日，机关工委工会组织系统内597名男职工和218名女职工分别在英智体检中心和京通医院参加了健康体检。

(李 莉)

【区直机关团工委举办演讲比赛活动】 6月25日，区直机关团工委举办“传承奥运精神，让青春在两新建设中闪光”演讲比赛活动。来自13个团支部的10名选手报名参加了比赛。经过角逐，广电中心、技术监督局的参赛选手获得一等奖。

(李 莉)

【组织秋季登山活动】 10月22日，机关工委组织秋季登山活动，区直机关600余名干部职工踊跃参加在香山举办的登山活动。

(李 莉)

【开展党建“标准化建设”检查验收】 6月22日至26日，机关工委组织两个检查组深入到58个基层党组织对党建“标准化建设”工作进行了验收。其中94%的基层党组织考核成绩达到优秀标准。为实现基层党建工作规范化和标准化、开创基层党建工作新局面、进一步提升基层党建工作整体水平起到有力的推动作用。

(李 莉)

【召开党建工作研讨会】 11月11日至20日，区直机关党建工作研讨会分别在技术监督局、烟草专卖局、环保局召开。20个基层党组织负责人参加会议，就全面提升党建工作的水平和效能进行了研讨。区委常委、组织部长王春元参加观摩活动，并在座谈会上作重要讲话。

(李 莉)

民主党派

【概 况】 2009年，通州区有民主党派成员443人。其中中国国民党革命委员会通州区支部34人，中国民主同盟通州区工作委员会76人，中国民主建国会通州区工作委员会100人，中国民主促进会通州区总支委员会70人，中国农工民主党通州区支部58人，中国致公党通州区支部51人，九三学社通州支社54人。

(曾令友)

【组织建设 思想建设 制度建设】 在组织建设上，年内增加党派成员23人，其中15人为转入、8人为新发展成员。在思想建设上，4月10日至12日，各党派班子成员和中青年骨干成员参加区委统战部举办的民主党派培训班。民盟通州区工委一季度开展以“坚持走中国特色社会主义政治发展道路”为主题的政治交接学习教育活动。在制度建设上，各党派进一步完善公章管理制度、财务管理、学习例会、工作考评、档案管理等制度。

(曾令友)

【民革支部换届】 1月13日，民革通州区支部在区党派楼会议室召开支部换届选举会议，选举产生了新一届班子成员5人，即主委孙大公，委员卢培杰、窦学军、邵秀荣、丁虎存。

（曾令发）

【履行职责】 2009年，各民主党派认真履行民主监督、政治协商、参政议政的基本职责，政府各部门特约监督员较好地履行监督职责，积极向党委和政府提出合理化建议和意见。年内，民革通州区支部提出的《关于健全我区养老体系的建议》被区政协评为优秀团体提案；民革党员孙庆提出的《关于解决农村土地流转问题的建议》、民革支部委员卢培杰提出的《关于在我区建立老年社区的建议》分别被区政协评为优秀委员提案。民盟通州区工委提出的《关于落实教育均衡发展 促进教育公平的建议》被区政协评为优秀团体提案；民盟工委副主委祝映莲提出的《关于在小学增设学生饮水设施的建议》、民盟工委副主委可巨生提出的《关于尽快开通通州至亦庄开发区市属公交车的建议》、工委委员王金华提出的《关于通惠河西海子桥至通济桥河段北侧增设防护栏的建议》、工委委员王琪提出的《关于政府加强对中小企业资金扶持力度的建议》被区政协评为优秀委员提案。民建通州区工委提出的《关于扶持我区中小企业发展的建议》、《关于利用开发环城水系，发展沿河经济商务区建设的建议》被区政协评为优秀团体提案；民建会员冯勇提出的《关于完善廉租房制度的建议》、《关于规范建设邮政信报箱的建议》，工委委员邹晓美提出的《关于在通州区开展建设节约型社会，节约用水的建议》被区政协评为优秀委员提案。民进通州区总支提出的《关于进一步提升我区城镇社区卫生服务站诊疗服务水平的建议》被区政协评为优秀团体提案。农工党通州区支部提出的《关于促进新农村医疗卫生事业发展的建议》被区政协评为优秀团体提案；农工党支部副主委李玉清提出的《关于尽快建立社区居民健康档案的建议》被区政协评为优秀委员提案。致公党通州区支部提出的《关于建设“数字”通州的建议》被区政协评为优秀团体提案；致公党支部副主委武军提出的《关于修建现代化影院，提升文化生活档次的建议》、支部委员赵圳提出的《关于对M6沿线综合开发，实现区域商务价值的建议》、《关于坚持城乡公平原则，建立城乡一体的环境建设管理体系的建议》，党员李伟提出的《关于破解融资瓶颈，支持中小企业发展的建议》被区政协评为优秀委员提案。九三学社通州区支社提出的《关于对老商业街进行改造的建议》、《关于中央行政办公区预留地周边功能规划建设的建议》被区政协评为优秀团体提案，支社主委王昆等2名委员联名提出的《关于健全生产企业质监系统的建议》被区政协评为优秀委员提案。

（曾令发）

【信息调研】 年内，各党派成员向区委统战部、区政协积极上报各类反映社情民意的相关信息987条，147篇信息被市、区有关部门采用。民革支部、民盟工委、民建工委、民进总支、农工支部、致公党支部、九三学社支社7个党派组织均被区政协评为先进信息单位；孙大公、孙庆、卢培杰、可巨生、张晓岚、冯勇、赵金、张京、李玉清、武军、赵圳、孙亚莉12名党派成员被区政协评为优秀信息员。

（曾令发）

【党派活动】 2009年，通州区各民主党派开展丰富多彩的活动。民革支部：3月，相继组织为大马庄村村民讲解心脑血管疾病预防讲座、为于家务回族乡敬老院老人义诊；6月，邀请台湾皮纹专家为运河明珠小区居民讲解健康知识；8月，医疗小组为格瑞雅居居民讲解甲流预防知识。民盟工委：8月26日至28日，召开工委统战理论研究会成立暨信息工作会，第一届研究会由25名成员组成，刘淑华任会长，池雪斌任常务副会长，白静宜、可巨生、祝映莲任副会长，金璧任秘书长，贡祥林任副秘书长。民建工委：6月26日至29日，工委副主任洪岚，工委委员于琳、刘静率工委19位骨干会员考察江西南昌、庐山、九江等革命主义和爱国主义教育基地。民进总支：8月23日，举办有20名骨干会员参加的信息员培训班。此外，总支还组织全体会员和骨干会员“游运河——看新城巨变”、“体验新农村变化——苹果采摘”、视察张家湾新农村、庐山考察等活动。九三学社支社：组织60余人次，积极开展区社区卫生服务站现状调研工作，历经数月深入11家乡镇社区卫生服务中心和多家社区卫生服务站，走访社区服务中心领导、医生和部分村镇干部、村民，采集大量的第一手材料，确保调研结果的真实性、客观性。调研报告成果汇报，得到区领导的充分肯定，并作为政策研究室等有关部门参考。

（曾令发）

【评比表彰】 在民革市委举办的民革市委成立60周年庆典大会上，民革支部彭卫生、邵秀荣和卢培杰3位同志被评为先进个人。在区委统战部组织的庆祝新中国成立60周年诗歌征文活动中盟员王伟撰写的《什么是祖国》、高志忠撰写的《同舟》分别获一等奖，民盟工委秘书长金璧撰写的《国庆抒怀》、盟员何维仁撰写的《为母亲祝寿》分别获二等奖，盟员谢春华撰写的《田园之歌》获三等奖。民建工委专职干部韦爱鲜撰写的《希望——中国》、会员冯勇撰写的《今昔对比感恩祖国》、会员阮培智撰写的《祝福我的祖国》分别获二等奖，会员冯清源撰写的《生活变奏曲》、会员赵金撰写的《祖国颂》分别获三等奖。民进总支副主委马彦玲撰写的《我爱你，中国》获一等奖。农工党支部副主委李玉清撰写的《锦绣中华》获一等奖。致公党党员李燕撰写的《共和国颂》获一等奖，党员董桂荣撰写的《歌唱你，我的祖国》获二等奖，党员刘福军撰写的《向英雄的母亲献词》获三等奖。九三学社支社主委王昆撰写的《证明》、社员巴彦布撰写的《感受辉煌》及社员赵艳梅撰写的《祖国颂》分别获得一等奖，社员张芳撰写的《祖国六十年大庆有感》获二等奖。8月20日，在中国民主建国会北京市委员会成立60周年纪念大会上，通州区会员任万福被授予“有突出贡献的老会员”荣誉称号，民建北京物资学院支部被授予“先进支部”荣誉称号，杜少勋、韩子轶、于琳、邹晓美、冯勇、高国庆等6名会员被授予“优秀会员”荣誉称号。

（曾令发）

【公益事业活动】 民建工委：5月8日，工委副主任韩子轶向区红十字会捐出善款2万元；5月31日，韩子轶向通州区儿童福利院捐款1万元。工委委员刘静向芬芳幼儿园捐款10万元，通过区红十字会捐助1名白血病患者1万元。民进总支：全体会员捐资1500元资助通州区北苑办事处所辖街道的3名中小学生。由副主委张京牵头，到农村漷州中学支教，指导教师，给学生讲课。由副主委马彦玲牵头，到农村龙旺庄小学支教，给学生上音乐课和书法课。农工支部：到台湖和宋庄等乡镇社区举办医疗健康知识讲座6次，受益人员达2350人。

（曾令发）

政权·政治协商

通州区人民代表大会常务委员会

【概　况】　2009年，区人大常委会举行7次常委会会议，听取和审议18项议题，其中专项工作报告12项，依法任免国家机关工作人员33人次。召开17次主任会议，听取18项专题工作汇报。筹备召开区四届人大四次会议。开展学习实践科学发展观和作风建设年活动。承办全国十五县市区人大工作第25次会议。组织代表视察15次，参加代表800余人次，督办代表议案和建议113件。开展专题调研9项，为坚持和完善人民代表大会制度，促进全区经济社会平稳较快发展发挥了重要作用。常委会加强乡镇人大及街工委工作的指导，进一步推进乡镇人大及街工委机构建设和制度建设。加强常委会机关的思想建设和组织建设，建立和完善常委会各项工作制度。

（王立娜）

【区四届人大四次会议举行】　1月7日至9日，区第四届人民代表大会第四次会议在天下第一城国际会议中心举行。会议听取并审议了北京市通州区人民政府区长邓乃平所作的《北京市通州区人民政府工作报告》；审议了北京市通州区发展和改革委员会主任崔松光所作的《通州区2008年国民经济和社会发展计划执行情况与2009年国民经济和社会发展计划（草案）》的书面报告；审查和批准了《关于通州区2008年国民经济、社会发展计划执行情况与2009年计划（草案）的报告》；审议了北京市通州区财政局局长刘汝林所作的《关于通州区2008年财政预算执行情况和2009年财政预算草案的报告》。审查和批准《通州区2008年财政预算执行情况的报告和2009年财政预算》。听取并审议了北京市通州区人民代表大会常务委员会主任石进贤所作的《通州区人民代表大会常务委员会工作报告》；听取并审议了北京市通州区人民法院院长高洪涛所作的《通州区人民法院工作报告》；听取并审议了北京市通州区人民检察院检察长东晓钟所作的《通州区人民检察院工作报告》；并对上述报告分别作出决议。

（王立娜）

【第十六次常委会会议】　2月27日，通州区四届人大常委会第十六次会议举行。会议传达了市十三届人大二次会议精神，审议通过了区人大常委会2009年工作要点，听取和审议了区政府关于提请将北京银行股份有限公司授信项下公共基础设施建设项目贷款偿还本息所需列入年度财政预算的议案，并作出相应的决议。区人大常委会主任石进贤就落实科学发展观，构建和谐通州，做好区人大常委会全年工作作重要讲话。

（王立娜）

【第十七次常委会会议】 4月30日，区人大常委会第十七次会议举行。区人大常委会主任石进贤结合人大机关学习实践科学发展观，围绕区人大常委会确定的“扎实推进民主法制建设，保障通州科学发展”活动载体进行专题讲座。会议决定任命李永锋为北京市通州区司法局局长，任命姜富龙为北京市通州区交通局局长。会议免去宁秋君北京市通州区司法局局长职务；免去李永锋北京市通州区交通局局长职务。

(王立娜)

【第十八次常委会会议】 6月30日，区人大常委会第十八次会议举行。会议听取和审议了区政府关于2008年财政决算的报告和关于2008年财政预算执行和其他财政收支的审计工作报告，听取了区人大常委会财经委关于2008年财政决算和2008年财政预算执行及其他财政收支审计工作的审查报告，作出关于批准2008年财政决算的决议。听取和审议了区政府关于办理区人大常委会食品卫生与食品安全及清真食品生产经营有关法律法规执法检查审议意见情况的报告，以及区人大常委会执法检查组关于跟踪检查食品卫生与食品安全及清真食品生产经营有关法律法规执法检查审议意见落实情况的报告。听取和审议了区政府关于“安全生产法”和“北京市安全生产条例”贯彻实施情况的报告以及区人大常委会财经委关于“安全生产法”和“北京市安全生产条例”贯彻落实情况的调查报告。

(王立娜)

【第十九次常委会会议】 8月6日，区人大常委会第十九次常委会会议举行。会议听取和审议了区政府关于2009年上半年工作情况的报告；审议了区政府关于2009年上半年国民经济、社会发展计划执行情况的报告；听取和审议了区政府关于2009年上半年财政预算执行情况的报告，听取了区人大常委会财经委关于通州区2009年上半年国民经济、社会发展计划和财政预算执行情况的调查报告。听取和审议了区政府关于贯彻落实“老年人权益保障法”和“北京市老年人权益保障条例”情况的报告以及区人大常委会内司委关于实施“老年人权益保障法”和“北京市老年人权益保障条例”情况的调查报告。会议决定任命李金玺为北京市通州区旅游局局长，任命张树昌为北京市通州区人民检察院副检察长、检察委员会委员、检察员，任命向令涛为北京市通州区人民检察院检察委员会委员。会议免去张兰荣北京市通州区旅游局局长职务，免去郭辉北京市通州区民政局局长职务，免去王向明北京市通州区人民检察院副检察长、检察委员会委员、检察员职务，免去李建平北京市通州区人民检察院检察委员会委员职务，免去李选荣北京市通州区人民检察院检察员职务，免去吴兴才北京市通州区人民检察院检察员职务。

(王立娜)

【第二十次常委会会议】 9月10日，区人大常委会第二十次会议举行。会议听取了区政府关于机构改革工作情况的报告。会议决定任命陈国庆为北京市通州区经济和信息委员会主任，任命王振良为北京市通州区人力资源和社会保障局局长，任命董维毅为北京市通州区住房和城乡建设委员会主任，任命薄立军为北京市通州区市政市容管理委员会主任，任命李柏松为北京市通州区农村工作委员会主任，任命王士杰为北京市通州区商务委员会主任，任命杜中方为北京市通州区农业局局长，任命刘卉为北京市通州区园林绿化局局长。会议根据仇春利的请求，作出了关于接受仇春利辞去北京市通州区第四届人民代表大会代表职务的请求的决定。依照《中华人民共和国全国人民代表大会和地方各级人民代表大会代表法》的有关规定，仇春利的代表资格终止；依照《中华人民共和国全国人民代表大会和地方各级人民代表大会选举法》的有关规定，仇春利的区人大常委会副主任的职务终止。

(王立娜)

【第二十一次常委会会议】 11月26日，区人大常委会第二十一次会议举行。会议听取和审议了区政府关于提请调整2009年财政预算的报告，作出关于批准调整2009年财政预算的决议；听取和审议区政府关于贯彻执行“水污染防治法”及“北京市实施办法”情况的报告，听取了区人大常委会城建环保委关于“水污染防治法”及“北京市实施办法”实施情况的调查报告。听取和审议了区政府关于新农村基础设施建设情况的报告，听取了区人大常委会农村委关于新农村基础设施建设情况的调查报告。会议审议通过了区人大常委会代表资格审查委员会关于代表资格的审查报告；作出关于召开区四届人大五次会议的决定；审议通过了区人大常委会关于区四届人大五次会议建议议程(草案)，主席团、秘书长建议名单（草案)，国民经济、社会发展计划和财政预算审查委员会主任委员、副主任委员、委员建议名单（草案），议案审查委员会主任委员、副主任委员、委员建议名单（草案）；决定区四届人大五次会议列席人员。常委会委员及特邀人大代表就上述报告作重点审议发言。

（王立娜）

【第二十二次常委会会议】 12月22日，第二十二次常委会会议举行。会议听取和审议了区政府常务副区长岳鹏受区政府委托所作的《关于办理通州区第三届人民代表大会第三次会议代表议案及通州区第四届人民代表大会第四次会议代表建议、批评和意见工作情况的报告》。听取了区人大常委会代表联络室关于通州区第三届人民代表大会第三次会议代表议案及通州区第四届人民代表大会第四次会议代表建议、批评和意见办理情况的报告。会议审议通过了区人大常委会代表资格审查委员会关于个别代表的代表资格的审查报告。会议审议通过了区人大常委会工作报告（征求意见稿)。会议还决定任命李茂春为北京市通州区人民检察院检察员，任命王殊为北京市通州区人民检察院检察员，任命张旭为北京市通州区人民检察院检察员，任命张文菊为北京市通州区人民检察院检察员，任命刘岩为北京市通州区人民检察院检察员。会议免去阚有信北京市通州区人民检察院检察员职务，免去李树明北京市通州区人民检察院检察员职务，免去姜淑珍北京市通州区人民检察院检察员职务，免去马军北京市通州区人民检察院检察员职务。

（王立娜）

【全国十五县市区人大工作研讨会第二十五次会议在通州举行】 10月12日至14日，区人大常委会举行全国十五县市区人大工作研讨会第二十五次会议，各县市区人大常委会的领导及有关人员89人出席会议。会议由区人大常委会常务副主任蒋洪昉主持，区人大常委会主任石进贤致开幕词，市人大常委会副主任刘晓晨、区委书记王云峰到会祝贺并讲话。区长邓乃平从通州区区位优势、交通条件、文化传承、自然资源以及新城建设、产业发展、新农村建设、民生工程等方面向与会人员作详尽的介绍，区委副书记张文山参加会议。会议围绕提高人民代表大会会议质量这项议题进行深入探讨和交流。各县市区人大常委会结合自身实践，阐明观点，畅谈体会，交流经验，达到相互学习、相互促进、共同提高的目的。

（王立娜）

【推进依法治区进程】 常委会高度重视每年的人民代表大会会议。一是对召开区人代会的指导思想、议程、日程、主席团秘书长名单草案、会议安排等事项进行认真细致研究，提出会议方案，经区委常委会讨论通过后组织实施。二是适时召开人大常委会会议，依法审议决定关于召开区人代会的有关事项；进行全体代表的资格审查，及时安排代表出缺的选区补选代表，为人代会的顺利进行奠定法律基础。三是集中一个月的时间开展常委会组成人员联系代表、代表联系选民活动，了解民情，集中民智，反映民意，并将征求到的意见归纳整理，转交区政府研究参考。

四是积极开展代表会前活动。包括组织全体代表分组集中视察财政经济、社会事业发展、城建环保、新农村建设等工作；在分团讨论政府工作报告的基础上，围绕代表关心的热点难点问题，组织部分代表与区长、副区长座谈；开展区政府各部门负责人接受代表询问活动等等。帮助代表深入了解全区经济社会发展情况，为代表在大会上审议各项工作报告及提出议案、建议提供条件。

（王立娜）

【加强工作监督 促进经济发展】 常委会深入贯彻落实监督法，紧紧围绕全区“保增长、保民生、保稳定”的工作大局和涉及群众切身利益的重要问题，加大监督力度，推动全区科学发展与社会和谐。一是加强对经济工作的调研和指导。及时到区发改委和财政局开展调研，多次听取计划和预算执行情况汇报，深入多家企业了解生产经营状况，提出指导意见。二是积极支持政府破解融资难题。常委会审议通过区政府关于提请将北京银行股份有限公司授信项下公共基础设施项目贷款偿还本息所需资金列入年度财政预算的议案，为解决资金难题、加快城乡基础设施建设提供有力保障。三是审查批准了2008年财政决算，批准调整2009年财政预算，就进一步做好财政、审计工作形成审议意见书交区政府研究办理。四是听取和审议了区政府关于2009年上半年工作情况的报告以及2009年上半年国民经济、社会发展计划和财政预算执行情况的报告。五是听取和审议了区政府关于本区水污染防治工作、食品卫生与安全、新农村基础设施建设、老年人权益保障、万亩滨河森林公园建设、安全生产、民事审判等有关情况的汇报，推动区域经济发展和社会民生问题的进一步改善。六是常委会通过召开主任会议听取工作汇报、组织代表视察、开展专题调研、督办代表建议等多种方式，加强对工业和都市型现代农业发展、劳动就业和社会保障、人口和计划生育、农产品质量安全、运河中心区城市设计、道路和公交场站规划设计、重点工程建设、垃圾处理、城市道路改造、全民健身、残疾人保障等工作的监督，提出有针对性和建设性的意见和建议，促进经济发展和社会进步。七是常委会把信访工作作为监督工作的重要内容，全年受理群众来信来访98件次，加大协调督办力度，为化解社会矛盾、维护群众合法权益作出贡献。

（王立娜）

【开展代表活动】 一是加强代表培训，制定年度代表培训意见，举办预算监督培训讲座，并以代表小组为基础，组织开展多种形式的学习培训活动，增强了代表的履职意识和能力。二是坚持常委会主任、副主任接待代表日制度，听取和反映代表的意见和呼声。三是坚持常委会主任、副主任联系代表小组制度，推进代表小组工作的开展。四是创新代表列席常委会会议制度。邀请列席会议的乡镇人大专职主席（副主席）和人大街工委副主任等代表参与审议发言，并将他们的意见和建议纳入常委会审议意见。五是为代表订阅《中国人大》和《北京人大》刊物，为代表提供人大常委会及“一府两院”重要工作信息资料，帮助代表知情知政。六是集中一个月的时间开展常委会组成人员联系代表、代表联系选民活动，了解民情，集中民智，反映民意，并将征求到的意见归纳整理，转交区政府研究参考。七是积极开展代表会前活动。组织全区239名区人大代表对通州区财政经济发展、城市环保建设和社会事业发展及新农村建设等方面进行视察，并分别听取区政府主管领导及有关部门领导的情况汇报。八是组织部分代表与区长、副区长座谈；开展区政府各部门负责人接受代表询问活动，促进代表作用的发挥。九是积极组织市人大通州区代表组活动，努力为市人大代表履职提供良好服务和保障。

（王立娜）

【办理代表议案、建议】 常委会严格做好代表建议督办工作，加大跟踪督办工作，提高办理质量。区四届人大四次会议交由区政府办理的建议 108 件，闭会期间代表提出的建议 5 件，全部依法予以办复。常委会严格交办时限，及时掌握办理进度，认真征求代表意见，加大对重点、难点建议的跟踪督办，促进办理工作的开展和办理质量的提高。使代表们提出的一批与人民群众生活息息相关的建议，得到有效的办理和落实。

（王立娜）

【加强民主政治建设】 常委会着力加强四个方面工作：一是分别召开乡镇人大和人大街工委工作会议，统一思想认识，总结交流经验，促进工作开展。二是坚持邀请乡镇人大专职主席（副主席）和人大街工委副主任参加常委会组成人员学习班和听取各项专题讲座，提高他们的履职能力。三是坚持常委会主任、副主任联系指导乡镇人大和人大街工委制度，着力保证乡镇人代会、乡镇人大执法检查和专项工作评议依法顺利进行，着力推进人大街工委制度落实和代表进社区联系选民工作。四是常委会有关工作机构经常深入乡镇和街道开展调研，了解和反映乡镇人大和人大街工委的意见和要求。年内，各乡镇人大和人大街工委紧紧围绕本地区的中心工作和群众普遍关心的问题，认真履行职责，积极组织代表活动，人大整体工作水平有了新的提高。

（王立娜）

【加大宣传信息工作】 年内，高标准完成人大门户网站的建设，认真办好《通州人大信息》和《北京通州人大》刊物的编辑工作，全年编发人大信息 56 期，编发通州人大会刊 4 期，为宣传人大工作，自觉接受群众监督，营造良好的宣传舆论氛围。

（王立娜）

【调查研究】 常委会紧紧围绕全区重点工作和人民群众关心的热点、难点问题，就计划和预算执行、新农村基础设施建设、食品安全、安全生产、水污染防治、老年人权益保障、生活垃圾处理、乡镇人大工作等课题，深入开展调研。实事求是地反映本区实际情况，提出具有指导性、前瞻性的意见和建议。通过举办组成人员学习班和专题讲座、组织参观考察等途径，拓宽思路，开阔眼界，提高整体素质和履职能力，为常委会行使职权和有关部门改进工作提供依据。2009 年完成调研报告 9 篇。

（王立娜）

通州区人民政府

概　　述

2009 年，通州区以科学发展观为统领，认真贯彻落实中央、市委市政府和区委的各项决策部署，圆满完成区四届人大四次会议确定的各项任务。地区生产总值实现 278.9 亿元，增长 23.5%；税收总额实现 83.6 亿元，增长 12.1%；地方财政一般预算收入实现 26 亿元，增长 21.4%；全社会固定资产投资额实现 310 亿元，增长 97.4%；社会消费品零售额实现 161.8 亿元，增长 10%；城镇居民人均可支配收入实现 22454.9 元，农民人均纯收入实现 11361 元，分别增长 8.4% 和 11.2%。万元地区生产总值能耗下降 5%，二氧化硫排放量、化学需氧量分别下降 2% 和 3%，空气质量完成市里下达的指标。顺利通过国家生态示范区和北京卫生区考核验收。圆满完成国庆 60 周年系列活动服务保障工作，获得“国庆 60 周年最佳服务保障奖”和“首都国庆 60 周年阅兵服务保障先进单位”称号。人民生活在经济发展中得到进一步改善，教育、科技、文化、体育等各项社会事业取得新进展。

积极应对金融危机，全力保增长。抓投资，拉动经济增长。坚持把扩大投资放在保增长的关键位置，重点投向城乡建设的急需领域和民生工作的薄弱环节。土地储备投资规模空前，城乡基础设施和房地产投资大幅增加。促消费，多渠道扩大内需。全面落实促进消费的各项政策措施，社会消费品零售额保持郊区县首位。抓帮扶，着力优化发展环境。制定一揽子加快发展的政策措施，安排1.4亿元产业发展专项资金。建立完善体制机制。帮助企业解决160多项实际困难。

产业发展保持良好态势。产业项目呈现梯次推进、滚动发展的良好态势。北京卷烟厂等一批项目竣工，苏宁二期等一批项目加快建设，北汽控股动力总成等29个亿元以上项目签约落地。大项目带动产业结构不断优化，第三产业比重进一步提高，二三产业融合发展态势明显。产业特色进一步显现，现代物流业特色更加突出，总部项目聚集趋势明显，高端商务前景广阔，汽车产业链向高端延伸。产业园区健康发展，经济贡献持续增强，新引进项目90%以上落户园区、功能区。

新城建设迈出新步伐。基础设施承载能力进一步提高。交通设施进一步完善，朝阳北路东延一期等工程完工，滨榆东路等工程进展顺利，玉带河东大街东延等工程开工建设，故城东路等道路微循环改造工程建设完成。市政设施保障水平得到提升，建成1座现代化燃煤锅炉房，三河热电联供项目完成供热管线铺设18公里，新铺设天然气管线14公里，建成2座11万伏变电站。重点功能区建设取得实质进展。运河核心区规划面积由16平方公里扩展到48平方公里，土地一级开发取得新进展。商务园基础设施工程全面启动，8个地块拆迁全部完成。宋庄文化产业集聚区开发建设稳步推进。旧城旧村改造全面展开，完成旧城拆迁54万平方米，启动重点区域34个村的旧村改造。生态环境明显改善，一批水系治理和水利设施工程如期推进，万亩滨河森林公园南区绿化工程基本完工。

新农村建设取得新成果。都市型现代农业加快发展，新增设施农业面积1万亩，观光农业呈现亮点，特色农业形成规模。农村基础设施建设全面提速，“五项基础设施”和“三起来”工程进展顺利，“12项全覆盖工程”中9项覆盖率达到100%。农村改革不断深化。

完成新一轮政府机构改革工作。改革后，政府设置工作部门30个，另设部门管理机构1个。

2009年，区政府召开全体会议1次、常务会议1次、区长办公会议10次，研究议题35项；政府专题会28次，研究议题72项。其主要内容包括各项改革、经济建设、环境保护、城乡规划、重点工程、科教文化、安全生产、综合治理、人事任免等重大事项。

（王　瑞）

政务工作

【区政府为群众办实事】 具体内容是：65周岁以上老人免费乘坐市域内地面公交车，市、区级政府投资主办或控股的公园、风景名胜等旅游景区对65岁及以上老年人免收门票费。推动政府、社会共同兴办城乡养老设施，年内养老服务机构新增床位1200张。完成20户农村优抚对象和95户农村特困家庭危旧房改造；实施农村低保分类救助制度，提高农村特殊困难群众的救助水平。对本区考入大专以上院校的城乡低保困难家庭子女进行资助。完善住房保障体系，缓解全区住房供应结构矛盾，完成玉桥东小区经济适用住房13万平方米主体工程建设。加大联合打假力度，实施专项整治，依法取缔黑药店、黑药品加工点，严厉打击危害百姓健康的违法行为，保证全区百姓购放心药，全年完成药品抽验400件。加大对食品生产加工企业产品质量监管力度，保证食品质量安全。全年抽查食品及食品相关产品样品不少于300个，利用媒体每季度向社会公布检测结果。继续实施农村户厕无害化改造工程，年内完成15000座，改善农民居住环境。实施萧太后河台湖镇段景观工程，整治沿岸环境，为百姓创造休闲、娱乐的场所。改造城区旱厕24座，垃圾收集站底20个。完成5家社区菜市场和3家农村集贸市场的升级改造。加大对社区（农贸）市场计量监督管理，对区内的4家规范化社区（农贸）菜市场实行计量器具统配统管，为百姓创造计量放心的购物环境。全区充分就业社区（村）累计达到总数的60%以上。充分就业社区劳动年龄人口中有劳动能力和就业愿望的人员90%以上实现就业，有劳动能力和就业愿望的就业困难对象80%以上实现就业；充分就业村劳动年龄人口中有劳动能力和转移就业愿望的人员80%以上实现转移就业；继续巩固和完善城乡“零就业家庭”就业帮扶机制，“零就业家庭”成员中至少有一人实现就业。建设贵友大厦天桥，解决京津公路与云景东路交汇路段交通拥堵问题，方便百姓出行。对城区部分街巷胡同的五六十年代照明设施进行更换。继续实施街巷整治工程，完成中仓路等道路的修缮改造。积极构建首都东大门公路公共安全屏障，建设集治安、交管、环保等多职能为一体的白庙公路综合检查站。实施京塘路过村段排水工程，解决东寺、马头、杨堤、石槽村段排水问题。加强对农村富余劳动力的职业指导、职业培训、职业介绍等就业培训服务，促进农村富余劳动力向二三产业转移，全年培训农村富余劳动力8000人，实现农村富余劳动力向二三产业转移8000人。大力推进设施农业发展，新建、改建设施农业面积1万亩。围绕设施农业发展需求，通过多种模式的培训和农业技术推广，培训农民1万人次。加强农业新技术、新品种展示基地建设。建成800平方米节能环保型科技成果展示厅。引进50个以上蔬菜新品种。开展小型农机具、超微渗灌、生物防治等新产品、新技术的示范应用。对全区农业科技协调员技术培训600人次。继续实施规模养殖场污粪治理工程，采取“三级曝气”、“太阳能沼气”等治理工艺，年内治理5个规模化养殖场，进一步改善养殖场及周边环境。完成各类文艺演出72场次，全年放电影5500场，改造升级农村数字影院（厅）80处，丰富农村文化生活。在城区及城乡结合部社区新建社区服务站10个，实现社区服务基本覆盖。加强社区服务站规范化建设，年内建成10个示范点。在农村社区开展社区服务站建设试点，年内建成40个。实施小学规范化建设，支持18所小学在主要项目上达到新颁办学条件标准，选派44名城镇优秀教师到农村支教，促进义务教育均衡发展。建立城镇无医疗保障老年人和灵活就业人员门诊医疗费用报销制度。推进新型农村合作医疗工作，实施一级、二级医院网上住院直报。开展健康教育讲座大课堂100～150场。在农村和社区继续建设128个法律服务室，并进一步完善相关服务设施。在全区范围内大力推广第八套广播体操，为乡镇更新全民健身器材100套，提高全民身体素质。进一步加强社区警务工作站（室）建设，对原有警务工作站（室）进行修缮，为警务工作站（室）更换统一外观标识和内置展板及有关设施。对新成立社区按照“一社区一警务站”的要求，完成警务站建设。加快通州区消防指挥中心和特勤消防站建设，提高防灾减灾能力。

（王春艳）

【区政府第三次全会】 2月5日，区政府召开第三次全体会议。会议的主要目的是全面落实区委四届七次全会和区四届人大四次会议精神，进一步明确任务、落实责任，确保完成各项经济指标和工作任务。区委常委、副区长张勇主持会议，区委常委、常务副区长张永明就区人大代表建议和政协委员提案办理工作提出意见和要求，区长邓乃平就2009年政府工作进行部署。

（王　瑞）

【《通州区促进产业发展暂行办法》出台】 2

月13日，为加快主导产业培育和重大项目引进，促进产业结构优化升级，提高综合经济实力，实现《通州新城规划》确定的功能定位和城市发展目标，根据国家和北京市有关法律、法规和规定，区政府制定了《通州区促进产业发展暂行办法》。

（东　滨）

【《通州区城乡居民养老保险实施方案》出台】

3月3日，为认真贯彻落实《北京市人民政府关于印发城乡居民养老保险办法的通知》（京政发〔2008〕49号），北京市劳动和社会保障局、北京市财政局《关于印发北京市城乡居民养老保险办法实施细则的通知》（京劳社农发〔2009〕13号）精神，结合通州区实际，区政府制定了《通州区城乡居民养老保险实施方案》。

（东　滨）

【区政府与中国传媒大学战略合作框架协议暨中传科技园项目正式签约】 3月3日，区政府与中国传媒大学战略合作框架协议暨中国传媒科技园项目正式签约。区领导王云峰、邓乃平、张秀余、张永明、张勇、刘淑华、张华参加签约仪式。

（王文秀）

【《通州区扩大内需重大项目绿色审批通道实施办法(试行)》出台】 4月15日，为进一步落实市委、市政府扩大内需促进经济增长的工作部署，根据《国务院办公厅转发监察部等部门关于深入推进行政审批制度改革意见的通知》（国办发〔2008〕115号）、《北京市人民政府办公厅关于转发市发改委市监察局加强扩大内需重大项目绿色审批通道管理和监督检查有关文件的通知》（京政办函〔2009〕14号）及市政府关于精简行政审批事项“加快、简化、下放、取消、协调”要求，切实加快重大项目前期审批，促进项目及早开工、投资、及早落地，区政府制定《通州区扩大内需重大项目绿色审批通道实施办法(试行)》。

（东　滨）

【北京市通州区新城建设管理委员会成立】

7月，为进一步加强通州区新城建设与管理，经区机构编制委员会研究，并报请北京市机构编制委员会办公室批准，本区成立北京市通州区新城建设管理委员会，为区政府派出机构，机构级别为正处级。其主要职责是：负责组织落实新城开发建设规划，负责新城开发建设的有关组织协调工作等。与北京市通州区新城开发建设指挥部办公室为“一套机构，两块牌子”，接受区政府和新城开发建设指挥部的双重领导。

（王　瑞）

【《通州区土地储备开发项目资金监督管理办法（试行)》出台】 8月7日，为适应通州区土地储备开发建设和管理的需要，规范和加强本区土地储备开发项目资金的使用和监督管理，保证储备项目资金安全、合理、有效使用，根据市财政局关于《北京市国有土地使用权出让收支管理办法》、《北京市土地储备资金财务管理暂行办法》、市国土局《关于加强市区联合储备开发项目资金监管有关问题的通知》、市国土局等四单位《关于印发北京市联合土地储备开发项目资金监管意见的函》等有关规定，结合本区实际，区政府制定了《通州区土地储备开发项目资金监督管理办法（试行)》。

（东　滨）

【区政府机构改革】 8月27日，区政府制定《北京市通州区人民政府关于机构改革方案的实施意见》。9月11日，通州区政府机构改革启动大会召开。会议宣读了市委、市政府批复的《北京市通州区人民政府关于机构改革方案》，区领导为新组建、调整的10个部门授牌。11月底完成“确定部门职能、确定内设机构、确定人员编制”的“三定”工作及检查验收工作。改革开放以来，通州先后进行了5次机构改革，在转变职能、理顺关系、精兵简政、提高效能等方面取得很大成绩，有力保障了经济社会发展。此次改革后，区政府设置部门30个，另设部门管理机构1个。同时，按全市统一要求，还对全区议事协调机构和临时机构进行了精简和规范，保留71个，精简16个，精简比例为18.4%。

（王　瑞）

【《通州区帮扶工业企业应对金融危机实施办法》出台】　9月8日，为贯彻落实《北京市人民政府关于印发北京市帮扶企业应对国际金融危机若干措施的通知》，积极有效地应对金融危机带来的影响，确保全区经济平稳较快发展，区政府制定了《通州区帮扶工业企业应对金融危机实施办法》。

（东　滨）

【朝阳北路东延邓家窑大桥竣工通车】　9月30日，朝阳北路东延邓家窑大桥竣工通车。该桥为北京首座提篮式大桥。区领导王云峰、邓乃平、石进贤、王玉辉、张文山、王春元、岳鹏、张秀余、张勇、储怀森为大桥竣工通车剪彩。

（王文秀）

【北京新城·通州国际商务年会开幕】　10月15日，2009年北京新城·通州国际商务年会开幕，并在商务园举行首场活动——“金融·保险·后台建设论坛”。区长邓乃平和与会嘉宾就通州区的商务金融投资环境进行交流。市政府副秘书长刘志、副区长张华参加商务年会。

（王文秀）

【北京市小城镇产业发展现场观摩会在通州举行】　10月24日，北京市小城镇产业发展现场观摩会在本区举行。来自各市级相关单位、各区县及重点小城镇的主管领导，参观了西集镇中冶焊接技术公司、漷县镇东方叶杨纺织品公司和宋庄镇上上国际美术馆。副市长夏占义就小城镇发展提出要求。区长邓乃平，区委常委、常务副区长岳鹏出席观摩会。

（王文秀）

【《通州区对著名商标和驰名商标权利人奖励办法》出台】　12月8日，为推动通州区品牌战略的实施，强化品牌优势、提升品牌信誉，充分发挥中国驰名商标和北京市著名商标的“品牌”效应，以增强本区经济的整体竞争力，结合本区实际对被认定为中国驰名商标和北京市著名商标的商标权利人，区政府制定《通州区对著名商标和驰名商标权利人奖励办法》。

（东　滨）

【政府电子政务工作】　2009年，通州区成立经济和信息化委员会，进一步健全信息化工作组织。全年新接入政务专网7个单位，专网迁移10个单位，专网用户达到154个。编制通州区电子政务运维规划方案，电子政务项目按照相关规范管理进行建设，各类电子政务应用系统稳定运行。对区政务门户网站“在线服务”频道内容进行新一轮核实，保证行政办事事项的准确性。全年区公共服务网系统访问人数46万人次，受理办事事项5万余件，公众对政府部门和工作人员的满意和基本满意率达到100%。区行政投诉中心接到网上群众投诉800余件，区政风行风行政投诉热线网上投诉300余件。加强网络和信息安全保障，严格遵循国家及市级相关标准规范，继续开展风险评估和信息安全等级保护工作，建立区级重要信息系统目录，全区政务专网统一互联网出口，政府网站统一域名，圆满完成国庆期间的通信保障任务，确保全区电子政务网络和各类政务信息系统稳定运行。

（石　强）

【政府信息工作】　2009年，收到各单位报送信息8164条，刊登信息3174条，编发《信息快报》、《领导参阅》、《今日媒体热点》468期。同时，区政府办公室向市政府办公厅和市农委报送信息573条，被市政府编发的《昨日市情》和市农委编发的《京郊信息》等刊物采用信息107条，得到市、区领导批示38条。通州区政府办公室被评为市政府优秀信息工作单位。

（张晓燕）

【便民电话工作】 通州区非紧急救助服务中心是政府和群众沟通的渠道、政府为群众办事的窗口、政府受理群众咨询和诉求的平台。2009年，受理群众各类来电11200多个，办理市非紧急救助服务系统网上交办件3202件，办理区长信箱电子信件994封，征集市政府特邀建议人稿件3件。群众投诉件办结率达95%以上。通州区非紧急救助服务中心获得“北京市非紧急救助服务系统国庆60周年服务保障优秀单位”等称号。

（李梦玲）

【建议提案工作】 2009年，通州区四届人大四次会议交由区政府研究办理的代表建议、批评和意见108件（其中49件是转为建议办理的议案）。其中道路交通方面30件，占27.8%；改进服务与落实政策方面25件，占23.1%；新城建设与管理方面17件，占15.7%；新农村建设方面14件，占13%；民生方面13件，占12%；教科文卫方面7件，占6.5%；环境保护方面2件，占1.9%。办理结果：一是当年得到解决或基本解决的（A类）38件，占总数的35.2%；二是被列入政府工作规划，预计近几年内可以解决或得到缓解的（B类）23件，占21.3%；三是受政策规定或资金等条件限制，短期内不能解决但已经向代表说明解释的（C类）44件，占40.7%；四是超出区政府职权范围，报请区外有关部门研究参考的（D类）3件，占2.8%。同时，对5件平类人大代表建议也按法律规定进行认真办理。按照《北京市通州区人民代表大会人民代表建议、批评和意见办理条例》有关规定，全部在法定时限内办复。政协通州区四届三次会议交由区政府研究办理的委员提案178件。其中城市建设和管理方面80件，占45%；社会民生方面52件，占29.2%；经济发展方面23件，占12.9%；新农村建设和“三农”问题方面23件，占12.9%。同时，对14件平类政协委员提案按法律规定进行认真办理。按照《政协北京市通州区委员会提案工作条例》有关规定，全部在法定时限内办复。市政府办公厅交由本区办理的全国人大第十一届二次会议代表建议、批评和意见1件，北京市十三届人大二次会议代表建议、批评和意见12件，政协北京市十一届二次会议委员提案4件。通州区政府按照《北京市人民政府办理人民代表大会代表建议、批评、意见和人民政治协商会议委员提案办法》的有关规定，全部在法定时限内办复。

（刘 宁）

【应急管理工作】 全年处置各类突发事件267件，最大限度降低人民生命财产损失，受到市、区领导的充分肯定。全年发布专项应急预案28个，全区40个专项应急预案全部对外发布。11个乡镇、4个街道办事处预案全部备案。对全区近万家生产经营性单位的预案进行重新审核备案。编制《通州区防控甲型（H1N1）流感应急工作预案（试行）》和《通州区甲型（H1N1）流感集中医学观察工作方案》，规范指导防控工作。组织各类应急演练400余次。发布预警通知40余次。编辑《通州应急管理信息》16期，国庆工作专刊、安全生产专刊8期，突发公共卫生事件专刊130余期。向市应急办上报应急管理信息160余条、甲型H1N1流感防控工作信息50余条。通州区应急办被评为“北京市国庆安保先进集体”。

（徐晓伟）

政府法制工作

【概 况】 2009年，通州区政府法制工作紧紧围绕区委、区政府中心工作，以全面推进依法行政为主线，以服务“保增长、保民生、保稳定”为重点，以建设法治政府为目标，做了大量扎实有效的工作，取得明显成效。主要做法有：一、围绕“三保”和国庆阅兵大局，为区政府全力提供法制保障。一是认真做好“三保”和国庆阅兵保障规范性文件审核把关。年内，区法制办先后对14件涉

“三保”的政府通告、通知、意见等进行审核，包括重大项目绿色通道、施工企业税收征管、到期农村承包土地合同延期、城市房屋拆迁、控制大气污染、违法用地专项整治、服务阅兵保障的西门地区综合整治等，为区政府圆满完成年度各项工作任务奠定基础。二是为重点工程建设提供法律服务。会同有关部门，加大对重点工程建设的保障力度。在违法用地项目查处执法、上营棚户区和北苑商务区拆迁改造、“两站一街”建设以及旧村改造等重点工程建设中，区法制办办理相关法律事务，提出各种法律意见，有效防止矛盾激化和群体性上访事件。如针对本区在推进重点工程建设中涉及乡镇违法用地及租赁协议问题，深入到各乡镇进行调研，形成《关于乡镇违法用地涉及土地租赁协议情况的报告》，区领导作出重要批示，此文转发到各有关部门和各乡镇。三是加大重点执法领域的法律指导。会同有关执法部门加大协调力度，切实解决一些通州区在“三保”和国庆阅兵保障方面的重点、难点问题。如在怡佳家园2号楼楼顶军事工程建设、乡镇违法建设查处、西海子及北杨洼农贸市场环境整治、新华联小区沼气死亡人事故处置、居民楼底商餐饮经营污染扰民问题处理、区液化石油气安全检查等方面，区法制办均提出法律意见，参与相关报告的起草和实际执法的协调监督，依法有力地推动这些重点、难点问题的解决，营造和谐的执法环境。四是充分利用调研结果推动和指导实际工作。结合违法用地专项整治，联合区法院行政庭对本区乡、村规划区内违法建设情况进行调研，形成对查处违法建设具有建设性指导作用的调研成果《通州区乡村规划区内违法建设情况的调查与思考》。针对矛盾纠纷中具有普遍性问题的农村土地租赁协议，进行专题调研，提出规范措施。二、规范性文件质量明显提高，机关公信力进一步增强。一是规范性文件审核促进依法决策机制的进一步健全。2009年，审核区政府规范性文件80件、协议3件，为区政府依法决策提供可靠的法律保障。二是规范性文件备案工作成效显著。年内，区政府印发的规范性文件，均按照市政府的要求及时进行报备，无一件被纠正或撤销；区法制办对8个单位报送的17件规范性文件予以备案登记，做到有件必审、有错必纠。三是文件清理扎实有效。年内，规范性文件清理按照市政府法制办统一部署，再次对区政府、区政府办名义印发的规范性文件进行清理，予以保留98件，予以废止、宣布失效19件，并按要求报市政府法制办备案。三、行政执法监督进一步强化，行政执法行为更加规范。一是行政处罚案卷评查工作走在全市前列。2009年，通州区在北京市行政处罚案卷评查总成绩中继续处于全市领先地位，再次蝉联全市第一名。二是重点执法行为的合法性审查。对114件违法建设强拆案件进行全面的合法性审查，高效配合区内重点拆违工作。各行政执法单位高度重视重大行政处罚备案工作，对备案审查中发现的问题和瑕疵进行认真整改，有效推进行政处罚行为的合法规范。报备的198件重大处罚案件，经审查未发现重大违法或不当问题。三是执法人员资格管理更加规范。为进一步规范通州区行政执法人员的管理，区法制办对区属16个单位478名行政处罚人员进行审查，并为其出具《关于确认取得行政执法证件的函》。全区11个乡镇76名规划执法人员的资格考试、证件发放工作，按照《北京市行政处罚资格管理规定》的有关要求，区法制办组织培训与考核，统一发放由区政府监制的“通州区乡镇政府执法证”。四、夯实政府法制基础工作，机构建设和队伍建设进一步加强，法制机构作用进一步发挥。全区行政机关中单独设置法制科室的21家，挂牌设置的48家，乡镇政府1至2名专兼职法制工作人员全部到位。法制机构和法制人员基本能够为本部门重要决策、重大措施提出合法性意见，为本部门做好法律服务，在推进依法行政中发挥重要的作用。

（赵凤英）

【召开通州区政府法制工作大会】 3月5日，通州区召开政府法制工作会议。区委常委、政法委书记李玉君，区委常委、常务副区长张永明，区人大副主任仇春利，区政协副主席李淑华等领导出席大会。来自区属各委办局、公司、中心、园区管委会以及乡镇、街道办事处等单位主管领导、法制科长和部分执法人员210人参加大会。会上，区委常委、政法委书记李玉君主持会议，区委常委、常务副区长张永明作重要讲话。

（赵凤英）

【依法行政培训】 年内，区法制办组织1期全区依法行政专题培训，5次典型行政诉讼案件旁听，联合区委组织部、区委党校在处级干部和中青干部培训班中普遍增设依法行政培训内容。全区各行政机关组织相关法律、法规讲座及专业培训等，全年受训人员达9000余人次。多层次多元化的法制培训机制基本形成，全区法制工作人员队伍素质普遍提高。

（赵凤英）

【依法行政宣传】 年内，全区各行政机关通过“六进”形式大力宣扬本部门适用的法律、法规，政府法制宣传取得明显成效。结合国务院《全面推进依法行政实施纲要》颁布五周年和《中华人民共和国行政复议法》实施十周年，组织系列活动，取得明显成效。一是在通州电视台举办的《行政复议法专题访谈》节目进一步扩大公民、法人和其他社会组织对行政复议法和行政复议法实施条例的知晓度；二是举办大型《中华人民共和国行政复议法》宣传活动，最大限度地让全区广大人民群众知晓并学会通过行政复议，理性合法地表达利益诉求，维护自己的合法权益；三是依法行政知识竞赛进一步深化领导干部促进依法治区、推进依法行政的意识，促进行政复议等法律知识的宣传与学习。

（赵凤英）

【依法行政知识竞赛】 11月17日，通州区依法行政暨纪念《行政复议法》实施十周年知识竞赛在潞城镇政府举行决赛。全区部分行政机关、乡镇政府、区直属机构、事业单位共43个单位129名同志报名并参加本次竞赛。决赛中，通州工商分局获一等奖；区国土分局、区司法局获二等奖；区统计局、西集镇、漷县镇获三等奖。通州工商分局张卫东等12名选手分获个人优秀奖。区建委、区财政局、区国资委、区审计局、区水务局、区林业局、区城管大队、区公安分局、区规划分局、区档案局、区药监局、潞城镇、梨园镇等13家单位获优秀组织奖。

（赵凤英）

【行政复议工作】 年内，区政府受理行政复议案件16件，审结14件。其中不予受理1件，维持6件，驳回5件，终止2件。建立健全行政复议工作规范25项，进一步畅通行政复议渠道，提高复议质量，加强和行政机关、司法机关、信访机关的沟通和衔接，有效开展调解和解释工作，营造依法解决行政争议的良好社会氛围。

（赵凤英）

【行政诉讼工作】 年内，区法院受理行政诉讼案件121件，原告主动撤诉30件，驳回原告起诉56件，判决维持20件，判决撤销5件，判决赔偿1件，确认违法9件。涉及出庭应诉的行政机关按照法定程序，积极参与出庭应诉工作，依法行使诉讼权利，自觉履行诉讼义务。

（赵凤英）

人事管理

【概　况】 9月，根据区机构改革方案，设立北京市通州区人力资源和社会保障局（简称人力社保局），原北京市通州区劳动和社会保障局、通州区人事局职责一并划入。2009年，区人力社保局、区编办以邓小平理论和“三个代表”重要思想为指导，全面贯彻落实科学发展观，解放思想，锐意进取，大力实施通州人才战略，进一步加强公务员队伍的管理，统筹配置人才资源，稳妥推进事业单位人事制度改革，切实加强专业技术人才队伍建设，圆满完成工资管理各项工作，继续加大机构编制改革和管理工作力度，不断加强机关自身建设，为通州区“两新”建设做出新的贡献。

（李晓峰）

【通州区人力资源和社会保障局成立】 9月，根据中共北京市委、北京市人民政府批准的《北京市通州区人民政府机构改革方案》（京办字〔2009〕30号）和《北京市通州区人民政府关于机构设置的通知》（通政发〔2009〕29号），设立北京市通州区人力资源和社会保障局，原北京市通州区劳动和社会保障局、通州区人事局职责一并划入。认真落实机构改革工作，9月14日，召开机构改革动员会。9月21日，举行区人力资源和社会保障局揭牌仪式。11月，按照《北京市通州区人民政府办公室关于印发北京市通州区人力资源和社会保障局主要职责内设机构和人员编制规定的通知》（通政办发〔2009〕54号）要求，完成职责调整、职责确定、内设机构、人员编制等改革任务。

（李晓峰）

【完成2008年度考核奖励工作】 制定2008年度公务员督查考核奖金发放方案，从严把握，强化管理，突出向基层倾斜的原则，各乡镇、街道办事处、城管监察大队所属各分队在其他部门优秀嘉奖比例的基础上提高3%。一次性增加部分及时奖励指标，主要用于奖励各单位在奥运筹办和抗震救灾工作中表现突出人员，切实发挥考核对公务员的督促、激励作用。

（李晓峰）

【完成公务员招考工作】 坚持“逢进必考”，严格按照笔试、面试、体检、考察、公示等程序，先后完成面向社会公开招考公务员工作、2009年应届毕业生考试录用公务员工作、2006年到村任职高校毕业生考试录用公务员工作。在面试过程中，邀请市人力社保局考官参加面试考官组，区监察局工作人员进行全过程监督，保证考试的公正性。招考工作结束后，通过回访、跟踪访等形式对考生进行服务满意度调查，考生均认为考试程序严谨，过程公开透明，对招考工作非常满意。

（李晓峰）

【扎实做好考务工作】 年内，组织职称外语考试、中级会计考试、北京市2009年面向社会公开招考公务员考试、2010年国家公务员考试等4次大型考试，参加考生人数超过1.6万人，经过周密部署、精心组织，圆满完成各项考务工作。

（李晓峰）

【加强公务员能力建设】 按照《中华人民共和国公务员法》的要求和上级部署，年内组织公务员任职培训一期，举办公务员反腐倡廉教育、科级公务员学习实践科学发展观专题报告会、领导干部和公务员科学大讲堂、科学素质竞赛等活动，切实加强公务员能力建设。

（李晓峰）

【开展就业服务月活动】 按照全市统一安排，2月16日至3月20日，举办通州区促进高校毕业生就业服务月活动，内容包括举办现场招聘会、举办网络招聘会、帮扶困难就业群体和困难就业家庭等。活动期间，北京东部人才网注册企业会员113家，发布职位209个，注册个人会员512个，浏览量达19500人次。人才中心电子大屏幕为116家单位提供免费播放招聘信息的服务，公布招聘岗位数量达到1740人。安排5期现场招聘会，共组织152家企业，提供1971个就业岗位供高校毕业生现场双向选择，参会人员总数4831人，达成就业意向1665人。

（李晓峰）

【发放奥运执法一线人员奖金】 按照市里要求，严格执行工作方式为直接参与奥运、工作性质为执法、工作岗位在一线、工作时间至少在60天以上四项条件。区公安分局、区法院、区检察院、区林业局森林公安处、区卫生监督所、区司法局共有1550人符合发放条件。

(李晓峰)

【稳妥推进事业单位岗位设置】 3月底前，完成6个系统11家单位的岗位设置试点工作。6月10日，召开全区事业单位岗位设置工作动员部署大会，出台《通州区事业单位岗位设置管理实施意见》、《通州区事业单位岗位设置工作中有关问题的处理意见》、《关于事业单位岗位设置有关工作事项的说明》等文件。大会召开以后，连续组织9次培训会，确保各单位岗位设置工作按期完成。年内，全区68个系统中有63个系统完成岗位设置工作任务并取得批复。

(李晓峰)

【组织优秀人才疗养】 4月27日至30日，首次组织全区卫生和教育系统的20名优秀专业技术人才到北京干部疗养中心进行疗养，参加此次疗养的专业技术人才均是近三年来获得区级以上各种荣誉称号或具有高级专业技术职称的人才。

(李晓峰)

【完成2008年度职称备案工作】 4月中旬，完成2008年度658名专业技术人员的职称备案，其中高级59人、中级364人、初级235人，并及时为他们办理新职称证书，相继兑现职务工资。

(李晓峰)

【加强人事争议仲裁人员培训】 4月27日至30日，举办通州区人事争议仲裁员培训班，采取课堂讲授、案例分析、观看录像、情景模拟、辩论演讲、拓展训练、参观考察等多种培训方式，精选近年来典型的人事争议案例供大家讨论。

(李晓峰)

【继续选聘大学生“村官”】 5月中旬，按照公开、公平、公正、择优的原则，开始进行资格审查、笔试、面试、心理测试、体检等各阶段工作。8月10日至12日，组织163名2009年新选聘大学生“村官”进行岗前培训。

(李晓峰)

【实施义务教育学校绩效工资】 实施义务教育学校绩效工资工作，涉及全区70多所学校、8000余名教职工和退休人员。自年初开始，分别对全区义务教育学校的基本情况和本区公务员收入情况进行摸底、汇总。在对相关数据对比、测算的基础上，根据通州区的实际情况，制定实施方案。方案获批后，经区领导小组会和区长专题会讨论通过，上报市人力社保局。积极与教委沟通、协调，制定详细的、符合通州实际的落实计划，密切关注学校和教职工以及非义务教育学校教职工、退休人员的思想动态和反映，确保平稳实施。年底前，在全市率先完成工资兑现工作。

(李晓峰)

【做好军转干部安置】 年内，对军转干部进行考试、量化打分和岗前培训，完成军转安置任务，接收军转干部42人。其中团职15人，全部被安排到公务员岗位。营、连、排及专业技术干部27人，其中有12人安置在行政机关，15人安置在全额拨款事业单位。同时，严格按照《军队转业干部安置暂行办法》规定，组织做好自主择业转业干部退役金审核发放、就业指导、医疗保险和日常管理等工作。

(李晓峰)

【高层次人才引进工作】 陆续为区教育、卫生、高新技术企业、纳税大户等引进17名具有高级职称的优秀人才。其中高级老师8名、主任医师4名、高级工程师5名。办理干部夫妻两地分居7名，解决部分干部的家庭困难，保护和调动了干部的工作积极性。同时，认真做好“绿卡”的审核和发放工作，年内办理“北京市工作居住证”100余本。

(李晓峰)

【做好应届毕业生就业工作】 制订《通州区

2009年高校毕业生就业工作实施意见》，在东部人才网上开通“高校毕业生服务”专栏，建立高校毕业生求职数据库、企业招聘毕业生专项数据库。联合区教委摸清2009年通州区生源高校毕业生人数。年内，全区高校毕业生就业4800余人，就业率达到98%。

（李晓峰）

【实施专业技术人才继续教育】 全区有13048人参加继续教育学习，占总人数的99.4%，年内学习时间累计达72学时的人数为12358人，占参加学习人数的94.7%。

（李晓峰）

【推进行政管理体制改革工作】 年内，召开区政府机构改革动员大会，对14个部门进行调整优化，进一步理顺全区的行政管理体制。完成区社会建设管理体制改革工作，成立区委社会工委和区社会办。完成区住房保障体制改革，成立通州区住房保障服务中心。在各街道办事处（乡镇政府）内设的劳动和社会保障科（民政与劳动和社会保障科）加挂住房保障科牌子，推动全区住房保障工作顺利开展。整合金三角园区管委会、小城镇管委会的机构和职能，组建漷县园区管理委员会，为加快漷县园区建设和管理提供体制机制保障。

（李晓峰）

【加强机构编制管理】 继续全面冻结各乡镇行政、事业机构和人员编制，为推进乡镇机构改革打下良好基础。同时，积极开展议事协调机构和临时机构的规范和清理工作。

（李晓峰）

【事业单位登记和法人年检工作】 年内，为367家单位办理2008年度事业单位年检，年检合格率达到100%。为7家事业单位办理登记手续，为36家事业单位办理变更手续。

（李晓峰）

劳　动

【概　况】 2009年，劳动工作取得新进展，整体工作全面推进。紧紧围绕“保增长、保民生、保稳定”目标，积极应对金融危机影响，认真落实市、区各项促进就业政策措施，全区人力资源市场建设日臻完善，就业困难群体长效帮扶机制不断深化，培训促进就业作用进一步彰显，就业服务能力和服务水平得到提升。继续推进《中华人民共和国劳动合同法》、《中华人民共和国劳动合同法实施条例》等法律法规的宣传贯彻落实工作，加大劳动关系检查和调处力度，认真落实“无工资拖欠”牵头责任，完善联合办公、联合执法、联合处置突发事件的工作机制，健全劳动关系动态监控制度，监督指导企业依法调整劳动关系，保持劳动关系的和谐稳定。加强人力资源和社会保障干部队伍建设，深入开展学习实践科学发展观活动，出色完成市、区下达的各项工作任务，为全区经济发展和社会稳定做出贡献。

（臧　炜）

【就业情况稳定趋好】 年内，全区新增就业2万人，完成任务指标的103%；累计城镇登记失业人员17101人，实现就业12023人，完成任务指标的107%，城镇登记就业率达到70.31%；期末实有失业人员3801人，城镇登记失业率为1.92%，低于控制指标1.58个百分点，同比下降0.33个百分点。年内，全区实现农村劳动力转移就业达到9173人，完成任务指标的115%。

（臧　炜）

【城镇困难人员就业进展顺利】 年内，全区累计城镇就业困难人员9202人，5681人实现就业，完成全年任务的121%，就业困难人员就业率达到61.74%。

（臧　炜）

【社区就业岗位开发安置工作】 全年开发社区就业岗位8994个，安置失业人员4932人，分别完成任务指标的180%和123%。

（臧　炜）

【落实各项就业政策】 全年为352家次单位的2201人次申请岗位补贴和社会保险补

贴1048.1万元；为73家用人单位733人申请农村劳动力岗位补贴110万元；为4102名新增自谋职业、灵活就业人员申请补贴1077.9万元；社区公益性就业组织累计安置353人，申请市、区两级专项经费635万元；为104人减免各类税款、工本费16.4万元。为20家企业申请稳定就业岗位补贴和社会保险补贴1690.3万元，为4家企业申请培训补贴23.2万元，涉及轮岗、待岗职工2574人，累计拨付507.2万元。

（臧　炜）

【创业促就业工作成绩突出】 全年为5家小企业和7家个体户发放贷款213万元，征集创业项目50个，实现创业166人，带动1206人实现就业，分别完成全年任务的104%、111%和127%。

（臧　炜）

【职业技能培训效果明显】 全年失业人员培训总数2240人，已培人员1845人，在培395人。其中非等级培训1714人，等级培训131人，培训合格率达95%以上，就业率达70%以上，完成全年任务的102.3%。全年累计开展创业培训442人，其中农村劳动力294人、城镇失业人员148人，培训合格率达100%。全年对25个工种的5115人次开展职业技能鉴定，其中初级工2144人、中级工2765人、高级工206人。4748人取得职业资格证书，鉴定合格率为92.8%。

（臧　炜）

【加强退休审核工作管理】 全年核准办理退休手续3173人，同比减少13.5%。其中正常退休1444人，同比减少0.5%；特殊工种提前退休1570人，同比减少16%；因病提前退休47人，同比减少67%。

（臧　炜）

【工伤认定同比增长19%】 全年接待工伤来访5320人次，同比增长27%。工伤认定1948件，同比增长19%。

（臧　炜）

【劳动能力鉴定人次不断增加】 全年受理劳动鉴定462人，同比增长14%。其中工伤鉴定累计433人次，病退鉴定23人次，配置辅助器具6人次。

（臧　炜）

【推进劳动合同制度】 年内，全区执行期中的集体合同407户，覆盖职工36518人；新增集体合同88户，覆盖职工7494人，同比增长11%。

（臧　炜）

【加大执法监察工作力度】 全年接待劳动者来信、来访咨询1640件。其中立案381件、结案380件、受理案件结案率99%。对379家用人单位实施检查，涉及农民工20077人，查处建筑企业拖欠农民工工资的违法案件69件，处理突发案件12起，同比下降2倍，为1309名劳动者追补工资499.73万元。

（臧　炜）

【劳动争议案件大幅增长】 完善劳动争议预防、预测和预警工作机制，接待人民群众来信、来访和申请劳动争议仲裁事项4319件。依法立案受理劳动争议案件4080件，同比增长62%，其中集体争议案件233起，同比增长49%。

（臧　炜）

【妥善处理群众来信来访】 年内，办理来信71封，日常来访3869件次，其中集体访25批次，396人次。年内，落实决策督查11件次，承办人大代表建议4件，政协委员提案9件，做到事事有结果、件件有交待。

（臧　炜）

社会保障

【概　况】 2009年，围绕保障民生和改善民生，以落实“一升一降，一统一分，一抓一放”六项措施为重点，不断扩大社会保险的覆盖范围，进一步提升社会保险的保障功能和保障水平。年内，全区各项社会保险制度覆盖到城镇职工（含农民工）、机关事业单位从业人员、灵活就业人员、城镇无业居民、城乡老年居民、学生儿童和农村劳动力等人群，参保人数达到近58万人，占全区户籍人口总数的89%。基本实现社会保险城乡全覆盖。

（臧　炜）

【社会保险征缴范围不断扩大】 年内，全区基本养老、基本医疗、失业、工伤、生育五项社会保险参保规模进一步扩大，参保单位达到6022家，参保人员达到25.5万人，同比分别增长24%和7%。全年累计收缴五险基金达到11.3亿元，同比增长13%，完成市局指标的119%。其中基本养老保险累计收入6.9亿元、失业保险累计收入0.4亿元、工伤保险累计收入0.3亿元、生育保险累计收入0.2亿元、医疗保险累计收入3.5亿元。

（臧　炜）

【城乡居民养老保险启动实施】 按照《北京市城乡居民养老保险办法》和《北京市城乡居民养老保险办法实施细则》规定，全面启动实施城乡居民养老保险制度。年内，全区累计参保19.5万人，覆盖率达到93%以上，超额完成全年指标任务。累计收缴城乡居民养老保险基金1.81亿元，有1.6万人享受城乡居民养老保险待遇。

（臧　炜）

【推进社会化管理服务工作】 年内，加强社会化管理服务体系建设，强化对基层社保所退休档案接转、医药费社会化报销等业务指导。全区企业退休人员达到4.5万名，为94%以上的企业退休人员提供社区服务；有3.8万名企业退休人员选择在社保所报销门、急诊大额医疗费，年内各社保所共为3.1万人次的退休人员报销医药费3832.3万元。

（臧　炜）

【养老保险待遇水平逐年提高】 年初，为全区4.2万名离退休人员调整基本养老金，调整后人均月领取养老金提高194元，达到1697元，同比增长13%。

（臧　炜）

【落实老年保障制度】 年内，将1.4万名56岁至59岁无养老保障的城乡女性居民全部纳入老年保障制度，全年为7.3万名（其中城镇0.8万人，农村6.5万人）老年居民发放福利养老金1.8亿元。

（臧　炜）

【大病医疗保险稳步推进】 年内，将2671名享受财政补贴的低保、困补、重残等人员纳入保障范围。全年“一老一小”大病医疗保险和城镇无业居民大病医疗保险有8.1万人参保续保。累计收缴基金2118.4万元，累计支出待遇1295.2万元。

（臧　炜）

【农民工参保人数增长】 年内，全区工伤保险参保缴费的农民工达到8.1万人，医疗保险参保缴费的农民工达到8.2万人，参加两险的农民工人数同比分别增加6732人和7478人，增长为9.1%和10.1%。

（臧　炜）

【开展社保清欠工作】 年内，全区基本养老、基本医疗、失业、工伤、生育五项社会保险累计还欠总收入为2996.35万元，同比增加871.62万元，增长41.0%。其中清理历年欠费591.61万元，清欠率为63.3%。累计收回当年欠费2404.74万元，清欠率达70.6%。

（臧　炜）

【加强待遇资格审核工作】 加强老年保障待遇领取资格认证工作，全年查出冒领老年保障待遇662人，涉及多支金额30余万元，追回多支待遇1.74万元。年内，退回生育保险不合格申报材料30余份，涉及生育津贴30多万元。

（臧　炜）

【解决历史遗留问题】 年内，解决1993年10月以前未进行安置的建设征地农转工人员的安置补偿和社会保险问题。集中为2个镇12村的493人补缴社会保险，为543人解决自谋职业安置补助费用问题，全区投入资金4478万元，有4218万元用于安置补助费和补缴社会保险。解决六环路建设征地非劳动力参加社会保险问题，为4个镇5个村的1095人解决社会保险及自谋职业安置补助费问题，投入资金5.02亿元，有1.5亿元用于安置补助费和补缴社会保险。

（臧　炜）

信访工作

【概　况】　2009年，全区信访排查调处工作圆满地完成新中国成立60年大庆全区信访排查调处工作任务，实现市委市政府提出的特殊时期"双零"指标和全年实现"五无"目标，同时围绕全区"两拆"，超前排查、提早介入、制定预案、狠抓落实，维护了群众利益，为新中国成立60年大庆和全区稳定作出积极贡献。年内，区信访办受理群众来信来访872件，同比减少434件，下降33.2%。其中受理群众来信364件，同比减少265件，下降42.1%；接待群众来访508批/4727人次，同比减少169批/1127人次。接待集体访183批/4124人次，同比减少42批/817人次，分别下降18.7%、16.5%。到市以上集体访20批/429人次，同比（23批/291人次）批次减少3批，下降13%，人次增加138人，上升47.4%。市转信723件，同比（1630件）减少907件，下降55.6%，其中联名信28件/3387人次，同比（71件/7443人次）减少43件/4056人次，分别下降60.6%、54.5%。2009年，本区信访形势平稳可控，全区信访战线圆满完成各项任务。2009年，通州区继续被评为北京市信访排查调处工作目标管理考核优秀单位。

（王　丹）

【召开信访排查调处工作会议】　4月1日，在陆航学院大礼堂召开通州区信访排查调处工作会议。区委、区政府主要领导，区信访排查调处工作领导小组成员，区属各单位主管领导，各街道办事处主管信访工作领导、专兼职信访干部，各乡镇主管领导、信访委员、信访办主任等750余人参加会议。会上对2008年度信访工作46个优秀单位、66名先进个人进行了表彰，对2009年全区信访工作进行部署。区委常委、政法委书记李玉君作了重要讲话，会议由区委副书记、区长邓乃平主持。

（王　丹）

【扎实开展国庆安保工作】　根据区委的统一部署区信访办扎实开展"国庆安保"行动。严格落实责任制，在信访办内部层层签订责任书。制定《通州区信访矛盾化解年工作意见》、《通州区国庆期间非正常访处置预案》等应急措施。积极参加国庆社会打防控，启动非常规机制24小时开门接待群众上访，实现了将矛盾化解在通州的既定目标。区建委、区信访办被评为北京市国庆期间信访排查先进单位，曹庆明、辛欣等同志被评为北京市国庆期间信访工作先进个人。区信访办接访科被评为北京国庆安保工作先进单位，李雪梅被评为北京市国庆安保先进个人。永乐店镇等61个单位被评为通州区国庆安保信访工作先进单位，高大海、李源桦、王丹等75人被评为通州区国庆安保信访工作先进个人。

（王　丹）

【区委区政府专题会议】　2009年，区委先后召开了3次区委常委会研究2009年信访形势、党政领导干部大接访等重大信访工作。区政府3次召开区长办公会研究信访工作。2次召开全区领导干部大会部署2009年信访工作和党政领导干部大接访活动。区委领导王云峰、岳鹏、李玉君、张勇等多次召开专题协调会，有效地解决了一批重大重复上访问题。

（王　丹）

【组织"北京市信访综合办公系统"培训班】　7月8日，市区两级基层信访工作人员进行信访系统的培训。各乡镇、街道办事处和20个委办局共计47名信息员参加综合办公系统培训，8月1日，全区按时开通信访综合办公系统第二阶段任务。

（王　丹）

【组织《北京市信访条例》三级培训班】 年内，区信访办组织乡镇、办事处和委办局、企事业单位主管领导干部和信访办主任培训班，进行了三天集中培训；各基层单位普遍组织基层信访骨干培训班。全区共组织三级培训班36次，培训总人数1700多人次。

（王 丹）

【做好复查复核工作】 2009年，区复查复核办公室受区政府复查复核委员会委托，坚持以人为本工作理念，共接待信访人37批／108人次，其中受理9批／41人次，办结9批／41人次，办结率达100%。

（王 丹）

【组织基层信访办主任培训班】 11月，根据区编办关于加强基层信访机构建设的通知，全区11个乡镇、4个街道办事处明确了信访办主任。信访办利用7天时间，在永乐店镇尖村对全区基层信访办主任进行了信访业务和中心工作职责、工作程序等方面的培训。区委常委、政法委书记李玉君，区委常委、纪委书记尹双曼，区委常委、公安分局局长尹燕京出席会议。

（王 丹）

【区级领导信访接待日】 年内，区级领导参加领导接待日和约访，共接待来访群众131批／927人次，一些疑难问题得到有效解决。

（王 丹）

【领导批阅群众来信来访】 年内，全区处级以上领导干部阅批信访件599件，召开各类协调会128次，阅批专报信访信息387条，加大了领导亲自协调和组织化解矛盾的力度。

（王 丹）

【定期排查】 开展定期排查，继续坚持每周五例会制度，召开区信访排查例会22次，出会议纪要22期。组织2次全区性矛盾纠纷大排查，共排查出各类矛盾纠纷125件，成功化解118件，化解率为95%。

（王 丹）

对外事务

【概 况】 2009年，通州区外事工作围绕全区中心工作，把握“为中央外交全局服务，为首都经济和社会协调发展服务，为日益增长的国际交往服务”的主题，坚持改革创新、科学管理的工作思路和埋头苦干的工作作风，规范强化外事管理，扩大深化对外交往，扎实推进“市民讲外语”活动，积极改善涉外环境，认真做好甲型H1N1流感防控工作，外事工作取得新成果。

（张 冉）

【因公出国（境）工作】 年内，印发《关于严禁公款出国（境）旅游的通知》；转发市纪委、市委组织部、市委外事工作领导小组办公室、市监察局、市财政局、市审计局、市政府外办、市政府港澳办、市外专局《关于严禁持用因私证件出国（境）执行公务的通知》的通知，推动因公出国（境）管理工作的科学化、规范化、法制化。落实《北京市贯彻〈关于坚决制止公款出国（境）旅游的通知〉的实施意见》，开展制止党政干部公款出国（境）旅游专项治理工作。按照中央相关文件要求，重新梳理2009年因公出访计划，合并一批出访内容重复的团组，压缩一批无实质性出访内容的团组，全年因公出访团组55批次、73人次。

（张 冉）

【甲型H1N1流感防控工作】 印发《关于加强外籍人员来通管理与服务工作的通知》，与区旅游局、区卫生局、区公安分局联合召开防控甲型H1N1流感紧急会，对因公出国（境）人员进行统计排查，建立外籍人员到通州日报制度，做好外语角等涉外活动的流感防控工作，实现到通州外籍人员登记率100%、准确率100%的目标，确保通州区涉外秩序稳定。

（张 冉）

【对外交往】 巩固并进一步发展国际友好城

市关系。3月，在通州奥体公园建成“樱花友谊园”，庆祝通州区与伊那市正式缔结友好城市关系15周年，邀请伊那市长小板樫男率团参加揭幕庆典活动，推动双方关系迈向新的起点。4月，与韩国首尔市九老区互致贺信，共同庆祝缔结友好城市关系7周年。继续发展与其他友好往来城市的联系。6月，与美国马里兰州安妮皇后郡互致贺信，庆祝建立友好往来3周年。

(张　冉)

【外事礼宾】 强化服务意识，细致周到地完成礼宾交流工作。积极协助中央、北京市做好礼宾工作，树立通州良好国际形象。圆满完成俄罗斯副总理亚历山大·茹科夫到潞河中学参观等重大礼宾任务，充分展示通州区教育、文化等发展情况。做好四川省成都市新都区政府与本区的外事对口交流工作，积极支援灾区外事工作。

(张　冉)

【邀请外商来华】 2009年，为全区182名外商申办外商来华邀请函，涉及伊朗、美国、英国、尼日利亚、巴基斯坦、韩国、澳大利亚、德国、印度、意大利、阿根廷、俄罗斯、法国、西班牙、荷兰、马来西亚、南非、日本、乌克兰、罗马尼亚、土耳其、加纳、肯尼亚、巴拿马、越南、巴西、埃及、黎巴嫩、土库曼斯坦、菲律宾、印尼、伊拉克、瑞士、阿联酋、新西兰等国家。

(张　冉)

【市民讲外语活动】 加大外语角活动工作力度。7月31日至8月31日启动新一轮外语爱好者调查工作，规划外语角的长远发展。积极做好与西门麦当劳餐厅及各承办单位的沟通工作，加强与驻通外教的联系。完善值班员制度，加强值班员培训，提高工作水平。加强外语义工服务队建设，获得“北京市社区志愿服务杰出贡献奖”。深入开展公共场所英语标识专项整治工作，按照《2009年北京市规范公共场所英语标识工作方案》的统一部署，对区内环卫设施、区属道路、旅游景区、体育场所和医疗卫生场所进行英语标识的检查验收。清查公共场所卫生设施、设备标识896处，新增英语标识64处，整改更换不符合要求的标识20块；清查道路交通英语标识157块；检查体育健身场所26家，督促更换标识牌50块。

(张　冉)

【阅兵服务保障工作】 在国庆60周年阅兵活动中，通州区承担“一个阅兵村”、“两个空中指挥所”和“一个陆航部队驻地”的服务保障任务。以最高的工作标准、最佳的精神状态、最严格的保密措施，圆满完成各项协调任务。召开协调会议25次，编写会议记录、会议纪要20期、阅兵简报7期，协调解决安保、消防、防汛、安全隐患排查、甲流防控、环境整治等方面的207个具体问题，向市阅兵服务保障指挥部报送信息38条，采用30余条。开展境外记者敏感性采访处置演练，做好境外记者采访服务与管理工作，全年无一例境外记者敏感性采访事件。多次承担中央、北京市、卫戍区领导到通州视察和慰问的接待协调工作。同时，加强与部队的联系沟通，建立联络机制、责任负责机制和督查督办机制，确保军队与地方各职能部门通报情况、研究问题、细化方案，形成工作合力。服务保障工作得到各级领导和受阅部队的高度评价，通州区获得首都阅兵联合指挥部颁发的“新中国成立60周年首都国庆阅兵”牌匾，被市委、市政府授予“最佳阅兵服务保障先进单位”称号。

(张　冉)

投资促进工作

【概　况】 2009年，区投资促进工作坚持“品牌发展、高端发展、集聚发展、创新发展”，积极应对国际金融危机带来的不利影响，采取有效措施，圆满完成各项工作任务，在宣传推介、招商引资、政策研究等方面都取得可喜的成绩，为现代化国际新城建设打下坚实的基础。在项目引进工作中，全年引进千万元以上实体投资项目210个，投资总额520亿元，投资额同比增长121%。其中亿元以上项目43个，投资总额475亿元；亿元以下项目167个，投资总额45亿元；外资项目15个，投资总额12亿元；盘活闲置资产120处，总价值12亿元。北京汽车动力总成项目、北京京开投资开发股份有限公司、深圳华强电子商务项目、中国动向（集团）有限公司、交通银行、利星行奔驰（北京）产品支持中心等知名企业的落户，为促进产业集群发展，优化产业机构，转变经济增长方式打下良好的基础。在宣传推介工作中，组织“世界设计师走进通州活动”、“通州投资促进战略伙伴签约仪式”等活动，并组团参加京港洽谈会、文博会、科博会等一系列具有一定影响力的大型展会，宣传通州良好的投资环境，进一步提升通州区在国际上的影响力和知名度。在政策研究工作中，积极配合相关部门研究出台《通州区促进产业发展暂行办法》等一系列促进产业发展的制度，促进了重点产业项目的落户，使通州区产业经济实现平稳、较快发展。

（郑晓芳）

【多举措保增长促发展】 2月，为积极应对国际金融危机，实现保增长、促发展的目标，投资促进局积极采取多项措施。一是确定200家重点企业深入走访，促进在谈项目早签约，推动现有企业实现新的经济增长；二是抓紧研究制定促进产业发展暂行办法实施细则，进一步明确适用范围、认定方式，增强可操作性；三是深入开展招商引资工作，通过专业招商、定向招商、以商招商等方式，着力引进总部型、生产性服务业等项目。

（郑晓芳）

【开展入区企业经营状况调查活动】 3月3日，为进一步了解企业的经营状况，及时反映企业的意见和要求，通州区对制造、建筑、包装印刷、服务等10多个行业的200余家入区企业下发调查问卷，并启动走访重点企业工作。活动旨在了解企业在生产经营、劳动用工等方面遇到的困难，积极协调相关部门加快企业发展。

（郑晓芳）

【出台促进产业发展办法和措施】 4月1日，为积极应对金融危机，加快产业发展，通州区出台《通州区促进产业发展暂行办法》、《促进产业发展联席会议制度》、《区级领导联系重点产业项目（企业）制度》等一系列政策和措施。这些政策的出台将极大地推进产业项目进展，促进纳税大户和重点企业平稳较快发展。

（郑晓芳）

【举办投资促进系统从业人员税务知识培训】 4月17日，区投资促进局与区国税局共同举办投资促进系统从业人员税务知识培训。区国税局主要业务部门就所得税征管范围划分政策、新企业所得税法概述、增值税转型相关政策解读等内容进行详细的讲解，并就如何更好地运用政策吸引项目落户与参会人员进行现场交流。各乡镇主管副镇长、园区主要负责人、招商办主任及从事具体工作的业务人员百余人参加培训。

（郑晓芳）

【ITO靶材研发总部基地项目落户经济开发区东区】 4月30日，ITO靶材研发总部基地项目与经济开发区东区签约。该项目总投资2.3亿元，占地72亩，主要从事氧化铟锡（ITO）靶材的研发、生产。

（郑晓芳）

【中国科学院院士考察通州区文化产业】 5月10日，中国科学院院士、中国嫦娥工程总设计师孙家栋、中国嫦娥工程首席科学家欧阳自远等科学家及遥远文化产业创研室十几名专家学者和投资顾问考察了通州区文化创意产业集聚区，并与区领导就文化创意产业举行了座谈。孙家栋、欧阳自远院士及专家对本区文化产业现状寄予了厚望，并为将来的规划发展提出了中肯的意见和建议。区长邓乃平、政协主席王玉辉等区领导参加座谈与考察。

（郑晓芳）

【组团参加第十二届科博会】 5月19日，投资促进局组织投资促进系统部分单位参加第十二届科博会。会上，通州区工作人员积极与参会企业代表交流沟通，宣传通州区投资环境和产业发展定位。参会企业代表对通州的投资环境和发展前景产生浓厚的兴趣，部分代表希望与通州开展经贸合作。

（郑晓芳）

【珠江钢琴落户经济开发区东区】 7月13日，珠江钢琴与经济开发区东区签订入驻协议。该项目投资1.5亿元，占地22亩，主要从事钢琴的生产。

（郑晓芳）

【北京美登高食品有限公司落户漷县镇】 7月16日，美登高食品公司与漷县镇签约。项目拟投资1亿元，占地20亩，建筑面积1.33万平方米。

（郑晓芳）

【组团参加“2009投资北京论坛”】 8月18日，通州区组团参加在北京国际饭店召开的“2009投资北京论坛”。此次论坛由北京市发展和改革委员会、北京市商务委员会、北京市经济和信息化委员会等部门主办。通州区组团参加此次论坛，并设立专门咨询台，接待140余家前来咨询企业，其中有投资意向的企业12家。

（郑晓芳）

【举行2009年世界设计大会暨首届北京国际设计周“世界设计师走进通州活动”】 10月23日，2009年世界设计大会暨首届北京国际设计周——“世界设计师走进通州活动”在月亮河酒店举行。该活动是通州区引进知名品牌活动的重要实践，在全区宣传推介工作中具有里程碑意义。此次活动由市政府、文化部、教育部主办。前耐克公司技术实验室创意总监、韩国设计协会联盟主席朴荣顺等20余名国际顶尖级设计大师和创意产业专家参加活动。设计大师参观考察了李宁公司、韩美林艺术馆，并乘船游览万亩滨河森林公园。设计师表示将在文化创意产业集聚区、运河核心功能区、台湖绿色生态特色小镇等区域与通州区开展交流合作。

（郑晓芳）

【组团参加第十三届京港洽谈会】 10月30日，区投资促进局、马驹桥镇、金桥科技产业基地、经济开发区西区等单位组团参加第十三届北京·香港经济合作研讨洽谈会。会上，通州区人员与参会嘉宾进行广泛交流，宣传通州区投资环境和优惠政策，并发放宣传资料200余份，与40余家国内外投资促进机构、企业建立联系。

（郑晓芳）

【参加“首届中日企业家高峰论坛”】 11月23日，区投资促进局参加在人民大会堂举行的首届“中日青年经济领袖对话暨中日企业家高峰论坛”开幕仪式。会上，区投资促进局发放宣传资料100余份，与日本三一重工、丰田汽车、日本大和集团、中城建控股集团、四川长虹电子集团公司等企业建立了联系，向他们宣传通州的投资环境，并邀请对方适时到通州考察。

（郑晓芳）

【开展投资发展环境调研工作】 12月上旬，区投资促进局、企业联合会开展关于通州区投资发展环境调研工作。先后组织李宁公司、蒙牛公司等十余家重点企业和4个街道办事处、11个乡镇企联分会分别召开优化投资发展环境工作会，广泛征求对通州区投资发展环境的评价，并发放《通州区企业对投资发展环境评价调查问卷》200份。通过实地走访调研和问卷反馈情况，投资促进局撰写完成关于优化通州区投资发展环境的调研报告，为本区开展优化投资发展环境工作提供重要的参考依据。

（郑晓芳）

【举行投资促进战略合作伙伴签约仪式暨产业项目发布会】 12月23日，通州区在亚太花园酒店召开投资促进战略合作伙伴签约仪式暨产业项目发布会。此次活动由区政府和市投资促进局共同主办，区投资促进局承办。国际经贸机构、知名企业、商会代表、专业媒体80余人参加会议。欧美同学会、伦敦发展署（伦敦市长办公室）北京代表处、北京市中伦文德律师事务所、第一财经等十家知名专业机构与区投资促进局签订战略合作协议，双方共同约定将在区域投资、资源共享、项目引进、区域形象宣传与推广等方面开展深入合作，促进通州产业向高端化、集聚化发展。会议还对通州区重点发展的运河北京文化商务中心区、高端金融商务总部核心区、文化创意产业核心区、现代物流核心区和旅游文化休闲区五大资源板块26个项目进行重点推介。市投资促进局局长张吉福、副局长周旭，区领导邓乃平、岳鹏、张华出席活动。

（郑晓芳）

国有资产监督管理

【概　况】　2009年，通州区国资委深入贯彻落实科学发展观，准确把握宏观经济形势和政策，以保持国企平稳较快发展为首要任务，紧密结合通州新城战略规划，以实现“三保”目标为落脚点，明确国有经济发展定位，创新资本运营模式，优化企业管理过程，大力推动国企可持续发展，初步实现国有资本总量增长、结构优化、质量提升的总体目标。截至年底，区国资委监管企业资产总额为32.48亿元，负债合计25.61亿元，所有者权益合计68724.6万元。年末，一级监管企业10家，持续经营的独立核算法人单位总计45家。以公益性产业为基础，房地产、商业为两翼，新经济产业为龙头的改革发展新格局逐步形成。

（刘　达）

【国有企业保持良好运营态势】　2009年，区国资委监管企业累计实现盈利3188万元，平均国有资产保值增值率达到118.36%；交税金8413.4万元，同比增长105.04%。一级监管企业全部完成年度经济指标。同时，监管企业成本费用总额得到有效缩减。2009年度监管企业总成本费用为6.13亿元，同比下降3.76%。

（刘　达）

【国企基础产业布局调整】　国资委成立以来，大力推动“小、危、亏”企业从竞争弱势产业退出，国有资本向主导产业集中，截至年底，此项工作基本结束。年内，完成北京东方艺珍花丝镶嵌厂、北京宏安建筑装饰工程有限公司和北京市通州市政工程设计所等企业的改制扫尾工作。另外，11月原隶属于通州区旅游局的北京顺风旅行社整建制划归北京通盛达交通运输经营管理公司管理。

（刘　达）

【建立国有资本运营平台】　1月，经区政府批准，成立国有资本运营平台。由通州区国资委监管单位北京市通州区综合投资公司改建成立新公司，建设国有资本运营平台，新公司注册资本5000万元，按照现代企业制度组建内部管理机构；区国资委主任王栓成兼任北京市通州区综合投资公司董事长，国资委副主任李煦兼任公司经理、法定代表人。

（刘　达）

【企业土地产权关系进一步理顺】　3月至12月，区国资委在北京市第二次土地总登记工作中，对全系统的无证土地进行统计，组织协调相关单位对235块未确权土地进行现场指界，监督企业查找土地来源的相关证据和原始资料。并且经区政府同意，将系统内的土地证名称全部变更为各相应的一级监管企业。

（刘　达）

【新经济板块加速运作】　区国资委系统新经济板块正式开始运行，通过积极运作，多个项目同时启动。一是国有资本运营平台引进中信资产管理公司、台湾富邦金控公司，在通州区共同注册组建中信富通融资租赁公司。中信租赁公司依托中信的产业规模与资源优势，对于促进区域投资、提升区域经济形象将发挥重要作用。并且此次与富邦公司的合作，将是海峡两岸在签署金融监管合作备忘录（简称"MOU"）后的第一个金融合作项目。二是10月国有资本运营平台与信达资产管理公司就通州区金融债权一事进行深入磋商。本次债权回购涉及国资委监管企业债务28项，并将区农委企业2项债务及区民政局1项担保债务一并纳入，债务本息共9857.82万元，预计按20%的比例回购。

（刘　达）

【传统企业探索资本市场化运作】 传统国有企业大胆探索国有资本市场化运作方式，企业从资产经营为主向资本经营转化。一是商业资产运营公司与其他五家企业共同出资组建中传科技园股份有限公司，公司注册资金1.5亿元，商业资产运营公司占25%股份。合作协议签署完毕，项目进展顺利，二期工程地块选址工作正在进行中。二是商业资产运营公司投资入股通州乡镇银行，持股10%，这是传统商业企业首次参与新兴金融实体运作，将拓宽国有资产保值增值的渠道。

（刘　达）

【房地产板块市场开拓能力持续增强】 2009年，房地产板块企业主动适应市场变化，通过适时低价入市、分段成本管理等一系列措施，欣艺景园、古韵新居和启明星苑二期三个项目均在年初逆势热销，开盘总计11.7万平方米，年底全部售罄，资金迅速回笼，为企业的后续发展创造有利条件。

（刘　达）

【商业板块整体改革取得突破性进展】 区属国有商业企业不断优化资源配置和管理结构，通过精简管理层级、退出自营、实施整体包装租赁、职工托管、探索新经济产业资本运作等措施，大幅度减轻沉重的历史债务负担，国有资产运营效率大幅度提升。2009年，商业资产运营公司（不含联营企业）实现利润676万元，首次实现扭亏为盈，国有商业资产保值增值率达到106%。其中，通州百货商场和人民商场先后整体包装出租。506名在职职工和486名离退休职工全部由承租方托管，年租金收益最高可达2250万元，并由承租方出资在5年之内完成人民商场8200平方米的改扩建工程。

（刘　达）

【国有股权退出北京中商上科大厦有限公司】 12月，北京中商上科大厦有限公司40%国有股权通过北京产权交易所公开挂牌交易，转让给上海上科科技投资有限公司，完成国有股权完全退出，实现国有资本收益9151.33万元，原国有企业职工全员托管给北京中商上科大厦有限公司。国有资本收益将用来偿还商业资产运营公司的历史债务，有效解决制约商业企业发展的资金瓶颈问题。

（刘　达）

【国有企业参与新农村商业建设】 按照通州区新农村建设的总体要求，区供销合作总社依托自身土地资源，加大资金投入，积极提升乡镇商业设施建设水平。继西集镇、马驹桥镇相关重点商业设施改造完成后，自投资金1500万元建设的漷县商业楼竣工；另外，徐辛庄合作开发项目通过规划局重新审核。

（刘　达）

【公益板块继续保持高速发展】 通州区国资委公益性企业通过进一步细化管理、加大资金和技术投入，继续保持高速发展。一是八里桥农产品批发市场继续保持全国农产品批发市场20强和北京市前5强的地位；二是公共交通管理改革深入推进，对境内小公交公车公营管理模式进行改革。经区政府研究同意，更新102部黄标车，满足本地区的经济发展和居民出行的需求。三是粮油贸易公司科学保粮率达到100%，顺利通过北京市清仓查库互查工作组的检查验收，获北京市清仓查库工作先进集体称号。

（刘　达）

【大力推进廉政风险防范管理工作】 通州区国资委在全系统推行廉政风险防范管理制度。国资委党委组织企业领导人员和机关全体人员201名党员，结合工作实际，查找风险点898个，制定风险防范措施156条，为反腐倡廉筑起坚实防线。

（刘 达）

【加强信访维稳工作】 区国资委不断健全信访工作机制，为国企发展营造良好的社会环境。一是制定并下发《通州区国资委系统信访工作暂行办法》，使区国资委系统信访工作规范化、正规化。二是于7月召开全系统信访工作会，各监管企业按照要求分别组建信访工作机构，适应通州区国有企业特点的比较完善的信访排查调处工作机制初步形成。三是原华飞集团退休职工有关取暖费的历史遗留问题和原北京铸锅厂职工宿舍楼部分住户办理房屋产权的问题，均得到妥善解决。

（刘 达）

安全生产监督管理

【概 况】 2009年，通州区安全生产工作以科学发展观为统领，以确保实现“平安国庆”为目标，以新中国成立60周年庆祝活动安全生产保障为主线，以创新监管监察思路，构建长效工作机制为动力，扎实开展安全生产“三项行动”，为新中国成立60周年庆祝活动创造了良好的安全生产环境，实现全区安全生产形势的持续稳定好转。

（车广杰）

【安全生产事故控制情况】 2009年，全区发生生产安全、道路交通及火灾事故531起，死亡108人，重伤401人，直接经济损失371.4万元，与上年同期相比，事故起数减少47起，下降8.1%；死亡人数增加3人，上升2.9%；重伤人数增加88人，上升28.1%；直接经济损失减少3.3万元，下降0.9%。

（赵冬梅）

【开展隐患排查整治攻坚】 1月中旬至2月底，在全区范围内普遍开展安全隐患排查整治行动。本次隐患排查治理工作全区检查生产经营单位3685家，排查出各类隐患1861项。针对排查出的各类隐患，政府办公室制定下发《关于2009年安全隐患整改工作任务的通知》，对其中22项隐患实施区政府挂账督办整改，确保隐患整改工作的实效。截至年底，挂账隐患中的生产安全事故隐患全部整改完毕。

（杨镜坡）

【完成重大危险源信息核查】 4月下旬至5月底，区安全监管局对全区原有的重大危险源以及新构成或有所变化的重大危险源进行审查、核实。全区新增重大危险源6个，申请核销2个，共计157个，其中贮罐区类143个、库区类6个、生产场所类8个，涉及生产经营单位141家。以核查结果为依据，区安全监管局采取措施督促相关生产经营单位进一步建立健全安全制度、应急预案，并加强检测、检验和监控，确保安全。

（杨镜坡）

【全面开展安全生产“三项行动”】 5月上旬至年底，区安全监管局联合公安、消防、文化、旅游、商务、质监、交通、体育等安委会成员单位，分为动员部署、全面推进和巩固成果三个阶段，以危险化学品、建筑施工、人员密集场所、道路交通和特种设备为重点，在全区各生产经营单位、各行业（领域）内，全面开展安全生产执法行动、治理行动和宣传教育三项行动。在安全生产“三项行动”中，全区各部门和单位共检查各类生产经营单位1.9万余家，查处各类安全隐患1.7万余处。截至年底，绝大多数完成整改，未完成整改隐患均要求限期整改，并采取必要的安全防范措施，严防事故发生。

（杨镜坡）

【开展全区性涉危单位普查】 2009年初，按照市安全监管局工作部署，全面启动涉及使用危险化学品生产单位普查工作。此次普查出动普查人员430人，普查各类企业6000余家，其中涉及化学品企业3593家，涉及使用危险化学品企业1221家。以普查结果为依据，区安全监管局将其中99家重点涉危单位列为监管的重点，完成企业信息的网上注册，实现销售流向信息的在线管理。同时，联合区公安、环保、交通、质监、消防等部门以及各乡镇、街道，集中对涉危单位开展安全专项整治，有效规范涉危行业的安全管理工作。

（荆春花）

【开展危化行业专项整治】 针对危险化学品行业的现状和特点，全年对全区21家涉氨单位、22家工业气体单位、15家管控化学品单位、43家易制毒化学品单位、6家重大危险源单位和4家仓库、油库开展具有针对性的专项整治。5月底完成武窑化工仓库的整改工作，彻底消除了武窑化工仓库安全隐患。

（辛晋峰）

【开展安全生产执法“护航行动”】 8月中旬至10月中旬，按照市统一部署，在全区范围内深入开展新中国成立60周年安全生产执法“护航”行动，对重点建设工程、重大危险源单位以及人员密集场所等重点领域、国庆重点管控单位进行全天候、不间断的执法检查。年内，区安全监管局检查各类生产经营单位2932家次，查处事故隐患7455处，下发行政执法文书4368份，罚款总额300余万元，通过严查重罚，有效促进企业主体责任的落实。

（荆春花）

【强化国庆阅兵村周边安全生产环境整治】 “十一”前，对国庆阅兵村周边200米范围内的74家生产经营单位进行全面的排查登记和重点监控，对其中23家工业企业进行地毯式大检查，对另外51家人员密集场所生产经营单位开展多个部门的联合执法，发现并查处安全隐患152处，下发责令整改指令书23份，对其中4家隐患严重、存在违法行为的企业进行行政处罚。“十一”期间，协调阅兵村现场区域内的7家企业采取停业一周的工作措施，确保阅兵村周边安全生产环境的稳定。

（张　伟）

【实施工业企业安全生产差异化监管】 年初，制定《通州区规模工业企业安全生产差异化监管办法》和《通州区规模工业企业安全生产差异化监管实施方案》，对全区2472家规模以上工业企业进行检查评估，其中A类企业364家、B类企业1308家、C类企业790家。区安全监管局分三个等级对企业实施不同频次的安全检查，并采取不同的监管措施，实现全覆盖、有重点的实时有效监管。

（白　华）

【组建基层专职安全员队伍】 根据区政府《关于组建通州区基层专职安全员队伍的通知》精神，按照乡镇配备10人至20人、街道配备6人至10人的标准，组建通州区基层专职安全员队伍。经过严格的笔试、面试、体检和政审等工作，全区录用基层专职安全员206名。在区安全监管局集中培训考核后，被录用的安全员于12月正式上岗，为实现政府部门安全监管的针对性和时效性创造了条件。

（白　华）

【启动安全生产委托执法】 按照区政府《关于委托安全生产行政执法实施意见》的规定，建立和完善各项委托执法制度规范，明确委托方式、委托条件、委托权限和委托程序，全面规范安全生产委托执法工作。同时，采取封闭培训、集中考试的形式，完成对乡镇、街道办事处受委托执法人员的培训工作。举办通州区安全生产委托执法启动仪式，与受委托的乡镇、街道办事处签订《安全生产行政执法委托书》，向乡镇、街道办事处安监科工作人员颁发《安全生产委托执法工作证》，安全生产委托执法工作正式启动。

（车广杰）

【举办通州区第四届“安全文化节”】 5月26日，通州区第四届“安全文化节”开幕。活动期间，以“全面推进安全生产宣教行动”为主线，在全区组织开展“安全发展在通州、喜迎建国60周年”诗歌朗诵比赛活动；利用农村安全教育影厅、流动数字电影放映车，广泛开展“安全为天，平安是福”安全生产影片集中放映活动；采取区政府统一出资、统一专家授课、统一进行考试、属地组织人员的模式，分期分批对全区各企业主要负责人和安全生产管理人员进行培训。此外，通过开展“安全发展在通州”主题新闻宣传报道活动，大力宣传安全生产工作先进企业、先进人物的典型事迹，曝光不安全行为。

（高海波）

【开展宣传咨询日活动】 6月14日，区安监、公安、消防等30个安委会成员单位，11个乡镇和4个街道办事处分别结合本行业、本辖区监管特点，通过设立咨询台、悬挂安全条幅、摆放宣传展板、发放宣传材料、播放安全光盘、组织文艺演出等形式，大张旗鼓地宣传安全发展理念、安全生产“三项行动”工作重点、安全生产法律法规和应急科普知识。全区设立咨询站点70个，发放安全文化衫、安全手提袋、宣传挂图、安全知识读本等各种资料60余种28万多份，近30万人受到教育。

（高海波）

【广泛开展安全生产大培训】 按照区委办、政府办联合印发的《关于进一步加强全区安全生产培训工作的通知》精神，对全区安全生产培训工作进行具体部署，对21个工作部门、11个乡镇和4个街道办事处所承担的培训职责及任务进行明确分工。各单位、各部门广泛、深入地开展安全生产培训工作，培训各类人员近1.4万人，其中培训有限空间作业人员4298人、企业主要负责人和安全生产管理人员9517人。

（车广杰）

【举报中心受理群众举报情况】 2009年，区安全隐患和违法行为举报中心充分发挥舆论监督和群众监督的作用，及时纠正安全生产违法违规行为。截至年底，举报中心接到各类群众举报84起，其中生产安全26起、危险化学品安全3起、烟花爆竹8起、公共设施安全25起，消防安全11起、建筑安全5起、电力安全3起、交通安全1起、地下空间安全1起、人员密集场所安全1起。截至年底，查处结案83起，查处结案率为98.8%。

（李　莉）

人口和计划生育

【概　况】 2009年，全区人口计生系统服从服务于保增长、保民生、保稳定大局，围绕“稳定低生育水平、统筹解决人口问题”这一主线，积极采取有力措施，不断健全运行机制，创新有效载体，狠抓工作落实，圆满完成各项工作目标。全区出生人口6239人，人口出生率9.45‰，计划生育率97.82%，自然增长率2.05‰。

（陈　晨）

【深化利益导向机制】 围绕全区10多万独生子女家庭，积极提供各种优惠、优先、扶持、保障等服务。共有3095名独生子女在产权制度改革中多得利益241万元；2709名独生子女在旧村改造中多得利益5316万元；2.3万名独生子女多享受村集体奖励260万元；477名独生子女享受到助学奖励；借力新农合、新农保新政，各单位制定了多渠道的计划生育优先、优惠制度，有1118名独生子女父母优先提前享受养老金；974名独生子女父母享受到医疗费“二次报销”优惠政策；为555名独生子女父母入了养老保险。全区用于对计划生育家庭的各项优先、优惠、扶持、救助资金投入6200万元，计划生育家庭得到更多实惠。奖励扶助对象总计2388人，特别扶助对象216人，享受低保补助困难计生家庭1543户，扶助资金300

多万元。利用市财政2000元万贴息贷款，为600户农村计生家庭发展生产，实现了脱贫致富。

（陈　晨）

【完善流动人口计划生育服务管理】　制定实施《通州区2009年流动人口违法生育清查清理方案》，利用半年时间，对全区流动人口进行清查清理，对143例流动人口违法生育个案进行核实处理。开展“关爱流动人口免费体检”活动，全年为2300名流动人口已婚育龄妇女进行了免费健康体检。建立流动人口出生监测机制。针对流动人口出生监测难的问题，在全区21家有接生资质医院建立了出生监测网络，全年监测流动人口出生共计5159人。

（陈　晨）

【提高优质服务水平】　年内，投资255万元为5万余名已婚育龄妇女，免费提供生殖健康检查服务；投资200万元为3万名采取长效节育措施的已婚育龄妇女，免费提供更全面的体检服务；投资40万元为5000名无业下岗育龄妇女，免费提供体检服务。实施避孕药具免费发放易得工程，新增避孕药具免费自助发放机161台，免费自助发放箱700个，全区药具免费发放点达到978个。完善出生缺陷一级干预体系，为10000名新婚夫妇提供了免费生殖健康、优生优育知识的培训。根据群众需求，有效开展“生殖健康大课堂”村居行活动，近10万人次接受了避孕节育、生殖健康、知情选择、科技致富等方面的培训。

（陈　晨）

【全面推进宣传教育工作】　继续实施“百千万”工程，全区涌现出100个计生新农村新社区示范村（居），1000个计生示范新家庭，1.6万名计生文艺宣传员。实施“六有六建一培训”宣传教育计划，营造有利于人口计生工作的浓厚氛围。全区建立人口文化广场164个、人口计生宣传队150支，人口文化楼门1609个，人口文化一条街570条、人口文化书屋110个、人口文化学校518个。新建占地10000平方米，集宣传、教育、休闲、娱乐、健身为一体的通州区人口文化园。与区广电中心联合开办“漫话计生”专栏。开展“我与国策共成长”征文暨演讲比赛活动，收到征文稿件1000余篇，组织演讲比赛20多场，200多人参加演讲，近2万人受到教育。先后开展“关注人口，共创和谐”、“计生文艺走进运河人家”、“庆祖国六十华诞，展人口计生风采”等大型宣传教育活动13场次，直接受教育群众达4万余人次。充分发挥计生志愿者的宣传作用，新组建150支计生文艺宣传队，投资60余万元为1.6万名计生文艺宣传队队员统一配置演出服装。

（陈　晨）

【推进基层干部队伍职业化建设】　截至年底，55岁以上计生专干全部退出计生岗位，全区新聘任村级计生专干185人，计生专干队伍平均年龄由调整前的54岁下降到调整后的44岁，高中以上学历占75%，大专以上文化有86人，占18%，切实提高了基层计生专干队伍的整体素质和工作水平。

（陈　晨）

档案工作

【概　况】　2009年，区档案局（馆）以科学发展观为指导，完成各项工作任务。年内，制发《通州区机关文件材料归档范围和文书档案保管期限审批表》，制订《通州区档案局行政执法责任办理流程》，重新修订《通州区档案局档案行政执法责任制》等七项制度；完成全区76个单位的《机关文件材料归档范围和文书档案保管期限表》的审批备案工作；全区97个立档单位基本完成年度立卷工作。区中心血站晋升为科技事业单位、地震局晋升为市二级先进，56家立档单位通过复查验收工作；对区委党校、动监局、民防局3家单位和“08办”档案交接进行监督；按照《关于在机构改革中做好档案工作的通知》要求，加强对机构改革撤并单位档案的监督与指导；在中央电视台新址建筑工地发生火灾后，及时下发《关于开展档案安全检查工作的通知》，对区环保局、团区委等10家单位进行抽查，对36家单位开展执法检查。

（王岐柱）

【加强培训工作】 加强对档案员的业务培训，全年举办各类培训班9次，培训档案人员500余人次，206人取得市档案局颁发的上岗证书。

（王岐柱）

【延伸档案管理服务领域】 一是加强对创建全国卫生区和污染源普查档案工作监督、指导，使“创卫”档案、污染源普查档案通过验收。二是选派专人负责区科学发展观实践活动领导小组办公室档案资料收集整理工作。三是按照《关于加强首都国庆60周年通州区筹备工作档案管理的意见》，完成了国庆筹备领导小组办公室及其下设8个机构的档案指导工作。四是服务新城区建设，与区园林绿化局、投资促进局共同加强区属重点绿化工程、环球影视公园项目等重点工程的档案管理工作。五是帮助民主党派民建通州工委开展建档工作。

（王岐柱）

【推进村级档案综合管理达标工作】 制定《通州区村级档案管理办法》，发至全区涉农单位；完成村级档案归档范围和保管期限标准的修订工作；年内有110个行政村完成村级档案综合管理达标工作。截至年底，全区有355个行政村档案综合管理达标。

（王岐柱）

【丰富馆藏】 年内，共接收房地产开发总公司、物资总公司、自来水公司3家企业的文书档案481卷2667件；跟踪拍摄全区重大活动、重点工程、旧城改造、新城建设等共形成照片资料10069张；对历年所采集全区重大活动照片进行整理，形成城建、灾情、视察等共五大类909张照片档案；以通州历史文化为重点，征集到民国时期的居民身份证、老照片等各类档案资料75件；围绕“保存城市记忆、服务科学发展”主题，征集到各类档案开发利用成果资料114件；2009年底馆藏资料达到6564册。

（王岐柱）

【推进档案数字化】 积极推进馆藏档案数字化：一是开展文书档案文件及目录采集和录入工作，录入条目5300条。二是完成403页珍贵档案的原文和766张照片的扫描工作。三是共接收63家立档单位的电子目录，其中案卷目录2758条、全引目录14081条、文件级目录6849条、电子原文222件；接收应进馆档案案卷目录481条，全引目录3449条，文件级目录2667 条。四是完成标注开放条目9168条、待销毁条目853条。截至年底，馆内目录数据库共有开放案卷目录15722条、开放文件目录20168条、待销毁条目853条；已完成馆藏婚姻档案、宅基地档案、招工档案等8类23个数据库，保存电子目录1134678条；接收基层档案室案卷目录39376条，全引目录75528条，文件级目录53442条，电子原文2283件。

（王岐柱）

【档案利用工作成绩突出】 全年接待档案利用者6486人次，利用档案资料6417卷，复印档案资料5640件23207页，出具各种证明5557份；接受电话查询1487人次，照片档案利用541张；为《政协组织机构沿革档案实录》、区政协《风雨同舟》专刊、区史志办的《通州英模（1949～2009）》等刊物和书籍的编写，提供了大量档案资料。

（王岐柱）

【爱国主义教育活动效果显著】 区档案馆爱国主义教育基地被市爱国主义教育基地领导小组授予2005～2008年度爱国主义教育基地先进单位称号，“名人故乡行”活动获得优秀活动奖。年内，与中国工商大学嘉华学院、区关协等单位共同开展“大学生社会实践”、“新中国成立60周年摄影展”等一系列活动；区档案馆爱国主义教育基地全年接待中小学生及社会各界参观者1万余人次。

（王岐柱）

【开展广泛档案宣传】 区档案局（馆）在《北京档案》、《中国档案报》、《通州时讯》等报刊及区委、区政府内部信息刊物上刊发稿件75篇次，在通州电视台播出新闻9条，与通州电视台新闻评论部合作播出《看通州》系列特别节目—《通州记忆 1949 ～ 2009》6期。

（王岐柱）

【开展“档案馆日”活动】 首届档案馆日共接待馆内外参观、利用者近1500余人，发放宣传材料1200余份。副区长于世疆参加档案馆日活动。

（王岐柱）

史志工作

【概　况】 2009年，通州区史志办公室围绕深入学习实践科学发展观活动，进一步明确各科室任务，建立月工作进度明细台账，把年度各项工作任务层层分解，落实到人。在全室人员的共同努力下，全面完成年度各项工作任务。按照市委党史研究室的部署，编辑出版《通州英模（1949 ～ 2009）》一书；认真贯彻落实北京市第六届地方志编委会扩大会议精神和北京市地方志办公室召开的史志办主任会议精神，研究第二轮修志工作，编纂《通州区志》的准备工作全面、细致、可操作性强；编辑出版了《北京通州年鉴（2009）》。3月，完成内部资料《通州史志办大事记（1981 ～ 2009）》的整理工作。6月，完成《漕运古镇张家湾》的初稿编辑工作。8月，完成内部资料《通州区党史区志办公室规章制度汇编》手册。为《北京年鉴》、《北京农村年鉴》提供通州区地方资料。编辑出版《我为奥运添光彩—通州区服务奥运集锦》一书。编辑《通州史志》24期。由通州区史志办和区委党校共同编辑的《探索•实践》一书出版发行。在通州区国庆60周年庆祝活动总结表彰会上，史志办行政科被评为通州区国庆安全保卫先进集体。由通州区党史区志办公室编辑出版的《通州建设史》一书，获得通州区科学技术一等奖。

（张亚昆）

【年鉴工作新撰稿人员培训会】 2月12日，通州区史志办公室在区委党校召开年鉴工作新撰稿人员培训会。全区24个单位25名新参与年鉴编写人员到会。培训会结合《北京通州年鉴》撰稿工作，讲解年鉴编写的基本规范和要求。与会人员就年鉴编写工作进行座谈。副主任禹万新主持会议并提出具体要求。

（张亚昆）

【《我为奥运添光彩—通州区服务奥运集锦》出版】 8月5日，区史志办编辑的《我为奥运添光彩—通州区服务奥运集锦》一书出版发行。该书为内部资料，分为通州制造、奥运服务、奥运宣传三个部分，收集图片2000余幅、文字3.5万字。全书以图片为主，文字说明为辅，生动、形象地再现2008年全区各界为奥运做贡献的珍贵历史瞬间，展示服务奥运成果，保存珍贵的历史资料。

（张亚昆）

【《通州英模（1949 ～2009）》出版发行】 9月27日，区党史工作领导小组举行《通州英模（1949 ～ 2009）》出版发行座谈会。区委副书记张文山、宣传部长张秀余，市委党史研究室主任谢荫明、副主任陈煦、编委会成员及编辑部全体成员参加座谈会。《通州英模（1949 ～ 2009）》一书收录新中国成立以来本区域内涌现的全国劳模、部委级劳模、省市级劳模和享受劳模同等待遇的先进工作者及革命烈士名录、事迹。全书约26万字，由劳模、烈士事迹简介和名录两部分构成。名录部分收录各类劳模766人次、烈士221名。劳模按评选等级分为三类，其中全国劳动模范、先进生产（工作）者12人、全国“五一”劳动奖章获得者9人；全国部委系统劳动模范、先进生产（工作）者 29 人；河北省、北京市劳动模范、先进生产（工作）者 716 人次。事迹简介部分重点介绍 274 名劳模、先进生产（工作）者和 12 名烈士的事迹并附有本人照片。《通州英模（1949 ~ 2009）》一书是新中国成立以来通州区（通县）第一部全面系统地收录通州英模名录和事迹的公开出版物，具有一定的史料价值和实用价值。

（张亚昆）

【《北京通州年鉴（2009）》出版发行】 11 月 18 日，《北京通州年鉴（2009）》出版发行，该书由方志出版社出版。2009 年《北京通州年鉴》编辑工作，着重突出年鉴的年度特色，以资料、数据的精确性确保年鉴的权威性，突出年鉴的实用性和可读性，进一步强化服务功能。本期年鉴 77 万字，收录 1728 个条目，94 个彩页，494 幅图片资料，全面地反映2008年通州区的社会经济发展情况，对重大事件进行重点记载，特别是对北京奥运会筹办、举办期间通州区所做出的积极贡献，设专栏记载通州区提供奥运产品及开展服务奥运活动情况。

（张亚昆）

【第二轮修志筹备工作】 2009 年，根据市委、市政府办公厅《关于开展北京市第二轮地方志书编纂工作的通知》要求，为确保编纂一部高质量的《北京市通州区志》，史志办公室做了周密细致的准备工作。一是完成《〈北京市通州区志〉篇目》、《〈北京市通州区志〉编纂工作实施方案》的拟定工作，起草《区志资料征集提纲》。二是先后四次召开有关人员参加的研讨会，对《篇目》、《方案》和《提纲》进行反复修改。三是完成《〈北京市通州区志〉编纂工作手册》初稿的编辑工作和培训材料的准备工作。

（张亚昆）

知识产权工作

【概　况】 2009 年，通州区知识产权工作围绕全区经济社会发展总目标，认真贯彻落实科学发展观，坚持科技创新、鼓励发明创造，努力提高企业自主创新能力，增强发展后劲，促进区域投资环境的改善，加快新城区建设的步伐。

（陈　娟）

【专利申请工作】 2009 年，全区累计申请专利 1207 件，其中发明专利 243 件、实用新型专利 530 件、外观设计专利 434 件；累计专利授权 481 件，其中发明专利 40 件、实用新型专利 263 件、外观设计专利 178 件，专利申请量和授权量比上年分别增长 46% 和 20%。

（陈　娟）

【成立知识产权工作站】 2009 年，通州区先后成立北京市知识产权举报投诉通州开发区工作站（市级）、北京宋庄文化创意产业集聚区知识产权工作站（区级）。工作站的成立标志着知识产权咨询和服务正在向通州区各开发区进行辐射，更好地为入区企业提供方便、快捷、高效的知识产权法律服务。

（陈　娟）

【召开无冒充专利示范单位工作会】 4 月 10 日，召开无冒充专利示范单位工作座谈会。会上，总结了 2008 年流通领域知识产权检查情况，对 2009 年执法检查工作进行部署并对商业企业知识产权管理者进行知识产权培训，与会人员就商场做好专利商品管理工作进行探讨交流。

（陈　娟）

【开展知识产权宣传周活动】 4 月 20 日至 26 日，区知识产权局制定《通州区“保护知识产权宣传周”活动实施方案》，针对不同对象，组织多种形式、内容丰富的宣传活动。一是面向企业，在通州经济开发区西区与园区管委会开展现场宣传活动。现场悬挂“保护知识产权 促进创新发展”横幅，摆放知识产权宣传展板，同时解答企业关于知识产权方面的咨询，发放知识产权宣传单、宣传纸扇、宣传笔、宣传笔记本等材料 500 余份。二是面向社区，分别在玉桥街道办事处、新华街道办事处、宋庄小堡文化广场开展知识产权现场宣传活动，向社区居民发放各种宣传材料5000余份。三是面向学校，分别在北京二中分校、潞州中学、潞河中学分校、梨园中学、运河中学内悬挂横幅，摆放展板，赠送知识产权方面书籍的形式宣传知识产权相关知识，发放《知识产权ABC》500册、宣传画500张、宣传手册1000册、宣传单5000余张。四是面向商场，在通州区无冒充专利示范单位通州区华联商场开展现场宣传活动，悬挂“尊重和保护知识产权　维护消费者合法权益”横幅，发放宣传纸扇200把、宣传手册300册、宣传单2000余张。五是面向公众，在通州有线电视台播放知识产权宣传字幕；利用《通州时讯》等新闻媒体对通州区宣传周期间的宣传活动进行全面跟踪报道。

（陈　娟）

【商业企业专利商品执法检查】　一是根据北京市知识产权局统一部署，区知识产权局联合区商务局分别于“3·15”及“十一”前夕，在全区开展商业企业专利商品执法检查活动。通过商业企业自查上报销售专利商品明细、法律状态检索、沟通反馈问题三个步骤进行，上报专利商品135件，整改问题商品1件。二是开展无冒充专利示范单位专利商品季度检查4次，检查31家次商业企业，涉及专利商品247件，没有发现假冒冒充专利行为。

（陈　娟）

【举办处级领导干部知识产权讲座】　10月23日，在第十期处级领导干部进修班上为全区50名在职处级领导干部举办知识产权讲座。讲座邀请知名专家李顺德教授就知识产权创造、运用、管理和保护等方面进行详细讲解，同时通过列举大量知识产权案例，提出当前实施知识产权战略的重要性和必要性。此次讲座，进一步提高了区领导干部对知识产权的认识水平，优化通州区知识产权保护的法制环境。

（陈　娟）

【成立知识产权联席会议】　2009年，为深入贯彻落实国家和北京市知识产权战略，加强通州区知识产权工作的统筹协调，提高知识产权管理与服务水平，加大知识产权保护和联合执法的力度。区知识产权局先后向全区15个委、办、局征求《通州区知识产权联席会议制度》及《通州区知识产权联席会议成员单位工作职责》的意见及建议，完善联席会议制度与成员单位工作职责。成立以区知识产权局、区委宣传部、区发改委、区教委、区科委、区农委、区司法局、区商务局、区文化委、区工业局、区法制办、市公安局通州分局、区法院、市工商局通州分局、区质量技术监督局、区城管大队为成员单位的知识产权联席会议。

（陈　娟）

【企业专利试点示范工作】　2009年，组织推荐北京康尔兴科技发展有限公司、北京新福润达绝缘材料有限公司、北京中丽制机工程技术有限公司、北京高新利华化工有限责任公司、北京赛凡光电子仪器有限公司、北京络捷斯特科技发展有限公司、婷美集团保健科技有限公司、天纳克（北京）汽车减振器有限公司、北京燕化永乐农药有限公司9家企业申报北京市2009年度专利试点企业。并在历届专利试点企业中挑选出北京展辰化工有限公司、北京中纺锐力机电有限公司专利工作突出企业，申报北京市专利示范企业并通过审查。

（陈　娟）

【企业知识产权服务】　一是继续发挥百千对接工程知识产权人才资源优势，点对点服务企业。携知识产权代理机构专业人员深入企业提供专项服务20余家次，专利申请代理服务40余件。2009年，为通州区71家企业开具费用减缓证明135份，专利申请413项。其中发明专利101项、实用新型229项、外观设计专利101项，年费减免12项，为企业减免专利申请有关费用100余万元。二是通州区知识产权局对全区50家高新技术企业知识产权保护现状、专利产出、专利申请等情况进行调查研究，为今后开展企业知识产权保护工作提供科学依据。

（陈　娟）

【知识产权专题培训】 2009年，区知识产权局针对不同对象，组织各种类型的培训活动。一是面向企业，组织开展通州工业开发区、光机电一体化产业基地、金桥科技产业基地、漷县镇企业知识产权知识及政策专题培训讲座四期，参加培训120余人；组织通州区专利试点企业参加北京市知识产权局举办的专利试点企业“五会”培训班；联合工商局、文化委与宋庄文化创意产业集聚区管委会共同对宋庄镇区域内企业与艺术家100余人进行知识产权专题培训。二是面向社区，开展知识产权大讲堂活动，举办北苑街道办事处知识产权讲座，所辖13个社区的居民130余名代表参加讲座。三是面向学校，在北京物资学院举办知识产权专题讲座，为100余名在校大学师生详细讲解知识产权基础知识及相关案例。

（陈　娟）

中国人民政治协商会议北京市通州区委员会

【概　况】 2009年，在中共通州区委的领导下，区政协常委会坚持以邓小平理论和“三个代表”重要思想为指导，深入贯彻落实科学发展观，认真学习贯彻中共十七大、十七届三中、四中全会和区委四届七次、八次全会精神，牢牢把握团结和民主两大主题，把推动科学发展作为履行职能的第一要务，把促进民生改善作为政协工作的出发点和落脚点，把促进和谐稳定作为政协工作的重中之重，为通州区经济社会又好又快发展和建设“人文北京、科技北京、绿色北京”作出应有的贡献。常务委员会主要做了以下几个方面的工作：一是围绕通州区中心工作和重要事项，积极开展政治协商活动。二是关注热点、难点问题，积极履行民主监督职能。三是围绕“保增长、保民生、保稳定”，积极参政议政。四是关注民生民意，认真做好提案和社情民意信息工作。五是把握政协工作主题，为建设和谐通州献计出力。六是加强自身建设，努力提高履职水平。年内组织常委会议8次，主席会议11次，专委会议活动33次。常委会听取了党风廉政建设、通州新城滨河万亩森林公园工程进展、建委工作情况通报，并视察通州新城滨河森林公园、通州区重点工程建设的情况。主席会议先后就通州区政府机构改革方案、通州区创建国家卫生区的工作情况、通州区农业产业结构调整情况、通州新城规划情况等进行专题协商。各专门委员会分别就非物质文化遗产保护、工业企业发展、农村劳动力就业和农民社会保障、重大产业项目进展、水网建设和污水治理、社会治安、民事行政法律监督、成人教育与学前教育、文体设施建设、农村综合数字电影工程、宗教场所基础设施建设等问题，与相关部门进行对口协商。委员们提出许多建设性的意见、建议，为区政府及相关部门开展工作提供了重要参考。完成《关于积极应对国际金融危机促进我区工业企业健康发展的调查和思考》调研报告及建议案。编辑出版《风雨同舟》，记录半个多世纪以来通州区政协及文史工作的变迁与发展。年内组织各种会议活动50余次，参加活动委员600余人次，提出建议、意见410余条。

（张俊国）

【四届三次会议】 1月5日至8日，区政协四届三次会议在国安第一城国际会议中心召开。会议听取并审议了主席王玉辉代表四届区政协常委会所作的《常委会工作报告》，常务副主席高志禄代表四届区政协常委会所作的《关于提案工作情况的报告》；列席通州区第四届人民代表大会第四次会议开幕式，听取区政府领导所作的《政府工作报告》；协商讨论《政府工作报告》、《关于通州区2008年国民经济、社会发展计划执行情况和2009年计划草案的报告》、《关于通州区2008年财政预算执行情况和2009年财政预算草案的报告》；听取部分委员关于新农村建设专题论坛发言；通过了大会政治决议、关于政协常委会工作报告的决议和关于提案工作报告的决议。市政协副主席马大龙、人事联络室副主任陈昕，区领导王云峰、邓乃平、石进贤、张文山等出席大会开幕式，区委、区政府各部、委、办、局、公司，各乡镇、街道办事处党组织、区人民团体主要负责同志列席大会开幕式。区委书记王云峰在开幕式上作重要讲话。

(张俊国)

【第十六次常委会议】 2月17日，召开第十六次常委会议。会议审议通过《政协北京市通州区委员会常务委员会2009年工作要点》、《通州区政协2009年常委会议、主席会议工作安排》及《通州区政协2009年各专委会、办公室、研究室主要会议、活动安排》。

(张俊国)

【第十七次常委会议】 4月29日，召开第17次常委会议。会议听取区纪委监察局关于通州区2008年党风廉政建设和反腐败工作情况通报；讨论通过《关于积极应对国际金融危机促进我区工业企业健康发展的调查和思考》调研报告和建议案。

(张俊国)

【第十八次常委会议】 5月22日，召开第十八次常委（扩大）会议。会议听取林业局关于通州新城滨河万亩森林公园建设工程进展情况汇报并视察。

(张俊国)

【第十九次常委会议】 7月20日至24日，召开第十九次常委会议（第二期常委读书班）。会议对上半年工作进行总结并对下半年工作提出要求，研讨人民政协的经常性工作，会后对青岛部分企业和城市建设进行学习考察。

(张俊国)

【第二十次常委会议】 11月11日，召开第二十次常委（扩大）会议。会议听取通州区建委工作情况通报，视察通州区重点工程建设情况。

(张俊国)

【第二十一次常委会议】 12月17日，召开第二十一次常委会议。会议决定增补王春元等15名同志为政协北京市通州区第四届委员会委员；由于工作变动等原因，马玉敏等9名同志不再担任政协委员。会议审议通过《关于召开政协北京市通州区第四届委员会第四次会议的决定》、《政协北京市通州区第四届委员会第四次会议议程（草案）》、《政协通州区第四届委员会第四次会议日程（草案）》、《政协通州区第四届委员会第四次会议秘书处机构设置及其负责人建议名单》、《政协通州区第四届委员会第四次会议委员分组办法和各组召集人名单（草案）》、《政协通州区第四届委员会第四次会议决议起草委员会委员名单（草案）》、《关于提案委员会委员调整的意见》；审议通过《政协通州区第四届委员会常务委员会工作报告》、《政协北京市通州区第四届委员会常务委员会关于提案工作情况的报告》。

(张俊国)

【第三十四次主席会议】 2月11日，召开第三十四次主席会议。会议研究《政协北京市通州区第四届委员会常务委员会2009年工作要点》、《区政协2009年常委会议、主席会议活动安排》、《区政协各专委会、办公室、研究室2009年主要会议、活动安排》；《2009年度区政协各位主席、秘书长和机关各室走访委员安排计划》。

(张俊国)

【第三十五次主席（扩大）会议】 3月25日，召开第三十五次主席（扩大）会议。会议研究《关于四届三次会议期间提案分析情况的报告》。

（张俊国）

【第三十六次主席会议】 6月8日，召开第三十六次主席会议。会议协商讨论通州区政府机构改革方案。

（张俊国）

【第三十七次主席（扩大）会议】 6月11日，召开第三十七次主席（扩大）会议。会议听取通州区园区管委会关于园区经济发展情况通报并视察。

（张俊国）

【第三十八次主席（扩大）会议】 7月10日，召开第三十八次主席（扩大）会议。会议听取通州区卫生局关于创建国家卫生区工作的情况通报并进行视察。

（张俊国）

【第三十九次主席（扩大）会议】 7月30日，召开第三十九次主席（扩大）会议。会议听取区委办、政府办以及区政协提案委上半年提案办理情况通报；研究区政协文史和学习委特邀委员调整意见；审议通过《政协北京市通州区委员会特邀监督员工作简则（试行）》。

（张俊国）

【第四十次主席（扩大）会议】 10月27日，召开第四十次主席（扩大）会议。会议视察通州区农业产业结构调整重点项目，听取区农委关于通州区农业产业结构调整情况的汇报。

（张俊国）

【第四十一次主席（扩大）会议】 11月26日，召开第四十一次主席（扩大）会议。会议听取各室2009年工作总结和2010年工作计划。

（张俊国）

【第四十二次主席（扩大）会议】 12月9日，召开第四十二次主席（扩大）会议。会议审议通过《政协通州区委员会关于表彰2009年度优秀提案的决定》、《政协通州区委员会关于表彰2009年度先进信息单位和优秀信息员的决定》。会议审议《政协通州区第四届委员会第四次会议议程（草案）》、《政协通州区第四届委员会第四次会议日程（草案）》、《政协通州区第四届委员会第四次会议秘书处机构设置及其负责人建议名单》、《政协通州区第四届委员会第四次会议委员分组办法和各组召集人名单（草案）》、《政协通州区第四届委员会第四次会议决议起草委员会委员名单（草案）》、《政协通州区第四届委员会提案委员会委员调整方案》、《政协通州区第四届委员会常务委员会工作报告（征求意见稿）》。

（张俊国）

【第四十三次主席（扩大）会议】 12月24日，召开第四十三次主席（扩大）会议。会议听取区规划分局关于通州新城规划情况的通报。

（张俊国）

【第四十四次主席（扩大）会议】 12月30日，召开第四十四次主席（扩大）会议。会议征求对《政府工作报告（征求意见稿）》的修改意见。

（张俊国）

【社情民意恳谈会】 8月27日，召开社情民意恳谈会。会上，各民主党派、人民团体负责人和各界委员代表从经济发展、城市管理、行政管理、教文卫体、民生等六个方面提出31条建议。区委书记王云峰、区长邓乃平等区委、区政府领导到会听取委员们的意见、建议，并给予充分肯定。

（张俊国）

【专题调研】 2009年，通州区政协完成《关于积极应对国际金融危机 促进我区工业企业健康发展的调查和思考》调研报告并形成常委会议建议案，提请区政府研究参考。区政协的调研报告和建议案得到区政府领导的高度重视，其中的很多建议被采纳，有力地促进通州区经济平稳较快发展。由两位副主席牵头，教文卫体委员会和区委统战部、九三学社通州支社组成联合调研组，完成关于通州区医疗卫生服务站室建设的调研，从多种渠道解决医务人员配备问题、规范社区卫生站建设与管理工作、加大财政支持力度等方面提出建议，为区委、区政府和有关部门的决策提供重要参考。

（张俊国）

【提案工作】 四届三次会议以来，提案委员会收到提案233件。经审查，立案217件，未予立案16件。在立案的217件提案中，四届三次会议期间提案202件，闭会期间提案15件；民主党派提案11件、团体界别提案9件，地区组提案2件，委员提案195件。提案内容涉及城市建设管理方面的95件，占44%；涉及民生方面的67件，占31%；涉及新农村建设方面的28件，占13%；涉及经济发展方面的27件，占12%。参加区政协的七个民主党派均提交党派提案。民革、民建、致公党、九三学社提出2件以上的提案。工商联、农业、教育、工会四个团体、界别均提出提案。梨园台湖地区委员活动组首次以地区组名义提出2件提案。参与撰写提案的委员155人，占委员总数的68.3%，参与率比上年提高15个百分点。提交电子版提案183件，占提案总数的84.3%，比上年提高6.8个百分点。在区委、区政府的高度重视和各承办单位的积极努力下，提案的办复率为100%。从办复结果看，提案涉及的问题已经解决或基本解决的119件，占总数的54.8%；已列入政府工作规划，预计在两三年内得到解决的42件，占19.4%；因政策规定或资金等条件限制一时难以解决的56件，占25.8%。承办单位答复更加客观规范，委员对提案办复结果表示满意的216件，占99.54%；不满意的1件，占0.46%。在未立案的16件提案中，有9件超越通州区职权范围，已及时转化为市政协委员提案，其余7件转为委员来信交区有关部门研究处理。

（张俊国）

【文史资料工作】 2009年，通州区政协认真做好文史资料的抢救、征集工作。围绕纪念新中国和人民政协成立60周年、文史工作开展50周年，通过电视、报刊、网络等媒体发布征稿启事，向政协委员及社会各界征集文史资料、征集稿件64篇，40余万字。编辑出版《风雨同舟》专辑。按照全国政协和市政协的要求，上报文史工作经验交流材料和文史资料7篇、图片17幅，其中有6篇被市政协出版的《北京文史50年》收录。

（张俊国）

【信息工作】 2009年，广大委员就通州区经济社会发展中的一些重要问题以及人民群众密切关注的热点、难点问题，积极报送信息，提出意见、建议。全年收到信息410条，同比增长33%。经筛选整理，通过《委员之声》向区委、区政府及有关部门反映136条，同比增长24%；电话处理72条，同比增长38%。区委、区政府领导先后40次对28期《委员之声》作批示。在区委、区政府和有关部门的重视下，委员们提出的很多建议得到落实，政协信息在反映群众呼声、协调关系、化解矛盾、维护稳定等方面发挥了重要作用。

（张俊国）

群 众 团 体

通州区总工会

【概　况】 通州区总工会所属乡镇、街道、开发区、委、局、公司、行业及直属基层工会67个，基层工会2332个，职工人数151769人，会员人数141223人。2009年，全区各级工会组织围绕区委四届七次全会、区委工会工作会议和市总工会第十二次代表大会确定的工作目标和任务，围绕中心、服务大局，以奋发有为的精神状态和争创一流的工作精神，牢牢抓住促进全区经济平稳较快发展的目标，团结动员广大职工全力保增长、坚定谋发展、齐心促和谐，为全区的经济和社会发展作出新的成绩。

（屈丽军）

【开展“两节”送温暖活动】 1月6日，区总工会2009年“两节”送温暖活动启动。区总工会及时将市总工会下拨的253份慰问品发放到各基层工会，用于对全区困难职工的走访慰问。与此同时，区总工会积极筹措资金15万元，由主席林殿彪和3位副主席分别带队，对全区253户困难职工、8名全国劳动模范、50名北京市劳动模范进行走访慰问。

（屈丽军）

【召开会员代表会议和二届十二次委员（扩大）会议】 1月10日，通州区总工会召开工会会员代表会议和二届十二次委员（扩大）会议。会上采取无记名方式差额选举产生出席市总十二大代表21人。传达通州区委和市总工会关于通州区工会召开第二次代表大会请示的批复。与会人员认真听取通州区工会第三次代表大会筹备工作报告，审议通过通州区总工会第二届委员会工作报告（草案）、通州区总工会第二届委员会财务工作报告（草案），通州区总工会第二届经费审查委员会工作报告（草案）；讨论通过通州区工会第三次代表大会议程，通州区工会第三次代表大会主席团组成人员、秘书长、大会主席团常务主席建议名单，通州区工会第三次代表大会选举办法（草案）；提出代表资格审查委员会建议名单。区总工会主席林殿彪作重要讲话。

（屈丽军）

【本区最大外企摩比斯变速器有限公司成立工会】 1月16日，通州区最大的外资企业摩比斯变速器有限公司召开第一次工会会员代表大会，依法成立工会组织。区总工会主席林殿彪为摩比斯变速器有限公司工会揭牌。

（屈丽军）

【通州区工会第三次代表大会召开】 2月11日至13日，通州区工会第三次代表大会召开。市总工会、区委、区人大、区政府、区政协、群团组织的领导和230名正式代表、

25 名列席代表、15 名特邀代表共 300 余人出席会议。会议审议并通过了区总工会第二届委员会工会报告、第二届委员会财务工作报告、第二届经费审查委员会工作报告。根据《中华人民共和国工会法》、《中国工会章程》的有关规定，按相关民主程序选举产生了由 35 名委员组成的通州区总工会第三届委员会和 9 名委员组成的通州区总工会第三届经费审查委员会。区委副书记张文山、市总工会副主席曾繁新出席会议并作重要讲话。

（屈丽军）

【召开三届一次委员（扩大）会议】 2 月 13 日，区总工会第三届委员会举行第一次全体会议。会议选举林殿彪为区总工会第三届委员会主席，边学锋、张慧敏、吕庆申为副主席。会上，主席林殿彪代表两委委员作表态发言。

（屈丽军）

【组织庆祝“三八”节活动】 “三八”节前夕，区总工会举行庆“三八”缅怀革命先辈弘扬革命精神之旅。全区 50 余名女工会干部到天津周恩来、邓颖超纪念馆，大家怀着无比敬仰的心情，缅怀伟人的丰功伟绩。

（屈丽军）

【落实工会工作折子工程大会】 4 月 16 日，区总工会召开各乡镇、街道、委局、公司及直属基层工会主席、副主席和专职工会干部、工会助理员、工会协管员近 200 人参加的工会系统学习实践科学发展观、落实折子工程大会。会议要求以科学发展观学习实践活动为动力，着力完成好五项重点折子工程。区总工会主席林殿彪就五项重点折子工程和相关单位工会主席签订责任书，层层量化任务指标和考核标准。

（屈丽军）

【首都劳动奖状奖章评选结果揭晓】 4 月，2009 年“全国五一劳动奖章”、“首都劳动奖状奖章”、“工人先锋号”评选工作结束。通州区总工会副主席张慧敏荣获“全国五一劳动奖章”。北京市公安局通州分局荣获“首都劳动奖状”。北京天宇朗通通讯设备股份有限公司研发部荣获“北京市工人先锋号”荣誉称号。区委组织部副部长、人事局党组书记、局长罗明光，区教师研修中心研修员毛洪其，卫生局次渠卫生院主管医师刘晓峰，区法院宋庄法庭副庭长李迎新，区检察院侦查监督处副处长李峥，区国税局稽查局副局长郑文会，区地税局后勤服务中心副主任张福志，张家湾镇张湾村党支部书记刘国利，区动物卫生监督管理局张家湾所所长曹文明 9 名同志荣获“首都劳动奖章”。

（屈丽军）

【召开庆“五一”暨劳动奖状、奖章获得者座谈会】 4 月 22 日，区总工会召开 2009 年庆“五一”暨劳动奖状、奖章获得者座谈会。座谈会上，区总工会主席林殿彪宣布通州区荣获 2009 年度“全国五一劳动奖章”、“首都劳动奖状”、“首都劳动奖章”、“北京工人先锋号”获奖名单。区委副书记张文山、区总工会主席林殿彪为获奖单位、获奖个人颁发奖牌、奖章和证书。

（屈丽军）

【举行职工素质教育启动仪式】 6 月 5 日区总工会在蒙牛公司举行 2009 年度职工素质教育启动仪式。市总工会副主席霍连明、区委副书记张文山、宣传部长张秀余、副区长刘淑华参加了启动仪式。区总工会主席林殿彪部署 2009 年度职工素质教育工作。

（屈丽军）

【举办工会助理员协管员培训班】 6 月 12 日，区总工会举办工会助理员、协管员培训班。有 45 名工会助理员和协管员参加培训，区总工会副主席张慧敏作培训动员和小结。

（屈丽军）

【召开工会工作会议】 6 月 19 日，通州区召开工会工作会议。区委、区政府各委办局、各人民团体主要负责人，各乡镇、街道、局、公司党政工主要负责人，部分基层企业、非公企业负责人和工会主席代表 300 多人参加会议。区委书记王云峰、区人大常委会主任石进贤、区政协主席王玉辉、市总工会副主席王玉英出席会议，区委副书记张文山主持会议。区总工会主席林殿彪向大会报告近年来区工会工作取得的成绩，分析部署工会工作所面临的新形势和新任务。

（屈丽军）

【召开厂(校)务公开现场观摩会】 7月6日，区总工会在台湖学校召开厂（校）务公开现场观摩会。区厂务公开协调小组副组长、区总工会主席林殿彪、区教育工委副书记李少杰、台湖学校校长丁永明和各乡镇、街道、委办局、公司、部分企业、事业单位的工会主席近100人参加会议。区总工会副主席张慧敏主持会议。台湖学校校长丁永明从四个方面汇报校务公开工作。区总工会主席林殿彪总结10年来通州区厂务公开民主管理工作情况，同时对全区厂务公开民主管理工作提出五点意见。

（屈丽军）

【举行通州职工“迎国庆、保平安、查找本岗位安全隐患我在行动”签字仪式】 7月15日，区总工会、马驹桥镇工会联合会在北京联东钢结构有限公司举行通州职工“迎国庆、保平安、查找本岗位安全隐患我在行动”签字仪式。全公司800多名干部职工先后在“迎国庆、保平安、查找本岗位安全隐患我在行动”签字仪式的条幅上签上自己的名字。区总工会主席林殿彪、马驹桥镇党委副书记周东振出席本次签字仪式。

（屈丽军）

【走访慰问劳动模范】 国庆节前夕，区总工会走访慰问了劳动模范。通过重点入户走访慰问、邮寄慰问品和到企业集中慰问等形式，向全国劳模发放慰问金，向困难劳模送去中秋月饼，向全区劳模发放国庆60周年特制纪念邮册。

（屈丽军）

【全总工会领导到通州检查“双措并举 二次覆盖”落实情况】 11月27日，全总推进“双措并举、二次覆盖”调研检查组一行在基层组织建设部相关领导的带领下，到通州区检查北京市贯彻全总阳泉会议精神、推动基层工会组织建设情况。市总工会和区总工会领导陪同调研。检查组对通州区总工会落实“双措并举、二次覆盖”加强基层工会组织建设中取得的成绩给予了充分肯定。

（屈丽军）

【召开三届二次委员（扩大)会议】 12月23日，区总工会召开三届二次委员（扩大）会议。区总工会三届委员会委员、经费审查委员会委员，各乡镇、街道、委局、公司、行业、开发区及直属基层工会主席、副主席、专职干部120多人参加会议。会上，区总工会主席林殿彪代表区总工会第三届委员会作题为《认真贯彻党的十七届四中全会精神，团结动员全区职工为通州区“两新”建设贡献力量》的工作报告。

（屈丽军）

【职工互助保险情况】 2009年，新增会员3000人，“在职女工特殊疾病”投保3881份，“在职住院医疗”投保2917份，“在职重大疾病”投保1148份，“在职意外伤害”投保563份，交纳保费433524元。各险种全年赔付71人，赔付金额174882.67元。互助保障计划真正为职工构筑起一道防止因意外伤害、重大疾病、住院医疗等造成家庭经济贫困的可靠屏障。通州区职工互助保险代办处被全总评为2009年度“优秀代办处”。

（屈丽军）

共青团通州区委员会

【概　况】 2009年底，全区有团员36198人；基层团组织中团委71个，团工委13个，团总支86个，团支部1112个，团区委直属团组织58个。

（吴　男）

【爱心大行动启动】　1月15日，通州团区委、区志愿者服务指导中心举行“2009年通州区共青团两节送温暖暨爱心大行动启动仪式”，发布“爱心助老”、“爱心助残”、“爱心助学”、“爱心市场”和“爱心之旅”五个公益项目。启动“爱心助老”、“爱心助残”两大志愿服务项目，向困难家庭学生和6所打工子弟学校发放希望工程“爱心助学”基金近18万元，安利通州分店和北京市欢乐旅行社分别为“爱心市场”和“爱心之旅”进行了捐赠。

（吴　男）

【共青团创业青年夜校成立】　2月9日，通州共青团创业青年夜校在通州区于家务乡观光南瓜园正式揭牌成立。团市委书记刘剑、团中央农村青年部副部长王立健、市农委副主任刘春广、通州区委副书记张文山出席夜校揭牌仪式。

（吴　男）

【学雷锋活动】　3月5日，团区委、区志愿者服务指导中心开展“志愿者就在您身边——通州区志愿服务高潮日”全区性志愿服务活动，各乡镇、街道、企事业单位等多个志愿者组织积极响应团区委号召，当天集中开展多项志愿服务活动：医疗志愿者走进重点工程为民工义诊，法制志愿者走进打工子弟学校进行法制宣讲，助残志愿者走进社区为残疾人理发、发放助残卡和慰问品，走近关爱中心看望残障儿童，敬老志愿者慰问百岁老人并为其义诊等。

（吴　男）

【少先队工作会】　3月20日，通州团区委、区少工委召开2009年少先队工作会。会议全面总结2008年全区少先队工作，对雏鹰五彩行动先进集体、优秀信息员、优秀调研成果等奖项进行了通报表彰，全面部署了2009年各项重点工作。

（吴　男）

【“同绣一面旗，共唱一首歌”主题活动】　4月15日，通州团区委、区少工委在通州区第一实验小学举行“同绣一面旗，共唱一首歌”主题活动。团市委中少部部长孙武权、副区长刘淑华出席活动并讲话，团区委、区教工委、区关协有关领导和老党员、少先队辅导员、少先队员代表近500人参加活动。

（吴　男）

【“六一”系列活动】　5月22日，通州区少工委与北京欢乐旅行社联合开展“重走革命路　弘扬爱国情——爱心之旅走进抗日战争纪念馆”活动，组织全区100名川籍少年儿童和农村品学兼优的少先队员代表到中国人民抗日战争纪念馆参观学习。5月26日，在通州区教师研修中心礼堂举行“歌唱祖国——红领巾献给祖国的歌”主题歌会。5月28日至30日，在欢乐之都青少年社会职业体验馆免费为全区300名来自城区、农村、打工子弟和培智学校的少先队员提供职业体验教育。5月28日，来自全区各小学的120名青少年书法爱好者汇集在通州区第一实验小学，现场挥毫泼墨，歌颂祖国。5月31日上午，区领导王云峰、邓乃平、石进贤、王玉辉、张文山、岳鹏、蒋洪昉在团区委、区教委相关人员的陪同下，分别到区潞县镇草厂小学、培智学校、永乐店镇中心小学、梨园镇中心幼儿园进行慰问，与孩子们共同庆祝“六一”国际儿童节。

（吴　男）

【讲故事比赛】　6月10日，区少工委、区图书馆联合组织开展“我喜爱的书中人物”讲故事比赛。区少工委、区图书馆有关负责人以及全区各小学大队辅导员和少先队员代表近百人参加了活动。

（吴　男）

【通州区志愿者工作研讨会】　6月16日至18日，通州团区委、区志愿者服务指导中心分系统召开通州区志愿者工作研讨会，全区55个单位的团委书记和志愿者负责人参加会议。

（吴 男）

【爱心大课堂】 6月19日上午，团区委特别邀请北京市青少年法律与心理咨询服务中心、北京市红十字会培训中心、区检察院等单位的五位讲师，深入北关小学、月河学校、东升博宇小学、七彩小学、立华学校举办专题讲座，为全区4150名打工子弟及家长讲授心理健康、法律法规、安全自护知识。

（吴 男）

【“挥洒青春 映红党旗 贡献新城”主题报告会】 6月26日，团区委与区委组织部在通州区教师研修中心举行“‘挥洒青春 映红党旗 贡献新城’主题报告会暨通州区百名新党员集体入党宣誓仪式”。会议由区委常委、组织部部长王春元主持，区委书记王云峰、区委副书记张文山以及区委组织部、区人事局有关负责同志出席会议。

（吴 男）

【优秀团干部培训班】 7月7日，通州团区委在通州区委党校举行通州区第四届优秀团干部培训班开班仪式。来自全区直属团组织的41名团干部参加本次培训班。区委常委、区委组织部部长王春元出席开班仪式并讲话。

（吴 男）

【通州区骨干志愿者培训班】 7月24日，团区委、区志愿者服务指导中心组织全区近百名骨干志愿者参加“通州区骨干志愿者培训班”。培训活动内容丰富，由8至10人为1小组，授课方式以互动为主，其中还穿插了游戏和拓展训练，志愿者们在实际演练中学到了志愿者知识，并掌握了志愿服务技能。

（吴 男）

【上海奉贤团区委到通州交流考察】 8月20日，共青团上海市奉贤区委员会交流考察团一行27人到通州区考察志愿者及团建工作。考察团先后对八通网志愿者服务队、玉桥街道幸福艺居社区青少年楼门文化、漷县镇大学生村官农业示范基地及北京南瓜观光园青年就业创业见习基地进行了考察。

（吴 男）

【通州区“迎国庆 讲文明 树新风”志愿者集中行动月】 9月1日，“迎国庆 讲文明 树新风 志愿者集中行动月暨平安国庆消防志愿者在行动”活动在梨园镇中心广场举行，市消防局副局长骆原、副区长张华以及其他相关单位的主要领导出席此次活动。

（吴 男）

【通州区医疗志愿者走进新农村】 9月9日，通州区7家医疗卫生系统的30余名志愿者到张家湾镇，以“参与创卫 你我同行”为主题，开展形式多样的医疗卫生村镇行活动。校园甲流防治知识宣讲、敬老院义诊、食品卫生知识进企业、为村民进行的义务体检咨询等活动受到大家的欢迎。

（吴 男）

【通州区“蓝立方”服务国庆60周年】 9月4日，根据团市委的统一安排，通州区潞河医院、安利通州分店和永顺镇等3个城市志愿者站点全面开放，以“迎国庆 讲文明 树新风”为主题广泛开展志愿服务。

（吴 男）

【通州区网友志愿者暴走捡拾垃圾】 9月19日，30余名环保志愿者参与了由通州区志愿者服务指导中心、八通网共同组织开展的“八通志愿者暴走捡拾垃圾”活动。志愿者们从城铁土桥站徒步走至梨园站，沿途捡拾垃圾，所过之处，路面变得干净整洁。

（吴 男）

【少先队建队60周年表彰典礼】 10月13日，团区委、区少工委在区教师研修中心举行通州区庆祝少先队建队60周年表彰典礼。区委书记王云峰、区长邓乃平、区委副书记张文山、区政协副主席王子江，区文明办、团区委、区教委、区关协等单位的相关领导出席活动，与全区少先队工作者、少先队员代表欢聚一堂，共同庆祝中国少年先锋队60华诞。

（吴 男）

【少先队辅导员三年轮训计划培训班】 11

月11日至13日，通州团区委、区少工委在北京青年政治学院举办通州区少先队辅导员3年轮训计划培训班。来自全区城口、农村和打工子弟学校少先大队的42名大中队辅导员参加培训。

（吴　男）

【志愿者走进社会福利院】　12月4日，第24个国际志愿者日，团区委、区志愿者服务指导中心在通州区社会福利院正式成立通州区志愿服务基地，并组织广大爱心志愿者看望残患儿童。成立仪式上，团区委与社会福利院签订《通州区志愿服务基地协议书》。

（吴　男）

【日本民主党代表团访问活动】　12月11日、12日下午，日本民主党代表团暨第十六次“长城计划”友好交流使节团部分成员共120余人到通州区张家湾镇皇木厂村参观新农村建设。团区委及张家湾镇政府在皇木厂村长乐宫内安排欢迎仪式，并组织考察团到村内及农户家中参观。

（吴　男）

【首期村级团支部书记培训班】　12月22日，通州团区委“首期村级团支部书记培训班”在区委党校开班，本期培训班为期3天，课程包含区情教育、职业生涯规划、团组织活动策划及参观考察等内容，共培训学员72人。

（吴　男）

【面对面活动】　12月31日下午，团区委协调部分人大代表、政协委员做客八通网与网友“面对面”，共同探索互联网对青少年的影响，了解网络监督管理方面存在的问题，征集青少年对互联网有关方面提出的意见和建议，并就相关问题与网友交流互动。

（吴　男）

通州区妇女联合会

【概　况】　2009年，区妇联紧紧围绕保增长、保民生、保稳定的方针，突出解决妇女群众最关心、最直接、最现实的利益问题，充分发挥组织、引导、服务妇女和维护妇女儿童合法权益的工作职能，努力实现妇女得实惠、普受惠、长受惠，动员组织广大妇女为建设和谐通州做贡献。

年内，实施“妇女文明行动”，引导妇女参与和谐通州建设。深入开展“和谐家庭”创建活动。将“首都和谐家庭标兵”、“平安家庭”、“五好文明家庭”、“学习型家庭”、“廉洁家庭”、“美德在农家”等各类特色家庭创建活动置于和谐家庭建设的大主题中，倡导以德治家、文明立家、平安保家、廉洁守家，以小家庭的和谐促进大社会的和谐，形成各具特色、整体推进的生动局面。积极开展“快乐母亲读万家”活动。大力加强家庭教育。举办通州区非凡宝宝展示大赛活动。

大力开展城镇在岗妇女专业知识培训和下岗、失业妇女免费就业技能培训，帮助她们走上创业之路。2009年，全区各级妇联组织配合劳动部门举办培训班322期，培训妇女20000余人次，解决妇女灵活就业10000余人次；同时评选出2009年通州区妇女“十大创业就业带头人”，培植15家单位为“4050”人员培训基地，宣传一批妇女自主创业、下岗再就业的先进典型，教育引导广大妇女树立正确的创业就业观念，合理就业，大胆创业。组织开展“双学双比”二十年成果总结表彰活动。全区百余名巧娘参展作品1000多件，近万人次妇女参观学习。建立木真了服装有限公司和艺景轩景泰蓝厂两个“通州巧娘作品研发基地”，拓展提升妇女增收致富的创新载体；开展“通州巧娘手工艺品展卖”活动，巧娘们自创、自编、自产产品链接到了市场。

实施“强基固本行动”，全面推进妇联组织自身建设。深化“五好”妇女组织创建活动。继续按照党建带妇建的原则，开展“五好”组织创建活动。全区建立“五好”妇女组织108个，评选出54个巾帼示范村和6个巾帼示范社区，进一步夯实了妇女工作基础。探索妇联网络发展新思路。在区、乡镇（街道）、村（社区）三级妇联组织的基础上，创建了街巷（楼门）妇女小组。实现区、乡镇（街道）、村（社区）、街巷（楼门）妇女小组四级妇联组织网络。实施“妇女儿童关爱行动”，促进妇女儿童全面发展。扎实做好《十一五妇女规划》、《十一五儿童规划》和《十一五家庭教育规划》三个规划中期评估工作。积极营造妇女儿童发展良好环境，建立为妇女儿童办实事长效机制。全年区妇联系统接待信访1041件，结案率百分之百。

（倪晓燕）

【两节送温暖】 两节期间，区妇联共慰问走访单亲贫困母亲、孤残儿童等120户。

（倪晓燕）

【第三次妇女代表大会】 3月3日至4日，北京市通州区第三次妇女代表大会在通州区北发大酒店召开。265名全区各族各界的妇女代表出席大会。市妇联主席赵津芳、区委书记王云峰到会并讲话。会议选举产生新一届执委43名。

（倪晓燕）

【三届一次执委会】 3月4日，召开通州区妇联三届一次执委会，选举产生新一届常委、主席、副主席。

（倪晓燕）

【女处级领导干部联谊会】 3月3日，“三八”国际劳动妇女节99周年纪念日，邀请北京市中医药大学副教授，中医养生专家曲黎敏为参加第三次妇女代表大会代表处级女领导干部代表讲授中医养生知识。

（倪晓燕）

【“双学双比”20年展示活动】 搭建四大平台助推妇女培训就业工作的开展。6月9日至12日，区妇联组织开展“双学双比”二十年成果展示活动启动仪式及展示、展卖和实用技术技能培训等系列活动。搭建培训平台，活动期间区妇联组织开展了实用技术、妇女就业政策和法律法规等多类培训班，培训妇女1100多人。搭建帮扶平台，区妇联聘请中国非物质文化遗产花丝镶嵌传承人白静宜为通州巧娘作品研发总顾问、国际农产品经纪师王兢教授为通州农产品女经纪人总顾问，建立木真了服装有限公司和艺景轩景泰蓝厂两个“通州巧娘作品研发基地”，以发挥妇女培训就业能人和基地优势，带动更多妇女实现致富增收。搭建展示平台，活动期间评选出2009年通州区妇女“十大创业就业带头人”，培植16家单位为“4050”人员培训基地，宣传一批妇女自主创业、下岗再就业的先进典型，教育引导广大妇女树立正确的创业就业观念，合理就业，大胆创业。搭建市场销售平台，展示活动期间全区百余名巧娘带来1000多件展品，3000多人次妇女参观学习。在通州贵友大厦“通州巧娘手工艺品展卖”活动中，14位通州巧娘走出家门，迈进市场，成为通州家庭妇女自创、自编、自产产品链接市场的一次成功的尝试。两天销售收入达到29000元，其中10%的款项捐给红十字会，用于救助贫困母亲和儿童。

（倪晓燕）

【妇女培训就业擂台赛】 2009年，针对金融危机下全区妇女就业严峻形势，结合农村妇女实用人才工作的开展，区妇联在全区开展擂台赛活动强化女能人女企业家的带动作用。一是多项措施引方向。严格要求各乡镇、街道妇联制定出切实可行的妇女培训就业方案，运用多种创新措施推动妇女培训就业工作的开展。培训范围涉及手工加工编织技术培训、种植养殖实用技术培训、家政服务培训、妇女面点工培训和电脑操作技术培训等多个方面。同时，组织妇女学习经营管理、法律、市场经济及现代网络知识，提高妇女的综合素质。二是通过联系卡抓落实。各乡镇、街道办事处妇联建立妇女就业联系卡，在检查评比期间，进行电话抽查。三是硬性指标严把关。各乡镇、街道办事处妇联解决妇女灵活就业人数以所建立妇女培训就业工作联系卡为准，就解决就业妇女的工作时间、工资及解决就业人数做出具体严格的要求。四是协调单位建平台。区妇联积极与各“双学双比”成员单位加强横向联系并召开专题座谈会，根据各单位的工作职能，开辟培训途径，拓宽就业思路，进行政策扶植、技术培训和科技指导。2009年的擂台赛工作取得明显的社会效益，全年培训妇女20000余人次，实现妇女灵活就业10000余人。

（倪晓燕）

【运河女儿足迹宣讲团】 开展“运河女儿足迹”通州主题教育活动。组织获得中国十大道德模范提名奖、照顾邻居金奶奶30多年的张品正，三八红旗手敖淑明等六姐妹宣讲团，在全区进行20多场宣讲，展示通州女性在经济建设、家庭建设等方面做出的贡献。

（倪晓燕）

【“妇”字号基地建设】 2009年，区妇联以“妇”字号基地、编织协会和产业协会为依托，坚持“妇联＋协会＋基地”的工作指导方针，积极开展基地建设，协调有关单位的资金支持。结合国庆群众游行，组织动员杨秀芬巧娘工作室、海玲编织社、木真了服装有限公司等基地积极参与国庆游行工作，出色完成两个方阵服装、10万件道具制作加工任务，并以此为契机把通州区的品牌基地推向更广阔的国际市场，先后组织惠民景泰蓝厂、一品园花卉基地等参加鸟巢农村实用人才产品展卖、浙江义乌国际小商品博览会、妇女儿童博览会及科博会等，为基地向国际化方向发展奠定基础。在开展“双学双比”活动中，区妇联专门组织协调单位的业务骨干为基地负责人进行业务知识讲座，取得明显的效果。

（倪晓燕）

【加强妇女培训工作】 2009年，区妇联依托“十大创业就业带头人”和16家“妇”字号基地，举办手工技能及营销、种养殖新技术、小额贴息贷款、经济合作社组建等专业技能、政策培训，共培训妇女2万余人次。区妇联注重培训工作的专业化、深入化和系统化，大力扶持和发展妇女专业合作组织和妇女专业协会，形成生产网络，吸收热心“双学双比”活动的专家、学者、乡土人才的广泛参与。引导妇女坚持以市场为导向，以科技为支撑，以产业化为载体，以加快培养优势和特色产业为目标，走出一条具有妇女优势与特色优势的致富新路子。

（倪晓燕）

【维权工作】 年内，组织基层妇女干部报名参加全国心理咨询师培训，14人取得证书；建立完善信访工作制度，认真帮助有求助需求的妇女排忧解难，尽力提供有关婚姻家庭、法律咨询、心理疏导等方面的帮助；召开维权联席会议，运用依法维权、源头维权、社会化维权并举的工作手段，全力破解维权工作难题，当好保护妇女儿童权益的“娘家人”。全年接待信访1041件，其中来访687件、来电咨询354件，结案率百分之百。

（倪晓燕）

【“十一五”两《规划》中期评估】 4月16日，召开《通州区“十一五”妇女儿童规划》中期评估工作会议，进行《通州区“十一五”妇女儿童规划》专题培训。城口各成员单位的联络员近50名同志参加会议。会上下发了妇儿工委文件，统计局社会科具体工作人员部署有关《妇女儿童规划》年度统计工作。7月11日，举办《通州区“十一五”妇女儿童规划》专题培训会。同日，北京市“十一五”妇女儿童规划中期评估督导小组到通州检查工作，听取了副区长刘淑华关于《通州区十一五妇女儿童规划中期评估报告》

和有关部门汇报，参观中仓街道上营社区“没有围墙的敬老院”和于家务乡仇庄村“流动妇女之家”。专家组对本区妇女儿童工作给予充分肯定。

（倪晓燕）

【通州快乐母亲“阅”万家活动】 5月8日，通州区妇联举行快乐母亲读书工程暨北发酒店6000册图书赠书仪式。通州区母亲读书工程，实现每年6000册图书在通州480个村队和96个街道传阅。600个乡镇和社区母亲制作的环保书包带动全区20万母亲分享家庭读书乐趣。

（倪晓燕）

【“体验未来 激励梦想”体验活动】 在5月15日世界家庭日，组织全区100名品学兼优、家庭贫困学生到“欢乐之都”体验律师、消防员等不同职业领域的工作内容，认知和确定未来人生发展目标。一日游活动，让他们了解通州，激发他们为建设第二家乡奋发读书的信心和决心。

（倪晓燕）

【庆“六一”慰问活动】 5月下旬，区妇联慰问全区部分贫困儿童代表50名，为他们每人送去助学款300元、英汉大词典和汉语词典各一本、复读机一台，合计人民币32000元。

（倪晓燕）

【“共绘美好家园 共创幸福未来”主题活动】 5月21日，区妇联组织打工子弟学校学生和四川地震灾区儿童代表100多名学生，到青少年职业体验城，开展“共绘美好家园，共创幸福生活”主题活动。同学们拿起手中的画笔，描绘心中美好家园，增强爱祖国、爱通州的热情。

（倪晓燕）

【开展妇联基层组织示范创建活动】 按照市妇联工作要求，下发《关于实施强基固本工程，开展基层组织示范创建活动的意见》和《关于推进社区妇联组织工作规范化的实施意见》，继续开展“五好”组织创建活动。在各社区以楼门为单位，建立楼门妇女小组；在各村以街巷为单位，建立若干村妇女小组。截至年底，全区街巷（楼门）妇女小组2986个，充分发挥了最基层妇联组织动员、号召、组织、服务妇女的积极作用，楼门（村）妇女小组在社区妇联和村妇代会的领导下，参与社区和村各项社会建设和妇女活动。实现区、乡镇（街道）、村（社区）、妇女小组四级妇联组织网络。

（倪晓燕）

【社区妇联换届选举工作】 4月至7月，完成社区妇联换届工作。区妇联对4个街道和3个乡镇属地内89个社区的换届选举工作进行指导，参与社会管理和公共服务以及和谐社区建设的各项工作任务。出台《关于推进社区妇联组织工作规范化的实施意见》，指导新任社区妇联主席进入角色，明确职责和分工，履行妇联职能，参与社会管理和公共服务以及和谐社区建设的各项工作任务。

（倪晓燕）

【美在家庭建设年活动】 上半年启动美在家庭建设年活动。协调区林业局为西集镇的4个村提供10万元树苗，使每户家庭种上了月季等花卉，美化了家庭。

（倪晓燕）

【开展家庭教育系列活动】 举办通州区非凡宝宝展示大赛活动。5月16日，举行决赛和征文比赛揭晓活动，评选出1岁至3岁语言智能、数学智能、音乐智能表现非凡的6位宝宝，10名家长被评为“智慧好家长”。积极开展家庭教育大讲堂活动，组织教育专家王宝祥等多名学者，深入到基层社区、村队，为广大妇女讲授家庭亲子教育、妇女健康等知识。全年举办家教、青春期女童教育、婚姻家庭、婴幼儿智力教育、健康讲座等专题讲座100多场，爱教育人数达20000人。

（倪晓燕）

【“平安家庭”和“流动妇女平安之家”创建活动】 区妇联以平安家庭创建活动为载体，充分发挥各部门相互协作的优势，调动本区家庭在创建活动中的积极性，为维护社会稳定、构建社会主义和谐社会做贡献。开展法律进家庭活动、科技进家庭活动、文明新风进家庭活动、科学家教知识进家庭活动。并建立1个“流动妇女平安之家”，积极开展针对流动妇女和基层妇女的各项工作。区妇联帮助妇女解决问题32件。

（倪晓燕）

【完成60周年国庆活动任务】　在国庆群众游行任务中，区妇联完成组织来自3所高校的2100名师生和200余名社区群众参加天安门广场国庆群众游行“和谐家园”方阵的游行任务；组织动员巧娘积极参与国庆工作，出色完成两个方阵服装、10万件道具制作加工任务；组织2万名巾帼志愿者投入社会治安维护、环境整治等工作。

（倪晓燕）

通州区工商业联合会

【概　况】　2009年，区工商联克服困难取得显著成绩，较好地完成各项目标任务。以学习实践科学发展观活动为契机，积极帮助企业渡难关、谋发展；积极应对国际金融危机的影响和冲击，认真开展调查研究，听取意见和呼声，与企业共同寻求应对金融危机的对策；加强与政府有关部门的联系，强化融资服务，为企业发展提供动力支持；畅通会员企业反映面临困难与迫切需要的渠道，切实搞好服务，解决企业实际问题，确保会员企业平稳健康发展，为通州经济社会又好又快发展作出积极贡献。

（蔡锐进）

【市有关部门到民营企业调研】　1月9日，市政府研究室、市政协经济委员会和市工商联等部门的领导到通州区调研民营企业发展情况，区工商联组织7家会员企业参加研讨会。出席座谈会的领导认真听取了企业家的发言，并就一些共性问题与企业家们进行了进一步的沟通和交流。

（蔡锐进）

【慰问原工商业者、三小会员】　元旦、春节前夕，区工商联利用市工商联节日慰问金、困补金分配额和区财政定向资金，根据所属老工商业者（含三小）及遗孀家庭生活状况对41人次进行慰问金和临时困难补助金发放，共计57000元。

（蔡锐进）

【发挥企业党组织作用】　2月20日，区工商联党组围绕“充分发挥党组织的作用，帮助企业凝心聚力共克时艰”的主题，召开由10家会员企业党支部书记参加的专题工作会。区委统战部副部长、区工商联党组书记刘晓波在认真听取了党支部书记的发言后强调：要进一步加强企业党建工作，要在工作方法上进一步创新，发挥党组织保稳定、促和谐的作用。

（蔡锐进）

【寻求应对金融危机对策】　3月5日，区工商联邀请部分会员企业与区政协有关领导座谈交流。区政协副主席杜宏谋，区政协副主席、区委统战部部长李淑华出席座谈会。座谈中，企业家充分肯定了党和政府在应对金融危机中相继出台系列政策的积极作用，并根据自己的生产经营情况谈了所需要解决的主要矛盾和需要政府提供的支持和帮助，以及对扶持民营企业政策措施的意见和建议。

（蔡锐进）

【举办市首届铜加工论坛】　3月27日，北京市首届铜加工工艺与现代装饰发展论坛在马驹桥镇举办。市工商联副主席王克林一行，区政协副主席、区委统战部部长李淑华及区政协，区工商联和马驹桥镇等领导参加了论坛开幕式。60多位来自本市铜加工工艺厂家、客户方、材料供应商负责人和有关专家参加论坛，共商发展大计。此次论坛采取了政府搭台，企业唱戏的形式，受到与会企业欢迎。这个平台为同行业企业家提供了很好的沟通交流的机会。论坛还审议了王斌提出的成立“铜装饰加工协会”的建议。

（高志民）

【举办中小企业政策宣介座谈会】 4月10日，区工商联与北京中小企业协会共同举办北京市政府促进中小企业发展有关政策宣介座谈会。座谈会上，北京中小企业协会有关领导介绍了市政府为促进中小企业发展而出台的相关政策情况；特别讲解了政府中小企业创业投资引导基金的运营理念和当前进展情况及创业引导基金与以前的政府扶持基金、银行贷款和风险投资的不同之处；重点宣讲了北京市中小企业创业投资引导基金运作规则，并对企业如何做好基金申报工作提出建议和意见。参会的近二十家企业结合自身的实际进行了深入的交流和探讨，对政策的进一步落实提出建议和意见。

（蔡锐进）

【组织会员企业参加第四届中博会】 区工商联组织部分会员企业参加第四届中部博览会。通过参观投资贸易展览、参加招商引资项目推介合作洽谈会和经济论坛等多种形式，与中外客商进行了广泛的接触和交流，并就一些项目进行深入的探讨。

（蔡锐进）

【启动“五月党建活动月”活动】 4月29日，区工商联党组召开会员企业党建工作会，19家会员企业党支部负责人参加会议。会议以充分发挥非公企业党组织和党员的先锋模范作用，诠释党性党悟，彰显责任意识，凝心聚力，帮助企业化解危机、渡过难关为中心，对会员企业党支部第二个“五月党建活动月”活动进行了部署。会议确定本次活动的主题为“解难题、增信心、鼓干劲、促发展、做贡献。”并对活动的主体、重点形式和要达到的效果提出明确要求。

（蔡锐进）

【召开九届四次执委会】 6月26日，通州区工商联召开九届四次执委会，主席金文岭作题为《坚定信心，振奋精神，迎难而上，以更加奋发有为的精神状态应对经济形势变化的挑战，为推进我区“两新”建设再立新功》的工作报告。会议表彰了工商联“五项优秀”，70多家会员企业获得表彰。市工商联副主席李燕平、区委统战部常务副部长刘景龙等领导参会并为获奖单位颁奖。会议表决通过了免去5名执委职务和届中增替补7名执委的决定。

（高志民）

【举办工会干部业务理论培训班】 7月10日，工商联会员工会举办工会干部业务理论培训班。邀请市工会干部管理学院工会理论研究所研究员张丽教授主讲，讲座围绕“中国工会组织是什么样的组织”、“工会组织在企业中的作用”问题从理论与实践的角度进行深入浅出、贴近实际的讲解，突出了理论性、知识性、实用性效果。30多位来自基层的工会主席等参加培训。

（高志民）

【举行“携手成长”系列活动】 7月16日，为缓解中小企业融资难，帮助中小企业科学利用股权融资和信贷融资获得发展资金，区工商联、区私个协会与北京市发展和改革委员会、北京市中小企业协会、新开发创业投资管理有限责任公司等4家政府创投合作机构及华夏银行通州支行、北京金家园担保有限公司、北京合众普惠财务策划有限公司等融资担保机构联合举办“携手成长”系列活动。

（高志民）

【举办会员企业融资座谈会】 10月15日，区工商联积极搭建平台与北京农投首诚小额贷款股份有限公司共同举办小额贷款公司业务工作座谈会。北京农投首诚小额贷款股份有限公司负责人向参加会议的中小企业负责人介绍了小贷公司的服务对象、业务流程和贷款期限及利率等情况，并现场与参加会议的中小企业负责人进行交流互动，认真解答提出的相关问题。

（周少华）

【组织会员企业参加中国—东盟博览会】 10月20日，区工商联组织部分会员企业参加本届中国—东盟博览会。通过参观投资贸易展览、参加招商引资项目推介合作洽谈会和经济论坛等多种形式，与中外客商进行了广泛的接触和交流，并就一些项目深入探讨。

（周少华）

【举办工商界政协委员座谈会】 为进一步引导工商界政协委员更好地履行职责，积极参政议政，提出有针对性和建设性的提案，11月26日，举办政协通州区第四届委员会工商界委员工作座谈会。座谈会围绕通州区"十二五规划"发展战略中的一些重大现实问题，工商界政协委员们结合实际、针对问题、深入调研，提出了团体提案草案，委员们进行了广泛深入的探讨，并就团体提案草案的内容达成共识。

（周少华）

通州区残疾人联合会

【概　况】 区残疾人工作坚持以人为本的科学发展观，认真贯彻落实残疾人事业"十一五"规划，开展第二代残疾人证换发、温馨家园建设、社区康复达标区建设等工作，积极落实残疾人社会保障相关政策，广大残疾人的社会保障得到进一步提高，残疾人的生活状况得到明显改善，残疾人参与社会的程度逐步加大，残疾人事业稳步发展。年内，区残疾人劳动就业培训服务所被市政府残疾人工作委员会评为北京市2008年度残疾人就业保障金审核代征管理工作先进集体。

（张　悦）

【第二代残疾人证换发工作】 按照市残联的统一部署和要求，开展第二代残疾人证换发工作，成立以主管区长为组长，区财政、公安、残联等部门领导组成的换发第二代残疾人证工作领导小组，制定《通州区换发第二代残疾人证工作方案》，并召开专题会议和培训班进行工作布置，年内为1.5万名残疾人换发第二代残疾人证。

（张　悦）

【温馨家园建设】 认真贯彻实施北京市《进一步加强"温馨家园"建设的意见》，对已经建立的"温馨家园"进行规范化管理，完成西集、宋庄、永顺、台湖、潞城、北苑、中仓、新华8个"温馨家园"建设，通过了市残联的评估验收。

（张　悦）

【残疾人社会保障】 年内，落实有关政策，全区有3445名残疾人享受最低生活保障，96人享受廉租房补助，有602户农村贫困残疾人家庭住房得到修缮或翻建。为2547名农村和城镇特困残疾人以及3706名无业无固定性收入的重度残疾人发放特困补助和生活补助，为6518名残疾人落实参加城乡居民养老保险缴费补贴审核工作。积极落实"九养"政策，向4040名符合条件的残疾人发放养老助残券。

（张　悦）

【创建社区康复达标区】 年内，开展创建社区康复达标区工作，成立由主管区长任组长，残联、卫生等部门领导任副组长的创建领导小组，健全完善了2006年以来的各类康复档案2万余份和各项规章制度，8月，顺利通过市级检查验收，为2010年实现"人人享有康复服务"的目标奠定基础。

（张　悦）

【康复服务与管理】 年内，实施贫困白内障患者免费手术160例；为162名残疾人验配助听器；送30名精神病人入住康复基地；为15名贫困肢体残疾人安装了假肢；对58名盲人进行定向行走训练。对全区残疾儿童进行全面的筛查，筛查出残疾儿童274人，对有社区康复需求的78名残疾儿童发放社区服务卡；为15名残疾儿童申请机构康复；向168人发放辅助器具；为2名残疾儿童申请人工耳蜗植入，为3名残疾儿童申请人工耳蜗升级；为26人验配助听器；为9名残疾儿童装配矫形器；为贫困残疾人免费发放中、小型辅助器具3454件；培训康复协调员150人。

（张　悦）

【残疾人就业及保障金征缴工作】　在落实《残疾人就业条例》、依法做好残疾人就业保障金征缴工作中，利用电视台、报社、网站等媒体进行广泛宣传，向用人单位送达法规政策和宣传材料2.5万份。残联部门和地税部门密切配合，全区共审核用人单位20930余家，核定残疾人就业保障金4764万余元。新安置残疾人就业237人，占就业年龄段有就业愿望并进行失业登记残疾人的80%以上。在台湖镇、永顺镇新建2个职业康复站，共安置40名成年智力残疾人参加职业康复训练，并通过市残联评估验收。

（张　悦）

【扶贫基地建设】　在深入调研的基础上，向市残联申请扶贫项目，在条件成熟的漷县镇、张家湾镇、永乐店镇、台湖镇建立4个市级扶贫助残基地，带动残疾人种植、养殖户120个。多次聘请专家对个体养殖户进行现场培训指导，提升养殖户的发展能力。

（张　悦）

【助学工作】　继续开展扶残助学工程，对申请资助的学生开展调查登记工作。2009年，全区有132人领取助学款，总金额331365元。其中残疾人高中生5人、大学生27人，困难残疾人子女高中生50人、大学生50人。

（张　悦）

【残疾人家庭无障碍改造】　为让更多的残疾人共享无障碍建设成果，使残疾人更好地参与生活、融入社会，2009年初，对全区残疾人开展家庭无障碍改造需求调查，对所有肢体、视力、听力有无障碍需求的3351户残疾人家庭进行全面详细登记。年内对1201户符合条件的贫困残疾人家庭实施家庭无障碍施工改造，并于11月通过市级检查验收。

（张　悦）

【通州区残疾人联合会网站开通运行】　2月25日，为进一步提高通州区为残疾人服务的水平，宣传残疾人事业，通州区残疾人联合会网站（http://cl.bjtzh.gov.cn ）开通运行。网站设计了10个栏目，分别是图文信息、政务公开、政策法规、康复指导、教育就业、组织建设、文化体育、法律维权、服务指南、事业概况。

（张　悦）

【残疾人代表参加国庆游行】　10月1日，通州区20位残疾人参加天安门广场举行的国庆60周年首都群众游行，在“和谐家园”方阵前列，他们手捧鲜花，端坐在轮椅上，在大学生志愿者推动下，行进在由2343人组成的方阵最前列。向世人展示了残疾人生活在祖国怀抱中享有的平等权利和自强不息的精神风貌。

（张　悦）

【信访和残疾人法律维权】　进一步深入学习贯彻《北京市信访条例》及通州区信访排查调处工作会议精神，办理残疾人来信8封，接待来访341人次，解答咨询电话370人次。为残疾人提供法律咨询等68件次，8名残疾人得到法律援助服务，维护了残疾人合法权益，确保了残疾人群体的稳定。

（张　悦）

通州区科学技术协会

【概　况】　2009年，区科协全面贯彻落实党的十七大会议精神，以科学发展观统领科普工作全局，以提高全区公众科学素质和服务通州新城区和新农村建设为工作主线，全面推进科协工作科学发展。区科协被授予“首都未成年人思想道德建设工作先进集体”、“首都中华人民共和国成立60周年庆祝活动先进单位”等荣誉称号。年底，全区有4个街道办事处科协、11个乡镇科协、3个企业科协。

（马振英）

【2009年“科技套餐工程”在通州启动】 1月18日，由市科协、市农委、区委、区政府共同主办的2009年“科技套餐工程”暨“三下乡”活动启动仪式在通州区永乐店镇坚村的蔬菜基地举行，来自市、区相关部门的领导出席仪式。市科协副主席贺慧玲，市农委副主任刘春广，区委常委、宣传部长张秀余等领导出席并为“科技套餐工程”示范点“坚村蔬菜基地”揭牌。市委宣传部等单位向坚村村民赠送8台科普设备，近千册科技图书及玉米、蔬菜优良品种65公斤。北京反邪教、中医药、蔬菜、昆虫、果树等学会、协会的40余名专家为当地农民提供科技咨询、义诊等服务，发放科普资料600多份。仪式结束后，有关领导和现场的农民群众一起观看文艺演出，慰问为农民提供医疗义诊的医口专家和在田间为农民提供科技咨询、技术指导的农业专家。文化、科技、卫生三下乡活动，受到当地农民群众的欢迎，全村300户农民从中受益。

（马振英）

【京贸国际数字科普图书馆建成揭牌】 3月31日，区科协、北苑街道办事处、区财政局、区信息中心、北京市农林科学院信息所等单位在通州区京贸国际社区举行数字科普图书馆揭牌仪式。数字科普图书馆在建设网络教室的基础上，依托首都技术资源优势，通过现代技术手段，使大量的科普信息资源进入社区，满足不同层次居民的科技文化需求。

（马振英）

【农业节水技术田间学校成立】 3月10日，区科协与区种植中心、区农业技术推广站在西集镇大沙务润宝陆农业科技有限公司共同建立通州区首个“农业节水技术田间学校”。学校以田间为课堂，采取互动式的培训方法，提高农民自主学习、自主生产和决策能力，增强生产技能，并以此为平台为农民引进节水新型设备、节水新技术和农业节水作物新品种。

（马振英）

【举办“运动·健身·和谐”互动体验展】 5月18日，由区科协主办，区科技馆、区青少年活动中心、北京一八三一流动科技馆承办的2009年通州区科技周——“运动·健身·和谐”互动体验展启动仪式在区青少年活动中心开幕，市、区有关领导和街道办事处的社区群众及工作人员180人参加仪式。展览为期1周，参观人数5000人次。展览主要分为五大展区，分别为互动体验区、互动竞技区、检测测试区、静态参观区、通州特色科普展示区。内容主要包括运动心理测试、模拟赛车、机器人表演、心理健康咨询等。通州区能源站、北京鑫淼观赏鱼养殖中心、北京五色土食用菌加工有限公司、通州区一滴水科技有限公司、梧桐田园科普馆等企业及科普基地参加此次活动，展出特色科普产品。互动体验展览活动把科学锻炼、快乐健身以及竞技体育包含的高科技知识有机结合，让观众感受到现代科技的科学魅力。

（马振英）

【举办生态文明与绿色行动科普报告会】 5月19日，“生态文明与绿色行动”科普报告会在中仓街道办事处开讲。这是区科协和中仓街道办事处发挥社区科普大讲堂作用，全面推进生态文明与和谐社区建设而举办的首场社区科普报告。报告会上，北京科普大使、北京麋鹿生态实验中心副主任郭耕用环境恶化、物种消失等大量事实，阐述人类与生态环境密不可分、唇亡齿寒的关系，并以现场表演科普剧的形式，说明节能减排对环境的贡献以及“心态与生态、心境与环境”协调发展的理念。百名社区科普志愿者和居民参加活动，树立“落实绿色行动计划，建设生态文明城市”的理念。

（马振英）

【通州老科学技术工作者协会成立】 8月20日，区科协在通州区东方宾馆召开通州老科学技术工作者协会（简称通州老科协）成立大会。北京老科技工作者总会和通州区相关部门领导出席会议。会上通过了《通州老科学技术工作者协会章程》草案，选举产生协会第一届理事会理事、第一届监事会监事。唐钰当选为通州老科协第一届理事会会长，臧国忠、尹江华等6人当选为副会长；谭轶当选为第一届监事会监事长；区科协主席杜伟被聘任为名誉会长。通州老科协是通州区老科技工作者为主体自愿组成的，经北京老科学技术工作者总会批准成立的团体会员；是区科协的重要组成部分，是党和政府联系老科技工作者的桥梁和纽带；是由通州区各企事业单位、教育和科研及其他有关单位老科技工作者组成的非营利性社会群众组织。通州老科协的成立为通州区老年科技人才施展才华、发挥余热搭建了平台。

（马振英）

【通州区领导干部和公务员科学大讲堂开讲】 8月28日，区科协与区人事局在区委党校联合举办“通州区领导干部和公务员科学大讲堂”——《自然保护与人文精神》专题科普报告会。北京科普大使、北京麋鹿生态实验中心副主任郭耕为通州区300多名公务员阐述“人与自然协调发展”的理念。

（马振英）

【开展科普宣传员培训】 9月3日，区科协在区科技馆举办“通州区优秀科普宣传员培训暨社区数字科普资源应用培训”。来自各街道科协的宣传部长、优秀科普宣传员和社区科普骨干22人参加培训。培训会邀请中国摄影协会会员、通州区摄影协会副秘书长王晓航讲解科普摄影技巧，并请市农林科学院农业科技信息研究所信息资源部副主任谭翠萍讲解科普门户网站资源的利用等数字科普资源服务内容。活动的开展提高了社区科普宣传员利用现代化科技手段开展科技传播的能力。

（马振英）

【举办“迎华诞 梦圆太空”中国载人航天展】 9月23日，由区科协主办，区科技馆、北京一八三一流动科技馆承办的“2009年通州区科普日暨中国载人航天展”在区科技馆开展。展览为期1个月，展览汇集神州号返回舱、中国发射测控沙盘、长征系列火箭、东方红三号模型、风云卫星、资源卫星、长征系列运载火箭、宇航服等展品，充分展示了中国航天事业取得的伟大成就。参观者在航天专家的讲解下，近距离地感受中国航天事业发展的伟大历程。展览期间接待参观群众数千人。

（马振英）

【通州区首家社区科普气象站签约】 9月24日，区科协、区气象局和区中仓街道办事处在区科协会议室举办通州区首家社区科普气象站建设的签约仪式。建立社区科普气象站，不但在基层社区建立科普阵地，而且能为社区百姓带来第一手的气象资料。

（马振英）

【举办国庆游园活动暨科技成就展】 10月2日，由区委、区政府主办，区科委、区科协、区市政市容委、区文化委等单位承办的通州区国庆游园活动暨科技成就展启动仪式在西海子公园举行。区领导王云峰、邓乃平、石进贤、王玉辉等出席活动。展览的内容为走进通州、通州科技快速发展、科技环境不断优化、科技支撑产业发展、科技服务改善民生、依靠科技惠农助农、积极推进科普普及、结束语八部分。在60面红色帆的背景下，通过52块图文并茂的展板，展示通州区的历史及经济社会发展的概况和通州科技发展、科学普及的最新成果。展览活动为期两天，上万名群众参观成就展。

（马振英）

【开展草莓与信息技术培训】　11月12日，区科协在区种植服务中心举行草莓与信息技术培训。此次技术培训由农科院信息所专家张峻峰和农科院林果所专家张运涛主讲。区乡镇科协秘书长、乡镇农办负责人、科普基地负责人、草莓种植大户、科普宣传员等参加了培训。培训课上，两位专家分别针对信息化建设与新农村建设和草莓栽培技术等问题进行讲解，同时对学员提出的问题进行解答。

（马振英）

【科普讲座走进社区】　12月2日，区科协、通州老科协以及区新华办事处在司空社区联合举办“生活与健康”知识宣传与讲座。区疾病控制中心原教授、副主任、现通州老科协副会长方友春特别针对老年人的健康问题作演讲。讲座的主题鲜明，贴近群众的日常生活热点，受到在座60多名老年群众的欢迎。

（马振英）

【召开卫生系统科教工作总结表彰大会】　12月11日，区科协联合区卫生局、区科委等单位在区卫生局会议厅举办“通州区卫生系统科教工作总结暨第三届优秀论文评选表彰大会”。区委常委、宣传部部长张秀余等领导出席会议。活动共收集专业论文350篇，内容分为管理、医疗、护理、综合四大类，涉及内科、外科、妇科等专业，有77篇论文分别获得一、二、三等奖。活动的开展充分调动通州区卫生系统人员学理论、钻业务的积极性，加强地区学术交流。

（马振英）

通州区红十字会

【概　况】　2009年，区红十字会认真履行《中华人民共和国红十字会法》赋予的各项职责，以深入开展学习实践科学发展观活动为契机，以改革创新为动力，以保护人的生命和健康为宗旨，依靠各基层红十字会和全体专兼职工作者，扎实工作，认真落实市、区两级实事项目，突出抓好备灾救灾、卫生救护知识培训、国际人道法及红十字运动基础知识传播、社区服务、红十字青少年教育等主要工作，着力打造红十字工作品牌，提高群众对红十字的知晓率和认可度。年内，实现全区480个行政村、96个社区红十字组织全覆盖。“博爱在京城”活动募集善款163.8万元，比上年提高57%；投入救助款物143万元，救助困难人群2400余户；组织开展救护培训工作，培训初级急救员9700人；与通州电视台合作，录制“红十字在行动——急救知识进家庭”专题片，全年制作、播放54期；开展“百场健康教育影片”进社区、进学校、进农村活动，放映影片698场，7万余人受益。募捐救助工作获北京市红十字会系统2009年度“博爱在京城”募捐组织发动特殊贡献奖，应急救护培训工作荣获北京市红十字会系统2009年度二等奖。

（杨　光）

【农村、社区全部建立红十字组织】　强化乡镇、街道与村、社区两级红十字会工作框架的联结密度，发挥基层红十字会在备灾救灾、人道救助及文化传播中的基础作用，区红十字会在认真做好基层申报审核的基础上，与各乡镇、街道红十字会密切协调，年内全部完成村委会、居委会建会工作，并分别在乡镇、街道集中举办挂牌仪式，实现全区480个行政村、96个社区红十字组织全覆盖。全区有基层红十字组织662个，专兼职工作者1334人，会员近6万人。

（杨　光）

【“博爱在京城”活动募集善款163.8万元】　年内，区红十字会克服金融危机带来的不利影响，加强与各基层单位、企业、爱心人士的联系与沟通，募集善款163.8万元，比上年提高57%，为全年开展救灾救助工作提供有力的资金保障。

（杨 光）

【募捐箱管理工作】 为拓宽募捐渠道，增强人们参与公益事业的意识，区红十字会分别在乐天玛特超市、盛仁堂药店、农招酒店、京通医院4家单位安放红十字募捐箱。中国红十字总会将本田4S店、时尚健身俱乐部、易初莲花4个募捐箱正式移交区红十字会管理。年内清理募捐款近5000元。全区设置红十字募捐箱12个。

（杨 光）

【两节送温暖活动】 1月，区红十字会举行“两节”送温暖活动启动仪式。这次活动发放救助款17.6万元，发放救助物资折合人民币21.6万元，慰问全区特困家庭、贫困学生、新中国成立前老党员、台商等近2000户。

（杨 光）

【开展日常救助工作】 年内，救助因火灾、风灾、雷击、大病等受困受灾家庭282户，发放救助款物价值45.6万余元。

（杨 光）

【开展困难家庭少儿大病专项救助工作】 根据北京市红十字会的统一部署，区红十字会在全区开展少儿大病救助项目。5月8日，区红十字会举行困难家庭少儿大病救助启动仪式，向19户困难家庭中18岁以下身患白血病、尿毒症等5种大病患儿各发放一万元的救助款。从2009年开始，区红十字会将此项工作列入长期工作，每年将向符合条件的患儿发放一次救助款。

（杨 光）

【开展低保家庭大学新生专项救助工作】 为帮助通州区低保家庭大学新生顺利入学，区红十字会携手四美国际企业管理有限公司共同开展捐助低保家庭大学新生活动。四美国际企业管理有限公司每年定向向红十字会捐赠12万元，每名低保家庭大学新生一次性获得救助款2000元。此项捐款专款专用，捐助期限为3年。2009年，78名符合条件的新生得到救助。

（杨 光）

【为特殊群体送温暖】 中秋节期间，区红十字会与通州公安分局领导一同看望区看守所的在押人员，为他们每人送去月饼、水果等，鼓励他们好好改造，早日与家人团聚，重新做人。这项活动已经连续开展5年。9月，围绕“平安国庆”，会同司法局救助刑满释放贫困人员50户，发放救助款2.5万元。

（杨 光）

【开展各类慰问活动】 在“5·12”汶川大地震一周年之际，为126名灾区学生送上慰问款共计12600元；4月，到医院看望两位因公负伤的派出所民警，为他们送上鲜花和慰问金；重阳节期间，为曹刘各庄村的老人们送去米、面等慰问品。此外，还联合北京雅视眼镜公司在新华街道司空社区举行老花镜免费发放仪式，并向全区老年人发放老花镜3000副，价值20.4万元。

（杨 光）

【培训初级急救员9700人】 年内，区红十字会组织各乡镇、街道、企业、学校等单位举办自救互救知识与技能取证培训班，培训初级急救员9700人，超额完成市会下达的4568人的任务指标。

（杨 光）

【广泛普及健康知识】 与通州电视台合作，聘请13位知名医学专家参与录制“红十字在行动——急救知识进家庭”专题片，内容包括心肺复苏、创伤包扎、逃生避险以及意外事故的急救等。全年制作、播放54期，受益人数达20多万人；继续与区电影放映中心合作，开展“百场健康教育影片”进社区、进学校、进农村活动，全年在学校、社区、乡村放映车祸、火灾、烧烫伤的现场紧急处理等影片698场，7万余人受益；与区教委、区医疗单位、团区委等单位合作，举办各类健康知识讲座40场，6000余人受益；协调新华医院红十字会深入乡镇、社区进行健康体检及咨询活动13次，2000余人受益。

（杨　光）

【社区红十字服务站建设工作】 区红十字会投资10万余元在新华街道司空社区、中仓街道东里社区、梨园刘老公庄社区、永顺盛业家园社区、北苑街道新华西街社区分别建立社区红十字服务站，统一制作红十字服务站牌、会徽和红十字知识宣传展板，配发到各个站点，并分别为每个社区服务站配备价值1万余元的健身、医疗器材及药品等，既传播红十字知识，又为社区居民搭建健康娱乐的平台。

（杨　光）

【红十字青少年工作】 为落实市政府实事项目，与区教委合作，在全区中小学启动少儿避险逃生技能培训和演练项目；国庆前夕，对2189名国庆方阵大学生进行自救互救知识培训；积极参与健康促进学校争创工作，年内投入2万余元用于健促校印章、会旗及活动标志的制作，解决校红十字会活动无标识的问题，促进学校健康教育工作的开展。通州区有12所中小学先后被评为北京市健康促进学校。

（杨　光）

【开展主题日宣传活动】 区红十字会在“五八”红十字日、“防灾减灾日”、“世界急救日”、“全国民防日”、“世界艾滋病日”等主题日上街开展宣传活动。红十字会工作人员在现场手把手向群众教授心肺复苏知识，得到群众的广泛参与。同时，向群众免费发放红十字宣传册、逃生避险知识、急救小常识等宣传品。

（杨　光）

政法·武装

政 法

概 述

2009年，区政法工作以平安通州保平安国庆为核心任务，以确保绝对安全、万无一失为工作目标，充分借鉴奥运安保成功经验，强化组织领导、精心谋划准备、深入动员部署、狠抓措施落实，圆满完成国庆安保等各项任务，有力促进了全区经济又好又快发展。

圆满实现“平安国庆”的工作目标。坚持全体动员，全力以赴，确保了“3·14”、“4·25”、“6·4”等敏感期的平稳度过。特别是面对新中国成立60周年庆祝活动安全保卫的重大政治任务，全区各级党委、政府高度重视，精心组织，严密部署，层层落实责任制，形成国庆安保的强大合力。全面启动社会面超常规巡逻防控方案，发动群防群治力量5.5万人。通过严而又严、实而又实、细而又细的安保工作，实现“四个坚决防止”的工作目标，确保国庆绝对安全。

化解一大批矛盾纠纷。坚持把化解矛盾纠纷作为确保国庆平安的基础性工作来抓，开展四次矛盾纠纷大排查，信访总量同比下降33.2%，连续五年平稳下降。2009年，到市以上集体访20批/429人次，同比批次减少3批。妥善处置了次二村村民上访、怡佳家园空中指挥所建设施工、草寺加油站出租车司机聚集等群体性事件。深入开展涉法涉诉信访案件化解工作，实现中央交办的信访案件全部化解的目标。积极推进集中清理执行积案活动，执结积案1656件，涉及标的额7.1亿元。

充分发挥职能作用，服务“三保”取得新成效。全区政法系统牢固树立大局意识，主动服务第一要务，紧紧围绕“保增长、保民生、保稳定”的要求，充分发挥政法职能作用。区委政法委及时出台《关于充分发挥政法职能作用促进经济平稳较快发展的意见》。政法各单位进一步健全完善防范、打击经济犯罪协调会商机制，在侦查、起诉、审判等司法活动中加强检察、司法建议工作。区法院妥善审理借款合同、担保合同等金融类案件1007件，维护了金融安全和经济发展。区检察院根据新城建设特点，将查办城镇建设领域职务犯罪案件作为重点，立案10件10人，挽回经济损失187万元。对各种影响企业生产经营、侵害企业合法权益的犯罪行为，政法部门快立快审快结快执，依法从严惩处。全年，公安分局立各类刑事案件4708件，有效阻止各类远程诈骗200起。区检察院批准逮捕591件832人，起诉868件1221人。继续加大“五五”普法宣传力度，引导全区人民依法参与公共事务、经济事务和社会事务的管理，依法提出合理诉求，并运用法律手段维护自身合法权益。

加强作风建设，认真开展“听呼声、送服务、走百家”为民实践活动。政法各单位大力加强政法队伍作风建设，深入开展“听呼声、送服务、走百家”为民实践活动。政法各部门领导干部和干警主动深入街乡、社区、村、企业，倾听群众呼声，了解社情民意，解决了一批群众关注的突出问题，化解了一批矛盾纠纷，推出一批便民利民惠民新举措。通过开展这项活动，政法干警执法为民理念进一步巩固，执法形象进一步改善，执法效率进一步提升，涌现出北京市人民满意的政法干警标兵周建刚等一批先进典型。全市政法系统第五次社会测评显示，公众对本区政法系统的总体评价居全市第七位，比上次测评提高了三个名次。

（刘春丽）

政法工作

【召开维护稳定暨政法工作会议】 2月6日，在陆航学院礼堂召开通州区政法维稳工作暨平安通州建设会议。会议由区长邓乃平主持，区委书记王云峰到会作重要讲话，就做好全国“两会”期间安全保卫工作提出明确要求。区委常委、政法委书记李玉君作题为《建设平安通州 服务科学发展 为“两新”建设创造和谐稳定的社会环境》的工作报告。区委、常务副区长张永明宣布2008年度维护稳定和政法工作先进集体、先进个人的表彰决定，区领导为2008年度维护稳定和政法工作先进集体和先进个人代表进行颁奖，并现场与乡镇、街道办事处和委办局代表签订2009年度社会治安综合治理工作责任书。区委、区人大、区政府、区政协等领导出席了会议，区属各部、委、办、局、公司党政正职和主管领导、各乡镇、街道办事处主要领导、主管领导、纪委书记、武装部长、综治办主任、政法系统中层以上领导干部、部队官兵、治安志愿者、驻通中市属单位领导、各社区居委会主任以及受表彰先进集体和先进个人等800余人参加会议。

（刘春丽）

【市督查组到通州区检查指导工作】 2月27日，市政法维稳工作督查组一行到通州区就落实全市政法工作会议精神和全国“两会”安保工作进行督导检查。区委政法委、区综治办、流管办、610办、维稳办、信访办领导分别就各项工作作了专题汇报，检查组一行深入部分街道、乡镇、社区（村）和重点单位进行检查，并和相关单位负责人进行座谈。督查组对本区的维稳工作予以充分肯定。

（刘春丽）

【开展流动人口和出租房屋基础调查工作】 2月底至4月底，按照市流管办的统一部署，全区流管系统精心组织集中开展流动人口和出租房屋基础调查工作。3月3日，通州区流管办召开流动人口和出租房屋基础调查工作培训会。区公安分局、区建委等有关部门负责同志，各街乡主管领导、流管办主任、基层服务站负责人和部分专职管理员共200余人参加会议。3月1日至4月30日，全区新登记录入流动人口52015人，核销148107人，更新105649条，迁移12242人；新登记录入出租房屋5977户，核销7936户，更新7641条。截至12月31日，全区登记录入流动人口47.1万人，登记录入出租房屋5.1万户。

（李建军）

【深化“三个专项”排查工作】 7月1日至8月31日，按照市流管办的统一部署，全区流管系统深化“三个专项”（即流动人口群体中重点人员、存在安全隐患的出租房屋及流动人口群体中矛盾纠纷）排查工作，持续开展集中统一行动，确保新中国成立60周年庆典活动绝对安全。其间，对排查发现的各类流动人口重点人员和存在安全隐患的出租房屋，全部登记建档，逐一落实管控、整改措施；对排查发现的流动人口群体中的矛盾纠纷，及时妥善化解。

（李建军）

【整体推进“五个专项”整治行动】 7月至10月间，全区流管系统以市级挂账督办4个重点村清理整治工作为突破口，整体推进流动人口聚居地区、出租房屋中介机构等“五个专项”整治行动。其间，对4个市级挂账督办重点村开展联合检查、联合执法行动50余次，及时消除出租房屋各类安全隐患90余处，取缔无照经营黑开场所、收购站点40余个。

（李建军）

【加大宣传教育力度】 年内，全区流管系统采取多种形式加强对流动人口、出租房主、中介公司和用工单位守法履责的宣传教育。基础调查期间，各街乡流管办向流动人口和出租房主发放《致来京人员的一封信》、《致房屋出租人的一封信》等各类宣传材料3万余份。国庆安保战时阶段，深入开展《关于加强出租房屋安全管理的通告》宣传工作，入户发放、张贴《通告》2万余张，出动移动宣传车20余辆次，大屏幕展播10余次，利用广播站广播宣传50余次。

（李建军）

【探索创新流管工作机制和模式】 年内，区流管办会同区公安分局建立社区民警与管理员协作配合工作机制，完善了“一采双录”、掉库数据信息比对、入户巡视巡检等八项工作措施；健全管理员队伍教育引导、考核奖惩、业务培训等“五项机制”。积极探索流动人口服务管理新模式，先后总结推广了马驹桥镇出租房屋三级管理等四项出租房屋规范化管理模式、新华街道“来京人员民情联络员”、永乐店镇“流动人口之家”及宋庄镇“爱心卡”入户等管理机制和模式。

（李建军）

公 安 工 作

【概　况】 2009年，通州公安分局以国庆60周年安保工作为中心，紧密围绕“保增长、保民生、保稳定”的总要求，深入实践市局党委“整体防控、精确指导、精确打击”战略思路，坚持“抓常量、促打防”、“抓账单、促基础”两条主线，圆满完成各项安全保卫任务，在市局执法质量考评中取得“全市优秀、环城第一”的好成绩。年内，立足国庆安保大局，通过严密国庆重点部位的阵地控制，落实“护城河”工程，完善反恐防暴措施等各项安保机制，社会治安秩序始终处于良好平稳状态，达到重点地区和繁华场所“零”发案，全区刑事案件破案、抓获违法犯罪人员同比分别上升15.5%和7.2%，“110”刑事类警情同比下降15.1%。阅兵村等重点部位万无一失，群众游行、焰火燃放、游园等庆祝活动安全顺利，实现“以平安通州保平安国庆”的奋斗目标，圆满完成国庆60周年安保工作。年内，严厉打击刑事犯罪，破获刑事案件4048起，刑事拘留2073人，破获八类危害严重案件484起，打掉犯罪团伙118个，破获命案率达96%。预审、监所部门充分发挥打击犯罪“第二战场”作用，深挖破案1062起，刑事拘留104人。年内，深化治安清理整治，查处治安案件24514起，铲除黄赌毒窝点224个，依法取缔黑开场所432家，登记流动人口58.4万人，出租房屋4.4万户。严密社会面巡逻防控，全年“110”刑事类警情良好和平稳等级天数达到357天，占总天数的97.8%。严格安全监管措施，全年检查单位、场所62625家次，及时发现整改隐患4513处，未发生重大火灾事故，火灾数量和直接经济损失同比分别下降37%和11%。加快公安信息化建设，全年采集基础信息11.5万条，协调整合社会信息48.6万条，筛查核录可疑人员82.3万人、车辆9.4万辆，发现案件线索3642件，抓获违法犯罪人员984人。年内，积极构建和谐警民关系，入户走访群众2.8万人、单位632家，发放调查问卷2500余份，收集意见建议890条。积极推出户证办理、护照签发、行政审批等便民利民新举措 36 项，为人民群众做好事、办实事 866 件，化解各类矛盾纠纷 497 件，全年收到锦旗、表扬信 432 件。强化教育培训工作，组织开展培训 36 期，参训人员达 6200 余人次。加强后勤保障工作，筹措国庆安保等专项经费 2448 万元，购置和更换公务用车 40 辆，配齐单警装备 3000 余套。投资 1.8 亿元的新建看守所投入使用，投资 643 万元完成白庙、应寺、觅子店 3 个综合检查站建设，焦王庄派出所被公安部评定为一级派出所。强化队伍精细管理，全年有 9 个单位荣立集体二等功，29 个单位荣立集体三等功，11 人荣立个人二等功，153 人荣立个人三等功，762 人获个人嘉奖。

（高凤霞）

【严密国庆重点部位控制】 年内，通州公安分局周密制定重点部位安全保卫工作总体方案以及周边基础调查、社会面控制、消防安全等 31 个专项方案和预案，细化工作措施、操作规程、处置办法，加强岗位人员培训，确保各项安保工作规范运作、稳步推进。科学整合各类防范资源，多警种联合捆绑作战，严密构筑全天候、全覆盖、立体式的防控格局，严格落实基础调查、秩序维护、周边巡控等各项工作，确保阅兵村等国庆重点部位及受阅官兵、演职人员的绝对安全，确保群众游行、焰火燃放、游园等庆祝活动安全有序，圆满完成中央领导视察阅兵村以及受阅部队集结疏散、群众方阵游行等重大警卫任务 55次 。

（高凤霞）

【构筑外围治安屏障】 年内，通州公安分局全面启动“护城河”设卡查控工作。科学调配资源，充分整合力量，强化外围一、二道防线的严密控制，民警、保安、民兵打捆作战，严格落实“逢车必查、逢人必检、逢疑必核”要求，对进京车辆、人员、物品实施 24 小时全天候封堵查控，把各种安全隐患阻截在京门之外，守边把口，筑牢外围治安屏障。累计检查车辆 85 万辆次、人员 260 万人次，劝返车辆、人员 3700 余次，查获违法犯罪人员 53 人，收缴管制刀具、伪造车牌等物品 178 件。

（高凤霞）

【严厉打击刑事犯罪】 年内，通州公安分局始终保持主动进攻的高压震慑态势，以严重暴力犯罪、流氓恶势力犯罪、突出侵财犯罪和团伙、系列犯罪为重点，充分运用多元化打击手段，严打严整、严防严控，破获刑事案件 4048 起，同比上升 20.5%，刑事拘留 2073 人，同比上升 10%，破获八类危害严重案件 484 起，破案率达 61.2%；破获命案 24 起，破案率达 96%；打掉犯罪团伙 118 个 512 人，破获系列案件 122 串 1658 起；打掉流氓恶势力团伙 29 个 218 人；抓获上网逃犯 314 人。

（高凤霞）

【深化社会治安清理整治】 年内，通州公安分局不断完善治安“洼地”分析和清理整治长效机制，明确整治点位、数量和标准，坚持公开管、集中清、秘密查相结合，积极牵动区城管、工商、卫生、交通等执法部门，持续不断加大对各类行业场所、治安乱点、非法营运扰序、流动人口聚集区和出租房屋的综合整治力度，净化社会治安环境。查处治安案件 24514 起，行政拘留 4227 人，铲除黄赌毒窝点 224 个，没收小广告 6.5 万余张，取缔黑开场所 432 家，登记流动人口 58.4 万人、出租房屋 4.4 万户，处罚违规出租房主 748 人。

（高凤霞）

【严密社会面巡逻防控】 年内，通州公安分局紧密依托扁平化指挥体系，不断强化警情监测研判，根据警情“三高”变化，适时调整巡控等级，最大限度严密高发案地区及繁华街区、重点场所、要害部位控制，有力打击震慑街头违法犯罪活动。全年通过巡逻盘查、设卡堵截、快速反应，抓获各类违法犯罪人员 829 人，同比上升 10%，街头发案同比下降8%。全年110刑事类警情良好和平稳等级天数达到357天，占总天数的97.8%。

（高凤霞）

【消除安全事故隐患】 年内，通州公安分局以防火、防爆、防事故为目标，以水电气热、金融网点、大中型商市场、学校、网吧、地下空间等要害单位部位和人员密集场所为重点，持续不断地开展“地毯式”安全隐患大排查，全年检查单位、场所62625 家次，查封关停471家，及时发现整改隐患4513处，未发生重大火灾事故，火灾数量和直接经济损失同比分别下降37%和11%。

（高凤霞）

【加快公安信息化建设】 年内，通州公安分局强化科技信息优势，大力推进图像信息管理系统建设、重点地区图像信息联网和通讯服务保障工作，为各项工作开展提供强大的信息支撑，全面提升服务实战水平。通过依托二级信息平台，最大限度拓展基础信息采集渠道，采集基础信息11.5万条，协调整合社会信息50类48.6万条，信息数据总量累计1980万条，发现案件线索3642件，抓获违法犯罪人员984人。

（高凤霞）

【开展“110”主题日宣传活动】 1月10日至14日，通州公安分局在全区范围内开展“110”宣传活动。民警深入社区、企事业单位、行业场所宣传法律法规、现场解答群众咨询，讲解“110”报警常识及防盗、防抢、防骗、防煤气中毒等自防措施，发放《首都110宣传防范手册》，为群众送温暖、送平安、送法律、送服务。期间，出动警力920人次，发放宣传材料2万份，走访机关企事业单位1100家、居民2500户，受教育群众达4万余人。

（高凤霞）

【维护除夕烟花爆竹限放秩序】 1月25日（除夕），通州公安分局出动民警1387名，组织保安员、巡防队员、治安志愿者等群防群治力量4万余人，加强全区8条主要大街、6个重点路口和月亮河度假村等5处重点燃放点及836处八类地区禁放点和182个烟花爆竹销售点周边进行巡逻查控，全力维护除夕限放秩序，确保绝对安全。

（高凤霞）

【完成春节安保工作】 2月1日，通州公安分局全面落实不稳定因素摸排管控、社会面巡逻防控、安全隐患排查等各项安保措施，保持严打、严防、严管、严控工作态势，全力维护节日期间社会治安秩序持续平稳，圆满完成春节安保工作。投入警力4360人，群防群治力量5万余人，检查重点单位80家，各类行业场所667家，日均接报110刑事类警情2.8件，全部处于良好等级。

（高凤霞）

【完成冰灯艺术展活动安全监管工作】 1月24日至2月10日，通州区在奥体公园举办2009年春节冰灯艺术展。通州公安分局出动警力374人次，严密安全检查、巡逻疏导、防暴处突等安保措施，确保冰灯艺术展活动现场及14000余名游客的绝对安全，圆满完成冰灯艺术展活动安全监管工作。

（高凤霞）

【开展社区安保主题宣传活动】 4月15日，通州公安分局在全区范围内组织开展“促和谐保平安”主题宣传活动。通过悬挂横幅、张贴标语、发放宣传材料等多种形式，集中开展宣传，加大社区安全防范力度，坚决遏制社区入室盗窃、诈骗警情突出的势头，调动广大群众参与维护社会治安的积极性，营造和谐稳定的社会氛围。其间，悬挂横幅170余条、设立展板200余块、张贴标语和宣传画1000余张，印制发放各类宣传材料6万余份，现场解答群众提出的各类咨询100余件，受教育群众达到10万余人。

（高凤霞）

【开通“警方在线”电子警务平台】 4月23日，通州公安分局在八通网正式开通 “警方在线”电子警务平台，面向社会，集服务群众、政策宣传、政务公开、社会监督等功能于一体，努力拓展便民服务渠道、扩大新闻宣传覆盖面，全面展示公安民警无私无畏、公正执法、勤政为民的高尚情操及在预防打击犯罪工作中的新举措、新成就、新面貌，集中宣传贴近群众生活的法律、政策和防范常识，提高人民群众遵纪守法意识和安全防范意识。

（高凤霞）

【开展社区防控专项行动】 4月，通州公安分局开展社区防控专项行动，本着"抓专项与强基础"并重的原则，通过组织清理整治、防范宣传等专项行动和完善社会力量组织巡控体系、扩大物技防覆盖范围等防范基础建设，最大限度解决群众自防意识差、重点地区发案高秩序乱等问题，提高辖区日常化防范工作水平。其间，新登记流动人口48372人，收集线索157件，通过线索抓获各类违法犯罪嫌疑人员147人。

（高凤霞）

【完成草莓音乐节安全监管工作】 5月1日至3日，由北京现代天空文化发展有限公司在通州运河文化广场举办的草莓音乐节活动圆满结束，通州公安分局严格落实安全隐患排查、防爆处突、秩序清整等管控措施，圆满完成安全监管工作。其间，出动警力360人，其他保卫力量1440人，接待中外游客23350人次。

（高凤霞）

【开展社区物技防建设宣传活动】 5月9日，通州公安分局组织全体社区民警在全区范围内集中开展以"强化社会治安整治，开展社区防控宣传"为主题的物技防建设宣传活动。活动期间，在辖区流动人口聚集区、案件高发区设立宣传站点，采取悬挂横幅、板报展览、讲授防范常识、观看录像、发放宣传材料、解答群众咨询等多种形式进行宣传。共悬挂横幅180余条，制作宣传展板78块，发放各类宣传材料1.6万余份，受宣传教育群众近4万余人。

（高凤霞）

【开展防灾减灾日主题宣传活动】 5月12日，在全国第一个防灾减灾日，通州公安分局在新华大街举办以"将预防付诸行动，让安全融于生活"为主题的宣传活动，全力推进防灾减灾和应急管理工作，努力提高全社会的风险防范意识和应对灾害的能力，营造全民参与防灾减灾和应急管理的良好社会氛围。其间，发放各类宣传资料3800余份，现场解答群众咨询200余人次。

（高凤霞）

【完成普通高校招生考试安全保卫工作】 6月8日，通州公安分局狠抓安全隐患排查，加大校园周边整治力度，强化巡逻控制等各项安保措施的落实，有力维护考试期间考场内外良好的治安秩序，保证考生、工作人员和考卷的绝对安全，圆满完成普通高校招生考试安全保卫工作。出动警力150余人次，警车50余辆次。

（高凤霞）

【举行"三爱"主题实践活动启动仪式】 6月12日，通州公安分局在梨园广场举行"爱祖国、爱首都、爱人民"主题实践活动启动仪式暨安全防范宣传日活动，组织开展警务技能、警务装备、警犬搜爆演示，通过设置宣传展板、发放安全防范宣传材料、现场咨询解答等形式进行宣传。其间，出动警力138人，发放各类宣传材料27600份，受教育群众30110人，推广物、技防480件。公安分局、区综治办主要领导，局属各单位政工领导以及各乡镇街道治保积极分子代表及各界群众1000人参加活动。

（高凤霞）

【召开国庆安保动员誓师大会】 7月1日，通州公安分局隆重召开建党88周年暨国庆60周年安全保卫动员誓师大会。与会领导宣读《北京市公安局国庆安全保卫动员令》，对国庆安保工作再动员再部署，全体参会人员进行集体宣誓。区政法委、公安分局领导出席会议，公安分局所属各单位民警代表以及武警官兵、保安员代表500余人参加大会。

（高凤霞）

【推进治安重点地区清理整治工作】 7月，通州公安分局紧密结合辖区治安实际和夏季治安特点，坚持多警种、多部门联勤联动，捆绑作战，强化阵地控制力度，加大集中清查强度，拓展综合治理广度，深入推进治安重点地区和突出治安问题清理整治工作，大力营造良好的社会治安环境。其间，开展集中清理整治专项行动10次，查获各类违法犯罪人员285名；检查各类行业场所320家次，打掉涉黄、涉赌团伙8个；清查黑车运营违法人员70名、无照游商34名、非法散发小广告人员11名，救助流浪乞讨人员5名，收缴非法小广告4600余份，处罚机动车乱停乱放49辆次；新登记出租房屋433户、流动人口34519名。

（高凤霞）

【开展流动人口聚居区治安整治行动】 8月5日，通州公安分局开展流动人口聚居区治安整治与安全服务集中行动，对高楼金、杨庄、北神树、小圣庙4个流动人口聚集区进行集中清理整治。其间，出动警力121人，协警等力量115人，审查核录流动人口555人，清查流动人口聚居大院41个，出租房屋229户，新签订《治安责任保证书》52份，发现整改安全隐患67处，当场取缔无照经营的小发廊、小游戏厅等黑开场所3家。

（高凤霞）

【取缔黑开场所】 8月6日至13日，通州公安分局会同区城管、工商等部门对辖区重点地区连续开展联合执法，捆绑作战。对辖区“黑网吧”、“黑废品收购站点”、“黑发廊”、“黑歌厅”、“黑洗浴”、“黑电子游艺厅”、“黑旅店”等七类黑场所进行集中清理整治，其间，出动警力230余人次，摸排出黑开场所106家，取缔黑开行业场所65家，拆除广告灯箱15套。

（高凤霞）

【检查阅兵警卫路线沿线单位消防安全】 8月17日，通州消防支队会同属地派出所组成11个联合检查组，出动执法力量60余人，以消防安全设施配置、消防安全培训、消防预案制作和消防演练为重点对阅兵警卫路线沿线110家单位进行消防安全突击检查。下发《国庆消防安全保卫工作告知书》110份，检查发现火灾隐患59处，其中当场整改39处，下发限期整改通知书20份，停业整顿4家单位，行政处罚11家消防安全隐患突出单位。

（高凤霞）

【完成国庆群众游行“和谐家园”方阵演练安保工作】 9月7日，通州公安分局成立通州区群众游行方阵“9·6”演练安保工作指挥部，细化安保工作流程、细节及时间节点，严格落实警力实名制，严密集结、验证、安检、沿途护送等各个环节的安保措施，确保2000余名游行人员、服务保障人员安全抵达天安门演练现场，圆满完成群众游行“和谐家园”方阵“9·6”演练安保任务。

（高凤霞）

【举行国庆安保“护城河”设卡全面查控工作启动仪式】 9月14日，通州公安分局举行国庆安保“护城河”设卡全面查控工作启动仪式，部署通州分局国庆60周年安保“护城河”设卡查控工作。公安分局领导、相关职能部门领导和分局派驻相关乡镇干部、各派出所所长、执勤民警代表参加启动仪式。

（高凤霞）

【举行国庆安保社会面防控工作启动仪式】 9月15日，通州区举行国庆60周年安全保卫社会面防控工作启动仪式，区领导为安保力量代表授旗，宣布通州区60年国庆安保社会面防控工作正式启动，全区5.5万名各类专群安保力量，投入国庆安保第一线，捍卫国庆60周年绝对安全。区委、区人大、区政府、区政协领导班子成员，各委办局、各街道乡镇及各类安保力量1300人参加启动仪式。

（高凤霞）

【开展全区消防安全隐患夜查行动】 9月18日，通州消防支队对全区消防安全隐患组织开展突击夜查行动，10个联合检查组以各乡镇公众聚集场所、加油站、歌舞娱乐场所、地下空间、宾馆旅馆、商市场集贸中心等单位为重点，对消防疏散通道、消防设施、巡查人员的在岗在位等情况进行全面彻底检查，排除各类安全隐患。其间，检查单位146家，发现安全隐患100余处，当场整改98处，处罚6起，罚款3万元，依法查封11家隐患单位，行政拘留2人。

（高凤霞）

【强化网吧管控工作显成效】 9月，通州分局按照国庆安保决战决胜阶段工作部署，对全区在营业的100余家网吧进行全面梳理，明确管控重点，开展拉网式突击检查，从严处罚违规经营行为，并采取随同执法检查、异地观摩学习等超常规管控措施，全面排查安全隐患。其间，累计检查网吧117家次，限期整改12家次，行政处罚3家次，抓获上网在逃人员6名。

（高凤霞）

【完成国庆焰火燃放安保工作】 10月1日，通州分局积极联动区各有关委办局，成立由公安机关牵头负责，区文化、卫生、交通、城管等部门共同参加的焰火燃放现场指挥部，民警、交警、消防、保安、城管、武警等各种安保力量1046人，严格落实现场疏导、重点部位巡逻控制、防暴处突、秩序维护等各项安保措施，确保群众观看焰火燃放活动安全有序，圆满完成焰火燃放安保工作任务。

（高凤霞）

【完成国庆“和谐家园”群众游行方阵安检工作】 10月1日，通州分局制定周密安检方案，规划安检点交通流线、安检流程，保障安检工作各个环节衔接有序。安检民警按照实名制要求明确工作岗位和任务分工，严格车辆、人员、物品的安检流程，圆满完成“和谐家园方阵”的安检工作。其间，安检车辆55辆、安检人员2528人，检查物品3200件，查扣禁限带物品350件，有效消除了各类安全隐患。

（高凤霞）

【开展预防煤气中毒集中宣传日活动】 11月7日，通州分局开展预防煤气中毒集中宣传日活动。其间，出动警力370余人次、社保力量800余人次，成立入户宣传小组41个，设置宣传站点23个，共发放宣传材料6万余份、风斗5000个，制作条幅110条、展板120余个，利用大屏幕30面，宣传群众达30余万人。

（高凤霞）

【开展打击电信诈骗犯罪专项行动】 11月至12月，通州公安分局紧密结合辖区实际深入分析研判发案规律特点，坚持“以防为主、打防结合”的原则，多警联动，协同作战，广泛开展宣传教育、加强金融网点控制、严密110接处警环节，全力压缩犯罪空间，强力推进防范打击工作，打击电信诈骗犯罪专项行动取得良好成效。其间，组织警力650余人次，群防群治力量1500余人次，发放、悬挂、张贴各类防范宣传材料7万余份，受教育群众达15万余人。劝阻群众免于受骗267人，有效防范电信诈骗案件32起，及时挽回经济损失97万余元。

（高凤霞）

【打掉一个电话诈骗犯罪团伙】 12月12日，通州公安分局在永顺八里桥金龙街打掉一个电话诈骗犯罪团伙，将以犯罪嫌疑人艾某某（男，1958年3月出生，内蒙古自治区人）、俞某某（男，1983年7月出生，甘肃省人）、付某（男，1986年1月出生，湖北省人）为首的28人抓获。经审查，该犯罪团伙对通过打电话方式，以“购买手机送话费、充话费送手机”等手段实施诈骗的犯罪事实供认不讳，涉案金额10万余元。2010年1月15日，艾某某等三人均被逮捕。

（高凤霞）

【破获虚假信息诈骗案】 3月24日，事主张某某（男，42岁，北京市人）的手机收到催账短信，将1008500元人民币打入短信指定账户，后发现被骗。通州公安分局在刑侦总队、市局技侦部门的大力配合下，于4月30日，在福建泉州将犯罪嫌疑人赵某某（男，1984年9月出生）、赵某某（男，1983年8月出生，均福建省人）抓获，追回、冻结赃款92余万元，扣押笔记本电脑、短信群发器等作案工具30余件。经审查，该二人对以“冒充他人朋友，欠债还钱”为由，利用手机群发信息实施诈骗的犯罪事实供认不讳。6月4日，该二人均被逮捕。

（高凤霞）

【捣毁本市首例非法传销犯罪窝点】 8月13日，通州公安分局会同区工商局，摧毁一个本市首例非法传销犯罪窝点，将犯罪嫌疑人廖某某（女，1963年3月出生）、向某某（男，1989年11月出生）、李某某（女，1988年2月出生，均四川省人）等10人抓获。经审查，该团伙交代：于2009年5月至8月间，在通州区潞城镇以推销“梵寇”品牌化妆品为名组织传销活动，以“上课洗脑”方式诱骗罗某（男，18岁，四川省人）等30余人加入其传销组织，骗取入会费用3万余元的犯罪事实。廖某某等9人被刑事拘留。

（高凤霞）

【破获持刀抢劫银行取款人案】 9月1日，通州公安分局破获尾随抢劫银行取款人案，将犯罪嫌疑人金某某（男，1986年12月出生，安徽省人）、魏某（男，1979年7月出生，安徽省人）、杨某（男，1988年12月出生，湖北省人）抓获。经审查，三人于2009年8月21日11时许，在北苑万意百货北侧农业银行667路公交车站附近，持刀抢劫取款人杜某（女，19岁，内蒙古人）现金49000元以及手机、身份证等物品。9月30日，金某某等三人均被逮捕。

（高凤霞）

【破获系列抢劫“黑车”司机案】 9月14日，通州公安分局破获系列抢劫“黑车”司机案件，将犯罪嫌疑人王某某（男，1986年1月出生，通州区人）、王某某（男，1990年3月出生，吉林省人）抓获。经审查，二人对2009年9月，先后在通州区宋庄、土桥等地以打车为由持刀抢劫“黑车”司机作案3起犯罪事实供认不讳。10月12日，该二人均被逮捕。

（高凤霞）

【破获一起杀人案】 2月9日，通州公安分局破获一起杀人案，将犯罪嫌疑人张某（男，1957年3月出生，通州区人）抓获。经审查，该人对2月2日3时许，在粮食市因怀疑张某某（女，31岁，内蒙古人）盗窃其1000余元现金发生纠纷，后将张某某掐死并抛于卧虎桥下的犯罪事实供认不讳。4月29日，张某被逮捕。

（高凤霞）

【破获系列扎轮胎拎包盗窃案】 5月21日，通州公安分局破获系列扎轮胎拎包盗窃案，将犯罪嫌疑人孙某某（男，1962年11月出生，通州区人）、李某某（男，1963年9月出生，黑龙江省人）抓获。经审查，二人于2009年4月16日，在通州区果园环岛建设银行前将事主刘某某（男，49岁，江西省人）汽车轮胎扎破后尾随至梨园家乐福超市停车场，乘事主更换轮胎时盗窃车内挎包，内有人民币5万元，2009年以来，二人先后在通州地区扎胎盗窃，作案7起。6月25日，该二人均被逮捕。

（高凤霞）

【破获系列抢劫杀人案】 8月12日，通州公安分局刑侦支队与市公安局刑侦总队、行动技术处以及大兴公安分局刑侦支队密切配合，在通州区马驹桥镇西田阳村将犯罪嫌疑人赵某某（男，1982年3月出生）、赵某某（男，1974年10月出生，均大兴区人）抓获。经审查，二人于2009年4月至6月间，先后在通州区马驹桥以及大兴区长子营等地抢劫杀害吕某某（女，27岁，河北省人）等三人。9月18日，该二人均被逮捕。

（高凤霞）

【破获系列爬楼入室盗窃案】 9月15日，

通州公安分局破获系列爬楼入室盗窃案件，将嫌疑人尔某某（男，1986年2月出生，四川省人）抓获。经审查，该人交代2009年以来在通州区梨园、北苑、永顺和玉桥等地区实施爬楼入室盗窃案件13起的犯罪事实。10月20日，该人被逮捕。

（高凤霞）

检察工作

【概　况】 2009年，通州区人民检察院围绕“保增长、保民生、保稳定”的中心任务和服务平安国庆，不断深化“强化法律监督、维护公平正义”的检察工作主题，进一步加大工作力度，提高执法水平和办案质量，全面履行法律监督职能，各项工作取得新进展。全年受理公安机关提请批准逮捕案件722件1025人、移送审查起诉案件982件1441人，经审查，批准逮捕639件909人，决定提起公诉938件1337人，与上年相比，受理公安机关提请逮捕件数和人数分别增长15.15%和11.53%，受理公安机关移送审查起诉件数和人数分别下降4.01%和8.8%，经法院审理，有1317人被作出有罪判决。

加大查办职务犯罪工作力度，反贪污贿赂局全年立案侦查贪污贿赂案件12件12人，其中大要案11件11人，挽回经济损失209万余元。反渎职侵权局以查办危害能源资源和生态环境领域渎职犯罪，隐藏在司法腐败、司法不公背后的渎职侵权犯罪为重点，立案查处民防系统渎职犯罪案件2件2人，公安干警渎职侵权案件1件2人。职务犯罪预防部门深化侦防一体化工作机制，结合查办的通州区民防局长渎职、受贿案件，同步介入，开展案中预防。针对上营棚户区拆迁改造工程，提前向区政府有关部门提出预防职务犯罪的建议，并得到区政府的高度重视，保证拆迁工程的顺利进行。深化行业预防，以“检察长专题讲座”、“廉政课堂”、联合签署防控职务犯罪工作制度等方式，将预防职务犯罪工作有效融入到通州区处级以上领导干部、农村“两委”干部、公务员队伍教育培训和医药卫生、质监、教育系统廉政建设工作中。

强化诉讼监督，全年决定不批捕112人对公安机关移送审查起诉的案件决定不起诉30人，建议公安机关撤回起诉61人，纠正漏捕23人、漏诉 18人。介入公安机关重大疑难案件的侦查14件120人，较好地保证了办案质量。全年受理立案监督案件线索8件，要求公安机关说明不立案理由3件，监督公安机关立案1件1人，已作出有罪判决。向公安、法院提出纠正违法意见17件次，全部得到回复。提出刑事抗诉案件4件，其中2件获支持。办理民事行政申诉案件65件，立案12件，其中建议抗诉1件，提请抗诉4件，向法院发出再审检察建议1件、纠错检察建议3份。受理刑事申诉4件，受理人民群众来信来访572件，初信初访办结率达到100%。严格日常监管执法检察，提出口头检察建议33次，均被采纳。加大对法院交付执行检察力度，实行社区服刑重点人员档案检察、谈话制度，避免发生脱管漏管。

推进特约监督员、人民监督员、检察联络员工作，通过座谈、通报工作情况等方式，广泛接受社会各界监督。认真参与社会治安综合治理，针对发案单位和社会管理中存在的问题发出检察建议书27件，促进通州区的平安建设。

积极参与平安国庆行动，依法快速办理国庆安保案件7件12人，认真开展重点人排查稳控工作，选派65名骨干力量，高质量地完成社会面巡逻防控和平安督查工作。在办理一起针对阅兵村部队官兵刑事犯罪案件中，妥善处理部队领导来访，第一时间维护了国庆阅兵训练期间军队与地方的和谐稳定。

创新教育培训工作，与中国政法大学等高等院校联手，加强检学共建，开办专题讲座，邀请专家学者授课，提高干警执法办案和研究法律实务的能力水平，继续强化岗位技能培训，干部队伍的综合素质进一步提升。

（王向玲）

【建立防控医疗卫生领域职务犯罪工作制度】 1月3日，区检察院与潞河医院联合签署防控医疗卫生领域职务犯罪工作制度。制度包括季度信息情况通报、年度工作联席会、案件线索移送、提前介入调查、共同组织预防职务犯罪法制宣传教育、开展调查研究七项内容。

（王向玲）

【加强检委会规范化建设】 2009年初，区检察院进一步加大检察委员会工作规范化力度：一是规范检委会自身建设，修改完善制度，健全工作机制。二是规范检委会工作制度的落实执行。抓好落实例会制度，完善集中学习的形式和内容，规范议事程序，严格执行案件质量评估复查标准。三是规范检委会议题管理，避免待定或临时动议。四是规范检委会办事机构的工作，健全办事制度，完善工作流程，严格决定的督办、催办，提升审查疑难案件和重大事项的质量。

（李玉鹏）

【成立产学研基地】 3月13日，区检察院与中国政法大学证据科学研究院、法学院举行“检学共建”签约仪式，正式成立产学研基地。中国政法大学副校长张保生、法学院副院长张生参加仪式。协议约定在科研项目合作、加强学术交流、加强人才交流培养个案探讨研究四个方面加强双方合作。

（张文莉）

【宣讲预防职务犯罪法律知识】 3月19日，区检察院应北京市质监局的邀请，在全市质监系统纪检、监察干部理论培训班上，为局属18个区县质监纪检、监察领导干部50余人上了一堂“提高自身素质，预防职务犯罪”的专题法治课。讲座紧紧围绕预防职务犯罪工作主题，结合该院近年来查办的职务犯罪典型案例，深入分析职务犯罪的主客观因素，提出就如何在纷繁复杂的社会环境下，不断提高自身素质、预防和减少职务犯罪的预防建议和对策措施。

（甄国清）

【创建“青年公诉人夜校”】 4月1日，区检察院公诉部门创新公诉人培养模式，推出“青年公诉人夜校”。“夜校”每月开班一次，利用工作日以外的时间，集中组织公诉部门30岁以下的助理检察员进行学习培训，重点培训青年公诉人，克服工学矛盾，加快公诉队伍建设和人才培养步伐。培训主要邀请本院公诉部门、其他部门有丰富实践经验的干警、公诉业务技能比武的优胜者以及法学专家学者进行辅导或传授经验、技能，同时由学员进行主题发言或交流研讨。

（黄　山）

【制定看守所伤、病犯管理办法】 4月12日，区检察院与通州公安分局联合制定《通州区人民检察院驻所检察室与通州区看守所关于伤、病犯管理和变更强制措施的联系办法》。从四个方面对监管场所伤、病犯安全管理工作予以规范：一是规范犯罪嫌疑人收押工作；二是规范在押人员医疗管理；三是规范出所伤、病犯住院管理；四是规范变更强制措施。《办法》以文件的形式在全市监所检察部门进行转发。

（李茂春）

【签署加强民行诉讼监督工作实施意见】 4月15日，区检察院与区法院召开“检法两院贯彻市人大《决议》座谈暨第七届年会”。双方主管领导副检察长甘露、副院长史宝山及相关部门干警参加座谈。会议签署确立五项制度：一是书面再审检察建议制度；二是规范纠错检察建议制度；三是完善检察长列席法院审委会制度；四是深化案件交流研讨制度；五是探索试行民事督促起诉制度。

（黄笔镜）

【反渎局组织实施“亮剑行动”】 区检察院反渎局在总结、分析2009年一季度办案情况的基础上，推出实施“亮剑行动”。一是确定两个重点。即以深化查办危害能源资源和生态环境领域渎职犯罪专项行动和加大对隐藏在司法腐败、司法不公背后的渎职侵权犯罪案件的查处力度为重点。二是确立高指标任务。年内实现立案3件3人以上，并保证每一起案件达到立得住、诉得出、判得了的标准。三是推进完善侦防一体化长效机制建设，深化惩治和预防工作效果。四是加强队伍建设。提高干警侦查办案能力水平。截至7月，“亮剑行动”取得显著成果。

(马　军)

【开展为民实践活动】 区检察院在扎实推进“听呼声、走百家、送服务”活动中，坚持突出为民实践特色，畅通联系渠道、纳谏渠道、信访渠道、服务渠道，努力做到听民声、察民意、关民情、解诉求。

(王向玲)

【制定出台《诉讼监督操作规程》】 5月28日，区检察院公诉部门制定《诉讼监督操作规程》，规程对规范诉讼监督工作、创新监督方法、完善抗诉流程以及细化内容、程序及方式作出具体规范要求。

(王向玲)

【参与通州区违法用地整治专项工作】 区检察院积极参与全区违法用地专项整治工作。一是确定主管公诉工作的副检察长作为主责领导，并在院办公室设立专职联络员，负责日常工作的联络协调；二是侦查监督处和公诉处分别确定专门办案组负责专项工作中有关案件的办理工作，根据办案需要适时开展提前介入侦查引导取证，采取依法快捕快诉，与公安、法院积极配合，确保专项工作打击力度；三是高度关注整治违法用地引发的信访及申诉案件，做好应急预案准备，在办理案件的同时积极化解矛盾纠纷。

(于光伟)

【制定《检务接待工作实施办法》】 6月20日，区检察院制定《检务接待工作实施办法》，全面加强和完善检务接待工作，促进工作进一步规范化。一是确立“四位一体”的分级接待机制；二是完善检务接待应急处置联动配合工作机制；三是实行信访人就医“绿色通道”；四是规范检务接待场所安全检查制度；五是实行责任追究制度。

(王向玲)

【提供职务犯罪预防咨询】 区检察院为进一步服务好通州区新城区、新农村建设，从源头上遏制和减少职务犯罪的发生，采取三项措施，向全区700余家城乡单位提供专业化职务犯罪预防咨询服务。一是制定出台《职务犯罪预防咨询办法》。明确预防咨询对象、咨询范围、咨询方式，建立咨询档案；二是成立职务犯罪预防咨询组。分设检察咨询和专家咨询两个小组；三是印制700份职务犯罪预防咨询卡，通过走访座谈、“法制课堂”、“农村领导干部培训班”等形式，发放到全区153家网络成员单位、400多个自然行政村以及其他职务犯罪易发多发行业部门等，以此推进全区专业化预防职务犯罪网络建设。

(王会来　王向玲)

【开展农村领导干部预防职务犯罪拉网式培训】 7月20日，区检察院在通州区2009年农村党支部书记、村委会主任、村后备人才培训班开班仪式上，为培训学员作题为《农村基层干部预防职务犯罪》专题讲座。开展预防职务犯罪法制宣传教育是本院配合区委对全区农村领导干部开展全员培训的一项重点内容。预防职务犯罪法制宣传教育历时一个月，分10期进行，采取集中授课的方式。培训对象为全区农村党支部书记、村委会主任及村后备人才，共计800余人，覆盖了区各乡镇、村基层干部。本院选派专人负责，从农村工作实际出发，针对农村干部特点，精心制定方案和课题。讲座紧密结合近年来区检察院查办的发生在该区农村的职务犯罪典型案例，重点介绍职务犯罪的概念、产生的原因、危害以及如何有效预防村干部职务犯罪。此次活动是近年来本院开展的规模最大、覆盖面最广、参训人员最多的一次预防职务犯罪法制宣传培训。

（刘作会）

【制定《处理轻伤害案件工作意见》】 8月1日，区检察院公诉部门在深入调研的基础上制定出台《处理轻伤害案件工作意见》，主要内容：一是细分犯罪情节；二是细化处理方式；三是明晰调解的程序和要求。

（李智慧）

【“检察长专题讲座”走进全区领导干部廉政课堂】 8月25日，区检察院检察长东晓钟在全区领导干部廉政课堂上，为600余名副处级以上领导干部进行一次预防职务犯罪专题讲座。讲座以“领导干部要远离职务犯罪”为主题，紧密结合近年来检察机关查处的职务犯罪案件，特别是发生在通州区的“一把手”职务犯罪典型案例，详细介绍检察机关查办职务犯罪案件的情况，剖析当前职务犯罪案件的特点、危害及产生原因，并就如何预防职务犯罪，从自我约束和制度约束两方面提出对策建议。

（王向玲）

【建立重点刑事案件快速审理工作机制】 区检察院与区公安分局、法院联合制定重点刑事案件快速审理工作规范，主要内容是：一是明确重点案件分为案件中存在有碍监所管理和安全的犯罪嫌疑人和重点类型案件两类；二是明确提请快速办理需通过建议、审批、审核等环节；三是明确“三个确保”的工作要求，即确保重点案件侦审工作到位、确保快速审理工作顺畅有效运行和确保快速审理工作依法进行。

（于光伟）

【建立教育系统预防职务犯罪联席会议制度】 11月18日，区检察院与区委教育工作委员会、通州区教育委员会联合制定《关于建立通州区教育系统预防职务犯罪联席会议制度的意见》，成立由双方主要领导为成员的区教育系统预防职务犯罪联席会议领导小组，统一负责全区教育系统职务犯罪预防工作。同时，明确各项工作任务和职责范围。

（肖　菲）

【举办检察开放日活动】 12月1日，区检察院举办“百姓身边的民行检察”主题检察开放日活动，市院民行处处长高兰圣、区司法局副局长程卫民，各司法所代表、乡镇人民代表及人民监督员、特约监督员、检察联络员和新闻记者代表应邀到访。开放日活动内容分为三个环节：一是组织观看自制专题片《前进中的通州民行检察》，使观摩人员对通州民行检察工作有初步感性认识；二是组织聆听民行故事会，包括检察官讲述办案故事、案件当事人讲述案件亲身经历，司法所长谈民调息诉协调机制感受等；三是开新闻发布会，详细介绍区检察院自行摸索创新的与区司法局建立的息诉民调协作机制的具体内容、创建过程及运行情况，并与观摩人员互动答疑。

（谭　锐）

【召开第二届特约监督员聘任会】 12月9日，区检察院召开第二届特约监督员聘任大会，检察长东晓钟向新选任的11名特约监督员颁发聘书。本届聘请的特约监督员，经市检察院、区人大推荐，在组织考察、本人同意的基础上，由本院研究确定，分别来自机关、企业、文教系统等，知识层次高，工作经验丰富，具有一定的专业性、代表性和广泛性。会议总结五年来开展特约监督员工作的情况，提出下一步工作部署要求。新任、连任特约监督员代表作表态发言。

（葛子祥）

【举行“博友通检行”活动】 12月10日，区检察院举行“博友通检行”活动，邀请“博联社”学者、诗人、作家、摄影家等12名成员到院参观。活动包括两方面内容：一是组织观看纪念该院恢复重建三十周年专题片，使“博友”全面了解本院恢复重建30年来的发展历程以及在检察队伍建设和业务建设方面取得的突出成绩；二是与检察干警

"零距离"座谈，检察长东晓钟、副检察长张树昌及部分干警代表参加座谈，东晓钟向"博友"介绍本院在打击刑事犯罪、查办和预防国家工作人员职务犯罪、深入开展诉讼监督工作等方面的经验做法和成效，以及结合检察职能为实现通州区"新城区"、"新农村"建设目标服务推出的各项检察工作新举措等，并与"博友"进行互动交流。随后，"博友"应邀参观本院办案工作区建设情况。

（白　静）

【裴志军涉嫌受贿、滥用职权案】 被告人裴志军，男，45岁，北京市通州区人，原北京市通州区民防局工程建设管理科科长，正科级。2008年8月至2009年1月间，被告人裴志军利用担任北京市通州区民防局工程建设管理科科长，负责对人防工程进行监督检查和工程验收的职务之便，在对通州区人防工程维护、维修项目进行监督、验收的过程中，两次收受北京市都宇设备安装公司二分公司经理连顺宝给予的人民币共计5万元。2004年，受谷维臣指派，被告人裴志军在验收、认可北京维盛宾房地产开发公司开发建设的运河东大街25号"河畔丽景"小区人防工程中，对该小区10号楼地下车库2708平方米人防工程违法出具不属人防工程、产权归开发商所有的结建证明，致使国家利益遭受重大损失，折合易地建设费人民币440余万元。2004年，受谷维臣指派，被告人裴志军对北京天行雅坤房地产开发有限公司开发的"蓝调沙龙雅园"人防工程进行审批、验收过程中，违反规定准许开发商将本期部分人防工程放在下期补建，后因"蓝调沙龙雅园"下期开发用地归其他开发公司所有，导致该部分人防工程无法补建，给国家造成经济损失折合人民币755万余元。2009年4月9日，通州区人民检察院以涉嫌受贿罪、滥用职权罪对裴志军立案侦查，11月23日，以涉嫌受贿罪、滥用职权罪向通州区人民法院提起公诉，2010年2月23日，通州区法院以受贿罪、滥用职权罪，数罪并罚，对被告人裴志军决定执行有期徒刑5年6个月。被告人未提出上诉。

（王向玲）

【利用网络提供虚假股市信息诈骗案】 2009年2月，被告人高国华(女，29岁，黑龙江人)、白金辉（女，24岁，河北人）、陈丽华（女，26岁，内蒙古人）将租住的北京市通州区东营前街4号楼551室作为办公地点，冒用中国国际金融有限公司的名义，使用虚假姓名电话联络客户，以能够提供股市信息使客户获得较高收益为诱饵，并利用中国国际金融有限公司股市经营的影响力，骗取客户的信任，将信息费汇入犯罪嫌疑人指定的银行账户中。截至2009年5月，犯罪嫌疑人高国华、白金辉、陈丽华共骗取客户信息费用5万余元。6月22日，被告人高国华、白金辉、陈丽华以涉嫌诈骗罪被批准逮捕，8月28日，通州区人民检察院受理该案，12月23日，以三被告人涉嫌诈骗罪向通州区人民法院提起公诉，2010年1月14日，通州区人民法院以犯诈骗罪，分别判处被告人高国华有期徒刑1年4个月，并处罚金2000元；陈丽华有期徒刑1年2个月，并处罚金2000元；白金辉有期徒刑1年2个月，并处罚金2000元，三被告人均未提出上诉。

（王向玲）

审判工作

【概　况】 2009年，区法院紧紧围绕通州区保持经济平稳较快发展与社会持续和谐稳定的工作大局，充分发挥审判职能作用，积极应对案件数量大幅上升带来的压力，全力做好审判、执行工作，全年受理各类案件24115件，审结23810件，同比分别上升15%和15.1%，结案率为98.7%，连续11年无超审限案件。其中受理刑事案件957件，审结952件；受理民商事案件16446件，审结16272件；受理行政诉讼案件134件，审结134件；受理执行案件6474件，执结

6361件，执行标的总金额12.5亿元。区法院着力推进辖区科学发展和社会稳定，稳妥推进司法改革，努力提升队伍整体素质，大力加强法庭及基础工作，为推进现代化国际新城建设，构建和谐稳定的社会发展环境发挥积极作用。

（张　涛）

【强制执行“碧水蓝天”违法建设案】 2007年，沃尔斯堡（北京）投资顾问有限公司（简称沃尔斯堡）在转租的张家湾镇北大化村45亩土地上建五排连体二层住宅小楼55套，四层小户型住宅203套，将所建住宅命名为“碧水蓝天”并登报出售，已出售150套。北京市国土资源局认定“碧水蓝天”小区的上述楼房没有取得规划许可，属于违法建筑并做出处罚决定书。5月12日，市国土资源局向区法院申请强制执行，要求拆除违法建筑，恢复土地原状。该案涉及上百户业主的居住、财产等重大民生问题，业主们情绪激动，思想偏激，就居住、安置、赔偿等问题多次组织人员到市、区、镇、信访部门上访，给市、区、法院领导写信。为保证顺利执行，区法院穷尽执行措施查找被执行人的线索，派专人深入现场对业主进行法律解释和劝导说服工作，积极与当地司法所和民调组织协商搭建法律援助和法律咨询的平台，并与镇政府协调解决腾退人员的周转房问题，截至7月6日有部分业主主动腾退，强制执行的时机基本成熟。7日，根据预先制定的执行预案，区法院党组成员、主管副院长率队开赴执行现场强制执行。执行中，执行法官挨家挨户地核实情况，详细登记业主剩余物品，小心搬运清点后的财产，统一集中清理现场，最后在确定房间内无人无物的情况下，启动机械设备将五排连体二层住宅小楼中的1栋全部拆除、4栋部分拆除，整个执行过程未损坏一件物品，执行取得初步成效。

（张　涛）

【市高级法院副院长到区法院接访】 8月13日上午，市高级法院党组成员、副院长周继军一行5人到区法院指导涉诉信访工作并接访申请执行人楼伟豪。区法院院长高洪涛汇报了楼伟豪执行案的进展、楼伟豪的实际生活困难、上访中的过激行为等情况。听取汇报后，周继军一行接访楼伟豪及其母亲，详细询问楼伟豪的家庭生活情况、事故发生后的伤情和后续治疗、身体恢复状况，传达市高级法院党组高度重视该案，千方百计协调各方力量彻底解决该案的信息。楼伟豪及其母亲听后非常感动，同时对长期上访给政府施压的不理智行为做了检讨。

（张　涛）

【本院论文获市法院系统学术论文讨论会一等奖】 2月26日，在市高级法院召开的北京市法院系统第二十届学术讨论会上，区法院法官欧彦峰撰写的《直接结合与间接结合界分标准的重构》获得一等奖，这是该院首次获得北京市法院系统学术论文讨论会一等奖，此前，该文在全国法院系统第二十届学术论文研讨会上获得二等奖。

（张　涛）

【举办法律宣传活动现场开庭】 12月2日下午，区法院宋庄法庭庭长蔡俊清等6位法官应邀参加北京物资学院“12·4”法律文化宣传月开幕式，蔡俊清在开幕式上做主旨发言。开幕式结束后，该庭副庭长李迎新担任审判长现场审理一起劳动争议纠纷案件，参加开幕式的200余名师生旁听审判。案件当庭宣判后，法官详细回答大学生们提出的与审判实务相关的法律问题。

（张　涛）

【多举措服务当事人】 年内，区法院采取多种举措，维护当事人权利：一是制发《诉前财产保全一次性告知书》，明确告知当事人可以提起诉前财产保全的情形、可以保全的对象、应当提供担保并在法定期限内起诉、各类不同诉讼标的的保全期限，并强调不在法定期限内起诉将导致法院解除财产保全措施的后果，提示当事人在期限届满前及时申请延保。二是在公告送达开庭传票时增加诉讼权利告知内容。三是推行类案举证指导制度，针对不同类型的案件，向当事人发送类案举证指导书，不同类型案件的举证内容予以具体化，根据各类案件的特点，分别明确各类案件在证明当事人主体资格、法律关系存在或者产生、变更、合同履行情况、纠纷原因、侵权事实、财产权属、诉讼请求金额计算方式等所需证据的类型、表现形式、格式要求、保存部门，需要申请法院调查取证的，提交调查取证申请的时限、提出申请的条件、方式、要求等内容，从而使当事人知晓其举证的内容和程度，提高当事人举证的针对性。四是向当事人发放执行“便民卡”，载明法官的姓名、手机号码、办公室电话、执行庭值班电话，最大程度地保证当事人与执行法官的沟通渠道畅通。

（张　涛）

【制定《羁押人员表现量刑化初步方案》】 针对刑事被告人扰乱监管、庭审秩序行为，区法院提出《羁押人员表现量刑化初步方案》，建议将羁押表现作为量刑情节，对羁押表现的内涵、羁押期间的界定、羁押表现量刑化的适用对象、程序、法律效果等都做了详细的构想。8月24日，区政法委牵头召开由区法院院长及区公安分局局长、区检察院检察长参加的三长会，听取该院就建立羁押表现量刑化制度所做的专题汇报，并通过该院提出的《羁押人员羁押表现量刑化初步方案》。

（张　涛）

【扎实做好涉诉信访工作】 年内，区法院采取五项措施扎实做好涉诉信访工作：一是实行信访案件定期排查制度、重点涉诉信访案件“四定一包”责任制、制定《涉诉信访应急工作预案》；二是院党组成员、中层领导在院信访接待室轮流接访，各派出法庭确定庭长接待日在派出法庭接访，新招录公务员、新任助理审判员及新任中层领导干部，首先到信访部门实习锻炼，了解信访流程，熟悉信访动向；三是由主管院长、庭长组成会诊评估领导小组，对涉诉信访案件进行集体会诊，根据案件特点，灵活有效地逐渐确定解决方案；四是建立信访案件承办法官、庭长、主管院长、院长四级责任制，对因失职造成新的信访的人员进行通报批评并严格追究责任；五是讲求工作方法、注意工作态度，加大执行力度、穷尽执行措施，认真解决群众的实际困难和问题，积极为符合条件的当事人申请司法救助，从源头上消除涉诉信访的诱因。

（张　涛）

【完成清理执行积案任务】 在中央政法委员会统一组织的全国法院系统集中清理执行积案活动中，区法院积极争取区委、区委政法委的支持及区公安分局、工商局、建委、国土局、金融机构等相关部门的配合，抽调11名作风过硬、业务精通的干警充实执行队伍，严格落实执行进展日报制度和“五定一包”制度，积极创新工作方法，发展执行联络员，发放执行联系卡，使一批被执行人长期躲债无法执行的积案得以顺利执结。截至5月底，圆满执结执行积案267件，其中有财产可供执行案件155件、涉特殊主体案件38件、涉特困群体案件38件、涉重复信访案件36件，执结率100%，比预定时间提前一个月圆满完成了清理执行积案任务。

（张　涛）

【开展网络直播工作】 为进一步深化司法为民，打造透明司法，年内，区法院出台《网络直播工作规则》，明确规定网络直播的范围、程序、考核办法。3月10日，区法院通过中国法院网、北京法院网对一起因儿童在游泳池游泳受伤引发的人身损害赔偿案的庭审过程进行全程网络图文直播。6月24日，区法院首次通过法治中国传媒对一起生命权、健康权、身体权纠纷案进行庭审视频直播。全年开展26期庭审图文直播，2期庭审视频直播，直观地展示庭审过程，方便当事人了解法院工作流程，增进当事人对法院工作的理解。

（张 涛）

【设立审判事务管理办公室】 5月18日，区法院审判事务管理办公室（以下简称审务办）正式成立并对外办公。审务办履行以下职责：一是诉讼引导；二是案件查询；三是收转诉讼材料；四是收转上诉材料。

（张 涛）

【新立案大厅投入使用】 5月4日，区法院设于第二审判区的立案大厅正式投入使用。新投入使用的立案大厅具有以下特点：一是接待能力显著增强。立案大厅位于第二审判区一层，设有9个立案窗口，其中包括一个老弱病残绿色窗口。二是服务设施更加完备。立案大厅分为法官办公区、当事人等候区、诉状书写区、立案指引区、规范公示区等区域，9个立案窗口外均安设舒适的扶手椅，窗口安装对讲器，位于中央的等候区设有五排座椅，诉状书写区备有桌椅和签字笔，墙面上张贴起诉立案、申请执行的基本流程、诉讼费用交纳须知和司法救助规定。三是立案环节透明规范。法官办公区与当事人等候区之间仅有透明玻璃相隔，当事人可以看到每位立案工作人员的工作状态；大厅内安装严密的监控系统，可以监督每一个立案窗口的工作情况；立案大厅东侧就是信访接待室和审监庭，当事人对立案工作人员的服务态度不满意可以及时向有关部门反映并得到答复；立案大厅办公区张贴《立案窗口接待规范》和《立案工作规范》，时刻提醒立案工作人员规范司法行为，保障当事人诉讼权利。

（张 涛）

【审结原北京鹏华房屋拆迁服务所所长祝玉凤贪污案】 2002年末至2003年初，被告人祝玉凤担任北京鹏华房屋拆迁服务所所长期间，在负责通州区永顺镇耿庄村拆迁项目过程中，指使该所工作人员郎秀萍伪造虚假的拆迁户提款手续，骗领拆迁服务费51万余元后，将37万元交给拆迁所，其他14余万元被侵吞，后祝玉凤分给郎秀萍5万元。二被告人后被举报抓获。区法院经审理后认为，被告人祝玉凤、郎秀萍身为国家工作人员，利用职务上的便利侵吞公款，其二人的行为已构成贪污罪，依法均应予以惩处。7月2日，区法院以贪污罪分别判处祝玉凤、郎秀萍有期徒刑10年并处没收财产2万元、有期徒刑8年并处没收财产1万元。

（张 涛）

【审结赵瑞迪等群发短信诈骗案】 2009年3月初，被告人赵瑞迪利用短信群发装置等电子设备向不特定手机号码发送内容为“重新给你一个账号，工商银行卡卡号为6222022502002745035，户名：李智明，办好回个信息”的虚假短信息，意图以此骗取钱财。3月26日，收到短信的张某误以为该信息为与其有经济往来的朋友李某所发，遂在中国工商银行通州支行向短信所述账号汇入1008500元。收到该款后，被告人赵瑞迪持银行卡伙同被告人赵龙斌及赵培钦、黄松武（均另案处理）先后在福建省龙岩市、广东省梅州市、广东省河源市等地持卡购物、提取现金，共挥霍50余万元；被告人赵龙斌参与实施了在福建省龙岩市东方表行持卡以18万元的价格购买3块劳力士手表的行为，并在POS单上签名“黄良”，后受赵瑞迪委托为其窝藏2块劳力士手表等物。张某发现被骗后报案，后被告人赵瑞迪、赵龙斌被公安机关抓获。区法院经审理认为，被告人赵瑞迪伙同赵龙斌等人以非法占有为目的，采取虚构事实的方法骗取他人的财物，被告人赵瑞迪犯罪数额特别巨大，被告人赵龙斌犯罪数额巨大，二被告人的行为构成诈骗罪，依法应予惩处。12月18日，区法院以被告人赵瑞迪犯诈骗罪，判处有期徒刑15年，并处罚金15000元，以被告人赵龙斌犯诈骗罪，判处有期徒刑7年，并处罚金7000元。

（张 涛）

【审结马帅等话术诈骗案】 2008年12月至2009年3月间，被告人马帅、崔长青承租通州区马驹桥镇温馨家园东区7B461室，购买了电话、电脑等设备，又获取了大量公民个人手机号码信息，后预谋实施诈骗。二人让马帅女朋友王美娜负责员工的业绩统计等日常工作，并指使被雇佣员工用电话联系公民个人手机，假称系北京电视购物中心等单位工作人员，现正与三星公司举办大型回馈活动，对方是随机抽取的幸运会员之一，只需交纳398或者498元包装费或保险费即可以得到1部价值3000余元的三星手机，在取得对方信任后，通过“北京财通天下网络科技有限公司”给对方邮寄“大长今”面膜冒充三星手机，骗取张某等56人共计2.3万余元。2009年2月中旬，被告人王善祥开始受雇于马帅、崔长青进行诈骗活动，并负责对雇佣员工进行“话术”培训，至案发其参与诈骗1万余元。被告人马帅、崔长青、王美娜、王善祥无视国法，以非法占有为目的，采用虚构事实、隐瞒真相的手段骗取他人合法财物，且数额较大，其4人的行为已构成诈骗罪，依法均应予以惩处。10月15日，区法院以诈骗罪分别判处被告人马帅、崔长青、王美娜、王善祥有期徒刑2年并处罚金2000元、有期徒刑一年零八个月并处罚金2000元、有期徒刑1年并处罚金1000元、有期徒刑10个月并处罚金1000元。

（张　涛）

司法行政

【概　况】　2009年，区司法局以司法行政“四个体系”构建为主线，以服务国庆安保工作为重点，围绕通州“新城区、新农村”建设大局，充分发挥司法行政职能作用，为维护安全稳定，构建和谐通州做出突出贡献。在“国庆平安行动”中，局党组周密部署、狠抓落实，突出发挥社区矫正和帮教安置的重点管控作用、人民调解的排查化解作用，采取多种行之有效的工作措施，确保所管1600余名社区服刑人员和帮教对象无脱管、无漏管、无重新犯罪、无涉国庆安保事件，圆满实现国庆安保工作万无一失，被北京市“国庆平安行动”指挥协调小组评为国庆安保工作先进集体。2009年，局领导班子成员撰写调研报告5篇，查找突出问题4个，提出整改措施15项，办理惠民实事5件。

年内，全区举办各种普法学习班352次，普法培训617637人次。其中处级干部普法学习班93次，1621人次参加；公务员普法培训班86次，23396人次参加；企业经管人员普法培训班92次，28846人次参加；中小学生普法培训班20次，189865人次参加；流动人口普法培训班21次，86983人次参加；农民普法培训班19次，143656人次参加；居民普法培训班21次，143270人次参加。向全区各乡镇、街道及部分委办局、大专院校发放价值102万元的法制图书6万多册；创建全国级民主法制示范村1个；开展“一单式”法制宣传服务活动，发放法制宣传服务单38546份。

全年各级调解组织调处矛盾纠纷3702件，调解成功3673件，调解成功率达到99%，同比上年调解数量增长186%；全区新创建规范化调委会42个，截至年底，全区有规范化调委会211个；全年新建法律服务室52个，截至年底，全区建法律服务室369个，其中示范法律服务室76个。

全年新接收社区服刑人员434人，解除矫正417人，实有社区服刑人员478人。其中缓刑287人，剥夺政治权利66人，假释118人，暂予监外执行7人。全区累计接收帮教安置对象339人，解除帮教210人，实有五年内刑释解教人员1160人。

年内，司法助理员、律师、公证员和法律服务工作者等法律服务保障队伍共办理法律援助案件324件，为200余人次农民工挽回经济损失100余万元，实现法律援助工作零投诉佳绩；办理公证案件3937件，较好地维护了当事人的合法权益；担任法律顾问1133家，为各级政府依法行政提供有力保障。

（李　超）

【举办法律服务室培训会】 4月29日，区司法局举办主题为“实践科学发展观，服务‘两新’建设——法律服务室经验交流会暨培训工作会”，市司法局、区人事局、区新农村办公室有关领导应邀参加培训活动。区司法局局长李永峰为培训班做开班动员。全区2008年建立的128家法律服务室主任、副主任（大学生村官）参加培训。

（李　超）

【中国政法大学法律服务实践基地落户宋庄】 6月16日，区司法局、宋庄镇与中国政法大学法律援助中心“法律服务实践基地”共建活动在宋庄镇举行。区司法局局长李永峰、宋庄镇党委书记胡介报、团区委副书记郭枫、中国政法大学校团委校研究生会负责人参加活动。

（李　超）

【区矫正帮教协调委成立】 7月21日，区综治委社区矫正和刑释解教帮教安置工作协调委员会成立暨国庆平安行动部署会召开。会议宣布成立通州区综治委社区矫正和刑释解教帮教安置工作协调委员会。矫正帮教协调委的成立，扩大了矫正帮教工作成员单位范围，进一步明确各单位责任，有效整合资源，加强矫正帮教工作统筹协调力度。区委常委、公安局长尹燕京主持会议，区委常委、政法委书记李玉君出席会议。

（李　超）

【青海省司法厅考察团到通州调研】 10月21日，青海省司法厅考察团一行30余人，在北京市司法局政治处领导陪同下，到通州区调研司法行政工作。

（李　超）

【廊坊市司法局考察通州社区矫正工作】 12月18日，廊坊市司法局局长李银增率领香河县、霸州市、三河市、广阳区司法局考察团一行19人到通州区学习考察社区矫正工作。考察团听取了司法局副局长程卫民关于本区2003年以来社区矫正试点工作情况介绍，具体查阅了社区矫正和阳光社区矫正中心相关档案，并前往区司法局宋庄司法所进行实地考察。区司法局党组书记、局长李永峰陪同考察。

（李　超）

社会治安综合治理

【概　况】 2009年，通州区社会治安综合治理工作围绕“保增长、保民生、保稳定”工作大局，以确保国庆平安为工作中心，全面履行职能，实现“大事不出、小事减少、管理严格、秩序良好”的总体工作目标，全区维护稳定和社会动员组织能力进一步提升。

（汪立宏）

【“国庆平安行动”工作部署】 4月15日，在东方宾馆召开集中开展打击整治暨“国庆平安行动”部署会议，区领导李玉君、尹燕京、赵玉影，相关区属职能部门主管领导，各街道办事处、乡镇行政正职、主管领导、综治办主任参加会议。会上，区公安分局通报了全区治安形势，对打击整治专项工作进行了部署，区综治办对“国庆平安行动”进行部署。区委常委、公安分局局长尹燕京对“国庆平安行动”提出要求。区委常委、政法委书记李玉君就集中开展打击整治暨“国庆平安行动”提出要求。

（刘春丽）

【召开综治委全体（扩大）会议】 6月26日，召开通州区综治委全体（扩大）会议，区领导李玉君、尹燕京、储怀森，法院院长高洪涛、检察院检察长东晓钟、区综治委各位委员，各街道、乡镇主管领导参加会议。区综治办对国庆平安行动工作方案、平安通州建设意见等文件进行了说明，区公安分局对国庆60周年安保工作和当前全区治安形势进行了通报。区委常委、政法委书记、区综治委主任李玉君充分肯定前一阶段通州区维护稳定工作并就进一步开展好国庆平安行动提出要求。

（刘春丽）

【市委"平安北京"建设督查组检查通州工作】 7月7日，市委"平安北京"建设督查组到通州区检查指导平安建设工作，区委常委、政法委书记、"平安通州"创建工作领导小组组长李玉君，区综治办负责同志陪同检查。督查组听取了区综治办关于推进"平安北京"建设情况、应对金融危机影响维护社会稳定情况、"国庆平安行动"开展情况、深入推进流动人口服务管理工作情况、群防群治队伍组织动员情况、基层基础建设情况的汇报。

（刘春丽）

【市委"国庆平安行动"督查组检查指导工作】 8月18日，市委"国庆平安行动"督查组到本区就"国庆平安行动"工作进展情况进行检查指导，区委常委、政法委书记、区"国庆平安行动"指挥协调领导小组组长李玉君，区"国庆平安行动"指挥协调领导小组办公室、区综治办、区流管办、永顺镇负责同志参加检查指导工作。区"国庆平安行动"指挥协调领导小组办公室就六大专项行动的进展情况，围绕国庆庆祝活动和演练工作本区采取的措施，各类群防群治力量的扩充、宣传、动员、组织情况，工作责任落实情况，街道乡镇、社区（村）重点人、地、物、事、组织电子台账建设情况，市级挂账流动人口聚集区清理整治工作开展情况进行了汇报。督查组一行深入部分市级挂账流动人口聚集地区（村），了解清理整治工作开展情况，与镇、村流动人口管理队伍进行座谈。督查组对本区"国庆平安行动"工作进展予以充分肯定。

（刘春丽）

【部署国庆安保社会面防控工作】 9月4日，召开国庆安保社会面防控动员部署会议。区领导岳鹏、李玉君、尹燕京、储怀森出席会议，各街道办事处、乡镇行政正职、主管领导、综治办主任（流管办主任、610办主任）和相关委办局领导参加会议。会上，区综治办和公安分局对国庆安保社会面控制工作分别做了部署，区维稳办对安全稳定特派员工作进行部署。区委常委、政法委书记李玉君对全区国庆安保工作提出要求。

（刘春丽）

【组织综治干部培训班】 根据中央综治办和首都综治办统一部署，12月20日至22日，本区组织区、街道乡镇两级综治委（流管委）办主任、副主任及全体专职干部180余人参加为期3天的全国基层综治干部电视电话培训班。区委政法委副书记、区综治办主任、流管办主任王金成及区综治办、流管办全体领导干部参加此次培训。

（刘春丽）

武　　装

人民武装

【概　况】 2009年，全区武装工作牢固树立"紧跟大局，紧贴实际，紧扣效能"发展理念，围绕武装工作职能使命和发展定位积极探索新方法，努力适应新形势，大力开展国庆安保执勤、军事训练、军民共建等一系列工作，全区武装工作成效显著，军政、军民关系和谐融洽，全民国防教育等工作扎实推进，较好地完成年度各项工作任务。区武装部被评为首都全民义务植树先进单位，被北京市评为国庆安保工作先进集体，被北京卫戍区评为民兵执勤先进单位，被通州区评为国庆筹备工作先进单位和最佳服务保障奖。

（杨　李）

【民兵工作会议】 2月26日，通州区2009年度民兵工作会议在总装备部938礼堂召开，区领导王云峰、邓乃平、张文山、王春元、储怀森、赵玉影，区武装部部长芦峰，各乡镇、街道办事处党（工）委书记、分管武装工作的领导、专武干部等200人参加会议。会议总结了2008年度通州区民兵工作，部署2009年工作任务，表彰2008年度基层先进人民武装部和先进专武干部，与会领导向受表彰的9个先进单位和10名先进个人颁发奖牌和证书。会上梨园镇党委书记王岩石、西集镇党委书记刘雪峰进行党管武装工作述职。区委书记王云峰作了重要讲话。

（杨 奔）

【民兵整组】 3月，根据北京市国动委关于民兵组织整顿要求，指导基层武装部结合实际，针对民兵流量大、流向多，落实编制任务难等情况，坚持“压缩规模、调整结构、确保质量”的思路，根据担负任务定规模、根据兵员流向定布局、根据平战需要定结构的原则，按照上级要求编实各类队伍，落实编制任务。4月，对全区民兵整组情况进行检查验收。初步形成以乡镇、街道为依托，以村、社区为网点的城市乡村民兵组织新格局，为民兵快速动员和提高遂行任务的能力奠定坚实的基础。

（杨 奔）

【民兵政治工作】 年内，采取刊授教育、大众传媒教育、网络教育等形式，重点抓好民兵的理想信念、职能使命、国防观念等教育。民兵组织整顿期间，针对初入队民兵，围绕当民兵光荣、民兵的责任和义务、民兵在新的历史时期的重大使命等课题安排教育，增强民兵的光荣感、责任感和使命感。民兵高炮专业集训期间，开展“双百”评选活动和培育当代革命军人核心价值观主题教育，组织民兵参观中国民兵武器装备陈列馆、民兵三战指挥中心，学唱红色经典歌曲，激发广大民兵的训练热情。

（杨 奔）

【专武干部培训】 为加强专武干部队伍建设，提升专武干部业务素质，4月22日至24日，组织全区基层专武干部进行为期3天的集训，共间主要进行全民国防教育、民兵政治教育、民兵整组、兵役登记和相关国防后备力量建设文件精神的学习培训。专武干部在培训学习中系统地掌握了开展武装工作的基本内容、基本方法。

（杨 奔）

【全民国防教育】 年内，区人武部按照《中华人民共和国国防教育法》、北京市《国防教育条例》和卫戍区有关要求，以国防教育街和国防教育广场、中国民兵武器装备陈列馆等国防教育基地为载体，以媒体宣传、基地宣传、挂图宣传、灯箱宣传、活动宣传等形式，进行全民国防教育。2月，联合北京市戎威文化传媒有限公司和通州区建委积极实施国防教育进社区工程，完成新华、中仓、永顺、梨园等街道、乡镇部分居民楼、商用楼、会所的国防知识宣传牌匾安装工作，建立长期有效的国防教育载体，拓宽国防教育渠道。9月，协调区委宣传部、通州电视台、《通州时讯》和各基层武装部在全区开展全民国防教育日宣传教育活动。

（杨 奔）

【国庆安保执勤】 新中国成立60周年国庆期间，根据北京卫戍区、通州区委、区政府要求，武装部组织493名民兵进行国庆安保执勤任务。5月6日至10月20日，组织96名民兵，对国庆阅兵通州三间房阅兵村周边进行24小时警卫执勤。9月1日至10月10日，组织77名民兵，对国庆阅兵空中导航台和指挥塔周边进行24小时警卫执勤。9月15日至10月10日，按照北京市国庆60周年庆典活动联合指挥部的要求，组织320名民兵配合公安民警对全区17座立交桥、1座过街天桥、8座跨河桥和11个治安检查站点进行守护和治安查堵，圆满完成国庆安保执勤工作。9月17日，北京市委常委、北京卫戍区司令员李少军中将带领工作组，到通州区三间房阅兵村周边和重要进京交通路口民兵执勤点，检查国庆安保民兵执勤情况，并对通州区民兵国庆安保执勤工作给予肯定。

（杨　奔）

【民兵军事训练】　5月15日，从全区各乡镇抽调110名民兵和部分专武干部，进行为期半个月的教育训练。通过理论学习、分组合练、考核评比，提升训练水平，完成民兵高炮分队训练任务。4月16日至17日，组织120名民兵赴顺义区民兵靶场进行为期2天的实弹射击训练，动用冲锋枪28支次，消耗弹药4540发。

（杨　奔）

【国防动员工作】　5月，完成地方与军事专业对口人员服预备役登记核对工作和退伍军人服预备役登记。7月，与区公安分局、区教委联合对全区51名高考军校生、国防生进行政治审查。9月，对全区国防工程逐个进行检查和质量评定工作。

（杨　奔）

【征兵工作】　10月，成立以区长邓乃平为组长的征兵领导小组，召开征兵工作动员大会。会上总结2008年冬季征兵工作，部署2009年冬季征兵任务，宣布《通州区人民政府2009年冬季征兵命令》，表彰2008年冬季征兵工作先进单位和先进个人。组织开展“征兵宣传周”教育活动，区电视台、《通州时讯》对征兵宣传情况进行跟踪宣传报道。区征兵办制定《通州区廉洁征兵工作措施》，在全区公布廉洁征兵举报电话，有效地促进征兵工作的开展，圆满完成2009年度新兵征集任务。

（杨　奔）

【军区领导检查指导工作】　6月9日，北京军区政治委员符庭贵上将在北京卫戍区政委刘福连中将、北京卫戍区政治部主任马誉炜大校的陪同下到通州区人武部检查指导工作，对于通州区人武部抓好科学发展观学习实践活动、安全稳定、国庆安保执勤工作提出具体要求，对通州区双拥共建工作和国庆阅兵服务保障工作，给予充分肯定。

（杨　奔）

【双拥共建】　区武装部积极协调组织驻区部队参加绿化美化工作，全年组织2批次1100人次、车辆37台次完成绿化植树1万余株。6月，按照区防汛工作会议要求，协调13家驻通部队组成1453人的专业抢险队伍，进行防汛任务部署，对防汛地段进行现地勘察，确保遇有险情能及时出动，圆满完成防汛任务。国庆阅兵期间，协调组织驻区部队6家单位、60名教练员参加通州区群众游行方队“和谐家园”的组建和训练，指派一名参谋全程负责教练员的协调管理工作，保证群众游行方队训练的有序开展。11月，组织驻区部队参加区委、区政府开展的“送温暖、献爱心”捐助活动，共捐助人民币99980元。年内，协调解决驻通部队官兵子女入托上学84人，为262名符合安置的退役士兵安置工作和发放自谋职业费。

（杨　奔）

人民防空

【概　况】　2009年，通州民防工作围绕“打造区域服务中心，推进‘两新’建设，构建创意、活力、和谐通州”的总体目标，牢固树立科学发展观，坚持“以人为本，民防为民”，注重建章立制，坚持依法行政，以“准军事化”建设为载体，全面加强五大体系建设，积极主动作为，努力把民防工作融入全区应急管理体系，融入通州新城建设，融入居民生产生活，不断推进“两防（防空防灾）一体化”建设，取得明显成效。8月，区民防局被正式列入政府机构序列，主管本区防空防灾工作。实施区防空防灾应急指挥中心（区应急指挥备份中心）工程。

（李松朝）

【应急指挥通信工作】　年内，对更新、改造的23台警报器进行全面检修、调试和维护，及时建立或更新档案；组织部分专业队干部参加预备役训练；组织相关人员参加短波单边带电台机上网络训练，并及时对本局四部短波电台进行测试和维护；认真进行核查登记，确定10个重点经济目标单位，修订重点经济目标单位的防护和抢险、抢修方案，及时更新和完善了指挥数据库有关资料；认真维护保养815D应急移动指挥车等通信设备，积极做好应急准备；按照区抗震应急指挥部要求，制定了在发生重大或特大地震灾害时通信保障方案，并提供应急避难场所；严格按规划选址，确定警报建设单位，完成市局下达的警报器安装任务；积极筹划卫星地面站建设，为应急移动指挥车与防空防灾指挥中心的连接奠定了坚实基础。

（李松朝）

【人防工程建设和管理】 2009年，开展市区两级人防工程审批工作。对通州区绿色审批通道相关项目办理人防审批手续。年内，受理、办结非绿色通道项目26项。组织20人的人防应急抢险队伍，先后处理险情7处，先后收到群众或单位赠送的锦旗3面。

（李松朝）

【国庆服务保障工作】 组织、协调区建委、区公安分局、区消防支队、区工商分局、区安监局等相关部门，会同梨园、永顺、潞城、马驹桥镇及北苑、玉桥、中仓、新华街道等属地政府和街道办事处，先后出动3000余人次，对全区人防工程进行拉网式安全隐患排查。对查出的安全隐患均进行整改或关停。坚持24小时应急值守，落实领导带班制度。先后参与、组织10余次应急指挥和战备演练，较好地完成市民防局和区政府赋予的应急指挥服务保障任务，确保了国庆60周年庆典期间本区人防工程安全，应急指挥服务保障工作受到区政府的表彰。

（李松朝）

【公共安全宣传教育】 年内，结合“国际民防日”、“防灾减灾日”、“安全生产月”、“国防教育日”等活动，先后组织大型宣传教育活动9次，设立宣传展板、宣传挂图、过街横幅等600余块（幅），发放各种宣传材料和宣传品6万余册（份），提供各种咨询服务5000余人次。

（李松朝）

【应急预案演练】 加快人口疏散地域建设，就地利用辖区的人防工程、空旷绿地搞好《人口疏散与人员掩蔽计划》的落实。先后在玉桥街道上营社区、北苑街道通典铭居、北京邮电仪表研究所等人口集中居住区，组织人口疏散、掩蔽演练和人防工程应急疏散演练。

（李松朝）

【开展人防培训】 年内，先后4次组织人防工程管理单位、人防工程使用单位相关人员进行人防法律法规和人防工程安全使用管理知识培训，培训相关人员300余人。

（李松朝）

经 济 管 理

综 合 调 控

【概　况】 2009年，区发改委贯彻落实区委、区政府工作部署和要求，与各部门密切配合，紧紧围绕全区工作大局，全面履行职能，抓当前、谋长远，促进全区经济社会平稳健康发展；造环境，强基础，大力推进基础设施和公共服务设施建设，着力调结构，促创新，抓减排，推进发展方式转变；继续推进产业结构优化升级；把握重点，扎实做好新城建设的各项工作。

（王文娟）

【完成年度计划编制工作】 完成《关于通州区2009年国民经济、社会发展计划执行情况和2010年计划草案的报告》的编制，并经区四届人大五次会议审议通过。

（徐振涛）

【研究制定促进产业发展政策】 为落实功能定位，促进主导产业培育和重大项目引进，促进产业结构优化升级，提高综合经济实力，根据国家和北京市有关法律、法规和规定，拟定《通州区促进产业发展暂行办法》和《关于对纳税大户的考核奖励办法》，并经区政府研究后分别印发。

（徐振涛）

【启动"十二五"规划编制前期研究】 按照北京市统一部署和五年规划编制时间要求，制定《关于通州区"十二五"规划研究编制工作方案》，对规划研究编制的指导思想、主要任务、规划体系、编制的时间进度安排、前期研究课题等进行初步安排，提出成立"十二五"规划编制工作领导小组和关于开展76个前期研究课题的建议。

（徐振涛）

【项目审（报)批工作】 2009年，审（报）批固定资产投资项目74项,总投资381亿元。

（张艳青）

【全面推进2009年重点工程】 2009年，通州区安排重点项目94项，按项目进展分为续建项目10项、可开工项目34项、推进前期项目50项。截至年底，有41项工程开复工，其中7项工程竣工。

（张艳青）

【超前谋划2010年重点项目】 年内，区发改委提出2010年区重点项目53项，年度计划投资约207亿元；前期工作重点项目43项。主要围绕交通设施、生态环境、民生建设、现代产业、城乡一体化等五个建设领域分类。

（张浩吾）

【推进政府投资项目评审工作】 2009年，对全区139项（次）政府投资项目的工程预（结）算进行财政投资评审工作。总的送审金额27.25亿元，审定金额23.56亿元，审减金额达3.69亿元，占项目送审金额的13%。

（郭　到）

【规范使用市级支持资金程序】 2009年，从做好通州区政府投资项目管理及资金拨付工作着手，根据通州区政府投资项目资金管理现状，建立政府投资项目监管联席会议制度，梳理投融资平台资金拨付程序，开展政府投资项目月报工作，对政府投资项目进行实时跟踪与监督。全年市发改委支持资金到位11亿元，全部纳入平台统一管理；召开资金拨付会议20余次，经平台下拨项目建设资金13亿元。

（张 墨）

【开展绿色审批通道工作】 落实国家和北京市关于“保增长、扩内需、调结构”的投资工作要求，区发改委制定并以区政府名义下发《北京市通州区扩大内需重大项目绿色审批通道实施办法（试行）》，建立绿色审批通道全方位培训体系、协调沟通体系、立体化监督检查和考核体系以及项目提前储备机制，切实推进通州区绿色审批通道工作的开展。截至年底，有126个项目被纳入市、区两级绿色审批通道管理，完成投资165亿元，占全区固定资产投资额的53.2%。

（刘 健）

【推进工程建设领域突出问题专项治理工作】 根据中共北京市委办公厅、北京市人民政府办公厅《关于印发北京市工程建设领域突出问题专项治理工作实施方案的通知》的整体工作部署，通州区下发《通州区工程建设领域突出问题专项治理工作实施方案》。启动全区治理工作，区治理办及各专项工作组多次召开会议具体部署工作，明确九大工作重点、三层工作体系和五个工作步骤，专项治理工作积极推进并取得阶段性成效。

（刘 健）

【优化资产投资项目服务环境】 以“每一位公务员都代表政府形象，每一个职能部门都是投资环境”为主题在全区率先开展优化投资环境活动，进一步强化审批服务，提供主动与高效服务，提高项目管理的规范化、制度化与效率化水平。采取“专人负责、简化程序、压缩周期、全程督办”的服务模式，以“四个主动”的工作形式和“五项制度”的工作内容，实施纵向联动、横向协调的运行保障机制，建立固定资产投资项目服务体系。

（张 墨）

【采取措施帮扶企业应对危机】 按照全区帮扶企业应对金融危机工作会议精神，采取有力措施，全面展开帮扶工作。首先，为重大产业项目做好服务。协调国土、规划等部门，帮助传媒大学科技园、张家湾数字产业园等项目单位协调解决选址、用地等问题；努力解决北京捷宸阳光科技发展有限公司列入市重点工程和减免有关税费的问题；其次，帮助企业做好资金争取工作。为应对全球性金融危机，及时将国家、北京市出台的保增长、扩内需的一系列支持企业发展的政策、措施告知各园区、企业，组织重点工业投资、创业风险投资、高技术产业投资等项目的征集工作。全年推荐铜牛公司等20家企业列入项目库。

（杨淑琴）

【苏宁电器二期项目获市发改委核准批复】 苏宁电器股份有限公司是中国3C家电连锁零售企业的领先者，国家商务部重点培育的“全国十五家大型商业企业集团”之一，由苏宁电器股份有限公司出资建设的北京物流中心二期项目获得市发改委核准批复，项目总投资26720.8万元，总建筑面积81461.1平方米，主要建设内容为仓储用房。

（杨 妍）

【加强专项培训】 组织召开全区性的项目前期手续办理培训会一次，园区及乡镇等培训会多次，对全区30余家企事业单位，超过300人次进行专项培训。通过培训，提高了项目单位工作人员的业务素质，直接缩短办理前期手续的周期。

（肖婷婷）

【北京二中分校二期工程取得立项】 北京二中通州分校（二期）工程是通州区2009年

重点工程之一，该项目位于潞城镇三元村，总建筑面积8894平方米，主要建设教学楼、体育楼及附属设施等；项目总投资5216万元，其中市发改委给予4000万元的市政府固定资产投资支持。该项目的实施对全区教育事业的发展起到积极的促进作用。

（田　爽）

【潞河医院手术楼工程取得立项】 潞河医院手术楼工程项目位于潞河医院院内，总建筑面积23999.58平方米，主要建设内容为住院部、ICU重症监护病区及骨科、神经外科等，设置病床400张。项目总投资12428万元。该项目建成后将极大改善人民就医条件，提高通州新城整体医疗卫生水平。

（周树英）

【两家单位成为市循环经济试点】 6月16日，2009中国北京国际节能环保高层论坛召开，北京市常务副市长吉林等领导为通州区西集镇和御香苑畜牧有限公司等全市首批24家循环经济试点单位集体授牌，市发改委会同相关部门将对试点单位给予政策、资金等方面支持，推进试点单位循环经济工作。

（李　岐）

【开展绿色照明工程推广工作】 6月至10月底，通州区根据市政府统一要求开展绿色照明工程推广工作，经过各街道办事处、各乡镇的精心组织实施，有29.1万户居民家庭购买“一元节能灯”145.7万只，区级以下国家机关、行政事业单位和社会团体等77家大宗用户更换节能灯10.2万只。

（张　芳）

【推进清洁生产审核工作】 通州区有开展清洁生产审核企业10家，其中大红门肉类公司、星海钢琴、铜牛制衣等6家企业通过市发改委、市环保局阶段性验收。

（周树英）

【区节能专项资金管理办法出台】 根据《中华人民共和国节约能源法》，为加强通州区能源节约管理工作，提高能源利用效率，由区发改委研究起草、以区政府办下发《通州区节能发展专项资金管理办法》。本办法适用于通州区行政区域内所有行政机关、事业单位以及在通州区办理工商注册、税务登记手续，具有独立法人资格的单位和企业。节能资金支持领域包括重点节能改造项目、循环经济、清洁生产、节能诊断等节能工作。

（张　芳）

【召开金融融资工作座谈会】 3月26日，区发改委组织区金融部门负责人，并邀请区工商联领导参加，就通州区金融融资工作进行座谈，会上交流近期银政、银企信贷工作开展情况，征求金融部门对通州区改善融资工作的意见建议，会议达成四点共识：加强合作，积极尝试多种融资合作方式，加强融资工作计划统筹，进一步做好融资服务工作。

（张　芳）

【国家开发银行总行领导到通州区调研】 11月12日，国家开发银行总行党建巡视组组长韩军、国开行北京分行副行长周伟东一行7人，到通州区就银、政金融合作及北京分行服务首都、服务通州和对通州区经济社会发展所做的支持等问题进行调研。副区长张华对国开行长期以来对通州经济发展所提供的支持表示感谢。区金融办汇报了自2003年以来，区政府与国开行进行金融合作的有关情况及合作成果，并就进一步与国开行拓宽合作领域、破解土地开发资金瓶颈、村镇银行筹建等工作提出具体建议。国开行巡视组组长韩军及副行长周伟东对国开行与通州区长期来保持的良好合作关系表示肯定，对区政府关心的热点问题进行解答。

（袁全春）

【中信银行总行领导到通州区调研】 11月24日，中信银行总行副行长赵小凡、市金融局副局长栗志纲率市金融局银行处、中信银行北京分行有关领导，到通州区就开展金融领域合作问题进行座谈。常务副区长岳鹏首先介绍了通州区经济社会的发展成果，并对未来发展做出展望。副行长赵小凡对通州的发展给予认可，表达希望在通州设立分支机构以及开展进一步战略合作的意愿。座谈结束后，赵小凡一行到梨园镇就网点选址、产业发展等问题，进行实地考察。

（袁全林）

【通州区人民政府银政战略合作暨重点项目融资签约仪式】 5月7日，由区政府主办的“通州区人民政府银政战略合作暨重点项目融资签约仪式”在月亮河酒店成功举办。仪式邀请工、农、中、交等9家银行行长以及区各相关部门、各乡镇和园区的主要领导出席签约仪式。区政府及有关部门与工、农、中、交通、京行、兴业等6家银行签署11项银政合作协议，涉及金额达680亿元，协议资金将主要投向新城基础设施、社会事业、土地储备、产业发展等领域。银政战略合作的实施，对缓解新城建设资金压力、推进“两新”建设将起到极大的推动作用。区领导王云峰、邓乃平、石进贤、王玉辉等出席仪式。

（张　芳）

【小额贷款公司试点工作取得突破性进展】 9月22日，通州区首家小额贷款公司暨北京农投首诚小额贷款股份有限公司获市金融局批准开业，该公司注册资本1亿元，由北京市农业投资公司发起设立。12月17日，通州区北京光谷小额贷款有限公司获市金融局批准开业，该公司注册资本5000万元，由北京光谷科技园开发建设有限公司发起设立。新成立的小额贷款公司将致力于改善农村金融服务，引导资金支持农村、郊区和中小企业发展。

（孙　鹏）

【政府债务情况】 截止到2009年11月，通州区使用政府债务项目26笔，贷款金额52.3亿元，债务余额30.86亿元。其中需区政府还款项目5笔，债务余额2.11亿元；政府承诺、用款单位还款的项目21笔，债务余额28.75亿元。

（齐玉兴）

【银行系统运行情况良好】 通州区银行类金融机构资产总额突破850亿元，通州区银行类金融机构迅速发展壮大。截止到9月底，全区有10家银行类金融机构，其中9家机构（不含交通银行）资产总额达857亿元，全区银行业营业网点数为107个，银行从业人员达1537人。截至年底，全区银行类金融机构人民币各项存款余额876.44亿元，同比增长41.6%。其中对公存款余额419.16亿元，增长64.5%；储蓄存款余额457.28亿元，增长25.6%。人民币各项贷款余额252.88亿元，同比增长26.8%。房地产类贷款增长较快，其中房地产开发贷款30.21亿元，同比增长17.2%；个人住房贷款78.49亿元，同比增长6.4%。上述两项贷款占全年贷款总额的43%，成为拉动贷款增长的重要因素。

（齐玉兴　张　芳）

统　计

【概　况】 2009年，通州区统计局、调查队认真贯彻落实区委四届七次、八次全会和北京市统计工作会议精神，以科学发展观为统领，以提高数据质量为核心，围绕“保增长、保民生、保稳定”的工作重点，着力抓好第二次全国经济普查、统计信息化建设和统计分析质量，加强统计法制宣传和执法力度，全面提升统计服务水平，圆满地完成各项工作任务，统计工作整体水平进一步提升。

（刘海燕）

【宣传贯彻新《统计法》】 新《中华人民共和国统计法》2010年1月1日正式实施。在12月法制宣传月中，以法制下乡、举办培训讲座、悬挂横幅、下发宣传材料等多种形式积极开展新《中华人民共和国统计法》宣传活动。利用各类统计工作会议、执法检查、对基层指导工作等时机宣讲新《中华人民共和国统计法》，使宣传贯彻新法真正落到实处，为全面推进依法统计、提高统计数据质量奠定坚实基础。

（刘海燕）

【提高统计数据质量】 完善机制，制定《关于进一步明确统计所职责的意见》和《统计所上报数据质量考核办法》，细化职责、规范管理，加强考核，狠抓落实，源头数据质量得到保证。做好数据衔接，加强部门统计，定期采集部门数据，对部门数据进行评估。严格执行统计报表制度，加大审核力度。按照《政府信息公开条例》要求，制定数据发布计划，规范数据发布工作。扎实做好以新《中华人民共和国统计法》和《统计违法违纪行为处分规定》为重点内容的统计法制宣传工作。坚持依法统计，推进统计执法检查，全年执法检查307家，做出行政处罚59家。统计数据的准确性、完整性和一致性得到保证。

（刘海燕）

【提升统计分析质量】 2009年，面对复杂的经济形势，局队建立统计快速反应机制，修改、完善《通州局队统计分析、信息工作管理办法》、《通州局队信息工作考核管理办法》和《通州局队统计分析考核管理办法》，规范工作流程，明确各级职责，健全奖惩措施，统计分析及统计信息的质量和水平显著提高。围绕区委、区政府“保增长、保民生、保稳定”等方面的工作及国际金融危机对本区经济社会发展中的影响，及时开展统计监测，深入统计分析调研，加强对经济社会运行情况监测、发展状况的评价和趋势判断的分析研究。年内，向区领导上报通州区经济运行情况快报12篇；共撰写统计分析225篇，统计信息851条。

（刘海燕）

【推进统计产品开发】 为各级政府、部门及各界人士做好统计服务。改版《2009——通州区经济发展月报》，完善《2009——北京市通州区统计年鉴》，编印《国民经济统计分类标准汇编》、《2008年通州区统计分析汇编》和《2009——数据看通州》服务“两会”等刊物。

（刘海燕）

【开展民生统计调查】 2009年，完成“家电下乡”实施情况、企业用工需求、城乡居民投资消费意向、新医改方案满意度民意调查、组工干部满意度调查和非公有制企业（单位）人才资源状况等多项社会热点问题的专项调查。调查资料为党和政府及相关部门的科学决策提供有力依据。

（刘海燕）

【统计从业资格报名考试工作】 根据国家统计局《统计从业资格认定办法》的有关规定，对从事统计工作或准备从事统计工作尚未取得统计从业资格的人员进行报名考试。2009年，530人报考《统计基础知识与统计实务》科目，实考387人，及格210人，及格率54.3%；605人报考《统计法基础知识》科目，实考448人，及格352人，及格率78.6%；494人报考全科（即报考二科），实考349人，及格184人，及格率52.7%。

（刘海燕）

【高质量完成第二次全国经济普查】 12月16日，通州区召开第二次全国经济普查总结表彰大会，国家统计局北京调查总队副总队长刁满庆、副区长岳鹏等领导出席会议并讲话。会上，对在经济普查工作中成绩突出的50个先进集体和162名先进个人进行表彰。普查工作期间，全区各级普查机构和普查工作人员按照“依法普查、实事求是、应统尽统”的要求，严格执行普查方案，狠抓数据质量，高质量完成第二次全国经济普查。通过经济普查，全面掌握了通州区社会经济运行状况，摸清第二、三产业内部结构、产业状态和能源消费状况，完善了通州区国民经济各个行业的基本单位名录库系统。为加强和改善宏观调控、科学制定国民经济和社会发展“十二五”规划提供全面准确的统计信息支持。

（刘海燕）

【加强干部业务培训】 加大培训力度，提高干部业务能力。制定《通州局队干部培训学习计划》，采用讲座、培训会及以会代训等形式加强局队干部业务培训。2009 年，相继举办统计信息培训会、统计分析写作培训会、新《中华人民共和国统计法》和《统计违法违纪行为处分规定》讲座等各类业务培训 12 期，培训干部近 800 人次。

（刘海燕）

【推进统计信息化建设】 2009 年，全面完成经济普查数据平台搭建和数据处理工作。与中科华汇（北京）信息技术有限公司合作，完成通州统计信息网网站改版，建立制度，加强对统计信息网的管理。完成办公新址机房建设工程及硬件设备购置。对局域网进行重新规范，建立一套有线局域网和一套无线局域网，实现内网和外网的完全隔离，使网络结构更加合理，网络环境更加安全、稳定。

（耿士中）

【区统计局迁址办公】 区统计局、调查队对位于新华北路 57 号的办公新址进行改造装修和办公设施改善。10 月 26 日，局队正式搬入新址办公。

（刘海燕）

物价管理

【价格管理】 2009 年，区发改委核准 3 家企业自制商品标价签；对 20 家居住小区机动车停车收费标准和 28 所民办教育机构办理收费项目和标准的备案登记手续；加强行政事业性收费管理，对被纳入年审范围的行政事业性收费情况及“收费许可证”进行全面审验。此次年审，审查 195 个执收单位的 2008 年度行政事业性收费执行情况，审验财政专用票据和其他各种票据等数万余本，经审验合格后，全区有“收费许可证”持证单位 175 个（正本 95 个，副本 175 个）。

（马秋玲）

【玉桥东小区经济适用住房销售价格审批】 区发改委对北京新城基业投资发展有限公司提交的通州区玉桥东小区经济适用住房销售价格申请报告及其报价进行初审，并委托北京北咨工程咨询有限公司进行玉桥东小区经济适用住房价格审核。经市发改委批准，玉桥东小区经济适用住房销售基准价格为 4160 元／建筑平方米。区发改委及时转发批文送达企业。

（马秋玲）

【北京工具厂经济适用住房销售价格审批】 区发改委对北京建机房地产有限责任公司提交的北京工具厂经济适用住房销售价格申请报告及其报价进行初审。经综合建设单位实际情况以及初审结果，形成正式申请报告上报市发改委审批。

（马秋玲）

【价格监测】 2009 年，继续做好全区市场价格的日常监测、应急监测和特殊商品监测工作。根据市发改委价格监测工作的统一安排，对本区大型超市和农贸市场的十大类 30 多项 500 多个监测品种的市场零售价格进行日监测并按时上报数据。甲型 H1N1 流感疫情发生以后，及时变更应急监测品种，加强对方便面、饮用水、消毒液、口罩、温度计等市场销售情况的监测。配合市发改委完成成品油调价等市场监测任务。

（马秋玲）

【农产品成本调查】 2009 年，通州区建立由 11个 乡镇、39 个农调户组成的具有一定规模的农产品成本调查网络，主要对蔬菜、生猪、设施农业、奶牛、蛋鸡等多个品种的成本收益情况开展调查。建立生猪调查月报、季报、半年报、年报制度，及时将调查点的情况反馈至上级有关部门。为政府了解、掌握农业生产和农村经济情况，及时调整农业政策提供基础数据。

（马秋玲）

【价格监督检查】 2009年，区发改委物价检查所先后完成动物防疫检疫收费检查、成品油调价检查、液化气价格检查、惠农价格和收费情况检查、房地产市场价格检查、化肥价格检查、原料奶市场价格检查、旅游景点价格检查、电信邮政资费专项检查、奥运期间市检查、教育收费专项检查、药品和医疗服务重点检查及节日（元旦、春节、清明节、五一、中秋节、十一）市场等多项检查。累计检查各类单位715个，其中生产、经营单位412个，服务收费行业273个，国家行政机关3个，其他行业（集贸市场）27个。通过各类价格监督检查，规范价格行为，确保通州价格秩序的稳定。

（李建梅）

【价格认证】 2009年，区发改委认证中心受理涉案物品价格认证案件4200余件，同比增长13.5%，涉案总金额1400余万元。案件呈现的主要特点为：超市被盗物品价格鉴定案件数量仍然较多，机动车案件数量逐渐超过手机案件量，废旧金属类鉴定逐步减少，数码产品、家电类物品及疑难案件量较为平稳。

（马国友）

【价格举报情况】 2009年，区发改委价格举报中心接待群众来电、来访426件次。其中政策咨询353件，形成投诉举报73件；市价格举报中心交办9件，区属相关部门转办6件，总结案率达95%，协调退款141人次，实现经济制裁金额11万余元。遏制乱收费行为，维护了良好的价格秩序。

（秦广庆）

工商行政管理

【概　况】 2009年，通州工商分局全面落实市工商局、通州区委和区政府“促进经济增长、支持企业发展”的各项工作部署，以“强化市场监管，创新公共服务，全力推进首都工商专业化、现代化建设”为目标，紧紧围绕落实“三保”、平安国庆保障和创建国家卫生区等工作重心，主动作为，依法行政，规范管理，扎实工作，使各项工作得到整体推进，全面实现年度的各项工作目标，为区域经济全面快速协调发展和推进北京新城区建设做出了新贡献。年内，为应对金融危机给市场经济秩序带来的不利因素，工商分局制发促进经济增长、支持企业发展25条措施，通过强化市场准入服务、拓宽商标服务渠道、帮助企业解决资金困难、帮扶大学生自主创业、开展推进家电下乡、为企业年检验照提供便捷服务等具体措施，将“促进经济增长、支持企业发展”的措施落到实处。国庆期间，工商分局成立市场秩序控制领导小组，组建市场经营秩序、食品安全等8个小组，制订“平安国庆市场秩序控制工作方案”和“风险点确立以及风险控制工作标准”，确立3级8类共76个风险点，保障平安国庆风险控制各项工作的深入开展。“创卫”期间，工商分局组建73人的创卫迎检控制队伍，定岗、定人、定责、定区域，实施全天候、点对点、无缝隙、严防死守的监控格局。年内，着眼练兵比武和纪律作风整顿，加大教育与培训力度。组织练兵比武培训10期、普考选拔8次，综合类系统比武全员参加280人，专业类比武参加240人次，圆满完成市局模拟和正式考试；开展食品检测、登记系统与监管系统操作等专业化培训

27期（次），参训2092人次；参加市局调训13批63人次。年内，分局采取每月抽查、季度通报等措施，强化案件系统规范使用与管理，同时加强与司法部门沟通协调，切实做好行政复议、行政诉讼工作。全年办理行政诉讼案件6件、行政复议案件3件、听证案件2件，移送案件4件；办结案件832件，罚没款149.39万元；开展行政指导1.38万次，其中行政提示6724次、行政告诫940次、行政约见542次、行政建议233次、助成型行政指导4650次，责令改正718次。年内，工商分局围绕中心工作进一步加强信息、调研和宣传工作。收集整理政务信息635条，被市局、区委、区政府采用183条；在各类宣传媒体共刊播宣传稿件897条，其中市级以上宣传媒体163条。工商学会收到调研文章40篇，其中被《北京工商内参》采用9篇、被分局《内参》采用36篇。

（康　荣）

【多举措保经济增长】 年内，工商分局围绕"保增长、保民生、保稳定"创新公共服务，全力做好促进经济增长、支持企业发展各项工作。走访企业388户，受理、解决帮扶需求52件；通过绿色通道为73户重点项目、重大工程建设单位办理了企业登记手续，为"阳光财险"、"合程工程公司"等企业落户通州解决各类注册难题13件；办理动产抵押登记50件，为企业融资6.5亿元，盘活企业资产8.97亿元，同比分别增长130%、348.2%和220%。

（康　荣）

【完成"平安国庆"市场秩序监管工作】 国庆期间，工商分局通过强化发现预警机制、消除防控机制、应急执法机制建设，集中力量消除和防控风险问题；通过加强广告监测，消除违法广告行为；通过打击传销、规范直销，创建国庆稳定的市场秩序。共开展安全生产"三项行动"、计生药械市场、刀具限售等30余项专项整治行动。国庆期间，工商分局全员在岗，出动执法人员1779人次、504车次，检查重点商户8929户次，制发责令改正通知书163份，行政指导283户次，向卫生、环保部门抄告行政建议书32份；监测广告1.05万条，关闭违法网站5家，查处广告案件21件，罚没款49.33万元；收集传销、不正当竞争等各类情报信息80件次，与相关部门联合执法、通报情况9次，发放宣传材料5万余份；接到涉嫌传销举报46件，取缔传销窝点8个，驱散集会8次，驱散涉嫌传销人员300人，与公安部门密切配合，成功端掉涉案达40余人的特大传销团伙；建立武夷花园等3个无传销社区，延伸了监管触角。

（康　荣）

【强化国庆60周年食品安全监管】 国庆期间，区食品办全面加强外围食品安全和特供食品保障工作。通过成立组织、制定方案、召开会议、部门执法、联合执法、驻点监管等形式，实行人员24小时值班及特供食品24小时全程监控制度，确保食品安全万无一失。国庆期间，各成员单位共检查各类食品经营主体4653户，纠正违法行为68起，责令改正46户，取缔私屠滥宰窝点2个，没收生猪1头、生猪产品8头、私屠滥宰工具7件，捣毁锅台2座。查没私盐28公斤，罚没款2800元。全区6家特供企业为阅兵村、通州星湖生态观光园国庆六十周年晚会排练基地供应肉制品、蔬菜、水果等食品43.38万公斤，供应面包279.07万袋，抽样检测特供食品177个样本，合格率100%。

（康　荣）

【完成"创卫"市场监管任务】 "创卫"期间，工商分局加大对外宣传和帮扶弱势群体力度，日常巡查与联合执法相结合，强化市场监管以及无照经营清理工作，举全局之力，循序渐进开展并圆满完成创卫工作。共建立无证照台账539户，整体排查整治530户，其中责令改正162户、停止营业234户、引导办照114户、取缔20户，约占总体任务的98.33%；会同区城管、卫生、公安等部门强制取缔10户，拆除牌匾30余块；帮扶1826名下岗失业人员办理个体营业执照，减免相关费用近5万元。

(康　荣)

【应急执法机制发挥效力】 年内，工商分局结合辖区创卫工作，建立完善突发事件应急执法机制，分局调度指挥中心突出统筹调度指挥、合理分配布局、部门联动配合、迅速控制消除的特点，对城区重点街道开展应急执法演练与防控工作。演练以“三层联动、协作配合、形成合力、整体防控”为中心，针对分局调度指挥中心与布点干部、布点干部与布点干部、布点干部与对应的公安、卫生、城管、街道等社会面防控三个层面之间的联动进行演练，共检查经营主体1517户，取缔无照经营3户，行政指导124户，现场消费调解3户，暂扣违法工具34件。同时，工商分局全年紧急出动45次，其中夜间出动27次，全面实施8小时以外监管。

(康　荣)

【强化流通环节食品质量监管】 年内，工商分局以创卫工作和国庆阅兵保障为契机，加强对重点地区、重点节日和时限、重点行业、重点食品的全面监管，着力开展奶制品、校园内、食品添加剂及酒类打假四项执法检查和流通环节食品安全整治工作。采取科所联动、协同办案、联合打假、重点区域逐户巡查等方式，加大对违法违规行为的查处力度。全年出动执法人员1.63万人次，检查各类经营主体5.87万户次，取缔食品无照经营340户，发放责令改正通知书和告知书486份，查扣涉嫌假冒及仿冒茅台、国窖、芝华士等知名酒类产品827瓶。同时全面推行专项检测、分级监测、企业自检三合一运行模式，提高快速检测和快速反应能力。监督抽检上市食品2067件，检出不合格产品40件，合格率98.06%。本年度区域下架不合格食品34种，市级下架不合格食品6种。

(康　荣)

【强化有形市场商品质量控制】 年内，充分利用快速检测和质量监测手段强化有形市场商品质量控制。建立抽检制度，定期或不定期进行抽检，同时利用市场主办单位检测机制，强化主办单位第一责任意识。建立健全行政监管强制退市、市场主办单位协议退市和经营者主动退市相结合的管理制度，不断完善商品质量控制措施和机制。全年八里桥市场自检样品12989个，合格12875个，合格率99.1%。工商分局配合完成市级质检部门商品抽检359份样品。

(康　荣)

【实施鲜肉市场“批零挂钩”协议】 年内，工商分局积极引导批发市场与零售市场实施鲜肉“批零挂钩”，除直接从厂家进货外，确保100%从批发市场进货。截至年底，全区共有35个农副产品市场实现与批发市场签订鲜肉“批零挂钩”协议。同时分局与商务、动检、公安等部门对永乐店、马驹桥等地区存在的私屠乱宰行为多次开展联合检查和综合整治，暂扣未检鲜肉1153公斤。

(康　荣)

【促进农民专业合作社健康发展】 年内，工商分局积极协调区农委、经管站等部门，制定全区农民专业合作社发展意见，通过畅通农民专业合作社登记注册渠道、积极做好农村经济体制改革、支持设立农民土地承包经营权流转合作社，促进农民专业合作社健康发展。截至年底，全区已登记农民专业合作社186户，其中种植业122户、养殖业31户、其他类型33户，成员出资总额4204万元；合作社社员共计1503人，其中农民成员1401人、非农民成员102人。全区首家北京林泽家园土地专业合作社成立，宋庄镇在全市率先完成农村经济体制改革。

(康　荣)

【强化商标帮扶与监管】 年内，工商分局通过草拟《通州区关于对著名商标和驰名商标权利人奖励办法》、建立区内首家知识产权工作站、加强商标质押工作、驰（著）名商标培育和争创工作，提高企业商标注册意识，有效增加全区企业商标注册数量。年内，全区申请商标注册1585件，同比增长23%；查处商标侵权案件22件，没收侵权物品4906件，罚款8.4万元。截至年底，全区共有注册商标4874件，其中驰名商标4件、著名商标21件。

（康　荣）

【强化合同服务与监管】 年内，工商分局积极开展合同行政指导、推广合同示范文本使用、强化经纪人备案、拍卖备案、合同调解、合同审查和指导签约工作。全年帮助企业审查合同89份，标的额达612万余元；向社会推广使用各类合同文本1.8万余本，受理咨询服务178人次；办理经纪人备案605户，从业人员2247人，备案率77%；受理合同类投诉20件，依法解决合同纠纷19件，为当事人挽回经济损失23.3万元；办理拍卖会前和会后备案14场，检查委托合同47份，成交金额4475.8万元。检查房地产经纪公司632户次，对21户未如实记录经纪业务和保存经纪合同的经纪机构进行了行政指导，取缔从事房地产经纪无照经营1户。

（康　荣）

【大力发展订单农业】 年内，工商分局采取加强政策法规宣传、举办合同培训班、开展互访考察活动等方式开展合同帮农，大力发展订单农业。年内，分局积极与西集镇政府沟通联系筹建合同指导站；举办西集镇农民专业合作社培训班，全镇33家农民专业合作社66人参加培训；深入北京二商大红门肉类食品有限公司、北京金信食用菌有限公司、永乐店镇陈辛庄食用菌专业合作社及部分经纪人家中，积极推广使用合同示范文本，并通过互访考察洽谈的形式，为企业与合作社之间架起销售平台，促进“企业＋合作社”、“涉农企业＋农民专业合作社＋经纪人”式订单农业发展。

（康　荣）

【工商局迁址办公】 4月18日至19日，北京市工商行政管理局通州分局机关办公室楼正式搬迁，由通州区新华大街110号迁至通州区永顺镇滨惠北二街5号。4月20日正式对外办公。

（康　荣）

【继续开展工商开放日活动】 4月22日和11月5日，工商分局分别以“邀请首都市民体验、了解、监督工商工作”、“规范签约、诚信履约、共铸和谐”为主题开展工商开放日活动。邀请工商特邀监督员、政府相关部门领导及企业与消费者代表等社会各界人士参加开放日活动。活动采用幻灯片展示、座谈会、参观流动工商工作站等多种形式，让参加人员全方位、多角度了解分局红盾护农、合同监管服务工作职责和工作成果。活动征求了与会人员的意见和建议，收到良好的宣传、沟通、示范效果。

（康　荣）

【继续完善公务仓规范化管理】 年内，工商分局强化罚没物品入库、出库、处置等各环节监督管理，积极细化、量化考核指标，确保监督到位。全年办理罚没物品入库15起，结案8起，涉及金额4.8万元。

（康　荣）

【充分发挥信息资源服务社会作用】 年内，工商分局技术支撑部门采取多项措施，利用数据及人力资源，满足多方需求。一是完善企业信用信息系统建设，组织税务、质监等单位进行业务培训，提高数据采集量。二是发挥工商登记档案利用价值，为社会各界提供及时准确的信息查询服务。三是针对财政、国税、地税等政府职能部门特殊需求，及时互通企业信息，提供专项数据服务，有效避免税源漏洞。全年区企业信用信息系统采集各类企业信用信息22.22万条，整理扫描入库企业登记档案1.86万户，接待社会各界信息查询1.67万户次。

（康　荣）

【市场主体发展情况】 截至年底，全区内资企业累计达6333户，注册资本（金）212.24亿元，同比分别增长0.58%和43.79%。

其中：国有企业482户，同比下降9%；集体企业795户，同比下降5.46%；股份合作制企业2035户，同比下降1.7%；公司制企业（法人出资）3001户，同比增长5.9%；其他企业20户，同比下降13%。私营企业实有累计27901户，同比增长14.82%。个体工商户实有累计72192户，同比增长10%，从业人员96855人。年内，内资企业开业登记381户；私营企业开业登记5394户；个体工商户开业登记10267户，从业人员14174人。

（康　荣）

【外商投资企业增速放缓】 年内，本区发展外商（含港澳台）投资企业67户（含外商驻京代表机构13户，分支机构28户），投资总额4196.8万美元，总注册资本2437.8万美元。由于金融危机影响，新设外商投资企业同比增速明显放缓。截至年底，外商（含港澳台）投资企业累计达836户（含分支机构和分公司共262户、驻京办事处和代表机构168户），其中外商投资企业489户、台港澳投资企业188户、外国（地区）企业159户。吸引外商（含港澳台）投资排名前三位的是中国香港特别行政区（226户）、韩国（105户）和美国（102户）。

（康　荣）

【市场主体年检（验照）率同比提高】 年内，工商分局充分利用电视、报刊、网站、工商工作站等各种渠道开展年检验照帮扶政策宣传工作，采取电话预约、错时与集中相结合、节假日上门服务等措施，方便企业及个体工商户年检验照。年内，上门年检1260户、走访企业620户、召开座谈会15次，修正失实数据500余条。年检内资企业24231户、独资（合伙）企业1669户、外资企业630户，年检率分别为93.05%、62.27%和94.02%；个体验照52691户，验照率94.85%。共减免企业年检费用130余万元。

（康　荣）

私营个体经济

【概　况】 2009年，通州区私营个体经济协会贯彻落实《北京市人民政府关于鼓励支持和引导个体私营等非公有制经济发展的意见》，强化“三自”职责，坚持“服务、教育、宣传、协调、监督、创文明、促发展”十六字工作方针，严格按照年度工作目标考核责任制狠抓落实，面向会员，服务大局，全面创新，进一步增强协会的凝聚力和号召力，在帮扶企业度过金融危机和本区私营个体经济健康快速发展方面做出了积极贡献。

（康　荣）

【做好会员企业融资服务】 年内，区私个协会积极发挥优势和作用，搭建银企平台，加大融资服务，先后召开会长扩大会、分会秘书会、金融危机专题座谈会、“拓宽动产抵押融资渠道服务企业个体发展”促进会。同时积极为会员企业与农商行、工行、金家园担保公司等9家银行（担保企业）进行沟通协调，先后召开推介会4次。推介企业67家；为盛仁堂医药公司、一品园花卉基地等23家企业解决资金2048.2万元，缓解了企业融资难题，帮助企业平稳渡过金融危机。做好会员企业贷款担保服务。年内，区私个协会扩大服务领域、扩大服务受益面，努力提高服务效益，为私个经济的健康发展营造良好氛围。全年为企业贷款担保6户，担保金额135.8万元。其中为本地企业贷款担保5户，担保金额115.8万元；为外地来京企业贷款担保1户，担保金额20万元。

（康　荣）

【开展调研与考察活动】 年内，区私个协会深入私营企业和个体工商户，就有效应对全球金融危机进行深入调查研究，共召开专题座谈会5次，走访企业及个体工商户20户，发放专题调查问卷50份，及时撰写了《同舟共济共渡金融危机》和《强化服务共渡难关》等调查报告，为政府有关部门科学决策提供参考意见。通过积极协调，组织北京仙源酿造、利得莹工贸、海玲编织社、巨星物资、文彦快乐科技、天安律师事务所等10家企业到外省进行商务考察和洽谈，为开阔会员视野、更新经营理念、拓宽企业发展提供广阔空间。

（康　荣）

【年商品配送金额1398万元】 年内，区私个协会紧紧围绕食品放心工程，加强对商品配送服务站的指导，进一步完善商品配送服务站的各项规章制度和措施，保障配送商品的质量，进一步扩大商品配送服务覆盖面。全年，私个协会所属的汇利源、明伟通、八角楼三家商品配送站共为全区300家商户、10家连锁店配送酒类商品38种13.76万件，各种饮料商品40种21.88万件，各种鲜果40余种58万公斤，配送各种商品总金额共计1398.04万元。

（康　荣）

【维护会员企业合法权益】 年内，通过法律维权服务平台，协调、解决涉及会员企业的法律纠纷36件，为企业解决占地、拆迁、交通、供电等各种焦点、难点、热点实事20余件，为会员挽回经济损失4.2万元。接待会员来访、来电500余人次，做到件件有答复、事事有回音，为维权工作的进一步开展积累了经验。

（康　荣）

【提供法律咨询和援助】 年内，区私个协会一手抓分会法律咨询服务，一手抓法律顾问咨询服务，最大限度地为会员提供法律知识咨询和法律援助。全年累计接待会员各种形式咨询500人次，主要涉及会费收取、证照办理、租赁纠纷、贷款担保、证照挂失等。受理会员投诉25件，挽回经济损失2.2万余元。同时举办《中华人民共和国劳动合同法》、食品安全知识等培训班21期，参加培训人员850人，发放有关法律法规宣传材料1万余份。

（康　荣）

【拓宽宣传渠道 加大政策引导】 年内，充分利用《首都私营经济》报刊、《北京私营个体经济》杂志及网络平台，采取网络传播、报刊发放、召开学习讨论会及座谈会、开通咨询热线等方式，向广大会员宣传国家及各级政府涉及非公领域的政策、法规、条例等各类经济信息218条，义务为会员刊登产品出售、单位用工、企业声明、个体营业执照挂失等信息435件。另外，积极组织通讯员撰写各类稿件、拍摄照片等200余条，其中被中央电视台采用9条，市级电视台采用54条，区级报刊、杂志、电台、电视台采用74条，为宣传本区非公经济新亮点、展示私个企业风采、全面树立私个经济队伍整体形象起到积极推动作用。

（康　荣）

【先进典型建设】 年内，区私个协会积极推荐国家、市级各类先进典型90家，其中北京巨星物资有限公司、北京欢乐旅行社被评为国家级先进集体；东升方圆董事长刘宝平、北京长寿书画院院长巩法根被评为国家级农村实用人才和尊老敬老先进个人。同时，积极协调通州电视台，就面对金融危机不减员而效益增长的巨星物资有限公司、怡达电器公司、福兰德集团、海玲编织社等会员企业，录制、播放《冬天不太冷》、《身边的好人》专题片，充分发挥典型带动效应。

（康　荣）

【继续开展义务协助年检验照服务】 年内，区私个协会积极协助私营、个体会员解决在年检和验照过程中遇到的实际问题，为会员提供义务协助年检和验照服务。累计协助15380家私营企业、35275户个体工商户办理了年检和验照。

（康　荣）

消费保护与监管

【概　况】 2009年，通州工商分局、区消费者协会以保护消费者合法权益为核心，以“消费与发展”为主线，有效利用“12315”中心平台，畅通消保维权渠道，全面深入地开展“3·15”宣传活动和进“六区”活动，全力保护消费者合法权益，受到社会好评。

（康　荣）

【广泛开展“3·15”系列宣传活动】 “3·15”期间，工商分局与区消协及各消协分会以“消费与责任”为主线，围绕“消费与发展”年主题，举办以“营造和谐消费环境，拉动消费促进发展”为主要内容的宣传活动。宣传活动设立主会场及分会场，通过设置图片展板、发放宣传材料、解答消费者咨询、现场受理消费者投诉等形式宣传法律法规，积极倡导诚信经营，提高消费者健康消费、维权有责意识，构建和谐、安全、健康的消费环境。2月28日至3月17日，举办宣传活动14场，在城镇重要商业网点设立申诉举报点16个，同时11个工商工作站参加宣传活动。活动共出动宣传人员150人次、车辆56车次，悬挂宣传条幅19幅，展板展示30块，发放各种宣传材料7万份，现场受理消费投诉36件，办结16件，同时成功调解3起“非现场消费”类投诉，接待群众咨询3000余人次。

（康　荣）

【强化“12315”投诉举报系统建设】 年内，“12315”投诉举报系统共接收消费者申诉504件，办结470件，办结率93.3%；接收举报881件，办结868件，办结率98.5%；申诉自录152件，申诉自录率30.2%；举报自录363件，举报自录率41.2%；举报属实442件，立案421件，属实立案率95.2%；投诉转立案案件5件，投诉转立案率1.1%；投诉调解成功285件，调解成功率60.6%；申诉录入准确率96.67%、举报录入准确率96.55%。

（康　荣）

【消保维权“进六区”成效显著】 年内，区消协积极组织相关部门开展消保维权“进社区、进农村、进学校、进军营、进景区、进工地”活动，大力宣传《中华人民共和国消费者权益保护法》等法律法规知识；强化消费者消费责任意识和自我保护意识；提高学生消费群体食品安全和健康维权意识。全年组织宣传活动31次，参与宣传人员4612人次，发放各类宣传材料3.5万份，现场受理消费投诉7起，为消费者挽回经济损失3854元。

（康　荣）

【推进家电下乡活动开展】 年内，工商分局充分发挥消保维权职能，会同国美电器、苏宁电器、中复电讯等大型家电销售商广泛开展“家电下乡拉内需促发展”大型宣传活动。共发放《中华人民共和国消费者权益保护法》、《中华人民共和国产品质量法》等宣传材料1000余份，现场受理群众咨询、投诉700人次，解决消费纠纷3起。

（康　荣）

【推进消费争议快速解决绿色通道建设】 年内，为规范绿色通道企业管理、提高企业自律意识，工商分局制定企业工作制度，制发统一制式的牌匾。并通过召开座谈会、开展行政指导等方式，有效规范企业经营行为，提高企业经营管理水平和妥善解决消费争议能力。年内，新发展绿色通道成员单位8家，截至年底，全区共有绿色通道企业24家涵盖了大型商场、连锁超市、食品生产企业、家具制造企业等消费投诉重点行业。

（康　荣）

【完善工商工作站建设】 年内，工商分局在继19个固定工商工作站建设的基础上，正式启动“通乐农”流动工商工作站，充分发挥永乐店农业大镇所属的半截河村、后街村和小务村3个联系点的辐射带动效应，聘请38名联络员为信息联系纽带，依托流动工商工作车，每月突出一个服务主题，相继开展“政策扶农”、“红盾护农”、“权益保农”、“合同帮农”、“商标护农”和“服务兴农”等服务活动。全年固定工商工作站开展各类服务134次，受理消费者申诉62件，解决59件，为消费者挽回经济损失1.3万元。接待消费者咨询547次。

（康　荣）

【举办节约用电保护环境节能灯具进社区大型公益活动】 年内，区消协在全区范围举办“节约用电保护环境节能灯具进社区”大型公益活动。高力国际灯具港的雷士、欧普、松下、飞利浦、雷克、绿朗、三雄极光等照明知名品牌商家在武夷花园牡丹园等社区广泛宣传灯具常识、如何辨别灯具的伪劣、如何使用节能灯才能更节电等相关知识，共发放节能灯泡200只，发放节能宣传手册600余册。

（康　荣）

【为消费者挽回经济损失20.21万元】 年内，工商分局、区消协坚持热情服务、耐心解答、认真处理的工作原则，不断探索，改进工作方式方法，较好地完成消费者投诉受理和调解咨询工作。分局接待消费者申诉75件，均已全部办结，为消费者挽回经济损失7.84万元；区消协受理消费者投诉219件，为消费者挽回经济损失12.37万元，接待消费者咨询5051人次。

（康　荣）

【完成重点商品抽检工作】 年内，工商分局对重点监测商品分三个类别建立专项档案进行分类分级监管，其中一类商品经营者131户、二类2085户、三类795户。在相关检验机构配合下，共抽检各类商品103组。其中床上用品10组、童装10组、成人服装10组、牙刷9组、燃气灶5组、热水器5组、汽车玻璃10组、刹车片5组、空滤5组、纸制品14组、鞋5组、洗涤用品15组。检出不合格样品3组。

（康　荣）

质量技术监督

【概　况】 2009年，北京市通州区质量技术监督局认真贯彻落实科学发展观，创新工作思路，改革监管方式，本着“练内功、提素质、履职能、强服务”的宗旨，不断开创质量技术监督工作新局面。全年出动执法人员4630人次，开展行政执法活动2039起，查处质量、计量、标准、特种设备等违法案件118起，罚没款37.6769万元，取缔造假窝点9个。为加快区域经济又好又快发展做出了积极贡献。参与北京地方标准修订工作，负责修订的《冬小麦技术规程》、《夏玉米技术规程》被批准为北京地方标准。

（韩　文）

【食品生产企业监管】 采取日常检查、监督抽查、专项整治、重点巡查、驻厂监管等五项措施，对全区165家取得食品生产许可证企业和41家食品小作坊逐一进行检查，检查覆盖率达100%。国庆节期间，以乳制品、熟肉制品、豆制品、饮料、水产品、米面及其制品、酒类、儿童食品等为重点产品；以国庆阅兵村周边、城乡结合部和外来人口聚集地区，食品生产企业较为集中的潞城镇、宋庄镇和台湖镇为重点区域；以食品生产小作坊，有过生产不合格食品行为的企业以及非连续生产企业、委托加工企业、分装企业为重点企业，采取巡回检查、突击检查、派员驻厂监管等措施从原料进厂、生产加工、出厂销售实施全过程监控，严把食品出厂质量关。以生产许可证年审为抓手，加强实地核查，达到审查一类产品、促进一个行业产品质量的提高。对在审查中存在问题较多的行业开展专项整治，本年先后开展8项专项整治工作，包括食糖、蜂产品、仿瓷餐具、乳制品、猪肉制品、月饼专项整治以及打击非食用物质和滥用食品添加剂等，严厉查处食品违法行为。质监局坚持在监管过程中突出服务，在服务中实现有效监管的宗旨，通过召开质量分析会，查找原因、分析问题，制定整改措施等手段，积极帮助不合格的企业进行整改。同时为企业提供质量咨询服务，全年接待300余家次食品及相关产品企业的咨询，帮助生产企业取得23张生产许可证。其中有2家中小企业，在本局的帮扶下取得食品生产许可证，纳入食品生产企业管理。

（韩 文）

【食品监督抽查】 全年抽取通州区食品生产企业生产的豆制品、熟肉制品、面包、蜜饯、膨化食品、糕点、调味品等食品和农产品生产基地生产的水果、蔬菜等共15大类318个样品，经检测合格306个样品，抽样合格率为96%。

（韩 文）

【农残监督抽查】 全年对22个农业标准化基地生产的水果和蔬菜开展农药残留和重金属含量监督抽查，共抽取84个样品，合格率100%。

（韩 文）

【重点产品监管】 围绕涉及人体健康和人身财产安全的建材、农资、家具、煤炭、家电下乡产品、化妆品、电热毯、炉具、计生用品及国家实行生产许可证和强制性认证管理的产品开展执法监督检查。主要对企业是否获生产许可证、获证企业的生产行为是否符合要求、是否依法规范生产、是否存在安全隐患、是否存在严重质量违法行为等五方面进行重点检查，共监督检查454家单位，抽查171个样品，督促、指导49家存在问题的单位进行整改，有效地杜绝了不合格产品流入市场。

（韩 文）

【特种设备安全监管网络建设】 坚持特种设备二级安全管理网络单位季度例会制度，通过座谈交流工作经验、聘请专家授课、案例分析等形式学习国家法律法规、安全知识，提高实践能力，提升安全管理人员素质；制发《关于加强特种设备现场安全检查的工作意见》，指导全区二级管理网络单位现场安全检查工作，不断提高特种设备现场检查水平；加快三级网络的建设工作，建立健全特种设备安全管理网络体系，做好三级网络的建设，积极督促二级管理网络单位指导帮助辖区内村委会建立特种设备安全管理各项规章制度，规范设备档案管理工作，留存影像记录等基础工作。

（韩 文）

【特种设备专项检查和专项整治】 全年开展气瓶专项整治、压力管道专项整治、电梯专项整治、特种设备生产单位现场监督检查、重点监控单位监督检查、重要时期安全监督检查，采取日常检查、反复巡查、联合检查、突击夜查等形式，检查各类特种设备2691台次，签发安全监察指令书326份，并监督隐患单位进行整改。

（韩 文）

【特种设备监督检验】 日常监督检查770家次；检查各类特种设备2691台次，其中：锅炉428台次，压力容器1292台次，电梯841台次，起重机械402台次，场内专用机动车187台次，游乐设施32台次；锅炉内部检验640台；压力容器定期检验463台；电梯定期检验2400台；起重机定期检验690台。

（韩 文）

【高新技术企业标准化工作座谈会】 2009年，质监局与区科委联合召开高新技术企业标准化工作座谈会，向企业宣传介绍国家高新技术企业政策和标准化扶持政策，交流企业开展标准化工作的经验，了解企业对标准化工作的需求。制发《关于推进高新技术企业标准化工作意见》，明确指导思想和工作要求。通过座谈加强与企业的联系与沟通，为做好高新技术企业标准化工作打下基础。

（韩　文）

【采用国际标准和国外先进标准】 通过帮助企业查找相应的国际标准和国外先进标准，指导企业按标准组织生产，组织审核验收等工作，使通州区的4个产品采用国际标准和国外先进标准。

（韩　文）

【企业标准备案注册登记及标准文本监督检查】 按照企业标准备案程序和规定要求，对每一个备案标准是否符合法律、法规和强制性标准要求进行严格审查。全年办理182家企业的518份标准备案，监督检查标准文本518份，未发现违反法律、法规和强制性标准的备案标准文本。办理企业执行标准注册登记81家企业的190份标准。

（韩　文）

【组织机构代码管理工作】 全年新办组织机构代码证13600件、IC卡10000件，变更组织机构代码证7500件，年审组织机构代码310家。

（韩　文）

【计量专项整治】 全年对燃油加油机、集贸市场、超市及餐饮行业使用的电子计价秤进行专项整治，检查108家单位，查处计量违法行为16起。

（韩　文）

【计量惠民活动】 结合“3·15”、“5·20”和日常监督检查，深入开展诚信计量进社区、进学校、进乡村活动，发放各类宣传资料3300余份，受理计量咨询近千人次。组织1000名学生进行计量知识答题，为群众免费检定计量器具268件。结合眼镜制配行业计量器具检定工作，广泛开展光明进镜店活动，向全区备案的59家眼镜制配单位进行相关知识宣传。

（韩　文）

【社区菜市场计量器具统配统管】 通过对社区菜市场计量管理人员培训、指导帮助社区菜市场建立完善各项计量管理制度、统一配备合理的计量器具、加大监督检查力度和现场抽检的频次等措施，完成北京瑞隆生活消费品市场有限公司西海子市场分公司、北京聚众兴盛农产品市场中心、北京大稿村农贸市场中心、北京半壁店农贸市场4家单位的计量器具实行统配统管，统配电子秤871台。

（韩　文）

【加强防控甲型HIN1流感计量器具监管】 年内，传达国家质检总局关于做好甲型HIN1流感防控工作精神，加强计量器具监管工作，协调区卫生局对医疗计量器具的计量检定、校准工作，对2家经销体温检测仪的企业进行监管，对5家重点防控场所在用体温检测仪进行计量检定和校准等，采取多项工作措施，确保甲型HIN1流感防控。

（韩　文）

【能源计量监测】 全年共检测56家重点用能单位，检测进出用能单位的能源计量点数量1104点；检测次级用能单位263个；检测重点用能设备383台。对18个用能系统进行电平衡和水平衡测试，同时对该系统的901台用能设备进行能源效率检测。

（韩　文）

【技术机构资质审核认可】 北京市通州区特种设备检测所通过国家质检总局资格认证，包括锅炉定期检验和监督检验、压力容器全面检验和监督检验、电梯全面检验和监督检验等17个项目；北京市通州区产品质量监督检验所通过中国合格评定国家认可委员会的实验室认可年度监督评审。

（韩　文）

【技术机构检验检测服务】 2009年，计量检测所检定各类计量器具149523台件，其中检定强检计量器具10450台套，水表首次使用检定117712块；特种设备检测所检验各类特种设备12154台；产品质量监督检验所为612家企业的2734个样品提供产品质量委托检验服务；节能监测站对通州179家重点用能单位的269台设备进行节能监测。

（韩 文）

【质量技术监督管理宣传】 年内，质监局利用通州电台、电视台、《中国质量报》、《北京质监》、《通州时讯》、政府信息平台开展宣传与交流。2009年向北京市质量技术监督局、区委、区政府等上级部门报送信息103篇。在《中国质量报》、《通州时讯》等媒体宣传96次，报道73次。

（韩 文）

北京市通州区投资服务中心

【概 况】 2008年12月至2009年11月，服务中心接待咨询168066人次，同比增长64%；受理查询、审核、审批71688件，同比增长27%；核发各种证照33001件，同比增长19%；提供查档、发申请表等项服务4569件，同比减少7%；为6049户企业办理注册资本（金）专项入资72.4亿元，同比分别增长25%和49%；为5499户企业办理划转注册资本（金）60.9亿元，同比分别增长21%和36%。其间，新开办企业5876户，同比增长23%，注册资本（金）45亿元，同比增长15%。注册资本（金）在100万元以上的企业1131户，同比增长34%。其中100万元以上至500万元的931户，同比增长40%；500万元以上至1000万元的91户，同比增长5%；1000万元以上的109户，同比增长20%。

（杜 文）

【设立黄标车联合办公审批窗口】 1月12日，由区环保局牵头，联合区交管局、区财政局和区商务委在中心大厅设立联合审批办公窗口，该窗口主要负责咨询解释新出台的黄标车淘汰鼓励政策和对黄标车转出和报废手续的审核。根据该鼓励政策，车主办理完成相关手续后可在规定时限内到区财政局指定的银行领取鼓励资金。

（杜 文）

【完善窗口职能】 4月20日起，工商分局将变更、注销和档案查巡等工作服务事项移至投资服务中心办公厅内的工商分局窗口办理。工商分局由原来的4个窗口增加至11个窗口，窗口工作人员由原来的4名增加到15名。

（杜 文）

【商务委窗口调整外商投资企业办理事项审批时限】 4月底，商务委审批窗口立足高效为企业服务，及时调整对外办理事项及审批时限。其中涉及投资3000万美元（含）以下非限制类领域外商（或台港澳侨）投资企业办理跨审批机关迁址事项，由原来的13个工作日缩短为3个工作日，为企业办理日后手续节省时间。

（杜 文）

【为“绿色审批通道”顺畅运行提供保障】 5月，为进一步落实市委、市政府扩大内需促进经济增长的工作部署，区政府围绕市政府关于精简行政审批事项“加快、简化、下放、取消、协调”的十字方针，切实压缩重大项目审批流程，促进项目投产运营，在投资服务中心新办公大厅内设立“绿色审批通道”联合办公室。为保证“绿色审批通道”的顺畅运行，中心与区发改委共同对入驻中心的14家职能部门的24名工作人员进行业务培训，从建立“绿色通道”的目的、意义、工作流程和组成部门的职责分工等进行详细的讲解，确保驻厅窗口在今后的工作中能够为投资企业提供准确、到位的咨询解答服务。

（杜 文）

【服务中心迁址办公】 7月3日，投资服务中心迁至永顺镇滨惠北街5号工商分局大楼办公，新办公大厅分上、下两层，共2900

平方米。办公大厅内设 3 个办公区。一楼为登记注册、咨询服务办公区，二楼西部为行政审批办公区，二楼东部为中心办公区。新办公大厅内新增置取号机、叫号器、填写台、触摸屏、监控器、电子显示屏等。中心大屏幕每天滚动播出各窗口每月工作量数据，办理事项需提交的相关手续及中心各项工作动态信息。为更好地推动区域经济发展，中心将乡镇开发区和招商部门集中安置在大厅一层，为企业提供更便捷和高质量的服务。截至年底，服务中心进驻行政审批部门 15 个，咨询服务机构 9 个，工作人员 75 名。

（杜　文）

【建委简化审批流程】 8 月，建委取消办理渣土消纳证、建筑业农民工工伤保险两项手续为办理施工许可的前置条件。

（杜　文）

【开展“三新”建设 提高行政效能】 10 月，服务中心召开工作会，认真研究部署行政效能建设下一步工作。中心要结合工作实际，借鉴先进经验，大力开展“三新”建设，即：服务形式新、工作机制新、管理方法新。一是服务形式新。继续加强与窗口单位的沟通协调，在现在入厅职能基础上，最大限度地增加窗口服务功能。相应增强总服务台工作职能，除为办事人提供咨询、引导工作以外，对不在厅内履行的许可与服务事项也要为办事人提供咨询服务，充分发挥“一站式”功能作用。二是工作机制新。加强政务公开工作。对通州区所有职能部门的行政审批事项和服务事项进行梳理汇总，在中心显示屏上公示，使办事人一目了然。完善中心网站建设，对中心网站进行更新改版，充分发挥网络优势，积极宣传、推介通州，让更多的企业、办事人了解通州。三是管理方法新。完善中心管理制度。将调整后的各项规章制度落实到位，做好新制度新考核内容的宣传，结合窗口《机关提高主动服务能力记录台账》和网上监督专栏，最大限度地调动工作人员积极性，增强主动服务意识。在窗口全体工作人员中开展落实“五字方针”主题教育活动，严格要求窗口工作人员做到服务内容力求“全”，服务程序突出“简”、服务节奏强调“快”、服务质量讲究“优”、服务范围体现“宽”的总体要求，切实提高服务质量。

（杜　文）

财税·金融·审计

财　　政

【概　况】　2009年，财政预算内区级总财力达到131.3亿元。地方财政收入完成66.08亿元，同比增长78.7%。其中一般预算收入完成26.06亿元，同比增长21.4%，超额完成10%的增收目标。财政总支出完成89.58亿元。其中一般预算支出70.5亿元，比上年决算增长52.2%；基金预算支出19.2亿元。圆满完成全年财政收支任务，全区经济实现平稳较快发展，各项重点支出得到有效保障，“两新”建设和“三保”工作得到全面推进。

（姜　山）

【多项措施实现“保增长”目标】　一是认真落实区《促进产业发展暂行办法》，设立1.1亿元产业发展资金，支持规模企业和优势企业做大做强。二是安排3000万元扶持资金和2000万元信贷担保金，支持中小企业发展。全年提供企业扶持资金及担保贷款2.6亿余元。三是建立财税、乡镇（园区）收入征管联动机制和财税、工商、统计等职能部门联席会议制度，加大税源监控力度，努力做到应收尽收。四是下发《关于规范我区区域内纳税行为管理的通知》，规范税收秩序，避免财政收入流失。五是认真落实“家电下乡”、“汽车摩托车下乡”等财政补贴政策，拨付补贴资金6086万元，有效带动了消费。六是积极争取资金支持，全年到位市级专项资金17.8亿元。为本区经济社会的健康、协调发展奠定了坚实的财力基础。

（姜　山）

【提高资金使用效益】　年内，统筹安排，有促有控，资金使用效益得到提高。一是保运转。优先保证政权政法建设支出，重点保障两新建设、为民办实事及折子工程资金需要。二是保重点。投入资金2362万元，支持“北京市卫生区”创建工作；投入资金4172万元，保障国庆筹备服务工作顺利开展；投入资金2500万元，满足甲型H1N1流感防控经费需要。三是压缩一般支出。坚持厉行节约，2009年公用经费支出比上年减少1[illegible]50万元，有效降低了行政运行成本。

（姜　山）

【财政社会保障能力稳步提升】　全年拨付社会保障资金11.6亿元，同比增长36.8%。为8.7万名城乡居民发放老年保障金2.[illegible]亿元；为1.1万名城乡低保人员发放低保金及粮油帮困补助6700万元；落实城乡无丧葬人员丧葬补助，补助标准实现统一；投入1980万元，为490户优抚社救对象进行危房改造；筹资1.38亿元，进一步提高农村合作医疗报付水平，减轻群众医疗负担；投入1.4亿元，保障医疗机构设备更新改造、适龄妇女两癌筛查、老年人及学龄前儿童免费体检等经费投入；投入资金2560万元，确保各项社区公益活动有序开展；争取资金5亿元，六环路历史遗留问题得到彻底解决，有效维护了安全稳定的社会局面。

（姜　山）

【保障教育事业发展】 全年教育总投入突破10.5亿元。史家小学通州分校投入使用，觅子店中学、宋庄小学开工建设，教育基础设施进一步改善。投入资金1.25亿元，完成6万平方米校舍抗震加固工作。投入资金3520万元，农村教师宿舍改造等实事项目得到落实，初中建设工程、教师绩效工资改革、落实教育资助减免政策，教育保障能力进一步提升。

（姜　山）

【加大新城建设投入】 全年投入城市建设领域的财政资金达到28亿元。完成朝阳北路东延一期、邓家窑大桥、玉桥东路等工程顺利完工，宋郎路北延等工程进展顺利，城市交通状况得到改善；推进运河核心区、宋庄文化创意产业集聚区等基础设施建设，为新城产业发展奠定了基础；城西5号燃煤锅炉房试运行，三河热电联供一期工程进展顺利，新城供热体系初步形成；支持了新城滨河森林公园、河东再生水厂项目、城市排水和防汛工程等城市公用设施建设，城市宜居水平进一步提升；圆满完成上营棚户区拆迁资金保障任务，城市发展空间进一步拓展。增加城市管理投入，积极推进城市垃圾治理、黄标车淘汰等综合治理工作，为创建“国家级卫生区”奠定基础。

（姜　山）

【加大新农村建设支持力度】 一是推进农业产业化建设，大力发展都市型现代农业，重点支持张凤路、运河左堤路、漷大路都市型现代农业生态走廊建设，促进农业产业结构优化升级。二是支持设施农业建设，新增设施农业1万亩。三是大力推进农业综合开发工作，完成3.6万亩中低产田改造，农业综合生产能力得到提高。2009年农业综合开发土地治理项目及产业化经营财政补贴项目得到市财政局立项批复。四是加大新农村基础设施建设投入。按照市政府“新农村建设四年任务两年完成”的工作部署，全力做好资金保障工作。2009年全区农村基础设施建设全面提速，硬化农村街坊路366万平方米、改造饮用水管网309公里，改造节能保温住宅500余户，新装节能路灯3000千盏，建成公共太阳能浴室50个，改造农村户厕4.6万座、建设农村公厕426座。以普惠制为基础的12项全覆盖工程全面推进，社区卫生服务、农村安全饮水等9项工程覆盖率达到100%。五是落实各项惠农支农政策。全年发放粮食直补等各类补贴资金1.26亿元，农民得到更多实惠。六是全面促进农村公共事业发展，加大农村社会保障、教科文卫体等方面投入，支持农村公益事业发展，不断缩小城乡差距，逐步形成城乡一体化新格局。

（姜　山）

【推动政府采购工作健康发展】 全年完成采购项目233个，预算资金3.49亿元，实际采购资金3.36亿元，节约资金0.13亿元，节约率3.6%。重点加强对会议费和车辆维修的政府采购工作，制定实施《通州区行政事业单位会议费管理暂行办法》和《通州区行政事业单位公务用车统一维修管理暂行办法》等制度，对会议费和公务用车维修费用的支出进行严格监管，对全区车辆加油情况进行全面检查，确保资金规范高效实用。

（姜　山）

【深化投资评审制度改革】 完善政府投资评审机制。进一步拓宽评审范围，前移评审关口，强化源头把关。全年完成评审项目165项，送审资金30.88亿元，审定资金26.46亿元，审减资金4.42万元，审减率14.3%。圆满完成潞苑北大街一期、温榆河西路、朝阳北路东延以及全区奥运资金投入等重点项目的评审工作。在对新城重点工程进行评审的基础上，将部分乡镇基础设施建设项目也纳入评审范围，完成乡镇评审项目14项，送审金额2.87亿元，审定金额2.4亿元，审减资金0.47亿元，审减率16.6%，乡镇财政资金使用效益得到提高。

（姜　山）

【强化乡镇财政财务管理】　完善乡镇收入目标考核机制，充分发挥乡镇在促进经济发展中的主体作用，保障全区经济稳定增长。积极推进乡镇财务网络化管理，统一乡镇财务软件，统一预算编制模式，统一记账模式和报表格式，逐步提高乡镇预算管理水平。指导乡镇规范细化部门预算编制，更加注重支出管理，规范支出行为。建立乡镇收支季度分析制度，及时掌握乡镇经济发展动态，分析全区经济发展趋势，为区领导正确决策提供依据。积极开展乡镇财政财务工作检查，制定下发《关于加强通州区乡镇人民政府财政、财务资金及银行存款账户管理的通知》，保证了乡镇财政财务管理工作规范有序。针对乡镇间税源转移现象，制定下发《关于规范我区区域内纳税行为管理的通知》，规范税收秩序，有效避免了财政收入的流失。

（姜　山）

【加强行政事业单位国有资产管理】　一是制定实施《通州区区级行政事业单位固定资产配置管理暂行办法》和《通州区区级行政事业单位国有资产收益及资产处置资金预算管理办法》等制度办法，完善全区行政事业单位国有资产管理制度体系，健全国有资产管理信息网络，提高资产管理水平。二是加强对国有资产使用收益的监管。对行政事业单位的资产出租、出借、担保行为，严格按照规定进行审批。加强对区属行政事业单位拆迁补偿收益的监管，对上营棚户区改造中涉及的4家单位获得的全部房屋拆迁补偿金额实行“收支两条线”管理，规范财经纪律，避免了国有资产流失。三是充分发挥公物仓的资源整合功能，促进行政资源在各部门之间的整合流转。2009年，接收政采、单位置换、暂扣罚没各类入库物品车辆等842件套（其中车辆158辆）；累计调拨、调剂、返还、变卖报废各类物品车辆等825件套（其中车辆109辆），处置收入122.64万元全部上缴国库。另外，协助市财政局接收保管奥运物资59392件套，资产总价值1929.8万元。截至年底已完成调拨52464件套，价值819万元，避免了资产闲置浪费，有效提高了行政资源的使用效益。

（姜　山）

【推进绩效考评工作】　完善《绩效考评工作办法》等制度规定，健全绩效评价机制，逐步实现绩效管理与预算管理的有机结合。全年考评项目11个，涉及行政政法、城建、社保、农业等多个领域，考评资金达2.12亿元，财政资金使用效益进一步提高。

（姜　山）

【强化会计管理工作】　贯彻落实《中华人民共和国会计法》等法律法规，加强会计行业监管，加大会计信息质量监控力度，不断强化会计基础工作。圆满完成会计从业资格考试、初级会计职称考试报名组织工作。认真开展会计人员继续教育培训及日常会计从业资格管理工作，全区会计管理水平进一步提升。

（姜　山）

【依法加强资金监管】　强化财政监督检查工作力度，创新工作方法，在坚持专项资金检查的基础上，对被查单位全部资金的流入、流出、上下级资金往来情况、专项资金使用情况进行全面检查。加强制度建设，制定和完善《通州区财政局财政监督检查工作制度》、《通州区行政处罚工作规程》，使财政监督贯穿于财政运行的各个环节。积极开展“小金库”专项治理工作，对全区301个单位“小金库”设置情况进行检查。进一步加强对乡镇财政财务工作的监督指导，开展乡镇资金、账户使用情况大检查，针对检查中反映出的问题，及时下发整改通知，督促乡镇进行整改。开展2007～2008年度采暖季供暖补贴资金使用情况检查，保证了供暖补贴政策的落实。进一步加强政府债务管理，严格控制政府信贷规模，加大对政府或有债务监管，有效维护了政府信誉。

（姜　山）

税　务

国家税务

【概　况】 区国税局位于通州区运河西大街111号，有干部职工387人，内设13个科室，另设机关党委办公室、1个直属单位、3个事业单位、8个派出机构。2009年，区国税局坚持内部挖潜、外部协调、全局总动员的基本要求，采取“一个时期抓一两个重点并实施突破”的基本思路，征管查形成合力，科学组收。全年组织税收收入554262万元，同比增加45462万元，增长8.9%，超额完成任务。形成区政府可支配资金61354万元，同比增长7.6%。

（孟祥胜）

【强化“活管理”】 年内，区国税局将管理与服务有机结合，用“化繁为简，以简治繁”的哲学方法解决实际问题，努力构建和谐的征纳关系。坚持“税收管理员必须是专职管理员，管户必须到人，管理员必须下户”的原则，及时深入企业了解情况，加强“活管理”。同时，坚持送政策上门，密切税企关系。

（孟祥胜）

【大力推广高端服务】 年内，区国税局将税收业务与信息化手段有机统一，大力推广高端服务，提高税收征管的科学化水平。所辖企业电子申报的覆盖面达80.25%。将税务登记开业户全部纳入税库银横向联网系统，年内推行比例为47.51%。在增值税小规模纳税人商业企业中，推行税控收款机208户，完成北京市国税局下达的预定推行目标。推行集贸市场计算机开票系统，开展个体工商户计算机定额系统核定工作，规范个体工商户和集贸市场的管理。

（孟祥胜）

【成立税企交流中心】 为进一步“宣传政策，沟通情况，和谐关系，增进感情”，提高纳税服务水平，提升纳税遵从度，区国税局在各乡镇政府的支持下，建立起8个税企交流中心，拉近税企距离。利用此“零距离、无障碍”的沟通平台，广泛听取纳税人的意见和建议，帮助企业解难题、出实招，实现税务部门、企业和政府之间三方共赢，促进经济发展，推进“两新”建设。

（孟祥胜）

【成立纳税评估所】 为弥补机制、体制的缺陷和管理力量的不足，抽调精兵强将，组建专门的纳税评估所。通过约谈和协助企业开展自查等方式参与组收，为企业提供政策援助。

（孟祥胜）

【清查税源户籍】 全年新办税务登记8026户。协调工商、地税等部门，对税务登记注销企业和非正常企业进行检查，对注册资本在500万元至1000万元和1000万元以上的企业进行核查，加强税源属地管理。

（孟祥胜）

【规范发票日常管理】 年内，依托防伪税控系统，加强增值税专用发票认证和抵扣管理，防范企业走逃税款。结合北京市启用新版增值税普通发票工作，加强发票验旧售新、监督和审查。核查清理普通发票票种核定和自印发票的异常情况。

（孟祥胜）

【核查清理欠税】 年内，制定清理欠税工作安排意见，逐户清查欠税数据，核准欠税基数。年内清理欠税175户次，税款820.2万元。其中清理陈欠168.84万元，清理新欠651.36万元。

（孟祥胜）

【办理出口退税】 认真贯彻落实国家进出口税收政策，实施出口退税科学化管理，充分发挥出口退税促进外贸发展和调节宏观经济运行的职能作用。年内为发生出口业务的380户企业办理出口货物免抵退税64100万元。

(孟祥胜)

【加强总分机构管理】 年内，开展纳税企业总分机构清查。经清查，所辖跨地区汇总纳税企业总机构28户、分支机构131户。以夯实基础为切入点，加强对本辖区的总分机构的日常管理，严格执行总分机构申报纳税政策，确保税款及时足额入库。

(孟祥胜)

【加强非居民企业管理】 区国税局认真贯彻落实总局出台的非居民企业相关管理办法，加强非居民企业税收管理，强化日常重点监控和核查，避免税款流失。开展非居民企业税收自查，补缴税款52.5万元，加收滞纳金6.5万元。

(孟祥胜)

【规范审批程序】 年内，实行重大税务事项集体审批制度。党组成员和业务科室领导组成集体审批小组，年内审理了出口退税审批、售付汇证明开具、企业所得税退税、一般纳税人认定等事宜。

(孟祥胜)

【深入稽查检查】 区国家税务局将打击发票违法犯罪列为全年稽查工作重点，查要案、打大号，稳定税收秩序。先后对大型超市、建筑安装、餐饮业、房地产业、医药等行业等进行税收专项检查；同时，采取税负异常和经营规模较大相结合的办法筛选问题企业，辅导自查，收效显著。查补税款4407万元，其中企业自查补税826万元。

(孟祥胜)

地方税务

【概　况】 通州区地方税务局位于通州区玉桥中路136号，全局干部职工357人，机构29个，包括14个科室、10个征收税务所、1个后勤服务中心、1个稽查局（含4个科室）。截至年底，全局税务登记户51834户，其中私营以上内资企业29274户、外资企业533户、国家机关及事业单位457户、社会团体和基层群众自治组织641户，个体工商户20929户。

(潘国强)

【税收完成情况】 2009年，区地税局完成各项税费收入41.3亿元，同比增收6.4亿元，增长18.3%；累计完成地方一般预算收入35.2亿元，同比增收7.8亿元，增长28.5%；形成区级财力18.6亿元，同比增收4.6亿元，增长32.8%，为新城建设及社会发展提供了强有力的财力保障。其中营业税完成18.66亿元，企业所得税4.49亿元，个人所得税4.61亿元，城建税2.48亿元。非税收收入教育费附加1.50亿元，文化事业建设费1225万元。缴纳税款前三位行业依次是：房地产业完成14.71亿元，社会服务业完成5.65亿元，工业完成4.83亿元。2009年全年区地税局办理各项退税1144万元，其中退付个人所得税手续费982万元、车船税手续费154万元。

(潘国强)

【全面深化税收帮扶工作】 为帮助企业应对国际金融危机，区地税局成立帮扶工作领导小组全面组织开展帮扶工作：建立重点行业专人专业咨询服务热线，在地税外网开设税收政策专栏，并组织现场办公，深入基层税务所和企业，随时随地解决企业的问题和困难，简化帮扶统计资料，切实减轻税务所及纳税人负担。通过对困难企业走访、召开座谈会、税源核查、集中培训学习等形式，积极解决企业执行税收政策、申报缴纳税款过程当中的困难，认真落实《中华人民共和国企业所得税法》。全年走访企业137户，与企业进行座谈交流19次，帮扶困难企业近80户，使1099户纳税人享受到4279万元的税收减免优惠，支持了企业的发展。

（潘国强）

【纳税服务形式不断创新】 2009年，区地税局全面运用“税务登记告知、纳税申报告知、税收政策告知和纳税事项告知”的“四告知”制度。引入“星级服务”理念，在全局81个服务窗口推行争创“星级服务岗”活动，采取所长打分、税务干部互评和纳税人无记名投票的方式评选产生“星级服务岗”。在漷县税务所建立并推广“自助e角”，使纳税人在办税服务厅通过专用计算机可以一目了然地了解涉税政策和办税流程。同时开展向纳税人述职、设置“综合服务区”、建立网络QQ群等多种方式的纳税服务，为纳税人及时解答问题、发布最新政策，进一步拉近税企关系。针对纳税人普遍关心的涉税问题及时编印《12366热点百问》和《税收知识业务指南》。为提升咨询服务水平，将“12366”远程坐席工作纳入目标管理考核，年内“12366”电话咨询量共8869件，同比增加近1000件，电话咨询实现零投诉。

（潘国强）

【税收宣传形式多样】 2009年，区地税局通过发展大学生村官税收宣传志愿者、建立社区税收服务站点等形式，构建了“村村都有税收宣传志愿者，各个社区都有税收宣传员”的立体交叉全覆盖宣传网络，并在乔庄路设立了全市范围最大的永久性税收宣传街。开展“万人百场”税法宣讲活动，为近千名纳税人提供及时、准确的涉税信息。充分发挥媒体力量，在中央电视台、北京电视台、北京人民广播电台、《中国财经报》、《中国税务报》、《通州时讯》等多类新闻媒体上发稿205篇，就“保增长、保民生、保稳定”工作中的亮点接受媒体采访，丰富宣传内容，创新宣传形式，提升了宣传效果。

（潘国强）

【有序推进税收“双项分类工作法”试点工作】 区地税局在充分研讨成果的基础上，按照市地税局整体工作部署，在张家湾税务所进行税收“双项分类工作法”试点，重点对税收流失风险指标体系的构建进行深入研究和探讨，确定四大类十八项指标体系，起草《税源户税收流失风险等级分类办法》等五个试行文件，实现税源管理的专业化和科学化。

（潘国强）

【确保二手房交易新旧政策有序衔接】 受税收优惠政策末班车效应影响，12月，区二手房交易中心业务受理量激增，为确保二手房涉税交易工作高效、有序、安全的开展，区地税局采取多项措施：一是分阶段制定详细应急预案，迅速组织相关科所协同作战，调派科内人员轮流到二手房交易中心增援，做好纳税人业务咨询、资料审核等工作，减轻窗口工作压力，缩短纳税人办税时间。二是与区住房建设委及时沟通，每日通报前一天网签数量，及时调配人员岗位，提高一线窗口受理能力，最大限度地增强各项工作措施的针对性、有效性。三是及时联系印刷厂加印相关票证文书，确保二手房征收窗口票据、文书准备充足；积极与票证中心和税控商沟通，在服务大厅加装代开发票机具，集中受理中介机构的涉税业务。四是在月末最后一周逐日制定应急预案,确定“先行受理，暂缓审核” 的工作方案，保障2009年内受理审核通过的二手房转让申请均可享受税收优惠。通过努力，二手房交易中心涉税工作秩序井然，未发生人员拥堵、纳税人投诉等情况，区地税局圆满完成二手房交易新旧政策的衔接工作。

（潘国强）

【小税种管理见成效】 随着车船税、契税、土地增值税、印花税、外籍单位和个人房地产税等新政策的相继出台，区地税局及时制定《通州区地方税务局车船税征收管理工作方案》，有效处理保险机构在代收代缴工作中出现的问题，保证2009年私车税款顺利征收；开发并投入使用《城镇房屋租赁管理信息服务系统》，提高出租房屋零散税源管理质效，全年入库个人出租房屋税收1600万元，较系统应用前增长4倍多；不断加强财产行为税税源监控管理平台系统应用工作，实现平台系统与日常征管工作的有机结合。

(潘国强)

【召开纳税信用A级企业授牌大会】 4月21日，通州区地税局、国税局联合召开纳税信用A级企业授牌大会。会上宣读了纳税信用A级企业名单，并向全区122家纳税信用A级企业进行了授牌。

(潘国强)

【纳税评估工作扎实开展】 2009年，区地税局制作30万余字的《纳税评估电子指南》，切实加强对纳税评估工作的指导，使评估工作规范、有序开展。采取两级评估模式和实施体系，全面开展日常、专项评估。全年评估案件7503个，对13个行业、税种、事项开展专项评估。评估补税共计6788万元，同比增长39.6%，入库率100%。为税务稽查部门提供有效案源113户，向税务所反馈问题23个，有效堵塞征管漏洞。

(潘国强)

【加大无税申报企业管理力度】 一是结合本区实际，制定《通州区地方税务局无税申报企业纳税评估管理办法》，指导对全区无税申报企业的纳税评估工作。二是确定重点评估对象，以点带面实现对所有无税申报企业的监控。三是完善工作流程，畅通运行机制，明确纳税评估的核实方法及内容，以降低无税申报企业总户数和比例。四是加强通报考核，使税务所能够利用纳税评估手段切实强化税源监控力度，堵塞税收征管漏洞，科学、精细、规范地管理税源。

(潘国强)

【成立打击发票违法犯罪办公室】 联合区政府办牵头组成有区国税局、工商局、公安局、财政局、法院、检察院等12家单位参加的打击发票违法犯罪活动办公室，明确各成员单位的职责分工，提出活动指导思想、工作目标、打击重点、工作要求，为圆满完成全区打击发票违法犯罪活动提供机制保障。

(潘国强)

【稽查检查工作收效显著】 2009年，区地税局共召开重大案件审理会7次，对21件重大案件进行会诊，并依照程序组织召开建局以来首次行政处罚听证会。制定《稽查检查案件办案周期管理办法》，推行“一案双查”，全年对房地产业、建筑安装业、中介机构、医疗机构、教育机构等五大行业实施了税收专项检查，结案203户，入库税款、罚款及滞纳金5536万元。

(潘国强)

金　融

工商银行通州支行

【概　况】 中国工商银行股份有限公司北京通州支行位于通州区新华西街47号，在职员工近360人，全行设7个内设部室、16个营业网点，代理人民银行国库业务和发行基金保管库业务。2009年，通州支行坚持以科学发展观为指引，积极开拓市场，推进结构调整，转变发展方式，加快改革创新，加速提升竞争能力，提高风险控制水平，加强党建和队伍建设调动积极性和增强战斗力，有效提高服务管理水平和服务效率，各项工作取得显著成绩。

(高　博)

【经营质态显著提升】 截至年末，通州支行实现本外币拨备前利润较年初增长30%；负债业务优势进一步扩大，较年初增长近45亿元，区域同业占比为24%；各项贷款余额较年初增加15亿元，增长63%，其中公司贷款余额较年初增长134.4%；2009年是通州支行历史上贷款增加最多的一年，信贷业务实现突破性发展；不良贷款率同比下降0.69%，信贷结构不断优化，资产质量持续提升。

（高 博）

【优化网点渠道建设】 2009年，通州支行围绕提升网点核心竞争力，以前所未有的速度大力优化网点渠道建设。进一步加强对地处重点地区网点的装修改造力度，物资学院网点支行、陈列馆路网点支行、新城潞河网点支行、梨园储蓄所、运河上园支行重新装修改造，5个网点的营业面积扩大2000多平方米，软硬件设施得到全面提升，服务供给能力显著增强。截至年底通州支行贵宾理财中心网点达到7家、财富管理中心1家（运河上园支行），在地区同业中，网点影响力和服务竞争能力显著提高。

（高 博）

【实施全面风险管理和内部控制】 通州支行狠抓基础管理，积极开展内控管理工作，树立全面的风险管理观，建立涵盖市场风险、信用风险、操作风险和道德风险的风险管理体系，坚持把风险管理和风险控制作为持续发展的生命线，提升风险掌控能力。强化操作风险的管理，全面落实内控外防的措施，抓好各级人员的管理工作。

（高 博）

【完成国庆60周年阅兵金融服务工作】 中国工商银行是2009年国庆60周年阅兵驻军兵站生活服务中心唯一合作银行。通州支行高度重视此次庆祝新中国成立60周年之际举行的首都阅兵活动，充分利用其自身金融服务优势，为阅兵生活服务中心做好各项金融服务工作，举全行之力，调动一切人力物力，配备最优良的软硬件设施、最优秀的一线员工，克服一切困难，凭借高度的政治责任感和历史使命感，圆满完成国庆60周年阅兵金融服务工作，得到受阅部队官兵的好评和总分行领导的肯定。

（高 博）

建设银行通州支行

【概 况】 中国建设银行北京通州支行内设3个部室，2个业务中心；下辖12个营业网点，包括：支行营业部1个、升格支行4个、储蓄所7个。在职员工238人。其中中长期劳动合同制员工190人，劳务派遣制人员48人。2009年，建行通州支行响应通州区委区政府的号召，贯彻上级行发展战略，服务通州区经济建设，秉承“以客户为中心”的服务理念，按照“以改革促发展，重质量上台阶”的工作目标，艰苦奋斗，真抓实干，取得新的成绩。全年实现利润较上年同期显著增长，经济增加值大幅提升；存款、贷款及各项中间业务均实现有效增长，资产质量明显改善。各项业务发展均衡，态势良好，实现了健康快速发展与稳健合规经营并重。

（贾 昆）

【明确市场定位】 建行北京通州支行始终坚持以客户为中心，以市场为导向，本着服务通州新城区建设和广大百姓的工作思路，积极应对市场变化，切实转变工作作风，创新金融服务方式，扩大经营领域范围。依托基础设施建设、房地产开发、工业企业和个人类贷款以及政府机关、部队、医院、学校等优质单位。同时，大力发展个人零售业务，有效提升网点综合服务能力，加快业务转型步伐，努力打造现代化的一流商业银行，实现战略业务结构布局调整和长期稳健可持续发展。

（贾 昆）

【全力支持通州新城区建设】 建行通州支行积极响应区委、区政府的号召，全力支持区内企业、旧城改造以及新城各项建设。按照上级行信贷指引和人民银行的各项信贷政策，积极满足区内有实力、有发展的企业融资和资金结算需求。进一步加强与优质单位合作，在控制风险、稳健合规的前提下，积极开展土地储备、房地产开发、固定资产投资、工业流动资金、银团、并购、搭桥等贷款品种。同时，借助建设银行广泛覆盖的服务网络体系，运用保理、票据贴现、承兑、保函、工程造价咨询、高端理财、投资银行等新兴业务和建行特色业务，全力支持通州新城区建设。

（贾　昆）

【鼓励、扶持中小企业发展】　建行通州支行认真贯彻政府关于鼓励、扶持中小企业发展的各项政策。根据产业政策调整的具体规划，在分析中小企业发展前景和行业背景的基础上，支持有潜力、信誉好的中小企业客户，受到企业的广泛认可。结合中小企业资金周转快、用款时间急的特点，运用建设银行“成长之路”和“速贷通”两个贷款产品，在有效促进小企业发展的同时，丰富了自身信贷结构，赢得了良好的社会信誉，实现银行与企业间的双赢。

（贾　昆）

【提高综合服务能力】　“以客户为中心，服务通州百姓”是建行通州支行长期以来秉承的核心理念。2009年，支行结合建设银行总行在全国推进实施零售网点二代转型的契机，大力提升营业网点综合服务能力。从内部管理流程、标准化服务、银行职员精神面貌、丰富理财功能等方面入手，着力打造一流的现代化银行服务体系，为通州百姓提供更加优质、便捷、高效的金融服务。同时，建行通州支行个人零售业务继续保持在北京系统内十家郊区行排名首位。

（贾　昆）

【推进全面风险管理建设】　2009年，建行通州支行坚定不移地执行各项金融政策要求，以贷款精细化管理为突破口控制和化解潜在风险，以预警客户跟踪管理的全面实施为契机夯实信贷管理基础，以完善操作风险管理体系为核心推进全面风险管理建设，以信贷资产十二级分类为龙头全面提升精细化管理水平，积极控制和化解不良贷款，有效平衡风险和回报，资产质量真实性和风险管理能力进一步加强。2009年，压不良工作取得明显成效，公司类不良贷款余额保持零增长，个人类不良贷款大幅降低。截至年末，十二级分类不良贷款率0.61%，同比下降2.58%。

（贾　昆）

农业银行通州支行

【概　况】　中国农业银行股份有限公司北京通州支行位于通州区八里桥南街1号院9号楼，全行设25个机构，包括7个机关部门、14个分理处、1个营业部、3个储蓄所。在职员工366人。2009年，人民币各项存款余额为1210959万元，同比增加363621万元。其中储蓄存款余额为676939万元，同比增加142161万元。对公存款余额为534020万元，同比增加221460万元。全年清收不良贷款17229万元。

（徐凤宝）

【开展案件风险排查】　2009年，根据市分行要求组织2次大规模案件风险排查。一是4月对大额资金和账户进行排查。二是自5月至8月开展案件风险集中“百日大排查”，对相关问题单位进行问责并责令其进行整改。

（徐凤宝）

【开展银行监管政策进基层活动】　7月起，北京银监局联合北京银行业协会，在辖区内开展“促监管政策进基层”活动。通州支行积极参与，组织相关部门和网点负责人参加银监局在通州地区组织的培训，并将《银行监管政策宣传手册》下发至每名员工，同时结合支行实际制作培训课件，利用局域网发至各单位，保证学习培训面达到100%，此次活动，促进了“学政策、控风险、促发展”的良好风气的形成。

（徐凤宝）

【网点转型工作初见成效】　2009年，全行的网点转型工作取得初步成效。硬件方面：

完成支行营业部装修改造，次渠分理处迁址开业，胡各庄分理处、武夷花园储蓄所迁址更名开业，新建杨庄路分理处装修工作。软件方面：支行营业部、西关分理处、次渠分理处、胡各庄分理处完成标杆网点文明服务导入；支行营业部、次渠分理处实现网点转型。通过导入，为网点服务确立了更高的标准。

（徐凤宝）

【大力开展反假币工作】 2009年，全行收缴人民币假币3170笔、3180张、金额232020.50元。为提高全民反假、识假水平，提高农行的知名度，根据本行假币收缴分布特点，5月，组织全行范围的“反假币宣传月”活动，每个网点分别设立宣传点、咨询台，并在集贸分理处设置支行宣传点，采用真假币实物对比的方法讲解假币特征，特别是对《中华人民共和国人民币管理条例》宣传，倍受群众的欢迎。宣传月期间发放宣传材料3000余张，接受咨询近千人次。

（徐凤宝）

【资产业务健康发展】 2009年，在资产业务发展上，认真执行国家宏观调控政策以及总、分行信贷政策和实施细则，从风险防范入手，调整信贷结构，努力营销中小企业客户、加强信贷管理，实现资产业务健康发展。到年末，全行人民币各项贷款余额总计302761万元，比年初增加19518万元。房地产类贷款余额达246640万元，占贷款总额的81.5%。

（徐凤宝）

中国银行通州支行

【概　况】 2009年，通州支行内设五部一室，下辖7个营业网点。在职员工180人。面对全球经济危机和激烈的市场竞争环境，通州支行全面贯彻总分行工作会精神，以落实分行的各项工作部署为主线，加强联动，着力寻找和营销目标客户；着力扩大资产业务规模，加快盈利结构和客户结构调整；着力提高服务水平，完善内部管理机制，努力实现服务、内控双达标；加强企业文化建设，促进各项业务又好又快持续发展；圆满完成国庆六十周年各项安保和服务工作。

（陈秋荣）

【主要经营指标】 2009年，实现考核利润1.8亿元，比上年增加0.43亿元，增长30.36%。人民币存款时点余额113.05亿元，同比增加55.46亿元，区内市场占有率同比提高3.58个百分点。外币存款时点余额8882万美元，同比新增1486万美元，区内市场占有率同比下降3.01个百分点。人民币贷款时点余额43.45亿元，同比新增24.47亿元。区内市场占有率同比提高7.66个百分点。资产质量继续保持良好。公司贷款继续保持零不良；个人贷款不良余额2031万元，不良率1.41%，同比下降1.25个百分点。

（陈秋荣）

【超额完成公司存贷业务】 2009年，公司资产、负债业务双双提前超额完成全年任务，成为支行2009年业务发展的主要亮点。一是以通州新城建设为切入点，拓展公司资产业务规模。5月7日，通州区政府与包括本行在内的5家金融单位签订授信战略合作框架协议600亿元，本行占150亿份额。成功竞标市区两级联储重点项目亦庄线“两站一街”项目，30亿元授信额度获得审批，5月22日放款20亿元。资产支持类贷款实现6.4亿元放款。二是定期召开各网点的公司存款汇报分析会，以网点为营销前沿，公司部协调配合，提高重点客户的贡献度。同时，发挥本行的产品优势，利用产品、服务、联谊活动等多种方式，促存款增长。年末，支行千万元以上客户72户，存款余额达到55亿元，占公司人民币存款的83%，大客户的拉动作用得到充分体现。

（陈秋荣）

【促进个人金融业务发展】 2009年，个人金融业务发展与资产质量两手抓，实现一增一降。一是加大对一手房的营销力度，千方百计扩大份额。支行积极协调分行，在有效控制风险的前提下，调整放款流程，为开发商解决困难，赢得开发商的认同。一手房贷款累计发放3.5亿元，占消贷增量的70%，继续保持主导优势；二手房实现放款1.3亿元，成为消贷增长的良好补充。2009年支行零售贷款资产质量继续好转，零售不良清收1376万元，零售贷款资产质量实现持续下降态势。二是通过开展各种行之有效的竞赛活动，促进个金业务全面发展。年内，开展形式多样的竞赛活动，做到季季有竞赛、月月有活动，有效带动个金各项业务全面发展。个金业务批量发展显示出巨大的潜力和发展前景。

(陈秋荣)

【实现内控管理和文明服务双达标】 以《内控合规百分制管理》和《网点支行内控达标标准》为主线，加大内控管理力度，为业务发展保驾护航。一是对内控达标工作进行统一部署，制定内控达标检查计划，建立和完善各项内控制度，加大检查力度，落实有效监督。年内，对全辖网点先后组织对公、对私业务达标、印章管理、外汇管理、出纳管理、现金尾箱及安全保卫检查，检查覆盖面达到100%。建立员工合规档案，每季度进行通报，每一个评估期后进行年度考核，有效降低业务差错。加强值班带班，各项防控措施落实到位，圆满完成60周年国庆的各项维稳工作。二是不断深化服务内涵，提升服务水平，实现服务达标。支行把文明优质服务工作纳入绩效考核，实行常态化管理。年初，与网点和部门一把手签订服务达标“责任书”，将服务达标任务细化落实到人，层层落实责任制；支行服务督导员每月确定检查重点，采取到网点“蹲点”的方式，对营业网点进行一对一的检查督导，帮助网点查找问题并指导整改。充分利用本行产品优势，不断深化服务内涵，延伸服务半径，为客户提供增值服务，实现银行与客户共赢。2009年，支行所辖网点实现内控和服务双达标。

(陈秋荣)

农业发展银行通州区支行

【概　况】 中国农业发展银行北京市通州区支行位于通州区新华北路55号，在职员工26人。2009年，支行认真贯彻落实总、分行行长会议精神，加大营销力度、加强风险防控、提高内部管理、重视企业文化建设，各项工作取得新成绩。

(侯碧玉)

【实现政策性粮油信贷业务管理目标】 支行全面落实国家粮食储备政策，积极支持国家储备的增储、轮换工作，全年累计发放省级储备粮贷款13834万元。收回省级储备粮10050万元。坚持库存监管制度，全过程对粮食库存的监管，在全国粮食清仓查库工作中，连续多年实现账实相符、库贷相符。

(侯碧玉)

【商业性贷款业务营销力度加大】 2009年，支行落实总分行政策要求，积极审慎地开展商业性贷款营销工作，进一步加大营销范围、营销力度，取得初步的成效。同时支行严把贷款准入关，贷前、贷中、贷后监管到位，商业性贷款风险得以控制。

(侯碧玉)

【严格规范会计操作流程】 2009年，严格执行财会操作流程，杜绝结算风险。按照总、分行要求认真落实综合柜员制度，结合支行人员配置，制定岗位职责，明确责任，规范操作流程，并设立后督岗对财会业务进行自查。严格操作各种操作系统，认真做好账务核对、审查整理会计原始资料，规范使用IC卡，对汇出汇入资金严格把关，2009年综合业务系统、大小额系统全年未出现差错和资金损失。

(侯碧玉)

【加强业务技能培训】 全面抓好干部职工业务技能培训，提高干部职工业务素质、业务技能。积极组织员工参加总、分行的业务培训。开展财务会计、信贷业务、新业务、档案管理、安全保卫等进行专题培训，针对新员工开展岗位培训。鼓励员工自学，参加学历教育、职业（执业）资格考试、外语水平考试，年内，支行有3名员工取得银行业从业资格考试证书，2人取得本科学位。

（侯碧玉）

华夏银行通州支行

【概　况】 华夏银行股份有限公司北京通州支行于2008年年底成立，是华夏银行在北京城区以外成立的第一家区县支行。银行位于通州区梨园北杨洼25号商务楼，在职员工28人，支行内设3个部室（公司业务部、个人业务部和营业室）。华夏银行北京通州支行以市场经济发展为导向，努力开拓市场、优化金融产品结构、适应通州地区经济发展需要，以服务通州经济发展作为企业发展的重点，为通州企业和人民提供优质的金融服务。

（王刚毅）

【主要经营指标】 截至年底，实现利润870万元，人民币存款余额7.3亿元，其中个人储蓄存款余额1.7亿元，人民币贷款余额4.8亿元，其中个人贷款余额1.1亿元（个人住房按揭贷款、个人综合消费贷款和私营企业主贷款），实现当年开业当年盈利的成绩。

（王刚毅）

北京银行通州支行

【概　况】 2009年，北京银行通州支行面对激烈的市场竞争，紧紧围绕年初制定的工作思路及总体战略规划，重点项目和银政战略合作取得重要突破，社区银行销售模式得到深入推广，各项经营业绩保持均衡增长，存贷款市场份额逐渐提升。在新网点建设、内部管理、客户服务、文化建设、员工培训各方面得到进一步发展。

（何　珊）

【扶植优质中小企业发展】 2009年，支行努力提升中小企业贷款营销水平，提高风险议价能力。通过与担保公司合作，对通州区内发展前景较好、产品技术含量高、生产经营管理水平佳、财务制度健全、无不良信用记录的优质中小企业进行全方位业务产品营销，积极实施“小巨人”品牌计划，向客户宣传和推荐“创融通”、“及时予”等公司融资产品，使它们了解北京银行支持中小发展计划及详细申请流程等内容，大力发展支行中小企业客户群体。支行通过召开中小企业客户座谈会，进一步了解企业融资需求。筛选受国家政策支持、自身发展前景广阔、利润空间大、且能提供充足反担保的优质中小企业，提高议价能力。持续做好支行小额担保贷款，保证每笔贷款及时发放，大力支持通州地区小企业发展与下岗失业人员自主创业。

（何　珊）

【零售业务全面发展】 2009年，支行以发展通州区居民储蓄存款和个人贷款业务为发展重点，通过优化工作流程、分解任务指标、完善人员配置、持续优质服务，扩大北京银行在通州的社会影响力和居民存款市场份额。年内，支行零售业务部不断寻找新的资金量增长点，大力开展项目营销，公司和零售业务部共同推进公私联动营销，沉淀个贷客户资金。支行理财师团队尝试为支行高端客户设计理财规划方案，得到客户好评。在个人贷款业务方面，零售业务部个贷团队继续做好一手房按揭项目及与中介公司的合作，为全年个贷业务的有效开展和指标的完成打下良好基础。

（何　珊）

北京农村商业银行通州支行

【概　况】 北京农村商业银行通州支行有营业网点37个，其中管辖行1个、非管辖支行9个、分理处27个，在职员工445人。2009年末，资产总额174.38亿元，比上年增长31.45亿元；各项存款余额169.9亿元；各项贷款余额50.31亿元；2009年实现考核利润16200万元，完成总行任务的108%。

(姚月露)

【个人金融及中间业务发展势头良好】 截至年末，储蓄存款余额74.86亿元，比年初增加11.58亿元；累计发行银行卡55.4万张，本年净增加10.7万张；中间业务手续费收入1456.59万元；自助机具布放总量达109台。

(姚月露)

【拓展票据业务市场】 截至年末，办理贴现业务1003笔，累计发生额21.13亿元，完成年度任务的282%，实现利息收入1746.71万元。

(姚月露)

【开展"三信"工程建设】 坚持"服务三农"的市场定位，支持首都新农村建设。在全区开展"信用镇、信用村、信用户"评定工作，由2008年的1600户增加到2009年的3500 户。

(姚月露)

【集中授信管理】 11月，组建公司业务部，进行集中授信管理，对大客户实施有针对性的营销，全面提升经营管理工作的科学化、精细化、规范化水平。

(姚月露)

【举办"送贷下乡"活动启动仪式】 12月28日，在通州区农招大酒店，北京农村商业银行通州支行举行"送贷下乡"活动启动仪式，区政府领导、各乡镇镇长、相关委办局领导参加活动。副区长于世疆与农商行总行及通州支行领导共同为启动仪式剪彩。

(姚月露)

【加强会计合规基础工作】 农商行通州支行重视会计合规工程建设，合规操作、防范风险等基础工作得到加强。9月，在农商行总行举办的"会计合规业务技能比赛"中农商行通州支行荣获团体第二名。

(姚月露)

中国人民财产保险公司通州支公司

【概　况】 2009年，中国人民财产保险股份有限公司北京市通州支公司，按照"树形象，上规模，保效益"的基本工作思路，以及"确定发展方向，突出发展主题；调整业务结构，提高经济效益；强化经营管理，提高全员素质；搞好企业文化，构建和谐公司"的总体要求，完成各项工作任务。实现保费收入15600余万元，共承保社会财产总额1865000余万元，创税811万余元。年内，处理各种赔案34000余起，支付各项赔款8385万元。

(刘家福)

【推出家庭系列组合保险】 2009年，本公司实行家庭系列组合财产保险。包括以房屋及其室内附属设备、室内装潢、室内财产为保险标的的家庭财产综合保险（2009版）；以室内财产、盗抢造成室内财产损失、管道破裂及水渍造成室内财产损失、第三者责任为保险标的的"家业兴旺"家庭财产综合定额保险；以盗抢险、管道破裂及水渍险、火灾爆炸险、家用电器用电安全险为保险标的的"家财一卡通"。

(刘家福)

【继续打击诈骗保险犯罪】 利用信息网络平台堵塞漏洞，有效地打击诈骗保险的犯罪行为，堵塞漏洞，公司继续与政府、公安、司法部门沟通，打击诈骗保险的行为；同时利用网络平台与中国太平洋、华泰、中国大地、中国平安、中华联合、永安等多家财产保险公司联合起来，共同打击恶意编造交通事故，一起事故、多家索赔，假报车辆被盗、被抢，酒后出险找人代替等诈骗保险的行为。另外，公司有效地与上述财产保险公司联合实行网上“黑名单”制度，对在一个保险年度内，连续出现三次以上事故者的机动车辆，实行保险费率上浮制度。

（刘家福）

【开展政策性农业保险业务】 2009年，公司做好服务三农工作，努力为新农村建设和农村经济发展作贡献，为农业生产保驾护航。继续开办粮食作物类、水果类、蔬菜类、牲畜类、家禽类、温室大棚类等多个险种。实行24小时95518客服电话，为农民客户提供咨询、投保、理赔报案等项服务。年内收取农险保费891万余元，处理农险出险赔案400余笔，支付农险赔款548万余元。有效地支持了通州地区农村经济的发展。

（刘家福）

北京通政国有资产经营公司

【概 况】 2009年，北京通政国有资产经营公司（管理中心）坚持以科学发展观为统领，认真贯彻落实区委、区政府的各项部署决策，加大融资力度，支持通州“两新”建设，全力支持中小企业渡难关，多措并举积极应对金融危机和全力“保增长”，顺利完成全年各项工作。

（王 艳）

【支持通州区“两新”建设】 2009年，融资担保贷款29.63亿元，其中融资12.8亿元，重点用于通州上营棚户区改造6亿元，新农村“五项基础设施”建设2.4亿元，各园区建设4.3亿元；以担保主体身份贷款16.83亿元，主要为城西5#燃煤锅炉整合项目提供担保贷款1.83亿元，为光机电基地二期开发担保7.5亿元，为徐尹路道路拆迁，宋庄小城镇由三河市福成公司借款担保4亿元，为宋庄文化产业集聚区提供担保2亿元等6个项目。

（王 艳）

【支持中小企业渡难关】 2009年，受理中小企业担保项目96个，金额3.66亿元。资金到位项目76个，金额2.4亿元。其中，中小企业项目93个，金额3.48亿元；资金到位项目73个，金额2.22亿元；涉农项目3个，金额1800万元，资金全部到位。全年受理下岗再就业项目8个，金额43万元，资金到位项目7个，金额为38万元。

（王 艳）

【完成贷款偿还工作】 2009年，支付贷款本息5.5亿元。其中偿还贷款本金4.49亿元，主要是落实16号令建设征地农转工人员安置费9320万元、北京通州经济开发区西区基础设施建设项目2000万元、北京卷烟厂项目1.54亿元、北京通州经济开发区东区基础设施建设项目2600万元等8个项目；支付贷款利息10265万元，分别为16号令建设征地农转工人员安置项目498.48万元、北京通州经济开发区西区基础设施建设项目675.77万元、金桥产业基地基础设施建设项目2724.22万元等10个项目。

（王 艳）

【强化行政事业单位资产处置工作】 2009年，完成行政事业单位113批次、资产总计4786.5万元的国有资产处置审批工作，其中向公物仓调拨有二次利用价值资产34.2万元、集中处置报废资产3498.9万元、批复各单位自行处置1253.3万元。审批行政事业单位跨部门调拨闲置资产17353件，资产金额为179.4万元。

（王 艳）

【绩效评价工作全面推进】 2009年，绩效考评项目11个，总考评金额2.1亿元，覆盖民政、卫生、农业、市政等财政支出各个领域。被考评的11个区级项目等级均为“优秀”，协助完成市级考评项目3个，总考评金额为4834万元。

（王 艳）

审　计

【概　况】 2009年，通州区审计局严格执行国务院总理温家宝对审计工作提出的“依法、程序、质量、文明”的要求，继续坚持“依法审计、服务大局、围绕中心、突出重点、求真务实”的审计工作方针。坚持“全面审计、突出重点”，坚持以人为本，坚持为经济社会发展和改革服务，坚持为构建和谐社会服务。年内完成审计项目38个，涉及被审计单位152个。查出违规和管理不规范金额14208万元，应上缴财政金额456万元，已上缴270万元。为国家挽回经济损失510万元。提出审计建议16条。提交审计信息114篇，刊用120篇次。正在审计实施的项目2个。

（李静岭）

【预算执行审计】 1月至4月，区审计局对2008年区财政预算执行和其他财政收支情况及2007年审计意见的落实情况进行审计。主要审计区财政部门组织本级预算执行情况、区地税部门税收征管情况、区发改委管理使用市级资金支持区重点工程以及区卫生局等6个区级部门预算管理和执行情况。依照资金拨付渠道审计及延伸77个单位和部门。6月26日，区政府召开专题会议，听取《关于通州区2008年预算执行和其他财政收支情况的审计结果报告》。6月30日，区第四届人大常委会第十八次会议审议通过《关于通州区2008年度财政预算执行情况和其他财政收支的审计工作报告》。人大领导在审议中对预算执行情况审计工作给予充分肯定。针对审计中发现的问题，本局出具相关的审计报告和决定并提出改进意见和建议，基本得到落实。

（李静岭）

【经济责任审计】 按照“积极稳妥、量力而行、提高质量、防范风险、留有余地”的方针，认真开展党政领导干部和国有企业及国有控股企业领导人员经济责任审计。重点突出任期中经济责任审计，将财政财务收支数额大、有财政资金分配权和行政审批权、群众反映问题较多的部门和单位及国有骨干企业作为审计重点。在审计内容上，切实加大对领导干部经营决策权、经营管理权和财经政策执行权的关注力度。采取经济责任审计与预算执行审计、专项资金等其他审计相结合的办法。截至12月31日，区委组织部委托的经济责任审计项目24个，涉及领导干部25人。完成21个经济责任审计项目、2个经济责任审计项目正在审计实施中、1个经济责任审计项目未开户。查出违规和管理不规范金额10933.21万元。

（李静岭）

【专项审计】 一是对区2009年土地储备开发项目第一阶段进行审计调查：主要审计市、区国土局对土地储备项目的监督管理情况，市中心、分中心、乡镇政府及负责项目实施的国有开发企业土地储备项目运作情况以及土地储备资金的管理使用情况等。二是对区上营棚户区拆迁改造专项资金进行审计：重点是拆迁改造资金的拨付和使用程序是否合规，资金的支出项目支出标准是否合理合法。三是对轨道交通亦庄线通州段征地拆迁情况进行审计：审计重点征地、拆迁审批手续是否完备，是否取得规划、土地、拆迁政府主管部门的批准文件。建设项目征地、拆迁补偿标准是否符合有关规定，并经过政府部门核准。四是对区2008年义务教育经费实际执行情况进行审计：根据北京市人民政府教育督导室《关于开展2009年教育法律法规执行情况督导检查的通知》和《通州区2009年教育法律法规执行情况督导检查工作具体时间安排》，对2008年义务教育经费的拨付、使用情况进行审计。为了加强监督教育经费管理，区审计局、区教委、区财政局共同制订《关于加强对通州区义务教育经费审计监督的暂行办法》。五是对市、区两级新中国成立60周年庆典活动资金使用情况进行审计：重点对相关单位内控制度、业务流程、沟通机制健全性、严密性和适应性的审计。对区妇联牵头负责的群众游行组进行重点审计。六是配合北京市审计局对通州区社区卫生服务体系建设及运行情况进行绩效审计调查：审计重点财政资金投入规模及构成，分析增减变化趋势；社区卫生服务机构总体建设规模和网络分布情况；对社区公共卫生服务项目开展情况进行调查；主要政策落实情况，了解人员经费保障、医保配套政策对社区服务促进等情况。七是对2008年5月至2009年9月30日汶川地震救灾捐赠资金、物资进行审计调查。八是对区2009年1月至11月30日中小学校舍安全工作建设资金使用情况进行审计调查：重点对资金筹集、拨付、使用情况进行审计。此项工作将跟踪审计三年。九是对扩大内需绿色审批通道项目进行审计：重点对财政资金管理拨付、使用及效果情况，财务收支的合规性等方面进行检查。十是对通州区工程建设领域突出问题专项治理工作进行检查，此项工作分五个阶段：动员部署；查找问题，分析根源；加强检查，重点抽查；整改提高，建章立制；巩固成果，长效防范。年底进入查找问题、分析根源阶段。

（李静岭）

【审计调研】 一是审计调研工作。本局继续把审计调研工作作为一项重要工作内容来抓，并结合本局审计业务工作情况，成立专门课题组围绕通州区有关热点问题进行调研。完成4个调研课题：《关于地方债务成因及对策的审计调查》、《通州区部门预算执行中存在的问题及对策》、《关于国库集中支付的审计方法及建议》、《社区卫生服务体系资金运行情况调查》。二是强化审计业务培训，提升执法水平。为规范局机关审计文书和应用表格，邀请市局复核处和顺义审计局相关人员到本局进行业务讲座和交流，修订完善《通州区审计局审计文书格式》。

（李静岭）

【内部审计】 认真贯彻执行内部审计准则，按照规定开展内部审计工作，促进内部审计工作规范化管理；召开二届三次理事会暨先进集体、先进工作者表彰会及获奖先进单位和先进工作者座谈会；对区属11个乡镇内审工作质量和档案进行检查和综合评分；配合市内审协会在通州区举办区县内审工作现场交流会，通州区作《协会如何提升内部审计工作水平》的主题发言，并将协会的14项规章制度、有关影像图片及内审单位档案进行现场观摩；组织内审成员单位进行外出交流考察；组织内审单位130人进行业务培训；组织内审单位完成并上报研讨论文31篇；与西城区内部审计协会及内审单位进行两次工作交流；建立和完善《内审审计项目质量考核办法》和《内部审计工作考核办法》。

（李静岭）

【审计发现的问题】 一是应缴未缴税金、非税收入、罚没收入等456万元，已上缴270万元。二是没有按照预算法要求及时批复预算；部分预算单位部门预算编制和批复不够规范。三是向非隶属本级财政的单位拨付资金520万元。部分预算单位财政决算报表收支不实。四是预算外资金未纳入国库集中支付系统。五是个别企业存在税款提前入库，征收“过头税”的问题。六是区重点工程建设项目，部分项目单位前期手续不全、区级配套资金未及时到位的问题。七是超预算级次拨付款；超现金结算起点支出现金；固定资产管理不规范；往来款项长期挂账；会计核算不规范和会计基础工作薄弱等。针对上述有关问题，本局提出相关的意见和建议，审计结果基本落实。

（李静岭）

农 业

综 述

2009年，全区农业工作围绕中央、市、区的各项农村和农业的方针政策，按照落实科学发展观、统筹城乡经济社会发展的要求，结合新城规划和新农村建设，及时调整发展方向，明确定位，合理布局，突出重点，紧紧抓住增加农民收入这个主题，全力推进都市型现代农业建设，为新农村建设提供有力的产业支撑。

一、落实农业政策

政策性农业保险覆盖面进一步扩大。全区小麦参险面积14.3万亩，占全区小麦总面积的55.9%；玉米参险面积19.5万亩，占玉米总面积的56.5%；豆类参险面积3232亩，温室大棚参险面积（纯设施面积）1411亩，种猪和能繁母猪参险17330头，生猪参险251860头，奶牛参险935头。苹果、桃、梨、葡萄等果品参险2363.7亩。参保农户43044户，占全区总农户数的29.5%，同比增加1.6万户。全区保费总收入累计2353.26万元，比上年增加1000余万元；保险公司支付保险理赔金1502.43万元，和上年基本持平。

稳妥有序地完成粮食直补工作。全年补贴资金5288.89万元，其中小麦补贴2603.01万元，玉米等秋粮作物补贴2685.88万元。小麦补贴涉及9个乡镇336个村、36301户农民，补贴面积226348.9亩，补贴总额2603.01万元，其中种植补贴1131.74万元，良种补贴452.70万元，农资综合补贴1018.57万元。玉米补贴涉及10个乡镇384个村、55004户农民。补贴面积348815.7亩。补贴资金总额2685.88万元，其中种植补贴金额697.63万元、良种补贴金额418.58万元、综合补贴金额1569.67万元。

二、合理调整农业结构，推动主导产业发展

全区农业形成蔬菜、养殖、果品、籽种四大主导产业。

（一）蔬菜业持续增长。蔬菜种植面积累计达到15万余亩。在发展常规种植的基础上，重点推进了设施农业建设。一是以设施农业建设为着力点，带动都市型现代农业建设。按照区财政补贴、乡镇配套、农户出资的方式，以年均新建改建一万亩的速度，在马驹桥、永乐店、漷县、于家务、潞城等乡镇新建及改建连片蔬菜日光温室和大棚，总面积累计达到5.5万余亩。重点建设漷大路设施农业产业带，沿线全长5.5公里，涉及9个村，原有设施2517亩进行改造，新建设施1700亩。启动张凤路（张家湾镇何各庄村—于家务乡仇庄村）农业走廊建设，规划了大于路（马驹桥镇大松垡村—于家务乡于家务村）设施农业产业带。围绕三条产业带辐射带动全区设施农业发展。二是加快已建基地配套设施建设。抓紧实施所建设施生产基地的水电路基础设施配套工程。在于家务乡果村、漷县镇草厂村等先后建设现代化育苗温室、砖钢结构育苗温室等并投入使用；在马驹桥镇大松垡村、漷县镇草厂村、永乐店镇小务村等蔬菜产地配套建设批发市场。

（二）林果花卉业发展稳定。全区果树种植面积稳定，品种主要有葡萄、樱桃、梨、苹果、桃等。林菌间作面积1000公顷，品种涉及木耳、鸡腿菇、香菇等十余个；林间养殖面积10多公顷；林桑间作667公顷。全区花卉总面积达360公顷，苗木总面积达1291公顷。全区有花卉生产基地23家，其中规模较大的有吉鼎立达科贸公司、运河苗木公司、新世纪园艺农场、福盛园花卉种植场、北海公园花卉种植基地、永乐店牡丹园、漷县镇军庄蝴蝶兰基地和草厂村非洲菊鲜切花基地等。其中吉鼎立达科贸公司是国内最大的蕨类花卉生产基地，占地1200亩，其种苗全部采自荷兰，被列为市级特色农产品。

（三）养殖业稳中有升。采取切实措施，积极引导养殖业发展，保证了生猪、乌鸡、肉鸡、肉鸭、肉羊、奶牛等常规养殖业的稳步增长。全区有各类家畜家禽养殖场200余个，农民养殖户1.2万个。有养鱼水面2.4万亩左右，其中成鱼养殖水面1.2万亩，鱼种养殖水面0.4万亩，观赏鱼养殖水面0.8万亩；庭院小池面积达到4.5万平方米。食用鱼品种主要有鲤鱼、鲢鱼、花白鲫鱼、草鱼、鲇鱼等。观赏鱼主要有金鱼、锦鲤等。

（四）籽种产业逐步形成规模。推广粮经作物籽种。年内，建成800万公斤储存量的优质粮储仓库。在永乐店、马驹桥、漷县等镇发展小麦优质粮籽种生产1万多亩，其中漷县镇黄厂铺村与中国农科院建成2000多亩“轮选987”、“北京0045”、“中麦175”优新品种生产基地。同时，与市农科院合作建成农业科技示范基地，使之成为蔬菜、籽种繁育推广基地。实施百村蔬菜品种更新工程，确定漷县、潞城、宋庄、西集、台湖、马驹桥等6个乡镇为重点示范乡镇，建设蔬菜新品种试验基地3个、蔬菜新品种示范村15个、西甜瓜示范基地2个、瓜菜示范村21个、种植示范户120个。加快养殖品种换代。一是生猪良种体系建设。在东方种猪场、金展旺养殖场实施“种猪良种科技示范园区建设项目”，建成金展旺、手牵手、万全及东方种猪场等5个生猪人工授精点。二是肉羊良种体系建设。种羊繁育推广中心继续发挥龙头带动作用，在全区范围内大力开展肉羊品种杂交改良。三是水产良种体系。针对观赏鱼养殖中出现品质退化的问题，建设高标准金鱼孵化繁育池、早繁金鱼棚、锦鲤产卵池和锦鲤孵化池。引进优质观赏鱼品种，培育高档优质观赏鱼养殖品种，推广到广大养殖户中，逐渐替代低档鱼。

三、推进农业产业化经营，提高农民组织化程度

（一）扶植壮大农业龙头企业。经过引进、培育，全区农业企业达到110多家，涉及蔬菜、粮食、畜禽、果品等多个产业。全区固定资产在500万元以上的农加工企业达到38家，年销售收入500万元以上的农加工企业达到31家，安置本地区5000余名农民就业。在引进培育的企业中，八里桥农产品批发市场获评为国家级龙头企业；雨润肉制品公司、御香苑肉制品公司、古船面粉公司、东升方圆农业公司评为市级龙头企业。利用银农合作贷款、项目申请等方式，积极为企业协调发展资金，重点实施富勤食用菌科技有限公司工厂化金针菇生产基地、马驹桥镇食用菌高效生产示范基地、北京仙源食品酿造公司腐乳自动化生产改造项目。

（二）围绕开发农业新功能，扩建和新建一批农业观光项目。全区各乡镇均建有观光农业园，有各类大小观光农业采摘、垂钓、观赏园等100余个。其中市级农业观光示范园6个（葡萄大观园、水梦园、第五生产队、吉鼎立达采摘园、禾阳农庄、星湖

园）。市级民俗旅游村2个（大营和皇木厂村），区级民俗旅游村1个，市级民俗旅游户84户。先后举办葡萄采摘节、通州区樱桃采摘节、宋庄梨园观光采摘节、通州区花卉节等一系列活动。

（三）整合现有农民专业合作组织。全区有农民专业合作组织170余家，包括农产品专业协会、专业合作社，覆盖种植、养殖、林果、农产品加工等领域。合作组织的建立和快速发展，有力地促进了农业结构调整，提高了农产品市场竞争力。区观赏鱼产业协会观赏鱼养殖水面发展到8000余亩，年产观赏鱼近2亿尾，成为京郊规模较大的观赏鱼生产基地。建立观赏鱼网站，注册“鑫淼”商标，举办观赏鱼大赛，组织会员户参加大型交易展览会，交流经验，扩大宣传，不断拓展观赏鱼销售市场。全区农民专业合作组织提供技术服务达到2万多人次。合作组织推广应用新品种累计500余个，推广应用标准化栽培技术、节水灌溉技术、配方施肥技术面积达到20余万亩。合作组织开展产前、产中、产后一条龙服务，降低市场风险，提高生产效益，增加农民收入。

（四）建设农产品销售网络，促进农产品流通。开展农超对接。北京东升方圆农业种植开发有限公司、北京金信食用菌有限公司、北京京东大运河农产品配送中心等加工企业年内在家乐福、易初莲花等超市内新建立专柜52处。参加农交会提升企业知名度。北京东升方圆农业种植开发有限公司、北京金信食用菌有限公司、北京仙源食品酿造有限公司、北京御香苑畜牧有限公司、北京桑瑞科技有限公司5家农产品加工企业参加了农业部在长春举办的第七届国际农产品展销会。参展的北虫草、桑茶、桑蛋、食用菌、大豆调味品等产品，展会期间，签订供货合同25份，供货额1260万元。发展订单农业生产基地，推进农业标准化生产。

积极推进农业加工企业生产原料本地化，北京仙源食品酿造有限公司、北京绿友食品有限公司、北京英特食品有限公司等农产品加工企业在区内新发展大豆、胡萝卜、辣椒等订单农产品标准化生产基地16000余亩。

四、创新服务手段，加快农业科技转化应用

（一）开展农民培训。利用多种形式开展农民生产技术培训，年内，培训农民2.36万人次。其中种植8000人次、林业3520人次、水产4602人次、畜牧7500人次。

（二）开办农民田间学校。连续多年开办蔬菜、食用菌、生猪、观赏鱼等田间学校56所，其中蔬菜、食用菌27所、林果7所、畜牧15所、水产7所。56所田间学校全部开班授课。

（三）实施科技入户工程。2009年，畜牧业确定18家养殖场（示范户）、遴选出10名科技入户指导员实施“科技入户”项目。畜牧示范户累计辐射带动周边农户200户，指导员入户指导达100次。

五、加大农产品安全建设力度

围绕农产品质量安全，强化标准化生产基地建设，开展农业标准化生产技术、“三品”（无公害农产品、绿色食品、有机食品）认证、生产技术的培训。在蔬菜产业完成农业部无公害蔬菜生产示范基地县创建工作，全区15万亩菜田在生产环境、投入品控制、安全采收包装方面全部达到无公害农产品生产标准。9万亩果品全面推行无公害安全生产技术。粮经作物全面应用了无公害综合植保配套技术。有66家基地120多个产品获无公害认证（有效期内），3家基地的22个产品获绿色食品认证，70个基地获有机食品转换期认证。全区有种植中心、养殖中心、各乡镇农办、龙头企业、合作组织、生产基地负责人和技术人员等110余人获农业部颁发的无公害农产品（蔬菜、林果、畜牧、水产）检查员、内检员证书，无公害认证的基地均配有一名内检员，确保了全区无公害农产品的安全生产。同时，配合农业部、市有关部门加强监管，采取定期与抽查的方式加强农产品检测，年内各级检测样本总量达到1.5万份，合格率100%。

年内，继续开展农产品质量安全整治暨农产品质量安全执法年活动、打击食用农产品中违法添加非食用物质和滥用食品添加剂专项整治工作。开展各类专项整治行动：一是种植业专项整治行动，强化农药市场监管，蔬菜产品中未检测出甲胺磷等禁用高毒农药；二是生鲜乳专项整治行动，全区奶站和小型奶牛养殖场全部纳入监管范围；三是饲料专项整治行动；四是兽药及兽药残留专项整治行动；五是水产品专项整治行动，杜绝违禁药物使用；六是认证产品专项整治行动；七是农资打假专项整治行动，对全区农药经营部门、生产企业、生产基地、农贸市场进行检查；八是开展国庆60周年农产品质量安全专项保障工作，国庆期间，通州区东升方圆、大运河、御香苑3个农业龙头企业为通州阅兵村和沙河阅兵村配送蔬菜、牛羊肉等60多个品种2043.91吨，其中东升方圆937.95吨、大运河930吨、御香苑175.96吨，圆满完成国庆60周年庆祝活动农产品安全专项保障工作。

六、推进农村经济体制改革

（一）扩大试点，稳步推进农村产权制度改革工作，保障农民利益。至年底，全区11个乡镇90个村完成农村集体产权制度改革工作，成立新型经济组织。

（二）加强土地流转管理和服务，拓宽增收门路，实现“租金、股金、工资”收入。完成全区土地流转信息平台改版建设，新增流转程序、合同范本和地图索引等三个板块，并实现与全市流转平台的对接；全力抓好到期农村土地承包合同延包工作，进一步稳定农村土地承包经营关系，涉及合同到期的7个乡镇成立工作机构，制定具体方案，整体推进延包工作，有18个村完成到期合同延包续签工作；开展农村土地流转指导价格评估工作，完成2009年全区及部分乡镇不同区域土地流转指导价格的评定，于家务乡、永乐店镇农村土地流转管理服务中心挂牌成立。

（三）巩固村账托管成果，在全区范围内推行大额资金专储账户制度，规范村级财务管理工作。截至年底，全区有433个村完成“专储账户”开设工作，并实行规范管理，占全区总村数的90%。

（王岩军）

种 植 业

粮食及经济作物种植

【概　况】 全年粮食播种面积588017亩，比上年减少22042亩；亩产394.49公斤，比上年增加18.35公斤，总产23196.68万公斤，比上年增加250.18万公斤。

夏粮小麦面积23.4万亩，比上年减少1.65万亩。夏粮总产8323.68万公斤，比上年减少668.92万公斤。夏粮亩产355.74公斤，比上年减少3.25公斤。

秋粮播种面积35.4万亩，比上年减少0.5526万亩，亩产425.9公斤，比上年增加37.82公斤，总产15078.4万公斤，比上年增加1124.45万公斤。其中玉米播种面积34.26万亩比上年减少8456亩，亩产433.23公斤，比上年增加41.41公斤。总产14842.11万公斤，比上年增加1087.31万公斤。豆类播种面积8791亩，比上年增加2363亩，亩产148.91公斤，总产130.91万公斤。

经济作物种植：花生种植面积2031亩，亩产229.64公斤；棉花种植面积145亩，亩产88.97公斤；薯类292亩；西瓜种植面积360亩。

2009年，区种植业服务中心承担国家级、市级重点农业项目8个，完成各类基础性研究课题73项、试验示范169项，筛选出适合本区应用的新型肥料品种55个、提出高效施肥模式22项，摸索出40余种适合通州区种植的粮经类、蔬菜类新品种。对全区506个土壤样品采集及检测工作已全部完成，提供有效数据2958个。建设施肥情况监测点132个。植保项目试验示范5个，推广新产品4个，新技术6项。本年度责令限期改正9个部门的21种农药，行政处罚77起，罚款25800元。

2009年，区种植业服务中心紧紧围绕发展种植业和富裕农民这条主线，强化职能部门的服务意识，积极开展工作。提供各种病、虫、鼠害发生信息30期，农药精准量具120套，完成田间学校新建9所、续建15所的建设任务。

（白　轶）

【都市农业走廊综合节水示范工程】　2009年，都市农业走廊综合节水示范工程项目申报地点3个，总面积900亩。分别是张家湾镇西定村洪运绿洲生态观光园，面积300亩；漷县镇草厂村党员蔬菜示范基地，面积200亩；宋庄镇翟里村二十一世纪农场，面积400亩。截至年底，张家湾镇西定村洪运绿洲生态观光园主管道和地上部分设计及施工已经完成。此项目将缓解北京市水资源严重短缺的形势，推动都市农业可持续发展。

（白　轶）

【开展科技普法活动】　“3·15”期间，区种植业服务中心同工商、消协组织种子、农药、植物检疫、技术推广和土肥等科技人员，利用发放技术资料、展板、挂图、画册和实物识别、现场咨询等方式，深入到永乐店和漷县镇开展“3·15”农资打假专项整治和放心农资下乡进村宣传活动，发放各类宣传材料70余种，共计2.3万份，受益人数达上万人次。收到良好的宣传效果。

（白　轶）

【季节性裸露农田治理工作】　2009年，按照市环保处、市农业局及有关部门的相关要求，完成全区35万亩季节性裸露农田治理工作，加大季节性裸露农田治理和生物覆盖工作的宣传力度，实现全区耕地和征而未用耕地全年“无裸露、无撂荒、无闲置”的目标。

（白　轶）

【完成粮食档案调查汇总工作】　2009年，完成小麦种植档案调查汇总工作，涉及小麦面积228880亩、农户36632户，玉米面积351440亩、农户54793户。

（白　轶）

【实施有机肥培肥地力项目】　2009年，农业技术推广站在通州区开展有机肥培肥地力项目，推广优质有机肥使用面积达到8万亩，涉及全区9个乡镇21个重点基地和村级合作组织。全区申请用肥基地和合作组织达22家，申请用肥5800吨，到年底共配送有机肥5168.6吨。由于政府补贴有机肥，农民有机肥用量增加，化肥用量明显减少。使得亩肥料成本降低100元、农药降低10元，亩节本增效达150元～200元，全区总效益达到1544万元，农田环境得到极大改善。

（白　轶）

【测土配方施肥示范县建设项目】　2009年，测土配方施肥技术推广面积增至71.7万亩（其中粮食面积54.1万亩、蔬菜面积9.5万亩、果树面积7万亩、其他经济作物1.1万亩）。对全区506个土壤样品采集及检测工作全部完成，提供有效数据2958个。建设施肥情况监测点132个，收集土壤测试数据，农户施肥信息600份。为9个乡镇91个示范基地和村级合作组织配送补贴配方肥4007.75吨。由于配方肥的施用，2009年本区小麦测土配方施肥亩节本增收29.2元，玉米亩节本增收42.5元，蔬菜亩节本增收87.55元，果树亩节本增收97.74元，全区总增收在3534.57万元。

（白　轶）

【通州区农产品产地安全状况普查项目】　2009

年，通州区划分取样单元941个。涉及11个乡镇378个村，采集土壤样品941个、农产品样品2068个、产地大气样品和产地水体样品各65个。9月21日，通州区农产品产地环境安全普查全面展开，共采集土壤样品941个，采集玉米、水稻、蔬菜等农产品1176个样品，同时完成农产品样品的制备和941份点位调查表。

（白　轶）

【开展墒情、气象、水质常规监测】 2009年，农业技术推广站进行14次全区墒情普查；通过墒情标准站对通州区降雨量、土壤水分进行时时监测。全年为全市农业气象数据库提供21期、近10万个有效数据；通过对10个水质监测点的定期取样调查（共取样4次），研究京郊农田灌溉水质的时空分布特征和对农作物的影响，为合理配置种植结构和布局提供依据。

（白　轶）

【建设新品种新技术示范基地】 2009年，农业技术推广站在大运河、永乐店大务村两个蔬菜示范基地进行新品种、新技术示范基地建设，辐射带动面积2000亩。一是在大运河基地进行黄瓜嫁接技术示范基地建设，使嫁接黄瓜比未嫁接黄瓜生育期延长23天，平均亩增产500公斤，产量增加21%；二是在永乐店大务村进行杭椒新品种示范基地建设，示范面积50亩，辐射带动面积500亩，每亩杭椒收入18000元；三是在永乐店镇大务村进行设施优化茬口示范建设，以推广春白菜—豇豆—小型叶类菜—西红柿一年四茬栽培模式为主，全年纯收入25000元，比只种植两茬西红柿多收入5000元。

（白　轶）

【完成粮食高产创建工作】 2009年，通州区选择有代表性的3个千亩以上的粮食高产示范方，总面积8200亩（其中漷县镇黄厂铺村3000亩，于家务乡富各庄村1200亩、北辛店村4000亩）。据推广站实割实测，3个示范村上下两茬亩均单产1055.5公斤（其中小麦平均亩产442.2公斤，玉米平均亩产613.3公斤），较全区平均亩产788.97公斤（小麦平均亩产355.74公斤，玉米平均亩产433.23公斤），增产266.53公斤／亩，增幅达33.8%，实现增产增收。5月31日，农业部高产创建督导组、市农业局、市推广站及各区县有关领导到本区进行实地检查，对本区高产创建工作给予充分肯定。

（白　轶）

【突出农业成果展示基地功能】 2009年，展示基地完成科研课题73项，应用农业节水、设施高产高效配套栽培、特色蔬菜栽培等新技术50余项。引进粮经、蔬菜等新品种185个，包括蔬菜新品种104个、粮经类新品种64个、西甜瓜品种5个、南果北种新品种6个、黑色保健型作物3个、切花型向日葵新品种3个。其中引进的特色蔬菜新品种比当地普通蔬菜亩增效200元～250元；小型西瓜、特色甜瓜比普通品种亩增效1000元～1500元；4种草莓套种立体种植模式，每亩增收千元。

（白　轶）

【提升售种质量】 2009年，对本区106家种子经营店进行春秋两季种子质量大检查活动，抽取的种子样品100余个，代表种子数量30多万公斤。对抽查的样品分别进行了芽率、水分、净度检测，合格率100%；对玉米、大豆、白菜、小麦6个品种24个样品进行田间小区纯度种植鉴定，合格率100%。在进行种子质量监督抽查过程中，同时对种子经营店种子标签标识进行检查，让农民踏实用上放心种。

（白　轶）

【加大种子执法检查力度】 2009年，种子执法检查工作由过去的抽查改为普查，对106家经营单位进行拉网式检查，确保检查不留死角。全年出动执法人员160余人次，比上年增加37%。检查过程中，对未审先推及标签标注不合格的种子采取下架停售口头警告处分，并在一定期限内进行复查，复查合格率100%。全年转基因生物安全检查6次，检查棉花种子经营单位5家，八里桥农贸市场等大型食用油销售单位4家及食用油生产企业1家，对生产及经营单位进行转基因生物安全标识的检查及宣传，让企业了解转基因产品标识的重要性。对孟山都远东有限公司在本区进行的转基因试验项目进行全程监管，确保没有基因逃逸现象的发生。

（白 轶）

【“都市农业专用品种四百千万展示工程”项目】 2009年“都市农业专用品种四百千万展示工程”项目工作（四百千万指：四，是四季周年展示；百，每种作物展示数百个品种；千，每年推介示范推广品种数；万，每年展示品种个次数）共征集品种数2094个，其中春季绿叶菜类品种516个，夏播玉米品种614个，秋播大白菜、萝卜类品种516个，冬季根菜类324个，小麦品种124个。从已完成展示工作的春绿叶菜(95)、秋白菜(54)，夏玉米（55）中选出204个适合本区种植的优良品种，这些品种将成为本区今后的主要推广品种。另外，完成324个冬季根菜类展示品种和2009～2010年度的124个小麦品种的播种工作。该项工作实施过程中可观性和实用性强，具有重大意义。

（白 轶）

【抓好重大病虫害预测预报防治工作】 2009年，通州区植物保护站承担全区主要农作物病、虫、草、鼠害预警信息的发布与指导防治工作，指导全区对小麦蚜虫、吸浆虫、蔬菜根结线虫、粘虫等各类常发、偶发性害虫的防治，推动各类农作物防治面积140.7万亩次。在全区范围内开展大面积农田灭鼠工作。发放毒饵1.8万公斤，毒饵站1万个，光盘及技术材料1000份，首次实现灭鼠毒饵免费发放。小麦吸浆虫发生面积15万亩，防治面积12万亩。粘虫发生面积达到18万亩，防治面积12万亩。

（白 轶）

【开展农药标签专项治理工作】 2009年，对农药市场执法检查123天，出动执法人员374人次，出动执法车辆130辆次，检查农药经营部门928个次、农药生产企业62个次、蔬菜基地59个次。对检查不合格标签的农药产品一是依据有关法律法规对其实施行政处罚；二是要求进货单位将标签不合格的农药产品退回原购单位，经过治理，本区农药标签合格率为93.6%，比上年提高3.4个百分点。

（白 轶）

【新品种试验示范及推广工作】 做好新品种试验示范及推广工作，促进本区品种更新换代。2009年，种业中心全年累计完成小麦、玉米、蔬菜实验项目8个，共计87个品种，为新品种推广工作奠定了坚实的基础。积极参与通州区粮食高产创建活动，在于家务乡富各庄、北辛店及漷县镇黄厂铺3个村建立示范区，进行新品种、新技术示范推广，制定工作实施方案，积极开展农情调查、秋播小麦新品种推广工作，促进粮食增产、农民增收。年内，种业中心建设农作物优新品种展示厅，展示厅集农作物优新品种展示、科委“农民远程教育服务站”为一体。

（白 轶）

【救灾备荒种子储备工作】 2009年，种业中心承担国家、北京市农作物救灾备荒种子任务，为确保储备种子质量，严格按照种子法的相关规定，对储备种子进行规范化管理，通过了北京市相关部门的检查验收。共储备玉米种子30万公斤，蔬菜种子2000公斤。

（白 轶）

【农情调研】 2009年，种业中心对全区设施蔬菜、小麦籽种繁育生产现状（包括种植模式、管理水平、经济效益、存在问题、农民需求等）进行入户系统调查，设施蔬菜调查100户、小麦繁种单位（个人）14个。撰写《通州区设施蔬菜生产现状》、《通州区2008年小麦良种繁育工作》调研报告总结高产高效经验、找出不足、了解农民需求，为本区今后设施蔬菜生产及小麦良种繁育工作提出指导意见。

（白　轶）

蔬菜种植

【概　况】 全区蔬菜面积15万亩，2009年新建改建设施面积10150亩，其中新建设施面积5100亩、改造日光温室5050亩，形成了漷大路、张凤路等设施蔬菜产业带，建成金篮子、南瓜园、金福艺农、次二等一批农业观光采摘园。蔬菜种植村328个，地块804个,生产主体19840个,劳动力37640人。蔬菜专业村、一品村21个，面积55360亩。金福艺农、老庄户等24家企业、合作社获得无公害认证，绿园伟业、金信等6家企业获得有机认证，东升方圆12个蔬菜品种获得绿色认证。注册了草厂蔬菜、京东大运河、东升农产等8个蔬菜商标（品牌）。蔬菜出口企业5个，蔬菜加工配送企业8个，年配送出口量191万吨，配送出口蔬菜品种292个，产品供应北京各大宾馆、饭店、超市外，并远销欧美和东南亚等国家和地区。蔬菜产量7.62亿公斤／年，产值9.14亿元／年，蔬菜产业成为农业主导产业之一，成为农民增收致富的重要手段，为本区新农村建设提供强大的经济支持。

（王艳青）

【节水型基地和水肥一体化建设项目】 年内，采用先进高效的灌溉模式，实现节水型基地。一是在张家湾镇北仪阁村世纪环美采摘园、西定村洪运绿洲生态观光园、漷县镇草厂村党员蔬菜示范基地、宋庄镇翟里村二十一世纪农场实施都市农业走廊综合节水项目，在世纪环美采摘园安装两套首部过滤系统和一套中央控制系统，日光温室内安装微灌系统，实现智能化节水灌溉。完成洪运绿州生态观光园主管道和地上部设计及施工。二是实施蔬菜水肥一体化技术示范推广项目，在张家湾镇垡头村和北仪阁村日光温室和大棚内实施水肥一体化设施技术改造并示范推广，推广了微灌施肥技术、节水型地面灌溉技术、以肥调水技术、重力滴灌技术等10余项农业节水新技术，并进行滴灌专用补贴肥、地膜和重力滴灌等物化补贴。项目实施后春茬黄瓜节水90立方米／亩，秋茬黄瓜节水50立方米／亩，春茬番茄亩节水60方以上。

（王艳青）

【实施培肥地力综合技术措施】 一是在9个乡镇21个重点基地和村级合作组织实施有机肥培肥地力项目。涉及蔬菜面积1万亩，全年配送有机肥5168.6吨，项目实施后，农民有机肥用量增加，化肥用量明显减少，使得肥料成本降低100元／亩、农药降低10元，节本增效150元～200元／亩。二是继续实施测土配方施肥示范县建设项目。年内，加大推广工作力度，推广面积增至71.7万亩，涉及蔬菜面积9.5万亩，采集328个土壤样品，提供有效数据2958个，并完成检测化验工作，建设施肥情况监测点132个，收集土壤测试数据，农户施肥信息600份，完成通州区耕地资源管理信息系统及网页的制作。与北京澳佳肥业有限公司合作，配送了配方肥，使蔬菜节本增收87.55元／亩。

（王艳青）

【建设集中育苗棚】 蔬菜专业村永乐店大务村需要蔬菜种苗220万株／年，小部分农户外购苗，大部分采取自育苗，外购苗成本较高，自育苗得不到保障，影响蔬菜品质和产量。区种植中心及大务党支部组织菜农先后到大兴区观摩集中育苗棚，到山东寿光观摩学习寿光式育苗棚结构、生产和销售方式。同时联系育苗棚设计专家，开展立项建设等工作。截至年底，有2栋育苗温室建成，陆续开始育苗。

（王艳青）

【开展设施蔬菜病虫害综合防治】 一是在台湖镇金福艺农蔬菜生产基地设立病虫害生物防控示范基地。利用太阳能垃圾处理站对植物病残体进行无害处理；在棚室内安装防虫网、紫外线杀菌灯、黄蓝害虫诱集板等，并配以棚室专用工具和完整的消毒管理程序来切断病源菌和害虫的入侵传播途径；棚室外安装太阳能杀虫灯诱杀害虫；采用植物源和生物农药并辅以高温闷棚等物理防治措施进行病虫害综合防治。二是在蔬菜保护地主产区设立2000个蔬菜大棚毒饵站示范区，布放毒饵站1万个，用于防治田间鼠害。同时对新出现的番茄黄化曲叶病毒病开展调查，调查结果显示在6个乡镇均有不同程度的发生，病害主要危害蔬菜品种是番茄，发病率平均为9.86%。实施了防控措施。

（王艳青）

【落实国庆蔬菜安全工作】 一是开展迎国庆"三品一标"专项整治现场检查。8月初开始，对12家蔬菜配送企业、蔬菜专业合作社、蔬菜基地村从产地环境、规章制度执行情况、记录控制情况、农药安全使用、投入品贮存情况、包装标识使用的合法性等方面进行了检查。二是加强对农产品追溯制试点企业的检查。7月27日开始，对东升方圆、金信食用菌、大运河等9家蔬菜配送加工企业从质量安全管理制度建立与执行、田间履历档案建立、产品检测、设备使用以及追溯工作成效等情况进行检查。三是为确保国庆期间上市蔬菜质量安全，选派专业技术人员入驻蔬菜供应企业，进行源头把关，对特供蔬菜开展全面监测，每周两次进行抽检，并将检测结果及时反馈到企业。其次在常规检测基础上，加大检测力度，扩大检测覆盖面。全年检测样品840个，其中速测630个、气相色谱仪检测210个，所检样品全部合格。检测蔬菜品种主要有番茄、黄瓜、茄子、生菜、油菜、西兰花等31个品种，检测范围涉及全区重点蔬菜生产基地、农业生态园区、农户、超市以及农贸市场。

（王艳青）

【提高示范推广实效】 一是引进示范蔬菜新品种。在永乐店坚村基地、台湖镇金福艺农基地、次二基地、金盛强、台湖五队等园区建立6个蔬菜新品种示范基地。选择番茄、水果黄瓜、彩色甜椒、西甜瓜、观赏蔬菜新品种55个进行示范。同时在草厂村引进袖珍菇、金福菇、茶树菇三个高温菇类品种。全区推广种植面积3万多亩。二是新技术推广。推广标准化育苗基质、防虫网、遮阳网、黄板、新型生物农药防病虫、硫磺熏蒸、温室娃娃、二氧化碳、水肥一体化、日光温室大蒜反季节栽培等13项新技术，示范推广面积达2万多亩。三是高产高效生产模式示范推广。选择生产管理水平较高的基地，通过参加全市高产高效比赛，达到示范带动作用。在台湖镇金福艺农、次二，永乐店坚村、潞城镇前疃、漷县徐官屯5个基地的日光温室或大棚内，进行优良品种选定、高产高效配套技术实施、对基地技术人员或农户进行理论培训和田间指导。通过比赛，培养了农户田间档案记录习惯。通过作物关键时期的观摩交流，农户掌握了作物整个生育期关键技术措施。

（王艳青）

【开展现代农业技术体系创新团队建设】 一是进行8个农民田间学校工作站长和11名创新团队组成成员的筛选，建立1个综合站。二是创新团队进行以品种为核心的综合试验示范工作。全年进行84个果类蔬菜的品种试验筛选。其中大、小番茄品种和抗根结线虫47个，黄瓜品种30个，茄子品种7个。

（王艳青）

【举办各项培训222期】 扩大培训范围，加快富民步伐。全年开展各项培训222期，培训农民7735人次。全年培训针对性强，专家理论水平与田间操作实践经验丰富。在理论知识的培训中，更注重农民实际操作的掌握程度。一是针对叶类菜转茄果类种植的菜民，开展春大棚黄瓜、茄子、辣椒等栽培技术培训5期，培训425人次；二是针对粮田转菜田的蔬菜种植户，开展蔬菜茬口培训1期，培训80人；三是针对大部分自己育苗菜农，开展育苗实操培训2期，培训120人次；四是针对菜农施肥浇水中出现的问题，开设培训班6期，培训农民1110人次。五是针对蔬菜专业村生产特点，开展农民田间学校，全年新建和续建27所农民田间学校。开办培训班208期，培训农民6000多人次。

（王艳青）

养 殖 业

【概　况】 2009年，通州区农业局（通州区动物卫生监督管理局）按照“加快农业发展，增强法制管理，突出技术服务”的指导原则，以建设都市型农业为核心，通过采取优化农业生产环境、强化农业执法和提高技术服务水平等多种措施保障全区养殖业各项工作进展顺利，圆满完成动物防疫、检疫等重大动物疾病防控工作，加大执法力度，整治市场秩序，净化养殖环境，保障了农产品安全。

（王春祥）

【通州区农业局成立】 根据通州区人民政府通政发〔2009〕29号文件精神，8月27日成立北京市通州区农业局（挂北京市通州区动物卫生监督管理局牌子），新增法制科、科技科、种植科、监察科4个科室。

（王春祥）

【养殖业生产情况】 2009年，区农业局系统统计全区有各类畜禽规模养殖场147个，其中生猪养殖场70个、肉羊场3个、奶牛场33个、肉牛场4个、蛋鸡场9个、肉鸡场5个、乌鸡场8个、肉鸭场10个、特养场5个；各类畜禽散养户8659户。家畜总存栏40.2万头（只），累计出栏65.35万头（只），产鲜奶3.93万吨。家禽总存栏153万只，累计出栏660.82万只，产蛋0.91万吨。全区有养鱼水面18770亩，其中观赏鱼养殖水面7000亩。全年食用鱼总产量13780吨，其中鱼种产量42000尾、观赏鱼产量2亿尾，渔业总产值20922万元。

（王春祥）

【开展专项整治】 2009年，区农业局针对农资、农药、兽药、饲料、生鲜乳及农药残留等存在的问题集中开展多项专项执法和治理活动，确保农产品质量安全。全年累计出动各类执法人员2300余人次，检查农资、农药、兽药、饲料、生鲜乳等企业1300多家，行政处罚94起，罚没金额4万元，没收销毁各类不合格的动物产品2240公斤。

（王春祥）

【动物卫生监督执法】 2009年，5个指定进京路口共检查进京动物21万头（只），检查动物产品6.6万吨，检查消毒车辆5.3万辆车次。查出不合格猪9头、禽368只、动物产品2.1吨，均按规定进行了无害化处理。对14个非指定路口巡视检查，共出动检查144人次，出动车辆78车次，在检查中劝返运输动物、动物产品车辆41车次，设警示牌16块。收留救治无主动物猫248只、犬29条，未有流浪动物因救治不及时而死亡。与商务局等相关单位开展联合执法10余次，检查农村市场30余个，检查经营生鲜猪肉摊450个，查扣私屠乱宰未经检疫猪肉1343公斤，捣毁私屠乱宰和加工病死动物黑窝点6个，查扣未经检疫猪肉23头、病害动物产品1900公斤，没收伪造检疫标志329枚。全年立案18起，已作出行政处罚15起。已实施处罚13起，共罚款6万元，未出现行政复议、行政诉讼败诉事件。

（王春祥）

【规模养殖场粪污治理】 为规范规模畜禽场的生产经营行为，减少养殖粪污对环境的污染，2009年，区农业局对147家规模大的畜禽场实施备案登记。为有效改善温榆河、北运河两岸生态环境，区政府投资643万元对两河沿岸34家畜禽场采用太阳能沼气和生物床养猪治理两种模式实施粪污治理。其中乌鸡场2个、肉鸭场3个、奶牛场14个、肉牛场1个、养猪场14个。

(王春祥)

【规范行政许可工作程序】 2009年，区农业局进一步规范行政许可工作程序，建立全程代办处，对22项行政许可上墙公示。全年审批各类行政许可事项58个。其中新办理40个，到期变更、换证18个。根据《乳品质量安全监督管理条例》和《生鲜乳生产收购管理办法》，区农业局对全区16家生鲜乳收购站进行整顿，清理不合格奶站6家，对验收合格的10家及时发放生鲜乳收购许可证。

(王春祥)

【动物防疫和监测】 2009年，在全区基层派出机构推行动物防疫工作规范化管理：一是完善动物防疫公开承诺制；二是完善动物防疫制度建设；三是规范动物防疫程序；四是完善档案管理及免疫标识管理，建立动物防疫综合数据库。达到服务公开、免疫准确、监测及时、检疫到位、经营合法的目标。2009年，全区口蹄疫、猪瘟、高致病性禽流感等重大动物疫病强制免疫病种免种免疫率达100%,累计免疫畜禽979万头（只）次，对全区7类养殖品种、5种重大动物疫病进行9项免疫抗体监测。共检测样品35975份（血样15976份）。全年检测偶蹄动物布病血样12408份，检出布病阳性奶牛12头，全部进行了净化扑杀；对24660头次奶牛进行结核病普检，均为阴性。检测马传贫样品500份、马鼻疽样品662份，检测鸡白痢血样200份，均为阴性。2009年，产地检疫总计306万头（只），其中养殖场检疫254万头（只）、散养户检疫52万头（只），报检检疫率达到100%。定点屠宰检疫生猪148万头、肉牛1.2万头、禽537万只。瘦肉精抽样监测10.5万头（只）动物，未发现不合格。建立水环境监测点11处，监测面积2546亩，水产品安全监测与监督抽检点17家，鱼病监测点15处，抽样检测各类鱼样760份，通过监测检测确保水产品质量安全。

(王春祥)

【加大防疫基础设施投入】 2009年，投入320万元完成区动物疫控中心生物二级实验室建设和区乡镇两级11个单位的防疫专用设备的更新、升级工作。其中生物二级实验室建设工程总建筑面积400平方米，按照生物安全二级实验室建设标准，设有血清学检验室、病理诊断室、病原分离鉴定室、电泳室、细菌分离室、消毒室、解剖室、接样室等八个功能室，极大提高了本区动物疫病化验、分析水平。

(王春祥)

【农业生产实用技术培训】 2009年，有农民田间学校50所，全年开办各类培训班293期，培训种养殖经营者7300人次。实施科技入户、示范工作入户指导120次，示范户累计辐射带动周边农户360户，受益群众达1200人次。按照现代农业技术体系北京市创新团队建设的要求，区农业局与市级科研院所合作，建立以区级科技服务站所为依托的畜牧、水产科技创新团队。年内，完成3个综合站和19个分站的建设，并对各站负责人和工作人员进行培训。区农业局组织业务骨干分别在10个乡镇举办宣讲、普及防治A型口蹄疫知识，直接受益群众1350人。与市农业局培训中心联合组织防疫、畜牧、水产等专业的农民技术指导员培训，140多人获得农业部颁发的农业技术指导员合格证。

(王春祥)

【加快农业良种业发展】 2009年，进一步推进畜牧、水产种业发展。完善种畜禽场的基础设施建设，提高产品科技含量和经营管理水平。全区改造种畜禽舍面积2000平方米，销售调剂种猪、种羊4300头（只），人工授精配种5000余头（只），培育种乌鸡4万套,销售乌鸡种鸡（种蛋）100余万只（枚）。水产养殖引进淡水鱼名优品种，梭鱼、鲟鱼、鳄龟、中华鳖、鳝鱼、中科3号异育银鲫等20多个品种共计120余万尾（只）。

（王春祥）

【规模化、标准化养殖基地建设】 2009年，全区有奶牛、养猪、蛋禽、水产等34家养殖企业按标准化要求进行基础设施改造和管理的升级。总设计投资3000万元，改扩建畜禽舍及配套工作室45000平方米。其中奶牛管理按照“五统一”的模式进行(统一饲养、统一管理、统一供料、统一挤奶、统一销售)，提倡鼓励奶牛散养户入场、入区。已有24家奶牛场按标准要求完成改扩建，累计投入建设资金2290万元，新建牛舍28684平方米；新建挤奶车间1400平方米；购置挤奶平台4套，购置冷藏罐、奶罐运输车等设备11台（件）；吸纳散养奶牛户奶牛700头。

（王春祥）

林　业

【概　况】 年内，实施通州新城滨河森林公园、平原治沙、第二道绿化隔离地区建设等市、区和乡镇级重点绿化工程33项，绿化面积2015.3公顷，栽植各类苗木593.3万株。13.6万人次参加义务植树活动，植树64万株，抚育幼树6万株。全区森林覆盖率19.17%，林木绿化率23.35%，建成区人均绿地面积达到71.35平方米，人均公共绿地面积达到12.26平方米。全区果品产量5693万公斤，年销售额实现2亿元；花卉产业年销售额实现8800万元；以林菌、林桑栽培为主的林下经济总面积1733公顷，年产值8000万元。林木有害生物防治成果显著；森林资源保护管理全面加强；森林火灾防控能力不断提高，实现连续24年无林地火警、火灾。

（刘　畅）

【通州新城滨河森林公园建设工程】 通州新城滨河森林公园是全市拟建11个万亩滨河森林公园中首个批复和开工的项目，工程总建设面积713.3公顷。年内，完成绿化面积295.5公顷，栽植各类乔灌木13.6万株，种植花卉、地被及水生植物84公顷。

（刘　畅）

【平原治沙工程】 2008年平原治沙工程的建设总任务为1230公顷，其中灌草覆盖533.3公顷、残次林改造400公顷、沙坑治理30公顷、治沙示范区建设266.7公顷。按市局要求，2009年度开始实施，共完成灌草覆盖520公顷，占总任务量的97.5%；残次林改造377.2公顷，占任务量94.3%；示范区建设已完成苗木栽植、树体整理、施有机肥、生草等项工作。

（刘　畅）

【第二道绿化隔离地区建设工程】 年内，完成第二道绿化隔离地区全部建设任务，绿化面积24公顷，累计栽植各类苗木44.63万株。

（刘　畅）

【完善奥运绿化重大工程】 年内，对京津城际铁路、京津高速第二通道、机场南线和机场二通道绿化工程进行完善，共完成绿化面积94.3公顷，栽植各类苗木24万株。

（刘　畅）

【运潮减河燃气管线占地绿化恢复工程】 运潮减河燃气管线铺设工程东起师姑庄桥，西至六环路桥，全长4.8公里。年内，对天然气管线占地进行绿化恢复工作，完成绿化面积28.5公顷，栽植各类苗木4.59万株，花卉及色带22671平方米。

（刘　畅）

【公路绿化工程】 年内，完成市、区级重点公路绿化工程30公里，涉及宋庄、于家务、台湖、张家湾、潞城、漷县、西集7个乡镇9条公路，栽植各类苗木共计55.7万株。

（刘　畅）

【三北防护林建设工程】 年内，完成三北防护林四期建设全部造林工作，涉及全区11

个乡镇及区水务局、区林场2家单位，绿化总面积200公顷。

（刘 畅）

【中低产田改造农田林网配套建设工程】 年内，对全区中低产田进行改造，工程涉及张家湾、马驹桥、于家务、永乐店、西集、漷县、宋庄7个乡镇，共种植林网63条，57.65公里，植树5.53万株。

（刘 畅）

【义务植树工作】 全区各单位、驻通部队官兵、社会团体积极参加义务植树活动，在全区掀起义务植树活动的热潮。全年有13.6万人次参加义务植树活动，植树64万株，抚育幼树6万株。

（刘 畅）

【播草盖沙工程】 年内，在北运河、潮白河沿岸实施播草盖沙工程，完成播草盖沙建设任务133.3公顷，主要栽植品种为二月兰、白三叶。

（刘 畅）

【达标创建工作】 年内，按标准指导全区开展园林小城镇、首都绿色村庄、绿化美化花园式单位及花园式社区创建工作。全年创建园林小城镇1个、首都绿色村庄7个，创建首都绿化美化花园式单位15个，花园式社区4个。于家务乡通过首绿委园林式小城镇达标验收。

（刘 畅）

【新农村建设】 完成184个村的新农村街坊路绿化工程，绿化面积182.2公顷，栽植各类苗木203.6万株，地被19.1公顷，超额完成建设任务。

（刘 畅）

【林下经济发展】 年内，完成林下经济建设280公顷，涉及潞城、漷县、永乐店、张家湾4个镇。其中林菌80公顷、林桑20公顷、林草80公顷、林菌节水设施100公顷。

（刘 畅）

【苗木花卉生产】 年内，全区花卉生产企业参与国庆庆典摆花243万盆，提供鲜切花120万枝。通过参加中国第七届花卉博览会对全区5家重点企业的8个特有花卉品种进行了集中展示，获得金奖3个、银奖5个、铜奖10个和优秀奖9个。组织参加“2009北京月季文化节”，本区龙泰艺花卉中心的盆花月季获得金奖。实施“白蜡等林木良种基地”建设，引进白蜡新品种10.9万株，引进毛白杨新品种10.5万株，花卉产业年销售额实现8800万元。

（刘 畅）

【果品产业】 全区果品产量达到5693万公斤，年销售额2亿元。以特色果品、有机果品为重点，启动老北京名枣园建设，共栽植各类优质品种4600株，为选育优良品种奠定了基础；实施水蜜桃主题公园二期工程建设，引进新品种52个，促进了垛子桃等通州唯一性果品发展；西集镇1653户果农的933公顷果树通过有机中心认证，扩大了有机果品规模。

（刘 畅）

【林业病虫害防治工作】 全区林木有害生物监测覆盖率、防治率（无公害防治率）、调运检疫率均达到100%。大力开展以美国白蛾为主的林木有害生物防控工作，安装美国白蛾诱芯40个、杀虫灯1800盏。全年累计防治面积达95万亩次，其中地防面积70万亩次、飞防面积25万亩次。大力推广无公害技术，使用各类无公害农药5.4万公斤，释放周氏啮小蜂2亿头。在全市十八个区县的发生量排名中，由2006年的第1名下降为第12名，圆满完成市防控指挥部下达的防控指标和任务。

（刘 畅）

【森林防火工作】 年内，加大护林防火宣传教育力度，发放各类宣传材料15万份、宣传品3万件，设立宣传牌200块，增强了群众的护林防火意识。制定国庆森林防火工作方案，加强对区内国庆焰火燃放点的布置和防控，确保燃放现场及周边林木、绿地的安全。加大林地巡查防护力度，全区连续24

年实现无森林火警、火灾。

（刘 畅）

【林政资源管理工作】 年内，严格征占用林地审核、树木伐移审批手续，推动“绿色通道”项目的落地实施，保障了国庆阅兵村等工程建设的需要。加强名木古树管护工作，为易遭受雷击的一级古树安装避雷针。

（刘 畅）

【执法工作】 年内，成立通州区林政稽查大队，这是全市首个区县级林政稽查执法机构。林政稽查大队以专项行动为主要手段，严厉打击了破坏森林资源、野生动物资源的违法犯罪行为，全年受理涉林信访案件114件，依法立案查处林业行政案件26件。

（刘 畅）

【科技培训】 新建果树农民田间学校7所。组织各类培训活动40次，培训人员4000人次。广泛开展果树风险互助活动，全区128户果农参保，参保面积124.4公顷，投保金额20.8万元，发放理赔金68万元。

（刘 畅）

【改革与调查】 年内，成立通州区集体林权制度改革工作领导小组，制定《关于推进集体林权制度改革的实施意见》，并以区委、区政府的名义下发。组织开展林权登记发证、集体林经营现状、林地现状等调查工作，为试点镇、试点村林改工作的顺利实施提供了保证。编制基层林业工作站改革实施方案，推进了基层林业服务机构建设。起草《通州区森林采伐管理改革试点实施方案》，并顺利通过市园林绿化局审核批准。完成“十一五”绿化资源普查、全国第四次沙漠化和沙化监测调查、森林资源固定样地调查等工作，为生态建设提供重要依据。

（刘 畅）

【领导视察】 年内，全区园林绿化工作得到市区领导高度重视，多次到工程现场指导工作。4月22日，国家建设部城建司副司长陈蓁蓁、园林处副处长王香春，深圳市城管局副局长叶果，上海市绿化和市容局副总工程师、教授张浪，中国城市建设研究院副院长、教授王磐岩，首绿办副主任王苏梅等领导一行10人，检查本区园林绿化工作，副区长于世疆、区林业局局长刘卉等陪同检查。4月28日，市发改委、市园林绿化工程质量监督站、市水务局质量监督站、北京市工程咨询公司有关领导及市级专家团一行对通州新城滨河森林公园建设进行现场调研，区发改委、区林业局及设计、施工、监理负责人陪同调研。6月8日，市园林绿化局局长董瑞龙带队，市园林绿化局各有关部门领导及各区县绿化办主任、林业局局长、园林局局长、绿化局局长一行对通州区春季绿化美化工作进行检查。区委书记王云峰、区长邓乃平、副区长于世疆及区林业局领导班子全体成员陪同检查。对通州新城滨河森林公园建设进行实地检查。8月14日，江西省委常委、副省长陈达恒、林业厅厅长刘礼祖等一行30余人到通州视察万亩滨河森林公园绿化工作，北京市副市长夏占义、副秘书长安钢、市园林绿化局局长董瑞龙及市园林绿化局有关领导，通州区委书记王云峰、区长邓乃平等领导陪同视察。9月2日，江西省吉安市绿化考察团一行20余人到通州，参观考察滨河森林公园建设情况。副区长于世疆陪同参观。10月20日，江西省林业厅副厅长罗勤、南昌市市委常委、秘书长、统战部长蔡社宝等一行55人到通州考察万亩滨河森林公园绿化工作，北京市首都绿化办副主任甘敬及市园林绿化局有关领导，区园林绿化局局长刘卉陪同考察。11月20日上午，中共中央政治局委员、北京市委书记刘淇，市委常委、常务副市长吉林，市委常委、统战部长牛有成，副市长陈刚等市领导一行到通州新城滨河森林公园进行了视察。在月岛闻莺景区，刘淇听取了公园整体规划建设情况的汇报，对公园建设给予了充分肯定，并指出：新城建设，要从打造良好的生态环境开始。区领导王云峰、石进贤、张文山、王春元、岳鹏、张秀余、尹双曼、张勇、赵玉影、于世疆、刘淑华、张华陪同调研。12月4日上午，在副区长于世疆的陪同下，区人大常委会主任石进贤，常务副主任蒋洪昉，副主任王平、韩振幅、张晓燕等人大领导及代表一行70余人对大运河通州森林公园的进行视察，人大领导一行先到公园的丛林活力、柳荫广场、月岛画境等景点进行查看，在听取了公园整体建设情况的汇报后，对公园建设给予充分肯定。

（刘　畅）

【重大活动】　4月15日，北京市发展与改革委员会、北京市园林绿化局、北京市水务局和通州区人民政府在通州新城滨河森林公园永顺段，联合举办“通州新城滨河森林公园启动仪式”，市委常委、统战部长牛有成，副市长夏占义，市发改委主任张工，市园林绿化局局长董瑞龙，市水务局局长程静及区委书记王云峰、区长邓乃平等区领导和11个区县发改委、林业局、水务局的负责同志参加启动仪式。

（刘　畅）

农　机

【概　况】　2009年，区农机服务中心围绕全区新农村和都市型现代农业建设，跟进做好农机化配套服务工作，努力提高各项农业机械化水平，促进新农村和都市型现代农业更快、更好的发展。截至年底，全区农业机械总动力24.5万千瓦，农业机械原值21069.22万元。拥有大中型拖拉机2992台、各种拖拉机农具3651台件，拥有小麦联合收割机322台，玉米大中型联合收割机77台，农副产品加工机械202台，林业机械122台，渔业机械3979台，农用运输车2160台。万亩玉米拥有联合收获机2.2台，万亩小麦拥有联合收割机14.1台，万亩耕地拥有农机总动力0.46万千瓦。

（安玉双）

【保护性耕作农机技术示范与推广工作】　为保护通州区大气环境和进一步提高粮食产量，积极做好保护性耕作技术示范与推广工作。实现夏玉米全部保护性耕作，实施春玉米保护性耕作面积10万亩、冬小麦20.5万亩。在全区9个乡镇共计投资660万元。

（安玉双）

【支持和服务“三农”工作】　“三夏”、“三秋”期间，农机服务中心下属单位农机公司深入乡、镇、村以及田间进行调查，充分了解农民需求，尽最大可能做好服务工作。农机公司继续安排24小时查班，随时接待用户，随时送货上门，保证供应，随时做好服务和技术指导工作，并配合农机中心全力做好秸秆禁烧工作。

（安玉双）

【大棚卷帘机生产和安装】　2009年，农机中心下属单位农业机械化研究所接到生产安装220台卷帘机的紧急任务。为保证这些大棚种植户生产的顺利进行，农机中心领导班子同农机化研究所职工集中研究，经过多次讨论制定出生产和安装方案。生产和安装220台卷帘机的任务在11月底圆满完成。

（安玉双）

【生产制造翻抛机】　2009年，农机中心下属单位农业机械化研究所争取项目资金用于翻抛机的研制生产，翻抛机推广项目已进入生产制造阶段。

（安玉双）

【开展农机服务】　机械化青贮是农机服务中心下属单位农业机械化研究所一项重要工作。上半年，农机维修技术人员对机械进行维修保养，更换易损件，清理保养农机具，为提高作业质量，扩大机收面积做好准备；下半年利用现有青贮机械帮助农民青贮青丝玉米等农作物1000余亩。在“三夏”、“三秋”期间，向农民提供技术服务，播种小麦600

余亩。

（安玉双）

【农机年度检审工作】 2009年，区农机服务中心圆满完成农机检审工作。截至年底，检验农业机械682台。其中北京B牌照75台、京01牌照70台、京NJ牌照60台。新增机车54台，新增农机驾驶员8人，农机驾驶员换证125人，注销机动车5台。

（安玉双）

【农机打假及安全生产工作】 为配合“3·15”打假宣传活动，区农机服务中心在漷县镇集贸市场，开展以“创农机消费环境，促农业平稳发展”为主题的“3·15”宣传活动。活动中，悬挂宣传横幅一条，宣传展板10块，向过往群众免费发放农机相关法律法规、农机维修维护方法等宣传材料8种10000余份，解答群众咨询800余人。“三夏”期间，区农机中心工作人员对投入“三夏”作业的小麦联合收割机、拖拉机、播种机等4423台件机具进行安全检查，对存在安全隐患的农业机械，提出整改措施并下发《告知书》230份，粘贴合格证1123张，未经检验合格的一律不准投入“三夏”作业。“三秋”其间，区农机中心工作人员对投入“三秋”作业的重点农机具进行彻底检查，在玉米收获机、青贮收获机、高秆粉碎机、旋耕机、小麦播种机的危险部位，张贴安全标识。“三秋”检查机具4959台件，其中大中型拖拉机2174台、玉米收获机72台、青贮收获机29台、小麦播种机351台件、小麦免耕播种机208台件、其他机械2126台件，下发《告知书》225份，粘贴合格证850张。

（安玉双）

【实现小麦秸秆全面禁烧】 2009年，继续抓好三夏小麦秸秆禁烧，开展秸秆综合利用。制定“三夏”禁烧工作方案，明确任务目标。成立禁烧工作领导小组，加强组织领导。建立目标管理责任制，落实到人员、地块。做好机具准备，抽调农机专业技术人员组成专业服务队，深入各乡镇对联合收割机、秸秆粉碎机、免耕覆盖播种机等重点机械进行保养。完成全区23万余亩小麦收割任务，全面完成小麦秸秆禁烧，其中8926余亩用于打捆作业，秸秆还田22万余亩。

（安玉双）

【农机培训工作】 区农机服务中心下属单位农业机械化学校承担着通州区农机驾驶员培训任务。区农业机械化学校适应农业生产形势，认真做好农机各项培训、复训工作。截至年底，培训合格的机动车驾驶员450名，培训农机焊工135名。在“三夏”、“三秋”前，复训农机手628人次，其他相关培训2000多名。

（安玉双）

气　象

【概　况】 2009年，通州区气象局围绕“两新”建设，发挥气象科技优势，针对汛期和全区重大活动提供准确及时的气象预报信息和气象预警信息服务，特别在国庆60周年气象服务保障当中，由于预报准确、服务及时主动，单位全部人员25人次获得国庆气象服务保障先进个人并受到表彰。2009年通州区气象局在北京市气象局业务综合考评中以总分100分名列北京市第一名，同时被区直机关工委评为文明单位。

（张沛刚）

【气候评价】 本年度气候特点是：气温偏高，但幅度不大；降水偏少；日照时数不足。本年度平均气温为13.7℃，比常年同期偏高1.8℃，比上年同期偏高0.1℃。全年除11月份平均气温比常年同期偏低以外，其余各月均比常年同期偏高，其中偏高幅度最大的是5月份，月平均气温为23.2℃，比常年同期偏高3.6℃。唯一偏低的11月份月平均气温为2.5℃，比常年同期偏低1.7℃。到2月上旬旬平均气温回升到2.8℃，比常年同期偏高5.8℃。在历史同期(1955～2008年下同）是不多见的。2009年极端最低气温为-13.2℃，出现在12月21日。2009年日极端最高气温为40.2℃，出现在6月24日。

本年度总降水量为544.7毫米，比常年同期偏少17.1毫米，比上年同期偏少31.1毫米。全年有4个月降水比常年同期偏多，其余8个月比常年同期偏少。其中12月份只有微量降水，1月份无降水。降水偏多幅度最大的是2月份，月降水量为14.9毫米，比常年同期偏多2倍多。冬季降水偏少，且过于集中，只有2月中旬降水比常年同期偏多，旬降水量为14.9毫米，比常年同期偏多5倍多。是全季唯一的一次降水。夏季日降水量只有一天大于50毫米的强降水，日降水量为56.1毫米，出现在7月31日。

本年度总日照时数为2498.8小时，比常年同期偏少97.9小时，比上年同期偏多203.4小时。全年有5个月比常年同期偏少，其余7个月比常年同期偏多。其中偏多幅度最大的是3月份，月日照时数为252.4小时，比常年同期偏多29.6小时。偏少幅度最大的是9月份，月日照时数为146.2小时，比常年同期偏少79.7小时。

（赵　岩）

【气象灾害】 3月21日凌晨1点30分左右，通州区永乐店镇孔庄村出现雷暴天气，村委会的库房内通讯机柜及馈线遭雷击，造成通讯机柜及馈线被烧毁，库内存放物品起火，烧毁两台电风扇、一台电视机、沙发等物品，村民百余户电视机、电话、电脑等电器损坏。11月1日凌晨至15点05分，本区普遍出现了降雪。区气象站降水量14.1毫米。降雪后出现急剧降温，从10月31日到11月1日平均气温降温幅度达7.9℃，日最低气温从4.9℃降至-1.2℃，降温幅度达6.1℃。农作物受灾影响情况：全区当时生长的农作物主要是露地蔬菜，包括19648亩大白菜和3800亩生菜、茴香等蔬菜。大白菜上普遍覆盖5厘米～6厘米厚积雪，6片～7片外叶受冻，受灾面积15591亩，占总面积的近80%；3800亩生菜、茴香等小菜基本绝收。设施农业受灾影响情况：除潞城镇前疃村11个蔬菜大棚由于棚架受力结构不合理被雪压歪外，其他各处日光温室、大棚等设施蔬菜生产基本未受影响。

（赵　岩）

【气象服务】 2009年，区气象局向区委办、政府办、农办、市政、应急办、防汛办发送气象服务信息58期348份，向区种植中心、植保站、农业技术推广站发布气象服务信息及资料180份，向通州区政府信息科发送气象信息52次，开展手机短信发送天气预报服务，手机接收用户达到500多人。

（张沛刚）

【气象日宣传活动】 3月23日，围绕“天气、气候和我们呼吸的空气”主题，开展科普宣传活动，在潞城镇召里村开展气象科普下乡宣传活动，共发放气象科普材料1800余份。

（张沛刚）

【气象执法】 2009年，区气象局进一步加强行政管理职能建设，严格施放气球审批事项，加强气象行政执法力度。全年受理气球审批事项30件，系留气球200个。查处5次违法施放气球行为。全区防雷检测485家，各类建（构）筑物3626栋。

（张沛刚）

【完成事业单位岗位设置】 根据《北京市气象部门事业单位岗位设置管理实施细则（试行)》文件精神，依照单位实际情况对单位人员进行岗位设置改革，明确岗位名称、等级、岗位说明、工作任务、竞聘上岗程序，与在编人员签订事业单位聘用合同。全面完成单位岗位设置改革工作。

（张沛刚）

【基础建设】 2009年，新建6个自动气象站，在全区11个乡镇建立“一镇一站”自动观测站网布局，为更好做好气象服务保障工作奠定坚实的基础。年内区气象局自筹资金，完成大院更换水暖管道，东楼、南楼防水，安装大院监控系统三项工程，解决了群众生活问题。

（张沛刚）

农村经济管理

【概　况】 农村经管工作是党的“三农”工作的重要组成部分，承担着落实党在农村的各项政策、统筹城乡发展、维护农民利益、确保农村社会稳定的任务。2009 年，围绕“保增长、保民生、保稳定”和“两新建设”任务，圆满完成产权改革、土地流转、农民专业合作社规范化发展三项折子工程任务，农村“三资”管理业绩显著，农村审计和农民负担两项监督得到进一步强化。

（纪宇一）

【村级产权制度改革步伐加快】 年内，产权制度改革步伐明显加快，全区有 63 个村完成改制工作，超过前五年完成村数的总和，超额完成 25 家的折子工程任务，累计完成达 125 家。改革后，量化集体资产 17.4 亿元、个人持股 12.8 亿元、农民股东人数 78258 人、人均持股 16326 元，改革工作取得突破性进展。顺利完成马驹桥镇“北五村”撤村建居资产处置试点工作，涉及 4599 人，1.97 亿元的集体资产兑现到个人账户。处置结果实现无上访人员、无上访电话、无上访信件。

（付　艳　杨桂宏）

【农村土地流转工作稳步推进】 年内，贯彻落实推进农村承包土地经营权流转的八项机制，坚持依法、自愿、有偿的原则，稳步开展土地流转工作。全年流转土地 1.9 万亩，其中形成规模流转的达 1.2 万亩，累计达 25.4 万亩，占确权土地总面积 52 万亩的 49%，比上年提高 3 个百分点。

（肖　然　宋福胜）

【建立首家农村土地流转管理服务中心】 9 月，全市首家农村土地流转管理服务中心在于家务乡揭牌，随后永乐店、宋庄、漷县三个乡镇也相继成立，总数达到 4 个。中心的建立和运行，活跃了有形市场，实现土地流转有形市场与无形市场的对接，促进都市型农业项目的引进和开发。

（纪宇一　宋福胜）

【建立农村承包土地流转指导价格评估机制】 年内，出台《关于建立农村承包土地流转指导价格评估机制的意见》，在北京市率先探索和建立农村承包土地指导价格评估机制，2009 年 7 月 1 日～2010 年 6 月 30 日全区土地流转评估指导价格平均为 1000 元／亩年，分九个区域分别提供不同的指导价格，有效解决“要少”和“要跑”的问题，提高流转成功率，保护流转双方权益。

（付　艳　宋福胜）

【农民专业合作社发展迅速】 年内，区经管站坚持对农民专业合作社实行“四有六化”管理，狠抓规范化建设。截至年底，新发展农民专业合作社 53 个，比上年增加 6 个，超额完成 2009 年区政府折子工程提出的新增农民专业合作社 30 家的工作任务。累计登记注册的合作社达 184 家。

（肖　然　李国蕾）

【村级重大经济事项招投标工作成效显著】 2009 年，签订村级各类经济合同 399 份，涉及 202 个村。由村集体直接招投标的项目有 125 份，其中资产、资源出租类的涉及 60 个项目，标底金额为 3241 万元，中标金额为 3902 万元，为村集体增收 661 万元；建筑工程类的涉及 65 个项目，标底金额为 6612 万元，中标金额为 5838 万元，为村集体节约资金 774 万元。设计制作并发放“村级重大经济事项招投标工作流程图”600 张，村村上墙。在取得经济效益的同时，促进农村村务管理的民主化、公开化进程，融洽干群关系，给百姓明白，还干部清白，取得显著的社会效益。

（纪宇一　宋福胜）

【村级财务管理工作进一步加强】　完善“村账托管”、“大额资金专储账户管理”等村级财务管理制度，制定《通州区村级集体财务规范化管理办法》，并出台《关于进一步落实村级集体财务规范化管理的意见》，强化民主管理，规范公开程序，明确人员职责。采取“公开栏”、“明白纸”、“村民（代表）会议”、“村务公开触摸屏”四种公开形式，公开栏公示率达100%；463个村每季度发放“明白纸”到户数达134101户，占全区总户数的95.5%；村务公开触摸屏累计安装82个，供村民点击查看；“村民会议或村民代表会议”财务收支情况汇报率达100%。加大监察力度，开展区纪委、区组织部、区农委、区民政局和区经管站五部门的联合大检查。“村级民主理财参席制”得到全面推广，乡镇记账人员分别参加564个村次的民主理财会，参会率达117%，审核总票据71475张，金额38.3亿元。

（付　艳　杨连军）

【加强审计监督职能】　2009年，审计单位677个，审计金额48.47亿元。其中村级组织正常运转专项资金审计金额7849.7万元，粮食直补资金审计金额5583万元，绿化隔离带永久性补偿资金审计金额722万元，各项常规审计金额47.06亿元。

（肖　然　安克勤）

【减轻农民负担工作】　年内，拟定通州区村民一事一议筹资筹劳上限控制标准，规定村民每人最高限额筹资100元、筹劳10个，以资代劳60元／工。新增规范性试点村11个，累计达到21个，在试点村的带动下，全区有215个村在新农村工程项目建设过程中通过一事一议实行村民筹资筹劳工作，累计筹资139万元，酬劳72万个，社会酬劳354万个，节约成本性开支4815万元。开展春秋两季农村负担执法检查和《通州区捐资助学管理办法》落实情况、公款报刊订阅情况、“三乱”收费情况等专项检查，教育负担从2005年的400万元降至2009年的54万元。

（纪宇一　裴金凤）

通州区发展和改革委员会

积极开展深入学习实践科学发展观暨领导干部作风建设年活动

优化投资环境活动启动仪式

2009 年，区发改委牢固树立科学发展、和谐发展的理念，深入贯彻落实宏观调控政策，较好地完成了区委、区政府赋予的各项工作任务，为促进“两新”建设发挥了积极作用。

坚持谋长远，启动“十二五”规划编制前期工作。积极应对宏观经济形势，牵头研究建立了通州区绿色审批通道机制，全年全区共 117 个项目纳入市、区两级绿色审批通道。区发改委积极从市发改委争取基础设施、社会事业、新农村建设、产业发展等到位资金达 11 亿元，有力支撑了滨河森林公园等重大项目建设。成功举办“银政战略合作签约仪式”，9 家银行共与区相关部门、乡镇和园区签署 11 项银政合作协议，涉及贷款、授信金额达 680 亿元。结合通州区实际情况，研究拟订并以区政府名义印发了《通州区促进产业发展暂行办法》、《关于对纳税大户的考核奖励办法》等文件，努力促进符合新城功能的产业发展。

加强作风建设，先行先试开展了以“每一位公务员都代表政府形象，每一个职能部门都是投资环境”为主题的优化投资环境活动，行政效能进一步提升，所有项目均在 7 个工作日内办结，其中 3 天内取得批复的项目 80%，做到了重大项目“审批不隔夜”。

通州新城滨河森林公园启动仪式

通州区人民政府银政战略合作暨重点项目融资签约仪式

中国传媒大学科技园项目签约仪式

机关干部赴唐山学习考察

加强作风建设，召开专题民主生活会

通州区绿色审批通道项目推进会

通州区人口和计划生育委员会

区人口计生委主任刘美俊为群众发放宣传画

区领导为先进村居代表颁发奖牌

生殖健康大课堂，提高群众健康水平

市计生协会领导考察“幸福工程”项目点

新婚学校设立免费发放叶酸服务站

阳光计生展通州风采

关注民生，深化利益导向机制 全区3095名独生子女在产权制度改革中多得利益241万元；2709名独生子女在旧村改造中多得利益5316万元；2.3万名独生子女多享受村集体奖励260万元；477名独生子女享受到助学奖励；有1118名独生子女父母优先提前享受养老金；974名独生子女父母享受到医疗费“二次报销”优惠政策；为555名独生子女父母入了养老保险。全年用于对计生家庭的各项优先、优惠、扶持、救助资金达6200万元。

完善服务体系，提高优质服务水平 区人口计生委与京通医院合作为已婚流动育龄妇女免费健康体检，深入各乡镇、街道、企业，开展“关爱流动人口免费体检”活动。投资255万元为5万多名已婚育龄妇女提供免费生殖健康检查服务；投资200万元为3万名长效节育措施的已婚育龄妇女提供免费全面体检服务；投资40万元为5000名无业下岗育龄妇女提供免费体检服务。为10000名新婚夫妇提供免费生殖健康、优生优育知识的培训。新增避孕药具免费自助发放机161台，免费自助发放箱700个，全区药具免费发放点达到978个。

深化生育文明，全面推进宣传教育工作 投资60余万元为1.6万名计生文艺宣传队队员统一配置演出服装。建立人口文化广场164个、人口计生文艺宣传队150支，人口文化楼门1609个，人口文化一条街570条、人口文化书屋110个、人口文化学校518个。新建占地10000平方米，集宣传、教育、休闲、娱乐、健身为一体的通州区人口文化园。开展“我与国策共成长”征文暨演讲比赛，“庆祖国六十华诞，展人口计生风采”等大型宣传活动。

国有资产监督管理委员会

在北京市国资委区县工作会议上，主任王栓成阐述本区国资监管和国企改革发展新思路，得到市国资委的充分肯定

主任王栓成在区国资委 2009 年工作会议上做《坚定信心，积极探索，稳步推动区属国有企业可持续发展》的报告

传统国有企业大胆探索国有资本市场化运作方式，进军新经济领域。通州商业资产运营公司与其它五家企业共同出资组建“中传科技园股份有限公司”

国资委加快新经济板块建设，国有资本投融资平台与中信资产管理公司、台湾富邦金控公司在通州区共同投资组建中信富通融资租赁公司

通州房地产开发有限公司积极应对金融危机影响，欣艺景园和古韵新居项目在 2009 年初逆势热销，资金迅速回笼，为企业的后续发展创造了有利的条件

通盛达交通运输经营管理公司深化公共交通管理改革，所属 102 部“小公共”黄标车全部更新，探索“公车公营”的管理模式，让通州居民出行更加舒适便利

通州区供销合作社积极参与新农村建设，依托自身土地资源，加大资金投入，积极提升乡镇商业设施建设水平。图为投资 1500 万元建设的漷县镇商业楼效果图

商业板块整体改革取得突破性进展，人民商场整体包装租赁，重装开业，老品牌焕发新生机，国资运营效率大幅提升

通州区市政市容管理委员会

通州区市政市容委揭牌仪式

军民共建文明，携手装点阅兵

加强城市运行保障工作，加强组织领导，统筹规划，全面履行值守应急、信息汇总、综合协调的职能，努力提高保障城市公共设施安全和处置突发事件的能力，确保城市运行安全

通州区市政市容管理委员会加强重点工程建设和为民办实事项目建设，不断完善城市基础设施，增强城市运行力和保障力。在市政道路建设方面，全力实施了内环路道路改造工程和城区道路微循环工程；在市政公用设施建设方面，建设旧城区5号燃煤锅炉房整合项目，推进三河热电厂为通州供热工程；对部分道路及胡同的五、六十年代照明设施进行了改造。一批市政基础设施的建成，进一步改善了城市道路面貌，提高了城市服务功能，也为百姓的出行带来极大的便利。

旧城区 5 号燃煤锅炉房整合工程，整合玉桥西路及延长线以西、群芳南街以北、外环路以东、运河大街以南区域内供热资源，实现了稳定供热、达到了节能降耗目标

推进三河热电向新城供热工程。该项目为北京市重点工程，三河热电厂输热主干线(一期)建成后将解决通州运河以东新城居民的用热需求。二期工程建成后可替代老城区 115 座燃煤锅炉房

通州区市政市容管理委员会

2009 年度总结表彰暨联欢会

生活垃圾处理利国利民

实施内环路改造工程和微循环道路改造工程，解决群众出行难问题，消除交通安全隐患

因地制宜开展多种形式的环境整治活动，解决了影响人民群众生活的难点、热点问题，创造了较好的人居环境，提高了全区环境卫生整体水平，为国庆六十周年庆典活动的顺利开展，营造了整洁优美、和谐有序的城乡环境

为改善居民出行条件，对部分道路及胡同的五、六十年代照明设施进行了改造、对损坏或被盗的道路路灯电缆和照明设施进行及时的维修和恢复

通州区人力资源

区委书记王云峰调研科学发展观学习实践活动

局党委书记、局长王振良为全局干部职工讲党课

医保人员在加班加点审核医保单据

建立电子档案，职介中心工作人员对纸介档案进行手工整理

城乡居民养老保险存折发放现场

2009 年 9 月，根据中共北京市委、北京市人民政府批准的《北京市通州区人民政府机构改革方案》和《北京市通州区人民政府关于机构设置的通知》，设立北京市通州区人力资源和社会保障局（简称人力社保局），原北京市通州区劳动和社会保障局、通州区人事局职责一并划入。新组建的人力社保局位于通州区运河西大街 113 号，作为区政府工作部门，内设机构 15 个，事业单位 18 个。担负着全区促进就业再就业、社会保险管理经办、协调劳动关系、事业单位人事制度改革和机关公务员管理等 13 项主要职责。

村级培训就业基地授牌仪式

市劳动监察领导检查通州区劳动保障监察工作完成情况

和社会保障局

通州区首批支持企业稳定就业岗位政策落地仪式

通州区劳动保障合唱团成立

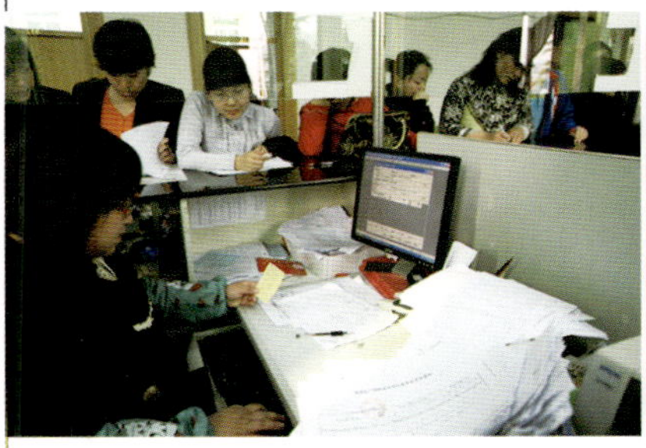

医保工作者接待报销人员

举办大学生专场招聘洽谈会

为农民工补发工资现场

2009 年，全区人力社保工作在区委、区政府的正确领导和市人力社保局的有力指导下，以科学发展观为指导，认真贯彻落实区委、区政府的各项决策部署和市局的总体要求，以保增长、保民生、保稳定为目标，迎难而上，扎实工作，圆满完成了各项工作任务。年内实现新增就业 2 万人，城镇登记失业率为 1.92%，全区就业规模进一步扩大，就业稳定性普遍增强；全区各项社会保险制度参保人数达到 57.8 万人，占全区户籍人口总数的 89%，基本实现了社会保险城乡全覆盖；继续推进《中华人民共和国劳动合同法》、《中华人民共和国劳动合同法实施条例》等法律法规的宣传贯彻落实工作；认真履行“无工资拖欠”牵头责任，全区劳动关系调处力度进一步加大，应对解决突发事件的能力进一步提升；大力实施通州人才战略，进一步加强公务员队伍的管理，完善专业技术人才队伍建设，统筹配置人才资源，积极稳妥推进事业单位人事制度改革和收入分配制度改革，不断强化机关自身建设，保持了人力社保事业平稳健康发展。

深入学习实践科学发展观教育活动展示园地

求职者现场学习政策

联合查处非法中介机构

北京市国土资源局

两站一街安置楼工程奠基仪式

通州国土分局被评为首都文明单位

就土地利用总体规划指标分解方案到各乡镇调研

开展第二次全国土地调查统一时点更新调查工作

参加工间操比赛

到果村开展扶贫工作

通州分局

开展农村土地确权登记颁证试点工作

开展地球日宣传活动

北京市国土资源局通州分局在市局的正确领导下，在区委、区政府的指导支持下，区国土分局紧紧围绕国土资源管理参与宏观调控的工作要求，圆满完成了各项工作任务。

2009 年基本完成通州区和乡镇级土地利用总体规划修编工作，形成了区县级和九个乡镇级共 10 套文本、说明及图件等规划成果，通过了专家评审，并上报待批；积极推进经营性用地和工业用地招拍挂工作，总结形成一套较为完善的运作程序和机制，年内顺利完成 144 亿元的投资任务，多次获得市局表彰；完成集体土地地籍调查，基本完成全国第二次土地调查工作，查清全区土地现状，初步建成城乡一体化地籍管理信息平台，为全区经济社会各项事业发展提供基础数据支撑，被国土资源部评为“全国地籍管理工作先进单位”光荣称号；做好制度、人员、机制三个保障工作，土地执法监察工作取得一定成效，有效遏制了违法用地现象的发生；规范日常业务审批管理，落实扩大内需政策，建立绿色审批通道，保障了本区经济社会又好又快发展；严格落实耕地总量动态平衡的要求，制定土地后备资源和废弃土地开发整理复垦计划，切实推进土地开发整理复垦工作；通过建立健全各项规章制度、举办讲座、组织学习、活动等形式，着力加强党员和职工队伍建设，推动全局文明程度整体提升，人文环境更加稳定和谐。

自垂直管理至今，区国土分局通过不断努力，树立了依法行政、优质高效服务的良好社会形象。在 2008 年荣获首都文明单位称号的基础上，2009 年被评为国土系统文明单位标兵和通州区文明单位标兵。

正在施工的土地整理复垦项目

违法用地拆除现场

通州区民政局

区委书记王云峰参加冬令救助物资发放仪式

区人大常委会主任张文山走访慰问优抚对象

局长苏雅文部署 2010 年民政工作

通州区民政工作以邓小平理论和“三个代表”重要思想为指导，全面贯彻落实科学发展观，进一步解放思想，开拓创新，不断深化大民政实践，加快推进城乡一体化建设，为构建社会主义和谐稳定，实现通州新城跨越式发展做出新的贡献。

市民政局、市残联领导慰问区福利院孤残儿童

区民政局捐赠中心工作人员收到第一份为区捐赠的善款

通州区作为北京市农村社区建设试点区县受到民政部领导的高度重视

通州区安全生产监督管理局

区领导带队检查建筑施工安全

区领导检查企业安全标准化工作

区领导参加安全宣传咨询日活动

通州区安全生产工作部署会

通州区第四届安全文化节开幕

举办安全诗歌朗诵比赛

通州区国家税务局

局长 张玉龙

市局领导慰问一线干部

2009年，通州区国税局果敢迎战金融危机，依法科学组收，创新征管机制，强化队伍管理，三条战线齐头并进，工作卓有成效。全年共组织各项税收收入554262万元，超额完成任务，同比增加45462万元，增长8.9%。为积极应对金融危机，区国税局党组审时度势，辩证地提出“用科学发展观这把钥匙来开税收工作这把锁”，“将完成全年收入任务作为检验学习实践科学发展观的标准”的思想。全体公务员坚持内部挖潜、外部协调、全局总动员的基本要求，采取“一个时期抓一两个重点并实施突破”的基本思路，征管查形成合力，依法科学组收，顺利化危为机；坚持用“化繁为简，以简治繁”的哲学方法解决实际问题，以纳税服务推进税收征管，依托税收征管深化纳税服务，突出了征管机制的科学创新，组建了纳税评估所、在全市率先成立了税企交流中心，进一步拉近税企距离，促进征纳和谐；坚持“不治已病治未病”，落实教育培训计划，提高干部业务水平，开展“读书思廉”等活动，抓好党风廉政建设和反腐败工作，教育干部自觉抵御“两个风险”，着力打造一支能打善战、勤政廉政的国税干部队伍，为税收事业贡献力量。

学习实践科学发展观动员大会

开展税收发展民生主题税收宣传活动

通州区国家税务局税企交流中心揭牌仪式

通州区投资促进局

通州区投资促进战略合作伙伴签约仪式暨产业项目发布会

世界设计大师走进通州

2009年度投资促进系统总结表彰大会

局长李霞与外商洽谈

区运动会上飒爽英姿

通州区投资促进局在原区政府招商局（2001 年 5 月成立）的基础上于 2004 年 12 月经市编办批准组建而成，是全市第一家独立的区县级投资促进机构。经过八年的不懈努力，充分发挥了推介通州整体经济形象的窗口、统筹全区投资促进工作的平台、联系政府与境内外投资者的纽带、搭建政府与企业交流互动的桥梁、提供全方位投资咨询服务机构的职能作用，树立了自身的品牌形象。

2009 年，投资促进局积极应对国际金融危机带来的不利影响，在产业政策研究、招商手段创新、区域形象推介等方面加大工作力度，取得了实效。全区共引进千万元以上实体投资项目 210 个，投资总额 520 亿元。先后组织了“世界设计大师走进通州”、“投资促进战略伙伴签约仪式”等活动，进一步提升了通州在国际上的影响力和知名度。制定了一系列促进产业发展的政策和制度，极大地促进了重点产业项目的落户，使通州区产业经济实现了平稳、较快发展。

通州区水务局

区领导视察小场沟

纪念"世界水日""中国水周"宣传启动仪式

改建完成后的霍兴路

漷县镇翟各庄雨洪利用工程

大稿沟排水改造工程

通州水务工作以科学发展观为指导，围绕"保增长、保民生、保稳定"的工作要求，强化水务管理，推进水务建设，为全区经济保持平稳较快发展提供了有力支撑。

稳步提高供水保障能力，全面提升污水处理能力，持续推进节水型社会建设。加快水环境改善步伐，继续强化水利设施建设力度。不断提高行政、服务和管理水平。圆满完成国庆水务安全保障工作，在北京市水务系统服务保障国庆60周年活动中荣获"最佳安全保障奖"。由于成效显著，2009年通州区被市政府授予"2009年度农田水利先进区"荣誉称号。

农村安全饮水工程西集水厂

台湖食用菊节水大棚

强化水务管理 推进水务建设

为全区经济保持平稳较快发展提供有力支撑

市水务局党组书记聂玉藻到通州调研旱情

市水务局局长程静视察潮白河

跨凉水河亦庄桥工程

完成后的新河灌区改造工程

运潮减河师姑庄橡胶坝工程

张家湾皇木厂污水处理站工程

漷县镇污水处理厂清水池

治理后的凤河永乐店段

水环境监测通州分中心水质检测设备安装

北运河漕运码头

通州区园林绿化局

市委书记刘淇、区委书记王云峰视察滨河森林公园建设

副区长于世疆检查美国白蛾防治工作

森林公安处积极开展护林护野生动物保护宣传工作

通州区林政稽查大队挂牌成立

通州区果树农民田间学校开办仪式

通州区花卉培训班活动现场

花卉温室大棚

建设滨河森林公园 改善生态环境

秀美运河

生态园林 科技园林 人文园林

学习实践科学发展观动员大会

滨河森林公园启动仪式

2009 年，区园林绿化局(绿化办)以科学发展观为指导，坚持“人文北京、科技北京、绿色北京”发展战略，按照“生态园林、科技园林、人文园林”总体要求，高质量、高标准完成了北运河滨河森林公园、三北四期防护林、平原治沙等一批市区级造林绿化工程，全区生态环境得到显著改善。围绕“国家级卫生城市”创建活动，大力推进城市绿化建设，深入开展了园林小城镇、花园式单位等绿化美化创建活动，城乡绿化美化水平和生活质量得到明显提升。同时，不断加快林业产业结构调整，果品、花卉、林下经济等产业蓬勃发展。加强资源保护和管理，林业有害生物防控工作取得阶段性成果，全区连续 24 年实现无森林火灾、火警。

第七届世界花卉博览会通州展区

合唱团参加区群众歌咏会

绿树环抱运河美

继续完善四条通道绿化工程

运河晨曦

通州区交通局

9月22日，中央政治局常委、政法委书记、综治办主任周永康到通州区应寺综合检查站视察国庆安保工作

北京市综合检查站建成进驻仪式在通州区白庙综合检查站举行

公路综合检查站是北京的护城河工程之一，对于确保60周年国庆等重大活动中首都安全以及北京长治久安具有突出作用。在时间紧、任务重、要求高的情况下，区交通局克服困难，加强协调，昼夜奋战，按质按量地完成白庙南、应寺、觅子店三处进京公路综合检查站的建设任务

落实公交优先政策，解决不同社会群体出行需要，协调开通机场巴士通州专线，成为全市首条远郊区县机场巴士专线，解决了通州地区航空旅客往返首都机场的交通不便

营造健康 稳定 和谐 发展的交通运输环境

局领导参加《北京市道路运输条例》宣传活动

庆七一共产党员献爱心捐款活动

2009年，通州区交通局认真贯彻落实党的十七大、十七届三中全会、四中全会和区委四届七次全会精神，切实按照科学发展观要求，全局上下团结一心，圆满完成全年工作任务，为通州新城区建设和新农村建设营造了健康、稳定、和谐发展的交通运输环境。

交通局与运输企业签订安全生产责任制

运政执法人员开展日常执法检查

更新的郊区客运车辆

开展运河水上安全检查

北京市交通委员会路政局
通州公路分局

区领导视察公路工程建设情况

2009 年，北京市交通委员会路政局通州公路分局以做好国庆 60 周年阅兵保障为重点，以营造安全、畅通、和谐的道路交通环境为出发点，紧紧围绕“人文交通、科技交通、绿色交通”的新理念，不断改革创新，加大建设力度，加强行业管理，强化公共服务。全年实施新改建工程 9 项，平改立工程 2 项，提级改造工程 1 项，国庆阅兵道路工程 1 项，大修工程 5 项，旧桥改造工程 8 项，工程总投资 5.37 亿元；完成中修工程 4 项、小修工程 6 项，道路修补 32738 平方米，全面提升了通州公路整体技术和服务的现代化水平，为公众的出行提供了安全、舒适、愉悦的公路环境，实现了通州公路的“四个显著提高”：即路网通达程度显著提高，公路畅通水平显著提高，公路安全保障能力显著提高，公路服务水平显著提高。

新堤路道路工程

北京市公路路网管理与应急处置系统——通州段

永觅路大修工程

牛样路道路工程

京榆旧路三期改建工程

通州区人民武装部

北京市委常委、北京卫戍区司令员李少军在区委书记王云峰的陪同下，检查民兵国庆安保执勤工作

区领导检查征兵工作

组织民兵对全区重点目标进行24小时巡逻执勤

组织民兵在进京路口，对所有车辆进行安保执勤检查

通州区新春军政团拜会在新华联培训中心召开

国庆教育宣传

北京市工商行政管理局

副市长程红带队检查通州节日市场经营秩序

主动服务，主动作为，促地方经济又好又快发展。分局党组书记、局长赵斌带队到辖区开发区进行调研

分局工作人员为申请人耐心细致地讲解企业登记注册事宜

积极推动食品流通许可工作，通州600 户经营主体通过核准。图为通州工商分局为申请人发放食品流通许可证

分局对辖区家电下乡产品指定销售企业进行检查，推进家电下乡工作顺利开展

北京市工商行政管理局通州分局成立于 1978 年。作为政府监管市场、维护市场秩序和行政执法的重要职能部门，内设 15 个科室、8 个工商所、1 个执法检查队及 4 个事业单位，管理辖区 912.34 平方公里。2009 年有干部、职工 298 人。

2009 年，通州工商分局全面落实市工商局、通州区委和区政府“促进经济增长支持企业发展”的各项工作部署，以“强化市场监管，创新公共服务，全力推进首都工商专业化、现代化建设”为目标，以开展深入学习实践科学发展观活动为契机，紧密结合通州实际，紧紧围绕落实“三保”、平安国庆保障和创建国家卫生区等工作重心，进一步解放思想、转变观念、提高素质、增强能力。认真做到市场监管与发展、市场监管与服务、市场监管与维权、市场监管与执法“四个统一”，切实加强制度化、规范化、程序化、法制化“四化”建设，积极推进监管领域由低端向高端延伸，监管方式由粗放向精细转变，监管方法由突击性、专项性治理向日常规范监管转变，监管手段由传统向现代化转变的“四个转变”，努力实现建设高素质的队伍、运用高科技的手段、实现高效能的监管、达到高质量的服务的“四高”目标。主动作为，依法行政，规范管理，扎实工作，使各项工作得到整体推进，全面实现了年度的各项工作目标，为区域经济全面快速协调发展和推进北京新城区建设做出了新贡献。

通州分局

拓宽商标服务渠道，提高企业商标意识，扶持企业健康发展，通州工商分局深入企业了解、指导商标使用

面向农村地区，促进农村发展，服务农民群众，充分发挥工商工作站服务群众功能，通州分局创建“通乐农”服务品牌

加大检查力度，加强对辖区经纪人、经纪机构监督管理

“诚信守法宽待，失信违法严查”——通州工商分局大力推行企业网上年检，积极为企业提供便利、快捷、全面的年检服务

对国庆通州阅兵村周围的食品经营单位实行全天候监控，使阅兵村周围的食品安全监管工作得到有效保障

强化市场监管 创新公共服务

全力推进首都工商专业化 现代化建设

严格进销货台账建立，确保商品可追溯性。通州工商分局节日对辖区有形市场进行检查

依法监督辖区市场竞争行为，构建和谐发展环境。通州工商分局开展打击传销宣传活动

加强对鲜肉市场的监管力度，积极引导农村集期市场与定点屠宰企业对接。通州工商分局夜查猪肉批发市场并抽取样品进行检测

通州区总工会

市总工会党组书记、副主席韩子荣到通州调研

通州区总工会主席林殿彪、副主席张慧敏到新建工会的外资企业摩比斯车间参观

京卡、互助服务卡发放仪式

通州区最大的外资企业（摩比斯）工会成立

通州区总工会“两节”送温暖活动启动仪式

通州区职工文明拉拉队队员带动和引领鸟巢9万多名观众为运动员加油助威

通州区科学技术协会

通州区国庆游园活动暨科技成就展启动仪式

2009 年通州区科技周——“运动·健身·和谐”互动体验展启动仪式

北京市 2009 年“科技套餐工程”暨“三下乡”活动启动仪式

“迎华诞 梦圆太空”——2009 年通州区科普日暨中国载人航天展

通州区科学技术协会成立于 1956 年，是中共通州区委领导下的人民团体，是党和政府联系科学技术工作者的桥梁和纽带，是发展科学技术事业的重要社会力量。2009 年，区科协以提高青少年、农民、城镇居民、公务员和领导干部四类重点人群的科学素质为重点，不断创新科普工作途径和方法，进一步提升了科普工作水平，为通州区和谐社会发展做了大量的卓有成效的工作。年内荣获“北京市百万家庭数字生活技能大赛区县组织一等奖”、“首都未成年人思想道德建设工作先进集体”及“首都中华人民共和国成立 60 周年庆祝活动先进单位”等荣誉称号。

2009 年通州区家庭数字生活技能大赛选拔赛

通州区首家社区科普气象站签约仪式

通州老科学技术工作者协会成立大会

XIN CHENG JI YE
新城基业

北京新城基业

全国政协主席贾庆林、市委书记刘淇、市长郭金龙到通州调研

奥运火炬通州段水上传递

投资发展有限公司

北京新城基业投资发展有限公司是北京市通州区人民政府直属的土地一级开发公司，成立于2003年8月13日，公司注册资本3.88亿元人民币，公司由政府全额出资，全部收益为政府所有，实行独立核算。公司的主要任务是根据城市建设总体规划，完成政府授权区域的土地一级开发工作，充分利用土地资源，对纳入土地储备范围的地块进行基础设施开发；会同规划部门组织编制新城区控制性详细规划及重点区域景观设计方案；制定一级开发实施方案及分期开发计划；会同土地储备分中心对开发后的土地进行包装、招商、上市、出让。公司成立以来，先后完成了运河城市段一期河道治理工程、两岸景观改造工程、运河大桥改扩建、东关大桥改扩建、新城阳光小区、玉桥东小区经济适用房、北大街解危、上营棚户区拆迁改造、北苑商务区拆迁改造、运河核心区及西海子棚户区拆迁改造等工程和玉桥东小区、河东果园、福田、果园D地块土地一级开发、上市交易及奥运火炬通州段水上传递等工作，同时公司本着“政府主导、市场化运作、企业化经营”的理念，积极搭建景区招商平台，丰富运河旅游产品，打造运河旅游品牌，景区管理与运营工作迈上新台阶。

运河核心区及西海子棚户区签约现场

上营棚户区定向安置房摇号现场

建成后的玉桥东小区经济适用房

通州区教育委员会

通州区委、区政府召开庆祝教师节座谈会，会议宣布了区政府《关于授予仇玉红、王岩等 60 名同志通州区优秀教师、优秀教育工作者称号的决定》并向他们颁奖。会上，参会教师与区领导畅谈了工作感受，区委书记王云峰出席并讲话

通州区初中建设工程总结表彰会在区教师研修中心报告厅召开。会上，为市级先进集体、先进个人颁发了奖牌和证书；对区级初中建设工程先进乡镇、达标学校、注重特色发展成效显著的学校和先进个人进行了表彰

新疆“天山祝福”国庆彩车赠送仪式在潞河中学举行。市委常委梁伟、新疆维吾尔自治区副主席靳诺、市政府副秘书长鲁勇、团市委副书记王粤等以及区委书记王云峰、区长邓乃平等领导与潞河中学师生参加。仪式上，靳诺赠送了彩车钥匙，并介绍了彩车结构和寓意。梁伟在讲话中介绍了国庆活动盛况和彩车赠送给潞河中学的意义

由团区委、区少工委、区教委主办的“祖国颂——现场书法大赛”在通州区第一实验小学举行

《北京市中小学性健康教育模式初探》课题，中期工作交流会暨现场课堂教学展示、说课活动在通州区特殊教育中心举行

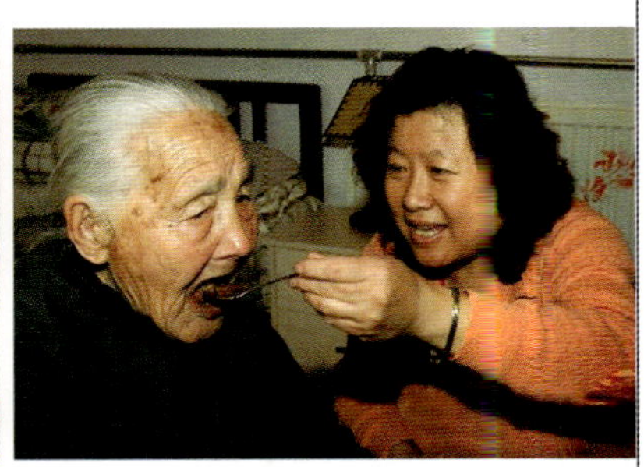

“首都十大年度教育新闻人物”——北苑学校教师张品正，30 多年如一日，无私照顾与自己没有任何血缘关系的金学珍奶奶

实施北京新城区教育发展战略 打造新兴教育强区

第二届通州区教育教学成果奖颁奖大会在区教师研修中心隆重召开。区教委副主任张绍武宣读了《第二届通州区教育教学成果奖评审工作报告》。优秀组织奖单位代表运河中学和优秀成果奖代表潞河中学、玉桥小学分别作了大会交流发言

通州区乡镇成人文化技术学校建设工程工作会议暨挂牌仪式在台湖镇成人文化技术学校举行。各乡镇主管教育工作领导、教委办主任、成校校长参加。市教委职成处、区委、区政府等有关领导，区教委负责人应邀出席

俄罗斯副总理亚历山大·茹科夫到潞河中学进行友好访问。茹科夫一行参观了学校信息中心、图书阅览室、校史馆、黄昆楼及校园环境，听取了学校办学历史等介绍，并与学校教学俄语的师生进行了座谈，了解俄语课程开设情况，相互交换了纪念品。最后，茹科夫为参加足球友谊赛的运动员颁发了奖杯

北京市史家小学通州分校建成并投入使用

张佳春校长办学思想研讨会在运河中学举行

潞河中学学生董玥赴俄罗斯体验航天之旅

北京潞河中学

校长 徐华

新疆维吾尔自治区向潞河中学赠送“天山祝福”国庆彩车仪式上领导与学生合影

北京潞河中学始建于1867年，至1889年已经发展成为包括小学、初中、高中、大学和一所神学院在内的高等学府。其大学部就是北京著名的燕京大学的前身。其厚重的历史文化底蕴与浓郁的现代学府氛围使之成为闻名遐尔的花园式学校，北京市首批重点中学和示范性普通高中。

一个多世纪以来，潞河中学的历任校长和代代教师在办学实践中，秉承“一切为了学生发展”的办学宗旨，努力创造适合学生全面发展的教育氛围，不断探索、发展、积淀，形成了一脉相承的优良传统和具有鲜明特色的办学风格。培育了数以万计的优秀学子，著名中科院院士黄昆、侯仁之、秦馨菱，西部歌王王洛宾，著名乡土文学大师刘绍棠，著名表演艺术家李仁堂以及一大批共和国的部长和将军，就是其中的杰出代表。

潞河中学拥有一流的教学设施，拥有一支具有国际视野、治学严谨、业务精湛、勇于开拓创新的干部教师队伍，其中特级教师13人，国家级、市、区级学科带头人、骨干教师50人。学校先后获得“全国群众体育工作先进单位”、“教育部依法治校先进单位”、“北京市德育工作先进单位”、“首都文明单位标兵”等称号。

2007年，北京市全面进入高中新课程，潞河中学成为北京市八所高中自主设置课程实验学校之一。全体教师不断探索，努力提高教育教学水平，开设了众多的选修课、校本课，学生社团蓬勃发展，更有研究性学习、综合实践活动、社区服务、青年志愿者活动。学校努力为每一位学生搭建潜能发展的舞台，促进学生的全面和谐发展。

潞河中学积极探索国际化的发展方向，与美国、英国、德国、韩国、加拿大、新西兰、澳大利亚等国家的学校和教育机构建立了合作伙伴关系。专门用于涉外教育的潞河国际教育学园可满足 2000 多名学生学习、生活，它是国家汉语国际推广教师培训基地、北京师范大学语言文化学院对外汉语研究生实习实践基地、国家汉办HSK考点，已经先后启动中英中美国际高中实验课程、外国学生的语言培训和学历教育等项目。

今日的潞河中学正以崭新的姿态，满怀信心地向全国名校、世界名校的目标迈进！

潞河国际教育学园

成达信息中心

体育馆和运动场

百年名校 续写辉煌

市委副秘书长秦刚到潞河中学视察

潞河中学高中新课程自主排课实验课程研讨现场会召开

校合唱团参加2010年国家大剧院北京青少年艺术周暨北京市第十三届学生艺术节合唱展演

俄罗斯中小学生来华冬令营代表团在潞河中学举行开营仪式

第30届安捷伦北京青少年科技创新大赛潞河中学学生获得安捷伦科技创新英才奖、优奈美科技创新奖、博斯年度最佳科技创新奖

乒乓球馆

美丽的校园

建于1903年的红楼

通州区成人教育中心

中心主任 张绍武

党委书记 高孝锋

通州区成人教育中心成立于1997年7月，属全额拨款的正处级事业单位，至今已有13年的发展历史。中心设有大学部（含北京电大通州区分校）、中专部（含通州区中等职业学校、北京农业广播学校通州分校、通州区农民科技培训中心）、培训一部、培训二部、教学处、社区教育中心等11个科室。现有教职工112人，其中教师80人；学校占地18亩，建筑面积16357平方米；有教室76个，其中多媒体教室47个；有学生用计算机327台，教师办公用计算机100台；建有成教中心的校园网、通州电大在线等网络平台。

创建学习型学校先进单位评估会议

通州区 2009 年度职工素质教育工程启动仪式

通州区成教中心合唱团

通州区乡镇成人文化技术学校建设工程启动会

通州区农民科技教育培训中心成立

通州区第一实验中学

学校领导班子

青训班培训

学生合唱队

通州区第一实验中学秉承“以人为本、持续发展、砺志博学、追求卓越”的治学方针，始终遵循“科研领先、效率为本、全面育人、整体提高、发展特长、办出特色”的办学指导思想，朝着“活而有序、优质特色”的方向，全面推进素质教育。教学上严格管理、规范落实，根据学科、课型和教学实际，推进“三个导向”、“四个加强”、“一条主线”的教学管理思路。夯实基础，培养能力，优化素质，张扬个性，实现了“以学生发展为本”的教育目标。同时学校以活动类课程为依托，以课堂德育、校园活动、社会实践为载体，构建完整的德育体系，班会课程，综合实践课程、学生社团课程贯穿学生三年成长的始终，学生在活动中成长，在成长中超越，以“尊重”为核心的价值观教育深入人心，学生可持续发展的能力促进了学校的可持续发展。

在各级政府和教育行政部门的正确领导下，学校干部教师团结奋斗，拼搏进取，各项工作均取得辉煌的成绩。先后被评为“首都文明单位”、“师德群体建设优秀校”、北京市“文明礼仪示范校”、“可持续发展教育示范校”、北京市“普通中学规范化建设达标学校”、“北京市百所广播操评比优秀校”，区级“规范化建设示范校”、“教科研先进单位”、“通州区十五科研重点校”、“电教达标一类校”、“教育质量综合评价优秀校”、“校本培训示范校”、“体育工作先进校”等荣誉称号。近年来每年都有 100 余名师生在市区级学科竞赛和各类评比中获奖。特别是教学成绩始终位于通州区中学前列，连续八年被区教委评为中考成绩优秀校。

专家亲临指导

军训

社会实践

潞河医院
Luhe Hospital

首都医科大学潞河教学医院顺利落成，其教学基地内各项硬件设施和软件设施齐全完善并达到首医大教学标准，为高标准、严要求地完成教学任务提供了有力的保证。教学基地接收了首医大燕京医学院的第一批学生，教学工作已经转入正轨

潞河医院党政班子认真贯彻落实党的十七大及十七届三中、四中全会精神，深入学习实践科学发展观，充分发挥民主集中制，严格执行“三重一大”工作制度，团结协作，加强学习，科学决策，在全力保证基本医疗及业务增长的基础上，圆满完成了上级及医院发展建设的各项工作任务

传染病防控及院内感染管理成果显著，潞河医院作为通州区甲流重症救治中心，面对突如其来的甲流疫情，超前布控、统一部署、及时地启动了各项应急措施，使大量的甲流病人和危重症患者得到及时的救治

手术外科楼作为医院发展的二期工程建设，经过近一年的筹备已经正式开工，工程项目投入资金 1.18 亿元，其中市政府拨款 8200 万元、区政府拨款 3600 万元，建筑面积近 2.4 万平方米。至 2009 年底，工程建设进展顺利。届时，医院的整体就医环境将得到大大的改善

在创建国家卫生区的活动中，潞河医院作为北京市卫生区必查单位，严格按照创卫工作的相关标准及要求，作了大量具体而细致的工作，营造了良好的就医环境，为通州区创建国家卫生区工作作出了积极的贡献

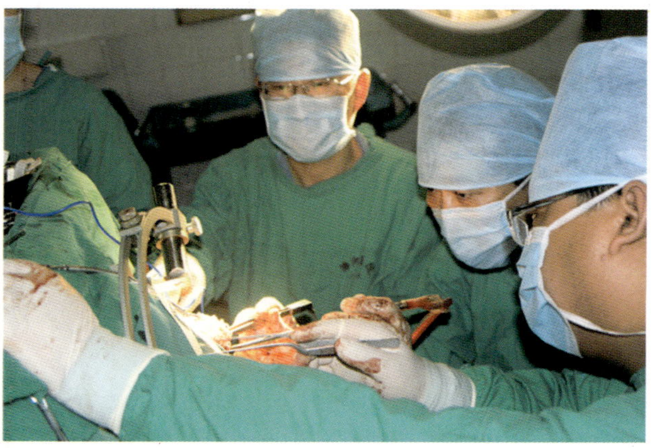

在医院规模迅速增大的情况下，人才梯队的扩充与建设是医院发展的核心任务，为了满足医院各项工作特别是临床工作的需要，医院采取多种方式，加大人才的引进和培养力度，改善人才梯队的整体结构，使其更趋于合理化，支持和鼓励在职学历教育和继续教育，为医疗工作的顺利开展提供有力的技术保障

以校园文化建设引领学校全面发展
——前进中的北京市中医学校

书记、校长　董维春

校园内“尚医园”一角

北京市中医学校全校师生在学校领导班子的带领下，深入学习实践科学发展观，在“一切为了学生的未来”的办学宗旨和“和谐、仁爱、健康、进取”的办学理念指导下，坚持“科学化、人性化”管理理念，全面落实“三风”教育目标，各方面工作取得了长足进步：教育教学工作扎实推进，德育工作彰显特色，校园环境建设初见成效，文化氛围日趋浓厚，教职工的凝聚力和执行力不断增强，师生素质明显提升。学校先后被授予全国中等中医药教育重点学校、全国教育管理创新学校、全国德育管理先进单位、北京市骨干示范校、北京职业教育综合督导评估优秀学校、北京市职业教育先进单位、北京市教育信息化工作先进单位、首都精神文明单位等荣誉称号。

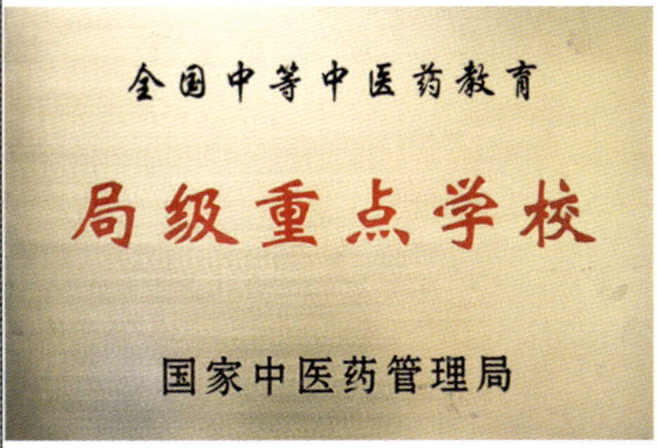

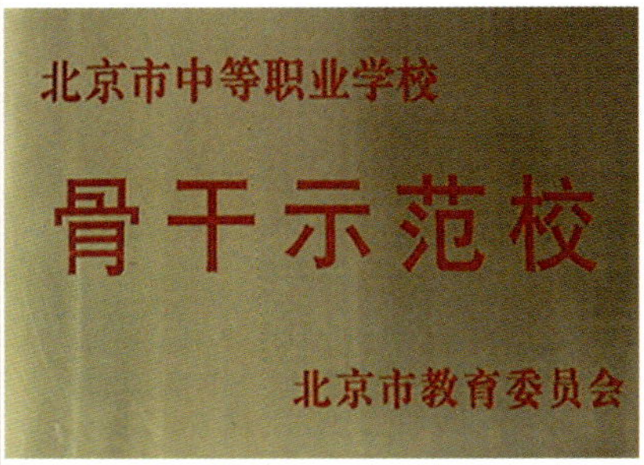

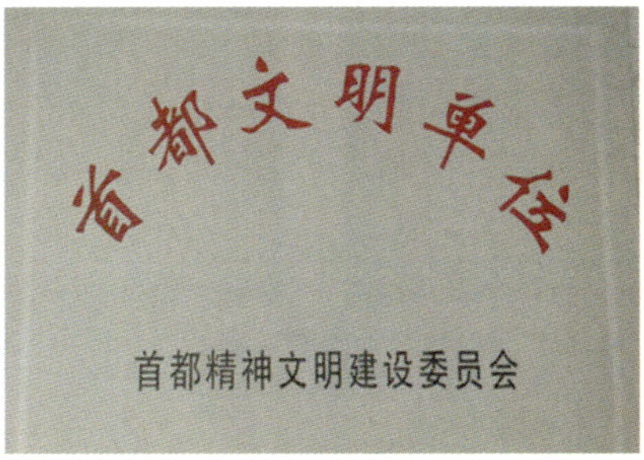

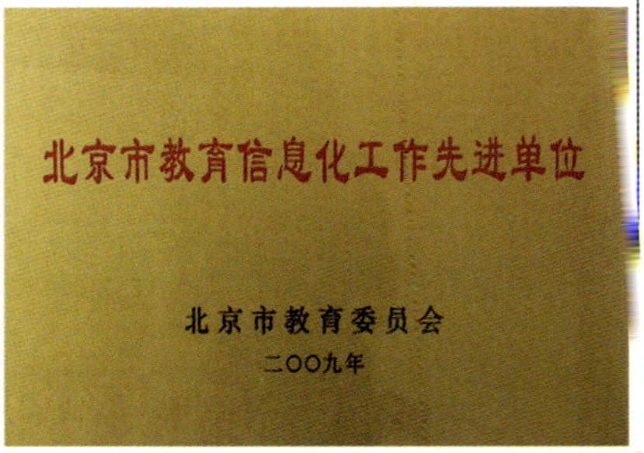

工　　业

综　述

2009年，全区工业系统全力加快区域工业发展和重大产业项目建设，扎实推进农村二三产业发展，工业经济快速稳健发展。经信委系统统计，区域工业完成现价工业总产值460.6亿元，同比增长9.6%；销售收入480.5亿元，同比增长10.4%；实现利润18.9亿元，同比增长22.4%；上缴税金28.5亿元，同比增长17.9%。其中乡镇工业完成产值421.7亿元，同比增长11.3%。

2009年，积极应对国际金融危机对工业的影响，全力以赴保增长，推进产业结构升级和优化发展环境，开展帮扶企业工作。深入基层加大调研力度，建立"绿色通道"制度，起草《通州区人民政府关于帮扶企业应对国际金融危机实施办法》，全面摸清了企业面临的问题和困难，前四批问题共计252项。对上报问题按照资金、市场、科技、土地、项目推进等进行分类、汇总，由乡镇政府、区委办局、市协调调度会分层解决，明确责任人和办理时限，并对落实情况进行跟踪、监督。

2009年全区产业发展情况和主要运行特点：

规模企业和总部型企业数量不断增加。截至年底，区经信委部门统计区域规模企业达890家，入驻各园区的企业总部和大项目显现出强大的支撑和带动效应，二、三产业融合发展成效显著。其中北京卷烟厂、北京烟草公司、李宁公司、蒙牛集团等一批投资规模大、产业链条长的大项目投产见效，对区域经济发展拉动作用明显。2009年，全区引进亿元以上投资项目11个，均为总部型，协议投资总额100亿元，分别是经开公司、中国动向集团、交通银行北京分行数据中心、吉林森工总部、利星行奔驰、中鼎泰克、ITO靶材、广州珠江钢琴集团、沈飞集团铝业幕墙总部、金城瑞佳家具和"亦茂中心"项目。

支柱产业支撑带动作用明显。截至年底，在统的区域规模企业占区域工业产值的90.5%，主导地位突出。其中光机电、都市、汽车零部件三大产业共有规模企业630余家，完成的产值占区域规模工业产值的67.3%。

新的产业业态逐步形成。从全区重点产业项目库整体情况看，以高端商务、现代物流、生物医药等为代表的生产型服务业和文化创意产业项目引进比重明显提高。大项目的聚集促进了产业特色的形成。现代物流业特色突出，烟草、食盐、图书配送等十几类产品配送在北京地区市场上占有明显优势，电器、家具、建材、农副产品在北京市场上占有较大份额，促进物流产业链条向高端高效环节延伸。从在谈的产业项目来看，高端商务和文化产业发展潜力巨大。

以乡镇为主体、园区为重点的区域经济

板块初具规模。台湖镇成为首个总收入100亿元、税收10亿元以上的乡镇，张家湾、马驹桥、西集等乡镇未来发展潜力巨大。园区发展活力明显增强，经济贡献持续增加，光机电基地成为首个总收入100亿元、税收10亿元以上的园区。被列入区重点产业项目库的65个项目中，入驻园区的项目47个，占项目总数的72%；项目总投资额322.6亿元，占总投资额的73%。

9月，根据中共北京市委、北京市人民政府批准的《北京市通州区人民政府机构改革方案》和《北京市通州区人民政府关于机构设置的通知》，组建经济和信息化委员会，为区政府工作部门。将原区工业局（乡镇企业局）除煤炭、电力职责外的其他职责、区信息化工作办公室的全部职责和区委保密办承担的无线电管理工作职责，整体划入经济和信息化委员会。不再保留工业局(乡镇企业局)、信息化工作办公室。将原工业局（乡镇企业局）承担的煤炭电力职能划入区发展和改革委员会。

（张　健）

区属工业

【概　况】　2009年，北京金通资产经营管理公司全面贯彻执行区国资委党委的各项决议，以发展为主题，紧紧围绕企事业单位改革和发展，保民生、保稳定，大力推进国有和城镇集体企业的各项配套改革，充分发挥出国有资本产权运营主体的应有作用。主要经济指标完成较好，2009年，金通公司在统企业33家（其中权属企业11家，归属企业22家）。2009年，累计完成现价工业总产值15.2亿元，完成营业收入16.2亿元，实现利润2.1亿元，完成工业增加值5.2亿元，上缴税金1.3亿元，同比分别增长1.3%、0.1%、24.4%、19.0%和8.4%。

（陈文青）

【国企改革工作全面推进】　2009年，金通公司加大对权属企（事）业单位改革力度。通过出售、兼并、破产和身份置换等多种形式加速国有资本退出进程和有效资产与不良资产的分离重组，全力推进国有企业所有制结构战略性调整。全年完成花丝厂、宏宇公司、豪光公司的国有产（股）权的转让工作，对剩余的单位进行调查摸底，抓紧制定改革方案，对进入改制程序的企业，抓紧审计评估，完善改制方案。

（陈文清）

【加强资产管理工作】　在加快改革步伐同时，公司对现有的资产进行详细调查摸底，建立健全资产管理台账，彻底摸清资产家底，健全规章制度。重点做好两项工作，一是对公司全部出租、租赁的资产进行专项检查。在对公司资产进行调查登记的基础上，责成相关部门对公司出租、租赁经营的资产进行一一的登记造册，此次资产调查涉及建筑面积9.8万平方米，土地面积61万平方米，出租户111户。对租赁合同的签订是否符合规定程序、是否坚持公开、公平、公正的原则，租金、租期是否合理，合同文本是否由法律顾问把关等内容逐项进行检查。并根据市场变化，及时调整租金、租期等内容，完善补充租赁协议。以资产租赁为重点，通过拍卖、置换、产权转让、经营权出租等方式盘活存量资产，实现资产经营效益最大化。重点解决遗留问题，经过多方协调和努力，完成马驹桥镇北门口村原德佳牧业3[illegible]亩土地的确权工作，取得土地证和房产证，解决了遗留多年的历史问题。二是对公司管理的全部非经营性资产进行专项调研。对于公司管理的近100万平方米的非经营性资产，公司责成专人负责对这些非经营性资产管理工作进行专题调研，形成调研报告，并对管理中可能出现的问题，制定出有针对性的解决方案，重在管理上下工夫，为公司统筹资金使用提供确切依据。

（陈文清）

【小区基础设施管理】 金通公司管理近100万平方米的非经营性资产，属于公司改制、重组、破产企业遗留的职工宿舍楼。公司在加强日常物业管理工作同时，多方筹集资金，继续对部分小区进行锅炉更新、水电路改造、楼顶防水工程、路面硬化、楼门亮化、环境改造等工作，解决突出问题，实实在在地为群众办事。年内，为解决管辖内老旧小区楼房楼顶漏雨严重的问题，公司先后为冷冻小区（半壁店大街100号）、化六小区（西营前街41号楼）等处进行楼顶防水工程，解决居民反应强烈的大问题；改造潞潮佳苑小区、冷冻小区、木材厂宿舍楼的下水管道，改变原来小区楼前污水横流的老大难问题；给电机厂17户居民的平房屋顶进行修缮，使他们能够安心度夏；为潞潮佳苑小区新做了近4000平方米的绿化工程、新辟居民停车场和羽毛球场等配套设施，美化小区居住环境，同时也为小区居民提供良好健身休闲环境。此外，针对皓月苑和果园西两个商品房小区楼顶漏雨问题，公司积极与开发商新建房地产开发公司进行沟通协商，利用开发商的房屋公共维修基金为94户业主的楼顶防水层进行维修，解决两小区楼顶漏雨问题。

（陈文清）

【离退休人员管理工作】 金通公司管理着近5000名离退休职工，在保证落实各项待遇的同时，从政治上、思想上关心他们，为离退休职工创造良好的条件，提供有效帮助，确保了离退休职工队伍整体稳定。2009年，在北京市人力资源和社会保障局统一安排部署下，开展参保人员医疗保险个人信息与北京市人口信息库中对应信息首次集中对比工作，针对对比结果不一致的情况，进行个人信息多次采集、确认等工作。年内，按国资委工作部署，金通公司接收了原北京华飞化工总公司的离退休人员。针对原单位拖欠离退休人员几年的取暖费等费用情况，进行了重新登记清理和报销等工作，以热情、耐心服务接待各种来访、做好详尽细致的解释工作，使各项接收工作顺利完成，未出现一起矛盾激化或上访的现象。

（陈文清）

【完成拆迁工作】 全力保障各项政策的实施。根据区里的统一规划，需对金通公司管辖的上营棚户区、西门市场进行拆迁。金通公司积极配合新城基业及区住房城乡建设委等有关部门对上营地区的自管公房、国有土地房屋的拆迁工作，积极与每个住户沟通，宣传政策，避免部分群众的上访行为。西门市场为股份合作制企业，金通公司占有大部分股权，但重大事项由股东会决议，公司积极协调，克服困难，出色地完成西门市场的关、停及拆迁工作。

（陈文清）

【做好安全生产和信访维稳工作】 针对本公司权属单位量少、面宽、经营分散等生产特点，金通公司党委高度重视安全生产工作，经常对安全生产隐患进行拉网式排查，建立安全事故问责制，2009年度没有发生一起安全生产责任事故。针对部分职工群众特殊遗留问题，公司把信访的关口前移，进行认真排查，做到心中有数。年内，接待职工来信来访27批次100多人次，收到信件和上级转办件15封，通过调查核实，全部予以解决并做出较为圆满的答复。

（陈文清）

【做好新老小区交接工作】 2009年，金通公司接管了原北京方瑞铸造有限公司（原称铸锅厂）、原牧机公司位于通榆大街88号家属楼、果园西和皓月苑两个商品房小区的非经营性资产。为15户职工办理房改售房手续。通过细致、周到服务，使交接工作顺利进行，平稳过渡。

（陈文清）

乡镇工业

【概　况】 2009年，全区乡镇工业企业完成现价工业总产值421.7亿元，同比增长11.3%，占区域工业总产值的91.6%；完成销售收入436.97亿元，同比增长11.9%，占区域工业销售收入的90.9%；实现利润16.67亿元，同比增长14%，占区域工业实现利润的88%；完成工业增加值91.17亿元，同比增长10.8%，占区域工业增加值的90.2%；上缴税金26.06亿元，同比增长17.9%，占区域工业上缴税金的91.2%。

（张　健）

【标准厂房建设】 本区产业基地标准厂房建设项目得到农业部、市农委、市乡镇企业局的高度认可，其经验在全市范围内进行广泛推广。截至年底，全区园区、产业基地累计建设标准厂房96.1万平方米，总投资34.45亿元，出租面积69.1万平方米，出租率达到73.5%；入驻企业175家，已投产企业151家；解决本地劳动力1755人。

（张　健）

【大力盘活闲置土地】 把盘活存量、增加总量、集约利用土地资源提高发展质量作为突出任务来抓，通过重组引进、转换企业经营机制等多种措施，重点盘活闲置的乡镇企业工业用地和闲置的行政事业用地，让土地发挥最大效益，工作经验在全市进行重点推广。2009年，盘活土地67处，盘活闲置厂房面积19.2万平方米，盘活闲置资产总额17.6亿元，闲置资产盘活工作取得显著成效。

（张　健）

【基础设施建设】 抓好电站建设工作。相继完成永顺、烟厂、马驹桥、于家务、永乐店、徐辛庄、漷县、皇木厂、玉甫、纪庄等18个变电站的建设。8个电站取得市发改委共9000余万元的资金支持，为本区经济发展提供了坚强的电力保障。通过实施“0812”工程和新农村电气化工程，全区电网运行方式得到极大改善，电网可靠性大幅提高，为乡镇经济社会发展和改善农民生产生活条件营造了良好用电环境，为新农村电气化创造了良好的硬件条件。高度重视电力设施安全隐患治理。经过集中整治，市级260处线下重点隐患整治任务全部完成，共清理违章建筑1万余平方米，清理、移栽、削尖树木3万余棵。60周年国庆等重大活动期间，对本区重点线路的防护工作采取“专群结合”的方针，在11个乡镇选拔、培训线路守护员475人，确保24小时不间断巡查值守，保证了本区1418个塔基设施的安全运行。

（张　健）

【召开乡镇产业推进及帮扶企业工作汇报会】 9月28日，本区召开乡镇产业推进及帮扶企业工作汇报会，会议布置了全区“保增长”工作和帮扶企业工作，通报全区三季度工业运行情况，研究全区企业当前面临的主要问题。区领导张华出席会议并作重要讲话。

（张　健）

【市督导组到通州区检查指导帮扶企业工作】 4月28日，北京市帮扶企业应对国际金融危机督导组第四组组长彭凯等一行三人到通州区检查指导帮扶企业工作情况。督导组先后对福耀集团北京福通安全玻璃有限公司和北京通美晶体技术有限公司进行了实地考察，深入了解企业应对金融危机过程中面临的困难及目前的经营状况，同时听取了张家湾镇关于经济社会发展基本情况的介绍。区工业局副局长邵明红就本区帮扶企业应对国际金融危机采取的相关措施、取得实效等作了详细汇报。

（张　健）

【北京卷烟厂完成搬迁工作】 北京卷烟厂易地技改项目是国家烟草专卖局“十五”技改规划项目。项目位于通州区大稿村，总投资预计12.48亿元，设计生产规模50万箱，年销售收入38亿元，总税收16亿元，占地面积513亩，(其中：建设用地370亩，代征地143亩)，建筑面积18.6万平方米。2006年12月29日，在通州区大稿村新厂址举行开工奠基典礼。先后完成联合工房建设工程，建筑面积83838.8平方米；动力中心建设工程，建筑面积6906平方米；科研办公楼工程，建筑面积18016.2平方米；培训楼工程，建筑面积4485平方米；厂区大门、道路工程、厂区绿化及路灯工程基本完成；35千瓦电站工程；天然气工程；2009年10月，北京卷烟厂进行停产搬迁，10月3日卷接包设备搬迁全部迁入位于通州区大稿村新厂址，设备投入使用，11月2日举行升旗仪式，搬迁工作完成。

（张　健）

园　区

概　述

2009年，园区克服重重困难，积极帮扶企业应对金融危机，坚持高端发展、集聚发展、品牌发展、创新发展，以狠抓产业项目落地为中心，积极推进基础设施建设和土地开发，不断创新发展模式，为全区"三保"工作，特别是保持经济快速增长做出突出贡献。园区全年实现总收入403亿元，同比增长18%；利润总额18.6亿元，同比增长17.9%；工业总产值185亿元，同比增长12%；工业增加值36.8亿元，同比增长9.5%；税收21.2亿元，同比增长30.1%，占全区税收总额25.3%。光机电基地税收突破9亿元，金桥基地、物流基地税收增幅分别达到54%、34%，商务园、永乐开发区和宋庄集聚区税收实现新的突破。项目引进水平不断提升。园区全年引进99家企业，协议投资总额264亿元，同比分别增长20.7%、59.8%。土地利用更加集约。18个亿元以上项目，协议投资总额260亿元，平均亩投资额为705万元。产业项目建设进展顺利。63个园区建设项目，总投资达169亿元。竣工项目10个，总投资10.1亿元；在建项目28个，总投资98.2亿元；拟开工项目40个。园区标准化厂房面积达到93万平方米，厂房出租率达到70%以上。全年租赁厂房项目78个，总投资额4亿元，租赁面积7万平方米。基础设施日新月异。全年开工建设园区道路20条，里程21.7公里。安排基础设施项目28个，投资近10亿元。土地一级开发加快推进。园区土地一级开发投入资金25亿元。土地挂牌上市交易19宗，完成供地2216亩。积极创新开发模式。光机电基地与经开公司合作，解决土地开发融资难题，延伸高端项目信息渠道。商务园和清华、金融街等知名合作伙伴开展市场化合作，破解资金难题，提高园区知名度。初步破解和珠江公司合作难题，珠江公司在园区发展实现有退有进，更加突出合作重点。宋庄文化集聚区与区土地储备中心合作，加快土地开发速度。创新枢密院招商引资模式，整合行业协会等优质资源，加快名酒产业集聚发展。帮扶企业成效明显。成立帮扶机构，制定工作方案，建立调度会制度。建立工作台账，及时、准确报送企业存在问题。争取市里专项帮扶资金2500万元，设立3000万元的中小企业扶持专项资金，为338家企业落实岗位和社会保险补贴3127万元，为74家企业提供贷款担保2.6亿元。积极做好与中关村科技园的政策对接，争取帮扶企业发展联合支持资金、中小企业创新基金和小额贷款资金等资金补贴2200万元。实施产业口八个部门联系园区制度。服务产业发展能力不断提高。完善重大项目联席会议制度、区领导联系重点项目制度等一系列促进产业发展机制，加大项目协调督办的力度，相继研究制定《通州区促进产业发展暂行办法》等一揽子产业发展相关政策。设立1.1亿元的产业发展专项基金，重点支持符合定位的二三产业融合发展。园区品牌形象进一步提升。积极推进园区特色化发展，深化产业定位研究，促进园区差异化发展。研究促进电子商务产业发展有关政策和发展规划，确定商务园、开发区西区“一主一辅”空间结构，被中国电子商务协会授予“中国国际电子商务示范基地”称号。光机电基地编制生态型园区总体规划。开发区东区以北汽控股动力总成项目为依托，全力打造汽车零部件为主高新制造业基地。开发区西区全力打造数字文化产业园。24家企业通过国家高新技术企业认定，74家企业通过中关村高新技术企业认证，15个产品被列入北京市自主创新产品目录，进入政府采购范围。积极举办各类推介宣传活动，商务年会等活动影响力逐年增强，积极参加各类推介活动，产业知名度逐渐提高。

（郭庆云）

北京通州经济开发区西区

【概　况】 2009年，通州经济开发区西区不断改革创新、积极进取，各项事业保持全面协调发展，各项工作稳步推进。全年入区企业累计达到58家，实现工业总产值37.2亿元；实现工业产品销售收入36.9亿元；工业增加值7.2亿元；出口销售收入4.3万美元；利润总额1.3亿元；完成国地两税2.24亿元，其中总部型企业完成税收6909万元，同比增长18%；南扩区总部型企业全年完成税收5405万元，增长14.49%。万元产值能耗百分比下降到10.2%，比上年下降0.7个百分点。规模以上企业运营质量稳步提高，全年有12家企业产值过亿元，3家企业税收过千万元，4家企业税收过500万元。全年引进实体项目8个，总占地约1080亩，协议投资总额48.6亿元；全年引进总部型企业414家，新增税收200余万元。年内开复工项目6个，建筑面积9.87万平方米，总投资4.14亿元。11家企业被评为通州区2009～2010年度纳税信用A级企业。

（孙　丽）

【为征地村庄转非人员补缴社会保险工作】 3月6日，通州经济开发区西区拆迁办积极组织力量，协助张家湾镇政府社保所，为梁各庄符合规定的转非人员办理补缴社会保险有关手续，同时邀请区公证处人员对该村个人的安置协议书进行公证。至年底该项目工作全部完成，为该村327人办理补缴社会保险手续，并对344人的安置协议书进行了公证，解决了该村转非人员今后生产、生活的后顾之忧，维护了园区和谐稳定。

（孙　丽）

【园区征地遗留问题彻底解决】 3月19日，张家湾镇政府、开发区西区会同区公证处等部门，协调梁各庄村委会，为梁各庄村8名农转工安置人员办理补缴社会保险手续，并对签订的安置协议进行公证，确保8人顺利纳入社会保障体系，为农转工安置人员给予安置工作，按文件规定签订无固定期限劳动合同书。至此，困扰开发区西区多年的梁各庄村农转工人员遗留问题得到彻底解决。

（孙　丽）

【张家湾数字科技企业孵化中心招商成果显著】 2009年，园区内企业张家湾数字科技企业孵化中心招商引资工作取得显著成果，已有北京张家湾数字科技发展有限公司、爱涛信科国际通信技术（北京）有限公司、北京华泰中昊投资有限公司、北京张家湾众邦投资管理有限公司等10余家目标客户提前在开发区注册，待孵化中心建成后正式入驻，另有惠普销售公司、中元国信、锐创集团、筑都方圆建筑设计有限公司等20余家行业知名企业确定入驻意向。

（孙　丽）

【美国iTalkBB公司入驻园区】 3月20日，

美国 iTalkBB 公司在开发区设立爱涛信科国际通信技术（北京）有限公司签约仪式举行。该公司是进行中小企业互联网和个人即时通讯网络应急响应中心项目，总投资 286 万美元，注册资本 200 万美元。公司经营范围：计算机软硬件的开发，通讯网络系统的安装、维护，通讯网络安全系统的技术开发与维护等。

（孙　丽）

【吉林森林工业股份有限公司销售中心入驻园区】 5 月 8 日，中国吉林森林工业集团有限责任公司与通州经济开发区西区管理委员会签署合作协议，吉林森林工业集团销售中心迁入开发区。公司购买北京汇港嘉业科技发展有限公司 4 号研发楼作为销售中心，研发楼用房约 6000 平方米，同时计划再购买 3 号楼约 8000 平方米用于今后发展。将“金桥”牌实木复合地板、“露水河”牌刨花板、“霍尔茨”门业、“泉阳泉”牌长白山天然矿泉水、森林食品等四大中国名牌产品的销售汇集到此。项目总投资 2.5 亿元。副区长张华等相关领导参加签字仪式。

（孙　丽）

【召开民营企业招聘会】 5 月 15 日，张家湾镇政府、通州经济开发区西区联合举办张家湾镇民营企业招聘洽谈会，16 家企业参加本次招聘会，提供用工岗位 291 个。前来参加招聘会的人员有 860 多人，189 人与用工单位达成就业意向，发放各种宣传材料 350 份。开发区北京鸿仪四方辐射技术有限公司、北京东兴堂科技发展有限公司等 7 家企业参加本次招聘活动。

（孙　丽）

【协助中小企业开拓海外市场】 7 月，开发区西区协助北京东兴堂科技发展有限公司在市商务委员会申请成立北京东兴堂科技发展有限公司香港办事处，主要负责中药饮片及单位产品的批发销售。该公司建立的销售网络辐射华东、华南、华北、东北。香港办事处的设立，便于产品销往港澳地区、东南亚各国乃至欧洲、美国。

（孙　丽）

【北京市辐射消毒灭菌基地加速器厂房建设工程】 入区企业北京鸿仪四方辐射技术有限公司为进一步扩大生产规模，自筹资金建设北京市辐射消毒灭菌基地加速器厂房及配套工程，规划建筑面积 8843.9 平方米，配套设施（三期）1748.9 平方米，其中仓库 1628 平方米、热交换站 120.9 平方米。项目总投资 800 万元。

（孙　丽）

【沈飞集团铝业幕墙总部项目入驻园区】 10 月 14 日，沈阳沈飞集团铝业幕墙工程有限公司与开发区西区正式签订入区协议。将沈飞铝业幕墙工程有限公司及天津的玻璃幕墙生产基地迁入新址，并在新址建设展示中心及结算中心。项目总占地 58 亩，新项目计划总投资 3 亿元。

（孙　丽）

【金城瑞佳家具销售有限公司入驻园区】 10 月 20 日，金城瑞佳家具销售有限公司与开发区西区签订入驻协议。该公司主要生产高档办公家具，主要客户为国家各大部委及省会城市政府。新项目规划占地 200 亩，总投资 6 亿元，建设集办公家具研发、生产、销售为一体的集群基地，副区长张华等相关领导出席签约仪式。

（孙　丽）

【北京新华都特种变压器有限公司入驻园区】 10 月 30 日，北京新华都特种变压器有限公司与开发区西区签订入驻协议，该公司计划将原公司朝阳及燕郊的生产基地、研发中心一并迁入新址，项目总投资 3 亿元。签订地块为京华客车闲置的二期地块，该地块总占地 56.41 亩。

（孙　丽）

【闲置资源盘活】 方和正圆标准厂房项目全年签约 4 个项目，分别为：德国克鲁斯中国有限公司、万国纸业（北京）有限公司、齿科美容项目、北京专业隐形眼镜生产项目。项目总投资2600余万元，租赁厂房面积6890平方米。南扩区闲置的6期地块与北京金城瑞嘉家具销售有限公司签订入区协议。项目占地200亩，建设办公家具、建筑、建筑材料、内外装饰等集总部结算、研发、生产、销售为一体的集群基地。

（孙 丽）

【基础设施建设】 年内，开发区投资300万元修建一条排污管线，解决开发区内垂柳路东侧企业的排污问题，开发区西部各企业污水集中排放进入开发区污水处理厂，经处理达标后排放。新建排污管线总长度为2100米，其中包括两条支线各300米。

（孙 丽）

北京通州经济开发区东区

【概 况】 2009年，北京通州经济开发区东区入区企业实现工业总产值14.2亿元，销售收入18.2亿元，工业增加值2.8亿元，完成税收1亿元。北京潞电电气有限公司、北京首嘉钢结构有限公司、北京北内发动机零部件有限公司等重点企业对园区经济的拉动作用突出。招商引资成绩显著，引进北京汽车动力总成有限公司、北京冶科纳米科技有限公司、北京珠江钢琴制造有限公司3家企业，协议投资总额113.4亿元。完善园区开发建设，全年投资2600万元完善基础设施建设，满足大项目入驻需求。加快在建项目建设进程，年内实现开复工面积4.7万平方米，中冶焊接科技有限公司竣工投产。

（沈 娟）

【确定园区主导产业】 开发区东区与北京科学技术研究院轻工业环境保护研究所深入合作，对产业定位成果进行完善，确定节能环保为主导产业，并通过西集镇第五届樱桃节进行发布。重点打造以潞电ABB为核心的电气节能、以中冶焊接基地和乔治费歇尔等为核心的建筑节能、以北内发动机零部件为核心的交通节能、以ITO靶材为核心的科技节能等四大板块，着力引进一批符合产业定位的高质量项目入驻，加快园区产业集聚。

（沈 娟）

【招商引资成效显著】 全年引进入驻企业3家，协议投资总额113.4亿元。5月，北京冶科纳米科技有限公司项目正式落户园区。项目总投资2.3亿元，占地72亩，设计年产ITO靶材100吨，产值6亿元。9月，北京珠江钢琴制造有限公司项目落户园区，项目总投资1.5亿元，占地22亩，设计年产钢琴1.2万套，产值2亿元。12月，北京汽车动力总成有限公司项目落户园区，总投资109.6亿元，总建筑面积59.3万平方米。项目计划分两期建设。一期至2015年，投资65.9亿元，建筑面积50.8万平方米。二期2016年至2020年，投资43.7亿元，建筑面积8.5万平方米。

（沈 娟）

【开展宣传推介活动】 开发区东区加大对外宣传工作力度，提升园区形象，营造品牌效应。与西集镇政府共同制作电视宣传片和宣传画册，通过第五届樱桃节启动仪式暨开发建设推介会向国家、市、区有关部门、重点企业和行业协会全方位推介园区，并在《北京日报》设立专版，对园区进行推介，取得较好效果。另外，积极参加展会，扩大宣传辐射范围，参加2009中国国际新能源暨节能环保产业展览会，与多家企业进行了接洽，并有多家企业到开发区考察。

（沈 娟）

【完善基础设施建设】 继续完善园区基础设施建设，提升园区配套条件。全年新增基础设施投资2600万元，1#供热中心工程总投资1920万元，具备使用条件；供热管线工程总投资640万元，于9月竣工，达到使用条件；中冶焊接供电专用线路工程总投资360万元，工程竣工正式为企业供电。

（沈 娟）

【土地开发与回收】 加快土地一级开发和回

收工作，保障项目入驻用地。土地一级开发：园区二期征收土地取得征地批复，包括：C1，A19–20，A10–11、A24，B13–15，D15–23及AD地块道路，共计942.7亩。其中A19–20、A10–11、A24、C1及道路用地共计610.7亩完成土地征地结案工作；D5–D7、A21–A26号地块土地一级开发项目完成立项、规划意见书、土地预审等工作。土地回收工作：在区委、区政府和区园区管委会的大力关注和积极协调下，北京珠江投资开发有限公司同意转让其在开发区用于建设包装印刷中心的388.9亩产业用地，开发区与珠江公司签订回收协议。

（沈　娟）

【全力做好企业服务工作】　开发区东区通过对企业经营现况进行调研，制定相应措施为企业做好服务。一是落实扶持政策，减轻企业负担。帮助北京奔驰衬衫有限公司等3家企业申请职工保险补贴及岗位补贴，补贴资金已到位。协助中冶焊接基地等2家企业申请办理工业投资项目政策贴息工作，通过项目评审。二是加强银企沟通，拓宽企业融资渠道。帮助奥鑫模板、科胜内燃机等4家企业积极申请贷款。其中奥鑫模板300万元贷款资金到位。三是解决企业困难，为企业发展出力。针对企业管理问题，举办劳动合同管理等培训班，为企业突破发展瓶颈指路。针对企业用人问题，及时帮助中服服装、潞电钱江等8家企业招聘400余人，解决了企业用工需求。

（沈　娟）

中关村科技园区通州园光机电一体化产业基地

【概　况】　2009年，光机电基地全力以赴保增长，全年累计完成工业总产值97亿元，同比增长20%；实现总收入200亿元，同比增长18%；产生利润11.6亿元，同比增长16%；上缴税收9.3亿元，同比增长24%，分别完成全年任务的114%、100%、100%和109%，圆满完成年初制定各项经济指标。基地占全区税收约九分之一，同比继续增长，税收贡献持续增强。园区规模以上入驻企业仍是拉动经济增长的重要因素。2009年，税收过千万元企业从8家增至11家，实现税收7.61亿元，占到总体税收的82%。其中过亿元企业增至3家，分别是李宁3.77亿元、摩比斯1.26亿元、天宇1.08亿元（包括百纳威尔）。房地产和汽车零部件企业税收均比上年有大幅增长。光谷和新华联2家地产公司实现税收5770万元，税收贡献突飞猛进，同比增加16倍。摩比斯、比亚迪、东南压铸等6家汽车零部件企业实现税收1.7亿元，占基地总额的18%，税收比例有所增长。全年引进注册企业100余家，注册资金超过1亿元，上缴税收约3000万元。

（张婷婷）

【招商工作再创佳绩】　2009年，基地及时调整思路，创造招商新模式，成功引进各类项目35家，亿元以上大项目3家，协议投资总额85.83亿元，超额完成全年60亿元的引资目标。其中标准厂房项目33家，合作开发项目1家，总部经济项目1家。北京经开投资开发股份有限公司规划投资总额80亿元，占地约1500亩，在基地建设相对独立、配套完善的高端产业园区，打造可吸引近千家企业入驻的总部集聚区。继李宁公司之后，又一大知名运动品牌中国动向集团（KAPPA）与基地签订初步合作协议，计划投资2.5亿元，该项目将促成基地形成具有运动品牌特色的产业集群。

（张婷婷）

【项目建设全面推进】　2009年，基地加大协调服务力度，采用专人跟踪负责制，加快手续办理速度，项目建设顺利进行。全年新开工项目5家，投资总额5亿元；复工项目11家，投资总额25.3亿元；竣工项目10家，竣工总面积25万平方米。其中列入区政府重点产业项目6家（三合嘉逸、天宇朗通、数码港、北京邮政分拣中心、北京医疗器械检测所、卫星导航公司二期），折子工程项目3家（三合嘉逸、天宇朗通、国际电子商务中心）。此外，基地第一块住宅用地成功上市，交易成功。北京润通鸿业有限公司通过招拍挂程序，斥资15.3亿元取得E地块二级开发权，对缓解基地资金压力、平衡园区二、三产业格局和提升园区整体品质具有重大意义。

（张婷婷）

【土地一级开发取得新进展】 2009年，园区土地一级开发实施方案及审计报告编制完成，G地块一级开发合作项目再次成功签约，征地工作进展顺利，拆迁工作稳妥推进，全年有284户村民签订补偿协议，累计腾退土地668亩，协议补偿总额8553万元。其中林地300亩，协议补偿总额1270万元；房屋8.3万平方米，协议补偿总额7000万元。

（张婷婷）

【生态型园区建设初见成效】 2009年，委托专业机构对基地生态园区建设规划和生态园区建设技术报告两份文件进行编制。根据中关村管委会提供的政府采购目录，使用LED太阳能路灯200多根，铺设透水步道砖3.2万平方米，为基地环保事业做出贡献。基地获得北京中关村国际环保产业促进中心授予的“生态园区建设优秀合作单位”荣誉称号，生态型园区建设成果获得表彰。

（张婷婷）

【资金运营日趋科学合理】 基地认真研究相关优惠政策，争取多方资金支持。2009年，争取各种到账支持资金1800多万元，生态型园区建设获中关村资金支持260万元，道路基础设施获支持资金4000万元（待市发改委批复）。基地进一步解放思想，积极探索融资新方法，发起成立北京光谷小额贷款公司，重点向农户、中小企业提供信贷服务。公司注册资金5000万元，其中光谷公司出资1500万元。基地力求节约和减少成本，积极协调有关部门，申请减免公路路产赔偿63万元，减免道路挖掘补偿100余万元。此外，投资2.6亿元入股经开公司股份1亿股，对基地下一步发展产生积极作用。

（张婷婷）

【园区综合环境日益完善】 2009年，基地基础设施及配套服务进一步完善，全年完工道路4700米，开复工道路6条。其中新开工建设4条、复工建设2条；改扩建道路2条，包括渠羊路和铺西路。科创三街、兴光二街、兴光三街、经海五路、经海七路等5条道路全部竣工通车。截至年底，市政配套管线总长度达25.8万米，步道砖、路灯等全部采用节能环保产品。投资1.2亿元建设的110千伏变电站正式投产运营。园区新增绿化面积8万平方米，总面积达70万平方米。

（张婷婷）

【开展宣传推介工作】 2009年，基地利用多种渠道宣传推介园区，参加北京新城规划展、通州商务年会，北京电视台拍摄并展播基地宣传片，人民网、《北京日报》等国家级媒体跟踪报道大型活动，《通州时讯》专版2次报道基地发展情况，《信息快报》等区级文件发表信息70多条，接待各界领导参观考察30余批次，撰写各种汇报材料近80篇。及时更新沙盘演示系统，针对不同项目策划专项宣传方案，规范道路名称，调整道路标识，同时做好广告牌宣传工作。

（张婷婷）

中关村科技园区通州园金桥科技产业基地

【概　况】 2009年，金桥基地按照“一个坚持、两个确保、八个推进”开展工作，针对金融危机的不利因素影响，集中精力、突出重点、真抓实干，实现总部项目和重大项目新突破，确保全年各项经济指标超额完成。2009年，金桥基地主要经济指标稳步增长，实现总产值33.8亿元，实现总收入45.7

亿元，完成税收4.24亿元，同比分别增长15.3%、40.2%和53.5%，分别完成年度计划的102.4%、126.2%和127.7%。

（王　跃）

【招商引资工作成绩显著】 2009年，金桥基地引进利星行（北京）产品支持中心、北京中鼎泰克冶金设备有限公司2家总部型落地项目，总占地面积130亩，总投资7.7亿元；引进河北巴迈隆集团、北京泽桥生物技术有限公司、山东省东营市东德商贸有限公司等研发型项目14家，总购买面积16381.58平方米，规划投资4.4亿元，达产后年形成税收9700万元；引进厂房项目41个，租售总面积3.6万平方米，引进投资5.4亿元。

（王　跃）

【项目建设稳步推进】 2009年，金桥基地开复工项目11个，开复工总面积117万平方米，总投资59亿元。其中珠江逸景家园（一期）、捷宸阳光（一期）竣工，萌蒂制药、嘉事堂生物医药、凯隆分析仪器、联东研创企业园（二期）4个项目年底竣工，竣工面积达34万平方米；拟建项目13个，其中同益中、实力源、华夏证章（二期）、艾华宏立和珠江逸景科技园5个项目完成土地出让工作；年内新引进的奔驰汽车支持中心、中鼎泰克等3个项目全部完成土地招拍挂工作。

（王　跃）

【奔驰项目签约落地】 7月29日，利星行奔驰（北京）产品支持中心项目与基地正式签约，区委书记王云峰、区长邓乃平、副区长张华参加签约仪式。该项目拟建设奔驰汽车华北区物流、配送、认证检验中心和4S店。主要进行奔驰汽车的维修及售后服务，汽车装潢装饰，零部件的生产、加工、批发及销售，自营和代理各类商品和技术进出口，技术咨询、培训服务，汽车展示，汽车租赁以及奔驰汽车各种代办服务等。项目总投资5.5亿元，占地面积102亩，建筑面积67000平方米，设计达产后年产值12亿元、完税5600万元以上、新增就业岗位390人。

（王　跃）

【北京玲珑轮胎有限公司项目开工建设】 5月22日，北京玲珑轮胎有限公司项目在金桥科技产业基地举行开工典礼，该项目总用地面积112433平方米（168.65亩），总建设用地面积77006平方米（115.5亩），建设控制规模154000平方米，总投资额52000万元。该项目将建设成为集总部研发、检测和销售于一体的子午线轮胎系列产品的研发检测中心，规划总建筑面积154000平方米，附属设施总占地面积400平方米。规划建设期从2009年6月到2011年6月。项目建成后，设计产值达20亿元，建设期内每年完成税收5000万元，全部投入使用后年纳税预计2亿元左右。

（王　跃）

【高效推进企业帮扶工作】 2009年，金桥基地大力推进服务环境创新，和谐、高效推进企业帮扶工作。组建帮扶工作领导机构，确定“积极细致、上门服务、真抓实干”的帮扶原则；同时，联系经信委、科委、工商、税务、规划、住建委等部门召开协调会，处理重要项目的重点资质、重要资助及土地、规划、建设手续等重点问题。2009年，基地汇总国家、市、区各类支持政策43件，先后组织培训会10次，协调区经信委、区科委等相关部门到基地现场办公，确保各类扶持政策高效落实；组织49家企业申报中关村高新技术企业，并全部通过审核。截至年底，中关村高新技术企业协议投资额达41.2亿元，占基地协议总投资额的48.3%；协助企业向发改委、经信委、中关村管委会等部门申请资金7571万元。

（王　跃）

【市委书记刘淇到基地调研】 2月11日，中共中央政治局委员、北京市委书记刘淇到通州调研经济工作，在市委常委、市委秘书长李士祥，副市长苟仲文、程红，区领导王云峰、张永明、张华陪同下到基地内企业联东U谷、桑德集团、康龙化成3家企业进行实地考察。

（王　跃）

【企业技术创新成果显著】 北京世纪联保消防新技术有限公司研发的脉冲超细干粉自动灭火装置，广泛用于汽车、建筑物的灭火，获发明专利，并获得中关村创新基金35万元。北京中纺锐力机电有限公司研发的混合动力城市客车节能减排关键技术，获发明专利，并获得国家科学技术进步二等奖。其旗下产品“电动车用开关磁阻电机驱动系统”和“高性能伺服型开关磁阻调速系统”入选北京市自主创新产品目录。北京蓝畅机械有限公司研发的“ZP4800/17/35型支撑掩护式铺网液压支架”、“ZZ3400/15/30支撑液压掩护式液压支架”、“ZF2600/16/24放顶煤液压支架”综合采煤液压支架系列产品，获得国家专利局颁发的实用新型专利证书及国家煤科院颁发的“矿用产品安全标志证书”，并获得市经信委流动资金贴息支持9万元。华东电气公司研发的成套配电柜项目，获得市工信委、科委、商务局支持资金234万元。邢钢、甘李、海斯顿、蓝畅、博海升获得中关村保增长支持资金共计29万元。

（王　跃）

北京通州物流基地

【概　况】 2009年，物流基地坚持以建设现代化物流园区为目标，围绕通州新城建设，以项目建设为重点，以创新招商模式为突破口，不断提高开发管理水平，基地基础设施进一步完善，发展环境不断优化，一个新型现代化物流园区框架基本形成。年内，基地经济运行态势良好，工作任务超额完成，全年完成销售收入76.5亿元、利润2.73亿元、税收3.34亿元，分别增长26%、27%和34%；项目引入取得新突破，全年引入实体投资企业3家，协议投资10亿元；基地设施建设同步推进，承载力和保障力明显增强；项目开工建设步伐加快进行，全年开工项目4个，实现开工面积40万平方米；队伍建设得到加强，实行工作落实责任制，强化制度建设，完善督查考核工作机制，进一步提高基地运营管理的规范化、科学化水平。

（曹志远）

【签约项目开工建设规模超前】 2009年，物流基地继续优化发展环境，为入区企业提供优质高效的全程服务，大力推进项目建设步伐。华润物流（北京）有限公司、北京颐世中鸿科技发展有限公司、北京苏宁电器有限公司（二期）、北京兴贸国际货运有限公司（二期）4家企业陆续开工建设。全年开复工面积达到40万平方米，竣工5万平方米。

（曹志远）

【招商引资工作取得新进展】 2009年，基地新引入北京宝联成衣有限公司、深圳华强集团、北京邦达地产有限公司3个实体投资项目，协议投资额10亿元。并与上海宇培集团、中铁物流集团、中外运久凌储运有限公司、北京海丰宝物流有限公司等项目积极进行洽谈。截至年底，基地累计引入实体投资企业48家，注册企业110家。

（曹志远）

【刘淇到物流基地调研】 2月11日，市委书记刘淇等领导到基地入驻企业苏宁电器（北京）配送中心调研。刘淇肯定了企业对首都经济发展做出的贡献，听取了企业负责人详细汇报，了解了企业所遇到的困难。区领导王云峰、邓乃平陪同调研。

（曹志远）

【举行华润物流项目奠基仪式】 5月8日，举行华润物流项目奠基仪式。项目总投资2.75亿元，占地174亩，建筑面积9万平方米，主要建设华润物流和华润万家超市华北区交易结算总部，主要实现华润万家北京地区门店的物流配送。北京市商务委员会副主任闫小彦、区领导王云峰、邓乃平、岳鹏、张勇、张华以及相关委、办、局领导出席奠基仪式。

（曹志远）

【召开通州商业物流发展恳谈会】 4月1日，北京通州商业物流发展恳谈会在物流基地举行。北京当代商城、翠微大厦、北京永外城文化用品市场、大荣物流、北京东方友谊食品配送公司等20余家知名商业及物流企业参加会议。恳谈会为基地与企业、入驻企业与潜在服务客户之间搭建了桥梁，为基地实现“合作共赢，共同发展”创建了平台。区商务局、市物流协会、市商联会领导出席会议。

（曹志远）

【举行比亚迪总裁研讨会】 11月13日，基地举行比亚迪总裁研讨会，来自全国各地的50余家企业参加会议。研讨会从企业盈利、营销方案等方面介绍了比亚迪公司的发展历程，为参会企业家提供企业发展的宝贵经验。研讨会为各企业提供了合作机会，促进企业间建立横向联系。

（曹志远）

【校外人才培养基地建设启动】 11月19日，2009年北京高等学校市级校外人才培养基地授牌仪式举行。物流基地被列为2009年北京高等学校市级校外人才培养基地建设单位。12月2日，物流基地与北京工业大学实验学院举行大学生校外实践教学及就业基地签约揭牌仪式，标志着物流基地校外人才培养基地建设正式启动。

（曹志远）

【生活区开发项目全面启动】 生活配套区是全区144亿元土地储备项目，列入市级“绿色通道”。2009年，项目开发工作取得新突破，完成开发方案调整工作，通过了四委联席会审查，确定区土地储备中心为开发主体；获得区土地储备中心开发授权，确定基地作为项目实施主体；协调解决征地问题和市政投资额度问题。下半年，项目开发全面启动，完成资金投入1.4亿元。

（曹志远）

【安全生产工作成绩显著】 2009年，物流基地在抓基地开发工作的同时，突出做好安全生产工作。加强组织领导，成立领导小组，明确责任和工作分工；制订各种防范和应急预案；进行经常性的安全生产检查，发现的安全隐患全部排除；围绕“安全生产月”和“消防宣传月”，组织开展内容丰富的宣传活动。全年基地安全形势良好，全年未发生安全生产事故，被区防火委评为“消防安全先进单位”。

（曹志远）

北京市通州新城金融服务园区

【概　况】 北京市通州新城金融服务区（北京市通州商务园）是北京市委、市政府为大力发展金融业重点规划建设的四个金融后台服务区之一，是通州区委、区政府调整产业结构，大力发展现代服务业，重点打造的高端商务功能区。商务园位于通州新城西北部，分布在温榆河两岸，总规划面积7.3平方公里。一期开发面积2.96平方公里，分10个地块开发建设，计划总投资41亿元。园区依托温榆河，与CBD形成功能互补，构建滨水生态、低密度（综合容积率0.8～1.5）、花园式高端商务办公集聚区，产业定位是金融后台服务基地、效率型国际总部基地、新型服务业孵化基地。园区采用“政府主导、市场化运作、国际化管理”开发模式，由通州区政府和清华紫光集团共同组建、知名国际公司参股的通州商务园开发建设公司实施土地一级开发；商务园管委会在园区总体推进、产业规划、征地拆迁、手续办理等方面发挥主导作用。2007年，园区启动开发建设，截至2009年底，园区开发建设进入实质性阶段：一期8个授权地块拆迁工作进入收尾阶段，首批地块具备入市交易条件，外围路网基本循环贯通，内部市政道路、景观、电力等基础工程全面启动，金融街控股、阳光保险总部等大型企业签约入驻，二级项目即将开工建设，项目招商势头良好，园区进入土地一级开发向二级项目建设转型发展阶段。

（王建英）

【授权地块拆迁面积完成95%】　商务园一期共10个地块约4440亩，其中8个地块取得一级开发授权，包含两镇四村集体土地3680亩，涉及企业23家、种养殖户132户、宅基地22户。截至年底，8个授权地块拆迁任务仅剩余企业3户、种养殖户6户、宅基地17户，完成拆迁面积达到95%，进入拆迁收尾阶段。

（王建英）

【征地工作】　年内，签署C1、C2、D1三个地块《征地补偿安置协议》，累计完成5个地块征地协议。取得B1、B2、D1三个地块市政府征地批复，C1、C2两个地块征地申请上报市国土局审核。B1、B2地块具备入市交易条件，园区进入土地陆续出让阶段。

（王建英）

【园区外围路桥循环贯通】　区政府直接投资对商务园外围路桥进行新建和改扩建，截至年底，通顺路、壁富路、朝阳北路东延、滨榆西路、滨榆东路南段、河堤路先后通车，朝阳北路东延跨温榆河桥建成通车，潞苑北大街跨温榆河桥开工建设，园区外围交通环境大幅提升。

（王建英）

【园区市政网路启动建设】　园区内部规划道路24条（1条主干道、4条次干道和19条支路），总长16公里。4月8日，举行商务园市政路网工程启动仪式，年内商务园景观大道、榆景西路等8条市政道路相继开工建设，并分别完成40%～80%的工程任务。

（王建英）

【北马庄回迁楼开工建设】　3月2日，北马庄回迁楼开工建设，建筑规模3万平方米，为3栋9至10层普通住宅楼，年内3栋楼全部主体结构封顶。回迁楼的建成将有效解决商务园一期范围内北马庄村22户宅基地拆迁和相关历史遗留问题。

（王建英）

【滨河森林公园开工建设】　4月16日，北京市首个万亩滨河森林公园通州新城滨河森林公园开工仪式在运河畔举行。该工程北区是商务园配套景观工程，规模40万平方米，分6个标段施工，工程的实施将进一步提升商务园滨水生态环境。

（王建英）

【举办金融保险后台建设论坛】　10月15日，通州区政府与市金融工作局联合举办“2009北京新城·通州国际商务年会　金融·保险　后台建设论坛”活动。北京市政府委办局领导、保险监管部门权威人士、专家学者以及众多知名金融机构企业高管参加了论坛。活动形式新颖、内容丰富。泛华保险、五星级酒店、中邮集团、威泰信息技术公司4个项目当场签订入园协议。人民网、千龙新闻网、北京电视台、《北京青年报》、《北京日报》、《京华时报》等众多媒体对论坛活动进行了宣传报道。

（王建英）

【电子商务企业考察商务园】　7月28日，北京市商务委员会、北京市电子商务协会携当当网、京东商城等13家知名电子商务企业到商务园实地考察，积极推动北京市电子商务产业集聚发展，为商务园添加了新的产业发展方向。

（王建英）

【项目引进】　截至年底，商务园成功签约8个项目，其中5个项目是出让地块项目，分别是金融街分区、阳光保险集团、商务园示范园、超五星级大酒店、国际企业园　3个项目是“园中园”项目，分别是中国邮政储蓄银行、泛华保险服务集团、北京威泰信息技术有限公司。

（王建英）

【税收总额突破五千万】　2009年，新引入注册企业29家，注册企业累计达到46家；园区税收实现5218万元，同比增加4425万元，增幅达558%。

（王建英）

【搭建企业人才服务平台】 11月24日，商务园与北京工业大学实验学院签署人才战略合作协议，商务园成为北工大实践教学就业基地。园区将深入与科研院所、大中专院校、职业技术学校等开展人才战略合作，建立多层次企业人才服务平台。

（王建英）

北京宋庄文化创意产业集聚区

【概　况】 北京宋庄文化创意产业集聚区是北京市首批认定的十个文化创意产业集聚区之一，被国家广电总局认定为国家级动画产业基地，作为通州新城三大城市经济功能区之一，是打造“文化产业基地”的重要载体，得到北京市、通州区及各方面的高度重视和大力支持。2008年1月，北京市宋庄文化创意产业集聚区管理委员会正式成立，具体负责辖区范围内产业发展、开发建设和各项相关管理工作。2008年5月，北京宋庄文化创意产业集聚区投资开发有限公司正式成立，注册资金1亿元，作为集聚区土地一级开发建设的实施主体。集聚区自启动开发建设以来，从规划手续办理、土地一级开发、基础设施、项目引进等重点工作入手，各项工作进展顺利，成效显著。前期手续进展迅速，街区控制性详细规划、道路整体规划方案全部获得正式批复，一期土地一级开发方案得到市政府四委联席会审议通过，取得授权批复，公共服务平台、六合新村安置楼等重点项目开工建设，重点种子项目顺利签约，集聚区的影响力和知名度不断提升，开始进入加快开发建设阶段。

（王　辉）

【手续办理实现重大突破】 集聚区0302、0303街区控制性详细规划获市规委审核通过，规划总用地面积6.7平方公里，总建筑面积523万平方米。集聚区一期土地（A、B、C地块）取得一级开发授权批复以及规划意见书的批复，总用地面积1492亩，总建筑面积114万平方米。集聚区道路整体规划方案获市规委批复，集聚区内规划道路35条，包括6条城市主干路、9条城市次干路和20条城市支路。

（王　辉）

【公共服务平台建设进展顺利】 4月，集聚区公共服务平台项目开工建设，建筑面积1.28万平方米，总投资7743万元，主要建设创意孵化培训、投资咨询、创意展示交流、网络信息等几大公共服务平台。项目建成后，将为入区企业和艺术家提供法律事务、人力资源、工商注册、版权保护等全方位的服务。截至年底，公共服务平台主体全部完工。

（王　辉）

【六合新村启动建设】 11月，六合新村安置房项目开工建设，总建筑面积19.6万平方米，总投资6.24亿元，共14栋楼，建筑层数12层，建筑高度35.6米，容积率2.0，绿化率30.4%，有多种户型供村民选择。安置房建成后，能够整理出1600多亩产业用地，为集聚区产业项目引进留下充足的发展空间。

（王　辉）

【拆迁工作稳步推进】 为配合项目引进、基础设施和新村建设等工作的开展，集聚区积极推进拆迁工作。截至12月底，完成D地块地上物拆除工作，区政府重点工程宋郎路北延线改建工程完成拆迁量的32%，A地块、潞苑南大街已完成入户调查工作。

（王　辉）

【项目引进态势良好】 11月，集聚区与三辰集团签订协议，建设三辰动漫网游基地项目，项目占地292亩，总建筑面积40万平方米，总投资16亿元。在集聚区规划“影视艺术合成产业区”，集聚区与伊德文化发展有限公司、中通国际数码公司等12家企业签订协议，盘活闲置土地170亩，总投资2亿元以上。

（王　辉）

【成功举办第五届宋庄艺术节】 9月19日至10月12日，第五届宋庄艺术节在集聚区举行，主题为“群落！群落！”，由第三届中国美术批评家年会、2009宋庄当代艺术收藏家年会、艺术群落展、宋庄艺术集市等各项活动构成，来自成都、南京、西安、厦门等地的14个艺术群落齐聚宋庄。艺术节期间，共有7万余人以及20多个省市参观团参加了各项活动。通过举办艺术节，集聚区的知名度和影响力得到进一步提升，为更好地引进文化产业项目奠定了基础。

(王　辉)

重点企业

上海烟草集团北京卷烟厂

【概　况】 上海烟草集团北京卷烟厂始建于1970年，2006年始实施北京卷烟厂易地技改项目，2009年10月完成易地技改整体搬迁工作。新厂址位于通州区万盛南街99号。2009年，企业总资产29.93亿元，同比增长20%，固定资产总额13.29亿元，流动资产15.28亿元。年生产能力250亿支（50万箱），占地面积24.71公顷。企业职工847人，其中高级技术职称6人、中级职称146人、 技师及高级技师47人。主要设备有一条8000千克／小时制丝线，17台(套)卷接设备。2009年,北京卷烟厂荣获“首都文明单位标兵”，入选“北京2009年度用户满意企业”，获得“北京质量管理贡献奖优秀企业”称号，被中国质量评价中心评为“全国重质量守信用企业”，被北京市通州区人民政府评为“2009年通州区纳税千万元以上企业”，被中国青少年发展基金会授予“希望工程20年杰出公益伙伴”荣誉称号。

2009年，北京卷烟厂以中南海品牌发展为中心，以落实新厂址搬迁工作为重点，积极完善管理创新和技术创新体系，努力提高六个能力和弘扬创业精神，各项工作取得新业绩，迈上新台阶。一是中南海卷烟产销量突破38万箱，“混合型中南海”占全国混合型卷烟产量比重由35.35%提高到37.62%。二是易地技术改造工程一、二期项目基本完工并交付使用。三是实现企业搬迁并恢复生产，标志着北京卷烟厂第三次创业迈上新台阶。

全年生产卷烟（按价税调整后计算）193.22亿支（38.64万箱），同比增长6%。其中一类卷烟5.02亿支（1.0053万箱）；二类卷烟5.30亿支（1.0606万箱）；三类卷烟77.40亿支（15.49万箱）；四类卷烟76.19亿支（15.23万箱）；五类卷烟15.99亿支（3.20万箱）。

全年销售卷烟（按价税调整后计算）38.62万箱，同比增长4.8%。其中内销一类卷烟1万箱，同比增长13.56%；二类卷烟1.06万箱，同比增长4.36%；三类卷烟15.50万箱，同比增长29.56%%；四类卷烟15.24万箱，同比增长1.36%；五类卷烟3.2万箱，同比下降43.11%。在海外市场，出口卷烟（中南海卷烟）2.62万箱，同比增长26.4%。年内，实现销售收入32.16亿元（不含税），同比增长10.09%；实现税利21.13亿元，同比增长4.16%。实现利润4.26亿元，出口创汇1707万美元。平均卷烟单箱税利5538元，同比增长0.65%。卷烟平均综合能耗4.37千克标煤／万支，水消耗0.08吨／万支，电消耗5.52千瓦时／万支。烟叶消耗6.75千克／万支，嘴棒消耗1676.39支／万支，盘纸消耗643.49米／万支。

(张　林)

【坚持以北京市场为基础营销战略】 实施品牌发展战略。2009年，企业明确了以中南海品牌发展为中心，调结构上规模工作目标，坚持“北京是基础、空间在外埠、拓展在海外”营销方针。在首都、外埠和海外市场取得新进展。在北京市场，重点规格实现新的增长，全年销售中南海卷烟11.14万箱。坚持首都是基础，以北京市局（公司）及18个区县局（公司）为依托，以工商协同营销为主线，突出重点，加强沟通衔接和营销运作，销售“中南海（软盒精品）”8100箱，同比增长12.5%；销售“中南海（特制高级）”1.05万箱，同比提高2.94%。与此同时，加强订单预测、市场跟踪和售后服务，并以年轻人群为目标，开展集盒换奖等大型宣传促销活动，有效促进了结构提升，销售“中南海（金8mg）”1.25万箱，同比增长6.84%。年底，成功向市场投放“中南海（蓝色风尚）”新产品。

（张　林）

【提高国内市场占有率】　在外埠市场，市场占有率进一步提高，全年销售中南海卷烟24.85万箱，同比增长12.52%。“中南海”万箱市场新增黑龙江、吉林和四川市场，实现年初确立的增至12个的目标。产品结构进一步优化，形成两个突破10万箱规格产品：销售“中南海（金8mg）”10.57万箱，同比增长38.59%；销售“中南海（10mg）”10.71万箱，同比增长12.19%。同时，销售“中南海（5mg）”2.62万箱，同比增长38.19%；销售“中南海（3mg）”1052箱，同比增长40.27%；销售“中南海（5mg细支）”498箱，同比增长730%。

（张　林）

【拓展海外市场】　在海外市场，出口实现新的回升。经过与经销商共同努力，出口中南海卷烟2.62万箱，同比增长26.4%。在日本市场，销售平稳，逐步走出“中国产品质量问题”阴影，全年实现出口1万箱。3月和10月，在日本东京健康博览会和日本烟草订货博览会上，中南海品牌进一步展示形象，扩大了影响。4月，在新加坡市场投放“中南海（8mg）”和“中南海（薄荷8mg）”，至年底，出口320箱，进入1800家零售终端，成为我国在新加坡有税市场销售的唯一品牌，并对马来西亚、越南等东南亚市场形成辐射和促销，全年出口马来西亚3280箱，同比增长128%。面对港澳市场涨税因素，在重点零售终端开展品牌展示活动，实现出口484箱，同比增长51.2%。同时，加大香港、深圳等免税店宣传促销展示力度，实现销售1.23万箱，同比增长38.8%。

（张　林）

【完成企业整体搬迁工作】　北京卷烟厂易地技改项目于2006年12月29日在通州区梨园镇新址举行开工奠基典礼。至2009年，联合工房、科研办公楼、动力中心和培训楼等建筑工程全面完工，在通过厂区消防系统整体备案验收的基础上，建设方组织开展由设计方、监理方和施工方参与的建筑工程四方验收。9月3日，高压天然气工程正式通气，4台20吨锅炉投入运行。厂区绿化、道路和照明工程全面完工并投入使用。新厂调试测试顺利推进，10月中旬，实现企业整体搬迁。9月28日至11月5日，全厂共搬运设备900多台套，动用搬运车辆248车次，动用搬迁人员437人次，顺利完成老厂设备、办公物资及档案搬迁工作。12月21日至23日，营销中心搬入老厂区。

（张　林）

【推出“中南海蓝色风尚”新产品】　纳入集团重点项目的“中南海二类烟产品开发项目”，在完成样品试制、包装设计和市场测试基础上，成功推出“中南海（蓝色风尚）”新产品，新产品各项物理化学指标达到设计要求和国家局低危害卷烟要求。年底，新产品成功投放市场。

（张　林）

【加强生产管理】　2009年，企业在面临搬迁的情况下，紧紧把握生产备货、生产搬迁、恢复生产三个阶段工作重点，确保了市场供应和生产任务的完成。在生产备货中，加强产销衔接、强化生产组织，启动备货预案，有力保证了备货任务和市场供应。一是加强生产调度。在制定《搬迁备货生产预案》基础上，采取连续滚动备货方式生产，保持搬迁前库存3.5万箱，为满足市场供应提供了保证。二是加强生产组织，争分夺秒实施备货生产，全年生产系统利用节假日加班34天，弥补了产能缺口。三是加强作业管理。卷包车间通过加强设备维修巡检，实行中班倒班吃饭等措施，提高了生产效率。制丝车间实施双班双延时、周保提前、假日维修等措施，突破产能瓶颈。在生产搬迁中，为减轻生产系统集中搬迁压力，从7月开始边生产边搬迁，并在国庆节后，实施停产集中搬迁，共完成21台套卷包等设备老厂进新厂及改造安装调试工作，保证了生产系统11月份全面进入生产调试阶段。在恢复生产中，生产系统从10月26日开始采取调试性生产作业方式，试行两班及部分三班生产，探索新厂满足“订单”生产组织模式，加强生产现场各环节组织协调和衔接，克服生产瓶颈，生产效率逐步提高。12月，生产逐步恢复正常，为正式投产创造了条件。

（张　林）

【加强产品质量控制】　围绕（集团）公司和工厂质量目标，努力提高工序质量控制能力，产品质量进一步稳定提高，实现企业搬迁中的平稳过渡。企业搬迁前，推进参数化管理，通过卷烟克重控制、推行内控标准等，推进了参数化控制能力的提高，现场工艺参数控制符合率达到99.43%。推进防差错管理，坚持烟丝日评吸制度，严格材料交接制度，加装缺条缺包检测系统和加强过程自检专检，防差错管理水平进一步提高。推进西格玛方法的应用，截至9月，“中南海（10mg）”西格玛水平达到4.9，同比提高0.02。企业搬迁后，针对新流程、新工艺和新设备，积极实施过程要素管理，认真组织排查梳理，并着重解决人员培训、材料管理、标准控制、设备管理、质量控制等环节存在的问题，确保了整线调试成功，基本实现了产品风格口味等质量的一致性，确保了平稳过渡。

（张　林）

北京苏宁电器有限公司

【概　况】　北京苏宁电器有限公司创立于2002年，截至2009年，拥有连锁店59家，员工近万人，2009年销售收入65亿元，上缴税收2亿多元。公司作为苏宁华北地区总部，负责苏宁电器在北京、天津、内蒙古、河北、山西5省的20家公司、100余家连锁店的经营管理工作。先后荣获光彩事业突出贡献奖、2008年安全管理先进单位、2009年纳税超2亿元先进单位、纳税信用A级企业等诸多荣誉。被人力资源和社会保障部、中华全国总工会、中华全国工商业联合会评为“全国就业与社会保障先进民营企业”；被北京市工商业联合会、北京市商会评为“文明单位”、被北京市商务委员会评为“2009年北京市促消费贡献突出单位”。

公司经营的商品包括空调、冰洗、彩电、音像、生活电器、通讯、电脑、数码八个品类，近千个品牌，20多万个规格型号。公司持续创新经营方式，不断拓展产品品类与品牌，通过高层互访、B2B、联合人才培训、联合促销等形式，与三星、LG、松下、索尼、夏普、诺基亚、西门子、惠而浦、海尔、海信等国内外知名厂家建立稳固的战略合作关系，并承诺品牌、价格、服务一步到位，通过B2C、联名卡、全会员制营销等方式，为京城千万家庭提供丰富的商品和舒适的购物环境。同时，北京苏宁以推动行业发展为己任，多次组织召开北京行业峰会与论坛，与供应商、专家学者、社会机构共同探讨行业发展趋势与合作策略，引领区域消费变革。

公司坚持“专业自营”的服务策略，形成差异化的竞争优势，以连锁店服务为基石，配套建设了物流配送中心、售后服务中心和客户服务中心，为消费者提供方便、高效的零售配送服务、专业的电器安装、维修、保养服务和周到的咨询、受理、回访服务。公司以客户体验为导向，不断创新店面环境与布局，统一制定了三米原则、首位负责制原则、区域负责制原则等店面服务原则，并推出5S服务模式、会员专区、VIP导购，真正实现一站式购物。此外，根据顾客的多样化需求，提供产品推荐、上门设计、延保承诺、家电顾问等服务。公司建有18个售后网点，专业售后服务工程师上百名，全天为顾客提供安装、维修、保养等各项服务，24小时安装到位。每年旺季期间开通绿色通道，即买、即提、即装，最快2小时送货上门。公司建立业内首个以呼叫中心为平台、以CRM为管理目标的客户服务体系。拥有30条电话线路，日最大信息量5800条，全国客服热线4008−365−365实现统一受理与回访。2008年，通过设立理赔基金等方式强化服务监管，缩短了投诉处理的时间。

公司信息系统实现对所有店面、物流基地、售后服务网点和员工的全面覆盖，建立了集数据、语音、视频、监控于一体的信息网络系统，实现物流配送环节的无线终端应用、配送环节的路线优化与定位，实现售后服务环节统一的短信移动商务平台。实现采购、销售、物流、服务、财务和人力资源等一体化管理。

（苏　宁）

【连锁发展】 年内，继续实施苏宁集团连锁发展的战略，坚持快速稳健、标准化复制的连锁拓展的原则，不断壮大规模，拓展布局，连锁网络覆盖东城、西城、宣武、朝阳、海淀、丰台、石景山、通州、顺义、大兴、昌平、怀柔、密云、房山、崇文、平谷等16个城区郊县，辐射人口超过1000万人，到2009年底，店面总数达59家。店面模式上，从综合经营、3C模式到3C+模式，坚持以顾客为核心，不断拓展服务品类，创新店面模式与标准。开发方式上，以租赁开发方式为主体，租、建、购、并四位一体，协同推进。

（苏　宁）

【推动信用消费】 2月，公司在“零首付、零利率家电信贷消费”的基础之上，力推信用消费，与工商银行、交通银行、光大银行、兴业银行等金融单位进一步合作，加大刷卡优惠度，放开信贷消费机型，并由本公司承担全部刷卡手续费，让利于消费者，使消费者能够不负担任何的利息和手续费压力，只需分期付款即可购买到理想的商品。此举对提升消费信心，促进终端销售起到了极大的推动作用，截至年底，公司全年信贷销售额近2.5亿元，占销售总额近3.8%。

（苏　宁）

【首个家电下乡产品专厅落成】 1月23日，北京市家电下乡启动仪式举行，首个家电下乡产品专厅在北京苏宁通州梨园店落成。截至年底送家电下乡活动在10个京郊区县苏宁连锁店全面开展，销售额呈不断增长趋势。

（苏　宁）

【成为首家以旧换新实施单位】 7月31日，公司在北京市家电以旧换新销售与回收企业招标两个项目中双双中标，随后立即成立“以旧换新”专项工作小组，全公司积极行动开展相关工作，成为京城家电市场首家以旧换新实施单位，在行业中起到良好的带头作用。

（苏　宁）

【物流配送】 公司建立起区域配送中心、昌平配送中心、配送点三级物流网络，依托先进的信息管理系统，实现长途配送、短途调拨与零售配送到户一体化运作。4月起，公司实行双配送中心运作，增设北部配送中心，实现12小时配送到位。

（苏　宁）

【北京苏宁电器物流配送中心二期开工】 2007年3月，北京苏宁电器物流配送中心在北京通州物流基地建成并投入使用，占地20000平方米，配送能力辐射北京及其周边150公里范围内的城市。该库拥有8000个仓位，可存储商品10万台／套，日最大吞吐出入库量8000台／套，可支持年销售额达70亿元。2009年12月8日，物流配送中心二期工程奠基开工建设。二期项目按照集团第三代物流基地标准建设，占地面积

157亩，其中建筑面积81461.1平方米，总投资预计达到3亿元。规划物流仓库的复合面积11．4万平方米，建有3．2万个货位，大件商品存储能力35万台套，可以支持约100亿的年销售规模，日作业能力近5万台套。承担着北京及周边地区连锁店销售商品的长途调拨、门店配送和零售配送任务，周边150公里区域均在其辐射范围之内，全面提升服务质量。建设目标为建成北方地区最大的国际一流物流仓储平台。

（苏　宁）

【参与光彩事业】 北京苏宁自成立以来多次参加光彩事业，2008年、2009年连续两年与光彩事业联合会开展1+1阳光行苏宁公益活动，并向延庆县民政局捐赠爱心物品；2009年12月26日，在光彩事业联合会的大力支持下，组织为昌平新龙打工子弟小学捐赠活动；连续第四年开展“送大学生回家过年”公益活动，向500名在校大学生发放过年返乡车费，累计捐赠款项数十万元。

（苏　宁）

中国烟草总公司北京市公司物流中心

【概　况】 北京烟草物流中心于2004年7月成立，隶属于北京市烟草专卖局（公司），负责北京市18个区县、3.8万个卷烟零售户、年销售380亿支卷烟的仓储、分拣和配送工作，是以烟草物流为特色的国有企业。中心位于通州区梨园镇大稿村，占地面积5万平方米，总建筑面积3.1万平方米，总投资1.98亿元。拥有职工662人。中心下设办公室（企管办）、人力资源部（政工）、财务部、安全保卫部、后勤保障部、工程技术部、仓储分拣部、配送运营部。2009年，中心各项工作保持平衡发展，实现年度经营目标，全面完成仓储分拣配送任务。加强质量管理和技术改造工作，推进企业基础管理工作，实施绩效考核工作制，促进各项工作有效落实。1月16日，中国物流示范基地揭牌仪式在物流中心举行。

（刘　燕）

【全面完成仓储分拣配送任务】 2009年，累计入库卷烟75.5万箱、出库75.6万箱，按客户订单分拣配送卷烟1.85亿条，完成卷烟直配73万户次，回收现金16.4亿元（含支票），自有车辆安全行驶56万公里。年内，中心经历了“开门红”卷烟销售高峰、“5·2”后台结算故障、8月至9月“国庆”阅兵禁限通行等三次重大考验，保障和支撑了全年卷烟销售计划的全部实现和全局经济运行工作的平稳发展。

（刘　燕）

【加强质量管理】 年内，中心通过大力推进管理体系贯标工作，全面抓好质量管理、现场管理、设备管理和运行控制，有效保证了年度各项经营目标的较好实现。全年卷烟到货扫码率和上传国家局数据准确率均达到100%，分拣差错率、系统故障停机率、分拣有效运行率、配送及时率、综合顾客满意度等主要指标均达到中心控制目标，全年未发生卷烟霉变事故。通过加强基础数据分析，定期召开内部经济运行分析会，对影响经济运行质量的重点环节、部位、指标进行重点监控、跟踪和原因分析，及时沟通经济运行中存在的问题，不断优化内部业务流程，加强业务各环节之间的有效衔接，有效推动了经济运行质量和效率的不断提高。

（刘　燕）

【技术改造】 年内，中心加强技术改造，不断提高技术保障能力。完成件烟库出口、北线通道机补货的改造，设备的稳定性和有效作业率明显提高。

（刘　燕）

【提高配送服务质量】 中心坚持以提高顾客满意度为宗旨，加强配送服务质量的监测控制，完善重大事件上报制度和流程，对接到的重要咨询或投诉电话做到100%的跟踪回访，确保在第一时间解决零售户提出的问题。以梳理配送线路、优化配送流程为重点，对近万个卷烟零售户的配送路线进行优化调整，有效提高了配送效率。

（刘　燕）

【做好参观视察接待工作】 年内，承接各种会议接待和参观来访560批次，接待总人数15112人次。顺利完成迎接国务院领导、工信部领导、市委市政府等领导的参观视察接待任务，通过优质高效的接待服务，充分展现烟草行业的精神风貌和良好形象。

（刘　燕）

【开展节能减排工作】 2009年，大力开展节能减排、倡导低碳经济等宣传活动，加强日常管理监督，加大环境体系考核力度，节能降耗取得明显成效。全年平均单箱卷烟配送油耗0.8升，同比减少14.5%；单箱耗电量3.8千瓦时，下降12.43%。年人均用水、耗电、燃气、单车油耗，同比分别下降2.23%、5.81%、7.69%和19.63%；积极推进增值税抵扣措施，节约费用100余万元。

（刘　燕）

【安全工作更加科学规范】 坚持“安全第一、预防为主、以人为本、综合治理、持续改进”的工作方针，安全工作与生产经营、企业改革同计划、同布置、同检查。落实安全责任制，逐级签订全员安全责任书，细化分解安全目标57项，制定管理方案，并落实责任到人。加强宣传普法教育，提高全员安全意识。全年组织安全知识培训1258人次，以“增强全员消防意识，提高自防自救能力”为主题，在“11·9”消防日期间，组织应急疏散演练、消防趣味运动和消防安全知识竞赛等消防技能的竞赛活动，增强职工的消防意识，提高了自防自救能力。全面开展道路交通安全综合治理活动，后勤保障部、配送运营部加强对驾驶员的安全教育和培训，以隐患治理为重点，对道路交通安全进行广泛的宣传和检查，有效杜绝了各类交通事故的发生，交通违章率同比下降13%。制定并下发了《安全标准化——员工安全行为规范》，按照职业健康安全行为规范的要求，对各岗位员工实施安全标准化管理。加大安全检查和整改力度。对消防系统和安防设施进行全面监测和维保，结合新的安全形势，对危险源进行重新辨识，修订了安全管理方案和应急预案，确保各类风险得到有效控制。全年未发生重大安全责任事故。

（刘　燕）

【领导及各界人士参观考察物流中心】 3月12日，中央党校厅级进修班师生到物流中心参观教学。5月6日，市委副书记、政法委书记王安顺，市委政法委、市公检法司部门主要领导到物流中心参观考察。8月28日，副总理张德江一行考察中国烟草，考察了北京烟草物流中心建设和运作情况，观看了烟草行业生产经营管理信息化系统演示，听取了国家烟草专场局局长姜成康的工作汇报，并作重要讲话。10月21日，北京市司法局、青海省司法厅等领导一行40余人，到北京烟草物流中心参观考察。先后参观了物流中心高架立体库、分拣线、指挥中心、访销中心等区域，并进行座谈。11月4日，国家局党校培训班学员一行58人到物流中心参观学习。先后参观了作业区、指挥中心、呼叫中心等场所，并进行座谈。11月18日，中国人民大学商学院副院长、工商管理专业师生到物流中心参观视察。12月4日，天津烟草物流分公司一行15人到物流中心学习考察，参观了业务工作区和办公区，并就企业内部管理交流座谈。12月8日，日本烟草株式会社考察团一行11人到北京烟草物流中心参观座谈。12月16日，工业和信息化部党组成员、副部长杨学山，国家烟草专卖局局长姜成康，北京市烟草专卖局局长周瑞增等领导到物流中心视察。12月21日，台湾新党主席郁慕明一行到北京烟草物流中心考察调研。

（刘　燕）

北京东方石油化工有限公司 东方化工厂

【概　况】 2009年，东方化工厂的生产经营一方面受金融危机影响，多数产品价格持续在低位徘徊，一方面受公司搬迁改造工程影响，乙烯装置全年处于停车保养阶段，面对严峻形势，工厂认真贯彻落实公司和工厂"双代会"会议精神，继续强化精心工作、严细管理，狠抓各项纪律，加大节水减排、节能降耗力度，以"安全稳定促和谐，内涵发展求生存"为工作主线，团结一心、扎实工作，在深化改革、稳定生产等各项工作中取得了较好成绩。

（东方宣）

【安全生产"五大指标"为零】 结合中石化"我要安全"主题活动，工厂开展"我要安全、我要环保、我们要生存"的大讨论和演讲比赛等活动。细化安全生产禁令、制定安全作业指导书、建立安全设施台账及管理办法，促进了安全作业标准化。修订《安全生产监督管理制度》，认真开展安全大检查并将问题和隐患进行整改，从实战出发进行应急预案演练，提升了全员安全知识水平，实现全年安全生产"五大指标"为零的目标。成立防控甲型H1N1流感领导机构，制定方案并认真执行，工厂没有发生甲型H1NI流感疫情。

（东方宣）

【环保指标再创新高】 全年厂排废水COD累计平均值为51.8mg/L，低于北京市《水污染排放标准》中的二级限值。废水排放总量为252.32万吨、COD排放总量为127.31吨、固废排放总量为2.91万吨。废水COD和锅炉烟气两块在线表安稳达标运行，数据实时传到市、区环保局，接受政府部门的监控。丙烯酸气味深度治理项目的实施，改善了区域环境。循环流化床锅炉烟气布袋除尘改造项目组和相关单位克服重重困难，保证了项目在乙烯装置开车前投入使用，烟尘排放浓度由改造前的100mg/Nm3降低至30 mg/Nm3以下。

（东方宣）

【实施国庆安保措施】 对厂南、北大门门禁系统进行扩充改造，增加5处人员出入通道，改善了高峰时段人员拥堵现象。为加强办公区域的治安管理，厂综合办公楼加装门禁管理系统，为下一步装置区域的门禁管理提供了管理经验。按照"平安奥运"标准严格要求各项安全和安保工作，全厂齐动员，实行区域化管理，落实各项防范措施，突出重点，点面结合。国庆期间各单位抽调精兵强将成立安保护厂队，对装置区不间断巡检；重点有物料部位不间断盯守，确保了"平安国庆"的实现。

（东方宣）

【加强设备管理工作】 组织第三十七次设备管理优胜杯检查评比活动，进一步夯实了设备基础管理工作。认真落实公司《关键机组特级维护管理制度》要求，落实机、电、仪、管、操"五位一体"的巡回检查制。加强特护机组缺陷处理和维保工作，确保装置稳定运行。积极开展状态监测工作，为主要设备检修工作提供依据。精心组织3AA装置检修工作，提前6天完成任务，并且创造了触媒更换速度新纪录，圆满完成以乙烯装置DCS、PLC的升级改造为代表的技改技措和更新改造工作。夏季及时调整供热锅炉运行方案，由两台改为一台运行，2009年锅炉单台运行日历天数95天，合计2100.5小时，节约公用工程费用400余万元。

（东方宣）

【推进技术进步】 全年技术改造投资项目25项，计划投资2668万元。完工21项，完成投资1946万元，结转2010年施工4项，完成项目预计创造经济效益1100万元／年。20万吨／年丙烯酸及酯生产装置工艺包开发项目编制工作完成，乙烯装置系列改造将起到很好的节能减排效果。其中绩效较为突出的项目有：低盐废水深度处理回用工程项目：处理后水质完全满足循环水补水要求，节水量约为80立方米／小时，可节约新鲜水69.12万立方米／年；乙烯装置开车流程改造项目：可以缩短开车物料放火炬的时间，减少乙烯装置开车过程中混合碳二物料的损失，减轻火炬燃烧对环境的污染。本次乙烯装置开车过程中回收混合碳二物料40.754吨，价值近40万元。该改造项目的成功应用，为乙烯装置提供了一种新的“开车方法”，该方法在国内乙烯装置属于首次使用，为乙烯装置无烟燃烧开车方法的研究奠定了基础；乙烯装置急冷油系统热量利用项目：通过增设一台急冷油稀释蒸汽发生器，增加急冷油发生稀释蒸汽的换热面积，降低外补蒸汽量。投用后，多产的稀释蒸汽预计每年可节约153.39万元；变电所低压系统电容补偿改造项目：分别在302所、307所安装低压系统自动跟踪补偿装置4套，预计年节约用电约100万千瓦时，节约费用50万元。

（东方宣）

【有序开展乙烯装置检修工作】 根据公司安排，11月对乙烯装置错后项目进行检修，为冬季开车做准备。此次检修项目425项，包括STK-2001管线调整、三机检修、K5002干气密封改造等在内的11个主要项目。为确保检修质量及工期，参检单位均制定了检修主项进度，确定项目负责人，保证了检修项目的有序、可控。

（东方宣）

【持续推进基础管理工作】 从抓标准、定制度、严考核入手，重新修订班组八大制度以及《岗位责任制》、《定置及卫生管理办法》、《规章制度管理办法》等，进一步完善管理责任制体系，对全厂规章制度进行大规模清理和修订。根据公司考核变化，在继续执行《东方化工厂部分生产装置运行期间奖金分配办法》的前提下，结合工厂实际情况进一步完善以“三度评价”为主体的经济责任制考核办法，实现考核流程化和制度化。加大对违章违纪行为的考核，在对违纪职工严肃处罚的同时，重点加大对所在部门领导、值班长、班组长等人员管理责任的追究力度，通过严格考核促进各级领导落实管理责任。

（东方宣）

【继续做好压库减费工作】 修改《压库减费经济责任制考核办法》，严格审核物资计划、严格把关物资出库，借助《物资采购供应管理系统》的实施，对压库减费工作进一步进行优化。全年利用代储物资1069项，涉及金额465.70万元；利用自存物资636项，涉及金额22.19万元，全年利库1705项，涉及金额共487.89万元。

（东方宣）

【加强员工培训工作】 坚持年初确定的全面提升职工素质、加大基层职工跨专业培训力度、拓宽职工全面提升岗位综合素质的渠道。全年组织70余项专项培训。组织开展全厂12个工种技能竞赛活动和化工工艺、设备管理专业技术竞赛活动。选派优秀人员参加两级公司技能竞赛和专业技术竞赛，烯烃车间丁班和甲班在燕山石化乙烯操作工团体对抗赛中分获团体第一和第三名；电力车间电工班在燕山石化维修电工技能竞赛中获得团体第三名；计控车间孙黎荣获燕山石化仪表专业技术竞赛金奖；电力车间郝金柱荣获燕山石化电气专业技术竞赛银奖；检测计量中心张金涛、冯云、苗秋燕、郭辉、王鹏包揽了东方石化分析工技能竞赛前五名；电力车间张万深、张燕辉、黄志刚、陈玉强分别荣获东方石化维修电工技能竞赛第一、三、四、六名。各职能部室充分发挥专业优势，先后组织55名专业技术人员和车间管理者进行项目管理培训；选派40名生产骨干参加燕山石化公司举办的《首都职工素质教育工程》培训；选派31名党员参加燕山石化党员轮训；烯烃车间90名专业技术人员、工段长、班长、操作骨干等到燕化公司烯烃厂进行岗对岗的生产实习。

（东方宣）

【全员参与企业管理降本减费】 开展“增收节支、降本减费”劳动竞赛和“我为‘窗口’建设献一计”等合理化建议征集活动，号召广大干部职工积极投入到废水回用、修旧利废、节能降耗、降本减费、优化运行等各项工作之中，其中全年征集到合理化建议1874条，实施280项；在“增收节支，降本减费”劳动竞赛活动中，各车间立项17项，共节约资金约800余万元，其中8项得到公司奖励。

（东方宣）

北京摩比斯变速器有限公司

【概　况】 北京摩比斯变速器有限公司成立于2003年3月21日，是韩国现代摩比斯株式会社、韩国现代汽车株式会社、韩国起亚汽车株式会社、现代汽车（中国）投资有限公司共同投资设立的外商独资企业。公司投资总额3亿美元，注册资金8173万美元，是通州区最大的外资企业。拥有员工609人，其中外籍员工 15人。

公司位于北京市通州区中关村科技园通州园•光机电一体化产业基地嘉创路2号，占地总面积20万平方米，一期工程厂房占地面积1.8万平方米，年产变速器20万台，二期工程厂房占地面积2.97万平方米，年产变速器30万台，2007年10月实验楼正式投入使用。公司主要生产手动挡、自动挡汽车变速器和汽车零部件，年产50万台变速器。公司秉承信赖经营、现场经营、透明经营的经营方针，打造世界一流的汽车零部件厂商。

2009年，公司纳税总额1.2亿元，销售总额20亿元，主营业务利润2.3亿元。

（张　丽）

【生产销售情况】 公司主要生产手动挡、自动挡汽车变速器和汽车零部件，年产50万台变速器，主要为北京现代、东风悦达起亚汽车供货配套，其配套的主要车型有索纳塔、伊兰特、途胜、悦动、名驭、SONATA领翔、御翔、RIO千里马、雅绅特、福瑞迪、赛拉图和远舰等轿车。2004年至2009年，6年销售收入累计达到91亿元。2009年，由于政府对汽车行业的扶植政策，销售收入达20亿元。2004年至2009年，公司连续被评为“通州区纳税百强企业”，是通州区外资企业纳税大户。

（马书主）

【安全生产和安全保卫工作】 公司严格执行国家方针政策“安全第一，预防为主”，年内，举行全厂安全月活动。公司严格执行门禁制度，实现装置区域封闭管理，对进出厂的人员及车辆进行严格检查，实现生产和办公区的隔离，开展全体员工安全教育工作，努力达到安全生产事故为零的指标。公司连续6年被评为通州区、台湖镇和光机电园区安全先进企业。

（南二日）

【加强培训工作】 2009年，公司职工参加培训共计760余人次。其中150名职工参加职业技能培训，3人参加特殊工种高压电工证复审培训，140名职工参加外出培训，70名管理职员以及300名现场职员参加意识革新学校专项培训。在TS16949专项技能培训中，有6名员工取得内审员资格证书；在意识革新学校专项培训中，370名员工经历了40公里徒步夜行军的磨炼。

（南文日）

北京中丽制机工程技术有限公司

【概　况】 北京中丽制机工程技术有限公司是中国纺织科学研究院独资企业，其前身为北京化纤机械厂。它与中日合资的北京中丽化纤机械有限公司、中丽制机电气有限公司、中丽制机喷丝板有限公司、中丽制机配件有限公司等4个子公司共同组成化纤机械工程产业集团，是化纤机械制造和工程技术服务的龙头企业、中国化纤装备行业的主要研发和生产基地。属北京市高新技术企业。

公司资产规模8.2亿元，注册资金1.1

亿元，员工1045人，其中具备多年化纤设备设计和化纤工艺研究经验的工程技术人员近百人。公司具有行业甲级工程咨询和设计资质，技术水平领先、市场信誉优良。公司位于通州区光机电一体化产业基地，建设占地面积7.098万平方米，拥有各类先进加工设备210余台套，其中60多台套为数控机床和加工中心等自动化、柔性化生产设备，具备年产3500纺位纺丝机、3500台高速卷绕头的生产能力，主要产品涵盖涤纶、丙纶、锦纶民用长丝、工业用丝、短纤维生产设备和各类差别化产品，以及其他棉纺、化纤成套设备用电气控制柜和多种规格喷丝板等。产品销往东南亚、美洲、欧洲及全国各省市上百家企业，市场占有率居行业前列。公司被中国产品质量协会授予“2009年度质量守信企业”称号。

（王　靖）

【主要经济指标完成情况】　2009年，新签生效主机合同96376.9万元。全年实现工业总产值44859万元，实现地税2018万元。新区建设全面完工，新增土地及固定资产约2.21亿元，包括土地2462万元、建筑物1.3亿元、各类设备6585万元。

（王　靖）

【研发创新工作取得新成果】　2009年，公司承担发改委、商务部等各类自主创新科研项目课题14项，均按进度要求完成计划。年初，公司获得由北京市科学技术委员会、北京市财政局、北京市国家税务局、北京市地方税务局联合颁发的“高新技术企业证书”。年内，公司被中国纺织工程学会评为“改革开放三十年推动中国纺织产业升级重大技术进步”的企业。被认定为“北京市企业技术中心”，获得100万元专项补助资金。公司自主创新项目“涤纶一步法分纤母丝纺丝设备及工艺技术的开发”通过纺织工业协会科技成果鉴定，并获得2009年度纺织工业协会科技进步二等奖。“BWA860T型全自动换筒高速卷绕头”作为高新技术成果转化项目，获北京市财政资金支持70.59万元。“BWA55 Ⅱ型旋翼式高速卷绕头系列产品”被纳入中国《名、优、新机电产品目录》。“BKV463型复合纺丝机”获北京市科委、发改委等5部门认定的自主创新产品。公司申报的3项实用新型专利：单排外环吹风丝束冷却装置、双排外环吹风丝束冷却装置、双胞胎型侧吹风丝束冷却装置于8月获得授权。

（王　靖）

【推进企业信息化建设】　制定大力推进制造业信息化，采用先进的管理手段与制造模式，缩短产品的生产周期、提高产品质量、降低生产成本的战略目标，公司启动企业信息化工作，建立先进的产品开发、有效的生产经营管理和科学的决策支持系统，制订《北京中丽制机信息化总体方案》并通过项目评审专家组验收。本着“总体规划、分步实施、务实推进”的原则，在大量准备工作的基础上，截至年末，公司OA系统实现上线运行，PLM项目和ERP项目进入实施准备阶段，随着本次信息化革命不断推进，中丽制机公司开始跨入全新的管理模式时代。

（王　靖）

【节能减排 降本增效】　2009年被确定为公司“节能减排、降本增效”推广年。公司将节能减排重点放在公用工程和工艺过程的节能方面，号召各部门降低成本、提高效率，以最低成本做出最好的产品。一是加强比价采购，控制外协、外购成本。二是避免形成新库存，积极消化积压库存，以毛坯库为例，对退回的停工工号的毛坯45021件，实现顶用16840件，回用率近40%；供应体系消化积压库存130余万元。三是实施“空压站”改造工程，节省了大量水、电和维修资金。每年可节约用电12万千瓦时、节约用水2520吨，共计节约资金12.6万元，实现了公司年单项节约19%的节能目标。四是优化工作流程，鼓励小改小革。

（王　靖）

【消防保卫和安全生产工作】　公司认真执行

《消防安全管理规定》，坚持贯彻“预防为主，防消结合”的工作方针，建立岗位消防安全责任制，履行消防安全职责，保障消防安全。不断加强“人防、物防、技防”管理。增加门卫、监控室、库房等重点区域的巡逻。严格执行门禁制度，对进出厂区的人员、车辆严格询问检查。重点完善技防措施，加强对员工的岗位安全教育。将安全责任承包到各个部门和车间，将事故预防作为工作的重点，安全教育和宣传工作作为手段，提高全员的安全防范意识和安全素质。全年未发生重大火灾、重大工伤及以上事故。6月，公司被评为北京市交通安全先进单位。

（王　靖）

【加强培训工作】 公司将建立学习型和创新型的员工队伍作为企业人力资源开发的重要工作。根据年初制订的培训计划和各部门工作实际，先后组织开展化纤长丝纺丝设备设计基础培训、系列标准化培训、专利技术文本撰写等各类培训，为职工购买教材，聘请专家讲课，组织测评，收到良好效果。全年组织公司19名技工参加国资委工考委的职工技能等级考试，有13人晋升职业技能等级，其中获初级技能等级1人、中级5人、高级3人、技师4人。

（王　靖）

华润物流（北京）有限公司

【概　况】 华润物流（北京）有限公司隶属华润物流（集团）有限公司，是2006年成立的外商独资有限责任公司，位于北京市通州区马驹桥镇域内的北京通州物流基地。公司主要负责华润物流集团投资的北京通州区马驹桥镇物流仓储项目的建设及经营管理。2009年5月，华润物流北京通州马驹桥镇物流仓储项目开工建设。该项目投资2.75亿元，为华润物流集团在内地投资最大的物流项目。项目的建设目标为建成具有示范效应、超大规模、在华北地区乃至全国领先的零售及快速消费品物流配送设施，同时作为华润物流和华润万家超市华北区交易结算总部。总用地面积11.6万平方米，配送中心总建筑面积约9.35万平方米。5月，一期工程开工建设，建筑面积为4.5万平方米，年底完成2座单体干库主体工程及附属设施建设。

项目建设的目标市场主要包括三部分：华润万家北京地区门店的物流配送；华润集团内部其他消费品制造和商业分销企业，如华润啤酒、华润零售和华润轻纺等的消费品物流配送；北京地区乃至华北地区其他连锁零售企业及其供应商、经营商的物流配送。项目建设严格贯彻“廉洁工程、安全工程、优质工程、节俭工程”的指导原则，积极稳妥地推进项目进程。

一期工程建设与业务发展并进，取得阶段性进展。完成两座仓库主体工程建设；顺应通州区大力发展电子商务行业趋势，吸引到电子商务领军企业亚马逊物流、奥硕物流入驻；既定客户华润万家超级市场有限公司华北区交易结算中心于2008年迁入物流基地，2008年至2009年累计实现税收3700万元。

在2009年通州区先进园区、优秀企业和先进个人评比中，华润万家超级市场有限公司荣获“2009年度园区系统纳税突出贡献企业”荣誉称号。

（孙芘昌）

北京万生药业有限责任公司

【概　况】 北京万生药业有限责任公司是以原北京生物化学制药厂为基础组建的集新药开发、原料药和制剂生产及销售为一体的新型高新技术制药企业。浙江新和成控股集团公司为北京万生药业有限责任公司第一大股东，万生药业是集团公司下属企业中承载集团公司实现医药制剂领域战略目标的核心企业。公司成立于1999年2月，注册资本5000万元。2003年9月，公司进驻通州区张家湾工业开发区，占地面积27000平方米。建有符合GMP要求的原料药、颗粒剂、片剂及胶囊剂生产车间，年生产能力片剂4亿片、胶囊剂1亿粒、颗粒剂5000万袋，原料药30吨。2009年，销售收入同比增长60.68%，利润增长88.46%，上缴税金增长36.51%。

（姜淑清）

【新产品研发】 公司坚持以市场为导向，推动产品的不断创新，将重点发展领域定位在降脂、降压、降糖等心脑血管药物，逐步扩展到治疗肝脏、肾脏及抗肿瘤药物。公司建有符合GLP标准的新药研发中心，中心拥有60余人的高素质研发团队，覆盖了选题立项、临床前研究、临床研究、工业化研究等整个药品研发链条。新药研发中心拥有强大的外部资源，与沈阳药科大学、医科院药物所、北京大学药学院、军事医学科学院、中国药科大学等多家科研院所建有深入合作关系。研发中心陆续开发出多个国内首家上市品种，获国家药品生产批件的制剂和原料药26个品种，在研及待批的国家级新药15个品种。2009年，公司进一步加强技术创新、新产品的研发力度，科研成果取得新成绩，取得5个制剂、5个原料药生产批件。其中复方a-酮酸片和匹维溴铵片为国内首家生产。

（姜淑清）

【营销建设】 2009年，公司根据市场情况对营销系统进行优化，建立招商事业部、推广事业部、普药事业部，实施普药、新普药、新药分线专业化推广，采用以办事处及区域代理商相结合的综合营销模式，销售网络遍布全国二十多个省、市、自治区。对临床推广及商业客户提供全方位的服务和专业支持。2009年，公司的销售收入和利润分别增长61%和88%，营销建设促进经济效益。

（姜淑清）

【扩大生产经营规模】 为扩大公司的生产经营规模，加强市场占有率和竞争力，公司投资收购了北京东方潮汐科技发展有限公司，建设生产厂房，成立医疗器械研发中心，同时购买5个产品的专利申请权，开发研制了OT系列等15个品种，其中生产上市的主要产品OT-M一次性吸氧管获国际专利，为国内市场的畅销产品。

（姜淑清）

【开展节能减排工作】 根据北京市发改委的有关政策精神，公司开展节能减排的清洁生产审核的工作。公司投资210.5万元进行设备改造和更新。2009年节电36.56万千瓦时，节水2766吨，减少废水产生量2766吨，为公司创造经济效益47.25万元。节能减排工作提高了能源的使用效率，降低了成本，减少了污染物的产生及排放量，产生了一定的经济、环境和社会效益。2009年底，通过了市发改委、市环保局的审核验收。公司荣获通州区发改委授予的“2009年清洁生产工作先进单位”称号。2009年，公司被北京市科学技术委员会认定为“高新技术企业”，获通州区政府“纳税千万元以上企业”荣誉称号。

（姜淑清）

北京鄂尔多斯羊绒有限公司

【概　况】 北京鄂尔多斯羊绒有限公司为内蒙古鄂尔多斯羊绒制品股份有限公司下属子公司，于1998年成立，当年正式投产。公司位于北京市通州区漷县经济开发区内，职工近500人。拥有国内一流的德国、日本、意大利服装设计师和国际一流水平的德国斯托尔（STOLL）电脑横机设备，意大利上领机和日本缩绒机等先进设备，年生产羊绒系列制品100万件。

公司主要从事羊绒、羊毛及羊绒与其他各类纤维混纺产品的制造、加工和销售，并出口无毛绒、羊绒纱、羊绒制品、毛线混纺制品和针织服装，进口本企业生产科研所需原辅材料、机械设备、仪器仪表、零配件；并从事相关的技术开发、技术咨询、技术服务和技术转让业务。

公司以“鄂尔多斯”品牌为基础，与国际、国内各著名品牌和购买商合作，产品远销欧、美、日、俄罗斯和中国香港等市场，赢得良好的市场信誉。

2009年，公司应对经济危机的压力，坚定不移地抓住市场打通出口，降低成本，出台多项应对措施。本着“节约、精干、高效”的原则，加强公司内部管理，继续完善管理制度，强化员工培训，狠抓产品质量，深挖潜力，提升企业整体竞争能力。全年完成生产任务18万件，超额完成利润总额的20%以上，实现销售收入近5000万元，实缴各种税金300万元。截至年底，公司总资产3000万元。

（刘　薇）

【全面实行比较管理制度】 加强基础管理工作，为生产经营目标实现奠定基础。在上年实施比较管理制度的基础上，年内全面实行比较管理模式，形成各个层次的比较，大大提高整体生产效益和管理效率，人员工作的积极性和创造性得到充分的开发，以岗定薪，以劳取酬，为企业的和谐发展提供稳定因素。进一步激励技术人员提升技能，公司对技术人员进行职称评定，8名技术人员晋级。

（刘　薇）

商贸·旅游

商　业

【概　况】 9月，根据《北京市通州区人民政府机构改革方案》，通州区商务局更名为通州区商务委员会。2009年，通州区商务委紧紧围绕市、区“保增长、保民生、保稳定”的重大决策部署，以科学发展观统领全局，明确方向、细化任务分工、全力服务企业，迎难而上保增长、全心全意保民生、凝聚合力保稳定，努力为全区商务工作发展作出新贡献。2009年商业经济指标再创历史新高，全区社会消费品零售额实现162亿元，同比增长10.6%，继续保持各郊区县第一，各类市场成交额实现45.9亿元，同比增长9.5%。

（高士增）

【2009北京新城·通州国际商务年会】 本届商务年会本着虚实结合、统筹活动部署、统筹宣传工作、注重创新、提升影响为原则，在形式和内容上不断创新，对年会组织形式进行改革，把各专场活动作为年会的主导方式，集中一个多月的时间，先后成功举办5个专场活动。分别是：金融·保险·后台建设论坛、2009北京拍卖季开幕式、产业发展座谈会及重点项目签约仪式、旅游宣传推介会和北京经济开发区西区商务年会。

（高士增）

【加大对品牌商业和重点板块投资促进力度】 对全区商业资源进行摸底调查，进一步完善和丰富了商业资源库。重点加大北苑商务区、北京华联总部、日本永旺等重点商业项目的促进力度。在区商务委的积极努力和协调下，北京华联上市公司总部正式落户通州，中国照相馆、东兴楼等老字号企业签约入驻；北苑商务区项目开始全面拆迁。

（高士增）

【推进市场改造】 按照全区市场改造计划，2009年全区有7家社区菜市场和3家农村集贸市场开工建设，全年完成固定资产投资5930万元。年内，半壁店市场、梨园东里市场、百菜园菜市场、高辛庄市场、大稿村市场等5家社区菜市场均通过北京市标准化社区菜市场验收，共申请市财政补助资金250万元。运河通源市场竣工等待验收；台湖农贸市场、永乐店柴厂屯农贸市场、于家务渠头农贸市场均完工，待工商手续齐全后参加验收。

（高士增）

【培育扩大农村消费市场】 继续大力扶持福兰德超市加快农村现代流通体系建设，新建农村连锁超市157个，超额完成全年新开农村连锁超市100家的目标任务。在管理上，要求福兰德总部对加盟店加大培训力度，根据市场需求及时调整商品种类，使其更加注重商品质量，购物环境和服务水平的提升，在保持加盟店数量快速增长的同时，不断提高商品统一配送率。

（高士增）

【推进“家电下乡”惠民工程】 严把网点设立审核关，全区设立“家电下乡”销售网点84个，家电“以旧换新”销售点24个，覆盖全区各乡镇。严格监测各销售网点，实现销售额1亿元，补贴资金3000万元；逐件审核苏宁、国美“家电以旧换新”产品20万余件；办理黄标车淘汰手续7196件，其中转出4287件、报废2874件，并办理汽车以旧换新补领差额（已报废黄标车以旧换新补领差额）35件，累计发放补助资金4605.64万元；审核备案“汽车摩托车下乡”销售网点15个，累计销售下乡汽车1147辆，销售金额4260万元。

（高士增）

【筹办“外贸大集”活动】 7月9日至20日，第三期外贸大集活动在贵友通州店举办，历时12天的“逛通州贵友 赶外贸大集”活动累计接待消费者16万人次，外贸商户共实现销售400万元。贵友通州店营业额实现512万元，同比增长42%，日客流达2.5万人次，增长45%；和合谷和东来顺餐饮实现营业额47万元，同比增长95%。此外，家乐福、苏宁电器及周边商铺均呈现商业旺季的消费局面。

（高士增）

【打击生猪私屠滥宰违法行为】 继续加大对生猪私屠滥宰违法行为的打击力度，从源头抓起，加强对生猪定点屠宰厂监管，本区两家定点屠宰企业高度重视甲型H1N1流感的预防工作，进一步完善应急预案、预防措施预案等。对私屠滥宰窝点举报一起、核实一起，发现一起、取缔一起。确保百姓吃上放心肉。年内，取缔生猪屠宰窝点69个，查没生猪172头。对全区14家市场进行联合执法，没收问题猪肉834.2公斤。

（高士增）

【盐业、酒类备案管理工作】 继续加大对违法销售私盐的打击和整治力度，确保百姓吃上放心盐。处理盐业违法案件155起，罚没私盐57533公斤。全面启动酒类备案登记管理工作和酒类流通随附单制度，确保酒类销售安全。

（高士增）

【推进商务领域安全生产工作】 一是加大对商市场的安全执法检查力度，检查企业1016户次，查出各类安全隐患问题1278项。二是加大安全生产宣传力度，开展“安全在我心中”知识竞赛和消防安全宣传活动，发放宣传海报和材料4000余份、教育光盘400余份。三是举办20场安全生产培训，培训企业负责人及员工3600余人次。四是开展消防应急演练，要求企业制定和完善消防应急预案，开展应急演练，现场监督指导17家企业进行消防应急演练。五是对重点区域、重点企业进行执法巡查。确保安全生产万无一失。

（高士增）

【清理整治商业环境】 根据区委、区政府的统一部署，将商市场行业创卫工作作为工作的重中之重扎实推进。加大对商务系统除四害工作、控烟工作、职工健康教育、商市场创卫升级等各项工作的督察力度；投资420万元对隆乔兴、杨家洼、北机、果园等4家菜市场进行创卫改造和提升；加强与区创卫办、工商局、城管大队等部门的沟通协调与合作，强化对无照经营、小商小贩的联合执法，进一步清理整治商业环境，确保了本区创卫工作整体通过北京市验收。

（高士增）

【保障阅兵村商品供应】 年内，商业系统全力做好国庆阅兵服务工作，保障阅兵村商品供应。通过竞标等方式选定6家企业，每天动用40辆车120人，负责12项商品供应、5项服务保障、3项技术支持。自3月30日正式供应至10月8日结束，本区6家企业累计供应金额达到4909.5万元。其中福兰德超市及售货亭供货金额3733万元，车辆运输2632车次；大运河配送中心供应蔬菜金额331.9万元，84.3万公斤；御香苑集团供应牛羊肉金额427.9万元，17.6万公斤，运输366车次；东升方圆供应蔬菜金额375.7万元，93.8万公斤；北京田源鸡餐饮有限公司供应蛋禽金额35.4万元，4.6万公斤；四美国际美容美发共计理发、烫发、染发等11163人次。

（高士增）

【完成粮食清仓查库工作】 配合市粮食检查组做好粮食清仓查库工作，按照“有仓必到，有粮必查，查必彻底”的原则，对通州辖区内12个存储库点的存储粮食实物进行普查，共计查粮491个货位366313吨。其中：小麦280433吨，玉米29743吨，稻谷17844吨，大豆38885吨，绿豆9吨。使用测量计算法查粮406个货位360365吨；抽包检斤法查粮85个货位5948吨。普查结果为通州区粮食数量真实、准确，质量符合市局储备粮管理要求，全部为宜存粮。粮食出入库管理和检验制度及各项储备粮管理制度执行较好，储备粮管理工作扎实、细致、规范，粮情稳定，粮质正常，储存安全。

（高士增）

【完成社会粮食供需平衡状况调查】 历经3个多月圆满完成2008年全区社会粮食供需平衡状况调查工作，理清了全区社会粮食供需基本状况：全区2008年度年初社会粮食库存241085吨（混合粮，下同）；本年粮食供给486180吨，比上年增长5%。其中粮食产量229152吨，占粮食消费需求总量的93.5%，增长15%；本年粮食需求479649吨，增长5%。粮食消费245214吨，其中口粮142623吨，人均0.3779公斤／日，（城镇居民人均0.3131公斤／日，农民人均0.4279公斤／日），饲料用粮70556吨，工业及食品用粮26287吨；年末社会粮食库存247615吨，全区社会粮食供需基本平衡。

（高士增）

【完成社会食用植物油供需平衡状况调查】 按照市粮食局的部署，开展2008年全区社会食用植物油供需平衡状况调查工作。此次调查分四类（农业和城镇居民、餐饮企业、单位食堂、经营和转化企业）抽样调查，调查样本199个（居民144户，企业55家）。经过近3个多月的调查工作，结果显示全区社会食用植物油供需平衡状况：2008年度全区年初社会食用植物油库存4497吨；本年食用植物油需求19539吨，食用植物油消费19535吨，其中居民口粮用油19486吨，日人均0.1公斤（含餐饮和食堂用油），食品加工业用油49吨；年末社会食用植物油库存2174吨，食用植物油供给全部区外购入，其中市外购入13632吨。

（高士增）

【通州商业资产运营公司概况】 2009年，通州商业资产运营公司围绕国有资产保值增值这一主线，坚持以资产经营为主、适当参与资本经营的发展战略，紧密围绕年度经营管理目标，坚持推行细化管理，化解矛盾，破解难题，开拓创新，扩大改革成果，板块经济的运行基础不断夯实，运行环境不断优化，国有资产保值增值保持良好的持续性和成长性。全年实现销售收入5.38亿元，上缴税金1982万元，机关直管租赁收入3258万元，剔除不可比因素，销售比上年增长6.68%，税金增长6.85%，机关直管租赁收入增长7%，扭亏为盈，全年实现利润676万元（不含联营企业），同比增长1364万元，国有商业资产保值增值率为106.3%，自组建以来首次达到100%以上。

年内，继续加大减债还贷力度，全年偿还历史性借、贷款4195万元。完成上科华联40%的股权转让，为加速实现企业战略目标，所得收益拟全部用于解决企业负债。按照企业发展三原则，即职工利益第一原则、经济效益最大化原则和品牌效益原则，排除各种干扰并化解矛盾，完成人民商场的改造和整体出租，再次盘活大型资产。为拓宽国有资产保值增值的渠道，与中国传媒大学等5家单位达成成立中传科技园的合作意向，以房产土地为股本参股，迈出资产经营向资本经营的第一步。为提高企业科学管理水平、提高企业综合竞争力，科学合理地控制经营成本，及时调整经营决策，年内经过酝酿研究、讨论论证、修改完善，完成2010年的财务预算及电算化管理等方案，为全面推行预算管理和电算化管理做好技术准备。严格资产经营环节，年内制定并推行合同会签制度，由企管、财务及法务等部门在合同签订之前，从合同主体资质、履约能力、合同标的额、结算方式、合同条款等各方面进行全面细化评审，会同签署意见，重大合同由行政班子参加评审并确定，旨在从源头上防范经营风险，提高资产操作的透明度，加强各环节职务的廉洁性，以维护国有资产的安全性和严肃性。配合通州新城建设，年内完成北苑商务区内所属资产的拆迁工作。

加大干部队伍建设，加强制度建设，年内编辑完成《通州商业资产运营公司制度汇编》，汇集公司组建以来形成的各项规章制度以及根据企业发展形势建立的部分新规章制度，涉及人、财、物等各项管理共59项制度，体现了科学管理、民主管理、细化管理的原则。

（刘红霞）

【通州区粮油贸易公司概况】 2009年，区粮油贸易公司以经济效益为中心，以强化企业管理为重点，以确保粮食安全为目标，按照实施科学兴企战略、实行制度约束机制、实现经济增长目的、推动粮食企业的可持续发展的工作思路，圆满完成各项工作任务。公司将2009年确定为“粮食企业实现科学发展的关键年”，加强业务经营管理和干部队伍管理。2009年，公司存储中央储备粮9.56万吨，北京市储备粮12.11万吨，区储备粮325吨，中央最低收购价储备粮4.98万吨。公司在做好主业同时，抓好企业资产的开发、盘活工作，全年签订租赁合同62份，收回租金325万元，逐步实现与主业的优势互补。通过抓管理、搞经营，实现企业经济效益2.6%的增长，完成税金514万元，实现利润324万元，职工收入增长18.2%。

2009年，强化企业管理工作，一是以规范化管理为中心，开展仓储管理工作。年内在全国粮食清仓查库中通过北京市清仓查库互查工作组的检查验收，经查公司所储粮食数量准确、质量符合标准、各项手续齐全、储粮安全、管理规范，2009年公司获北京市“清仓查库工作先进集体”称号；二是加强企业管理，围绕国庆60周年，通过健全各项规章制度，完善制度运行机制，年内没有出现安全事故和上访事件，确保企业的安全稳定；三是2009年公司新招聘23名大中专年轻人员，分配到各库保管、检验岗位上，充实了队伍，为公司发展提供人才保证；四是加大宣传力度，提高企业影响力。2009年，公司在狠抓企业管理的同时，千方百计增加创收，实现补贴收入和贸易利润双赢的目标。

（杨永宽）

【通州区煤炭公司概况】 通州区煤炭公司是集煤炭加工、销售、运输为一体的国有企业，公司下属有3个基层单位，即通州区煤炭公司业务科、北京市通州液化气站、通县节能技术推广站。2009年，公司克服由于全球金融危机带来的不利影响，把压力当作动力，强化危机意识和责任意识，努力化解经济危机给企业造成的梗阻，在外部经济环境极为不利的情况下，顺利实现“保减亏、保收入、保稳定”的工作目标，完成国资委下达的经济指标，公司实现销售收入7533.22万元。2009年，煤炭经营企业面临严重困难和严峻挑战，煤炭需求下降，库存积压，成本处于高位，煤炭价格下滑，销价与成本形成倒挂，企业经营出现严重困难。面对困难，公司采取有效措施，积极应对，以加强企业管理为主线，提高企业经济效益。一是准确做好核算工作，尽快消化高成本库存，在最短时间内排除高成本库存给企业经营带来的梗阻。二是压缩开支，节省费用，降低人工成本。年内，公司及各基层在上年基础上，公司管理费用总体下降17.8%。三是推广站和液化气站制定切合实际的扭亏措施，努力扩大销售，争取维修工程和新建项目，加大收费力度，实现扭亏为盈，全年创收指标得以圆满实现。四是公司结合企业自身的实际情况，根据3个基层单位的经营状况重新制定目标责任制，与基层单位签订责任书。五是充分利用现有设备设施条件，搞活企业经营，不断增加企业收入。做好企业管理同时，公司针对煤炭销售量下降、库存积压、销售价格急速下滑、进货资金短缺的状况，一方面积极向区政府和区国资委反映情况，另一方面加强与北京市煤炭总公司经销中心及产煤地关系单位的联系沟通，最大限度地争取上级政府及关系单位的理解和支持。并及时准确地调查了解煤炭市场信息，制定灵活有效的经营策略，变被动为主动，巩固现有的营销市场，进一步扩大和开拓新的市场，搞活煤炭经营，化解库存压力，全力抓好煤炭主业。以进货工作为基础，认真进行市场调查，加大铁路、公路运输的协调力度，抓住时机及时组织进货，至9月底组织进货近4万吨，完成区政府安排的2万吨煤炭应急储备。10月以后，继续抓紧进货环节，在原有4万吨基础上，又储存4万吨煤炭。制定煤炭销售奖励机制，销售人员在全区范围内，摸清煤炭用户底数，建立用户档案，抓住经营的龙头销售工作，开拓市场，以促使经营尽快好转。库存管理坚持推陈储新，积极消化高成本库存，10月至年底出库煤炭6万吨，全年消化高成本库存近4万吨，消除经营梗阻。2009年，企业在激烈的市场竞争中仍保持较大的市场份额，充分发挥区煤炭主渠道作用，积极缓解煤炭货源紧缺和平抑煤炭价格，保证正常的煤炭供应。

（任雪莲）

【通州区供销合作总社概况】 2009年，通州区供销合作总社以提高自身经济实力和为农服务为目标，开拓创新，科学发展，业务经营平稳增长，各项经济指标保持良好的增长势头。全社系统完成主营业务收入3860万元，全年实现国地两税120万元。完成利润122万元，同比增长17%。按照区社三至五年发展规划目标，新农村商业网络建设初见成效，自主投资的漷县商业楼项目竣工，其中主体工程投资1000万元、附属工程投资500多万元，经过公开招租和考察，确定两家大型超市企业入驻该项目招投标程序，最终确定年租金不低于150万元。徐辛庄合作开发项目通过规划局重新审核，张家湾合作项目作为2010年区经济适用房小区项目上报市建委。年内，按照区社党委确定的整体出租现有城乡资产的经营思路，整体出租区社机关原办公院和西配楼资产、徐辛庄南大院及原济才中学所在地资产。对下属单位二合商店，通过招商引资改造危旧房屋，增设门店对外出租。在管理上采取提高服务水平增加服务项目，根据区域位置不同调整租期长短等多种方式，满足租户需求，稳定现有租赁市场。2009年，全社资产租赁收入完成700万元，同比增长21%。在做好传统经营业务外，在资本市场中，在市社的带领下，继续加大资本运作投资力度，新投入1000万元入股世欣荣合投资控股股份有限公司，累加几年的运作成果，在该公司的股权由开始的2000万元增至4097万元，并收回2008年投资项目本金1927万元，股金分红356万元。社有资本有了大的增加，为打造农村商业网点设施建设奠定坚实的资金保障。

在抓好发展的同时，区社不断加强企业财务管理工作，建章建制规范工作范畴，调整会计岗位工作内容，在岗位上相互制约与牵制，清查核实社有资产，对京东环城商贸有限公司接收18家基层单位后的有形资产因危房、占地等原因造成的资产不实进行清理盘查，清理出固定资产净损失678万元，对二合商店和物资调剂中心进行财产及经营审计，保证企业财产、债权债务、经营成果、财务收支的真实合法，防止违法、违规问题的发生。始终坚持抓好党建工作不放松，积极开展深入学习科学发展观活动，下大力气整改落实，着力提高应用科学发展观指导实践的能力，保证企业安全稳定发展。

（博丽杰）

对外及港澳台经济贸易

【概　况】 2009年，全区合同利用外资8345万美元，同比下降50%；实际利用外资8088万美元，同比下降41.2%。全年进出口金额15.3亿美元，同比下降18.6%。其中出口创汇实现9.4亿美元，同比下降9.6%。各项数据均为负增长，但降幅按季度逐步收窄，表明本区外向型经济正逐步回暖。

（高士增）

【外资来源于15个国家和地区】 2009年，新批31家外商及港澳台投资企业分别来自德国、中国香港地区各5家，韩国、法国各3家，美国、新加坡、日本、加拿大各2家，中国台湾地区、意大利、瑞典、马来西亚、蒙古、阿联酋及投资公司各1家。

（高士增）

【利用外资行业结构变化明显】 2009年，全区新批31家外商投资企业所属行业为制造业12家，批发零售业10家，商业服务业8家，房地产业1家。外商投资第三产业所占比重上升明显。

（高士增）

【重点外贸企业出口创汇降幅收窄】 2009年，全区30家重点外贸企业共出口5.73亿美元，同比下降3%，较全区外贸出口降幅低10.5个百分点。

（高士增）

【外商投资企业外贸出口占主导地位】 30家重点出口企业中，外资企业共16家，2009年共完成出口创汇36551万美元，占出口总额的64%，内资企业出口20772万美元，占出口总额的36%。外商投资企业在全区扩大出口方面发挥着重要作用。

（高士增）

【外贸出口产品集中于六大行业】 通过对全区30家重点外贸企业出口产品的监测分析，全区外贸出口产品主要集中在六大行业。分别为金属机械及电气、信息技术及材料、合成材料及化工、木材加工及家具制造、纺织服装、专业贸易公司出口。排名前三位的金属机械及电气、信息技术及材料、合成材料及化工行业，分别出口21676万美元、18173万美元和10893万美元。

（高士增）

【帮扶企业应对金融危机】 为积极帮扶企业应对国际金融危机，帮助企业缓解困难、渡过难关，确保本区商务经济平稳较快发展，区商务委进一步深化《商务领域重点企业联系制度》，加大对50家重点企业的跟踪服务力度。并制定《关于帮扶企业应对国际金融危机工作方案》，对企业进行逐一走访，将企业反映的问题进行分解，明确任务到人、责任到人，为重点联系企业协调解决生产经营中遇到的困难。

（高士增）

【落实开拓资金扶持政策】 帮助本区更多企业获得开拓资金扶持，区商务委及时将2009年度开拓资金调整政策以《信息专刊》形式发放给所有外经贸企业负责人，并于6月18日举办百余家企业参加的中小企业开拓国际市场的申报培训会，鼓励企业开拓国际市场，解决订单下降问题，帮助企业共渡难关。年内，审核2008年度通州企业64家，拨付资金480万元。审核2009年度通州企业96家，共578个项目获得批准，涉及8大类支持方向，其中各类认证项目163项、境外考察112项、宣传推介112项、境外展览91项、广告商标注册50项、创建网站43项、国际市场分析6项、培训1项。

（高士增）

【为企业搭建服务平台】 一是组织113家外经贸企业参加出口信用保险培训；二是组织企业与中国出口信用保险公司进行3次小规模出口信用保险对接会；三是组织4次由30家企业参加的应对金融危机座谈会；四是组织100余家外贸企业参加中小企业开拓资金培训会，宣讲2009年政策变化和申报程序；五是帮助33家企业申请62个105届、106届广交会摊位,成交金额近2000万美元。

（高士增）

【多举措提高审批效率】 简化审批程序，提高审批效率，对外商投资企业的地址、名称、投资者名称等非实质性变更事项，审批时限由原来的3个工作日改为立等可取；对董事、监事和纯属企业内部制度性约定等合同章程条款的一般变更事项，由审批改为简易备案方式；审批权限由原来的3000万美元以下扩大到5000万美元以下；限额（5000万美元）以下外商投资企业从事非限制类商品批发和佣金代理业务的相关设立与变更事项的审核权由市商务委下放至区商务委，并由区商务委代发批准证书；对外贸易经营者备案登记的审核权由市商务委下放至区商务委。

（高士增）

【加大实际到位资金催缴力度】 2009年，区商务委针对新《中华人民共和国公司法》颁布后企业入资期限最长为两年的情况，对2007年以来未入资企业进行逐一排查，采取多种方式催缴入资。一是通过深入企业和电话催缴方式督促企业入资；二是利用工商局年检的时机，要求企业提供验资报告，联合催缴；三是借助乡镇、园区的力量共同催缴。通过努力,2009年共催促99家企业入资，外资入资金额为8043万美元。

（高士增）

【全面完成外商投资企业年检工作】 截至7月底,实际参加年检的外商投资企业450家，比上年增加5家。投资总额合计20亿美元，注册资本合计12亿美元，合同利用外资合计9亿美元。投资总额在500万美元以上企业共85家，占参检企业总数的18.8%。2008年共实现纳税额15.7亿元，同比增长46%。其中纳税额100万元以上的企业104家，纳税额合计为15.07亿元，占总纳税额的95.9%。从行业划分看，纳税额排名前三的行业是：金属机械电气类、服装纺织类和服务类，纳税额分别是7.5亿元、2.7亿元和1.4亿元。

（高士增）

旅　游

【概　况】 2009年，区旅游局贯彻落实市、区旅游产业发展大会精神和“扩内需、保增长、促发展”工作部署，搭建服务企业平台，打造旅游消费热点，指导帮助旅游企业创新工作思路，化解发展难题，加快产业发展，全区旅游业有效克服了金融危机和“甲流”影响，得到持续健康较快发展。2009年全区旅游接待游人271.2万人次，旅游综合收入52971万元，同比分别增长139.3%和15%。其中民俗旅游接待52.9万人次，收入8925.3万元，同比分别增长22.2%和52.4%。并实现旅游安全无事故、旅游接待无投诉“双百”目标。

（王会文）

【大邓各庄村评定为市级民俗旅游村】 年初，经区乡村民俗旅游村（户）评定委员会初评，北京市乡村民俗旅游村（户）评定委员会审核批准，宋庄镇大邓各庄村被评定为市级乡村民俗旅游村。大邓各庄村全村108户农民几乎户户养犬，村内养殖大白熊犬、萨摩耶犬、哈士奇犬、阿拉斯加雪橇犬等

30余种成年世界名犬千余条，并建有大邓犬业合作社、大邓犬业协会和CKC国际宠物公园，是集宠物犬繁育、饲养、防疫、训练、竞技、表演、寄养、美容、销售及果品采摘于一体的乡村专业民俗旅游村。

（王会文）

【欢乐之都青少年社会职业体验馆建成开放】 1月1日，北京欢乐之都青少年社会职业体验馆建成对外开放。该馆位于梨园镇，一期总面积15000平方米，总规划面积28000平方米，馆内实景按实际建筑的2/3比例缩小建造，设置体验场所50个，社会职业70余种，体验馆秉承陶行知先生“生活即教育，社会即学校”的教育理念，为青少年以角色扮演方式进行各种职业体验，认知社会组织结构、各种职业特点，感受工作快乐与艰辛，营造了一个微缩世界。体验馆模拟司机驾驶、医生看病、法官庭审、专家考古、商业服务、消防员救火、交警执勤、模特表演以及厨师料理等社会生活场景逼真，并设有国内国际双重标准安全设施、人性化配套服务设施、智能化信息服务系统，可为青少年社会体验提供一流品质的服务，是通州旅游产业发展的一个亮点。

（王会文）

【组团随市旅游局赴天津宣传促销】 1月18日，区旅游局、旅游行业协会组团参加由副市长丁向阳带队、市旅游局组织的“乘高铁、逛京津，新春大拜年”赴天津宣传促销活动。活动中，通州区以“漕运古镇、滨水新城”为主题，利用展板展示、发放宣传材料和现场咨询服务等方式，向天津市民集中宣传推介通州区的旅游资源，重点推介“文博修学游”、“运河文化游”、“现代创意艺术游”等产品线路，受到天津市民的普遍欢迎。此次活动，运河公园、北京国际图书城、韩美林艺术馆、宋庄文化创意产业园区等旅游企业参加宣传促销，接待天津市民3000余人，发放各类宣传材料5000余份。

（王会文）

【春节黄金周旅游活动】 1月25日至31日（腊月三十至正月初六），全区旅游实现接待游人15.78万人次，旅游综合收入827.97万元，客房平均出租率16.3%，同比分别下降30%、14.5%和7.64%，旅游市场秩序良好，无旅游投诉和安全事故发生。各项指标下降原因主要是受经济危机和“甲流”影响，旅游团队明显减少，导致宾馆饭店等住宿单位接待人数和收入锐减。春节期间，通州区围绕“北京请您来过年”主题，打造推出的旅游节庆活动和乡村特色民俗游增幅明显。一是运河艺术冰灯展、中国图书文化展、三教庙庙会等旅游节庆活动吸引了众多游客，尤其是首届运河艺术冰灯展倍受游人青睐，高峰时段游客达千余人。各项旅游节庆活动实现接待游人1.67万人次，旅游综合收入80.98万元，同比分别增长297.6%和525.3%。二是乡村特色民俗游火爆新春，游人到宋庄小堡画家村领略艺术氛围，到吉鼎立达农业观光园观赏名贵花卉，到北京南瓜园观赏特色南瓜、品尝南瓜宴，到台湖第五生产队采摘新鲜草莓等尽享农家之乐。七天长假累计接待游人0.72万人次，实现综合收入62.16万元，同比分别增长108.7%和599.6%。由于组织有序、特色独具、社会经济效益突出，通州区获2009北京春节黄金周最佳活动组织奖。

（王会文）

【运河艺术冰灯展】 农历腊月三十到正月十五，在运河公园举办的运河艺术冰灯展，共制作冰灯艺术作品30余件，主要有江南韵味的亭台楼榭、北方古代战车、皇家龙椅、运河漕船、传统东北民居和十二生肖等，作品形态各异，生动形象，夜幕降临，五颜六色的灯光使冰雕群折射出梦幻般的色彩，给人以美妙的视觉享受。此次通州运河艺术冰灯展为北京平原地区首次，使北京市民不需长途奔波就能领略到冰灯艺术的迷人魅力，深受各界游人欢迎。历时半个月的运河艺术冰灯展共接待市区游客2万余人次，获门票收入 50 余万元。

（王会文）

【清明小长假旅游平稳有序】 4 月 4 日至 6 日清明小长假期间，全区旅游接待游客 8.59 万人次，实现旅游综合收入 254.61 万元，客房平均出租率 29.44%，旅游市场秩序良好，无旅游投诉和安全事故发生。三天假期主要亮点有：运河公园接待踏青、游园、放风筝的游人 3.5 万人次；大运河水梦园接待观光娱乐游人 3000 余人次；欢乐之都青少年社会职业体验馆接待居家旅游 800 多人次；宋庄小堡画家村接待领略艺术氛围的游人 1.5 万人次。

（王会文）

【组团参加全国百城旅游宣传周活动】 4 月 11 日，区旅游局、旅游行业协会组团参加国家旅游局主办的“全国百城旅游宣传周暨‘回味奥运，圆梦北京’国民旅游行动计划启动仪式宣传活动。通州区参展以“相约通州新城、感受运河文化”为主题，通过展板展示、宣传品发放和旅游咨询服务，向参观者广泛宣传推介本区的旅游资源、产品项目和运河旅游开发、通州新城建设、乡村特色旅游等内容，共接待参观咨询 3000 余人，发放各类宣传品 4000 余份。

（王会文）

【表彰第三届“通州旅游运河杯”先进单位和个人】 4 月 21 日，区旅游局、区人事局联合对第三届“通州旅游运河杯”先进单位和个人进行表彰。本次评选表彰，以围绕“两新”建设，促进产业发展和高标准、高质量、高效率完成奥运会、残奥会服务接待工作为原则，经企业申报、综合评选，北京星湖绿色生态观光园获特殊贡献奖、北京月亮河假日酒店等 5 家企业获先进集体奖、运河人家度假村等 5 家企业获最佳安全管理奖、毕伟等 20 名个人获先进个人奖。

（王会文）

【举办“五一”小长假旅游节庆活动】 5 月 1 日至 3 日，全区旅游接待游客 17.27 万人次，实现旅游综合收入 713.27 万元，客房平均出租率 44.4%，旅游市场秩序良好，无旅游投诉和安全事故。“五一”小长假期间，全区推出“草莓音乐节”、“图书展销”、“艺术展览”、“果品采摘”等 9 项旅游节庆活动。其中在运河公园举办的“草莓音乐节”成为“五一”假期最大亮点，60 多组港、台等海外艺人乐队的精彩表演，每天吸引万余名歌迷积极追捧，特色餐饮小吃、创意集市、茶艺等综合服务项目更增添了活动的趣味性、参与性。三天唯美浪漫的音乐节盛会接待游人 3.26 万人次，实现综合收入 263.62 万元。宋庄小堡画家村的艺术展览和北京国际图书城的系列图书展销活动成为游人聚集的热点。其中小堡画家村接待游客 1 万余人次，收入 100 余万元，北京国际图书城实现图书销售收入 108 万元。

（王会文）

【旅游咨询服务中心宋庄站建成启用】 4 月 30 日，通州区新建旅游咨询服务中心宋庄站正式启用接待游人。旅游咨询服务中心宋庄站是落实副市长丁向阳“关于‘五一’前在高速公路延长线建立旅游咨询服务站”的指示精神，由市旅游局投资兴建的。该站位于京哈高速宋庄出口，110 国道京榆路宋庄镇小堡村南口西侧广场，建筑面积 168 平方米，为轻钢焊接结构，3 月下旬动工，4 月 25 日竣工，是通州区又一新的旅游宣传服务窗口，承载着宣传通州区“两新”建设和旅游信息查询、旅游代理、旅游纪念品展示和旅游便民服务等功能。

（王会文）

【组团参加2009 中国北方十省市旅游交易会】 5 月 15 日至 17 日，区旅游局、旅游行业协会组团随市旅游局赴烟台参加“2009 中国北方十省市旅游交易会”。通州区以“相约通州新城、感受运河文化”为主题，向各界游人和旅游组织集中宣传推介通州区的新城建设和运河文化旅游资源、旅游产品、服务项目。此次参展，通州区展台主题突出、布置文雅、内容丰富，吸引了众多与会者的目光，共接待参观、咨询游人3000余人，发放各类宣传品5000余份。

（王会文）

【旅游产业发展大会】 5月26日，通州区旅游产业发展大会召开。区委、区人大、区政府、区政协和市旅游局主要领导，区属各委办局、乡镇、街道办事处领导，旅游企业、旅游组织负责人及新闻媒体记者300余人参加会议。会议下发了《通州区人民政府关于加快推进旅游产业发展的意见》，作了题为《解放思想，抢抓机遇，求真务实，推进全区旅游产业加快发展》的工作报告，就落实市政府确定的“一区一色”、“一村一品”发展思路和“通州打造现代娱乐休闲旅游区”目标定位，从高起点谋划、高标准发展、高水平打造运河旅游、现代创意文化旅游和乡村旅游等方面，提出了今后一个时期旅游产业发展的指导思想和目标任务。

（王会文）

【旅游产业项目推介会】 5月26日，区政府主办，区发改委、区旅游局、区投资促进局承办的2009年北京通州旅游产业项目推介会在北京亚太花园酒店举行。市旅游局副局长曹鹏程和区领导邓乃平、石进贤、王玉辉、张文山、张秀余、刘淑华、张华出席会议，区属相关委办局、乡镇、街道办事处、公司主要领导及投资商、中介机构、项目单位负责人和旅行社代表、新闻媒体记者200余人参加会议。推介会以“弘扬运河文化，彰显通州旅游魅力，大力宣传推介全区旅游资源、项目资源，打造旅游品牌，提升新城形象，吸引企业投资”为主题，发布重点旅游项目9个，推出新城基业资产运营有限公司、宋庄文化创意产业集聚区管委会、文化委、西集镇、永乐店镇、潞城镇大营村、漷县镇吉鼎立达科贸公司等7家单位的旅游项目26个，涵盖文化古迹、娱乐休闲、文体商街、水上餐饮、民族商街、艺术主题公园、艺术主题演出活动、民俗旅游等，涉及投资总额达29亿元。会上，北京新城基业资产运营有限公司与北京摩登风景文化传播有限公司、北京水上行运河文化有限公司分别就“草莓音乐节”项目和“运河船餐”项目进行签约，与北京京东天雨典当有限公司签订“运河漕运码头”项目合作意向书。

（王会文）

【端午小长假旅游秩序良好】 5月28日至30日“端午”小长假，全区旅游接待游人8.99万人次，实现旅游综合收入473.9万元，客房平均出租率32.19%。两个旅游咨询服务接待站（西门站、宋庄站）接待旅游咨询者459人，咨询电话128个。全区旅游市场秩序良好，无旅游投诉和旅游安全事故发生。端午小长假正值通州区第五届樱桃采摘节举办期间，西集、台湖两镇推出的10余个品种、50万公斤大樱桃，为游人观赏果园风光、尽享采摘之乐提供了良好场所，3天假期接待采摘游客0.27万人次，获旅游收入23.55万元；2009北京·通州运河水上游于端午节开航，接待乘船游览运河风光的游人0.27万人次，游船收入6.93万元；北京国际图书城举办的图书展销和宋庄镇小堡村推出的艺术展，分别接待游人0.53万人次和3万人次，实现旅游综合收入112万元和150万元。

（王会文）

【组团参加“2009北京国际旅游博览会”】 6月18日至20日，区旅游局、旅游行业协会组团参加市旅游局主办的“2009北京国际旅游博览会”。在北京展区中，通州区展台以“漕运古镇、滨水新城”为主题，集中宣传推介运河公园、漕运码头、三教庙及运河乡村民俗等旅游资源，在北京乡村旅游商品展示中，通州区西集镇民间剪纸艺人王文敏的团花剪纸和惠民工艺品厂的景泰蓝工艺品，受到中外参观者青睐。本次参展，通州区发放各类宣传材料7000余份，赠送景区门票4000余张。

（王会文）

【组团参加第一届中国西部旅游产业博览会】 6月19日至21日，区旅游局、旅游行业协会组织乡镇、景区、旅行社代表一行16人，随市旅游局赴重庆参加第一届中国西部旅游产业博览会。在北京展区中，通州区设置的两个展台古今文化彰显、色彩靓丽清新格外引人注目，众多游客、投资商、旅行社对本区运河风光、古城新貌产生浓厚兴趣，参展期间接待游人5000余人次，发放宣传折页、宣传光盘、旅游项目招商册7000余份。

（王会文）

【皇木厂村、大灰店村“一村一品”项目创意策划通过评审】 7月3日，皇木厂村、大灰店村“一村一品”项目创意策划专家评审会召开。北京市旅游局和中国社会科学院旅游研究中心等单位组成的专家评审组，听取首都经贸大学专家规划组对通州区张家湾镇皇木厂村、西集镇大灰店村“一村一品”创意策划的汇报。经评审专家组认真讨论评议，《文化古村落·创意新天地——北运河畔皇木厂创意策划》和《开心果蔬·快乐农场——休闲大灰店创意策划》通过评审。

（王会文）

【旅游信息网络成立暨培训会】 8月24日，通州区旅游信息网络成立暨培训会在红旗宾馆召开。区旅游局、各乡镇政府和主要景区（点）、宾馆饭店、民俗村、旅行社等单位的40余名旅游信息员参加会议。会议以加强旅游信息工作为主题进行动员，就信息写作的原则、种类、要素、技巧进行了辅导。

（王会文）

【京杭大运河北运河段休闲旅游带总体规划通过专家评审】 8月28日，《京杭大运河北运河段休闲旅游带总体规划》专家评审会召开。由北京市旅游局领导和中国社会科学院旅游研究中心等单位专家组成的规划评审组，听取了北京开思九洲旅游发展研究中心规划编制组对《规划》编制情况的介绍。经评审组专家认真讨论评议，一致通过该《规划》。该《规划》将作为通州运河旅游产业发展和旅游项目开发建设的指导性依据。

（王会文）

【组团参加“2009年中国旅游产业节”】 9月20日至22日，区旅游局、旅游行业协会组团随市旅游局赴天津参加“2009年中国旅游产业节”。在“北京欢迎您”展区中，通州区以“漕运古镇、滨水新城”为宣传主题，大力宣传推介运河公园、漕运码头、北京观光南瓜园、欢乐之都青少年社会职业体验馆、万亩滨河森林公园等旅游资源，发放宣传资料、景区门票和旅游纪念品等2000余份，传统中国结等各式挂件受到中外游客和参观者青睐。

（王会文）

【旅游商品、纪念品设计评选大赛】 9月25日，由区委宣传部主办，区旅游局、区经济和信息化委员会承办，区文化委、区投资促进局、区工美协会协办的通州区旅游商品、纪念品设计评选大赛在东方宾馆举行。大赛以“发展运河文化旅游 彰显通州瑰宝魅力”为主题，以体现“本土性、纪念性、工艺性、创新性、市场性、实用性”为原则，收到全区20余家旅游商品生产厂家及个人近百件（套）参赛作品，涵盖旅游纪念品、工艺美术品、文化艺术品、土特产品四大类，大赛评出一等奖2个，二等奖3个，三等奖5个，优秀奖10个。其中北京东方运河人文化艺术有限公司报送的“漕舫船”和个人施常华报送的“银花丝如意”被评为一等奖。本次参赛的大部分作品反映出通州辉煌的运河文化底蕴，具有较强的艺术文化色彩和广阔的市场空间。

（王会文）

【“十一”黄金周旅游接待平稳有序】 10月1日至8日，全区旅游接待游人23.3万人次，实现旅游综合收入674.2万元，客房平均出租率30.6%。无旅游投诉和旅游安全事故。“十一”期间，全区推出国庆游园、艺术展览、中秋赏月、娱乐休闲、观光采摘、图书展销等20余项旅游节庆活动。其中在国庆游园单位运河公园举办的歌舞、戏剧表演、电影放映和运河水上游、中秋赏月游等项目深受游人欢迎，首次推出的运河船餐服务更加方便了游园群众，“十一”黄金周（含中秋节）8天假期，运河公园接待游人16万余人。民俗旅游方面，宋庄镇小堡村借宋庄文化艺术节的举办，迎来大批艺术爱好者，8天长假接待游人1.5万人次，实现旅游综合收入75万元。

（王会文）

【通州百人威风锣鼓队参加北京国际旅游节开幕式】 10月23日，通州区组织百人威风锣鼓队参加由北京市人民政府和国家旅游局主办，市旅游局和朝阳区政府、奥林匹克公园管委会承办的第十一届北京国际旅游节开幕式。本届北京国际旅游节以“欢欣鼓舞·相聚北京”为主题，全面宣传奥运会后新北京，整合、推介北京旅游新资源，努力打造国际著名的旅游节庆品牌。整个开幕式和盛装行进表演全面贯穿“鼓”元素，来自国内和世界各地的十余种鼓及数十个国家和地区的鼓手联袂上演了一场“鼓”元素的视听盛宴，通州区锣鼓队表演的“运河威风锣鼓”，鼓点豪迈铿锵、激情飞扬，充分显示了通州人民锐意进取、建设北京新城区的雄心壮志。旅游节持续3天，通州区威风锣鼓表演、旅游资源展示及千余件旅游商品、纪念品展览，深受各界游人和组委会好评。

（王会文）

【旅游宣传推介会】 10月27日，由区政府主办、区旅游局、区投资促进局、区商务委协办的“通州区旅游宣传推介会（通州区商务年会旅游专场）”在北京亚太花园酒店召开。市旅游局局长张慧光和区领导邓乃平、岳鹏、刘淑华出席会议，市旅游局有关处室、区属相关委办局、乡镇领导和旅游企业代表、新闻媒体记者130余人参加会议。本次旅游宣传推介会，以“传承运河文化，创新通州旅游，加强企业合作共赢”为主旨，重点宣传推介了本区的旅游资源和22个重点旅游项目，举行了景区、酒店、餐馆、旅行社等旅游企业联合促销意向签约，展示了本区旅游商品、纪念品设计大赛20件获奖作品，并对获奖单位和个人进行了颁奖表彰。

（王会文）

【组团参加“2009中国国际旅游商品博览会”】 11月12日至15日，区旅游局、旅游行业协会组团随市旅游局参加由国家旅游局、浙江省人民政府主办，中国旅游协会、浙江省旅游局、义乌市人民政府承办的“2009中国国际旅游商品博览会”。在北京展区中，通州区以推介通州特色旅游商品、纪念品和运河文化旅游资源为重点，发放宣传图册等各类宣传材料2000余份。

（王会文）

【通州旅游商品获北京旅游商品设计大赛奖】 11月26日，区旅游局、旅游行业协会参加市旅游局在第四届中国北京国际文化创意产业博览会上举办的“北京礼物”创意产品设计大赛暨第七届北京旅游商品设计大赛颁奖和展览揭幕仪式。大赛征集到来自全国12个省市的760余项共计4000余件作品，通州区11家单位报送作品30余件，其中张国良空竹工作室的空竹系列获铜奖、北京福人福地文化发展有限公司选送的彩色观赏实用空竹、遮阳面具和唐人坊文化发展有限公司选送的京剧系列绢人获优秀奖。

（王会文）

【区旅游局与“八通网”合作签约仪式】 12月31日，区旅游局与“八通网”合作宣传通州餐饮签约仪式在东方宾馆举行。区旅游局、区商务委、区卫生局、区工商局、八通网等相关单位的领导和景区、酒店等旅游企业及20余家社会餐馆的代表参加签约仪式。会上，区旅游局介绍了通州旅游及餐饮业发展情况，并就建立“通吃网”宣传通州特色餐饮，营造“游运河、吃美食、去通州”的消费理念，与“八通网”进行长期合作签约。

（王会文）

交通·邮电

公　路

【概　况】 2009年，通州公路分局以争创首都精神文明单位为切入点，扎实做好保增长、保民生、保稳定工作，圆满完成国庆60周年公路安全保障和全年各项工作任务。2009年，分局实施公路建设工程13项，大修工程5项，旧桥改造工程8项。

（孙国斌）

【公路建设】 2009年，公路分局加强与相关单位的沟通协调，合理安排工作流程，公路建设工作顺利展开。全年实施新改建工程9项，平改立工程2项，提级改造工程1项，国庆阅兵道路工程1项，大修工程5项，旧桥改造工程8项。其中新改建工程投资2.3亿元，大修工程投资9924万元，旧桥改造工程投资1398万元。各项工程建设情况：京榆旧路三期（含潮白河桥）工程、九德路改建工程、觅西路改建工程、北运河新堤路道路工程、63993部队道路工程（中仓道路）和王辛庄平改立工程、温榆河北河堤平改立工程均完工；永觅路大修工程、潞西路及东渠路大修工程、马大路大修工程、漷小路预防性养护工程、觅凤路预防性养护工程等5项大修工程全部完工；通香路二期工程、徐尹路改建工程、张凤路改建工程在施；滨榆东路延长线工程于年底开工；次渠乡政府桥改建工程、吕肖沟桥改建工程、武窑桥加固工程、车屯桥改建工程、胜利渠桥加固工程、五支桥改建工程、六支桥改建工程、七支桥改建工程等8项旧桥改造工程全部完工。

（孙国斌）

【公路养护】 2009年，公路分局养护工作以加强日常养护，保证道路安全畅通为主要内容，全力做好中小修及各项工程的项目管理工作，圆满完成全年养护工作任务。中小修及日常养护完成情况：全年完成中修工程4项、小修工程6项，完成道路修补32738平方米、路面灌缝15697米、粉刷护栏37460米，完成公路日常维护投资3143万元。交通工程养护与指路标志改造工程完成情况：全年完成交通工程投资468.8万元，施划标线115.93公里，新装护栏905米；完成隐患点专项整治工程2处，维护交通量观测站 27 处，对县级以上公路交通工程调查数据进行更新，对全区13条路线的指路标志进行改造，新建标志223 面，改造标志45面，改造里程135.74公里，总投资240.28万元。至此，县级以上公路标志改造均完成。绿化及生态绿化工程完成情况：全年完成飞机打药17架次，修剪路树6407棵，补植路树6980棵，绿化养护总投资656.7万元，并投资247.2万元完成通马路生态绿化工程。桥梁养护情况：全年投资115.4万元，对155座公路桥梁进行定期检查，对2座桥梁进行特殊检测。道路防汛及铲冰除雪工作情况：全年汛期处理突发事件12次；冬季完成除雪10次，出动人员2342人次，机械367台次，使用融雪剂547吨。

(孙国斌)

【乡村公路管理】　2009年，公路分局充分发挥乡村公路行业管理职能，为合理使用市财政补助资金，公路分局与区财政局共同制定《通州区乡村公路建设、养护资金管理办法》；为做好全年乡村公路建设养护的监督管理工作，分局委托监理单位、监督检测单位，对各乡镇进行大修、小修工程的施工监理检测工作。全年完成乡村公路建设54项(含桥梁5座)，总里程63.1公里，总投资6697万元；完成乡村公路养护总里程1821.8公里，完成指令性中小修工程4.7万平方米。

(孙国斌)

【公路管理】　2009年，公路分局路政管理工作以提供优质服务、确保公路完好畅通为目标，在巩固交通运输部行政执法责任制先进单位成果的基础上，不断改善路政执法环境，路政管理水平和服务水平进一步提高。公路分局按照突出巡视重点和新老队员搭配的原则成立6个巡视组进行巡视，保证巡视频率。全年办理各种违法案件149件，受理行政许可64件，收取罚金9.7万元，收取赔补偿费190万元。治超工作中检测车辆18080辆，卸载457辆，卸载3992.5吨。在做好基础管理工作的同时，逐步推进非公路标志规划工作，制作《行政许可续延通知书》，进一步完善各项工作。

(孙国斌)

【养路费返还工作】　2009年，公路分局面临养路费返还和征稽职工转岗安置的双重任务，一方面抢前抓早做好养路费返还工作，一方面积极稳妥做好转岗安置工作。5月4日开始第二阶段窗口返还养路费，年内返还养路费3474万元；按照市交通委路政局的有关工作安排，分阶段对征稽职工进行转岗教育和技能培训，6名征稽职工被税务系统招录。

(孙国斌)

【国庆道路保障】　2009年，为全力做好国庆道路保障工作，公路分局以张采路、京塘路为重点，以完成阅兵专项工程建设和阅兵道路保障任务为目标，加强管理，细化分工，圆满完成各项任务。分三个阶段完成阅兵村进出场地及道路修复工程，硬化道路总面积为8500平方米，预埋管线355米，并完成牛样路道路工程的建设工作，在满足阅兵需要的同时，进一步优化了区域路网结构。针对京塘路和张采路等重点保障路线，结合阅兵需要开展对阅兵路线的综合整治和设施完善工作，完成路面整修4576平方米，沥青灌缝8000米，更换护栏700米，粉刷护栏1.1万米，累计清洗护栏22万米，更换消能桶45个，处理枯死树木53棵，绿化补植423棵，完成专项设施保障补助投资98.62万元。为保证阅兵道路重载通行需求，安排专业队伍对阅兵路线上的10座桥梁及7座涵洞进行检测，并对技术等级较低的张采路无名桥和103国道土桥桥进行加固和支护。国庆保障期间，分局安排养护单位对保障路线进行专项养护。同时各养护单位成立100人的保障队伍，进行备勤，总计备勤37次，出动人员6660人次、车辆机械1332台次，圆满完成公路设施保障工作。

(孙国斌)

运　输

【概　况】　区交通局为区政府职能部门，担负着全区客运、货运、水运、汽车维修行业的规划、审批及管理工作。局机关设有综合办公室、政工科、纪检监察科、法制科、客运管理科、货运管理科、汽车维修管理科、安全管理科、财务科9个科室，下属有运输管理所、出租汽车管理所、汽车维修管理所、培训中心4个事业单位。2009年，通州区交通局认真贯彻落实党的十七大、十七届三中全会、四中全会和区委四届七次全会精神，切实按照科学发展观要求，全局上下团结一心，圆满完成全年工作任务，为通州新城区建设和新农村建设营造了健康、稳定、和谐发展的交通运输环境。

（陈　颖）

【客运行业基本情况】 通州区客运行业包括：郊区客运、出租汽车、旅游客运、人力三轮车运输、汽车租赁。其中郊区客运企业1家，为北京市恒基客运有限公司，隶属于区国资委，现有运营线路30条（其中区境内线路25条，区县间线路5条），运营车辆173部（其中22部为政府投资购置的专营村村通公交线路的车辆），运营线路长度925公里，覆盖通州11个乡镇，通达行政村205个。出租汽车企业11家，个体经营业户17户，运营车辆2043部。旅游客运企业2家，运营车辆11部，从业人员15人；人力三轮客运车辆839辆，从业人员844人。汽车租赁企业13家，车辆67部。此外，在区内经营大公交客运的企业主要为北京市公共交通控股（集团）有限公司所属的北京八方达巴士长途客运有限责任公司通州分公司、公交客运第五客运分公司，在通州经营的线路共计50余条，车辆1300余部，车型全部为大型客车。

（陈　颖）

【水运行业基本情况】 全区游船业户2户，游船143艘，年运送游客13.6万人次，年营业收入135.2万元。

（陈　颖）

【货运行业基本情况】 全区货运业户8126户，货运车辆24772台，总吨位79864吨。其中货运场站2户；化危运输企业30户，838主车115挂车，3920.5吨；普通货物运输企业7834户，22210车，64500.9吨；集装箱运输企业46户，147主车141挂车，4300吨；大型物件运输企业54户，71主车58挂车，1652吨；物流企业160户，10 90主车102挂车，5490.6吨。

（陈　颖）

【汽车维修行业基本情况】 汽车维修企业554家，一类企业23户，二类企业144户，三类经营业户387户。其中各种品牌的专修店23家，连锁经营品牌店4家。

（陈　颖）

【完成公路综合检查站建设工作】 公路综合检查站是北京的护城河工程之一，对于确保60周年国庆等重大活动中首都安全以及北京长治久安具有突出作用。在时间紧、任务重、要求高的情况下，区交通局克服困难，加强协调，昼夜奋战，8月31日，按质按量地完成白庙南、应寺、觅子店三处进京公路综合检查站的建设任务，累计完成投资约6700万元。建站工作得到市委、市政府的充分肯定。

（陈　颖）

【开通2条公交线路】 落实公交优先政策，解决不同社会群体出行需要，协调开通机场巴士通州专线，8月8日正式通车，成为全市首条远郊区县机场巴士专线，解决了通州地区航空旅客往返首都机场的交通不便。10月，开通快速公交2号线武夷花园支线，使朝阳路快速公交线路东延至通州区，解决了通州东部、北部城区百姓出行问题，缓解了新华大街的交通压力。两条线路的开通，得到百姓普遍好评。

（陈　颖）

【深化郊区客运改革】 一是深化郊区客运票制票价改革。年初开始实施65周岁及以上老年人免费乘坐郊区客运车辆，积极为运营企业申请200万元补贴资金支持，确保此项惠民政策顺利实施，及时落实完成6个五级农村客运站内无障碍等候专区改造，并在郊区客运车辆上设立不低于坐席数10%的老幼病残孕专座。二是实施郊区客运体制改革。着重做好体制改革的前期调研和方案起草，待商区财政、国资委并经区政府批准后，实现公车公营。

（陈　颖）

【完成国庆60周年运输服务保障和安全稳定工作】　一是圆满完成庆典活动运输服务保障任务。对阅兵村沿线公交线路的公共交通基础设施进行修整和完善。精心组织，协调调配客运车辆，完成游行和彩排人员演习往返和国庆期间的各项运输任务。二是圆满完成社会运输保障任务。制定节日期间客运、货运保障方案并组织实施，确保国庆期间乘客出行安全、便捷、优质，确保城市运行和生产生活物资正常运输。对客、货运场站、出租、旅游、水域游船等进行不间断的巡查和值守，确保国庆庆典和社会运输安全有序。三是认真落实国庆安全保卫和社会面防控工作。完成玉带河大街巡逻防控任务，充分发挥公路检查站作用，配合公安部门对进京车辆进行安全检查。四是完善各项应急预案，组织开展应急预案演练。国庆前组织水域游船单位新城基业公司和西海子公园开展水上救生、消防演练，提高了应急反应、处置、救助能力，丰富了安全应急工作的实战经验。

（陈　颖）

【采取帮扶企业多项措施】　落实“保民生、保增长、保稳定”帮扶企业措施成效明显。一是做好扩大内需绿色审批通道工作。认真进行绿色审批通道信息平台操作，积极协调市交通委完成区内重点项目的“交通评价”，对每个项目跟踪催办，缩短审批时间，提高审批效率。在全区绿色通道的项目审批中，没有因“交通评价”延误工程项目进展的，促进了重大项目尽早落地、尽早开工。二是严格落实行政许可事项办理时限的调整工作。按照市运输管理局有关通知要求，调整网上部分行政许可事项的办理时限，共涉及28个事项，其中压缩办理时限23项，调整环节时限5项。未发生因调整时限造成的超时现象和投诉事件。

（陈　颖）

【组建城市货运“绿色车队”和治理黄标车工作】　年内，受理上报货运“绿色车队”企业57家、4292辆车。受理上报货运黄标车2024辆，争取市财政补贴款2982万元全部到位，货运“绿色车队”、黄标车治理总量排在全市前列。

（陈　颖）

【维护运输行业稳定】　针对金融危机冲击，及时组织进行企业运行情况调研，摸清影响程度，引导企业采取一系列措施应对金融危机影响。针对油价调整和燃油税开征情况，做好客运行业燃油补贴核发工作，维护驾驶员合法权益，全年拨付出租、郊区客运行业燃油补贴2357万元。组织出租行业实施租价油价联动机制，引导、督促企业建立和谐的劳动关系。运输行业始终保持了稳定。

（陈　颖）

【加强行业安全监管】　一是全面落实安全生产“三项行动”和“三保一迎”活动方案，细化工作措施，层层落实安全生产责任制，与行业监管重点企业签订安全生产责任书，全面建立行业安全监管网络，做到任务落实、责任落实、措施到位。二是针对不同时期、不同行业采取普查与抽查、自查与互查、明查与暗查相结合的多种方式，不间断地开展安全检查，及时发现和纠正问题，消除安全隐患，全年出动检查人员216人次，开展客运、化危运输、汽车维修、水运、轻轨等安全检查380余次，未出现大的安全生产事故。三是加强行业安全生产宣传教育行动，进一步增强全行业安全法制意识。组织汽车维修一类企业和重点地区二类企业召开“规范经营行为，加强安全教育，确保行业发展”工作会，认真组织安全生产月活动，全行业发放各类宣传材料1万余份，设立宣传专栏60个，参加宣传咨询日活动人数2600余人。四是针对汽车喷烤漆房和危险货物运输存在的安全隐患，开展专项整治工作，收到明显效果。

（陈　颖）

【运输行业甲型H1N1流感疫情防控工作】 在辖区运输行业全面开展防控甲型H1N1流感疫情工作，做到组织到位、人员到位、物资到位、措施到位。督促企业做好疫情防控工作，建立并完善应急机制。协助区卫生防疫部门、农业部门做好公路交通检查站开展甲型H1N1流感的检疫、查验工作，有效防止了疫情扩散。

（陈　颖）

【加强行业管理】 做好行政审批服务，加强对运输企业的日常管理，严把市场准入关，引导运输行业依法经营、规范管理。全年受理行政许可（备案）事项9795件，同比增长50.2%，群众满意率为100%。在货运、汽车维修行业开展质量信誉考核工作，不断完善道路运输市场诚信体系建设。贯彻落实机动车维修质量管理四项制度，提高了汽车维修企业质量管理水平和维修服务质量，切实维护了汽车消费者合法权益。对全区汽车维修质量检验员进行新四项地方标准培训和资质核审，推动汽车维修技术进步与发展。启用新的郊区道路客运电子政务网上审批服务系统，提高管理手段，进行郊区道路客运信息录入及运输证件换发工作。完成出租汽车入户核查及营运证件换发工作，规范了出租企业经营行为、驾驶员服务行为、车容车貌和配套设施。加大水运行业管理力度，确保水域游船安全服务。完成货运车辆抽样调查等各项行业统计工作。针对税费改革公路运输管理费的取消，及时调整工作思路，采取为经营者代办运输证件等方法，以服务促管理。加强全程办建设，窗口服务水平进一步提高。

（陈　颖）

【加强行业培训服务】 举办10期货运驾驶员从业资格培训班，2000余人经考核合格领取了从业资格证。受理包括旅客运输、汽车维修检验员等从业资格申请120人次。为300余人如期换发新版从业资格证。

（陈　颖）

【抓好行业文明建设】 鼓励客运、水运企业进行精神文明达标和创优建设。93名出租汽车驾驶员当选2009年度北京“的士之星”，新城基业公司被评为2009年度北京市水域游船安全服务规范达标先进单位，该公司“安福舻”号船舶被评选为先进船舶。

（陈　颖）

【加强法制工作】 年内，重新核定行政许可事项，梳理许可类6项、程序性规定60个、行政执法依据78部。完善行政许可各项制度。规范行政执法程序，建立行政执法内部管理机制。加大培训力度，行政执法人员文化素质和执法水平进一步提高，重点开展公共法律知识和专业知识的学习考核，完成新修订的《北京市道路运输条例》的培训，全年编发教材8000余册，集中培训17次，487人次参加，108学时。加大行政许可和行政处罚案卷的评查和规范管理。全面落实执法责任制，明确部门执法职责，落实责任到人，建立行政执法责任制评议考核和责任追究制度，制定《通州区交通局行政执法责任制考核办法》。

（陈　颖）

【规范运输市场秩序】 开展客、货、修、水、化学危险品运输市场整顿治理。采取以教育为主、处罚为辅原则，开展日常巡查与重点抽查的监管执法，重点打击非法生产、经营行为，保护合法经营者利益，做到行业日常执法与安全生产执法检查相结合，对安全治理过程中的安全隐患和问题，及时组织联合执法，专项督促解决。全年进行执法检查共计84872车次，做出行政处罚8392起，行政执法保持无投诉、无上访、无行政复议。

（陈　颖）

【开展各项综合执法工作】 强化联动机制，将治理“三乱”工作落到实处，未出现“乱收费、乱罚款、乱设卡”现象。配合区相关部门分别开展市容环境秩序整治、检查非法运输烟花爆竹、夜间道路秩序检查、两会期间对进京车辆的安全检查工作以及对全市部分进出京国道、市道的货运流量流向调查工作等，为全区环境建设、社会稳定、交通秩序改善做出了贡献。

（陈 颖）

【巩固治超成果】 完善长效管理机制，强化治理效果，基本实现对进出北京东大门的超限超载车辆的全面防控。全年出动运政、路政、交通、公安执法及工作人员42674人次，检查车辆31051辆次，查出超限超载车辆471辆次，卸载货物5336吨。

（陈 颖）

邮 政

【概 况】 2009年，通州区邮政局继续深化改革，积极应对国际金融危机影响，以保业务增长、促升位晋级、勇破纪录为目标；以创新谋发展，以服务促发展，以和谐保发展，在发展过程中积极创新、提升服务、铸造和谐，确保各项工作又好又快发展。实现“升位晋级”工作目标。

（王锁良）

【业务发展和经营成果】 2009年，业务总收入实现8302万元，完成年预算指标的108.06%，同比增长16.98%；收支差额实现1987.22万元，完成年预算指标的105.03%，同比增长0.62%；业务成本费用支出5249.64万元，完成预算的109.59%，同比增长18.98%；储蓄余额累计净增4.05亿元。把握市场脉搏，把经营生产、优质服务紧密联系在一起，采取多项措施全力保增长，打开生产经营工作新局面，三大板块业务收入稳步提高。一是邮务类业务收入累计完成2938.63万元，完成年计划2402万元的122.34%，同比增长17.7%。二是金融类业务收入累计完成3949.5万元，完成年计划的100.6%，同比增长9.7%。三是速递类业务收入累计完成1164.31万元，完成年计划的97.6%，同比增长36.2%。

（王锁良）

【建立升位晋级新机制】 年初，制定《通州区邮政局升位晋级考核办法》，各单位根据认档任务，制定本单位的发展及考核办法，利用机制调动一线职工创收的积极性，每月召开经营分析会，对各单位经营情况进行升位晋级排名，并制定下一步经营发展措施。各单位通过建立相应的考核办法、营销团队，支局层面的营销能力、经营效果、服务水平均有明显提升，特别是发展增幅表现突出，西集支局收入同比增长46%、张湾支局收入增长35.8%、速物专业增长36.2%。对未完成年度目标的支局长按末位调整机制进行考评，共调整两位支局长。机制的调整，极大地激发了各级管理干部“争先创优、比学赶超”的意识，进一步增强责任感和使命感。

（张素霞）

【“发展杯”竞赛成效显著】 全局以“升位晋级，勇破纪录”为主要目标，以“发展杯”劳动竞赛为载体，开展了“邮务杯”、“速递物流杯”、“金融杯”等各专项竞赛活动；兼顾均衡发展，设置函件、发行、集邮、包裹、电子商务五个专项奖；促进新业务开发，设立“会展经济奖”、“政府经济奖”、“总部经济奖”三个专项奖。开展各层各类竞赛活动达49项。一季度为确保业务收入达到市公司进度指标要求，减少金融危机给全局带来的不利影响，通州邮局以函件、五节联送、速递、集邮、保险拉动业务发展，以政策激励机制调动全体员工积极性，首季业务总收入实现1504.83万元，完成年预算业务收入指标的26.91%，同比增长22.38%，实现首季开门红。开展“发展杯”劳动竞赛，有力地提高员工的自身素质、营销技能和服务水平，促进了企业经营良性发展。2009年比上年超收收入1205万元，年度超收收入再次突破 1000 万元。

（任海燕）

【深化营销队伍建设】 一是加强营销队伍建设。在全局范围内开展公开招聘，在各支局设立专职营销员，强化市场开发和专业营销能力。二是提高营销人员素质。组织营销员到石家庄邮校培训，并由市场部适时组织营销员进行业务培训，同时，每周二召开营销员例会，系统学习营销基础知识和客户开发技巧，全年组织营销员培训 30 余次，培训人员近 100 人。三是制定方案组织实施。召开经营工作研讨会，针对函件、集邮、报刊等 15 个营销项目，进行认真、具体、深入的分析，并分别制定出策划方案，在全局推广实施。

（张素霞）

【创新机制体制】 2009 年，区邮政局制定《通州区邮政局2009年服务工作实施方案》，制定以诚信服务为根本，以转变服务观念为核心，以打造通州邮政“精品服务”品牌为目标，以提高业务素质为基础，以落实规章制度为抓手，以提升投递对外服务水平为突破口，健全服务工作管理机制。推出和完善“升位晋级机制”、“下管一级机制”、“末位调整机制”、“重奖增量机制”、“全面预算管理机制”、“管理岗位聘任评估机制”，这些机制的贯彻落实有力地推动了全局各项工作的顺利进行。

（张素霞）

【实行竞聘上岗】 进一步提升管理队伍素质，创新用人机制，在全局范围内对部室全部管理岗位和部分生产岗位进行公开招聘，竞聘上岗 51 人。通过竞聘上岗，形成能者上、庸者下、平者让的人力资源管理的新模式，强化竞争意识，转变工作作风，提高执行力和履职能力。

（刘雁军）

【集邮业务创历史新高】 新中国成立 60 周年的庆祝活动给集邮业务带来广阔的发展空间，为确保进一步做好集邮专业的经营与管理，通州邮局制定一系列行之有效的经营方案，充实人员，拓展集邮品销售市场，加大个性化邮票、形象年册等项目的开发力度，超常发展集邮业务。国庆 60 周年、首都大阅兵邮品销售及为通州区阅兵村官兵制作系列邮品，创收 225 万元。其中制作《在阅兵村的日子里》邮折 10500 套，创收 42 万元；为阅兵反坦克加榴炮兵方队、第二炮兵方队、第二兵站制作阅兵纪念封 5 种 45120 套，创收 12.04 万元。全年实现集邮专业收入 799 万元，完成年计划指标的 269.93%。其中抓住“京杭大运河”等项目商机，开发制作定向邮品，创收 50 万元。2009 年集邮业务是历史上发展最好的一年。

（张素霞）

【做好首都阅兵服务】 通州区邮局全力以赴做好首都阅兵服务工作，在阅兵村设立临时邮局 5 个月。在场地布局、营业厅设计、业务功能上，充分体现为受阅官兵服务的意识。为受阅官兵开通“绿色通道”，将报刊直接送达到阅兵村，配备两套新设备、四部车辆，抽调 5 名政治可靠、业务精湛的营业人员，有 70 余人参与国庆 60 周年阅兵服务的后勤保障工作，保证阅兵村服务工作正常运行。其间，为受阅官兵提供邮政服务 4 万余人次，受理爱心包裹 132 件，销售《祖国万岁》、《钢铁长城》国庆主题明信片 1922 册，销售邮品 14102 册，办理汇兑 2899 笔，收寄特快专递邮件 8564 件、包裹 7016 件、挂号信 2389 件。通州区阅兵村临时邮局成立 5 个多月，创收 210 余万元。区邮政局圆满完成国庆 60 周年受阅官兵服务保障任务，收到国庆受阅部队赠送的三面锦旗和牌匾；荣获首都阅兵村指挥部颁发的“首都阅兵村服务保障单位”称号；获国庆社会治安与安全警卫指挥部、北京市国庆平安行动指挥协调小组颁发的“国庆安保工作先进集体”奖牌。

（兰 芳）

【开创金融业务发展新局面】 2009 年，代理金融类业务以调整业务结构、重点项目拉动为抓手，将邮政储蓄规模与效益同步发展列为金融类工作之重。对储蓄业务发展采取战略上调整，突出效益观念，加快增长方式转变，加大储蓄活期收入比重和中间业务开发力度，围绕“以量促收、以质增收”的原则，全力提升金融业务发展速度。2009年，全局24个二类行和代理网点储蓄余额累计净增4.05亿元。其中活期净增20332.30万元，定期净增20163.17万元，定活比例达到35.59%，同比提高2.76个百分点。全局实现代理金融业务收入3949.49万元，同比增长9.7%，实现金融业务快速发展。

（任海燕）

【落实安全制度】 一是建立国庆60周年安全保障体系。二是继续坚持“安全第一、预防为主、综合治理”的工作方针，进一步建立和完善各项安全制度和安全预案，实行责任追究制度，层层签订安全责任书，做到一级抓一级的安全保证格局，确保邮件收寄安全、邮件处理安全、邮件运输环节和邮件投递安全。三是为保证资金安全，完善安全责任制度，修订突发事件预案，组织运河支局、梨园支局、宋庄支局、富和园所、区局营业所进行消防、防抢、防暴演练。特邀请区公安分局内保处、消防支队等相关领导现场指导并分别进行专业知识培训，五个支局的130余名员工参加演练。员工的处置突发事件能力得到提高，增强了安全防范意识。

（王忠厚）

电　信

【概　况】 2009年，中国联合网络通信有限公司北京市通州区分公司围绕“六推进、六实现”的工作思路，面对电信行业重组后的新市场，积极转变观念，拓宽营销思路，突破变“坐商”为“行商”的行为模式，努力适应市场需求。开拓市场，完善网络建设、优化网络能力、深化业务发展，较好地完成各项任务。年内，主营业务收入平稳增长，全业务收入完成年预算的96.68%；家庭客户收入超额完成，全年家庭客户收入预算完成率为103.42%；移动业务实现四项突破，即自营出账用户数郊区第一、自营世界风出账用户数郊区第一、自营高质量用户数郊区第一、自营GPRS出账用户数郊区第一。

（张云伟）

【提升网络能力】 年内，通州区分公司为实现网络能力大增、质量改善和配合2G/3G宽带业务的快速发展，超常规完成3G网络的建设目标，有效提升2G/3G网络的覆盖深度和广度；出色完成2M宽带覆盖工作，全年开通2M电路千余条，有效解决2M宽带全覆盖问题。

（张云伟）

【提升服务水平】 关注用户通信需求，不断提升服务水平。以及时的业务故障查修、高效的电路开通调测、定期的网络设备检测、主动的厅内营销服务、定向的客户专属维系，提高用户对联通通州分公司产品的认可度，增加对分公司服务的满意度，提升了联通品牌的美誉度。在KPI考核中，客户感知指标和固网运营质量指标获得满分。

（张云伟）

【完成国庆阅兵重点通信保障任务】 年内，通州区分公司将国庆阅兵活动作为重点工作，快速响应，落地执行，确保国庆阅兵工作的细化落实。制定阅兵村主体工程提供通信解决方案、厨艺辅助指挥部提供通信解决方案以及协助公安分局落实阅兵线路监控解决方案等。同时，为阅兵村和指挥部广大官兵提供安装电话300多部，阅兵村内的工商银行、邮局分别安装2M专线，建立阅兵村IP话吧，双休日、节假日晚延长至22：00等服务，受到广大官兵的好评。分公司获区首都国庆60周年庆祝活动先进集体称号。

（张云伟）

城 乡 建 设

综 述

2009年，城乡建设工作以科学发展观为统领，认真贯彻落实区委、区政府的各项决策部署，以稳增长、调结构、上水平、惠民生为主线，根据新形势、新情况，着力提高政策的针对性和灵活性，保持城乡建设工作的平稳发展。

基础设施承载能力进一步加强。改善商务园重点功能区的道路交通状况，完成朝阳北路东延一期、邓家窑大桥、滨榆东路、温榆河西路和潞苑东路北段5项工程。缓解新城重点区域的交通压力，完成京榆旧路三期、觅西路、九德路一期、北运河新堤路、王辛庄道口等工程。配合市有关部门，加快亦庄线征地拆迁工作，完成机场二通道、机场南线、京津二通道和京津城际铁路建设扫尾工作。

旧城旧村改造全面展开。2009年，首次成规模地启动旧城拆迁改造，实施旧城改造拆迁项目7个，拆迁总面积54.45万平方米，动迁总户数8628户，腾退建设用地1077.5亩。落实北京市棚户区改造政策，完善拆迁安置补偿办法，上营片区拆迁任务基本完成，北苑商务区、新城南街、帅府园、水月院等地区拆迁工作顺利推进。启动新城范围内、开发区周边、亦庄线“两站一街”等区域34个村的旧村改造，“两站一街”80万平方米村民回迁楼开工建设，14个村征地补偿协议完成签约。同时，将保障性住房建设与拆迁安置相结合，政策性住房开复工面积达到325万平方米，3025户居民完成选房。此外，完成全区城镇直管危房340户4852平方米解危任务，完成5个村520户2.47万平方米的农宅改造任务，城乡居民居住条件进一步提高。

建筑、建材、房地产开发行业运行平稳。2009年，面对国际金融危机的不利影响，区建委积极发挥行政调解、促进发展的职能作用，扭转年初行业经济下滑势头，圆满完成年初确定的各项目标任务，行业结构调整效果初现，建筑和房地产业开工量减少，但总体态势平稳。建筑业实现开复工面积945万平方米，同比增长28.9%，房地产业开复工面积436万平方米，同比基本持平，建筑、建材、房地产开发三大行业完成税收13.57亿元。此外，区建委狠抓建设施工安全、质量管理，年内全区工地未发生重大安全生产事故，同时加大对本土施工企业的扶持力度，全面提升通州区建设行业品质，着力打造群众满意的精品工程。

（徐　滨）

重点工程

【概　况】 2009年，全区重点工程建设取得新突破。朝阳北路东延一期、邓家窑大桥、滨榆东路、温榆河西路和潞苑东路北段5项工程顺利完工，极大改善了商务园重点功能区的道路交通状况。京榆旧路三期、觅西路、九德路一期、北运河新堤路、王辛庄平改立等工程顺利完成，有效缓解了新城重点区域的交通压力。潞苑北大街、潞苑北大街跨温榆河大桥、徐尹路3项工程进展顺利。朝阳北路东延二期、玉带河东延、宋郎路北延3项工程于10月提前开工。另外，配合市有关部门，加快亦庄线征地拆迁工作，完成机场二通道、机场南线、京津二通道和京津城际铁路建设扫尾工作，使得通州新城与中心城、首都机场、天津滨海新区的联络更加通畅。

（徐　滨）

【朝阳北路东延建设工程】 朝阳北路东延建设工程设计起点位于温榆河西路，终点与东六环西侧路相接，全长5.46公里，红线宽度60米。采用横断面四辅路形式，中央隔离带宽2米，两侧主路各宽12米，机动车道三上三下，两侧机非分离带各宽2.5米，两侧非机动车道各宽6米，外侧为人行道及绿化带。道路等级为城市主干路。工程于9月20日竣工。

（徐　滨）

【温榆河西路建设工程】 温榆河西路建设工程南起朝阳北路，北至潞苑北大街，全长2.6公里，红线宽40米，道路等级城市主干路。采用横断面三辅路形式，中间主路宽16米，机动车道两上两下；两侧机非分隔带各宽2米，两侧非机动车道各宽3米，两侧人行道各宽3米，东侧绿化带宽7.5米。工程于8月25日竣工。

（徐　滨）

【滨榆东路建设工程】 滨榆东路建设工程起点为朝阳北路东延，终点为通顺路，道路全长765米，红线宽30米，道路采用横断面两辅路形式。工程于9月竣工。

（徐　滨）

【邓家窑大桥工程】 邓家窑大桥全长311米，主跨158米，采用中承式提篮拱结构，大桥最大跨度超过150米，宽度按远期交通量设置为双向六车道+两侧各3.5米非机动车道+两侧各3.5米人行道，桥面全宽为40米，桥梁面积12240平方米。工程于9月20日竣工。

（徐　滨）

【潞苑东路北段建设工程】 潞苑东路北段工程西起温榆河西路，东至东六环路，全长约2.57公里，红线宽50米。采用三幅路形式，两侧机动车道各宽12米，三上三下；两侧机非隔离带各宽2.5米，两侧非机动车道各宽5米，两侧人行道各宽4米。工程于5月1日竣工。

（徐　滨）

【京榆旧路三期建设工程】 京榆旧路三期建设工程起点为宋郎路与京榆旧路相交的路口，终点为京榆旧路潮白河大桥，全长4.93公里，设计标准为城市次干路，工程总投资2119万元。采用标准横断面路基全宽40米：两上两下机动车道(17米)+机非隔离带(各2.5米)+非机动车道（各6米）+人行步道（各3米）。对既有翟减沟桥进行加宽，桥全长31.04米，加宽部分桥宽30.09米。工程于6月竣工。

（徐　滨）

【觅西路改建工程】 觅西路改建工程起点位于京津公路与老觅西路交叉口，终点位于西集镇曹刘各庄西河路处南侧桥头，道路全长8.271公里，设计标准为二级公路标准，路面宽10.5米，两侧土路肩各宽0.75米。工程于7月底竣工。

（徐　滨）

【九德路一期改建工程】 九德路一期改建工程设计起点与六环尖垡桥引道相接，终点为潞西路，全长4.06公里，设计标准为平原二级公路，路面宽16米，路基宽19米。沿线设有2座桥，即：尖垡桥利用现状桥作为半幅桥，在西侧并排新建半幅桥；凉水河桥为新建桥梁。同时随九德路改建一并实施的还有看守所1号、2号路，以及大修现状河堤路段，三段全长3.258公里。工程于9月底竣工。

（徐　滨）

【北运河新堤路建设工程】 北运河新堤路建设工程设计起点为六环路跨北运河桥下，终点为武兴辅线，道路全长8.425公里。沿线与东六环西侧路、宋梁路、武兴路、武兴辅线平交，下穿东六环路，并上跨丰子沟、减运沟、武兴沟。道路设计等级为三级公路，道路横断面为：土路肩（4米）＋机动车道(7米)+分隔带(5米)+非机动车道(5米)+土路肩(1米)，即路基宽22米，路面12米。工程5月30日竣工。

（徐　滨）

【王辛庄平改立工程】 王辛庄平改立工程起点为王辛庄南侧的现况窑平路，终点设在与徐内路相交处，全长0.95公里。工程于7月竣工。

（徐　滨）

规划管理

【概　况】 2009年，北京市规划委员会通州分局强化主动服务，充分发挥城乡规划的综合协调职能，完成各项工作任务。年内，核发各项行政许可676件，同比增长76.5%；村民建房1419件；完成164个村庄规划编制工作；办理市区两级绿色审批通道项目118项；办理人大代表和政协委员建议、提案46件；开展10项规划调研工作，被评为北京市规划委员会优秀分局。

（周明玉）

【编制城市特色规划】 根据《通州新城近期行动计划》所提出的策略，开展《通州新城城市可识别系统规划》、《通州新城道路绿线专项规划》、《通州新城特色空间与色彩规划》三大特色规划编制。探求城市空间优化利用，提升城市魅力，拓展城市竞争实力。

（周明玉）

【编制街区和地块控规方案】 年内，完成新城运河核心区等重点区域的24个街区控规和重点地块控规深化方案，展开对形象概念、产业项目、建设要求的研究，明确各功能区的建设方向。

（周明玉）

【编制镇(乡)域规划】 根据区村庄体系规划，完成164个村庄规划编制工作，同比增长34%。加大乡镇中心区控规编制报审力度，于家务乡、台湖镇、永乐店镇、漷县镇、西集镇及马驹桥镇6个乡镇的镇中心区控规深化方案均获得市规划委批复；协助全区9个乡镇开展规划实施方案的编制及备案工作。

（周明玉）

【推动功能区规划建设】 推进运河核心区、商务园、宋庄文化产业集聚区三大功能区的规划建设。做好博物馆、医疗中心、体育场(馆)、高校、酒店等公共服务配套设施的选址、规划及审批手续办理等工作。实施亦庄轻轨线通州段规划方案，开展“亦庄站前地区控规深化方案及城市设计”研究，完成该地区部分道路定线的委托工作。

（周明玉）

【推进棚户区改造建设】 统筹协调城乡结合部发展问题，积极推动棚户区改造建设工作，组织召开宋庄、潞城、张家湾3个镇中心组团控规的方案审查会，组织多部门深入协调，确定安置房的规划选址及初步方案。

(周明玉)

【加快保障性住房审批】 完成区内协议出让项目中需配建15%的保障性住房的审批，完成玉桥东小区、工具厂34万平方米经济适用房项目规划手续办理；完成半壁店、芙蓉花园、东亚瑞晶苑等99.1万平方米限价房规划手续办理。

(周明玉)

【完善公共服务设施】 集中配置新城公共服务设施，提升旧城公共服务设施。推进公共服务项目，协助办理史家小学通州分校、北京市第二中学通州分校二期、潞河医院手术病房楼、文化中心等12项教育、医疗工程项目。

(周明玉)

【市政基础设施规划】 完成朝阳北路东延、新城内环路改建工程、新城东六环西侧路等36项道路及路网的前期规划手续；协助办理北京市东南郊水网一期工程、通惠河北部城区污水截流工程等9项水网工程建设前期规划手续；协助办理城西5号区燃煤锅炉房整合、三河电厂热源集中供热管网工程、滨河森林公园等6项公共市政基础项目规划手续；协助宋庄文化产业聚集区道路交通专项规划编制报审工作。

(周明玉)

【规划调研】 区规划分局从通州区新城规划、旧城改造、产业发展、综合执法四大方面开展《通州新城综合一级开发试点街区研究》、《通州新城近期道路交通及场站设施建设项目可行性分析研究》、《通州区无障碍设施建设与改造中长期规划》、《通州区违法建设强制执行制度研究》、《新形势下规划信访工作实践与探索》等10项规划调研工作。

(周明玉)

【规划审批】 年内，审批规划意见书188件，其中建筑工程144件、用地规模933.61万平方米，市政工程44件。办理建设用地规划许可证70件，其中建筑工程57件、用地规模855.44万平方米，市政工程13件。办理建设工程规划许可证418件，其中建筑工程338件、建设规模493.18万平方米，市政工程80件。

(周明玉)

【规划监督】 全年完成规划验线113件，同比增长39.5%，建筑面积263.61万平方米。其中合格104件，建筑面积244.79万平方米；不合格9件，建筑面积18.82万平方米。完成规划验收272件，同比增长24.2%，建筑面积315.66万平方米。其中合格217件，建筑面积236.61万平方米；不合格55件，建筑面积79.05万平方米。检查处理违法建设66件，违法建筑面积15.44万平方米。

(周明玉)

【规划执法】 严格落实卫星航拍违法建设查处工作，现场核实确定20处图斑为违法建设，并依法处理。协助区供电部门、乡镇政府、区城管大队全面排查电力安全隐患台账，开展新城主干路两侧的违法建设认定工作。出具“违法建设认定函”163份，认定违法建设面积共40万余平方米，拆除各类违法建设近百处，建筑面积30万余平方米。

(周明玉)

【地名工作】 年内，办理标准地名使用手续39件，核准建筑名称12个，同比增长100%；办理标准地名命名14个，同比增长250%。

(周明玉)

【基础测绘】 筹备完成数字通州地理空间框架建设的前期准备工作，将工程设计书上报国家测绘局审批。推进新城155平方公里内道路定线工作。

(周明玉)

【城建档案管理】 年内，完成499栋建筑工程档案预验收，同比增长128%。完成1837卷城建档案编制工作。

(周明玉)

国土资源管理

【概　况】 2009年，通州国土分局深入贯彻落实科学发展观，围绕国土资源管理参与宏观调控的工作要求，圆满完成全年的各项工作任务。编制完成通州区土地利用总体规划指标分解方案，并通过区长办公会审议，在此基础上编制完成区县级和9个乡镇级规划文本、说明、图件和数据库等，规划成果上报市国土局进行技术审核，成为首个区县级和乡镇级规划成果同时上报的区县。全年办理建设项目用地预审157件，总用地面积约2779.5公顷，比上年分别增长101%和226%。受理、上报市局征占地项目45个，总用地面积约782.81公顷。全年土地供应总量166.2公顷,其中供应经营性用地12宗，建设用地面积91.8公顷；工业仓储用地16宗，建设用地面积56.2公顷；划拨用地9宗，建设用地面积18.2公顷。办理土地登记业务1309件，相当于前三年土地登记的总和。其中土地抵押登记764件，抵押土地面积1547万平方米,贷款金额321.77亿元，土地抵押件数位于全市第二名。土地登记发证545宗，面积1127.9万平方米。完成西集镇河八村基本农田整理和宋庄镇尹各庄村土地整理复垦2个项目的竣工验收工作，建设总规模10693.65亩，总投资2321.51万元，新增耕地384.62亩；在施项目9个，建设总规模105351.50亩，批复预算总资金19923.39万元，预计新增耕地3111.72亩。完成土地储备开发投资91.76亿元，其中市区联储项目投资53.78亿元，分中心投资16.33亿元，企业投资19.64亿元。产业项目投资2.00亿元。制定《通州区土地储备开发项目资金监督管理办法（试行)》，明确资金监管小组的职责，资金拨付的审批流程及资金的监督检查。2009年获得一级开发授权批复的项目13个，总用地面积约2346.11公顷，计划投资总规模约120亿元。完成商务园B1、B2等5个项目的一级开发验收工作，总用地面积约101.17公顷，其中建设用地面积约96.65公顷。北苑商务区、3号地及“两站一街”一级开发项目稳步推进。完成24宗用地入市交易工作，总用地约175.44公顷，其中建设用地约121.51公顷，成交总价款约83.36亿元，其中政府土地收益45.41亿元。全年通过动态巡查发现制止违法用地行为159起，涉及土地面积3267亩，其中耕地面积24宗276亩。开展违法用地专项整治行动，9月底顺利通过国家土地督查北京局对国土部2008年度卫片执法检查的验收。

（张　键）

【土地利用总体规划工作取得阶段性成果】 通州区先于其他区县启动乡镇规划指标的分解落实工作，在二调数据的基础上，对全区土地利用现状、新城规划、镇域规划、重大基础设施工程布局、基本农田划定潜力等问题进行深入分析。到通州新城、亦庄新城规划范围以外的9个乡镇进行有针对性的调研，在与乡镇充分沟通调研的基础上，形成通州区土地利用总体规划指标分解方案，并完成规划基数转换工作，9月9日，该方案通过区长办公会审议。会后，按照依法编制、统筹兼顾、上下结合、相互协调、公众参与、注重实施的原则，结合新城建设规模，各乡镇的镇情、资源、产业特色等编制完成区县级和9个乡镇级共10套文本及说明，并经多次修改形成最终成果。

（张　键）

【加强土地储备开发项目资金监管】 区国土分局与6家银行合作，完成10个项目的融资工作，融资总额为70.2亿元，为项目推进提供充足的资金保障。同时，为保证土地储备资金合理高效使用，制定《通州区土地储备开发项目资金监督管理办法（试行）》，明确资金监管小组的职责，资金拨付的审批流程及资金的监督检查办法。在此基础上，采取专人负责、定期召开调度会、建立重大项目协调机制、绘制项目推进路线图等措施，推进项目进度，年内完成投资91.76亿元，其中市区联储项目投资53.78亿元、分中心投资16.33亿元、企业投资19.64亿元、产业项目投资2亿元。

（张　键）

【开展违法用地专项整治行动】 5月开始，以国土资源部2008年度卫片清查和15号令为契机，在全区开展违法用地专项整治行动，对2008年以来发生的违法用地进行彻底清理。国土分局下发处罚决定书25份，将6起涉嫌犯罪的案件向公安分局进行移送。各乡镇政府拆除违法用地项目54宗，部分拆除11宗。拆除地上建筑16.13万平方米，腾退土地556.59亩（其中耕地318.3亩）。

（张　键）

【城镇土地更新调查和土地总登记工作】 年内，完成6个街道、9个乡镇，5395宗91.683平方公里（13.75万亩）国有建设用地的外业调查测绘、调查数据成果入库工作；对未确权登记的644宗国有土地进行测绘和权属调查，其中完成指界签字工作475宗，确权登记发证471宗（其中建成区和建制镇范围438宗），发证率比上年提高10%。城镇更新调查范围内国有土地使用权登记发证率达到71.58%，超额完成土地总登记考核的目标。同时，按照市二调办的要求，完成市级开发区土地利用现状的调查工作，对通州经济开发区、永乐经济开发区的688宗地，面积1175.33公顷土地的建设、供地、未供地等13种情况进行调查，为扩区建设提供详实的数据。

（张　键）

【完成第二次全国土地调查统一时点更新调查工作】 对2007年10月以来全区1072块变化图斑进行权属、地类、建设单位等相关信息的调查核实，对其中的782块新增建设用地进行测绘。按照国土部“一张图”工程的要求，对2009年新增的208块疑问图斑进行外业调查、拍照工作，共建立照片文件夹208个。完成城镇土地调查数据汇总、开发园区、房地产等专项用地统计调查汇总。获得工业、基础设施、金融商业服务、开发园区、房地产等专项用地面积和分布等情况。形成专项报告4份。

（张　键）

【农村土地登记颁证试点调查工作】 通州区于家务乡作为全市农村土地登记颁证三个试点乡镇之一，10月始，国土分局对于家务乡的集调档案、发证档案、相关台账、统计表进行梳理，将乡域内已发国有土地使用证和集体土地使用证进行落图，核清发证情况；对于家务乡域范围内的国有土地、集体土地和集体建设用地进行调查，共调查704宗地，其中调查集体建设用270宗、集体土地所有权155宗、国有土地使用权279宗（已发证95宗）。实现试点乡的土地调查率达到100%的目标。

（张　键）

【档案数字化工作】 6月，开展业务档案数字化三期工作，完成2007年3月至2008年底共987卷业务档案的文字录入和扫描工作。完成2009年共1228卷日常档案数字化工作，其中登记中心地籍档案1014件。完成二期1万余卷已进行数字化业务档案的条码化工作。

（张　键）

房屋管理

【概　况】 2009年，房屋管理工作遵循高标准管理、高质量服务、高水平发展三大理念，管理服务并举，促进全区小区物业管理规范化发展，确保城镇房屋住用安全。强化物业企业管理。全年对在通州区备案的239个住宅项目、25个工业项目，进行全覆盖式物业服务检查，内容包括《北京市物业服务等级规范》、服务活动安全隐患、消防、设施设备运行情况等，并做好物业服务企业资质核查工作，全区具备物业服务企业资质的企业207家，同比增长2.9%。此外，开展物业服务标准化活动，出色完成小区“甲流防控”、“平安国庆”等多项工作，年内，全区有7个物业服务项目先后被评为“四星级服务优秀管理项目”。直管公房通过汛前、汛中严密的排查和修缮，实现安全度汛。按照市委、市政府的要求，将着力改善民生为工作重点，圆满完成城镇房屋119户、2798.7平方米的解危工作，深化落实好市政府的“五无”工作目标。

（徐　滨）

【物业企业资质管理】　年内，审批物业企业资质14件，其中新设立企业资质4件、三级资质8件、二级资质2件。截至年底，全区具备物业服务企业资质的企业207家，同比增长2.9%，其中异地注册本地管理的企业46家、本区注册的有161家（其中具备一级资质企业1家、二级资质企业12家、三级（三级暂定）资质企业148家）。

（徐　滨）

【业主委员会建设】　年内，组建成立业主委员会1个，涉及居住项目面积11万平方米，至此全区业主委员会数量达到49个，同比增长2.1%，涉及居住面积373.2万平方米，同比增长3%。

（徐　滨）

【房屋安全检查】　根据房屋安全检查统计情况，全区直管公房50.05万平方米，房屋完好率67.04%；自管房251.94万平方米，房屋完好率94.43%；委托管理房屋1432.18万平方米，房屋完好率99.46%。查房工作及依据查房结果合理安排的修缮工作顺利完成，有效保证了汛期房屋的住用安全。

（徐　滨）

【物业工作培训】　4月23日、24日，组织各街道办事处、乡镇政府的主管领导及相关负责人对《北京市住宅区业主大会和业主委员会指导规则》及物业相关工作规范、流程进行集中培训；对全区约200家物业服务企业的中层管理人员进行分批培训；分别对玉桥街道办事处、北苑街道办事处采取讲课、讨论形式进行集中培训，收到良好效果。

（徐　滨）

【建设和谐小区文艺汇演】　5月23日，在翠屏北里小区举行“鲜花送母亲，社区唱和谐”文艺汇演活动，区宣传部、文明办、梨园镇、30家物业服务企业、14家小区等千余人参加演出。汇演活动通过大合唱、小合唱、歌伴舞等多种形式展现小区居民、物业服务企业新风采。

（徐　滨）

【普通地下空间整治】　7月，根据“国庆平安行动”工作的部署，区建委对全区普通地下室底数和使用现状进行全面的梳理，并在国庆前进行为期3个月的综合整治，对全区441处普通地下室均进行了检查。此外，对全区的120处用于居住等用途的重点普通地下室进行检查并复查，发现安全隐患128个，整改完毕96个，关闭4处。在国庆期间加强对重点普通地下室的监管力度，确保国庆期间社会的和谐稳定。

（徐　滨）

【防汛工作】　汛期，出动工作人员502人次进行雨中、雨后查房，查平房10006间，其中漏雨268间，采取苫盖、查补堵漏、产瓦等措施进行修缮。查楼房172栋次，其中漏雨102处，采取疏通雨落管、局部堵漏、重做防水等措施进行修缮。通州区直管公房实现“少塌房、不死人”的防汛工作目标。

（徐　滨）

【解危工作】　8月，按照市委、市政府的要求，全市将着力改善民生为工作重点，区建委依据全区直管房、自管房及物业管房单位在2008～2009年度的房屋安全检查工作情况，对119户、19 9间、2798.7平方米的城镇危房进行解危，国庆节前全部危房户人员搬离，11月全部完成“解危”工作任务，圆满完成市政府提出的“五无”工作目标。

（徐　滨）

【物业服务巡检】 采取动态监管与集中清查相结合的方式，全年对在通州区备案的239个住宅项目、25个工业项目，进行全覆盖式物业服务检查。检查内容包括：《北京市物业服务等级规范》、服务活动安全隐患、消防、设施设备运行情况、创卫工作、甲型H1N1防控措施6大项。通过检查，提出整改意见172项，下达书面整改通知书81项，此外，对各物业项目存在的问题进行分类、汇总，要求物业企业以书面形式上报整改情况，并进行复查，确保落实到位。

（徐　滨）

【市优小区评选工作】 年内，市住建委对市优小区的评选工作进行调整，由市物业管理协会开展此项工作，且对评选标准、评选办法均进行修改，通州区有7个物业服务项目先后被评选为“四星级服务优秀管理项目”，占本区物业管理项目总量的2.41%。

（徐　滨）

城镇住房制度改革

【概　况】 2009年，城镇住房制度改革工作以改善民生为重点，紧密围绕切实解决通州区中低收入家庭住房困难的总目标，完善区、街道（乡镇）两级住房保障工作运行体系，逐步扩大保障范围，严格审核程序，积极争取房源，加快推进政策性住房建设，整体工作呈现新局面。

（徐　滨）

【调整政策性住房准入标准】 年初，区住保办经过调研在2008年“三房”准入标准的基础上制定2009年全区“三房”的准入标准。3月，经区政府专题会及区委常委会通过，上报市建委审批。6月开始，对廉租住房准入标准进行调整，10月开始，对经济适用住房准入标准进行调整，区住保办及时将调整的城市居民廉租住房准入标准的通知发至15个街道、乡镇住房保障管理部门，按新标准受理审核申请家庭材料。

（徐　滨）

【公租房建设】 年内，区住保办探索新的政策性住房保障模式，推出公共租赁房，旨在解决既买不起经济适用房又不够廉租房条件的人群的住房问题。11月底，光机电公租房和梨园公租房项目陆续开工。

（徐　滨）

【职工住房补贴调查】 8月，区建委对全区职工住房补贴进行调查测算，调查测算结果显示：截至2008年，通州区退休职工6917人，在职职工20199人，符合发放补贴条件的无房及未达标职工约占61%，即16600人，需住房补贴资金约66000万元，人均补贴4万余元，补贴额最高额10万余元，最低数百元。

（徐　滨）

【公有住房出售】 2009年，公有住房的租金为每平方米每月3.05元，出售价格为每建筑平方米1290元。全年办理95件房改批复，涉及住房2508套，面积为19.3万平方米，办理件数与上年基本持平。

（徐　滨）

【政策性住房建设】 确定政策性住房项目19个，总建设规模达336.56万平方米。其中廉租房项目4.27万平方米，房屋约949套；经济适用住房39.74万平方米，房屋约5778套；限价商品住房122.37万平方米，房屋约13237套；“三定三限”定向安置用房163.28万平方米；公租房6.9万平方米。截至年底，开工建设政策性住房项目15个，建筑面积259.28万平方米，其中廉租房4.27万平方米、经济适用住房39.74万平方米、限价商品住房92.37万平方米、“三定三限”房116万平方米、公租房6.9万平方米。

（徐　滨）

【政策性住房受理工作】 年内，接待来电、来访政策咨询12万余次，发放“三房”《申请核定表》10864户，初审受理5851户，复审受理4978户，审核通过4700户，经市住保办备案4662户，累计摇号3770户，累计选房3025户，累计签约2533户。

（徐　滨）

房地产开发

【概　况】 2009年，区建委制定一揽子保增长措施，力促全区房地产行业理性发展。促投资，制定《区建委关于进一步推动开发项目开工促进房地产投资的工作方案》，房地产完成投资50.6亿元。促建设，积极落实《国务院办公厅关于促进房地产市场健康发展的若干意见》，房地产竣工面积78.8万平方米，同比增长141.8%。促消费，充分利用应对金融危机的一系列房地产利率、信贷和税收政策，政策性地拉动房地产行业发展，自3月起通州区商品房销售形势逐月递增，11月创造历年销售新高。促项目，建立项目手册信息系统，全面摸清通州区商品房项目现状，积极协调30余个项目进入绿色审批通道。促发展，加大企业帮扶力度，实行重大项目联席会议制度，定期召开重大项目调度会和帮扶企业调度会，项目开工建设速度明显加快。促监管，建立房屋电子登记簿工作试点，精简产权证办理审批环节，压缩房产抵押、预售登记办理时限，结合日常巡检和专项整治，加强对房地产中介和普通地下室的监管，全年办理房屋产权证25517件，发证面积384.28万平方米，成交总额79.31亿元，同比分别增长21%、1.87%和22.87%。

（徐　滨）

【简化资质审批】 区建委简化房地产企业部分审批项目办事程序和审批环节，进一步优化服务，为企业和群众提供最大的便利。同时，规范房地产企业资质的审批程序，对审批所需资料逐项核对，并简化审批资料。全年办理资质业务99件，办结率100%，办理合格率100%。通州区注册房地产开发企业达到268家，其中一级资质企业2家、二级资质企业21家、三级资质企业36家、四级资质企业83家、暂定企业126家，从业人员2.5万人。

（徐　滨）

【房地产市场整顿】 依据《房地产开发企业资质管理规定》，对历年来超期未参加资质年检、升级和延期的企业进行清理整顿，对其中由于企业自身问题造成超期的公司或个人进行批评教育；对漏报、瞒报企业情况，有违规经营行为且情节严重的企业提出警告，并限期整改；对没有房地产开发项目且不再具备房地产资质条件的企业坚决予以注销资质。此次清理工作，分别于5月和12月分两批吊销20余家企业资质证书，并经北京市建委网站公示。此外，按照《北京市房地产开发企业资质抽查工作方案》，5月至6月对通州区17家注册房地产开发企业进行资质抽检，并向市建委报送抽检结果。

（徐　滨）

【商品房销售】 3月开始，通州区房地产市场走出低迷局面，商品房销售量和均价每月呈递增趋势，全区有28个商品房预售项目，其中新增8个，可预售商品房27962套，面积284.78万平方米。预售备案17042套，面积164.27万平方米，成交金额159.84亿元。其中预售普通住宅商品房15886套，是上年同期的4.55倍，面积140万平方米，同比增加105万平方米，成交金额126亿元，是上年同期的4.2倍，均价8978元/平方米，同比增加571元/平方米。

(徐 滨)

【建立项目手册信息系统】 8月，区建委建立房地产开发项目手册信息系统，项目手册是由北京市建委开发的一套房地产项目信息系统，以区县为片区，以单个项目为基本单元，内容兼容整个房地产项目的一级开发、土地取得（协议、拍卖）、立项、规划、施工建设、销售、竣工封园等全过程的信息记录。9月16日，区建委组织项目手册信息系统培训班，100余家企业参加培训，全区企业参与填报数量和填报正确率位于全市前列。

(徐 滨)

【房屋中介机构备案率上升】 2009年，房地产市场回暖，房屋中介市场从上年的低迷状态中摆脱出来，截至年底，在册的334家房屋中介机构中，正在经营的接近80%，上年备案中介机构不足60%的营业率明显增强。在通州区注册并备案的房地产经纪机构（含分支机构）累计达334家。

(徐 滨)

【房地产中介机构监管】 加大巡检力度和强度，年内，对全区139家房地产经纪机构（含分支机构）进行了执法检查，对存在问题的20家公司下发整改通知书，对未备案的5家经纪机构责令其立即办理备案。

(徐 滨)

建筑·建材

【概 况】 2009年，建筑业以质量安全年为工作主线，搭建工程管理“三三”工作框架，即以三项制度为载体，以三项活动为突破，全面提高工程建设品质。安全月报制、生产许可和管理责任挂钩制、三级教育制三项制度，全面记录工程项目基本信息和企业安全巡查情况，督促企业完善安全生产保证体系，提高施工人员安全生产意识和操作技能。执法检查、应急治理、宣传引导三项活动，有步骤地实施“雷霆行动”等各类执法检查2950次，消除隐患5885处，出色完成春节清欠、甲型H1N1流感防控、平安国庆等工作，有序开展“防灾减灾日”等宣传活动，发放各类宣传材料万余份。2009年，全区工地未发生重大安全生产事故，规范管理位于全市前列。

建材业以市政府实事工程为工作重点，完成建筑节能改造总面积14.01万平方米，完成农宅节能改造520户、面积2.47万平方米，超额完成市政府要求的建筑节能改造13.47万平方米和农宅节能改造404户的任务。同时，将新型墙体材料专项基金和散装水泥专项资金返退工作与工地检查相结合，加速落后建材淘汰进程。

(徐 滨)

【加强工程审批工作】 年初，区建委全面提速工程前期手续办理。畅通审批渠道，开辟重大项目绿色通道；改革行政审批，对7个事项进行改革；压缩审批时限，对45项时限进行压缩；转变办理方式，变常规办理为提前预审，变串联办理为并联办理，变被动办理为主动办理，变规定办理为即时办理；建立制度保障，实施提高主动服务能力台账记录制和联办单制度。全年办理工程新报建项目103件，招投标手续249项，同比增加分别为37.3%和8.3%。

(徐 滨)

【开展能耗统计工作】 1月，与新华街道办事处签订《民用建筑能耗调查统计协议》，对新华街道1098户、21栋楼进行能耗统计工作，对各调查楼栋用户电表进行抄表并累加获取整栋楼的电耗，并按照市住建委要求按时上报统计数据，1月至7月，该街道总电耗为90.81万千瓦时。

（徐 滨）

【清欠工作】 春节前，为确保农民工按时足额领取工资，区建委继续贯彻“谁用工、谁管理、谁负责”的管理原则，进一步强化施工总承包单位的责任包保制度。同时，严查劳务注册备案手续，发现劳务手续办理不及时的施工单位，一律做出停工等待补办手续的严厉处罚，对于没有进行实名制备案的一律按零散工进行处罚，并限期予以清退。

（徐 滨）

【开展“雷霆行动”】 2月，为确保通州区建设系统消防安全，区建委以全面贯彻落实《中华人民共和国消防法》为契机，对全区在施工程及地下空间开展以防火安全为主的“雷霆行动”，检查的重点是施工现场各类消防措施的落实情况以及民工宿舍的防火安全情况，主要包括各类消防设施的布置、施工现场临电的设置、民工宿舍取暖措施及用电等情况。在检查过程中发放《防火、防煤气中毒告知单》100余份，对于检查发现的问题，当场下达责令改正通知书。

（徐 滨）

【强化安全责任主体意识】 一是督促企业完善安全生产保证体系，提高公司级巡查频率和效果，每月25日前上报企业自查自纠安全月报表。二是加大项目管理人员到岗到位检查，并严格履行工作职责，有效落实人员的安全交底和三级教育制度，利用农民工夜校等培训措施加强人员教育，保证施工现场管理达标、人员教育到位后进行施工。三是加强对监理企业及从业人员行为的监管，强化资质和从业资格动态管理，全面核查施工单位安全体系、安全生产人员、特种作业人员上岗证等资料的符合情况，严格审核施工单位报送的各类安全资料、专项施工方案，有效督促施工单位完善各项安全管理措施。

（徐 滨）

【“三力合一”助推企业发展】 着力推动企业资质管理，完成资质新办、升级、增项、去暂、变更获批100项次。着力完善企业信誉信息、动态监管和二级建造师注册初审三大平台建设，收集相关信息6313条。着力提升建筑企业核心竞争力，培训建筑业从业人员3484余人次。

（徐 滨）

【专项整治】 年内，区建委针对重点时期、重点环节和重点部位，及时开展基坑防护、脚手架支搭、雨季施工、塔吊专项检查等整治活动，防止季节性特点造成各类事故发生。对于需要进行联合执法的工作，积极协调有关单位及时开展，有效解决专业性检查不到位的情况。

（徐 滨）

【农村建筑施工培训】 10月，区建委会同区新农办等部门对各乡镇工程负责人进行为期两天的培训，346人参加培训，培训内容涵盖基本建设的法律法规和优惠政策、新农村居民抗震节能保温实用技术和太阳能采暖技术等，通过培训大幅提高村镇建筑行业相关工作人员的专业素质。

（徐 滨）

市政建设

【概 况】 2009年，通州区市政市容管理委员会继续加强重点工程建设和为民办实事项目建设，不断完善城市基础设施，增强城市运行力和保障力。在市政道路建设方面，全力实施内环路道路改造工程和城区道路微循环工程；在市政公用设施建设方面，建设旧城区5号燃煤锅炉房整合项目，推进三河热电厂为通州供热工程；对部分道路及胡同的五六十年代照明设施进行改造。一批市政基础设施的建成，进一步改善城市道路面貌，提高了城市服务功能，为百姓出行带来极大便利。

（苏　君）

【实施内环路改造工程】　内环路由翠屏西路、云景南大街、梨园南街 3 条道路组成，起点为北苑南路，终点为北运河西侧滨河路，全长约 7.48 公里。2009 年，开工建设梨园南街段（九棵树东路——北运河西侧滨河路）工程，全长 2.878 公里，道路红线宽 50 米。工程完成雨水管线 2643 米，热力管线 2394 米，污水管线 2159 米，占总量 100%。道路主路底层油铺设完成。

（苏　君）

【实施微循环道路改造工程】　为解决群众出行难问题，消除交通安全隐患，年内实施乔庄北街、玉桥东路、中山街、中仓路微循环道路改造工程。(1) 乔庄北街改造工程，全长 881 米，新建弱电、雨水、燃气三种管道，道路摊铺沥青混凝土 28736 平方米、铺筑人行步道 9284 平方米、种植行道树 306 株、路侧绿化面积 5323 平方米，新建路灯 26 基、信号灯 1 处，拆改高低压和通信架空线路 4 处。(2) 玉桥东路改造工程，全长 1364 米，红线宽 30 米，新建弱电、雨水、污水管线。道路摊铺沥青混凝土 43104 平方米、铺筑人行步道 13925 平方米、种植行道树 458 株、路侧绿化面积 7994 平方米，新建路灯 40 基、新建信号灯 2 处，拆改高低压和通信架空线路 6 处。(3) 中山街改造工程，西起新仓路，东至车站路，全长 1100 米，道路宽 5 至 9 米，道路外侧硬化，新建弱电管线，更新路灯 32 基。(4) 中仓路改造工程，全长 864 米，新建弱电、电信、热力管线。完成架空弱电线路入地，迁移高压杆 5 处，新安装 30 基路灯。道路两侧绿化美化工程铺草坪 950 平方米，硬化步道 500 平方米，粉刷墙面 250 平方米。

（苏　君）

【五六十年代照明设施改造工程】　为改善居民出行条件，市政市容委对部分道路及胡同的五、六十年代照明设施进行改造。对 11 条道路或地区的 700 余盏老旧照明设施进行更换，并对玉桥斜街、滨河路 10 号院进行路灯安装，同时修复通惠河南岸西端路灯供电。

（苏　君）

【做好市政道路维护管理】　全区市政道路维护养护范围包括 135 条主、次干道及 14 座桥梁。道路全长 98.52 公里，面积 232.24 万平方米，其中步道长 71.08 公里，面积 49.87 万平方米；桥梁养护面积 31195 平方米。为使市民享受到更加平整顺畅美观的道路出行条件，年初及时制订维护养护计划，加大道路维修养护工作的投入和工作力度，改善现有道路路况，重点对新华大街、玉带路、运河大街等城市主干道及南大街、东大街、西营前街等支线的道路进行补油，同时抓好小街小巷道路的维修及日常维养。全年完成道路补油 55000 平方米，维修步道 7000 平方米，维修道牙 2840 米，完成桥梁栏杆栏板维修 190 延米。

（苏　君）

【地下管线及井盖维护管理】　健全市政设施巡查机制，加大对城市道路、桥梁以及井盖、路灯等市政设施的巡查力度，确保巡查高效到位，不留死角。全年发现井盖丢失、损毁 404 个，水篦子丢失、损毁 410 个，路面塌陷 24 处，其他设施损毁问题共计 987 处，均通知相关产权单位进行更换维修。

（苏　君）

【路灯、景观灯维护养护】　2009 年，维护养护路灯 16000 余盏，景观灯 11029 盏。日常维护工作中，每月巡视路灯夜晚亮灯情况 2 次，做好亮灯率的汇总工作。对损坏或被盗的道路路灯电缆和照明设施进行及时的维修和恢复。“五一”、国庆假期前夕，组织相关人员及维修队伍对全区路灯、景观灯设施进行全面检查，并对被盗、损坏的照明设施进行修补。

（苏　君）

【旧城区 5 号燃煤锅炉房整合工程】 5 号燃煤锅炉整合项目位于新城西南部曹园村，新建热源厂 1 座，安装燃煤热水锅炉 4 台，设置热力站 23 座，铺设热力主干网 20.4 公里，总供热能力 220 兆瓦，供热面积 338 万平方米。工程将整合玉桥西路及延长线以西、群芳南街以北、外环路以东、运河大街以南区域内供热资源，替代原有 38 座分散锅炉房。建成后施工可节约燃煤 2.5 万吨／年。工程经过一年的施工建设，锅炉房及供热管网基本完工，换热站建成 14 座，投入使用 12 座。锅炉于 11 月 7 日点火，11 月 15 日正式供暖，截至年底实现替代供暖面积约 110 万平方米。各种设备运行基本正常，实现稳定供热，达到节能降耗目标。

（苏　君）

【推进三河热电向新城供热工程】 三河热电向新城供热项目为北京市重点工程，三河热电厂输热主干线（一期）项目主要负责投资建设从热电厂至集中供热区域管网之间的热力输送系统，建设供热主干线 19.4 公里，管径 DN1400，供热能力 1050 兆瓦；主干线预计静态投资 13.2 亿元。建成后解决通州运河以东新城居民的用热需求。截至年底，三河电厂输热主干线一期工程完成 5180 米，在施工程玉带河大街东延暗挖段 DN1400，长度 1.18 公里，同时正在进行过河段拆迁工作。三河电厂输热主干线二期完成过北运河段工程，长度 286 米；随通州区道路改造铺设管线 4436 米。

（苏　君）

【加强城市运行保障工作】 采取五项措施，切实加强组织领导，统筹规划，全面履行值守应急、信息汇总、综合协调的职能，努力提高保障城市公共设施安全和处置突发事件的能力，确保城市运行安全。一是加强应急预案建设，应急预案体系逐步完善。按“统一指挥、属地管理、分级负责、分类处理、部门协调”的原则，进一步健全完善市政市容委系统应急管理体系，加强应急预案动态管理，提高应急预案的针对性和可操作性。二是针对风险，组织实施应急演练。协调组织供电公司输电专业应急演练、秦京管道“反恐、防爆、保庆典打孔盗油”应急演练等各类演练活动 9 次。三是加强输油气管线安全，推进城市安全运行。建立输油气管道月巡查排查统计台账，召开管道安全运行保障工作会，严格管线巡护制度，协调解决东渠路次渠桥与陕京管道交叉施工、中航油津京输油管道宋庄段违章施工等事宜，确保输油气管道安全平稳运行。四是加大隐患排查，抓好安全生产，要求各基层单位以及管道权属单位对安全制度、应急设备设施、应急预案种类、应急演练项等 7 项工作进行安全生产与应急保障工作大检查。五是加大宣传教育培训，组织进行一系列宣传教育培训活动，有效提高市民的抗灾减灾意识。

（苏　君）

环境卫生

【概　况】 2009 年，通州区市政市容管理委员会围绕“两新建设”和新中国成立 60 周年庆典活动，结合通州区城乡环境建设工作实际，抓重点、破难点，对全区环境秩序进行全面综合治理，着力营造整洁优美、和谐有序的城乡环境。年内，先后开展西门地区环境综合整治、农村环境百日综合整治等环境整治活动以及“环境优美乡镇”和“生态村”创建活动，完成居民小区、部分乡镇垃圾分类工作任务，对城区生活垃圾收集系统进行升级改造。全区的环卫基础设施水平和城乡市容环境面貌得到明显改观。

（苏　君）

【开展西门地区环境综合整治】 为配合 60 周年国庆活动，按照区委、区政府工作安排，市政市容委牵头各有关单位对西门地区进行环境综合治理。加大对该地区“门前三包”责任单位的检查督促力度，加大市政设施的巡查力度和道路清扫保洁、洒水降尘工作力度。实施西门地区市政设施建设和绿化美化等工程，砌筑大方砖、彩砖、透水砖1103平方米，修整花岗岩料石、路缘石38平方米，更换铸铁井盖4套，树池篦子27座，安装禁止停车桩4个；完成绿化面积2227平方米，新植乔灌木96株，修补、砌筑、拆除挡墙137米，改造工程面积2748.8平方米；安装4个收费标志杆，20个黑白标志杆。

（苏　君）

【开展农村环境百日综合整治】 以“百日整治靓京郊、清洁农村迎国庆”为行动口号，开展全区环境百日综合整治活动。做到“六无三落实”，实现“路净、村净、庭院净”的目标。主要整治内容：一是全面治理各乡镇、村的环境，加强高速公路、铁路、主要道路两侧、河道两岸和所有村庄的整治，特别是旅游景点周边、民俗旅游村等环境治理工作；二是加强对城乡结合部地区、乡镇与乡镇、村庄与村庄连接线（处）等区域环境整治。整治以全面清理全区积存垃圾、卫生死角、建筑渣土，捡拾白色污染等12项任务为重点，清理村内外乱倒散到垃圾1280吨，治理乱堆乱放10260处，整治卫生死角3720处，清除村周边拉拉秧2680处，捡拾公路沿线白色污染138公斤，发放村民宣传材料30.68万份。

（苏　君）

【完成张采路环境综合整治】 按照区委、区政府工作安排，区市政市容办协同张家湾镇政府对7公里长的张采路两侧进行绿化美化等景观实施改造工程，清理门前堆物堆料、拆除沿线临建违建和乱设广告牌匾，实施明排水沟改暗排等环境综合整治工作。其间，清理不规范广告牌匾90余块，取缔无照经营回收点5家，新安装6处文化宣传栏；种植槐柏、银杏、杨树等9000余棵，播撒草籽1万余平方米；清理两侧沟渠渣土1200立方米，新土覆盖2800立方米；对道路两侧可视范围建筑物粉刷17520余平方米；修砌围墙1200余立方米，新建大门7处；拆除违章建筑650平方米。

（苏　君）

【开展创卫工作】 按照“政府主导、部门协调、功能完善、管理有序、环境优美”的创卫工作目标，市政市容委组织、协调各职能部门开展创建国家卫生区工作，加强环卫设施建设，提高城市环境卫生管理水平。一是完成梨园垃圾中转站和西田阳垃圾卫生填埋场二期收尾工程，实施西田阳垃圾卫生填埋场除臭工程和填埋场一期封场工程。二是改造城区生活垃圾收集系统。采购微型垃圾收集车30辆、垃圾压缩车18辆、渗沥液收集车4辆、餐厨车3辆、垃圾桶2000个，改造垃圾楼4座，建设垃圾收集车工作站2处、地下垃圾收集站23处、垃圾桶站站底69处，改造环卫停车场设施1处。三是升级改造城区旱厕24座，修缮公厕109座。四是保证市容环境整洁、狠抓道路清扫保洁质量。五是按照环卫设施设置标准，在主要大街两侧增设果皮箱3000余套。六是落实垃圾密闭化管理，部分街道生活垃圾采取定时定点收集，城区垃圾、粪便做到日产日清、密闭化运输、无害化处理。

（苏　君）

【开展“环境优美乡镇”和“生态村”创建活动】 参与创建的于家务乡和西集镇大沙务村等10个村庄进一步完善基础设施建设。一是提高街巷硬化标准，硬化街巷36.53万平方米；二是改善街道排水环境，明排水沟改暗排水沟12.88万米；三是改善村民如厕环境，搞好户厕改造，对3556户户厕进行改造，改厕率达到99.9%；四是绿化美化村庄，改善空气质量，种植各种花卉树木，做到三季有花，四季常青；五是建设休闲娱乐场所，丰富村民业余生活，修建12处村民休闲场所；六是村民饮用水改造工程，参与创建的10个村庄均实现深水井集中供水，经卫生部门检测，符合北京市饮用水标准；七是推广使用可再生资源，10个村庄的村民用上了太阳能洗浴，用上天然气炊事，利用率达97%；八是优化产业结构，提高农民的收入水平。9月，“两个创建”工作通过市农委、市环保局和专家验收检查组的检查验收。

（苏　君）

【完善垃圾中转站建设管理工作】 完善提高全区生活垃圾“村收集、镇运输、区处理”的管理模式。截至年底，全区完成永顺镇、张家湾镇、马驹桥镇、台湖镇、于家务乡、宋庄镇的镇级垃圾中转站建设。西集镇、漷县镇完成土建工程，永乐店镇完成部分土建工程。

（苏　君）

【开展垃圾分类工作】 2009年，按照市市政市容委的工作要求，通州区完成11个居住小区、23家机关单位、6所城区学校和6个乡镇的垃圾分类工作。参与城区垃圾分类工作的涉及1.28万户，3.7万人；参与乡镇垃圾分类工作的张家湾镇、宋庄镇、台湖镇、马驹桥镇、永乐店镇和于家务乡6个乡镇共涉及12.04万户，34.54万人。购置分类垃圾桶（袋）、三轮车、厨余处理机、厨余运输车、厨余处理设备等，全部到位并发放到参与垃圾分类工作的各单位。6个乡镇购置户用桶121438套，每套为1个铁制、2个塑料制式，规格18至20升。完成村庄灰土消纳站、堆肥场、可回收垃圾储存笼的建设任务，261个村庄全部完成建设任务。购置村级、镇级垃圾收集运输车248辆，其中电瓶车102辆、农用车80辆、小货车51辆、单臂吊15辆。

（苏　君）

【开展市容环境治理】 2009年，市容办签订“门前三包”责任书4670份，纠正违规“门前三包”责任单位责任人7396人次，规范广告牌匾17处，督促各“门前三包”单位治理卫生死角88处，核查广告、宣传条幅22条，督促清理垃圾212吨。受理渣土消纳行政许可21起，核发渣土消纳许可证22张。监管的56个施工现场、3个临时渣土消纳场消纳渣土量2.63万吨，处理运输车辆道路遗撒、车轮带泥等行为113起，清理整顿非法建筑垃圾消纳场所1处，开展联合执法活动15次。

（苏　君）

【完成环卫保洁工作】 年内，环卫所对城区新华大街、新华南北路、运河西大街、玉带河大街、京津公路、通惠河两岸等大街193万平方米道路清扫保洁和喷水压尘工作，以及32095延米护栏清擦工作，果皮箱、宣传栏等公共设施的擦拭、消毒和果皮箱的清掏任务。全年出动清扫车4380余次，刷地扫路车500余车次，洒水车2700余车次，洒水量达55000余吨；擦拭栏杆100余次，每天有专人擦拭附属设施；清除非法小广告58万余张，捡拾隔离带、两侧绿地的白色污染及垃圾33000余公斤。

（苏　君）

【垃圾处理工作】 年内，环卫服务中心对356个垃圾站点进行清运，日清运垃圾400余吨，全年清运垃圾14万吨；对1170余座化粪池进行抽运，全年抽运粪便3.6万吨，并及时进行生化处理；完成135座公厕（二类30座，达标103座，移动公厕2座）的保洁任务，做到全天开放，随时保洁；绿环污物处理站每日对约100吨粪便进行无害化处理。全年无害化处理3.6万吨粪便，无害化处理率达100%。西田阳垃圾卫生填埋场全年无害化填埋生活垃圾17.8万余吨，填埋率达100%。

（苏　君）

【完成城乡环境整治工作】 全区全年出动人员71.76万人次，投入资金39093万元。全年清运垃圾24.17万吨，捡拾白色污染11527公斤，集中清理脏乱点1561个；全年拆违、拆临、拆旧282176平方米；街道硬化路面408.23万平方米，粉刷油饰20.62万平方米；植树109.45万株，建绿地117.59万平方米。全年垃圾密闭化管理投入资金1680.9万元，乡镇村庄环境整治投入资金17246万元。

（苏　君）

水务管理

【概　况】 2009年，通州水务工作以科学发展观为指导，围绕“保增长、保民生、保稳定”的工作要求，强化水务管理，推进水务建设，为全区经济保持平稳较快发展提供有力支撑。一是圆满完成国庆水务安全保障工作。其间，按照奥运标准严格落实责任管理与封闭管理的原则，以供水安全、排水设施安全、城乡安全迎汛体系和阅兵村供排水安全为重点，展开签订供水安全责任书、专项检查、排水管线疏通、检查井等排水设施清掏、维修等，实施大稿沟等应急度汛和阅兵村周边沟渠治理、开凿水源井工程等，并在北京市水务系统服务保障国庆60周年活动中获“最佳安全保障奖”。二是稳步提高供水保障能力。年内，完成9个村的旧管网改造、3座集中水厂的水源增容、5座集中水厂智能监控报警系统和远红外报警功能的安装，有效保障水厂安全；通过政府采购，配备3台应急供水车，提高农村地区应急供水保障能力；联合卫生部门开展供水安全检查，强化监管力度，确保供水安全。三是全面提升污水处理能力。年内，先后实施通州经济开发区污水处理厂、北京光机电一体化产业基地污水处理厂增加水量等工程；启动河东再生水厂及管网配套工程、通惠河北部城区污水截流工程、北运河通州城区段补水净化工程等；新建永乐店镇、漷县镇、台湖镇等乡镇污水处理厂。四是持续推进节水型社会建设。年内完成洗车等重点用水单位的用水定额调查；城区中水设施使用情况的摸底调查和信息录入；节水“三同时”项目的审查和临时用水指标的审批；创建节水型小区和节水型单位以及节水技术改造项目等。五是加快水环境改善步伐。年内，通过配合区林业局开展的北运河滨河森林公园工程，以及实施的萧太后河台湖段治理工程、永乐店镇凤河生态治理工程、宋庄镇平港沟水环境治理工程和漷县镇翟各庄雨洪利用工程等，使区域内水环境得到有效改善。六是继续强化水利设施建设力度。年内启动师姑庄橡胶坝、水南橡胶坝等东南郊水网建筑物工程；完成霍兴路（潮白河、运潮减河右堤路）改建工程，实现全区主要景观河道的堤路贯通；吸引社会投资新建凉水河崔窑闸和北京经济技术开发区经海路跨凉水河桥工程，进一步改善通州连接亦庄开发区的交通条件。七是不断提高行政、服务和管理水平。年内查处各类水事案件321起；开展潮白河禁采专项执法308次；收取地下水资源费2684.7万元、污水处理费329.4万元；完成行政审批101项；建立管水员每周一交流、每月一培训制度，使基层水务管理水平快速提升。2009年通州区被市政府授予“2009年度农田水利先进区”荣誉称号。

（翁　琳）

【东南郊水网（通州区）工程】 北京市东南郊水网（通州区）工程涉及台湖镇等8个乡镇，任务是通过对北运河水系水资源进行合理配置，修建必要的节制及引水建筑物，疏浚现有河道，整治坑塘，维修现有旧闸、危桥等，将北运河流域再生水引入通州，解决农业灌溉用水问题，增加河道、坑塘蓄水能力。按照市发改委初步设计概算批复，建设内容包括：清淤河道、沟渠24条；新建、维修改造旧建筑物38座；电气、水机、金属结构设备的配置与安装，以及水土保持工程等。批复总投资13391万元。工程由北京市水利规划设计研究院勘察设计，北京泽通水务建设有限公司施工，北京燕波工程管理有限公司和北京中城建建设监理有限公司监理。一标段于9月10日开工，至12月31日完成总工程量的60%。

（郝少魁）

【师姑庄橡胶坝工程】 师姑庄橡胶坝位于宋庄镇师姑庄村，为充水枕式斜直墙坝，坝底长100米，坝高4米，坝底高程15.5米，总蓄水能力327万立方米，蓄水面积114万平方米。工程于9月10日开工，12月底完成主体工程。该坝建成后，可截取北运河来水2000万立方米，并通过翟减沟、减运沟、丰字沟为运潮减河南部增加农业灌溉用水。

（郝少魁）

【水南橡胶坝工程】 水南橡胶坝位于凉水河通惠排干入河口下游，为充水枕式直墙坝，坝长90米，坝高4米。总蓄水能力163万立方米，总蓄水面积57万平方米。工程于9月10日开工，至12月底完成主体工程。

（郝少魁）

【农村旧管网改造工程】 2009年，农村旧管网改造工程涉及台湖等6个乡镇9个村庄及3座集中水厂的水源增容。主要内容包括：新打水源井6眼，安装水处理设备7套，更新村内管网141865米，村外管网3970米。工程于4月开工，年底完成。建设总投资2453万元。可解决8394人口供水，受益达3239户。

（冯桂芹）

【坑塘雨洪利用工程】 2009年，坑塘雨洪利用工程涉及漷县镇翟各庄村。坑塘占地面积18亩，蓄水容积3.2万立方米。主要工程包括：坑塘整治、生态护坡、栽种水生植物、坑塘周围绿化等。工程由漷县水务一所施工,工程于9月12日开工,11月中旬完工。总投资52.85万元。

（郝少魁）

【水环境治理工程】 水环境治理工程包括平港沟水环境治理工程和凤河水环境治理工程，总投资501.82万元。平港沟水环境治理工程位于宋庄镇北部，涉及清淤整治平港沟5380米、翟北沟1570米。主要建设内容包括土方开挖回填12.46万立方米，新建进水闸1座以及管涵、水簸箕等。工程由宋庄水务一所、宋庄水务二所施工。于5月底完工。凤河水环境治理工程位于永乐店镇南部，任务是对凤河1.75公里进行整治。主要建设内容包括开挖回填土方100157立方米。工程由永乐店水务中心所施工，于4月完工。

（郝少魁）

【农业节水灌溉工程】 农业节水灌溉工程为2008年节水项目，于2009年11月下旬开工。工程涉及西集等4个镇23个村。建设规模及内容是：建设节水灌溉工程总面积8730亩，包括更新改造机井59眼，新建井房59座，安装水泵59台套、变频控制器59套、系统首部59套，铺设PVC-U管道74公里，铺设PE管道604公里。工程总投资1934万元。

（郝少魁）

【霍兴路改建工程】 霍兴路（潮白河、运潮减河右堤路）改建工程位于潞城镇。主要包括道路建设和后榆闸改建两部分，其中建设霍兴路1条，长18.47公里；引道66条，长9.75公里；新建后榆涵洞式潜孔闸1座，共3孔，后接钢筋砼三孔方涵，全长27.9米；交通工程全线设置警告标志10处、禁令标志10处、指路标志60处等。总投资2738万元。工程由北京泽通水务建设有限公司施工，安阳润安工程咨询监理公司监理。于2008年12月20日开工，2009年5月30日完工。

（郝少魁　肖　羿）

【崔窑闸改建工程】 工程位于通惠排干渠入凉水河口上游100米处，按照通惠排干渠50年河道规划标准设计建设。闸长103米，宽54米，共7孔，封闭式闸型，闸室上部两侧为管理房。该闸由北京城建轨道交通建设有限公司投资1940万元。于2月上旬开工，12月中旬完成。

（肖　羿）

【漷县镇中心区污水处理厂】 漷县镇中心区污水处理厂位于漷县镇中心区西区，占地面积75.38亩。采用WWRR深池污水再生与利用处理工艺，设计一期日处理污水能力1万立方米，配套管网37公里，服务范围：漷县镇中心区规划范围约7平方公里。项目由通州区漷县镇人民政府牵头并组织建设，2006年获得市发改委立项及初步设计批复，2007年3月开工建设，2009年5月建设完成，10月正式运行投产。运营单位为北京市通州开关厂。

（邵春刚）

【大稿沟排水一期工程】 大稿沟是通州西南部城区主要的两条排水沟之一，与通马路方沟共同担负着北起京津公路，南至南大沟，西起外环西路，东至日新东路约7.3平方公里范围的雨污水排除任务。随着通州区城建步伐的加快，大稿沟渠道主要部分已经被掩埋，失去原有的排水功能。为解决该地区长期以来的内涝隐患，区、镇政府决定结合万盛北街、月异路建设，实施大稿沟排水改造工程，以原通马路方沟和大稿沟交汇处为起点，沿万盛北街、月异路、外环路建设雨水排水方涵，与下游日新路既有排水设施相连接。大稿沟排水改造工程全长2566米，其中管线长491米，盖板方沟长2075米。大稿沟排水一期工程于5月底开工，于8月初完工。完成盖板方沟1180米、管道400米。

（邵春刚）

【清真寺内管线改造工程】 清真寺地处回民胡同低洼位置，寺内排水管线低于寺外市政管线，且管径较小，管道老化，年久失修，每逢雨季，雨水倒流，对古寺造成威胁。为解决上述问题，从7月13日起由城镇水务所对寺内管线进行维修，新建雨水管线290米，检查井14座，双篦雨水口30座，恢复路面845米。工程投资8.83万元，于8月2日完成。

（冯强宇）

【有限空间作业监管工作】 结合7月3日新华联北区发生的有限空间作业事故和全区公共供排水管线不断增加的实际情况，区水务局按照京安发〔2009〕1号文件精神，加大了对系统内有限空间作业的监管力度：一是组织8个专业检查小组，对全区供排水管线等涉及水务行业的有限空间作业设施展开拉网式检查，并与主管部门协调，分类解决和排除。二是3次组织有各乡镇、街道办事处、潞洲水务公司等单位安全负责人参加的培训，内容包括：供水安全管理、有限空间作业安全管理、迎汛安全管理、水利工程建设安全管理等。印发各种安全管理规范300余份、排水管线下井作业安全风险提示500份。三是投资100余万元更新作业器材，组织专业人员进行操作培训，以提高有限空间专业队伍技术水平，为系统内有限空间作业提供可靠的安全技术保障。

（贾志刚）

【国庆水务安全保障】 按照奥运标准严格落实责任管理与封闭管理的原则，以供水安全、排水设施运行安全、城乡安全迎汛体系和阅兵村供排水安全为重点，开展各项保障工作。其间，组织3次安全普查，1次专项检查，并由区政府与各乡镇签订供水安全责任书11份，通过中央、市、区等有关部门多形式的随机检查；开展多次汛前全区排水及水利设施的安全普查，完成对6.6万米排水管线疏通，1万多座检查井、雨水口、退水闸设施的清掏和维修养护；完成大稿沟等6项应急度汛工程，解决了重点地区多年存在的排水不畅问题，确保全区度汛安全和人民群众饮用水及出行安全。

（贾志刚）

【国庆阅兵村保障工作】 为做好国庆阅兵村服务保障工作，区水务局采取“特事特办”的工作思路，启动绿色通道，为部队提供服务和技术支撑。其间，先后完成阅兵村周边14.01公里的沟渠治理，清淤量14.75万立方米；拆建过水桥涵6座；打水源井3眼，经检验，符合国家卫生标准，满足了阅兵部队的训练生活用水；同时对凉水河、萧太后河河面进行清洁，打捞销纳水面垃圾136吨，为阅兵村创造良好的周边水环境。在北京市水务系统服务保障国庆60周年活动中区水务局获“最佳安全保障奖”。

（贾志刚）

【水环境监测通州分中心成立】 为提高通州区水环境监测能力及水平，经北京市水务局批准，成立北京市水环境监测中心通州分中心，并纳入北京市水环境监测中心质量控制体系进行统一管理。分中心归属通州区水务局。业务、技术由市水环境监测中心负责监督指导，并在北京市水环境监测中心的统一安排下，承担全市部分水质监测任务。分中心的成立，弥补了通州区水环境监测的空白。

（翁　琳）

【3G无线水位视频监控系统投入使用】 由区财政局拨款安装的区内立交桥和橡胶坝3G无线水位视频监控系统于12月底安装完毕并投入使用。该系统总投资94.6万元。主要用于汛期对区域内各立交桥和橡胶坝的水位监控，以确保城区居民的人身财产安全。

（冯强宇）

【水资源利用】 2009年，全区总用水35660.92万立方米，其中再生水15700.44万立方米，地下水19960.48万立方米。总用水中农业用水26369.8万立方米，其中再生水15699.99万立方米，地下水10669.81万立方米；工业用地下水2020.59万立方米；家庭居民生活用地下水3957.86万立方米；公共服务用水2998.03万立方米，其中地下水2997.58万立方米，地表水0.45万立方米；城镇环境用地下水118.43万立方米；农村生态用地下水196.21万立方米。

（高淑红）

【水事违法违规案件查处】 年内查处违法、违规水事案件321起，处罚款34000元。拆除违章建筑561平方米，拆除围墙303延米，清运垃圾21.5立方米，回填土方3426.5立方米，挽回经济损失100余万元。查扣采砂车辆18辆，回填土方423立方米。

（郭冬丽）

【水法宣传活动】 3月22日至28日，在全区范围内开展了以“发展水利，改善民生”为主题的“世界水日”和“中国水周”系列宣传活动。其间，印发宣传材料2000份；设宣传站21个；悬挂横幅23条，张贴临时标语1010条，书写和刷新永久标语120条；设立咨询台9个，解答群众咨询2000余人次；演示节水器具2处，循环播放节水知识光盘2.5小时；利用村级广播宣传约100小时。有650人次参加活动，全区宣传教育覆盖面达95%以上。

（郭冬丽）

供　水

【概　况】 2009年，北京潞洲水务有限公司以改革创新为动力，以提高“两个效益”为目的，按照“四好领导”班子的标准，扎实稳健地开展各项工作，确保了公司全年经济指标的完成，圆满完成新中国成立60周年庆祝活动期间及全年的安全供水任务，为通州区的经济发展做出了贡献。

（张小莉）

【完成年度供水工作】 全年完成供水总量2902万立方米，累计售水总量2524万立方米，同比增加260万立方米，当年应收水费8013万元，实收水费7759万元。全年实现业务收入4925万元。实现利润总额60万元以上。水费回收率96.83%，收回陈年欠费206万元，清欠率23.7%。产销差率16%。完成代收污水费2170万元。水质综合合格率99.95%。修漏及时率99%。未发生安全生产事故。

（张小莉）

【国庆供水保障工作】 为保障安全供水，推进“平安北京”建设工作，公司分别与基层单位签订了平安北京建设目标责任书。成立领导小组和应急事件处置专门队伍。分别制定和完善了供水突发事件分级应急抢修预案，并制订了一系列的严格管理措施。同时对不符合供水要求的设备进行更换。对存在安全隐患的地方进行了维修。加强重点部位安全防范、供水管线设施完好、水质监测、应急抢修、优质服务、应急值守等多方面严格管理工作。确保了国庆期间的供水安全。

(张小莉)

【配水机泵改造工程】 公司现有水厂1986年建成投入使用，已运行20余年，针对水厂供水设备的超期服役现状，为了保证高峰期和国庆期间的安全供水，公司实施配水机泵改造工程，历时4个月，完成对水厂配水泵房4台机泵的改造工程。

(张小莉)

【重点给水工程】 配合通州新城建设的发展需要，根据通州供水规划，配合区重点工程的施工建设，公司完成温榆河西路上水工程。

(张小莉)

【水源井更新改造工程】 公司现有水源井的服务年限较长，取水井报废严重，为了利用原有取水井配套设施，年内，公司对傍河4#、8#井进行改造，完成水井配套工程建设，并网供水投入使用后，每口井可提供出水量70立方米/小时，对提高供水保障能力起到积极作用。

(张小莉)

节 水

【概 况】 2009年，通州节约用水工作以科学发展观为指导，以行业用水定额为依据，按照“计划供水、以供定需、定额管理、累进加价”的管理原则，加强对全区社会用水单位的用水管理和宣传。年内，围绕《中华人民共和国水法》等一系列水法规，开展节水宣传，先后在中仓办事处、国防教育广场和11个乡镇开展“世界水日”、“中国水周”以及“城市节水宣传周”系列宣传活动，发放节水宣传材料和宣传节水纪念品6000份；开展对全区除居民用水以外的所有用水单位的基础数据和农村机井变更用水性质调查，为今后节水管理工作提供真实准确的基础数据资料；完成节水技改项目4个，项目合计投资523.7万元，年节水量7.65万立方米；加强和完善再生水管理基础性工作，年内对辖区内建有中水处理设施的用水单位、小区进行调查摸底，建立中水设施基本信息资料库，并及时录入节水信息系统；继续开展节水型企业（单位）和节水型居民小区的创建活动，有3个企业（单位）和5个居民小区达到市级节水型单位（小区）验收标准，并通过北京市节水管理中心验收组的验收，有2个企业（单位）和1个居民小区达到区级节水型（单位）小区验收标准，并通过区节水办的验收和向市节水办备案；树立典型用水标杆单位，总结其用水、管水经验及特点，向全区推广和宣传，收到良好效果。2009年，收缴地下水资源费2684.7万元，收缴污水处理费329.4万元，并全部上缴财政。

(徐景跃)

【开展用水单位基础数据调查】 为进一步加强对社会用水单位的用水管理，完善《北京市节水信息管理系统》的基础数据，年内对全区除居民用水以外的所有用水单位的基础数据开展调查：主要包括单位基本信息、单位自备井信息、公共生活用水单位的用水情况、工业用水单位的用水情况等。重点摸清各个用水户的实际用水现状以及用户的各项基础信息，为今后节水管理工作提供真实准确的基础数据资料。具体结果是：计划用水总户数1092个，其中自来水用户309个、自备井用水户723个、双水源用户7个、乡镇集体户52个、自来水公司水厂1个。区节水办管辖自备井总数1144眼，其中正常使用862眼，停用、备用244眼，已申请报废38眼。

（徐景跃）

【开展节水宣传系列活动】 年内，结合“世界水日”、“中国水周”和“全国城市节水宣传周”，在全区开展了节约用水系列宣传活动。其间，分别在中仓办事处“童心花园”、国防教育广场和11个乡镇举行节水宣传启动仪式和主题系列宣传活动，同时发放节水宣传材料和宣传节水纪念品6000份，有市、区领导和群众300余人参加活动。

（徐景跃）

【农村机井变更用水性质调查】 为加强节约用水管理，根据《北京市节约用水办法》第二十一条规定和北京市水务局《关于对农村机井改变用水性质进行清理整顿的通知》精神，年内组织开展历时两个月的调查。其间完成对全区11个乡镇的调查、登记，有8个乡镇41个用水户的105眼井，得到变更用水性质确认。

（徐景跃）

【节水技术改造项目】 年内，完成节水技改项目4个。分别是：北京华腾橡塑乳胶制品有限公司的“纳滤生产再生水项目”、北京古船面粉食品有限公司的“喷淋设备及刷箱设备改造项目”、北京市中商上科大厦有限公司的“卫生间节水器具改造项目”、北京光学仪器厂的“节水器具改造项目”。项目合计投资523.7万元，年节水量7.65万立方米。

（徐景跃）

【再生水管理】 年内，对辖区内建有中水处理设施的用水单位、小区进行调查摸底，建立中水设施基本信息资料库，并及时录入节水信息系统中。同时加强对有中水处理设施的用水单位、小区的监督检查和指导，确保设备、设施的正常运行。

（徐景跃）

【节水型单位创建工作】 年内，有3个企业（单位）和5个居民小区达到市级节水型单位（小区）验收标准，并通过北京市节水管理中心验收组的验收。同时有2个企业（单位）和1个居民小区达到区级节水型（单位）小区验收标准，通过区节水办的验收并向市节水办备案。

（徐景跃）

【树立节水先进典型】 年内，从历年达标的用水单位中推荐具有代表性的国家广播电影电视总局五七二台和北京华腾橡塑乳胶制品有限公司作为全区用水单位标杆。两单位的共同点是领导重视，制度健全，全员节水意识强，在挖掘节水潜力方面做到广开思路、千方百计节约新鲜水的取水量。北京华腾橡塑乳胶制品有限公司的特点是：立足本单位现有条件，积极筹措资金，开展节能降耗的技术改造和革新，“十一五”期间，通过节水56万立方米，节约资金230万元，实现产值上升39.51%，总耗水量下降29.84%。国家广播电影电视总局五七二台的特点是：根据本单位的具体情况，筹集资金建设雨水收集回用设施，绿化、冲车以及景观用水等全部使用再生水，使本单位自备井的取水量减少40%。

（徐景跃）

供　电

【概　况】 2009年，北京市电力公司通州供电公司全面贯彻落实科学发展观，牢牢把握加强精益化管理和提升服务品质的战略重点，在安全生产、电网建设、营销服务等各方面均取得显著成绩，全面完成各项工作任务，推动公司稳健发展。2009年，坐落于通州地区220千伏变电站5座，110千伏及以下变电站31座，其中110千伏变电站21座，主变总容量1786.5兆伏安，35千伏变电站10座，主变总容量237.25兆伏安；35千伏及以上输电线路39条，其中110千伏输电线路19条，线路长271.5公里，35千伏输电线路20条，线路长150.7公里；10千伏配电变压器5226台，总容量1369.83兆伏安；10千伏配电线路461条，线路长2829.43公里；开闭站及配电室共计90座，其中开闭站36座、配电室54座；年内，通州区最大负荷发生在8月14日11时15分，最大负荷为64.83万千瓦。截至年底，公司用电客户达41.19万户，其中高压客户8617户，低压客户206578户。2009年，完成售电量339530万千瓦时，同比增长8.33%。

(王立峰)

【电网规划与建设】　7月20日，公司编制的《通州电网“十二五”规划》通过评审。2009年，公司如期完成电网建设任务，地区主变容量净增213.7兆伏安，线路增加2×3.94公里，电缆增加2×3.48公里；光机电、半壁店110千伏输变电工程投产发电，光机电工程投产运行标志着制约光机电园区经济发展的瓶颈得到彻底的解决，半壁店工程投产运行为进一步提高该区域两限房居民用电可靠性、缓解通州西部地区用电紧张问题提供了重要保障；麦庄35千伏变电站改造工程、张家湾110千伏变电站消隐改造工程、张家湾集控站工程投产发电；大稿村、光机电输变电工程通过达标投产验收；商务园220千伏变电站的土建、监理、招投标已完成，土建如期开工。

(王立峰)

【国庆保电工作】　9月30日，在执行阅兵村国庆一级供电保障工作中，公司16支抢修队伍、466名抢修队员和67名供电保障人员全部上岗，对重点保护的7座变电站、234座电力基塔和17条重要输电线路加强巡视和看守，同时派出精兵强将到阅兵村，协助阅兵村做好内部应急处置工作。截至10月1日国庆保电工作结束，公司圆满完成国庆保电任务，实现“电网零闪动、设备零故障、供电零差错”的目标。

(王立峰)

【安全管理】　2009年，公司在安全管理上，固化安全管理经验，树立主动抓安全和抓本质安全理念，把各项安全措施落实在工作现场。通过有效控制小型作业现场安全，成立小型作业现场巡检组；通过试点开展生产运行人员安全技能评价工作提高生产运行人员的技能水平；通过明确现场安全监督检查执行标准、大型工作现场设定现场专职安全员、建立“行为禁止提示卡”及“行为禁止提示图册”等现场管控措施，强化了现场安全管理。公司全年安全生产形势稳定，未发生各类安全生产责任事故。

(王立峰)

【生产管理】　2009年，公司在生产管理上，实现PMS、GIS系统生产基础数据闭环管理，对全部电网变动数据进行100%检查，共计检查386项电网变动数据，对41处问题进行整改，使运行数据准确且更新及时；在设备状态监测工作中及时消除3座110千伏变电站设备隐患；为避免雷击线路事件发生，对268基输电杆塔接地电阻进行改造，并加装1512组35千伏并联放电间隙；线路专责人进行反外力专项巡检，及时制止7起违章施工；为降低配网故障率，开展配电线路综合检修28路，树线矛盾集中整治共计修剪树木44776棵。

(王立峰)

【提高电网可靠性】　2009年，公司按年、月、周执行停电计划管控，做到主网同一单元间隔内设备修试工作同步进行，并利用联络分段开关，合理调整运行方式，最大限度减少停电户数和停电时间。供电可靠率城镇完成99.9753%，用户平均停电时间同比减少1.7719小时，降低44.8%，农村完成99.9144%，用户平均停电时间同比减少1.8305小时，降低20.6%；公司利用停电计划审核会，严格审核停电方案，对于可以带电完成作业项目一律采用带电作业，减少线路停电，提高带电作业化率。2009年，公司开展带电作业1077次，同比增加213%，带电作业化率79.3%，有效减少停电时户数135172时·户，增加供电量957.43万千瓦时。

（王立峰）

【优质服务工作】 2009年，公司紧密围绕“迎祖国60华诞，展供电服务风采”主题服务活动，重点提升服务品质，通过有序落实各项具体措施，客户服务意识和水平明显提升。公司客户服务中心，梨园、永顺、台湖供电所4个营业厅圆满完成规范化服务供电营业窗口创建任务；公司成立供电营业窗口明察暗访工作组，每月常态开展明察暗访活动，全面提升窗口服务水平；将高压“一站式”服务模式向630千伏A延伸，着力打造高压“一站式”服务品牌，获得国家电网公司优秀效能监察二等奖，全年完成237户高压一站式工程，高压客户业扩报装平均接电时间11.26天。

（王立峰）

【用电普查工作】 2009年，公司定期开展用电普查工作，打击窃电专项行动成效显著，全年完成13次警企联合查处窃电专项行动，累计查处违约客户60户、窃电客户28户，追补电量61.69万千瓦时，追补及收取违约使用电费261.36万元。警企联合反窃电常态机制代表北京市电力公司，荣获国家电力行业“防治窃电管理及技术应用优秀成果奖”。

（王立峰）

【农电工作】 公司扎实开展农电工作，不断提升农电基础管理水平。2009年，完成潞城镇1个电气化乡镇及20个电气化村的建设任务，完成户表改造1500户，分装变压器41台，使居民用电水平大幅提升。

（王立峰）

【科技与信息化】 2009年，公司科技创新工作取得新成果，“通州新城配电网规划研究”获北京市电力公司2009年度科学技术进步三等奖，“柱上变压器固定（铁围栏）的工艺改进”等五项获北京市电力公司群众性技术创新成果奖，《加电式接地故障查找仪试用效果分析》获科技论文二等奖，“10千伏中置柜核相专用活门控制工具”等10项完成专利申请工作。

（王立峰）

燃　　气

【概　况】 截至年底，通州区累计铺设天然气高、中压管线342公里，覆盖通州城区并延伸到永顺、梨园、潞城、马驹桥、台湖、张家湾、宋庄等乡镇。城乡居民天然气用户为12万户，公服用户（食堂、餐饮）136个，工业用户10家。天然气年用量1.3亿立方米。全区有燃气供应企业80家，其中液化石油气储罐厂15家、换瓶站27家、自管站11家、小区集中供气站24家、天然气加气站1家、市政管网供气站2家。液化石油气年供应量5万吨。2009年，通州区燃气工作平稳发展，健全管理机制，积极主动为通州区两新建设服务。年内，铺设DN300以上中压市政天然气管线总长13.8公里，天然气入户8000户。

（苏　君）

【天然气管线铺设工程】 2009年，天然气干线重点工程建设工程实施6条管线铺设工程，截至年底，重点工程建设完成总长度26公里。其中北京卷烟厂专供线、中仓路线两条管线全线竣工通气。北京卷烟厂专供线东起潞城镇古城村、终点为梨园镇大稿村北京卷烟厂，全长9.5公里，管径DN500，为次高压管线，9月全线竣工通气；中仓路线北起新华大街宾馆路口、南至

938部队，全长300米，管径DN300，为中压管线，5月全线竣工通气；徐尹路线东起东六环（徐辛庄村东）、西至尹各庄，全长5600米，管径DN400，截至年底，完成通顺路至尹各庄2800米铺设工程；潞苑北大街线东起东六环、西至小中河，全长2400米，管径DN300，自东六环向西完成1200米铺设工程。

（苏　君）

【完成北京卷烟厂天然气专供线铺设工程】 北京卷烟厂天然气专供线铺设工程东起潞城镇古城村，终点为梨园镇大稿村北京卷烟厂，全长9.5公里，管径DN500，为次高压管线。管线穿越北运河、京秦铁路、机场专线铁路、京津公路、八通轻轨线等，协调工作多，迁拆难度大，施工标准高。经与市规委、市燃气集团、市城建集团、市水务局、铁路局、公路局等多部门多次协商，施工单位昼夜施工，于9月3日全线竣工通气。此天然气管线的建设，保证了北京卷烟厂按期搬迁、建设。

（苏　君）

【天然气入户工程】 2009年，天然气入户工程取得较大进展。根据开发建设需要，全年有36个居住小区（新、旧楼）实施入户安装工程。截至年底，完成入户安装8000户。

（苏　君）

【燃气行业国庆安全保障工作】 年内，安全圆满完成保障任务，实现燃气行业平安国庆的目标。一是周密部署，精心安排。7月至9月，召开4次全区燃气安全工作会议，部署国庆期间燃气供应与保障工作。二是对全区燃气企业进行全方位排查，查找安全隐患，组织力量整改。对存在安全隐患的企业，停业整顿。三是培训燃气抢险队伍。四是组织气源（液化石油气），保障国庆期间稳定供应。五是组织机关人员，分组负责，24小时巡查燃气企业，死看死守。由于措施到位，在国庆期间，全区燃气没有出现安全问题。

（苏　君）

【加强行业规范管理】 年内，对燃气行业的监管工作进行认真研究，并与各相关部门进行较深入的沟通，进一步明确企业主体责任、职能监管责任、属地管理责任，实施以抓液化气钢瓶为突破口、狠抓餐饮企业和工地食堂液化石油气管理的专项治理工作。经过3个月的第一阶段的治理工作，全区液化气市场明显好转，多年积存的老大难问题得到解决，为下一步的继续治理、并向规范化管理打下基础。同时，加强对企业法人（安全负责人）及一线工人的培训工作，年内培训企业法人（安全负责人）48人，全区有70%的燃气企业法人（安全负责人）经过培训。

（苏　君）

环境保护

【开展创建生态示范区大型宣传活动】 3月22日，通州区环保局联合区委宣传部、区爱卫会开展创建生态示范区、国家卫生区大型宣传活动。活动期间，采用宣传展板、宣传横幅、发放宣传材料、现场咨询等形式向群众宣传有关生态建设、环境保护以及创建国家级生态示范区等相关知识。宣传活动收到良好的宣传效果。

（王　罡）

【市化工专家调研通州小化工】 4月5日，北京市环保局污管处领导及市化工协会专家到通州区化工企业进行调研。市环保局及市化工协会专家分别对本区生产稀释剂、油墨、油漆、粘合剂及建筑乳液等化工产品的9家小化工企业进行调查。仔细询问了企业的生产工艺流程、人员管理制度、环保设施的运行状况等基本情况，重点考察了企业的工业废气的处理方式。专家们掌握了详实的可挥发性有机污染物（VOC）污染的第一手资料，为本区提供了解决VOC污染问题有力的理论保障和技术支持。

（王　罡）

【大力开展宣传工作】 提高公众对于通州区生态示范区创建工作的知晓率，5月6日，在台湖镇进行大型宣传活动，宣传活动以“全民参与环境保护，同心共建生态通州”为主题。活动现场通过宣传展板、发放宣传材料、设立咨询台等形式，广泛宣传本区创建生态示范区工作以及生态示范区相关常识。活动中发放生态示范区创建宣传材料3000多份，营造了人人关注、关心、支持和参与生态示范区创建的良好社会氛围。

（王　罡）

【北京市“6·5”环境日活动在通州区举办】 5月30日，“骑车逛运河、生态游通州”活动在京杭大运河畔举行。活动内容丰富、生动，既有堤岸骑行又有乘船游览，150名市民通过骑车这一绿色出行的方式逛运河、游通州，体验运河文化，领略通州生态建设的成果。市环保局局长史捍民、区委书记王云峰、区长邓乃平出席活动并讲话。同时邀请国家环保部领导及《中国环境报》、《新京报》、《北京晚报》、《竞报》、北京人民广播电台城市服务管理广播、北京人民广播电台等媒体嘉宾以及车友会、环保志愿者等社会各界朋友参加活动。

（王　罡）

【本区污染源普查工作通过市检查组验收】 6月5日，市污普办验收组领导到通州区验收全国第一次污染源普查工作。会上，各有关部门负责人汇报了本区污染源普查工作的情况，验收组对本区污染源普查报告提出了修改建议，并对此次验收工作进行了总结。经市污普办验收组研究，一致同意通州区污染源普查工作通过验收。

（王　罡）

【本区通过国家生态示范区考核验收】 6月24日，通州区召开国家生态示范区创建工作考核验收会。由环保、生态专家及市环保局领导组成的考核验收组听取了通州区创建国家生态示范区工作汇报。从2007年5月，创建国家生态示范区以来，全区上下按照生态示范区建设要求，以推进环境保护、生态建设工作为目标，两年多投入资金26.8亿元，实施生态建设保护、环境污染防治工程82项。尤其针对通州区水环境状况复杂的特点，加大水环境改善工作力度，采取工程建设和管理并重的措施，加快污水处理设施及污水收集管线建设，强化河道生态修复，加强污染源监控等具体措施的实施，使区内水环境质量明显改善，建设滨水宜居新城的支撑能力进一步加强。考核验收组一致认定，通州区在生态示范区创建工作中，水环境治理、大气污染控制等方面取得显著成绩，创建要求的4项基本条件、26项指标达到标准要求，通州区国家生态示范区创建工作通过验收。

（王　罡）

【国家环保部领导调研北运河水质】 7月6日，中国环境保护部核安全总工程师陆新元到通州区调研北运河出境断面水质和在线监测设备运行情况。陆新元听取了副区长赵玉影关于通州区北运河整治工程完成情况及区环保局局长彭殿军关于通州区环保局针对北运河流域范围内的企业在污水治理方面的专项整治工作情况的汇报，对本区在水污染整治过程中所作的工作给予肯定。

（王　罡）

【国庆60周年环境保障联合检查】 落实北京市《关于开展国庆60周年绿色工地渣土各类情况专项检查的通知》精神，加强城市环境污染控制，7月16日晚21时，由市政管委牵头，有建委、交通、城管、环保部门参加的联合夜查行动正式启动，当晚分3个检查组，出动执法人员30人，出动执法车辆14辆，分别在北关环岛、滨河路运河大街交汇处、通马路进行设点检查。分别对3起渣土运输车辆不苫盖、未办运输许可证等行为进行了检查，并对5辆违法车辆进行了暂扣。

（王 罡）

【市人大代表视察水污染防治法律法规实施情况】 7月17日，北京市人大常委会副主任刘晓晨与部分常委会组成人员、市人大代表到通州视察水污染防治法律法规实施情况。市人大视察工作组巡视了通州区北运河榆林庄出境断面处水质情况，视察了通州区碧水污水处理厂，并召开座谈会。区人大常委会主任石进贤、副主任王平，副区长赵玉影等陪同视察工作。

（王 罡）

【检查甲型H1N1流感医疗救治点】 8月11日，为了确保通州区甲型H1N1流感医疗救治点医疗废水和医疗废物依法处置，环保局监察人员和监测人员对通州区甲型H1N1流感医疗救治点进行检查。通州区甲型H1N1流感医疗救治点的医疗废物由北京市金州安洁公司统一拉运，并进行无害化处理；医疗废水经过自动消毒机消毒后，排入市政管网。监测人员现场对排放的污水进行了监测，经监测医疗废水中余氯含量符合国家相关标准。

（王 罡）

【开展汽车以旧换新政策衔接工作】 落实国务院办公厅、国家财政部等十部委相关通知精神及本市《关于做好实施国家汽车以旧换新与本市黄标车淘汰政策衔接工作的通知》精神，通州区黄标车淘汰联合服务窗口积极做好准备工作，增加购置办公设备。8月21日上午，组织联合窗口环保、商务、财政等部门人员参加业务培训。8月24日开始，黄标车联合窗口对外办理通州区汽车以旧换新业务。通州区黄标车淘汰联合服务窗口更名为通州区黄标车淘汰和汽车以旧换新补助资金申领联合服务窗口，增加受理本辖区汽车以旧换新补助领取业务。汽车以旧换新补助申领业务以商务、财政、环保三部门网上联合办理。将符合条件的汽车交售给依法设立的制定报废汽车回收拆解企业并购新车。

（王 罡）

【组织危化品企业突发环境事件应急处置研究性演练】 9月22日，为确保60周年国庆环境安全，北京市环保局、通州区环保局和永乐店镇政府在永乐店镇北京同诚化工厂组织危险化学品生产企业突发环境事件应急处置研究性演练。市环保局、市环保局监察大队及全市9个重点区县环保局主管领导观摩了演练。总结工作会上，通州区环保局作了题为《完善“三道防线”建设，严防水污染事件发生》工作汇报。市环保局副局长姚辉对通州区危险化学品企业监管工作给予充分肯定，要求参会区县环保部门以通州区危险化学品监管模式为参考，加快各区县危险化学品企业监管工作进度。

（王 罡）

【中央领导视察进京综合检查站】 9月22日，中央政治局常委、政法委书记周永康在公安部部长孟建柱、北京市政法委书记王安顺等陪同下对通州区应寺进京综合检查站国庆安保工作进行视察。中央领导参观视察了公安安检大厅工作后，在有关领导陪同下视察应寺进京综检站联合服务大厅，详细了解国庆期间进京外埠车辆办证手续，采取的各项措施，要求既要保障安全又要保证运输食品车辆的畅通，保证首都市场的食品供应。

（王 罡）

【白庙综合检查站正式启动】 9月3日，北京市通州白庙进京综合检查站接受市委副书记王安顺、副市长黄卫率队的市区领导检查并正式启动。市区领导按照工作流程对安检、交管及环保等部门工作岗位、工作状态进行检查，询问了办事大厅环保负责人人员培训、上岗及工作方式等问题，参观了食堂、休息室等，随即对全市10个有进京综合检查任务的区县授予综检站“金钥匙”称号，全市综检站正式启动。检查中，北京市机动车排放管理中心重点对环保执法人员工作流程、与交管部门的交接文书及执法形象等细节进行了指导与规范。

（王　罡）

【开展典型乡镇饮用水水源地基础环境调查】 按照环境保护部《关于印发〈全国典型乡镇饮用水水源地基础环境调查及评估工作方案〉的通知》要求，8月12日起，通州区环保局进行通州区典型乡镇的水源地调查，确定宋庄镇及西集镇为典型乡镇。经过前期实地考察，初步确定地下水源保护区范围，协调水务部门收集水源井坐标及水质资料。

（王　罡）

【开展京津城际铁路噪声监测工作】 受环保部环境工程评估中心委托，通州区环保监测站对京津城际铁路北京段共40余公里22个监测点位进行昼夜监测，此次监测点位分散、数量多、时间长、技术要求高、时限较短。监测人员克服困难，一周时间完成监测工作，并发放回收调查表100份，掌握了京津城际铁路运行时噪声影响情况，为环保部对其进行工程评估提供了依据。

（王　罡）

【提前19天完成全年蓝天目标】 截至12月12日，通州区累计完成空气质量二级和好于二级以上天数252天，占已过天数的72.8%，提前19天完成北京市政府下达的二级和好于二级以上天数达到69%（252天）的目标，比上年同期增加6天。在达标的天数中二级为232天，占达标天数的92%；一级为20天，占达标天数的8%；每日平均污染指数比上年同期下降0.2%。通州区污染物类别除可吸入颗粒物仍是主要污染物外，二氧化硫、氮氧化物均比上年有所降低。

（王　罡）

防震减灾

【概　况】 2009年，通州区地震局以学习和实践科学发展观为契机，以保增长、保民生、保稳定为目标，积极贯彻落实区委、区政府的各项决策部署，围绕防震减灾工作的三大任务，紧紧抓住四川汶川地震后各部门、各阶层对防震减灾工作高度重视的机遇，防震减灾工作顺利开展。2009年通州区地震局获市地震系统区县防震减灾工作综合评比三等奖；被评为国庆60周年预报工作先进单位、全区国庆60周年保障工作先进单位。

（史新英）

【宣传教育及法制建设工作】 年内，防震减灾知识“进机关、进企业、进社区、进学校、进农村”活动向纵深发展，区地震局调研了省市级科普教育基地建设，新闻宣传和信息保障工作管理进一步规范，完善突发地震事件新闻库内容，新闻发言人队伍建设进一步加强。增强政务专网维护管理，出台《群策群防异常落实方案及震情跟踪方案》。全年制作发放《中华人民共和国防震减灾法》函授讲座1期900份；制作并发放光盘、书包、折页、挂图、法律单行本共计30000余份。

（史新英）

【开展“5·12防灾减灾日”大型宣传活动】 5月12日，区地震局、消防协会、安监局等46个委、办、局和街道办事处，在通州繁华街道之一的新华大街两侧，设立50处宣传点，向过往民众宣传防灾减灾科普知识。各单位的党政一把手在各自的宣传点参加宣传活动，区委书记、区长，区委副书记和各位副区长带领相关同志走上街头，与广大市民一起参与宣传教育活动。与此同时，11个乡镇在各自的辖区内同时展开街头宣传教育活动，掀起防震减灾的新高潮。区地震局当天向市民发放地震前兆、群测群防和应急避险科普知识折页2万余册；普法挂图800套、法律单行本400本；“防灾减灾日”制作环保书包3000个。

（史新英）

【绿色审批平台建设】 3月底，区地震局认真研究政策法规，创新抗震设防管理模式，将窗口前扩，起草并出台专项管理办法及调研报告，确定专人专机负责绿色审批事项，以确保工程项目在抗震设防备案管理上不出现纰漏。共受理完成项目4项，项目备案4项；协助市地震局完成项目备案2项，积极推进1项。

（史新英）

【服务校舍安全工程】 5月中旬，区地震局会同区教委展开调研，确定适当提高地震动峰加速取值，作为今后学校建设工程的抗震设防设计、施工标准。9月初，区地震局就工程设防标准术语和安全性评价等内容与区教委进行专题研究。9月底，区地震局成立校舍安全工作专项领导小组，明确工作职责和下一步工作计划。

（史新英）

【开展应急预案编写培训】 5月20日，区地震局在红旗宾馆组织召开应急预案编写培训和《中华人民共和国防震减灾法》宣贯讲演；区基层单位负责编写应急预案人员80人参加学习培训。6月5日，各基层单位上报应急预案，至此，全区预案体系完成区属重点委办局、乡镇街道层（二级）建设，预案网络实现横向全区覆盖。

（史新英）

【监测点建设】 根据国庆60周年安全保障需要和监测台站布局优化要求，4月，区地震局展开调研并多次协调资金，6月初确定在永乐店邓庄新建监测点，仍采用水位和二氧化碳两种手段观测，7月初工程建设动工，8月底完成设备异地安装和观测环境装饰工作，基本达到观测使用要求，同时实现与村务管理资源整合，互惠双赢效果。9月1日观测数据正式录入地震局SODE日常数据库。

（史新英）

【档案管理工作】 2009年初，局领导班子提出全方位做好档案工作任务，利用5个月的时间进一步完善了档案室软硬件建设。落实了档案工作领导机制，逐步建立并执行涉及档案管理全过程的各项规章制度；扎实开展档案基础工作，搞好档案的开发利用；截至年底，共归档文书、业务、会计、声像、实物等5个门类档案共计1050件，档案收集率达100%。12月18日，经档案考评组严格检查，区地震局获取《机关档案管理工作合格证》，机关档案目标管理晋升为市二级标准。

（史新英）

城管监察

【概　况】 2009年，区城管监察大队全力做好新中国成立60周年环境保障和创建国家卫生区环境治理工作，创新工作思路、强化服务意识、狠抓工作落实，有力打击影响市容环境的痼疾顽症，净化新城城市环境，为顺利通过北京市创卫考核验收，提供强有力的市容环境保障。年内，纠正违规行为9.2万余起次，实施行政处罚近1.7万起次。节假日在繁华商业区开展“假日文明行动”，国庆期间设置“城市文明加油站”，向过往群众进行宣传，提供服务，组织志愿者、居民群众及青年学生组成“文明劝导队”，劝阻不文明行为，营造了全民参与城市管理的良好氛围。区城管监察大队被区委、区政府授予“首都新中国成立60周年庆祝活动筹备工作先进单位”称号，被市城管执法局评为“北京市城管执法系统国庆60周年庆祝活动跨区域支援环境保障先进单位”，9个基层分队和28名执法人员在国庆保障中表现突出，获得区委、区政府和市城管执法局的表彰。

（秦来富　杨　璇）

【完成国庆环境保障工作】　7月开始，开展迎国庆市容环境集中治理活动。对主要大街、繁华商业区、国庆游园活动公园、阅兵设施周边、轻轨沿线等重点地区，安排专人进行全天候、全覆盖、无缝隙监控和巡查，大队领导亲临一线指导、安排、检查工作，机关科室人员参与一线执法，指挥中心视频监控设备24小时开启，城管热线电话和值班电台随时受理群众举报，市容环境秩序得到明显提升，为各项庆祝、游园、演练活动的顺利进行提供坚强保障。

（秦来富　杨　璇）

【创建国家卫生区工作成效显著】　大队领导包分队、包任务、包进度，随时根据市创卫专家组及区领导拉练检查反馈的意见调整工作重点，做到创卫区域内每条街巷均有专人管控，并建立和完善重点工作台账，对存在的问题明确整改期限，实行挂销账制度。从7月开始，开展以“大干三个月，突击50天，打好创国家卫生区、迎国庆60周年环境治理攻坚战”为目标的城市环境秩序集中治理活动。年内，共查处无照经营1.5万余起次，取缔马路市场4个，露天烧烤摊点368个；规范车辆停放16400余辆次，查处非法运营591起次；收缴销毁各种小广告21万余张，暂停小广告电话号码1280个；规范“门前三包”单位1.7万余家次，清除窗贴1.9万余处，拆除擅自设置广告、灯箱12700余个，拆除大型单立柱户外广告15块；检查施工工地1800余场次，纠正违规施工、运输、施工扰民950余起次；拆除违法建设78处，5000余平方米。

（秦来富　杨　璇）

新农村建设

【概　况】　2009年，通州区根据市政府的部署和要求，全面落实科学发展观，按照“形成全区经济社会发展一体化新格局”的理念，统筹新城和新农村建设，落实在2009年至2010年两年内完成全区480个村的“五项基础设施建设”工程的要求，全力推进新农村基础设施建设，年内实施184个基础建设整体推进村的各项工程建设，完成165个村的村庄规划工作，“三起来”建设进展顺利，“五项基础设施”建设全市领先。

（李雪莹）

【新农村基础设施建设整体推进村逐年增加】　根据市统一安排，通州区2006年度新农村基础设施建设整体推进村9个，2007年整体推进村14个，2008年为23个，按照市“新农村建设四年任务两年完成”的要求，2009年本区新农村基础设施建设整体推进村增加到184个，建设任务重。全区各部门、各乡镇、村共同努力，截至年底，通州区2009年各项工程均做到了“质量无故障，安全无事故，稳定无上访”，得到广大农民群众的认可。绝大部分工程圆满完成建设任务，建设进度在全市郊区县综合排名第一。

（李雪莹）

【完成165个村村庄规划】　为搞好新农村村庄规划，区新农村办坚持提早规划，于上年11月召开新农村规划工作部署会议，会后各乡镇积极落实，3个月完成规划，于3月24日通过区政府审批，在全市各郊区县率先完成规划任务。年内完成165个村的村庄规划编制，全区累计完成288个村的村庄规划编制，为下一步全区新农村建设的科学、合理、有序进行奠定坚实的基础。

(李雪莹)

【"五项基础设施"建设成绩显著】 五项基础设施建设工程包括村庄街坊路硬化和两侧绿化、供水老化管网改造和一户一表、污水处理、垃圾处理、厕所改造五项内容。2009年，全区村庄街坊路硬化总面积458万平方米，农村街坊路主路两侧绿化总面积135万平方米，改造农村户厕45786座，建设农村公厕426座，完成19个村309公里农村饮用水老化管网改造和皇木厂村污水处理设施，完成6个乡镇农村垃圾分类项目，建设任务和建设速度全市排名首位。

(李雪莹)

【"三起来"建设项目进展顺利】 "三起来"即"让农村亮起来、让农民暖起来、让农业资源循环起来"。其中"暖起来"包括农村节能吊炕搭建、既有农宅保温改造工程；"循环起来"包括农村雨洪利用工程、粪污治理工程；"亮起来"包括农村节能灯泡更换、安装LED节能路灯及其他自建工程，如能源管护、两气安全建设等。2009年，完成既有农宅改造工程528户，粪污治理工程34处，雨洪利用工程1处，安装LED节能路灯3000盏，更换户用节能灯泡154万盏，铺设节能吊炕2000铺，投入200万元用于两气安全防护设施建设，投入100万元用于沼气安全急用备用配件购置，管理人员全部完成培训，并持证上岗。

(李雪莹)

【十二项全覆盖工程全面推进】 2009年，继续扎实推进新农村建设十二项全覆盖工程建设工作，取得新成果，把服务农民工作落实到了实处。截至年底，全区农村垃圾密闭化管理、农村社区卫生服务、农村安全饮水工程、村级主干路建设、农村体育健身场所建设、农村信息服务站、农村"亮起来"工程、农村便民连锁超市、农村文化活动中心等九项工程全区覆盖率已达100%。农村卫生厕所普及达到98%、农村有线电视入户达到80%、农村村域林木绿化达标率72.3%。

(李雪莹)

北京新城基业投资发展有限公司

【概　况】 2009年，新城基业公司紧紧围绕全区推进"两新"建设、促进经济发展工作目标，全力推进运河核心区规划、土地一级开发、工程项目建设、运河旅游开发工作，较好地完成年初确定的各项工作任务，全年公司实现收入165355万元，合计上缴税金7673万元。2009年，新城基业公司被评为首都"迎国庆 讲文明 树新风"活动先进单位、首都中华人民共和国成立60周年庆祝活动筹办工作先进单位、通州区宣传思想工作先进单位、通州区绿化美化先进单位、优秀房地产开发企业、红十字会先进集体、爱心大使、纳税千万元以上企业、税收超三千万元单位等。

(赵　彬)

【运河核心区规划工作】 2009年，新城基业公司积极推进运河核心区3号地、7号地(上营棚户区改造项目)、玉桥东小区经济适用房、新城滨河森林公园码头等项目相关设计工作和手续办理工作，并按照市区两级政府有关建设现代化国际新城的指示精神，对运河核心区进行规划调整，邀请清华规划设计院、市规划设计院完成运河两岸城市设计方案，确定以五河交汇为核心的新规划思路，并向市主要领导进行了汇报。

(赵　彬)

【土地一级开发工作】 2009年，新城基业公司按照区委、区政府的工作部署，积极参与新城开发建设，土地一级开发工作取得实质性进展，重点推进运河核心区3号地、5号地和运河家园三期3个项目共计2476.52

亩土地的一级开发工作，完成福田、果园D两个成熟地块土地出让工作，其中福田地块于4月15日以6.24亿元成功出让，果园D地块于6月11日以17.4亿元成功出让。在加快推进已储备地块上市工作的同时，新城基业公司积极稳妥实施上营棚户区、北苑商务区拆迁改造工作。上营棚户区于7月22日启动拆迁补偿工作，至年底完成5064户拆迁补偿协议签订工作，其中货币补偿3767户、对接京贸家园定向安置用房1150户、对接玉桥东小区经济适用房147户。23家国有企业全部完成签约工作。2009年，上营棚户区项目投入拆迁资金26.25亿元。北苑商务区于10月30日启动拆迁补偿工作，至年底签订拆迁补偿协议1365户，其中货币补偿836户、对接京贸家园定向安置用房511户、对接玉桥东小区经济适用房18户。企业拆迁工作有序进行。2009年，北苑商务区项目投入拆迁资金5.04亿元。

（赵　彬）

【景区管理与资产运营取得新成效】 2009年，新城基业资产运营公司进一步加强旅游景区管理，以聚人气、增收益、提升知名度为目标，以大型系列节庆活动为突破口，积极搭建景区招商平台，丰富运河旅游产品，实现公司运营新的突破。一是完成《京杭大运河北运河段休闲旅游带概念性规划》方案，进一步明确运河旅游定位及功能布局，确定发展目标。二是对照AAAA级景区标准，从软、硬件两方面进行自查工作，继续完善运河公园服务配套设施，积极争创AAAA级景区。三是继续丰富完善运河水上游项目，完成运河夜景专案策划、夜景照明系统优化设计、关键节点光源改造工作和《北京通州与京杭大运河》特刊编辑工作，加强与媒体、旅行社的联系，积极推进团体游，自5月28日开航，水上项目接待游客2.5万人次，实现船票销售收入64.89万元，同时接待各级领导参观考察193批次、206航次、3590人次。四是加强活动招商，开展节庆系列活动，扩大对外影响，成功举办“草莓音乐节”、“中秋游船赏月”等大型活动，以“2009中国记忆——中国文化遗产日直播行动”为契机，向全国宣传运河文化、漕运文化及运河公园。在通州区旅游产业推介会上推出漕运码头、运河魂实景演出等十二个项目，并积极配合区有关部门完成国庆游园和烟花燃放相关工作，同时启动大型游乐场项目的招商工作，陆续完成各场地项目续签工作，全年实现场地租金收入205万元。五是加强景区改造维护工作，完成文化广场配电系统改造、河道清淤、仿古船改造、船屋建设、景区土建维修和绿化移植等工程，改善了景观区环境面貌。

（赵　彬）

科 教 文 卫 体

科 技

【概 况】 2009年，通州区科技工作坚持“自主创新、重点跨越、支撑发展、引领未来”的科技工作方针，围绕通州新城区和新农村建设的总体目标，加快推进科技进步与创新，不断强化科技的支撑与引领作用，有效地推动通州经济和社会的各项事业的快速发展。截至年底，全区高新技术企业77家，年内通过高新技术企业认定54家，职工总数12259人，其中科技人员3358人。资产总额98.57亿元，工业总产值60.22亿元，全年总收入67.07亿元，工业增加值13.07亿元，净利润3.41亿元，上缴税金4.35亿元，出口创汇1.77亿美元；组织实施科技计划项目44项，包括市级科技计划项目10项、区级科技计划项目34项。年内，被批准为国家级科技型中小企业技术创新基金项目2项，获得项目支持资金 110万元；被批准为市级科技型中小企业技术创新资金项目4项，获得项目支持资金150万元。受理2009年度通州区科学技术奖励申报项目35项，推荐参加2009年度北京市科学技术奖评审项目8项。完成技术合同认定登记184份，技术交易额5783.18万元。利用全区146个农村远程教育工作站开展农业实用技术、医疗卫生等培训500期，培训人数达到22000人次。

(陈 兵)

【科技企业孵化器建设】 截至年底，北京京东东岸科技企业孵化器和北京方和正圆科技企业孵化器入驻企业达60家，在孵企业总数32家。

(张永浩)

【北京市自主创新产品】 年内，北京中科信电子装备有限公司的“高效低成本硅晶体太阳能电池片”、北京中纺锐力机电有限公司的“电动车用开关磁阻电机驱动系统”等27个项目被列为北京市自主创新产品；北京康尔兴科技发展有限公司的“毒气侦检仪”被列为北京市政府首购自主创新产品。

(张永浩)

【国家科技型中小企业技术创新基金项目】 年内，北京赛凡光电仪器有限公司的“7-SCSpec Ⅲ型太阳能电池光谱性能测试系统”和北京布兰科技有限公司的“计算机智能人像捕捉动画原画生成支撑系统”项目被列入国家级科技型中小企业技术创新基金项目，获得支持资金110万元。

(鲁新龙)

【北京市科技型中小企业技术创新资金项目】 年内，北京世纪联保消防新技术有限公司的“脉冲超细干粉自动灭火装置”、北京中佰康磁性床上用品有限责任公司的“中佰康仿生地磁床垫”、北京天骄翔基建筑材料有限公司的“安装在外墙体表面的保温预制件”、北京中欧互联信息技术有限公司的“55utho LMS数据呈现分析工具”项目被列入北京市科技型中小企业技术创新资金项目，获得支持资金150万元。

（鲁新龙）

【科学技术奖励】 年内，受理2009年度通州区科学技术奖励申报项目35项。推荐参加2009年度北京市科学技术奖评审项目8项。获北京市2007年度科学技术一等奖的“100nm大角度离子注入机”项目完成单位北京中科信电子装备有限公司获得荣誉证书及奖金。

（鲁新龙）

【组织实施科技项目】 2009年，组织实施科技计划项目44项。包括市级科技计划项目10项、区级科技计划项目34项，涉及农业、卫生、信息化及社区建设等多个领域。其中通州区观赏鱼良种繁育体系建设项目被列为北京市科委重大科技项目，通州蔬菜新品种繁育技术研究及展示基地建设项目、李宁运动科学研究总部创新能力提升建设项目被列为北京市科委2009至2010年绿色通道项目。

（张春兰）

【编制通州区科技需求项目库】 年内，完成“通州区2009年科技需求项目库”的编制。包括“北京宋庄原创艺术与卡通产业聚集区服务平台建设”等支持新城产业发展的项目3个，“通州区数字观光农业开发与示范”等支持现代都市型农业发展的项目3个，对接“极大规模集成电路制造技术及成套工艺”等国家重大科技专项的项目5个。

（张春兰）

【实施多项市科委“绿色通道”项目】 年内，启动实施多项市科委“绿色通道”项目，启动“李宁运动科学研究总部创新能力提升建设项目”、“通州蔬菜新品种繁育技术研究及展示基地建设”；实施“种业新品种展示基地及繁育体系建设”，通过2009年财政评审，建设了蔬菜和葡萄展示基地，完成“农业科普基地建设”课题的招投标工作。“种养业优良品种引进、繁育与推广”项目进展顺利，蔬菜优新良种引进、示范与推广等6项研究内容全面完成，引进蔬菜、花卉、樱桃、苗木及食用菌优新品种107个，示范推广面积5.32万亩。

（鲁新龙　张春兰）

【市科技计划重大项目】 年内，市科技计划重大项目“北运河通州区城市段水环境改善研究与示范”完成各项科研试验任务，转入示范工程建设阶段，项目6个示范工程均完成方案比选、评审，开始土建施工。启动“北京市观赏鱼产业化提升体系建设”市科委重大科技计划项目，完成种鱼引进及苗种繁育与孵化，建设观赏鱼良种繁育试验室，改扩建张家湾、台湖、西集等7个苗种繁育场，制定《金鱼养殖技术规范》。

（鲁新龙　张春兰）

【完成“生产力促进型”农村科技服务体系建设】 年内，完成“生产力促进型农村科技服务体系建设”市科委绿色通道项目，生产力促进型农村科技服务体系进一步完善，建设完成蔬菜种苗繁育、林菌经济等农业科技示范基地12个，创新服务模式，提高农村科技服务水平，带动农业产业发展，促进农民增收。

（张春兰）

【推进“生物提取猪肝金属硫蛋白技术的引进与产业化开发”】 年内，市科委绿色通道项目“生物提取猪肝金属硫蛋白技术的引进与产业化开发”进展顺利，完成生产提取操作车间改造600余平方米、共6个功能区，并且达到10万级洁净级。完成诱导车间厂房改造200余平方米、共6个功能区。完成金属硫蛋白企业标准的备案、环评办理手续，建设诱导基地污水和废渣处理工程。在国家核心期刊中发表“金属硫蛋白应用研究进展”论文。与北京大学化学与分子工程学院教授张新祥签订“金属硫蛋白检测方法开发及提取工艺实现的顾问服务”技术服务合同，为该项目的顺利实施提供技术保障。

（燕 艳）

【北京市高新技术成果转化项目】 年内，北京展辰化工有限公司的“A－3XX型固化剂”、北京中纺锐力机电有限公司的“开关磁阻电动机调速装置”、甘李药业有限公司的“重组甘精胰岛素注射液(3ml:300单位；10ml:1000单位)”3个项目被认定为北京市高新技术成果转化项目；北京创导奥福精细陶瓷有限公司等11家单位获得成果转化专项资金共计278.36万元。

（鲁新龙）

【火炬计划项目】 年内，北京凯德石英塑料制品有限公司等4家企业申报了“8英寸石英钟罩”等4项国家级火炬计划项目。北京燕化永乐农药有限公司的“2.0%香菇多糖母液”申报市级火炬计划项目。

（鲁新龙）

【国家重点新产品计划项目】 年内，北京中科信电子装备有限公司等10家企业申报“ZKX－TDB125型高效低成本晶体硅太阳能电池片”等10项国家重点新产品计划项目。

（鲁新龙）

【科技项目结题工作】 年内，先后完成市科委绿色通道项目“村级公共浴室节能环保技术综合应用示范”、北京市科技计划重大项目“通州区突发公共事件应急指挥平台关键技术研究与示范”及市级重大项目“自主创新的信息技术综合应用示范区建设”中的课题“通州区生产力促进型农村科技服务体系信息化应用示范”、区县科技专项“通州区科技直通车服务工程”、“社会主义新农村科技服务示范工程建设”、科技计划项目“北运河通州城区段水环境改善总体方案预研究”项目的结题、审计工作。

（毕 铮）

【“双百对接”活动】 年内，开展“双百对接”活动，完成9个乡镇18个村的基础情况调研工作，召开由北京市农学院、北京市农林科学院等市级科技系统党支部与9个乡镇18个村的党支部的对接工作会，为下一步工作的开展奠定基础。

（鲁新龙）

【科普工作联席会议制度建设】 年内，组织召开2009年度通州区科普工作联席会议，制定《通州区科普工作联席会议工作制度》，调整充实组成单位和组成人员，规范科普联席会议成员单位的职责和工作任务，为切实加强对全区科普工作的组织领导和保持科普事业可持续发展，提供组织保障。

（蔺文颖）

【创新型科普社区】 年内，区科委指导复兴南里社区、天桥湾社区、玉桥北里社区、星河社区和新华西街社区按计划实施创建工作，顺利通过北京市科委检查验收；通州区有7个社区获得“北京市创新型科普社区”称号。创建活动进一步规范了社区科普工作，完善社区科普设施。

（蔺文颖）

【农村远程教育站点建设及农民培训】 年内，为区种业中心建设多功能培训教室1个，安装多媒体教学设备和双向视频诊断系统。利用全区146个农村远程教育工作站为广大农民开展农业实用技术、医疗卫生等培训500期，培训人数2.2万人次。

（蔺文颖）

【国庆60周年科技发展成就展】 10月，区科委、科协联合承办国庆60周年科技发展成就展览展示活动。展览活动展示新中国60年的科技成就和通州科技发展的成果。区领导和近万名群众参观展览。

（蔺文颖）

【法律法规和科技政策培训】 年内，科委工作人员深入乡镇、街道、园区、企业广泛开展法律法规和科技政策宣传、培训活动，组织培训15次，参加人员600余人。联合各相关部门，在光机电一体化产业基地、金桥科技产业基地等园区组织10次高新技术企业认定培训会，参加企业200余家。

（康连元）

【推进区政府与中国电子科技集团战略合作】 7月，通州区政府与中国电子科技集团共同签署合作框架协议，双方约定共同推进中国电子科技集团下属公司集成电路制造装备重大专项的实施，共同合作在北京市建设中国电子制造装备产业基地。通州区科委围绕协议工作内容，深入中科信公司积极开展政策宣传培训，组织中科信公司申报“高效低成本硅晶体太阳能电池片产业化”北京市科技计划重大项目。

（张永浩）

【科技直通车】 年内，积极实施“科技直通车”四进工程，全年参与各种科普宣传、培训以及参观学习、“三下乡”等活动30次，行程2000余公里，受益4000余人次，发放科普书包、科普扑克、科普围裙、科普扇子、科普海报、农业科技彩页等20000余份。

（张亚利）

【开展农村科技协调员培训】 年内，充分利用农村科技协调员工作站、协调员培训基地等开展农村科技协调员培训200余期，培训3000余人次，为提高农村科技协调员的科技水平及服务农户的能力创造有利条件。

（赵国亮）

【开展节能减排宣传培训】 年内，利用农村远程教育站点、科技直通车开展节能减排宣传培训进单位、进社区、进学校、进农村、进企业活动，使公众增强节能减排意识，掌握了节能减排的小常识、小窍门。

（鲁新龙）

【技术合同登记工作】 2009年，通州区登记技术合同184份，技术交易额5783.18万元。组织培训5次，83家企业94人次参加。本区获得北京市技术市场“百场宣传”活动优秀奖。

（邬奇洋）

【召开通州区科技工作会议】 2月26日，召开通州区科技工作会议，会议全面总结2007年以来全区科技工作取得的成绩，对2009年及今后一段时期科技工作任务进行部署。为2006、2007年度获得通州区科学技术奖的单位和个人颁奖，其中一等奖10项、二等奖16项、三等奖14项；并对评选出的2008年度促进全区经济与社会发展的通州区优秀科技企业10家、通州区优秀科技带头人30人、通州区农村远程教育优秀乡镇2个、通州区农村远程教育优秀站点管理员20人、通州区优秀农村科技协调员10人给予表彰。

（陈　兵）

教　育

概　述

2009年，通州区教委深入学习、践行科学发展观，把握教育公平、均衡发展重点。坚持一般性发展与重点发展相结合，规模发展与内涵发展相结合，均衡发展与特色发展相结合工作思路。齐心协力、团结奋进，促进了各级各类教育全面协调可持续发展。

基础教育质量提高。小学、初中入学率100%，特殊教育普及率98.3%，高中阶段入学率95%以上，高考上线率83%，5452名高三毕业生被高等院校录取。

德育工作坚持特色发展。开展以文化育人为特色，以新中国成立60周年为契机，以经典文化、节日文化、地域文化为主要内容的中华传统文化教育，组织了德育大讲堂和首届中华传统文化教育节。

初中建设工程完成。历时3年的初中建设工程，4月接受市教委验收合格。17所初中校、4所九年一贯制学校、1所十二年一贯制学校、7所完全中学等达到市颁新标准。工程总投资107638万元，其中基建投入90098万元，设备投入17540万元。

小学规范化建设年度任务达标。完成后南仓小学等6所城镇小学，张家湾中心校等5所农村中心校和13所农村完全小学建设任务；引进和建设北京史家小学通州分校，投入使用。

课程改革扎实推进。在积极推进高中模块教学的同时，推进三级课程整体协调发展。自编中小学实用的地方课程教材《通州地理》等8本册送市立项初审。累计开发德育、学科拓展等七类40余门校本读物。建设和提出认定21家“北京市中小学社会大课堂资源单位”，为实施课程改革计划提供了条件。

教师基本功培训顺利开展。依据市教委部署，组织了3000余名小学教师参加的新课程教学基本功通识培训和中小学班主任全员参加的基本功培训以及展示活动。校本培训、区级交流、市级展示工作取得成效。其中在市级展示评比中，小学班主任有7名获一、二、三等奖，中学班主任有5名获一、二、三等奖，中小学各1名获单项最具魅力奖。

教育科学研究成果显著。坚持以科研课题的研究引领和推动教育教学改革，形成“中小学衔接”教学模式和“研修一体”教师培训模式教科研通州品牌。组织“优秀教育教学成果奖”评选活动，评出区级一等奖18项、二等奖59项、三等奖64项。

职业和成人教育健康发展。组织了乡镇成人学校建设工程。11所学校法人资质和人员编制得到落实。5所成人学校成功申报市级示范校。职成教育学校6个农民实用技术培训项目，在市级评选中获一、二、三等奖。职业学校实习实训基地功能进一步拓展，技能加基础农民学历教育在籍生达1270人。

人才强教取得新进展。举办了区级中、小学校长研修班和副校级、中层干部分岗培训等。认定了新一轮骨干教师和学科带头人502人。评选师德标兵和扎根农村先进教师近200名。选送近百名市区级优秀教师到农村支教，促进城乡教育发展。

教育督导积极保驾护航。对九年义务教育均衡发展、高中课改、职成教育、社区教育、学前教育等进行专项督导。对初中建设工程、小学规范化建设工程等进行了检查验收。

（匀庆祥）

学前教育

【概　况】 2009年，通州区有幼儿园77所，在园幼儿13259人（含学前班2203人）。其中教育部门办园5所，在园幼儿2576人（含学前班380人）；民办幼儿园28所，在园幼儿6970人（含学前班1049人）；集体办园42所，在园幼儿3555人（含学前班774人）；其它部门办园2所，在园幼儿158人。全区幼教职工1347人，其中园长79人、专任教师751人、保健员94人、其它423人。专任教师中，本科学历81人、专科382人。具有中学高级教师职称的1人，小学高级职称52人。教育部门办幼儿园教育投入2082.8万元，其中国拨1401.4万元、自筹681.4万元。

（匀庆祥）

【调研幼儿教师继续教育】 1月6日至9日，通州区中小学教师继续教育办公室对区内民族幼儿园、区幼儿园、教工幼儿园、如意幼儿园等进行了全面调研。通过听取汇报、召开教师座谈会、查阅“十一五”继续教育培训档案材料等，较全面地掌握了各园“必修课”及园本培训情况。并对教师们提出的必修课计划性、实效性，园本培训主题化、系列化问题与困惑进行了指导和解答。

（邓立平）

【举办园长培训班】 3月26日，通州区教委学前教育科在教师研修中心举办“提升园长整体素质，促幼儿园质量提高——通州区幼儿园园长培训班”。全区80名园长、业务园长参加。会上，特邀北京市东城区第一幼儿园园长就“如何打造优秀品质，形成名园品牌”进行讲座。

（勾庆祥）

【采取措施预防手足口病】 4月3日，通州区新城东里幼儿园采取5项措施做好手足口病预防工作。一是安排专门教师强化幼儿晨检和午检。二是由保健教师对全园教职员工进行预防手足口及春季传染病预防知识培训。三是安排资金加强园内每个角落与环节消毒。四是向家长发放宣传材料，介绍预防传染病的方法。五是制作宣传橱窗，向社会来园人员宣传预防知识。

（龚春玲）

【批复设立乡镇中心幼儿园】 6月8日，通州区人民政府同意设立宋庄中心园、徐辛庄幼儿园等14个乡镇中心幼儿园。教职工编制由区编办依据《关于颁发北京市幼儿园、托儿所办园、所条件标准（试行）的通知》核定。所需经费由区财政按有关文件规定拨付。

（勾庆祥）

【新城东里幼儿园筹措资金改善办园条件】 7月1日至8月20日，通州区东里幼儿园筹措资金68.5万元改善办园条件。其中内部装修北教学楼500平方米，改造幼儿食堂80平方米，建筑物外墙粉刷装饰1000平方米。修理油漆幼儿玩具、桌椅600件，更新门窗750平方米。

（龚春玲）

【运乔蓝天幼儿园达到市一级一类标准】 9月25日，北京市教委级类验收专家组对通州区运乔蓝天幼儿园进行达标验收。采取听园长汇报、查看档案材料、实地考察等形式进行，认定该园达到北京市一级一类幼儿园标准。这是通州区继双鹿幼儿园之后第二个民办幼儿园获此荣誉。

（勾庆祥）

【举办幼儿园园长岗位培训班】 9月26日，通州区教师研修中心学前教育研修部与北京幼师师资培训中心共同举办的“通州区幼儿园园长岗位培训班”在教师研修中心开班，来自全区33所幼儿园的60多名园长和骨干教师代表参加。此次培训班为期14天，设置了政治、法规法律、幼儿园教育、幼儿园管理四个专业课程。采取集中上课、辅助参观学习的办法进行。

（勾庆祥）

【通报表彰基本功展评获奖人员】 9月27日，根据《北京市教育委员会关于开展幼儿教师教育教学基本功展评的通知》精神，通州区教委组织了幼儿园全员参加的展评活动。对评选出的基本功一等奖获得者10名、二等奖8名、三等奖12名进行了通报表彰。另授予4名责任教研员“优秀指导教师”荣誉称号，授予5所幼儿园“优秀组织奖”荣誉称号。

（勾庆祥）

【评选启蒙杯获奖教师】 10月20日至12月3日，通州区教委为发现、培养骨干教师，促进幼儿园教师队伍素质的提高，开展“启蒙杯”教育活动评优工作。组织专人分成市立园组和民办园组、农村园组深入46个幼儿园，查看教案、参加半日活动听取反思等。认定一等奖10名、二等奖14名、三等奖12名等，向获奖者颁发了奖杯及荣誉证书。

（勾庆祥）

基础教育

【概　况】 2009年，通州区有小学89所（教育部门办学81所、其他部门办校1所、民办校7所），教学班1329个。招生7999人，毕业7007人，在校生45795人（含借读生23983人）。教职工3725人，其中专任教师3240人。中学46所（完中9所、高中5所、初中20所、一贯制学校12所）。教学班877个（初中560个、高中317个），招生10292人（初中6134人、高中4158人），毕业11024人（初中6378人、高中4646人），在校生32034人（初中19412人、高中12622人)。教职工4389人,其中专任教师3129人(初中1351人,高中1778人)。特殊教育学校1所,在校生124人。校外教育单位1个,教职工80人。教育部门办中小学专任教师学历合格率:小学100%、初中99.36%、高中99.63%。专任教师中具有高级专业技术职务486人。中小学占地总面积331.49万平方米,建筑面积109.55万平方米,图书馆藏书194.8万册,固定资产总值12.45亿元。全年教育经费投入95564.6万元,其中国拨89721.8万元、自筹5842.8万元。

(勾庆祥)

【中小学卫生保健所迁址揭牌】 1月8日,通州区中小学卫生保健所迁址揭牌。副区长刘淑华,教委领导、学校领导等参加揭牌仪式。新址位于通州玉桥西里79号,占地1400余平方米,投资2000余万元。保健所设有内科、外科、妇科、眼科、耳鼻喉科、放射科及心电图室等。原址依通州区新城规划拆除另目建设使用。

(勾庆祥)

【潞河中学接待俄罗斯学生访问】 2月16日,通州区潞河中学接待来访的俄罗斯中小学生冬令营访华代表团,该团由8所中学50名学生和8名教师组成。双方学生举行了艺术联欢活动,分别表演舞蹈、乐器独奏、合唱。组织了友谊拔河赛等。

(梁 娟)

【上年秋季两免一补工作结束】 2月17日,通州区教委上年秋季两免一补工作顺利结束。全区中小学共计39826人享受免费教科书费用,共计免教科书费645.06万元,其中城市户籍17925人、农村户籍21811人。共计小学21439人免2981540元,中学18297人免3465543元,特教生90人免3526.2元。义务教育阶段寄宿生生活补助共847人,补助资金677600元。

(勾庆祥)

【表彰优秀教学工作管理干部】 3月21日,通州区中小学第四届优秀教学工作管理干部表彰会召开,全区中小学有关干部200余人参加。对评选出的10名优秀教学工作管理干部进行表彰,颁发荣誉证书并给予每人2000元奖励。

(勾庆祥)

【俄罗斯副总理参观潞河中学】 3月26日,俄罗斯副总理亚历山大•茹科夫一行在中国外交部有关领导、副区长刘淑华等的陪同下到潞河中学参观访问。俄副总理与两国学校小足球队员合影并为比赛荣誉开球,并为该校队员赠送了训衫。之后,参观了学校信息中心等。

(梁 娟)

【举办中华传统文化教育节】 4月25日,首届通州区中小学中华传统文化教育节开幕式在潞河中学举行。市教委副主任郑萼,区委副书记张文山、副区长刘淑华以及北京市有关部门、各区县教委有关人员,中小学干部、教师和学生等1300余人参加。潞河中学校长向与会人员介绍了《弘扬传统文化,塑造健全人格》情况,组织了主题班会、校本课程、学科教学12节展示课。教育节期间,安排在潞河中学、中山街小学、教师研修中心举办三个单元现场活动。

(勾庆祥)

【完成普通话测试工作】 5月10日、16日、17日,北京市普通话培训测试中心通州工作站开展了普通话测试工作。514人获得等级证书。其中一级乙等266人,二级甲等189人,二级乙等51人,三级甲等8人。

(勾庆祥)

【召开小学课堂教学评优总结】 5月26日,通州区第六届小学青年教师“春华杯”课堂教学评优活动总结表彰会在运河小学召开。会上,对16名春华杯获得者、9名优秀奖、14名表扬奖、16个先进集体进行了表彰。

(勾庆祥)

【举办完小校长培训班】 5月31日,通州区教工委、教委主办的完校校长培训班开学典礼在区教研中心举行。58位校长参加，相关领导出席。培训班主题为“完小规范化建设、教育教学管理、校长素质与专业发展”。历时半年，安排240学时。培训方法为集中讲座等7种形式。典礼后，研修中心负责人为学员作了题为“课堂教学管理指要”的专题讲座。

（勾庆祥）

【举行“儿童画宇宙”画展开幕式和颁奖仪式】 6月4日，通州区潞河中学、俄罗斯驻华大使馆、俄罗斯航天属驻京办事处联合举办的“儿童画宇宙”绘画展开幕暨颁奖仪式在潞河中学举行。此次绘画比赛于4月17日启动，历时40天，共收到学生参赛作品70余幅，其中28幅作品入选画展，8幅作品分别获得一、二、三等奖。俄罗斯罗金博士为获奖学生颁奖。

（梁　娟）

【改善完小办学条件】 6月5日至12月25日，通州区张家湾镇中心小学多方筹措资金460万元，改善辖管上店小学办学条件，达市颁标准。其间，翻建平房教室1537平方米，配建锅炉房、门卫、厕所等附属设施150平方米，新建草皮操场和200米环形塑胶跑道，以及2000余平方米的校园文化展示。

（金万芝）

【完成教师资格认定工作】 6月8日止，通州区2009年共受理社会各行各业申请教师资格认定人员183人，经过教育教学能力测试和专家审查委员会的审查，共有174人符合教师资格认定条件，取得了相应的教师资格。其中初中教师资格58人，小学教师资格51人，幼儿园教师资格65人。另有9人不符合教师资格认定的条件。

（勾庆祥）

【承办“祖国颂”书法大赛】 5月28日，由团区委、区少工委、区教委主办，通州区第一实验小学、青少年活动中心和通州书法家协会承办的“祖国颂——青少年现场书法大赛”举行。来自全区的120余名中小学生书法爱好者参加了大赛，经评选，潞河中学张昊坤、玉桥中学刘泽宇、西集镇中心小学陈瑞等23名学生分别获得此次大赛一、二、三等奖。区委、区文委、区文联、团区委、区委教工委、区书法协会等相关领导参加活动并为获奖学生颁奖。

（张如燕）

【举办张佳春办学思想研讨会】 6月30日，由通州区委教工委、教委、北京教育学院名校长工作室联合举办的张佳春校长办学思想研讨会在运河中学举行。张佳春作了“和谐发展教育，实现以人为本”办学思想的思考与实践主题发言。运河中学教师、学生及学生家长代表先后发言。北京教育科学研究院院长时龙和北京教育学院党委书记马宪平作了总结。市区有关领导、教育单位市区负责人、各区县教委主管干训工作的干部和通州区教育系统各单位党政正职200余人参加。

（刘　凌）

【完成普通高校招生录取工作】 7月6日至9月27日，进行通州区2009年普通高校招生录取工作。年内，全区考生高职自主招生录取104人（未参加高考），参加高考考生6555人（不含潞河中学新疆班考生）。其中高职单考单招考生829人，统招考生5729人。经市高招办批准，共有5452名考生被录取。其中单考单招录取500人，统招录取4952人。统招新生按学历分：本科生录取2625人，专科生录取2327人。按科类分：文科生录取1640人，理科生录取3312人。按届别分：应届生录取4076人，往届生录取876人。按性别分：男生录取2340人，女生录取2612人。

（勾庆祥）

【组织暑期教师培训】 7月11日至8月26日，通州区教委组织、教师研修中心主办暑期干部、教师培训工作，全区1844名干部教师参加。其中教育系统90多个单位党政正职参加履职教育，504人参加学历教育培训，691人参加继续教育通识课培训，265

人参加教育中级技术培训，80人参加绿色耕耘（小学思想品德）培训，142人参加中小学信息技术新教材及高中通用技术培训。

（勾庆祥）

【撤销2所农村小学】 截至8月31日，通州区教委撤销2所农村小学。依据区“十一五”办学规划，将三间房小学并入陆辛庄学校，边槐庄小学并入觅子店小学。

（勾庆祥）

【4课题获市教育教学成果奖】 9月3日，在四年一度的北京市教育教学成果奖颁奖大会上，通州区教师研修中心《教师研修中心“研修一体”制度体系与运行机制的研究》、《教研、科研、现代教育技术三种教育资源整合的研究》，潞河中学的《加强数学知识形成过程教学的实践与研究》，永顺中心小学的《精选传统游戏对学生影响的研究》4项课题，获市政府颁发的北京市教育教学成果奖二等奖。评选采取自愿申报、逐级推荐、专家组评审、成果奖评选工作组确认，市政府批准产生。

（勾庆祥）

【史家小学通州分校落成】 9月8日，北京市史家小学通州分校建成投入使用。市教委、市发改委、东城区和通州区主要领导，教育系统基层单位负责人，分校师生1000余人参加庆典。该校位于玉桥东路东小区，总用地面积91.5亩，其中建设用地面积60.1亩。总建筑面积3.06万平方米，建有教学楼、体育馆、游泳馆、教育辅助中心、食堂、学生宿舍、运动场、中水处理厂等设施，绿地率30.1%，总投资1.83亿元。学校规模为48个教学班，可容纳近2000名学生就读。

（勾庆祥）

【召开区教师节庆祝座谈会】 9月9日，通州区委、区政府召开教师节座谈会，区领导王云峰、邓乃平、张文山、刘淑华与通州区优秀教育工作者和优秀教师一起，畅谈通州区教育。会议宣布了区政府《关于授予仇玉红、王岩等60名同志通州区优秀教师、优秀教育工作者称号的决定》（优秀教师50名），并向他们颁发了荣誉奖牌和每人2000元奖金。会上，参会教师畅谈了工作感受，区委书记王云峰讲话。

（勾庆祥）

【运河中学举行25周年校庆】 9月12日，通州区运河中学举行25周年校庆。校领导、学生、家长等代表相继发言，回顾学校辉煌历程，畅想学校未来发展。区委书记王云峰到会讲话。市政府教育督导室、市教委、区四大家领导应邀出席。

（刘 凌）

【考核验收健康促进学校工作】 10月13日至20日，通州区健康促进学校领导小组对潞河中学分校、北京二中通州分校、北京育才通州分校、通州第一实验小学、漷县中心小学等12所申报学校进行了检查验收。检查采取听汇报、查阅档案资料、问卷调查、现场询问方式，对健康政策、物质环境、社会环境、社区关系、个人健康技能、健康服务六部分进行检查。接受检查验收的12所学校达到了北京市健康促进学校考核标准要求。

（勾庆祥）

【举办中小学生田径运动会】 10月24日至26日，2009年通州区中小学田径运动会在潞河中学通州分校举行。来自全区60所中小学的935名运动员分为8个组，进行23个项目的比赛。共有11人次打破10项运动会纪录。

（勾庆祥）

【课例活动获全国评优一等奖】 11月，通州区第一实验小学聂满欣执教的《这里是北京》一课，代表北京市“品德与社会”学科，参加了全国教育学会小学德育专业研究会在湖南省举行的小学品德与生活、品德与社会评优课活动，获一等奖。该课教学问题的设计注重启发性，突出学生思维的训练，发挥教师作为学生自主学习引导者、帮助者和支持者的角色。获奖后该课例被编入优质课例光盘专辑在全国发放。

（王玉霞）

【召开“启惠杯”课堂教学评优会】 12月18日，通州区第三届随班就读“启惠杯”课堂教学评优活动总结表彰暨师资培训会在区特教中心举行，全区随班就读学校主管副校长、主任、教师代表近百人参加。会上，对41名获奖教师发了奖，其中14名教师获一等奖并捧得“启惠杯”。北京市教育协会特殊教育协会理事长周月霞为与会人员作了《让随班就读学生快乐成长有效康复》的专题培训。此次评优活动自10月8日至11月9日进行。特教中心组织评优小组深入37所中小学听课并集中评定。

（张海燕）

【完成校舍安全年度工程】 12月26日，通州区中小学校舍安全工程年度工程完成。工程涉及中学4所、小学12所、九年一贯制学校1所、幼儿园1所。完成改造总面积60011平方米，占3年总计划改造面积的13.4%。年度总投资10501.1万元，其中市级补贴4501.1万元、区级配套资金6000万元。

（勾庆祥）

职业教育

【概　况】 2009年，通州区域内中等职业学校8所，其中中等职业技术学校3所、职业高中校5所（教育部门办3所、民办2所），开设专业8类。招生2974人，毕业2171人，在校生7726人。教职工690人，其中专任教师366人。职业学校（学校产权）占地总面积36.71万平方米，建筑面积28.97万平方米，图书馆藏书349194册，固定资产总值17152.56万元。全年区教委辖属职业教育经费投入4438.8万元，其中国拨1681.9万元，自筹2756.9万元。

（勾庆祥）

【职、成教校长培训会】 1月7日，通州区教委职成科在第一职业学校召开职业学校、成人学校校长培训工作会。会上，针对年度农民实用技术项目培训的意义、方法等内容进行专题讲座。帮助校长把握“制定培训方案、对接服务对象、组织培训队伍、编写培训教材、采取灵活措施、总结归纳效果”等6项工作程序，为抓好项目培训奠定了基础。

（勾庆祥）

【成人中等学历班开学】 3月21日、22日，通州区第一职业学校牵手乡镇成人文化技术学校主办的“技能+基础”成人中等学历班分别在潞城镇成人学校、漷县镇成人学校开学上课，500名农民参加。

（勾庆祥）

【新课程改革培训】 4月24日，通州区教师研修中心职成研修部围绕“职业学校教师如何面对新课程改革”的主题，举行专题培训活动，各职业学校50余名干部、教师参加。活动围绕备课的几种类型及要求、传统的教案格式与新课程要求下的教案格式的区别、新课程理念下的备课方法与教案设计三方面进行了讲解。

（勾庆祥）

【温室草莓栽培技术培训】 至5月底，通州区第一职业学校以学校周边北寺庄等5个行政村的50个温室草莓种植农户为培训对象，开展温室无公害草莓实用技术项目培训。培训工作聘请2名兼职教师，编印了“日光温室草莓栽培技术”实用教材。按照草莓的生物学特征等八讲进行集中培训、温室答疑、入户指导。收到培训效果，80%农户学到网上获取知识技能，30%掌握了草莓无公害栽培要领，7户当年种草莓比种蔬菜亩增效60%。此项目从上年10月启动。

（刘惠金）

【新大纲和选用教材培训】 6月24日至25日，通州区教委根据市教委《关于进一步深化中等职业教育课程改革的意见》要求，开展了新大纲的培训活动，全区职业学校46人参加。活动安排4场4学科培训，由参加市级培训的研修员讲解。

（勾庆祥）

成人教育

【概　况】　2009年，通州区成人教育单位63个，其中成人教育中心1个、教委辖管乡镇成人学校11个、其他培训机构51个。开设外语、计算机、农业技术、文明素质等培训科目。教职工842人(不含外聘教师)，其中专任教师574人。教委辖属乡镇成校占地总面积78360平方米，建筑总面积14835平方米，图书馆藏书37309册，多媒体教室座位583个，计算机421台，远程教育设备11套，固定资产总值744.82万元。全年教育经费投入1858.8万元，其中国拨1028.6万元、自筹830.2万元。

(勾庆祥)

【电大分校春季招生】　2月27日，北京电大通州分校开放教育春季招生工作结束。共计报名543人，其中专科生357人、本科生186人。

(裴志军)

【召开成人学校建设工程启动会】　3月26日，通州区教育委员会召开乡镇成人文化技术学校建设工程启动大会。区委副书记、副区长，市教委职成处领导应邀出席。会上颁发了《关于乡（镇）成人文化技术学校建设工程的实施意见》。副区长刘淑华作了主题发言。马驹桥镇、漷县镇、台湖镇3位副镇长在会上作了典型交流。会议决定，从现在起利用3年时间，全区所有乡镇成人学校全部实现占地不少于10亩，建筑面积不少于2000平方米。

(裴志军)

【设施农业技术培训】　4月3日，通州区马驹桥镇成人文化技术学校在该镇杨秀店村举办设施农业技术培训，该村48名农民参加。学校特聘区农业技术推广站两位高级农艺师，通过多媒体演示讲解了春季保护地番茄栽培技术。

(田爱芳)

【举办学习型组织讲座培训】　7月3日，通州区学习型新城区建设领导小组办公室与区成人教育中心在成教中心联合举办创建学习型学校专家讲座，两单位全体成员及有关学校代表近百人参加。北京市“创建学习型组织专家组”成员马成奎教授作了“创建学习型学校，促进人的全面发展”的讲座报告。

(裴志军)

【设立乡镇成人文化技术学校】　8月31日，通州区机构编制委员会批复在各乡镇设立成人文化技术学校11所。其中10所为设立校、1所为更名校。全部为区教委所属相当正科级全额拨款事业单位，分别核定编制3至5名。

(勾庆祥)

【张家湾成人学校获全国先进称号】　11月，通州区张家湾成人文化技术学校被教育部职业教育与成人教育司和中国成人教育学会认定为“2009年全国农村成人教育先进学校”。

(勾庆祥)

【4校获市级成人示范校称号】　12月底，通州区台湖、永顺、于家务、西集等4个成人文化技术学校经市教委专家组集中验收，办学条件和办学效益达到市颁标准，被认定为北京市示范成人文化技术学校。

(杨海涛)

北京工业大学实验学院

【概　况】　北京工业大学实验学院，按照通州区人民政府和北京工业大学合作办学协议，于2007年1月迁入通州，位于通州区潞苑南大街89号，占地230亩，总建筑面积6.2万平方米。该校是一所多学科综合院校，下设信息工程系、经济管理系、信息管理系、建筑与环境系、文法系、机电工程系、基础教学部六系一部及行政办公室、党委办公室、学生工作办公室等17个行政处室。本科设有电子信息工程、信息管理与信息系统、科学与技术、会计学、土木工程、法学、经济与贸易、工商行政管理 8 个专业，专科设有网络系统管理、计算机和信息管理、经济与贸易、市场营销、工商行政管理、会计电算化、旅游管理、文秘、建筑工程技术、汽车运用技术 10 个专业。按照“科学定位、找准目标、发挥优势、办出特色”的办学理念，学院以德育建设为首，以教学工作为核心，以培养应用型人才为宗旨，学科专业建设为龙头，教学研究为先导，师资队伍建设为重点，不断深化教育、教学改革，全面提高教育教学质量。为彰显办学特色,实现“强化产学研合作、注重道德教育、突出实践能力”的办学目标，学院在人才培养方面充分考虑通州区及北京市的经济社会发展情况，在学科专业设置上体现全面融入通州、融入北京经济和社会发展的思想，确定应用型人才的培养方向，突出实践能力和创新能力的培养，相关人员走访北京市及通州区一些知名的企事业单位，积极开展交流研讨活动，寻求相互合作的交点，与北京康拓科技发展有限公司、北京市通州新城金融服务园区、北京通州物流基地管委会等多家单位签署校企合作协议，建立起实习就业基地，截至年底学院挂牌的校外实习就业基地达到21家，有利于探索校企联合培养创新型、实用型人才的新模式，构建起适应企业发展需求的人才输送渠道，寻求校企双方在就业招聘、产品研发、成果转让、技术培训等方面更广泛的合作，实现资源共享，提高服务地方经济发展的能力和水平。

2009年，学院有教职工308人，其中专任教师168人。专任教师中教授5人、副教授58人、讲师110人。学院聘用学科专业导师13人，12人为教授。年内，学院引进9人，其中博士后1人、博士3人。2009年，毕业学生887人，其中本科374人，专科513人。招收本科生497人，专科生620人，截至年底，在校学生3406人，其中本科1632人、专科1774人。

（周　敏）

【召开庆祝教师节暨优秀教师表彰大会】 9 月 9 日，学院举行庆祝教师节暨优秀教师表彰大会，通州区委副书记张文山到会讲话。会上表彰了 25 名优秀教师、34 名优秀教育工作者、10 名优秀青年教师和 14 名优秀班主任、辅导员。

（周　敏）

【完成国庆游行任务】 为庆祝新中国成立 60 周年，学院 800 余名师生踊跃参加国庆游行活动，经过 3 个多月的艰苦训练，9 月 29 日，学院领导和 3000 多名师生为参加国庆游行的队员举行隆重的出征仪式。10 月 1 日,队员们精神饱满地走上长安街,参加“和谐家园”和“走向新时代”方阵游行活动，接受党和全国人民的检阅，表现出学院师生与时俱进的时代风采，展示当代大学生拼搏向上、斗志昂扬的精神风貌。多人次受到上级部门的表彰，学院获得北京市优秀组织奖和通州区先进集体称号。

（周　敏）

【创业就业协会获“2009 年度北京高校职业类优秀学生社团”称号】 年初，学生“创业就业协会”正式成立，该社团通过组织大学生职业生涯规划大赛、开展暑期大学生雏鹰实战创业计划大赛、举办终极创业讲座等活动，搭建起社会、学校、学生之间的创业就业桥梁。9 月获“2009 年度北京高校职业类优秀学生社团”称号，学生金文涛获“2009 年度高校职业类学生社团优秀学生干部”称号。

（周　敏）

【参观北京国际图书城】 11 月 28 日至 12 月 11 日，学院党委分别组织全体党员和民主党派人士参观北京国际图书城和老北京微缩景观——天下第一城，党员们亲自体验中国传统印刷工艺、参与“文博会”新书发布活动，感受到通州区文化产业发展的美好前景，进一步提高学院党组织的凝聚力，鼓舞党员们的工作热情。

（周　敏）

文 化

文 化 文 物

【概 况】 2009年，全区文化文物工作围绕通州区“两新建设”，继续深化“三文计划”，圆满完成各项工作任务。完成60周年国庆系列文化庆祝活动，举办北京通州运河艺术节。公共文化设施网络建设不断加强，重点文化工程稳步推进。通州区社区文化服务中心升级改造工程建筑面积5380平方米，投资3000余万元，进入内部功能完善和设备安装调试阶段。新建农村数字影厅216个，验收合格固定影厅498个。文化活动更加丰富，群众文化权益得到更好保障。通州区第十九届农民艺术节以比赛的形式展示本区民间“绝活”，由本区选送的骨雕技艺在京郊民间技艺绝活大赛中获得大奖。“五月的鲜花”群众歌咏比赛参与者更加广泛，艺术水准进一步提升。文艺演出“星火工程”演出1800场次。通州区图书馆在推动全区文化信息资源共享工程的同时，上架新书20000余册，办理借书证3700多个，接待读者17万人次，书刊外借近16万册次。区图书馆被文化部评为区一级图书馆。年内，通州区博物馆举办15个展览，参展作品近2500件，吸引观众近6万人次。韩美林艺术馆接待游客近5万人次。新华书店分别在西集东辛庄和张家湾苍头村建立图书代销点，为村级图书室配送图书1000册。数字影厅全年放映电影近1.6万场次，流动放映队放映2252场次。各乡镇、街道办事处综合文化中心积极开展书报刊借阅、科普教育、文艺演出、公共文化资源配送和流动服务、数字电影放映等活动。

通州区被文化部、国家文物局授予“全国文物先进县”称号。通州起义指挥部旧址（二期）修缮面积近500平方米。依据古建筑修缮和宗教场所审批要求，“三教庙”附属建筑得到恢复。对市级文物保护单位潞河中学红楼和富育女校近现代建筑群进行加固。文物保护工作探索“部门监督、属地管理、责任明确、群众参与”的长效机制。按照全国第三次文物普查工作要求，对全区480个行政村进行“地毯式”普查，共踏查胡同138条，采集GPS数据1455组，拍摄资料照片12688张，调查登记不可移动文物485处，其中复查266处、新发现219处。开展文物征集活动，征集到明代重修鼓楼碑记、清代金砖等各类文物300余件（套）。“大运河遗产小道”开通，为运河沿线开通的首个“遗产小道”。成功举办通州区级非物质文化遗产项目评审会和市级论证会。大运河的传说、通州里二泗小车会等9个项目通过评审成为区级非物质文化遗产项目。大顺斋糖火烧、通州骨雕制作技艺两个项目成功申报为北京市级非物质文化遗产项目。中央电视台制作的特别节目——“中国记忆”对运河及通州区的运河龙灯、里二泗小车会进行拍摄。

2009年，受理各种行政审批460余项，审验各种材料3000余件，接受社会咨询3000余人次。调专门人员对行政许可审批案卷进行系统的归类和整理。完成音像、网吧、图书、娱乐场所、艺术团体档案1320卷。根据北京市和通州区相关文化产业扶持政策，全区征集了24个特色产业项目，列入重点支持的产业项目库。加强对宋庄文化创意产业集聚区和北京出版发行物流中心两个市级文化产业集聚区的跟踪服务。指导文化企业争取北京市文化产业资金支持，先后为4个项目争取到近900万元的资金支持。严格执行“一次性告知”和审批时限等制度，提高行政审批办事效率。进一步规范案卷制作和存档程序。提高行政执法水平，开展以打击复制政治性非法出版物、制售低俗制品为重点的各类专项执法行动，对辖区内的印刷复制企业、音像图书市场和非法安装使用卫星地面接收设施行为进行重点监管，对繁华街区、交通枢纽、旅游景点进行全面清查，全力封堵政治性非法出版物和低俗制品的生产和流通渠道。加强文化安全管理工作，联合公安、消防部门重点做好大型文化活动的安全管理工作，加大对全区文化市场经营场所的监管力度，实现“大事不出、小事减少、管理严格、秩序良好”的工作目标。全年检查各类文化市场经营单位935家次，收缴盗版光盘3700余张，收缴各类盗版图书、非法出版物2000余册，受理市总队举报77件。积极开展对歌舞娱乐场所、网吧、印刷厂的安全生产宣传培训，组织各类培训9次，培训文化企业从业人员2000余人次。共接收信息监督员反馈的信息127件，在通州区文化行政执法过程中发挥了重要作用。

（邢振华）

【市星级益民书屋表彰仪式暨农民选书会活动】 2月6日，由市委宣传部、市新闻出版局主办，区委宣传部、区文化委承办的“盛世新农村 耕读奏和谐——北京市星级益民书屋表彰仪式暨农民选书会活动”在于家务回族乡仇庄村举行。中宣部出版局、国家新闻出版总署、市委宣传部、市新闻出版局相关领导以及区领导张文山、张秀余等出席活动。

（邢振华）

【市“雷霆行动”专项督查工作组到通州检查安全工作】 2月21日，由市消防局、市文化局共同组成北京市“雷霆行动”专项督查工作组与通州区文化委、区消防支队等单位联合对本区天赐情缘、天赐今缘两家歌舞娱乐场所的消防安全情况进行了检查。检查内容包括歌舞娱乐场所的消防设施、消防安全制度以及员工消防安全意识等情况。检查结束后，市“雷霆行动”专项督查工作组召开安全工作会议。

（邢振华）

【开展中小学生观影活动】 3月10日至4月30日，为加强未成年人思想道德建设，区电影管理中心深入校园开展中小学生观影活动。此次活动放映了适合中小学生观看的影片《状告黄色信息台》、《一个独生女的故事》、《儿子同志》，共放映电影140场次，82所中小学校组织师生观看，观影人数2.4万人次。

（邢振华）

【向周波烈士生前部队赠送图书仪式】 4月2日，市新闻出版局、区委宣传部、双拥办、武装部、民政局和文化委等单位联合举行向周波烈士生前部队赠送图书仪式。市新闻出版局图书发行处副处长王伟，区委常委、武装部政委储怀森等领导出席活动。

（邢振华）

【60周年国庆献礼影片放映活动】 5月11日至6月2日，为促进本区的和谐发展，推动社会主义核心价值体系的建设，根据北京市总工会的通知精神，全区开展庆祝新中国成立60周年献礼影片《铁人》放映活动，此次活动放映电影38场次，吸收观众3971人次。

（邢振华）

【非物质文化遗产申报、评审】 5月13日，区文化委组织召开市级非物质文化遗产论证会，推荐了通州单琴大鼓、大顺斋糖火烧、通州骨雕制作技艺以及通州官夯号4个项目。其中大顺斋糖火烧、通州骨雕制作技术成功申报为北京市市级非物质文化遗产项目。7月8日，区文化委组织召开区级非物质文化遗产项目评审会，通州里二泗小车会、通州玉器制作技艺、通州咯吱饹、通州团花剪纸制作技艺、通州雕漆制作技艺、通州里二泗高跷会、通州青铜器复制与制作技艺、通州大辛庄剪纸、大运河的传说等9个项目通过评审，成为区级非物质文化遗产项目。

（邢振华）

【国际博物馆日活动】 5月18日是国际博

物馆日。通州区博物馆向观众免费开放，举办以“魅力博物馆 人文北京城”为主题的宣传活动，向过往群众发放宣传品2000余份，鼓励群众用摄影镜头宣传通州，举办“印象通州”摄影作品展。

（邢振华）

【区文化娱乐场所夏季安全生产及法规培训会】 5月20日，区文化委会同区消防支队联合召开通州区文化娱乐场所2009年夏季安全生产及法规培训会。会上，区文化委传达了通州区安全生产委员会《关于切实做好夏季安全生产工作的通知》。区消防支队对参会的130余家网吧、歌舞娱乐场所单位法人、安全生产工作负责人进行消防知识培训。

（邢振华）

【“社会大课堂”活动】 6月8日，“社会大课堂”活动在北京韩美林艺术馆启动。此次活动由北京韩美林艺术馆和北京育才学校通州分校联合举办，通过社会大课堂的典型案例活动，使参与其中的孩子们开阔视野、增长学识、锻炼才干、陶冶情操以及培养高雅的审美情趣。

（邢振华）

【开展文化遗产日系列活动】 6月13日是我国第四个文化遗产日。通州区举办“保护文化遗产，传承运河记忆”大型主题活动。活动主要包括：一是参与中央电视台《2009中国记忆——中国文化遗产日电视直播行动》通州段录播。节目宣传了本区丰富的物质和非物质文化遗产，现场直播了“大运河遗产小道”通州段路标揭幕仪式。区委书记王云峰、区长邓乃平等领导参加揭幕仪式，王云峰就运河文化遗产保护与通州新城建设讲话并接受采访。二是在通州区博物馆举办“传承运河记忆的背影——运河文化遗产专题展”，现场发放有关文物遗产、《中华人民共和国文物保护法》以及第三次文物普查的宣传册和纪念品2000余份。三是在通州区文化馆举办“传承运河记忆的背影——通州区非物质文化遗产图片展”，开展非物质文化遗产的相关宣传。四是在通州区图书馆举办文化遗产讲座，邀请古籍专家孟宪钧进行“古籍缮本专题讲座”。

（邢振华）

【“为伟大祖国骄傲”主题活动启动】 6月21日，在潞河中学体育馆举办“通州区为伟大祖国骄傲——庆祝新中国成立60周年系列文化活动启动仪式”。区委副书记、区长邓乃平致辞，区委书记王云峰宣布“为伟大祖国骄傲”——通州区庆祝新中国成立60周年系列文化活动正式启动。市委宣传部、首都文明办、市文联、市文化局以及通州区相关领导出席活动。

（邢振华）

【北京韩美林艺术馆周年庆祝活动】 6月25日，北京韩美林艺术馆成立一周年，艺术馆举办以“感恩”和“展望”为主题的周年庆祝活动。全国政协副秘书长卢昌华、通州区委书记王云峰等领导及韩美林夫妇参加庆祝活动。

（邢振华）

【联合执法】 6月29日，通州区文化委行政执法队会同通州公安分局梨园派出所对位于通州区果园城铁南口的一水果店进行联合执法检查，共出动执法人员8人，执法车辆3台，收缴盗版光盘520张、盗版图书228册。

（邢振华）

【“银幕炫彩贺华诞”广场电影放映活动】 7月1日至10月3日，区文化委在通州区运河文化广场组织开展“银幕炫彩贺华诞”电影广场放映活动。围绕庆祝新中国成立60周年这一主题，集中组织展映新中国建立60年和改革开放30年来歌颂党、歌颂社会主义的优秀影片，“银幕炫彩贺华诞”放映活动共放映112场次，吸收观众37100人次。

（邢振华）

【健康与安全电影放映宣传活动】 7月1日至9月30日，区红十字会、区献血办公室及区电影管理中心共同举办健康与安全电影放映宣传活动。利用数字电影放映技术放映

《常见内科急症》和《学校避震》等宣传教育影片共698场次，吸收观众78492人次。

（邢振华）

【开展爱国影视周活动】 7月13日至19日，庆祝中国人民解放军建军82周年和新中国成立60周年，全区开展爱国影视周活动。此次活动在全区各乡镇、街道办事处共放映影片596场次。

（邢振华）

【"银幕上看祖国"爱国主义影片展映活动】 8月1日至9月30日，区电影管理中心开展"银幕上看祖国"爱国主义影片展映活动。活动放映《毛泽东回韶山》、《八月一日》等影片共4965场次，吸引观众256422人次。

（邢振华）

【区文化娱乐场所及印刷复制行业国庆安保工作会】 9月22日和23日，通州区文化委分别组织本区歌舞娱乐场所和印刷复制企业召开《2009年通州区文化娱乐场所国庆安保大会》和《2009年通州区印刷复制业国庆安保大会》，分别向歌舞娱乐场所和印刷复制行业经营单位通报了区文化委开展国庆平安行动以来的文化行政执法情况，并对国庆期间的各行业的安全生产和国庆安保工作进行部署。同时，对267名歌舞娱乐场所和印刷复制行业的代表进行安全生产培训，并与参会企业法人、安全生产负责人分别签订《通州区文化娱乐场所责任书》和《通州区印刷复制行业责任书》。

（邢振华）

【通州区国庆游园文化活动】 10月2日、3日，为庆祝新中国成立60周年，通州区以"和平盛世 普天同庆 国泰民安 天地和谐"为主题，在通州区运河文化广场举办国庆游园文化活动。活动内容主要有：举办艺术家和普通民众共同参与的广场文艺演出；开展民间花会表演活动，花会种类包括小车会、旱船、高跷等；组织舞蹈展示活动，舞蹈形式囊括广场舞蹈、踢踏舞、街舞、新秧歌、恰恰舞等；举办绝活表演活动，包括抖空竹、武术、跆拳道等；组织戏迷爱好者开展戏迷交流活动；举办曲艺表演活动；举办非物质文化展览；举办庆祝新中国成立60周年书画展览等。此次活动共演出18场次，吸引观众达4万余人次。

（邢振华）

【"益民书屋"捐建仪式】 11月24日，市新闻出版局在漷县镇举行2009年通州区"益民书屋"捐建仪式，此次共有334个村挂牌建立"益民书屋"，全区"益民书屋"总数达到427个，实现"益民书屋"全覆盖。市新闻出版局副局长梁成林，区领导张秀余、王平、刘淑华、王子江等出席活动。

（邢振华）

广播电视

【概　况】 2009年，通州区广播电视中心以科学发展观为统领，坚持宣传创新、技术创新、管理创新，广播电视的宣传功能得到加强，技术事业快速发展，管理工作规范有序。特别是按照区委、区政府的部署，把握正确的舆论导向，加大保稳定、保民生、促和谐、促发展的宣传力度，全面完成各项工作任务。通州电台和通州电视台全年播出新闻6237条、播出各类专题节目2104期，为推动通州经济发展和社会进步提供了强大精神动力和良好舆论氛围。

（张娟娟）

【开展应对金融危机宣传】 2009年初，电台、电视台围绕如何积极应对金融危机，发展经济这一主题精心策划，制定具体的方案，并组织实施。在新闻节目中，及时传达区委、区政府应对金融危机的有关文件精神，表达区委、区政府战胜危机的决心和信心，稳定企业和群众情绪。通过新闻和专题推出系列报道，宣传地税、财政、工商、商务、投资促进等相关部门主动帮助企业解决困难、化解难题、共同应对金融危机的做法和体会的新闻138条，专题126期。介绍全区相关企业克服困难、寻求出路的典型经验。大力宣传通州区招商引资、产业发展取得的突出成效。同时，宣传全区引资40亿元发展经济的做法；宣传近百个村庄加强改造、建设新型农村的典型；宣传一批农民发展特色农业取得的成绩；宣传家电下乡、汽车下乡、科技下乡的经验，坚定全区人民发展经济的信心。

（张娟娟）

【做好庆祝新中国成立60周年宣传报道】 自5月开始，与通州第一家照相馆——丽新照相馆合作，发起历时3个月的“寻找通州记忆”老照片征集活动，征集老照片600多张。选取其中具有典型意义和时代特点的照片进行跟踪采访，通过今昔对比，感受通州变迁。从9月中旬开始，在电台、电视台《通州新闻》栏目中推出深度系列报道“与共和国同龄”。通过深入挖掘身边一系列生动的故事，以小见大，从不同角度反映新中国成立60年来通州区翻天覆地的变化。在报道手法上，通过真实、生动的同期声，主持人的现场主持，引人注目的事件看点，用讲故事的形式，展示成果变化，达到营造氛围、鼓舞士气的效果。还在电台和电视台文艺栏目中，推出“盛世中国唱红歌 精彩通州我参与”百首爱国主义歌曲展播，勾起人们的美好回忆，引起共鸣。在通州电台“通州这方土”栏目中，以“风雨兼程六十载光辉路”为主题，开展纪念新中国成立60年征文展播，播出征文20多篇。与听众一起讲述共和国60年的成长历程，回味60年经典中国的精彩瞬间。以“共和国记忆”为主题，开展公益广告制作评比活动，推出一系列优秀公益广告，并在通州电台、电视台各个时段播出，与新闻、专题、文艺节目相互配合，增强宣传效果。

（张娟娟）

【推出系列特别节目《通州记忆1949～2009》】 《通州记忆1949～2009》专题片分为六集，每集20分钟。题目选取大家耳熟能详的歌曲或影视剧名，包括《我们走在大路上》、《一个都不能少》、《清凌凌的水 蓝滢滢的天》、《阳光灿烂的日子》、《在希望的田野上》以及《我和我的祖国》。从城市建设、教育发展、人民生活等六个侧面勾勒60年来通州社会和人民生活的沧桑变化，反映通州人民热爱家乡、建设家乡的真挚情感，播出后反响良好。

（张娟娟）

【策划电视歌舞晚会《我为祖国送祝福》】 《我为祖国送祝福》电视晚会以展现60年来全区各行各业发展建设和人们生活欣欣向荣的精神风貌为基调，参演节目的演职人员全部来自全区各基层单位，表演者用质朴的歌声，优美的舞蹈，祝愿伟大的祖国繁荣昌盛、国泰民安。

（张娟娟）

【承办“感动通州——2009通州区道德模范颁奖典礼”活动】 9月24日，区宣传部、文明办主办，区广播电视中心承办的“感动通州——2009通州区道德模范颁奖典礼”大型活动在北京现代音乐学院举行。市、区领导王云峰、邓乃平、石进贤、王玉辉等和近400名观众参加。会上，对张品正、孟宪峰、周波等10位通州区道德模范进行颁奖和表彰。

（张娟娟）

【宣传学习实践科学发展观活动】 全年播发学习实践科学发展观活动相关新闻稿件376条，多层次、多角度报道全区上下认真参加学习实践活动的热情和各阶段工作开展情况，报道各单位以科学发展观为指导，不断改进工作，在各自岗位上做出新贡献的成功经验，引导全区践行科学发展观工作不断深入。

（张娟娟）

【安全生产年宣传工作】 广电中心把生产安全、交通安全、食品安全作为重中之重，及时宣传安全生产的方针、政策、经验、教训，全年播出相关新闻307条，月均26条。

（张娟娟）

【创卫工作宣传】 2009年，通州区创建北京市和国家卫生区工作进入关键时期。广电中心配合创卫工作在健康教育、环境保护、公共卫生、疾病防治等方面加大宣传力度，并对个别地方脏乱差的现象进行曝光，加大舆论监督力度。据统计，全年播出有关创卫报道143条。通过正确引导，使全区创卫工作取得优异成绩。10月，通州区顺利通过市级专家验收，晋升为北京市卫生区，为下一步创建国家级卫生区打下坚实基础。

（张娟娟）

【公共道德宣传】 社会公德、职业道德、家庭美德、个人品德的建设是构建和谐社会的第一要素。2009年，广电中心在继续宣传张品正、孟宪峰等老典型的同时，深入基层，挖掘新的典型，先后制作出《退休教师田俊杰义务辅导学生13载》、《绝症妈妈——超越亲情的爱》、《下岗女工刘玉凤用智慧和双手带动百名妇女“编织”新生活》等节目，宣传了20多名先进人物的事迹。专题栏目也推出公德之星系列节目，为全区精神文明建设做出积极贡献。

（张娟娟）

【甲型流感防治宣传】 在防治甲型流感工作中，除完整宣传全区决策外，还在《健康人生》专题节目中，分8期播出流感发展规律和防治方法，消除群众的畏惧感，提高全区人民战胜流感的信念。

（张娟娟）

【加强栏目策划改版工作】 为了使节目更加贴近百姓，在元宵节、劳动节、建军节、教师节、重阳节等百姓关注的节日期间，加强策划编发相关的新闻。《劳动保障》节目编发13位就业明星的先进事迹，播出100多条就业信息。《古韵新绿》介绍市区投资6.6亿元，建设17000亩森林公园的举措。文艺专题节目《视听直通车》改版为《我的祝福我来送》，突出时代特色，突出运河文化，突出群众参与，社会效益明显提高。评论部改版通州故事专栏，推出套餐节目，播出实用人才系列故事，使节目更加新颖。节目包装制作部门先后策划制作《全家福》、《祖国——今天是你的生日》、《五星红旗》、《1949～2009》等30个片头、片花，提高节目的整体质量。

（张娟娟）

【实现安全播出目标】 按照60周年国庆的要求完善技术、播出、供电系统的应急预案，坚持播出和技术人员共同值班制度。举行两次应急演习。积极参加市广电局举办的“迎国庆 保平安 百日安全播出竞赛活动”并获得奖励。部分人员参加市局举办的安全播出培训班，提高整体实战能力。全年电台安全播出6852小时，其中直播1400小时，电视台安全播出4015小时，无责任事故，实现安全播出的预定目标。

（张娟娟）

【广播电视发射塔竣工】 12月8日，总投资1673万元的发射塔建设工程通过验收。新建成的广播电视发射塔位于潞城镇大甘棠村南，塔高148米，附属工程建筑面积1200平方米。截至年底，新建的发射塔是京郊区县最高的发射塔。它的建成对扩大广播电视无线覆盖率、提升通州电视台的影响力起到重要作用。

（张娟娟）

【创新方案全部落实】 2009年，广电中心经过认真调研制定10个创新方案：新闻编辑制度改革，突出重点，扩大新闻源；文艺专题节目《视听直通车》改版为《我的祝福我来送》，突出时代特色，突出运河文化，突出群众参与，社会效益明显提高；节目改版创新，《看通州》栏目增加“通州故事”和“周望新城”两个版块，突出评论力度和可视性，把和谐社会建设贯穿于整个节目始终；节目评审机制创新，做到周周评审，周周小结，促质量提高；信号测试仪研制创新，建成设备智能管理平台；制定特殊时期安全播出方案，确保特殊时期播出安全；广告资源开发创新，拓宽创收渠道；财务制度创新，财务制度更加完善；图书室创建管理，丰富职工文化生活；科级干部考核管理创新，通过述职、评议等手段，调动大家的工作积极性，增强责任感。

（张娟娟）

卫　生

医疗卫生

【概　况】 2009年，通州区卫生系统统计辖区内有各类医疗机构592家，其中三级医疗机构1家，二级医疗机构7家（含263部队医院），一级医疗机构25家（含18家乡镇卫生院），村卫生室351家，门诊部33家，诊所、卫生所、医务室98家，社区卫生服务站72家，其他5家。各类医务人员6845人，其中卫生技术人员5379人，平均每千人口拥有卫生技术人员8人。有病床2527张，平均每千人口拥有病床4张。

2009年，卫生系统统计全区出生4821人，出生率为7.35‰，死亡4481人，死亡率6.84‰，人口自然增长率0.51‰。死亡原因顺位依次为：心脏病、脑血管病、恶性肿瘤、呼吸系统疾病、损伤中毒、内营代免（内分泌、营养代谢、免疫性疾病）、消化系统疾病、泌尿系统疾病、传染病、神经系统疾病。

年内，辖区医疗机构门诊369.92万人次，急诊60.58万人次，入院66509人次，出院66516人次，病床使用率88.89%，治愈率60.59%，好转率33.82%，死亡率1.5%。

（田剑韦）

【社区医疗】 2009年，社区卫生服务站的运行工作备受区委区政府、新闻媒体及辖区百姓的广泛关注，年内制定《通州区社区卫生服务站运行工作方案》，在现有医务人员不足的情况下，采取多种形式开展社区卫生服务工作。全年诊疗病人151.61万人次，比上年增长3%；观察病人304878人次，比上年增长39.1%；出诊服务11921人次，比上年下降3.2%；出院16756人次，比上年下降17.5%；实际占用总床日数113447天，比上年下降12.5%；建立家庭病床351人次，比上年增长120%；开展计划生育服务29623人次；孕产妇管理22782人次；儿童保健89480人次；免疫接种59.77万人次；健康体检19.56万人次；上报法定传染病6339例。全区72个社区卫生服务站规范运行，46个社区卫生服务站开展以健康教育为主的社区卫生服务，从7家（含263部队医院）二级医院选派专家、主任26人，开展高血压、糖尿病等常见病、多发病知识讲座48场；从社区卫生服务中心选派医务人员62人，开展健康知识讲座141场；共有5120人次参加健康教育宣传活动，发放宣传材料1万余份。为落实市政府为民办实事项目，对全区符合条件的60岁以上全口无牙低保老年人进行免费镶牙22人，满意度达到100%。

（田剑韦）

【新型农村合作医疗】 2009年，全区参加新型农村合作医疗人员328893人（包括低保人员7133人），参合率96.4%。人均筹资420元（筹资标准为：市级财政每人补助140元、区级财政每人补助115元、乡镇财政每人补助115元，农民以户为单位缴费，每人50元；），筹资总额为13813.5万元。本年度报销21.8万人次，发放报销款12562万元；其中领到5000元以上报销款的4691人。

（田剑韦）

【传染病管理】 2009年，全区报告法定传染病三类21种，发病10386例，发病率为1167.33/10万；死亡26例，死亡率为2.92/10万，病死率为0.25%。与上年相比发病率上升22.02%，死亡率上升316.52%，病死率上升241.47%。甲类传染病（霍乱）发病1例，无死亡，发病率为0.11/10万；乙类传染病发病3317例，发病率为372.81/10万，同比上升20%；死亡25例，死亡率为2.81/10万，同比上升300.50%；病死率为0.75/10万，同比上升233.79%。丙类传染病发病7068例，发病率为794.40/10万，同比上升22.97%。死亡率为0.11/10万，病死率为0.014/10万。

（田剑韦）

【计划免疫】 全年11种免疫规划疫苗应接种总人次为363934人次，实际接种总人次数为363861人次，总接种率为99.98%。本市儿童实际接种173948人次，占47.8%，外来儿童实际接种189913人次，占52.2%；基础免疫实际接种244106人次，本市儿童实际接种105745人次，占43.3%，外来儿童实际接种138361人次，占56.7%；加强免疫实际接种119755人次，本市儿童实际接种68203人次，占57.0%，外来儿童实际接种51552人次，占43.0%；强化查漏补种接种2262人次；外来农民工接种34675人次；应急接种9243人次。7月，完成规范化门诊重建工作，规范化免疫预防门诊AAA级4个、AA级3个、A级14个，整体门诊房屋面积从原来的800平方米增加至2000平方米左右，内部设备得到更新，硬件设备和工作环境明显改善，免疫服务工作人员从原来37人增至139人。

（田剑韦）

【结核病防治】 全年登记结核病人223例，其中菌阳病人59 例，监化治疗223例，监化率为100%；上年登记病人320例，其中菌阳75例，2009年完成坚持监化治疗276例，坚持监化治疗率为86.3%；治愈39例，治愈率为52%。

（田剑韦）

【公共卫生】 2009年，食品生产经营单位13580户，其中食品加工单位282户、销售经营单位9948户、餐饮单位1963户、集体食堂804户、集体用餐配送单位21户、食品摊贩527户、其他35户。6月《中华人民共和国食品安全法》颁布出台后，由于职能分工调整，卫生局将食品加工企业和食品流通流域企业转交相关职能部门。年底各类食品监督单位2898户，其中餐饮业1555户、集体食堂793户、送餐企业21户、现场制售529户；公共场所1650户，其中旅店181户、公共浴池152户、理发美容业1254户、娱乐场所32户、游泳场所11户、商场20户；供水单位257户，其中自来水厂1户、高层建筑供水75户、城镇自备水源92户、农村集中式供水89户；医疗保健机构（包括疾病预防控制中心、各级医院、厂矿医务室、社区卫生服务站、门诊部、私人诊所、乡村卫生室等）共580家；工矿企业399户；放射卫生单位33户；学校（包括大学、中专技校、中学、小学）96所；托幼机构94所；消毒产品生产单位31户。全年开展卫生监督执法共计13551户次，达标12770户次，达标率94.24%。有效监督力量为50人，单人监督271户次，双人监督为542户次，平均每日监督检查3户次；监督检查各类食品生产经营单位5592户次，达标4990户次，合格率89.23%；公共场所卫生监督2240户次，达标2181户次，合格率97.37%；生活饮用水卫生监督369户次，达标349户次，合格率94.58%；传染病消毒卫生监督4040户次，达标4020户次，合格率99.5%；学校卫生监督104户次，合格104户次，合格率100%；职业卫生监督223户次，达标203户次，合格率91%，放射卫生33户次，达标32户，合格率97%；医政监督950户次，合格919户次，合格率96.74%。

（田剑韦）

【国庆保障工作】 通州区卫生局重点完成“和谐家园”方阵群众游行活动期间各项公共卫生及医疗保障（重点是甲型H1N1流

感）任务。卫生局成立专门工作组，牵头做好各方面的组织、协调以及具体落实等工作。制定专项工作方案，并有计划地开展各项工作。为做好群众游行方阵队员们的医疗保障工作，指定潞河医院为国庆60周年群众游行活动伤员定点救治医院。制定专项工作方案和应急预案，开辟医疗救治绿色通道，方便队员就医。训练期间正值暑期，提前为每个参训学生发放小药包（包括藿香正气胶囊2盒、风油精1盒、清凉油1盒、黄连素1盒、创可贴5贴、体温计1支）。医务人员分批对北京物资学院、北京工业大学实验学院、北京财贸学院校医及学生开展相关医疗应急救治知识培训，进一步增强参训学生对疾病的自我防护能力，确保训练正常进行。在合练、分指合练、彩排等活动中，通州区120紧急救援中心专门抽调业务素质高的医务人员为学生的健康保驾护航，共派出急救车53车次，医务人员159人次，现场诊治患者1235人次。做好通州区国庆期间实验室生物安全管理和生物恐怖防范工作，组织专家历时2周对辖区内31家一级以上医疗机构和7家门诊部的实验室进行督查，对289名实验室专业技术人员进行培训和考试。做好三所高校食品安全、饮用水安全保障工作，特选派专职卫生监督员负责此项工作，并制定严格的工作职责和工作方案。保障期间，出动执法监督车辆68车次，监督执法人员136人次，下达卫生监督意见书99份，采集餐具涂抹30件、菜品19件进行检测，未检出致病菌。帮助3所学校制定食品、生活饮用水安全防控预案，未发生食物中毒事件。

（田剑韦）

【职业卫生】 2009年，报告法定职业病26例，包括石棉肺9例、其他尘肺2例、矽肺和滑石粉肺各1例、职业性肿瘤1例（石棉所致肺癌、间皮瘤）、职业性皮肤病1例（职业性黑变病）、氯气中毒8例、苯中毒1例（均为疑似）、职业性噪声聋3例（疑似）。报告农药中毒病例58例，死亡6例，按要求对职业病病人进行访视。全年对179家（独资企业23家、国营企业27家、合资企业81家、私营企业48家）用人单位的8366名从事接触粉尘、噪声、汽油等19项职业病危害因素的作业工人进行岗前、在岗期间及离岗时的职业健康体检；接受委托的121个用人单位进行粉尘、苯系化合物、盐酸、汽油等34个项目的职业病危害因素现场采样、检测，共检测样品5833件，超标样品652件，超标率11.18%，出具职业病危害因素检测结果卫生学评价报告121份。

（田剑韦）

【妇幼保健】 2009年，全区分娩产妇（户籍人口）4804人，孕产妇系统管理率99.4%，高危产妇1829人，高危妊娠发生率为38%，高危管理率100%。重点高危追访569例，危重孕产妇追访94例。妇幼保健指标完成情况：户籍人口孕产妇死亡0例，孕产妇死亡率为0/10万；围产儿死亡24例，围产儿死亡率为4.96‰；出生缺陷发生率为9.58‰；计划生育手术总数22855例，并发症发生1例，并发症发生率0.44/万；5岁以下儿童死亡18例，死亡率为3.73‰；儿童保健覆盖率为99.61%，0～6岁儿童体检率99.61%；新生儿听力筛查7054人，筛查率为49.5%；新生儿疾病筛查14003人，筛查率98.29%，较上年上升0.45个百分点；高危儿智力监测420人，监测率94.1%。

（田剑韦）

【爱国卫生】 9月16日至17日，北京市爱卫会专家组对通州区进行为期两天的创卫考核验收。专家考核组由北京市卫生局局长方来英等20人组成九个组，通过对爱国卫生组织管理、健康教育、市容环境、环境保护、食品卫生、公共场所及生活饮用水卫生、传染病防治、病媒生物防治、单位及居民区卫生、民意测验等十大方面进行考核。通州区顺利通过“北京市卫生区”考核验收。全年投资7000万元，完成故城东路、玉桥中路、玉桥东路、乔庄北街、中山街、西大街、北大街、中仓路等8条道路微循环改造工程；投资4000万元用于维护费用、环卫设施改造（包括购置各类垃圾压缩车18辆，各类收集车34辆，餐厨垃圾车3辆，新增垃圾桶2000个，垃圾楼装修4处、垃圾收集车工作站建设2处，环卫停车场改建1处，公厕修缮109座，旱厕改造108座）；投资3360万元，对创卫区域内9家农贸市场升级改造；投资385万元，用于除“四害”消杀活动，有效控制“四害”密度，确保除“四害”的长期效果。按照市爱卫会配比计划年内应完成户厕改造40000座，实际完成45876座，经检查均达到标准。

（田剑韦）

【培训与科研】 全年参加三年住院医师规范化培训26人；参加北京市卫生局组织医、护专业人员急诊急救知识技能骨干培训115人；参加中法急诊急救知识培训52人；社区护士人员岗位培训82人，累计160学时；乡村医生学历教育30人，规范化培训522人。专业技术人员参加学历教育596人，其中大专学历教育361人、本科学历教育222人、在职研究生学历教育13人。年内，全系统申报部级科研项目1项、市级科研课题17项、与市级医疗卫生机构联合申报科研课题3项，申报市级首发基金9项，申报区科技进步奖20项，区科技计划课题10项，取得课题经费20万元。发表论文131篇，其中国家刊物83篇、省市刊物48篇，包括西医、中医、放射、超声、临床检验、药学、护理等专业。

（田剑韦）

【献血工作】 2009年，通州区采血中心采集血液159076单位，比上年增长17.89%。其中全血149571单位，比上年增长21.14%；成分血13105单位，增长14.23%。检测血液标本90480人次，增长14.3%；各种血液成分包装181043单位，比上年增长10.7%；全血入库145259单位，比上年增长14.85%；机采血小板入库13073单位，比上年增长13.96%；浓缩血小板入库4540单位，比上年降低60.39%；全年制备悬浮红细胞111564单位、悬浮少白红细胞33999单位、新鲜冰冻血浆43990单位、浓缩血小板18160单位、洗涤红细胞2196单位、冰冻红细胞210单位、解冻去甘油红细胞237单位。根据医院救治需要，及时供应悬浮红细胞类138356单位、血浆137135单位、血小板13521个治疗量、浓缩血小板6300单位，供应总量同比增长15%。报废血液比上年降低26%，做到随时供血，满足医疗用血需求，不断提高献血者及供血医院的满意度。

（田剑韦）

药品监督管理

【概　况】 2009年，药监通州分局不断创新监管方式、加大市场监管力度、加强队伍自身建设，在保证日常工作顺利开展的同时，圆满完成全年各项工作任务，保障辖区内人民群众的用药安全。

2009年，辖区内有药品生产企业34家，经营企业627家；医疗器械生产企业57家，经营企业636家；保健食品生产企业14家，经营企业701家；化妆品生产企业11家，经营企业2000余家；一级以上医疗机构31家，一级以下医疗机构550家。

年内，受理药品零售筹建申请329件、变更申请151件，核发药品经营许可证54个；办理医疗器械行政许可审批249件；核发保健食品卫生许可证110件。

受理各种举报案件117起，其中立案查处38起（当场警告12起，一般程序26起），没收违法所得59.97万元，没收物品价值10.91万元，罚款104.9万元，罚没款175.77万元。案件受理率100%，立案率38%，结案率88%，办结率95%。联合公安、综治、卫生监督并参与联合执法检查30次，取缔成人保健店违法经营药品、保健食品及医疗器械行为194家；医疗机构周边违法收药行为1起，没收违法经营药品、保健食品货值金额76769元。2008年第四季度移送的涉刑案件所涉及的7名违法嫌疑人全部被判刑。

2009年，完成药品抽验任务588件，其中针对性抽检219件、监督性抽验118件，合格率99.5%；完成医疗器械抽验任务18件，合格率100%；完成保健食品12批次抽样任务，合格率100%；完成化妆品42批次抽样任务，合格率97.6%。

（李　季）

【开展整治非药品冒充药品专项行动】 1月24日，药监通州分局根据市药监局《关于开展整治非药品冒充药品专项行动工作方案》的通知，在全区范围内全面开展“非药品冒充药品”专项整治行动。出动执法人员3500余人次、车辆700余车次，检查企业683家，其中 252家被检查单位存在所涉及产品，登记产品462个。

（李　季）

【召开联合办案机制座谈会】 2月25日，副区长于世疆主持召开药监与公检法联合办案机制座谈会。区委常委、政法委书记李玉君，区公安分局局长尹燕京，区检察院检察长东晓钟，市药监局副局长王志勉以及相关处室领导、区公检法相关部门领导、药监通州分局领导班子、新闻媒体记者40余人出席会议。会上，局长刘术旺向与会人员汇报了通州区药监与公检法联合办案机制工作情况。王志勉、李玉君、于世疆先后讲话。

（李　季）

【分局查处的生产假药案审理终结】 3月6日，区人民检察院以徐某、杨某犯生产假药罪向通州区人民法院提起公诉，区法院立案并依法适用简易程序，公开审理本案。至此，经过4个月的审理，徐某、杨某生产假药案审理终结，两名制假者被绳之以法，获刑2年10个月，并处以罚款。

（李　季）

【举办主题宣传日活动】 3月26日，药监通州分局在外来人口居住多的台湖镇北神树村开展“关爱公众健康 严厉打击黑药店、黑诊所”主题宣传日活动，向当地群众发放宣传单、安全用药知识手册等宣传材料400余份，受益群众300余人。

（李　季）

【开展联合打击黑药店、黑诊所、医疗机构及周边涉药违法行为专项整治】 4月10日，药监通州分局召开联合打击黑药店、黑诊所、医疗机构及周边涉药违法行为专项整治工作动员会，明确了检查任务与要求。成立专项整治领导小组，确定了全局参与，联合卫生、公安、工商、城管等部门共同检查的方案。4月13日，召开多部门打黑联动机制协调会。会后，8个检查组利用周六、日的时间，对所辖片区进行检查。截至5月中旬，出动检查人员978人次，检查高危地区153次，发放《禁止违法经营活动告知书》81张、《违法经营使用药品医疗器械保健食品行为告知书》109张，取缔成人保健店105家、黑诊所4个，医院周边收药行为1起，没收违法经营药品、保健食品货值金额为100207.7元。圆满完成分局部署的第一阶段以调查摸底、建立台账为主，检查、警告、取缔为辅的工作任务。

（李　季）

【查办销售假药“万艾可”案 犯罪分子获刑】 4月20日，区法院对区检察院起诉的李某等五人涉嫌销售假药“万艾可”案做出刑事判决，5名犯罪分子获刑。在此案件办理过程中，公检法联合办案机制发挥突出的作用。

（李　季）

【开展特殊药品联合检查】 4月27日，为进一步加强特殊药品的管理，实现确保医疗供应、防止药品流弊的目标，药监通州分局联合区卫生局、禁毒办对辖区28家医疗机构使用麻醉药品、精神药品、放射性药品的情况开展了为期4天的拉网式现场专项检查。检查内容涉及特殊药品的进、销、存管理；处方管理；医师管理及安全保障措施等。

（李 季）

【识别假劣、过期药品展示宣传活动】 5月25日，药监通州分局在区药品检验所，开展面向辖区居民的“关注健康 提高假劣药品识别能力”现场展示宣传活动，指导居民如何识别假劣药品，并宣传过期药品回收渠道。宣传活动后，货值金额近60万元的18吨假劣、过期药品被运送到马驹桥西田阳垃圾处理厂实施绿色环保式的无害化销毁。

（李 季）

【打掉非法邮售药品“黑窝点”】 6月13日，分局与区永顺镇综治办，在联合打击“两黑”活动中查获一无药品经营许可证、冒用某医疗机构名义进行网络宣传，通过邮寄、送货上门的形式销售假药案，因涉嫌犯罪，6月14日被移送公安部门。

（李 季）

【查处黑诊所】 截至7月23日，药监通州分局依托区政法委综治办，在马驹桥、梨园、永顺地区多次组织开展了药监、卫生、公安、城管等各部门参加的联合“打黑”行动，依法取缔“黑诊所”13家，对7家关门的“黑诊所”和2家成人保健品店由当地公安部门对房主进行相关的责任追究；检查中发现1家待审批的个体诊所提前营业，且存在无证执业和违规进购药品等问题，由卫生部门和药监部门进行进一步调查处理。

（李 季）

【甲型H1N1流感防控工作】 一是药监通州分局与药品经营企业签订防甲流承诺书。截至8月11日，分局与446家药品经营企业，217家医疗器械生产、经营企业签订《防控甲型H1N1流感工作承诺书》，进一步明确防控工作的责任主体。二是做好防控甲型H1N1流感物资供应工作。9月6日，药监分局召集相关企业召开紧急会议，部署防控甲型H1N1流感物资筹备工作。各企业在最短的时间内、在保证质量的前提下，完成14.96万支体温计和价值49万元的中药饮片的供货任务。

（李 季）

【加强国庆药品市场监管】 9月28日，药监分局对辖区内药品生产经营使用环节展开全面检查。检查4家药品生产企业，1家二类精神药品兽药生产企业，31家一级以上医疗机构，3家特药经营企业及疾控部门，143家器械零售企业，364家药品经营企业，178家保健食品经营企业。

（李 季）

【开展安全工作培训】 11月26日、27日，组织相关企业法人和安全管理负责人开展安全生产培训。此次培训聘请区安监局监督检查科和区质监局特种设备科专业人员进行授课。培训以企业需求为导向，系统讲授安全生产法律法规和安全用电、特种设备使用等安全知识。全区688家企业参加培训。

（李 季）

【开展“三下乡”活动】 2009年，积极参加文化、科技、卫生“三下乡”活动，向辖区百姓宣传“三品一械”法律法规知识活动，全年组织5次，出动宣传人员22人次，宣传横幅5块，宣传展板18块，发放各种宣传材料15000余件(份)，接受百姓咨询540余人次。

（李 季）

潞河医院

【概 况】 2009年，潞河医院坚持以科学发展观为指导，以十年规划为总纲，实现“医、教、研、防”共同发展，保持医院快速发展的大好局面，全年业务收入5.87亿元，同比递增18%；门诊101.81万人次，同比增长3.3%；急诊16.65万人次，同比增长9.3%；出院病人21302人次，同比增长0.6%；全院病床占用率为89.02%；床位周转率为30.53次/床。全院抢救危重病人1411人次，抢救成功率85.75%。

年内全院发表学术论文105篇，其中在国家刊物上发表41篇、省市刊物64篇；参加国内和国际学术交流67人次。各专业科研工作有新进展，全年有23项科研课题开题立项，申报区科委科研课题17项，获批10项，资助科研资金20万元；申报区科委科技进步奖6项，申报市级科技成果奖1项，组织申报首发基金11项。

（谢卫国　闫晓静）

【加强医疗监督与反馈】　进一步推进医疗服务工作的开展，潞河医院坚持做好门诊和住院患者的调查、反馈及就医满意度测评工作，2009年发放门诊患者就医满意度测评表1490份，总满意度89.7%，收集住院患者情况反馈表4081份，总满意度达到99%；年内收到表扬信14件、锦旗54面，上缴红包43人次14300元。

（谢卫国　闫晓静）

【甲流防控工作成效显著】　潞河医院作为通州区甲型流感重症救治中心，面对突如其来的甲型H1N1流感疫情，迅速应对、超前布控、统一部署、及时启动各项应急措施，成立感染疾病科病房，建立重症监护室，使大量的甲型流感病人和危重患者得到及时的救治。2009年接诊发热患者5.6万人次，收治甲流危重症患者58例，成功抢救44例，转出4例，死亡1例，为全区防控甲流工作做出突出贡献。

（谢卫国　闫晓静）

【首都医科大学潞河教学医院落成】　2月，首都医科大学潞河教学基地改建完成，教学基地的各项硬件设施和软件设施逐步完善并达到首医大教学标准。10月17日，首都医科大学潞河教学医院正式成立，并举行揭牌仪式。副区长于世疆主持揭牌仪式。首都医科大学党委书记李明、校长吕兆丰，北京市卫生局副局长于鲁明，区领导王云峰、邓乃平、王玉辉、张文山等参加揭牌仪式。10月15日，教学基地迎来首都医科大学燕京医学院的第一批学生，教学医院的成立标志着潞河医院开始向教学医院转变。

（谢卫国　闫晓静）

【护理工作】　2009年，护理工作贯彻“以病人为中心”的服务理念，重点落实护理三项核心制度，规范护理流程，加强岗位培训，提高护理质量，全年特护及一级护理病人的合格率达90%，基础护理合格率95%，住院病人对护理服务的满意度达到100%。年内，接收实习和见习护士156人次；发表护理论文14篇；5月，在“通州区卫生系统2006～2008年优秀论文评选活动”中，本院有33篇护理论文参选，其中26人获奖。

（谢卫国　闫晓静）

【手术病房楼开工建设】　为改善手术室环境质量及外科病区住院环境，提升医院综合实力，7月12日，外科手术楼作为医院发展的二期工程正式开工，工程项目投入资金1.18亿元，其中市政府拨款8200万元、区政府拨款3600万元。设计建筑面积近2.4万平方米。总体建筑包括地上15层、地下1层，建设规划2011年初竣工。届时医院手术室将在原有9个基础上增加7个手术间，达到16个手术间；医院床位在696张基础上增加400张，达到1096张。

（谢卫国　闫晓静）

【神经外科成功施行首例神经内镜下三脑室底造瘘术】　年内，潞河医院神经外科成功为一位脑积水患者实行神经内镜下三脑室底造瘘术。以往手术多采取脑室—腹腔分流术，但是常伴有并发症，随着医学技术的发展，采用神经内镜下三脑室底造瘘术及脉络丛烧灼术方法对脑积水进行治疗是最有效、最安全的微创方法。神经外科成功开展首例此项技术，给脑积水患者带来了福音。

（谢卫国　闫晓静）

【立体定位硬通道技术治疗小脑出血取得成功】　6月，潞河医院神经外科收治一名小脑出血患者，该患者术前出现头痛、呕吐频繁及意识障碍等颅内高压症状，病情十分危急，随时可能出现昏迷、脑疝及呼吸心跳骤停。神经外科医生经过周密的术前准备，采用立体定位技术，对患者小脑出血部位进行穿刺抽吸，及时解除血肿对脑干及其周围组织的压迫，术后病人恢复良好，痊愈出院。

（谢卫国 闫晓静）

【成功实施两镜联合下的胆囊切除+胆总管切开取石+T管引流术】 10月28日，潞河医院普外科病区为一名胆囊结石合并胆总管结石的患者成功实施两镜（腹腔镜＋胆道境）联合下的胆囊切除＋胆总管切开取石＋T管引流术。此技术同传统开腹手术相比，具有患者痛苦小、损伤小、恢复快、并发症少等优点，普外科成功开展首例此项技术，填补医院微创技术的一项空白，标志着潞河医院微创技术达到国内先进水平。

（谢卫国 闫晓静）

【医疗专家参加健康关爱活动】 8月19日，潞河医院选派由1名主任医师和4名副主任医师组成的医疗专家组与来自北京19家医院的120余位专家一起赴宁夏回族自治区固原市隆德县，参加为期五天的“共铸中国心”中国西部地区心脑血管疾病健康关爱活动，活动中各位专家为当地群众进行义诊、健康咨询、捐助关爱资金和药品，并组织业务培训和业务交流，为老区回、汉人民送去温暖和爱心。

（谢卫国 闫晓静）

【儿童预防接种宣传日】 4月25日是我国“儿童预防接种宣传日”，2009年北京市儿童预防接种日活动主题为“人人接种疫苗，共筑健康长城”。活动当天，向到院就诊的患者及家属发放各种预防接种的宣传材料200多份，咨询人数100余人。

（谢卫国 闫晓静）

体　育

【概　况】 2009年，通州区体育工作全面实施《全民健身计划纲要》，大力宣传《北京市全民健身条例》等体育法规，结合通州区新农村建设，以构建多元化全民健身服务体系为目标，以不断满足广大人民群众日益增长的体育健身需求为出发点和落脚点，积极组织各类体育活动，掀起全民健身新高潮，为建设北京新城区、构建和谐社会作出贡献。

（冯晶晶）

【开展健身场所安全隐患排查治理】 2月19日，区体育局联合区安监局、公安分局、消防支队、质监局、卫生局、工商分局召开通州区体育运动项目经营单位安全生产隐患排查治理工作动员部署大会。区联合执法领导小组成员单位的领导，各乡镇、街道办事处体育工作负责人及全区体育运动项目经营单位法人（负责人）参加会议。从2月19日开始，按照属地管理的原则，区安监局、公安分局、消防支队、质监局、卫生局、工商局对体育运动项目经营单位开展单独巡查与联合执法相结合的执法大检查。

（冯晶晶）

【举办区第三届全民运动会】 4月2日，区第三届全运会在时代中学礼堂举行开幕式并进行首个比赛项目象棋的比赛。三运会共进行14个比赛项目，产生个人前16名和团体前8名。4月2日，参加象棋比赛的有来自全区各委办局、乡镇、办事处和驻通中市属单位的35支队伍122名运动员。比赛采用积分编排制，男子组99人进行九轮450盘，女子组23人进行七轮84盘搏弈。5月14日至15日，进行“通州区第三届全运会乒乓球比赛暨第三届和谐社区杯乒乓球赛”。各镇（乡）、街道办事处，区属各委办局、公司、中心、工业园区及驻通中、市属单位和驻通部队51支代表队400多人参加比赛。7月14日至16日，区体育总会、门球协会在运河门球场举办通州区第三届全民运动会门球比赛。有来自全区各委、办、局、各乡镇、街道办事处和中市属单位、驻通部队干休所的39支队伍400多名运动员参加比赛，河北省燕郊也派出一支门球队参赛。

（冯晶晶）

【开展全民科学健身大课堂活动】 根据市体育局工作部署，开展以科学与健康生活为主要内容的全民科学健身大课堂讲座活动。5月20日，在梨园镇政府报告厅举办“科学健身与健康生活方式”主题讲座，邀请著名健身专家赵之心授课，区各委、办、局，乡镇、街道办事处的体育骨干及部分社会体育指导员200余人到会。

（冯晶晶）

【开展体育行业百日安全隐患排查行动】 6月至9月，在体育健身行业开展百日安全生产隐患大检查行动。全面排查，突出重点。针对掌握的80多家健身场所，重点治理四类健身场所，即具有危险性较大的游泳场所、人员密集型场所如较大规模综合健身房、利用地下空间经营场所、新增场所。宣教结合落实责任，采取各种形式不断加大宣传教育的力度，搞好安全生产宣传月活动，建立健全安全生产责任制及各项管理制度，严格执法综合治理。8月底之前将所有健身场所检查一遍，排查出的隐患采取挂销账制度，切实发挥监管作用解决隐患。同时坚持长效工作机制，把行业的专项执法检查与联合执法检查相结合，开展联合执法检查，解决难点问题。确保健身场所安全无事故的工作目标。7月上旬，开展“迎国庆保安全”执法专项行动，区体育局与区安监局、公安分局、卫生监督所、消防支队、质监局、工商分局及有关乡镇安全管理部门密切配合，7天出动执法人员62人次、机动车12辆次，针对游泳场馆、地下场所和新开业场所的工作重点，检查20家，其中属于游泳场馆15家、利用地下空间经营的健身场所5家和新开业的健身房、台球厅等4家。发现多数场馆均存在不同程度的安全隐患，执法人员现场详细宣讲市政府179号令和有关安全管理规定，详细记录存在的安全隐患及问题，提出限期整改的要求与时限，下发整改通知书1份，经劝导停业1家。

（冯晶晶）

【举办“全国千村健身气功交流展示系列活动——北京大会”】 7月11日，区体育局在通州区潞河中学潞友体育馆主办全国千村健身气功交流展示暨通州区全运会工间操比赛活动。国家体育总局健身气功管理中心副主任王岚、培训活动部部长张征、北京市体育局党组副书记副局长孙学才等到会场观摩；区领导王云峰、李玉君、张秀余、刘淑华以及工间操推广活动组委会成员单位的领导出席。这是通州区主办的一次规模最大、人数最多的室内健身活动，比赛及展示活动分三个单元，健身气功展示、广播操比赛、健身操舞表演交替进行。参加健身气功交流展示300人，工间操参赛53个单位1264人（包括中市属单位），健身操舞展示100余人。截至年底，凡有条件的单位均在工作日期间，组织干部、职工开展工间操活动，并形成长效机制。

（冯晶晶）

社 会 生 活

精神文明建设

【概 况】 2009年，全区精神文明建设按照“高举旗帜、围绕大局、服务人民、改革创新”的总要求，以建设社会主义核心价值体系为根本，深入开展“迎国庆 讲文明 树新风”活动和群众性精神文明创建活动，为应对国际金融危机的挑战、实现经济平稳较快发展提供强大精神动力，为庆祝新中国成立60周年营造热烈喜庆、文明和谐的社会环境，市民文明素质和城市文明程度显著提高。

（王桂新）

【召开各界人士暨中市属单位春节团拜会】 1月20日，在东方宾馆会议中心召开通州区各界人士暨中市属单位春节团拜会，区委副书记张文山主持会议，区长邓乃平介绍了2008年经济社会发展情况和2009年工作思路，区委书记王云峰作重要讲话。区领导石进贤、王玉辉、李玉君、张秀余、赵玉影出席活动。

（王桂新）

【召开2009年通州区精神文明建设工作会议】 3月24日，2009年通州区精神文明建设工作会议在教师研修中心召开，区委副书记、区精神文明建设委员会常务副主任张文山主持会议，区委常委、宣传部长、区精神文明建设委员会常务副主任张秀余作《传承奥运精神 建设文明通州 推动全区精神文明建设再上新台阶》工作报告，副区长、区精神文明建设委员会常务副主任刘淑华宣读《关于表彰全区全国精神文明创建工作各类先进单位的通报》和《关于命名表彰通州区2008年度区级各类精神文明建设先进单位的通报》，区领导为精神文明建设先进单位代表颁奖，首都文明办主任舒小峰和区委书记、区精神文明建设委员会主任王云峰分别作重要讲话。区领导邓乃平、石进贤、王玉辉、李玉君、储怀森、蒋洪昉、高志禄出席会议。

（王桂新）

【开展农村群众性精神文明创建活动成果征文活动】 3月26日，下发《关于组织报送农村群众性精神文明创建活动成果征文活动的通知》，征集贯彻落实科学发展观、推进社会主义新农村建设、全面反映广大农民的新生活、新面貌、新风尚的好文章作品，共收集散文、诗歌等征文200余篇。

（王桂新）

【开展“文明之春——踏青赏花文明游”主题实践活动】 4月3日，下发《关于开展“文明之春——踏青赏花文明游”主题实践活动的实施方案》，在全区公园、风景旅游区、公墓陵园等公共场所，大力倡导文明游览、文明祭扫、文明守序、文明服务的社会风尚。

（王桂新）

【召开通州区未成年人思想道德建设工作测评会】 5月5日，在亚太花园酒店召开通州区未成年人思想道德建设工作测评会，首都未成年人思想道德建设工作测评组听取了本区工作汇报，查看了档案材料，到玉桥北里社区和官园小学进行实地考察，听取汇报，视察楼门文化和校园建设，下发调查问卷。区领导张文山、张秀余、刘淑华、蒋洪昉出席活动。

（王桂新）

【开展“迎国庆 讲文明 树新风”社会宣传环境布置活动】 6月1日，下发《关于开展“迎国庆 讲文明 树新风”社会宣传环境布置的通知》，全区各单位紧紧围绕“迎国庆 讲文明 树新风”活动主题，深入开展各类社会宣传活动，精心布置主题横幅标语宣传，更换广告牌匾，张贴海报和媒体舆论引导，营造浓厚的社会宣传氛围。

（王桂新）

【召开通州区“迎国庆 讲文明 树新风”活动动员大会】 7月2日，通州区“迎国庆 讲文明 树新风”活动动员大会在938部队礼堂召开，副区长刘淑华部署“迎国庆 讲文明 树新风”活动任务，区城管监察大队、团区委和居民代表分别做表态发言，首都“迎讲树”活动协调小组办公室主任、副巡视员张长江和区委副书记张文山分别作重要讲话，区领导储怀森、王平出席会议。

（王桂新）

【组织“首都十大道德模范”周波事迹报告会】 7月16日，在新华联培训中心举行“首都十大道德模范”周波事迹报告会，首都文明办正局级巡视员尹学龙、北京市民政局见义勇为处处长马五一、卫戍区警卫三师副政委贺秋刚和区领导张文山、储怀森、刘淑华出席报告会，区委常委、宣传部长张秀余主持报告会。

（王桂新）

【参与首都和全国道德模范评选活动】 4月至8月，组织动员全区市民积极参与“首都十大道德模范”和全国道德模范推荐投票评选活动，周波当选“首都十大道德模范”和第二届全国道德模范，张品正和杨得永荣获“首都十大道德模范”提名奖。组织人员参加首都十大道德模范颁奖晚会。

（王桂新）

【开展通州道德模范评选活动】 年内，大力宣扬通州区好人多、好事多的社会主流，在继续开展“通州公德之星”评选表彰活动基础上，组织开展了“通州道德模范”评选活动，成立以区委副书记张文山为组长的评选表彰领导小组，在首都文明网、区电视台、《通州时讯》、八通网等市区媒体设立“通州好人榜”专版专栏，全方位、多角度宣传涌现出的模范典型。全区各单位和广大市民积极参与。经过基层单位和市民推荐、评委会考察审核、区委常委会研究、社会公示，群众投票等程序，评选出孟宪峰等10名“通州道德模范”和杨立章等12名“通州道德模范提名奖”。

（王桂新）

【举行“2009年·感动通州道德模范颁奖典礼”】 9月24日，在北京现代音乐学院举行“2009年·感动通州道德模范颁奖典礼”，首都文明办副主任滕毅、北京卫戍区警卫三师副政委谢坚立和区领导王云峰、邓乃平、石进贤、王玉辉、张文山、王春元、岳鹏、李玉君、张秀余、尹双曼、储怀森、蒋洪昉、高志禄出席会议，并为孟宪峰、张品正、周波、杨得永、池桂香、王永珍、白启芳、李银环、赵立芹、高振平等10名“通州道德模范”和杨立章、田俊杰、丁化岭、杨广金、赵玉文、冯金胜、孙玉军、蔡俊清、金熙寅、李作章、马文荣、姚金玲等12名“通州道德模范提名奖”获得者颁奖。

（王桂新）

【开展迎国庆“文明北京大家谈”系列活动】 9月至10月，围绕“迎国庆讲文明树新风——我参与我奉献我快乐”活动，广泛开展文明北京大家谈、大家看、大家评、大家写、大家传、大家拍等系列活动，动员和组织社会各界群众对建设“文明通州”、提升市民文明素质和城市文明程度建言献策，形成“我参与、我奉献、我快乐”的浓厚氛围。

（王桂新）

【开展“迎国庆 讲文明 树新风”专题片征集活动】 10月，为充分展示全区社会各界开展“迎国庆 讲文明 树新风”活动的丰硕成果和广大干部群众的精神风貌，动员全区各单位积极参与全市“迎国庆 讲文明 树新风”专题片征集活动，其中《春满于家务——于家务回族乡“迎讲树”纪实报道》和《建设文明新城 献礼国庆盛典》2部作品分获二类作品和优秀入选作品。

（王桂新）

【开展“创文明单位、树行业新风”活动】 下半年，为展示窗口行业新形象，在全区窗口行业开展以文明礼仪深化行动、诚信建设承诺行动、规范优质服务行动为主要内容的“创文明单位、树行业新风”活动。国庆节前，开展“创文明单位、树行业新风——迎国庆优质服务月”活动，促进了窗口行业服务质量提升。

（王桂新）

【组织开展“我们的节日”主题活动】 年内，为大力推进社会主义核心价值体系建设，弘扬中华传统文化，利用端午、中秋等传统节日，广泛开展“我们的节日”主题活动，引导和激励干部群众进一步增强民族自尊心、自信心、自豪感和与伟大祖国同呼吸、共命运的爱国热情。

（王桂新）

【开展“排队推动日”和“让座日”活动】 年内，利用全市“排队推动日”、“让座日”，在区重点公共场所，广泛开展“过路要看红绿灯 开车礼让斑马线”等舆论宣传和行为引导活动，倡导文明出行、文明排队、文明礼让、文明守序等良好社会风尚。

（王桂新）

【开展“城乡统筹，文明先行”主题社会实践活动】 年内，在全区开展“城乡统筹，文明先行”主题社会实践活动，积极协调广西大厦和区司法局等市区42个首都精神文明建设先进单位与行政村广泛开展结对共建活动，帮助改善农村环境、完善设施、培育新农民，促进了“两新”建设。

（王桂新）

【考核推荐2009年度首都精神文明创建工作先进单位】 下半年，根据首都文明办《关于申报2009年度首都精神文明创建工作先进单位的通知》要求，经过自查申报、实地考察、审核把关、区委常委会研究和社会公示等程序，推荐上报并被首都文明委命名表彰了8个首都文明乡镇、4个首都文明街道、50个首都文明村、11个首都文明单位标兵、32个首都文明单位、18个首都文明社区、2个首都文明旅游景区。

（王桂新）

【编印《精神文明建设简报》】 年内，为全面及时反映全区精神文明创建工作，推广创建经验，交流创建成果，全年编写《精神文明建设简报》56期。

（王桂新）

【开展“一助一”助学活动】 年内，组织动员全区广大领导干部和社会各界爱心人士继续帮助家庭困难子女解决就学问题，确保“一助一”助学工程处于良好发展态势。

（王桂新）

【开展“快乐假期——争当‘社区文明小使者’”主题教育实践活动】 在寒暑假期，为充分发挥社会教育平台的重要作用，围绕“人文北京”建设，广泛开展传统美德教育和“社区文明小使者”等评选活动，让中小学生度过了愉快、充实的假期。

（王桂新）

【开展道德人物宣传教育活动】 年内，为推动社会形成学习、关爱、崇尚、争当道德模范的良好风尚，在区属媒体开设道德模范宣传专版专栏，“十一”期间，通州电视台多时段播放“通州道德模范”颁奖典礼全程录像。编印收录近200名“公德之星”和“通州道德模范”先进事迹书籍——《道德之光》，制作“感动通州”2009年通州道德模范颁奖典礼光盘，并将书和光盘发至全区各单位和基层党支部，在全区进一步掀起学习模范、争当模范的热潮。

(王桂新)

【广泛开展军(警)民共建活动】 年内，各驻区部队与辖区积极深化拓展军(警)民共建活动，宋庄镇和66055部队、台湖镇和陆航学院、区林业局和93427部队分别被评为首都军警民共建标兵单位和先进单位，6月24日，首都军(警)民共建工作指导小组到本区实地考察军民共建工作情况，区委常委、武装部政委储怀森出席活动。

(王桂新)

人口管理

【概　况】 2009年底，通州区有常住人口316112户655509人(男325776人，女329733人)，其中非农业人口319376人，未落常住户口107人。全年登记出生6353人(男3186人，女3167人)，死亡4889人(男2534人，女2355人)，迁入3732人(省内迁入225人，省外迁入3507人)，迁出880人(迁往省内39人，迁往省外841人)。

(高凤霞)

【流动人口和出租房屋管理】 2009年底，通州区登记流动人口596018人，办暂住证563993人，携带15岁以下儿童12313人。登记出租房屋44656户125131间，建立出租房屋管理站227个(来京人员和出租房屋服务站)，配备专职协管员1039人。

(高凤霞)

【户口申报审批】 年内，通州公安分局办理各类审批户口1600份1823人，其中分局审批1321份1417人，上报市公安局审批279份406人。

(高凤霞)

【证件管理】 年内，通州公安局分局办理二代居民身份证25405个，办理临时居民身份证3995个。

(高凤霞)

民　　政

民政工作

【概　况】 2009年，通州区民政工作以邓小平理论和“三个代表”重要思想为指导，以深入学习实践科学发展观和“大民政”研讨活动为契机，坚持“以民为本、为民解困、为民服务”的工作宗旨，贴近生活、贴近群众，实现保民生、保稳定、保增长的工作目标，全面推进民政事业科学发展。年内，区民政局有2项工作被评为全国先进，有15项工作被评为市级先进，7项工作被评为区级先进，41人次被评为市、区级先进个人。

(夏文利　周　冰)

【民政信息】 严格把握民政信息时效性、真实性和全面性，不断加大采编数量，提高信息质量，为领导决策提供依据。年内收集、处理各类政务信息706篇，被《民政部信息网》、《中国民政》、《昨日市情》、《北京民政信息》、《通州信息》、《信息快报》、《人大信息》等各大报刊采用320篇次。

(夏文利　周　冰)

【民政宣传】 进一步加大民政宣传工作的力度，通过展板、电视、广播、报刊等多种形式进行广泛宣传，被《中国社会报》、《北京日报》、《京郊日报》、《北京社区报》、《中国民政》、《通州时讯》等报刊媒体采用民政新闻稿件1600篇次。其中一版重头稿件140篇次；北京电视台、通州电视台、通州广播电台等媒体播报新闻92条次；编印《通州民政》专刊5期，制作宣传展板6块；与通州电视台联合策划播出专题栏目《民政民生》12集；在《通州时讯》制作“爱民惠民”专版3期，在《北京社区报》、《北京民政》报刊制作专版1期；还与《通州时讯》共同策划制作“喜迎新中国60华诞、见证通州辉煌发展”民政篇专版，扩大了民政工作的社会影响。

（夏文利　周　冰）

【民政信访】 认真贯彻落实《北京市信访条例》，建立健全信访工作长效机制，调整信访排查调处工作领导小组，坚持局长信访接待日制度，坚持做到每件信访件党政一把手都亲自阅批，及时化解了矛盾，用实际行动践行民政为民的工作理念。年内，受理各级（部门）转办群众来信63件（含联名信件），其中市民政局转办19件、区信访办转办22件、区政府转办9件、区领导交办1件、直接收办12件；接待群众来访7731人次，信访件办结率和群众满意率均为100%。

（夏文利　周　冰）

【民政理论调研】 2009年，民政理论调研工作在局党委的领导下，以科学发展观为指导，以“大民政”研讨活动为契机，紧紧围绕全局中心工作和本部门的具体工作实际，广泛深入地开展调查研究，并在深钻细研上下工夫、在深入实际上下工夫、在理念创新上下工夫。全年局机关全体干部职工及所属各单位正、副职共撰写调研报告95篇，创造历年民政理论调研篇数之最，调研报告质量也在历年基础上有新的提高，为拓宽工作思路、解决实际问题和领导决策发挥了重要作用。此外，综合办公室编发《民政理论调研专刊》21期，并将40篇调研报告编印成册，供全体干部职工学习、借鉴和交流。

（夏文利　周　冰）

【全程代办服务】 全程代办服务大厅紧紧围绕全局的中心工作，进一步更新工作理念及服务理念，以群众满意为工作标准，以争创一流为工作目标，不断提高工作水平和服务水平。2009年，服务大厅接待咨询人员7731人次，咨询事项2746件次；办理行政审批事项443项。其中农村最低生活保障208项，城市最低生活保障164项，社团登记新成立1项、变更1项、增设1项、注销1项，民办非企业新成立16项、变更11项、注销1项，更改民族成分31项，清真食品生产、加工、经营企业使用清真专用标志8个；承办行政管理服务事项8462件，按照行政审批和服务承诺全部时限内办结，执法合格率和群众满意率均为100%。

（夏文利　周　冰）

【网上服务监察系统】 2009年，区民政局全程代办网上监察服务系统建设与效能建设和“双百”考核紧密结合，做到“四个及时”即：及时沟通、及时检查、及时汇报，发现问题及时解决。全年承办网上监察服务行政审批和服务类事项8905项，时限办结率和群众满意率均为100%。

（夏文利　周　冰）

【征地超转管理】 全区征地超转工作始终坚持以切实保障征地超转人员的基本生活为出发点和落脚点，以不断改善征地超转人员就医条件为着力点，认真履行职责，依法依规为征地超转人员排忧解难。年内共为2963人次征地超转人员报销医疗费650万元，接待来信来访180余件次，做到事事有回音、件件有答复，群众满意率100%。

（夏文利　周　冰）

优抚安置

【概　况】 全面贯彻落实国家各项优抚安置政策，竭力为优抚对象解决医疗、住房、生活上的困难。实行优抚对象城乡一体化抚恤补助标准。年内，为全区451名义务兵兑现优待金451万元；对全区131名生活困难的优抚对象实行临时性救助，发放临时救助金17.87万元；元旦、春节期间广泛开展走访慰问活动，市、区领导重点走访慰问150户优抚对象，慰问金总额118万元，并为他们送去棉被、大米、食用油等慰问品。

（夏文利　金禄春）

【参战参试人员认定】　认真贯彻落实中央有关文件精神，切实做好军队退役参战参试人员相关政策的完善落实，区民政局严格按照文件精神，为13名符合政策的复退军人确认参战参试人员身份，并及时为他们补发补助金和医疗减免证。截至年底，全区确认参战参试人员127人。

（夏文利　金禄春）

【落实优抚对象医疗保障政策】　按照优抚对象医疗保障办法和相关文件精神，区民政局会同区劳动和社会保障局、区卫生局，将42名城镇优抚对象纳入“一老一小”医疗保险；将721名农村优抚对象纳入新型农村合作医疗，并为全区595人次优抚对象，在享受城镇“一老一小”和“新农合”药费报销的基础上办理医疗减免，报销医药费金额180万元。

（夏文利　金禄春）

【兑现军功奖】　2009年，区民政局为122名通州籍现役军人兑现军功奖。其中荣立个人二等功1人，每人10000元；三等功19人，每人2000元；荣获优秀士兵称号102人，每人200元。并及时将68400元军功奖发放到立功受奖家属手中。

（夏文利　金禄春）

【优抚对象危旧房翻建】　为进一步加大农村优抚对象危旧房翻建工作力度，根据北京市民政局、财政局、住房和城乡建设委员会、农村工作委员会《关于做好2009年本市农村优抚社救对象危房翻建维修工作的通知》精神，经过深入调查和努力工作，完成10个乡镇100户、300间优抚对象翻建房屋工作，投入资金540万元，极大改善了优抚对象的住房条件。

（夏文利　金禄春）

【见义勇为权益保护】　为弘扬见义勇为行为，维护社会稳定，创建和谐社会，2009年区民政局进一步加大见义勇为的宣传力度，会同北京市见义勇为权益保护办公室、首都见义勇为基金会和周波烈士部队，在全市举办周波烈士事迹报告，并制成光盘在民政、公安系统发放。年内完成梁京龙勇救落水儿童和李国栋与两名抢劫犯英勇搏斗两起见义勇为行为确认。元旦、春节期间慰问全区61名见义勇为人员，发放慰问金73200元及慰问信、挂历等慰问品。

（夏文利　金禄春）

【授予周波烈士荣誉称号】　为弘扬周波烈士的先进事迹，践行社会主义荣辱观，加强社会主义核心价值体系建设，2009年，周波烈士被中央军委追授“舍己救人模范警卫战士”荣誉称号，并当选“全国道德模范”。

（夏文利　金禄春）

【复退军人接收安置】　2009年，接收退役士兵242名，其中城镇退役士兵178名（转业士官35名、复员三期士官1名），农村籍退役士兵64名。年内，区民政局努力做好退役士兵安置工作，千方百计为退役士兵排忧解难，同时鼓励城镇退役士兵自谋职业，扩宽安置渠道。通过与用人单位协商，将2名城镇退役士兵推荐到市属事业单位，13名安置到市属企业单位，124名自谋职业，7名复学，3名自主择业，1名复员，1名复工，27名安置到区属其他单位；64名农村籍退役士兵按照相关政策得到妥善安置，安置率100%。

（夏文利　谢　科）

救灾救济

【概　况】　2009年，社会救灾救济工作以维护困难群众的基本生活权益为出发点和落脚点，建立健全各项保障制度，为困难群众提供系统、全面、规范的基本生活保障。社会福利社会化步伐加快，各项救灾救济政策得到落实，“五保”供养水平、城乡低保标准进一步提高。年内全区有城市低保对象2133户3893人，年保障资金1530万元；农村低保对象4122户7210人，年保障资金985万元；为全区城乡低保对象发放一次性生活补贴132.5万元；对271名因病、因灾等特殊原因造成生活暂时困难的人员给予一次性和阶段性生活救助，发放临时性救助金31万元；为1300名城乡特困群众办理医疗救助，发放救助金210万元；对203名困难大学生进行资助，发放助学金66.9万元。

（夏文利　马兆东）

【城乡低保对象动态管理】 年内，区民政局和乡镇、街道办事处民政科、街政科认真做好低保入户调查、公示上墙、受理审批等每个环节的工作，确保实现动态管理下的应保尽保。为严把审批关，全区579个居（村）委会成立以居（村）委会主任为组长的城乡低保申请评议小组，严把初审关。与此同时，各乡镇、街道民政科、街政科严格依据有关政策，进一步规范审批程序，加强管理，全年新审批享受城市低保待遇159户236人、享受农村低保待遇223户523人。区民政局对享受城乡低保待遇的民政对象采取半年复审、不定期抽查、社会监督相结合的原则，进一步加大动态管理力度，全年调查城乡低保对象6255户11103人，重点抽查1150户3410人；收到群众来信来访22件次，对群众反映的情况进行了全部调查核实，对所涉及的城乡低保户酌情进行停发和调整，全年停发城乡低保277户483人、调整138户365人。

（夏文利　马兆东）

【城镇低保对象就业服务】 按照《建立促进城市低保就业服务对象就业机制暂行办法》及相关政策，认真做好城市低保对象失业登记工作，全区11个乡镇和4个街道办事处低保对象失业登记告知率100%，登记率100%。年内，协调区劳动和社会保障局对有劳动能力而尚未就业的城市低保对象提供就业援助，开展技能培训。

（夏文利　马兆东）

【救灾应急预案管理】 为确保民政对象安全度汛，区民政局制定《汛期抢险应急预案》，下发《关于做好安全防汛工作的通知》，与各乡镇、街道办事处签订汛期灾民救助工作责任书，下拨60万元救助资金，发放救助卡4100张，保证特困群众在冬令、春荒期间的基本生活。此外，为5453户低保家庭发放冬季燃煤取暖补助163.6万元；为6260户困难家庭发放元旦、春节慰问金227.9万元。

（夏文利　马兆东）

【农村特困户危旧房修建】 2009年，进一步加大农村特困户危旧房修建工作力度，按照抗震、节能、保温的标准，市、区、乡镇投入资金1440万元，为390户农村特困户修缮房屋1170间，其中翻建290户870间，维修100户300间，11月底前全部竣工，实现“农村低保困难户无危房”的工作目标。

（夏文利　马兆东）

【救助流浪乞讨人员】 积极协调公安、城管、卫生等部门，成立专职救助巡视队，在全区开展平安国庆流浪乞讨人员集中救助行动，救助城市生活无着的流浪乞讨人员291人次，流浪乞讨、露宿街头等现象明显减少。

（夏文利　马兆东）

【五保供养】 2009年，全区农村五保供养214人，其中集中供养190人、分散供养24人，五保老人年生活标准6766元。年内全区新建养老服务机构4家、扩建6家，新增养老床位数1220张，全区20家养老服务机构总床位数3428张，床位使用率达到50%以上。

（夏文利　马兆东）

社区建设

【概　况】 通州区社区建设工作不断创新理念和工作模式，以改善民生为抓手，以社区建设为基础，以城乡一体化为目标，积极发挥社区工作的职能作用，通过社区组织，使全区经济、社会发展成果惠及城乡居民，促进全区和谐社会的健康发展。

（夏文利　王　宁）

【农村社区建设】 2009年，全区新建成44个农村社区服务站。农村社区服务站遵循“统一服务标识、统一项目设置、统一运行流程、统一服务规范、统一资源调配”五个统一工作原则，组织实施社区服务站标准化建设工作。标准化建设工作在总结各社区服务站建设经验、调研基层社区服务项目设置情况、征求各相关部门意见的基础上，统一16个服务站服务机构设置，公共服务及便民服务项目62项。与此同时，在公共设施服务方面均达到一站式办公场所要求，设有健身器材、卡拉OK、棋牌室、图书室、数字电影放映厅、计算机房等文体娱乐设施，并成立文体队伍和志愿者队伍。新建农村社区服务站全部通过联合检查验收。

（夏文利　王　宁）

【社区服务站标准化建设】 年内，积极组织实施社区服务站标准化建设工作，全年新建城市社区标准化社区服务站8个，实现社区服务站标准化建设在城市社区的全覆盖，并出台《关于进一步推进楼门建设、建立楼门建设长效管理机制意见》。《长效管理机制意见》进一步突出在楼门建设中“参与、和谐、文化”的理念，不断探索楼门建设长效机制管理办法。

（夏文利　王　宁）

【史料征集】 按照《民政部办公厅关于印发“中国社会建设史料展示中心”史料征集方案及史料征集领导小组和专家指导组成员名单的通知》要求，成立史料征集小组，制定征集方案，通过广泛宣传和广大社区工作者的共同努力，征集到获奖证书，第一份农村社区报纸，王岐山、彭珮云等领导视察通州区的照片等一批有价值的史料。通过收集整理，及时移交到市民政局。

（夏文利　王　宁）

【社区节活动丰富多彩】 2009年，通州区第四届社区节以“辉煌共和国，和谐新社区”为主题，其间举办“96156”生活帮手志愿服务暨通州区服务商签约仪式、“品运河古韵 观通州新貌”、和谐运河人家特色展示、经典电影放映、辉煌共和国和谐新社区文艺演出等社区节系列活动。此次社区节活动的特点是：进一步规范社区服务，提升社区活动覆盖面，社区活动时间长，社区居民参与率高，活动内容丰富多彩，充分发挥社区民间组织和志愿者的作用，展示和谐社区建设成果，营造出喜迎国庆60周年的热烈气氛。

（夏文利　王　宁）

【组织培训】 2009年，区社区服务中心组织11期培训，其中包括社工师资格考前培训和居委会软件建设等，共有2680余人次参加培训。年内，区社区服务中心还与新华街道、中仓街道、区信息中心联合举办5期培训，240余人参加培训。此外，区社区服务中心参加上级部门组织的6期培训，发放宣传材料35万份。

（夏文利　王　宁）

【志愿者服务】 2009年，区义工联合会新登记注册志愿者646人。全区志愿者积极开展志愿服务活动，为构建和谐社会发挥积极作用。年内，区外事办被授予“北京市志愿服务突出贡献奖”；吉姆、马金玉、张品正三人被授予“北京市志愿服务终身成就奖”。

（夏文利　王　宁）

【社区服务信息网络】 为进一步加大信息采集量，通过广泛动员宣传，2009年全区录入信息总量达7101条、开展大课堂101次，普及推广了社区版和街区应用版。与此同时，不断加强对街道、社区的信息化指导，圆满完成社区公共服务平台从网络平台模块、栏目专题、后台操作等版本升级和数据更新。

（夏文利 王 宁）

【社区服务】 年内，围绕为老服务、亲情服务、节日服务，积极开展“96156 传承社区亲情、服务社区居民”活动，为 160 余人免费清洗油烟机，并积极开展“两节”服务。7 月，全区开通小呼叫热线，为居民提供理发、家电维修、送药上门等多项服务。

（夏文利 王 宁）

基层自治组织建设

【概 况】 2009 年，农村基层自治组织建设工作紧紧围绕全区“两新”建设，坚持以加强村民自治为重点，以推进村务公开和民主管理为平台，不断健全基层群众自治组织建设，创新民主管理长效机制，有力地推动全区农村基层民主政治建设健康持续发展。年内，区村务公开领导小组办公室印发《关于做好村务公开民主管理专项督察暨 2009 年度北京市“村务公开民主管理示范单位”申报工作的通知》，在全区深入开展村务公开民主管理专项督察。与此同时，区委组织部还将村民自治纳入党的建设“三级联创”活动和争创农村“五个好”乡镇党委、“五个好”村党支部的重要内容。通过深入开展农村民主日活动和村级干部“双述双评”，使农村基层自治组织建设得到进一步巩固和加强。2009 年，潞城镇、台湖镇被评为北京市村务公开民主管理示范镇；梨园镇小稿村等 72 个村被评为北京市村务公开民主管理示范村。

（夏文利 周庭桂）

【民主管理专项督察】 为贯彻落实北京市社会主义新农村建设领导小组村务公开工作办公室《关于开展村务公开民主管理专项督察暨示范单位创建活动检查的通知》精神，区村务公开领导小组办公室对全区村务公开民主管理专项督察和示范单位创建申报工作进行专题部署。全区各乡镇党委、政府积极组织相关部门，组成督察小组，深入基层，广泛了解社情民意，对照示范单位创建标准，指导村委会完善和落实各项制度，对乡镇所辖各村的村务公开和民主管理工作进行全面、细致的督察。12 月底，区委组织部、区纪委、区民政局、区经管站等职能部门组成督查组，集中一周时间深入乡镇、村，就村务公开民主管理情况进行全面督察。通过深入扎实的工作，使全区村务公开民主管理工作机构进一步健全、制度落实，基层民主政治建设得到健康发展。

（夏文利 周庭桂）

【农村民主日活动】 为推进全区农村基层民主建设长足发展，认真做好每年两次的农村民主日安排部署，以区村务公开领导小组办公室名义印发《关于组织开好全区农村民主日活动的安排意见》，按照文件要求，全区各村按照民主程序顺利召开村民代表大会，村民代表按民主程序审议村务工作报告和财务收支报告。同时，按照区委关于对村干部进行“双述双评”工作的要求，认真对村干部进行民主评议。民主日活动的深入开展，有效地保障了农村广大群众的知情权、决策权、参与权和监督权。

（夏文利 周庭桂）

【第八届村委会换届选前调研】 指导各乡镇认真做好第八届村委会选举前的摸底排查工作，了解掌握各村“两委”班子现状、干部威信、群众的思想动态、社会矛盾、宗派家族等有关情况，排查出可能影响换届选举的各种因素，并逐一建档立案，分类排队，确定换届选举难点村，坚持“一村一策”，提前做好矛盾化解工作，为换届选举工作顺利进行打好基础。7 月，区民政局与区委组织部共同组织召开通州区村“两委”换届选举准备工作座谈会。区委副书记张文山，区委常委、区委组织部部长王春元，区委常委、区政法委书记李玉君，副区长赵玉影及各乡镇党委专职副书记、组织委员、主管民政工作副乡镇长参加会议。各乡镇党委专职副书记就本乡镇村“两委”换届选举前排查情况及措施进行汇报。

(夏文利　周庭桂)

【第七届社区居委会选举】 按照全市统一部署，2月至5月历时3个月顺利完成通州区第七届社区居委会选举工作。全区有89个社区参加选举，涉及4个街道办事处和永顺、梨园、潞城3个乡镇，选举出新一届社区居委会成员453名，平均年龄38.7岁，其中主任89名、副主任86名、委员278名。

(夏文利　周庭桂)

【社区居委会建设】 2009年，经区长办公会研究通过，同意通州区漷县镇新成立3个社区居委会，以加大社区建设力度，推进城市化进程。至此，全区有社区居委会99个，其中永顺镇、梨园镇、潞城镇、漷县镇等成立社区居委会46个。

(夏文利　周庭桂)

【行政区划管理】 年内，完成通大线、通顺线联合检查工作，并积极配合朝阳区完成朝通线联检工作。年初，以区民政局文件形式转发北京市民政局、河北省民政厅联合印发的《关于开展京冀平安边界创建工作的通知》，要求切实履行职责，做好界线、界桩管理，维护界区和谐稳定。

(夏文利　周庭桂)

综合执法

【概　况】 2009年，区民政局把依法行政作为民政法制工作的重点，坚持学法与用法相结合、法律宣传与法律实践相结合，不断提高民政执法人员的法律素质和行政执法水平。年内，各执法职能科室系统地开展民政政策法规的学习和培训，认真贯彻落实行政执法责任制，进一步规范行政执法行为，做到准确执法、严格执法、文明执法，持证上岗率和执法合格率100%。

(夏文利　赵一默)

【“五五”普法】 区民政局按照《通州区民政局法制宣传教育第五个五年规划》的具体要求和部署，按照民政局“五五普法”工作指导思想、实施办法和具体要求，进一步完善组织领导机构和考核机制。为把工作落到实处，定期深入到街道和乡镇开展送法下乡活动。活动中局领导亲自挂帅，并通过广播、电视、报刊、橱窗、展板、发放宣传手册等形式，广泛深入地开展民政法律法规的宣传。

(夏文利　赵一默)

【法律培训】 为提高执法人员的法律素质，区民政局积极组织执法人员参加市、区两级法制培训3次，培训内容包括《中华人民共和国行政复议法》、《中华人民共和国行政诉讼法》、《中华人民共和国行政处罚法》等，并将7种法律读本发至人手一册。此外，组织执法人员2次参加区级法律知识竞赛。4名新到岗的执法人员参加了北京市民政局组织的执法资格考试，经考试全部合格。

(夏文利　赵一默)

【法制宣传】 为加大各项法律法规的宣传力度，区民政局结合清明节群众祭扫、第七届社区居委会换届选举、9月9日婚姻登记高峰日、“12·4”普法宣传日等重点时期，开展以宪法和民政相关法律法规为主要内容的普法宣传。普法宣传覆盖到11个乡镇和4个街道办事处，普法宣传收到实效。

(夏文利　赵一默)

【清明祭扫】 为确保清明节期间群众扫墓服务工作安全、有序进行，成立由区政府办公室、区民政局、区公安分局等部门组成的通州区群众扫墓服务工作指挥部，召开有24个指挥部成员单位领导参加的清明节群众扫墓接待工作协调会。清明节前夕，联合指挥部成员单位对辖区内公墓（陵园）、骨灰堂、公益性集体埋葬点进行安全检查，对在检查中发现的问题责令限期整改。清明节期间，通州殡仪馆、永安公墓、通惠陵园、京运陵园、惠灵山陵园5个扫墓接待点共接待扫墓群众18.3万人、车辆3.8万辆，由于组织周密，措施有力，未发生一起安全责任事故。

（夏文利　赵一默）

【移风易俗宣传】 为在群众中树立移风易俗新风，区民政局开展形式多样的宣传教育，内容包括：殡葬改革法律法规宣传、现代文明礼仪教育等，在全区范围内广泛开展反对封建迷信及大操大办等社会丑陋现象。为进一步加大移风易俗宣传工作力度，清明节期间，区民政局在通州电视台新闻时段滚动播出“文明祭祀 平安清明”等宣传内容。

（夏文利　赵一默）

【丧葬补贴】 按照北京市民政局文件精神，并经区长办公会通过，区民政局会同区财政局等6个单位联合印发《通州区城乡无丧葬补助居民丧葬补贴办法》及实施细则，组织召开丧葬补贴工作相关人员参加的丧葬补贴工作布置及培训会。2009年审批丧葬补贴申请2784件，区、镇（乡）两级财政共拨付补贴资金1392万元。

（夏文利　赵一默）

【综合治理】 为有效治理殡葬用品的违法经营活动，区民政局会同区工商分局、区公安分局、区城管监察大队、区发改委等有关部门组成联合执法检查组，对全区15家丧葬用品销售网点进行联合执法检查。检查中，没收违法丧葬用品10000余件，对两家无照经营的网点责令立即停业。与此同时，为规范公墓经营，由区民政局牵头，成立由区发改委、区环保局等8家单位组成的区联合清理整顿公墓领导小组，并制定《通州区清理整顿公墓工作方案》，召开清理整顿公墓协调会和工作动员会，对公墓进行清理整顿，2009年全区未发现明显的违法违规现象。

（夏文利　赵一默）

社会组织管理

【概　况】 年内，通州区社会组织管理工作坚持培育发展和监督管理并重的工作方针，进一步强化社会团体规范化建设，推进民办非企业单位信息公开和承诺服务活动，使社会组织自律长效机制不断完善。与此同时，着力引导社会组织发挥各自优势，鼓励社会组织积极参与重大活动和社会福利事业建设，进一步发挥社会组织在和谐社会构建中的作用。截至2009年底，全区登记注册社会组织270个，其中社会团体100个、民办非企业单位170个。

（夏文利　曹新亮）

【社会组织年检】 为强化社会组织监督管理，结合社会组织年度检查工作，区民政局积极推进社会团体规范化建设、民办非企业单位信息公开和承诺服务活动，重点对社会组织财务管理、开展活动、换届情况严格检查，确保年度检查工作取得实效。2009年，全区应参检社会组织226个，实检205个。其中社会团体年检合格的90个，基本合格的4个，拟注销登记的1个；民办非企业单位年检合格的116个，基本合格的3个，拟注销登记的2个。社会组织网上年检率达100%。

（夏文利　曹新亮）

【社会组织喜迎国庆活动】 在新中国成立60周年庆典活动中，全区各类社会组织在区民政局组织倡导下，通过各种方式积极参与和支持国庆系列活动。在喜迎国庆活动中，全区各类社会组织共组织开展国庆庆典活动18场，参加人数2.8万余人次，充分展现了全区社会组织的精神风貌。区道路交通安全协会受区政府委托，组成2500余人的“和谐方阵”，充分展示了通州人的风采；区关心下一代协会紧密联系新中国成立60年所走过的光辉历程，与区档案局、区摄影家协会联合举办庆祝新中国成立60周年摄影展巡展和与祖国同行座谈会等系列爱国主义教育活动；区老年书画研究会举办庆祝祖国60华诞书画展及祝福祖国诗歌朗诵会，以表达他们对祖国的热爱和祝福。

（夏文利　曹新亮）

【农村专业经济培育发展】 年内，区民政局通过不断加大培育发展力度和规范管理，使农村专业经济协会得到快速发展。截至年底，登记23家，不仅为农民进入市场疏通了渠道，也为农村经济发展注入了新的活力，同时还为农民增收开辟了新的途径。2009年，各农村专业经济协会开办农民田间学校59所，培训农民9620人次，并广泛吸纳农民、农民专业合作社为会员。同时区观赏鱼产业协会、永乐店镇食用菌协会、张家湾镇葡萄协会都为其注册了商标，进一步为农业增产、农民增收奠定了基础。

(夏文利 曹新亮)

【社会组织参与社会公益事业】 6月1日，区儿童福利院落成后，全区社会组织积极参与支援，热心筹划捐款。区美术协会组织8名知名画家为儿童福利院的落成创作16幅书画作品；北京潞河国际教育学园、区永乐店镇食用菌协会、区建筑业联合会等社会组织捐款8.8万元，树立了社会组织热心公益、奉献社会的良好形象。

(夏文利 曹新亮)

婚姻登记

【概 况】 2009年，婚姻登记管理工作依照《中华人民共和国婚姻法》、《中华人民共和国收养法》、《婚姻登记条例》、《中国公民收养子女登记办法》、《婚姻登记工作暂行规范》和《收养登记工作规范》要求，坚持依法行政、热情服务的工作准则，办公效率和群众认可程度进一步提高。全年办理结婚登记8581对、离婚登记1253对，补领婚姻登记证1229对，出具无婚姻登记证明316份，出具查档证明521份，办理收养登记11件，执法合格率和群众满意率均为100%；完成2008年婚姻档案移交入库工作，整理移交婚姻档案924卷、收养档案10卷，装订2009年婚姻档案1108卷、收养档案11卷，全年接待电话咨询及现场解答30000余人次；协助司法部门查办案14件，查出冒用假证件办理婚姻登记22起，有效地维护了法律的尊严。2009年在零点公司开展的对全区22个政府部门服务水平状况问卷调查中，区婚姻登记处群众满意率达到100%，名列各部门之首。

(夏文利 刘广宇)

【特殊婚姻登记日服务】 为切实做好9月9日特殊婚姻登记日工作，区民政局成立以党委书记史瑞堂任组长的结婚登记高峰日领导小组，制定详实的工作方案，全局上下全力以赴，组成12个工作组，通过周密部署，协调配合，9月9日结婚登记高峰日各项工作井然有序，共办理婚姻登记798对，其中结婚登记790对、离婚登记3对、补领婚姻登记5对，创通州区结婚登记历史新高，且未发生一起投诉事件，群众满意率100%。

(夏文利 刘广宇)

【周六婚姻登记服务】 按照市民政局《北京市民政局关于全市婚姻登记机关周六办理婚姻登记的通知》要求，婚姻登记处自2009年1月1日起，周六全天对外办理婚姻登记业务。为将此项工作落实到位，区民政局党委给予高度重视，及时制定工作方案，将登记员分两组相互轮换，保证每周六登记工作正常进行。2009年45个周六共办理婚姻登记1608对，平均每周六办理婚姻登记36对，登记合格率、群众满意率均为100%。

(夏文利 刘广宇)

【婚姻法律法规宣传】 2009年，区婚姻登记处通过多种媒体向全社会宣传婚姻法律法规，并在《通州时讯》、《通州新闻》、《法制晚报》等新闻媒体刊登宣传稿件30余篇。同时不断加大婚姻政策法规宣传，全年向全区群众发放《中华人民共和国婚姻法》、《中华人民共和国收养法》、《婚姻登记条例》及计划生育相关知识等宣传资料20000余份，对15000余次前来政策咨询的群众进行解答，取得良好的宣传效果。

(夏文利 刘广宇)

【社会监督】 为进一步提高机关行政效能，确保婚姻登记群众满意率。年内，区婚姻登记处认真开展网上监察服务，做到公正、公开、透明，全年将11074件婚姻登记办结情况通过监察服务系统向群众公布接受社会监督，增加了工作透明度，执法合格率和群众满意率100%。

（夏文利 刘广宇）

【便民服务】 2009年，区婚姻登记处积极创新工作思路，在准确把握政策的同时，又灵活运用政策，宗旨是方便群众，为当事人排忧解难。为解决补领婚姻登记证当事人的实际困难，区婚姻登记处专门制作制式证明格式供当事人使用。同时积极协调相关部门协助当事人提供证明材料，疏通当事人办理渠道。此外，区婚姻登记处与区计生委达成协议，对丢失结婚证的当事人凭婚姻档案复印件即可申请计划生育奖励金，不必补领结婚证，当事人对此表示满意。针对办理无婚姻登记记录证明、查档证明群众增多等情况，区婚姻登记处专门开设办理证明专用登记室，由专人负责办理，为当事人提供方便。婚姻登记处还根据全区不同历史时期婚姻登记工作特点，与区公证处进行协调，简化特殊情况当事人在办理无婚姻登记记录证明时的手续。

（夏文利 刘广宇）

福利事业

【概 况】 通州区社会福利事业坚持社会福利服务社会的工作宗旨，福利企业坚持以市场为向导，福利生产稳中求进，实现经济效益与社会效益双赢；福利彩票事业坚持“扶老、助残、救孤、济困、赈灾”的工作理念，不断优化服务，加强网点制度化、规范化建设管理；通州区光荣院不断完善自身建设，进一步提高工作人员的职业素质，美化院内环境，全心全意为孤老优抚对象服务；通州区社会福利院不断强化服务意识，进一步加强软硬件建设，为维护社会稳定做出了积极贡献。

（夏文利 周 冰）

【福利生产】 年内，积极组织相关人员进行培训，确保各项政策落实到位，并妥善安置退出福利企业的残疾职工，为他们及家人解决后顾之忧。2009年，全区34家社会福利企业有职工2287人，其中残疾人职工867人，占职工总数的37.9%。全年实现销售收入28501.4万元，完成利税1358.7万元。以“京什手拉手 重建新家园”为主题，大力宣传，积极为对口支援什邡灾区捐款捐物，帮助灾区人民渡过难关。

（夏文利 周 冰）

【福利彩票销售发行】 2009年，福利彩票销售总额再创通州区福利彩票发行历史新高，实现福利彩票销售额16000万元，比上年增长18%，列北京市第六位、郊区县第二位。年内，经区福彩中心积极协调，争取市福彩中心公益金4.5万元，资助全区9户困难家庭，帮助他们渡过生活困境。此外，利用福利金为全区城乡困难家庭2972名老人每人免费配送价值100元的老花镜。

（夏文利 周 冰）

【光荣院服务管理】 通州区光荣院继续坚持“老人第一、服务至上”的服务宗旨，以求真务实的作风，进一步健全各项规章制度，完善服务管理，加强自身建设，并定期组织职工进行业务培训，进一步提高业务技能和服务水平。年内，区光荣院各项优抚政策落实到位，院医务室坚持对入住老人实行一人一档的服务管理，经常组织在院老人参加趣味运动会和采摘活动，组织观看爱国主义电影，丰富在院老人的业余文化生活。

（夏文利 周 冰）

【社会福利院服务管理】 通州区社会福利院进一步加强管理，遵循“安全第一，预防为主”的方针，不断加强医生的医德医风教育，积极为精神病患者及孤残儿童奉献爱心。2009年为确保国庆期间的维稳工作，区福利院制定多项应急预案，维护了社会稳定。投资1500万元，总面积4800平方米的儿童福利院公寓楼在“六一”儿童节前夕竣工。新落成的公寓楼各项设施功能更加完备，将为在院的孤残儿童提供更好的特教和医疗康复等综合服务。

（夏文利　周　冰）

老龄工作

【概　况】　年内，区老龄委认真贯彻落实相关文件精神，制定《通州区关于落实〈北京市市民居家养老（助残）服务（“九养”）办法〉实施方案》；建立高龄津贴制度、孝星表彰制度、居家养老（助残）服务券制度、养老（助残）餐桌制度等多项制度；为全区65周岁及以上老年人免费制作“北京市老年人优待卡”；加强对全区11个为老服务场所贯彻落实《实施意见》情况进行监督检查，积极营造全社会尊老敬老助老的良好氛围。此外，区老龄委组织全区老年人开展丰富多彩的文体活动，丰富老年人文化生活，促进老年人身心健康。

（汪　岩　张连芹）

【老年活动站建设】　加强全区老年人福利服务设施建设，以创建社会主义新农村示范村建设活动为契机，加大对全区老年福利服务设施的建设投入，使老年活动站（室）的硬件建设规模水平与新农村建设同步发展。与此同时，软件服务进一步得到加强，制度上墙、管理规范。年内，全区新建20个村委会老年活动中心，面积均在200平方米以上，并配备有棋牌室、阅览室、卫生保健室，组建了老年合唱团、舞蹈队、秧歌队等，进一步丰富了老年人的业余文化生活。

（汪　岩　张连芹）

【老龄工作经验交流】　为解决辖区内空巢、独居老人的吃饭难问题，深入研究新时期老年餐桌的经营和运转模式，中仓街道在借鉴上营社区老年餐桌经验的基础上，于8月成立首家通州区街道级养老（助残）服务中心，内设棋牌室、阅览室、老年餐桌。既解决了辖区内空巢、独居老人的吃饭问题，又丰富了空巢、独居老人的业余文化生活，为全面推进全区老年餐桌工作积累了经验。

（汪　岩　张连芹）

【老年人维权】　认真贯彻落实北京市老龄委、北京市司法局联合下发的《关于加强维护老年人合法权益工作的意见》，进一步建立健全村（居）委会老年维权服务工作网络，形成区、街（乡镇）、居（村）委会三级老年维权服务工作网络。网络设有联络员，负责办理老年人来信、来电、来访等项工作，做到登记清楚、处理及时。此外，每个社区均有法律宣传橱窗，每个社区半年开展1至2次法律咨询，认真做好老年人的维权工作。进一步学习宣传贯彻《中华人民共和国老年人权益保障法》，区老龄委印发了宣传材料、宣传画5000余份，在区内主要公共场所、集市和交通要道向过往群众进行发放；利用广播、办宣传栏、张贴宣传画、咨询解答等形式宣传《中华人民共和国老年人权益保障法》，弘扬尊老敬老爱老传统美德，促进了家庭和睦。

（汪　岩　张连芹）

【为老年人办实事】　2009年，为全区1219名90周岁及以上老年人发放高龄津贴121万余元；为全区9983名65周岁及以上老年人免费制作“北京市老年人优待卡”，为2749名老年人办理了老年证；为全区12247名80周岁及以上老年人发放了居家养老服务券。

（汪　岩　张连芹）

【走访慰问】　年内，区政府拨款5万元，为50户特困老人发放困难补助金和为15名百岁老人发放营养补贴金。重阳节期间，区委、区人大、区政府、区政协四大家主要领导走访慰问了全区特困老人和百岁老人，并为他们送去了慰问品和慰问金。

（汪　岩　张连芹）

【老年人文体活动】　年内，区老龄办组织由

20余名运动员组成的通州区太极拳代表队，参加全市太极拳表演；组队参加北京市老年体育协会举办的北京市第十二届中老年优秀健身项目表演赛，并荣获最佳表演奖。重阳节前夕，区老龄办组织举办“重阳杯”老年门球赛、台球赛，有56支代表队参加门球比赛，近百名老年台球爱好者参加了台球比赛。

（汪　岩　张连芹）

民族 宗教 侨务

【概　况】 根据《北京市通州区人民政府机构改革方案的实施意见》，通州区民族事务委员会更名为通州区民族宗教侨务办公室。按照市民委、市宗教局和市侨办关于民族宗教侨务工作的部署要求，通州区民族宗教侨务工作从实际出发，全面落实党的民族宗教侨务政策，加强民族团结进步，依法管理宗教事务，努力维护民族宗教领域的稳定，为构建和谐社会做出了积极贡献。

（刘　嵩）

【扶持发展民族经济】 年内，区民宗侨办争取市民族经济发展资金265万元，用于于家务回族乡南瓜观光园、枣林庄肉牛养殖、小楼饭店设备改造、如意食品公司技术改造、大顺斋食品公司技改贴息等经济项目的扶持；在市民委、市科委的大力帮助下，为枣林庄村制定产业发展规划；协调区农委、区水务局、区商务委等有关部门，为民族乡村争取各种扶持政策，加大新农村建设投入，全面推进民族乡村基础设施建设，为全区的民族经济发展做出了积极贡献。

（刘　嵩）

【清真食品执法检查】 年内，区民宗侨办开展清真规范化专柜检查。通过检查，摸清了全区清真网点及规范化专柜分布情况，针对新城区改造中遇到的“清真不便”等问题进行分析，并提出具体的意见和建议。此外，会同区工商分局、商务委对全区清真饮副食网点经营情况、清真食品供应及规范管理情况进行联合检查，审批和重新认定清真网点10个，及时纠正了部分商户擅自悬挂清真标志牌等违法行为。

（刘　嵩）

【民族教育】 儿童节、教师节期间，区民宗侨办走访慰问民族中、小学校及民族幼儿园。争取市级扶持资金6万元，支持潞河中学编写新疆班校本教材和于家务回族中心小学校园文化建设，进一步促进了全区的民族教育事业。

（刘　嵩）

【民族体育】 年内，区民族宗教侨务办公室组织民族学校参加市民委举办的蹴球、陀螺民族传统体育项目的比赛，并获得学生组女子双蹴第一名、第五名，男子双蹴第二名、第四名，陀螺男子团体第五名的好成绩。

（刘　嵩）

【社区民族工作】 2009年，区民宗侨办争取市级资金30.34万元，用于民族工作重点社区、民族村的文化站（室）建设。年内，对张湾村、胜利村的拆迁后社区建设、民族文化站开展情况及拆迁后社区中存在的问题进行了详细的调查，为进一步加强民族社区建设，探索新的经验和做法发挥了重要作用。

（刘　嵩）

【区伊协召开第三次代表会议】 3月11日，通州区伊斯兰教召开第三次代表会议。大会审议并通过了通州区伊协第二届委员会工作报告，重新修改了通州区伊斯兰教章程，选举产生区伊协第三届委员会、常委会、监事会等新一届领导机构，张俊胜阿訇当选通州区伊协第三届委员会会长，穆德英当选秘书长。市宗教局局长申建军、副局长马中璞、通州区副区长赵玉影等领导出席大会并讲话。

（刘　嵩）

【天主教爱国会成员调整】 8月，区天主教爱国会原主席张洪波、原副主席裴冬因工作需要，被调至北京市天主教爱国会工作，闫一杰、马塱两位神父分别升任贾后疃堂、牛牧屯堂神父。根据天主教爱国会章程，区天主教爱国会于10月23日召开全体委员会，选举闫一杰为天主教爱国会主席、马曌为副主席。

(刘 嵩)

【设立佑民观道教活动场所】 8月7日，通州区佑民观道教活动场所正式批准设立，并在张家湾镇里二泗村举行颁证仪式。中国道教协会副会长、北京市道教协会会长黄信阳，北京市宗教局宗教二处处长侯晓明，通州区委统战部、区民宗侨办及张家湾镇政府等相关部门领导参加颁证仪式。

(刘 嵩)

【宗教场所维稳工作】 为做好宗教场所国庆60周年维稳工作，区民宗侨办联合宗教团体对区内14个宗教活动场所进行检查。组织乡镇、办事处开展民族宗教三级网络培训。“7·5”事件发生后，区民宗侨办、伊协及时向全区阿訇、寺管会主任通报事件情况，传达了陈广元阿訇的“三不一坚决”要求。

(刘 嵩)

【和谐寺观教堂创建活动】 根据国宗局《关于开展创建“和谐寺观教堂”活动的意见》，区民宗侨办结合本区实际，制定了通州区《关于开展创建“和谐寺观教堂”活动意见》，及时召开动员会，部署任务，明确创建目标，并制作宣传展板悬挂于宗教场所明显位置，以方便信教群众学习监督。区伊协组织寺管会成员、阿訇到宁夏银川等地清真寺进行参观学习。年内，贾后疃天主教堂投资200余万元进行附属设施建设和环境美化；基督教“三自”爱委会进一步健全各项规章制度，完善民主议事、民主决策、民主监督管理机制，进一步推进宗教活动场所管理的制度化、规范化和法制化建设。

(刘 嵩)

【侨务工作】 认真贯彻落实《中华人民共和国归侨侨眷权益保护法》，坚持定期组织侨界人士进行学习和参观；利用春节、中秋节、重阳节等传统节日开展暖侨心、联侨情等走访慰问活动。年内，区民宗侨办组织侨务工作人员参加江苏侨务工作经验报告会，并进行了现场学习交流活动。全年为华侨子女办理来京上学证明2人，推荐全国侨务先进个人1人。

(付海兵)

人民生活

【概　况】 2009年，城乡居民收入稳步提高。城镇居民人均可支配收入22454.9元，比上年增加1746.9元，增长8.4%；农民人均纯收入11361元,比上年增加1148.1元，增长11.2%。城乡居民储蓄余额457.3亿元，比上年增加91.8亿元，增长25.1%。

(刘海燕)

【农民收支保持较快增长态势】 2009年，农民收支均以两位数增长。农民人均纯收入达到11361元，同比增加1148元，增长11.2%；其中工资性收入6239元、家庭经营收入1880元、财产性收入977元、转移性纯收入2265元。农民人均生活消费支出8296.4元，同比增长22.6%，其中食品消费支出2846.6元，增长14.5%；衣着消费支出518.3元，增长15.7%；居住消费支出1459.2元，增长47.5%；家庭设备、用品消费支出576.5元，增长38.4%；交通和通讯消费支出810.9元，增长0.1%；文化教育、娱乐消费支出812.6元，增长4.8%；医疗保健消费支出1134元，增长58.4%；其他商品和服务消费支出138.5元，增长10.7元。

(刘海燕)

【农民生活消费水平逐步提高】 2009年，农民人均生活消费支出8296元，同比增加1530元，增长22.6%。农民人均用于食品类消费支出达到2846.6元，同比增长14.5%，其中主食增长13.3%、副食增长9.5%、副食中的蔬菜及制品的消费支出增长20%、食用油的消费支出同比下降18.6%。家庭设备用品消费支出576.5元，同比增长38.4%。农村家庭平均每百户拥有洗衣机101台，电冰箱105台，彩色电视机133台，照相机37架。空调、影碟机、电脑、手机、抽油烟机、微波炉、热水器分别拥有110台、38台、63台、191部、68台、52台、88台。购买通讯工具支出增长64.9%，拥有电话机111部、移动电话191部。

（刘海燕）

【农民医疗保健消费支出增长58.4%】 随着农民生活水平的提高，农民健康意识在逐步增强。2009年，农民用于医疗保健消费支出人均达到1134元，比上年增加418元，增长58.4%。其中医疗保健服务消费支出805元，增长73.1%。在医疗保健服务消费支出中，医疗费支出785元，增长73.1%；医疗保健用品支出增长31.1%。在购买医疗保健用品支出中，药品支出292元，增长37.3%；保健用品支出32元，比上年增长12.5%。

（刘海燕）

【农民手存现金及存款均两位数增长】 农民收入逐步提高，存款余额不断增加。调查显示，2009年农民人均手存现金为2044元，同比增加506元，增长32.9%；农民人均存款余额为10184元，同比增加1694元，增长20%。

（刘海燕）

【城镇居民收入稳定增长】 2009年，城镇居民人均家庭总收入达到25399.1元，同比增长13.6%。其中工资性收入16242.5元，同比增长12.9%；经营性收入1202.6元，同比下降1.4%；财产性收入527.3元，同比增长63%；转移性收入7426.7元，同比增长15.6%。

（刘海燕）

【城镇居民人均消费性支出增长10.2%】 2009年，城镇居民人均消费性支出14040.8元，同比增长10.2%。其中食品消费支出4908.8元，增长7.7%；衣着消费支出1198.6元，下降2.2%；居住消费支出1302.7元，下降4%；家庭设备用品及服务支出839.9元，下降7.1%；医疗保健消费支出1212元，下降2.8%；交通和通讯消费支出2080.9元，增长30.8%；教育文化娱乐服务消费支出1751.3元，增长27.5%，其他商品和服务消费支出746.6元，增长53.5%。

（刘海燕）

【城乡居民居住面积不断增加】 2009年，农村居民人均住房面积为45.9平方米，比上年增加0.8平方米；城镇居民人均住房使用面积为28.4平方米，比上年增加0.2平方米。

（刘海燕）

社会组织活动

通州区企业联合会

【概　况】 2009年，区企业联合会在区委、区政府和投促局的领导下，认真遵守《北京市社会团体登记管理条例》、《北京市通州区企业联合会章程》规定，紧紧围绕职能工作开展活动，始终坚持“服务创品牌”的工作理念，在会员企业沟通交流、协调服务、宣传推介、应对金融危机、对外联络、创建和谐劳动关系等方面取得新业绩。

（衡启民）

【召开促进经济发展企业家座谈会】 4月2日，区企联协调组织召开“应对金融危机、促进经济发展企业家座谈会”。李宁（中国）体育用品公司、北京卷烟厂、天宇朗通通信设备有限公司等10余家重点企业负责人参加座谈会。企业家们就当前宏观经济环境下，企业发展存在的实际困难，采取的保增长措施，与区领导进行交流。区委书记王云峰对企业为通州经济发展做出的贡献给予高度评价，针对企业融资难、子女入学难等问题进行现场解答。区领导邓乃平、王春元、张华等出席座谈会。

（衡启民）

【院士及专家为通州区文化产业献计】　5月9日，区企联邀请10余位院士及专家考察通州区文化创意产业集聚区，并与区领导就文化创意产业举行座谈。院士及专家在实地考察文化产业预留地和听取情况介绍后，中国科学院院士、国际宇航科学院院士、中国嫦娥工程总设计师孙家栋，中国科学院院士、中国嫦娥工程首席科学家欧阳自远等10余位院士及专家对通州文化产业现状给予充分肯定，为将来的规划发展提出意见和建议。区长邓乃平、政协主席王玉辉等区领导参加座谈与考察。

（衡启民）

【创建和谐劳动关系】　6月，区三方组织“创建”活动。评选出市级和谐劳动关系单位3个、和谐园区1个，区级和谐企业13个并进行表彰。这些单位是和谐劳动关系的典范，为区域经济协调发展、构建和谐社会首善之区做出贡献。另外，根据市三方要求，经区协调劳动关系三方会议研究决定，制定通州区创建“双百双规范单位”活动的实施方案。确定北苑街道办事处和潞城镇为试点单位，对该区域劳动合同签订、社会保险缴纳、工资支付和休息休假等情况，进行详细调查摸底。此项工作使企业管理更加规范化，从而规避企业经营风险。

（衡启民）

【搭建企业服务平台】　6月10日，区企业联合会组织北京关键要素科技有限公司与通州经济开发区西区开展合作，为入区企业进行高新技术企业认证培训和认证工作，提升企业经营管理水平，并争取更多的市级优惠政策。

（衡启民）

【加强对品牌企业的宣传】　7月，强力家具、福耀玻璃产品分别被国家工商行政管理总局认定为“中国驰名商标”。为营造良好发展环境，加强对品牌企业宣传力度，区企联联系通州电视台、《通州时讯》对两家企业进行专题报道。

（衡启民）

【知名企业参加中国对外投资合作洽谈会】　11月3日至4日，区企业联合会组织强力家具有限公司、北京仙源食品有限公司等6家知名企业参加中国对外投资合作洽谈会，与100多个国家的政府投资促进机构、经济类国际组织和地区组织、外国商会协会、世界500强企业、著名金融机构、国际会计师和律师事务所等中介服务机构进行面对面的洽谈和交流。此次活动搭建通州区企业与海外投促机构交流合作的平台，对推动通州区企业不断发展壮大起到积极的促进作用。

（衡启民）

【宣武区劳动三方领导到通州区交流工作】　12月2日，宣武区工会、人力社保局、企业联合会三方领导到通州区与区企业联合会、工会、人力社保局领导进行座谈。双方领导就维权工作和三方协调机制的开展情况及先进经验进行交流与研讨。此次活动，为两区之间的三方工作搭建良好的交流平台。

（衡启民）

【召开优化投资发展环境工作会】　12月16日，区企业联合会组织4个街道办事处、11个乡镇企联分会负责人召开优化投资发展环境工作会。会议部署关于企业对通州区投资环境的评价调查工作。印发200份《通州区企业对投资发展环境评价调查问卷》，要求各分会认真组织企业填写并及时反馈。问卷从基础设施建设、政务环境、法律环境、市场环境、人文环境等方面对通州区投资发展环境进行调查。调查活动结束后，对数据进行整理分析并撰写《关于优化我区投资发展环境》的调研报告，为通州区开展优化投资发展环境工作提供重要的参考依据。

（衡启民）

通州区消防协会

【概　况】 通州区消防协会有团体会员160家，建有中仓、张家湾、漷县、西集等4个地区基层活动片组，有个人会员35家。年内，全会围绕区政府消防中心工作，开展消防安全流动展览、培训演练等消防宣教活动，使全区7.8万人次的企业员工、在校师生、医务工作者、社区居民和社会群众接受消防安全教育，有力地配合了全区新《中华人民共和国消防法》的宣传以及“安全生产月”、“平安国庆”和“119”消防宣传周等大型活动的开展。协会经区防火安全委员会推荐获北京市防火安全委员会颁发的本年度市级消防先进单位和区民政局颁发的2008至2009年度先进社会组织称号。

（郭淑云）

【“消防安全”流动展览】 为推动消防安全“五进”（进企业、进学校、进农村、进社区、进家庭）工作，强化协会消防安全宣传，增强会员单位整体防灾能力，年初，协会分别以新《中华人民共和国消防法》和“平安国庆”为主题，独立设计和制作8套共160块流动展览展板，开展5轮“消防安全”流动展览活动。3月23日至5月26日，在会员单位北京通盛达交通运输经营管理公司、益源出租汽车公司等8家较大规模的防火重点会员单位组织协会2009年第一轮消防安全流动展览，7000余名企业员工参观展览；3月23日至5月4日，在会员单位北京工业大学实验学院、潞河医院、北京上科华联商厦等6家人员密集的会员单位组织协会2009年第二轮消防安全流动展览，16527人参观展览；6月1日至26日，协会在中仓、张家湾、西集、漷县四个基层片组的24家企事业单位中举办2009年第三轮消防安全知识流动展览活动，有26265人参观展览；11月3日至30日，以“点”、“面”结合的形式在协会的核工业研究所、蒙牛乳业、通运达物业等8家较大规模的防火重点会员单位和中仓、张家湾、西集、漷县四个地区基层片组中的38家单位中开展2009年第四轮、第五轮消防安全流动展览，25000人参观展览。

（郭淑云）

【加强协会组织建设】 5月27日，通州区消防协会二届三次理事会召开，会议审议通过了协会《关于动员全体会员单位积极参加全区“安全生产月”活动的通知》，并对协会秘书处的人事进行调整充实。11月5日，协会二届四次理事会召开，会议审议通过了《关于动员全体会员单位积极参加全区2009年“119”宣传周活动的通知》，研究部署协会工作。

（郭淑云）

【消防宣传教育活动】 为延伸流动展览功能，促进流动展览的知识性向技能性的转化，强化会员单位员工的消防安全素质和技能，年内，协会在通盛达公司等9家较大规模的防火重点会员单位中组织9次消防安全培训演练活动，近3000名企业消防负责人和员工参加活动。按照区政府及有关领导部门的指示，协会积极配合、主动参与全区《中华人民共和国消防法》宣传月启动仪式及“平安国庆”消防志愿者上岗仪式以及“119”消防宣传周等重大活动，并配合活动，协会在现场举办“消防安全”流动展览，发放宣传材料。

（郭淑云）

通州区关心下一代协会

【概　况】 2009年，通州区关心下一代工作按照以基层工作为重点的工作思路，围绕新中国成立60周年开展丰富多彩的教育活动和庆祝活动，充分发挥老干部、老同志作用，关协工作取得新成绩。全国人大常委会原副主任、中国关心下一代工作委员会主任顾秀莲到本区视察指导工作，对通州区关心下一代工作给予高度评价。2009年，区关协被首都精神文明建设委员会评为首都未成年人思想道德建设先进集体。在北京市第四届“魅力社区”评选活动中，玉桥街道葛布店北里社区以关心下一代为主题，在400多个参评单位中，以第五名的成绩入选北京市十佳社区。

（罗敬义）

【开展基层调查工作】 为探索新形势下关心下一代工作的新特点新思路，区关工委、区关协领导及秘书处同志继续坚持深入基层调查研究，先后到台湖、西集、马驹桥、梨园、潞城、宋庄、玉桥、新华等乡镇、街道及其村庄、社区，与有关领导和关协老同志进行座谈讨论，学习总结基层开展关心下一代工作的好做法、好经验，并通过简报、媒体等渠道在全区加以推广。

（罗敬义）

【建立基层示范点】 年内，召开全区关心下一代工作会议，会议明确要求：把关心下一代工作的重点放在基层，各乡镇抓好一个示范村建设，各街道抓好两个示范社区建设。各乡镇、街道关工委认真落实会议精神，把抓示范点工作列入了工作议程。全区确定关心下一代工作示范点24个，其中乡镇16个示范村、街道8个示范社区。年内，示范点工作有序开展。多数单位做到有组织、有队伍、有制度、有活动，领导重视，工作有成效，在本区起到示范引导作用，带动更多的老同志投身到关心下一代活动中来。据不完全统计，截至年底，全区乡镇、街道、学校、机关等基层大约有2300余位不同战线上的老党员、老干部、老教师等在从事着关心下一代的光荣事业，成为本区加强未成年人思想道德建设的一支重要力量。

（罗敬义）

【庆祝新中国成立60周年系列活动】 2009年，以庆祝新中国60周年为重点，广泛开展形式多样的适合青少年需要的教育活动。以新中国成立60年的发展变化为教材，对青少年进行社会主义核心价值体系教育。调动各种手段，开展一系列教育活动，活动时间长、内容广、形式多样、工作力度大，收到明显效果。一是从9月初到10月底，举办庆祝新中国成立60周年摄影展。区关协联合区教育系统关工委、区档案局、区摄影家协会和区青少年活动中心，投资近两万元，由区摄影家协会会员、退休教师李德成和区档案馆提供的236幅珍贵历史照片，制成五套展板（每套24块），通过4个街道关工委、区教育系统关工委和青少年活动中心三条战线，在城乡8所小学、6所中学和区青少年活动中心组织巡展，吸引了两万多名中小学生参观。巡展期间，76岁高龄的退休老师李德成两次深入到农村学校，对孩子们进行面对面的现场讲解。二是组织为青少年赠书活动。区关工委常务副主任、区关协顾问王志红作为向新中国六十华诞的献礼之作，年内撰写出版《平凡中的美丽》一书，印刷5000册，为孩子们介绍了一批本区基层的道德楷模，成为对青少年进行思想道德教育的生动教材。区关协专门召开隆重的赠书仪式。三是区关协与区委老干部局在国庆节前夕组织“共和国不会忘记”主题活动。邀请为新中国诞生而出生入死立下汗马功劳的8位离休老干部，向到会的100余名中小学生讲述自己与日本侵略者、国民党反动派浴血奋战的亲身经历，孩子们深受教育。四是组织“与祖国同行”老少座谈会。国庆前夕，区关协邀请本区3位有社会影响力的祖国同龄人：区政协主席王玉辉，北京市人大常委、全国劳模、大稿村党总支书记邢仲山和区工商个体协会原秘书长武政，他们结合个人实际，向孩子们介绍了与祖国同进步共成长的发展史，教育孩子们要把个人命运与祖国命运紧密结合在一起，现在好好学习，长大报效祖国。座谈会在老少分享“祖国万岁”大型生日蛋糕的热烈气氛中达到高潮。五是区关协文艺团发挥独特优势，为祖国六十华诞纵情讴歌。4月至10月，区关协文艺团围绕庆祝新中国成立60周年这一主题，在北京市、通州区并深入街道、机关、学校、军营等，先后组织或参与各类演出近20场，近千人次登台放歌起舞，其中包括中宣部组织的首都各界百首革命歌曲大型演唱会、北京市组织的百团万人颂中华大型歌咏会、北京市农口组织的庆祝新中国成立60周年文艺汇演和通州区组织的庆祝新中国成立60周年系列活动启动仪式文艺演出等，受到各级领导和社会各界的好评。

（罗敬义）

【寒暑假期基层活动丰富多采】 年内，两个假期期间，区关工委办公室、区关协秘书处下发专门文件，对开展活动提出具体要求和建议。由于甲流传播的影响，不便于组织大型活动的情况下，许多基层单位从本地实际出发，开展小型多样的活动。寒假期间，城乡部分基层关工组织，根据区关工委办公室的意见，发动中小学生开展“快乐的寒假生活”手抄小报活动，孩子们在老同志和家长的指导下，通过自己动手动脑的实践活动，充分享受了春节的快乐，受到一次生动的爱党爱国爱家乡的教育。春节期间共有20个单位参加活动，报送优秀作品195篇，与上年相比，参与单位增加11个，作品数量相当上年的两倍多。区关协秘书处对优秀作品评奖，并颁发证书和奖品。暑假期间，基层关工组织，特别是城口社区，紧紧围绕迎接新中国六十华诞开展多种形式的爱国主义教育活动。有的利用社区图书室或“益民书屋”组织孩子读书，丰富科普知识；有的利用“八一”建军节之机，组织孩子参观军营，与军队官兵进行座谈，学习当代军人的高尚品格；在城镇社区，还发动中小学生参与楼门文化建设，引导孩子当好小楼门长，为构建和谐社区贡献力量。

（罗敬义）

【开展中华民族传统文化教育】 区关协利用民族传统节日在司空分署街小学和东方小学等学校举办主题班会，继续组织孩子们学习中华传统文化，帮助他们理解其中深厚的文化底蕴。为扩大活动的教育面，向各中小学校发放由区教育督导室原主任、退休干部王鸿权编写的《中华民族传统节日知多少》一书。普及运河文化知识方面，年内，区关协聘请常务理事、区文物所原所长、退休干部周良撰写《四言通州文》（暂定名）及其解读资料，系统介绍通州的悠久历史和运河文化广博深邃的内涵。

（罗敬义）

街 道

中仓街道

【概　况】 中仓街道位于通州城中部，辖区总面积6.5平方公里，常住人口20551户、47257人，流动人口24366人；有单位114个，门店998家；辖区有13个民族居住，其中城区最大的少数民族回族居住区南大街，有回民2398户5753人。2009年，中仓街道紧紧围绕“保稳定、保民生、促服务”的工作目标，服务中心大局，服务百姓民生，以扎实的工作作风，做了大量卓有成效的工作，各项任务圆满完成，党员干部队伍得到锻炼、提高，街道各项事业取得新的发展。2009年，中仓街道被评为“首都文明街道”、市级“计划生育工作优秀单位”；荣获通州区“社区建设先进单位”、“安全生产管理工作先进单位”、“计划生育工作红旗单位”、“环境整治先进单位”、“社会治安综合治理先进单位”等称号。

（郭　玮）

【完成上营棚户区拆迁改造】 上营棚户区拆迁改造涉及中仓街道上营、东关、中上园3个社区，改造面积37.6万平方米，涉及拆迁居民2938户。中仓街道紧紧围绕棚户区改造目标，坚持“以人为本、和谐拆迁”的工作理念，充分发挥街道组织协调、宣传引导、维护稳定的作用，积极协助拆迁工程指挥部，发动机关、社区、党员积极分子和社区志愿者发扬攻坚克难、连续奋战的精神，圆满完成拆迁工作任务。辖区居民签约2858户，签约率97.3%。

（郭　玮）

【创建北京市卫生区工作达标】 年内，先后举行“创建国家卫生区”宣传、执法检查、城市清洁日、爱国卫生月和“通州区创卫清洁日”等活动38次，近2万人次参与，清扫街巷468条次，清除卫生死角85处，清理绿地约3.4万平方米，清理楼道堆积物60余吨，清扫楼道小广告约10.5万条，清洗宣传栏300余处，整治小区45个，以整洁靓丽、秩序井然的城市环境顺利通过市专家组的综合考核验收。

（郭　玮）

【完成国庆服务保障和游行工作】 年内，高标准完成国庆服务保障工作，成立国庆安保工作领导小组，制定并落实社会面防控等专项工作方案；检查各类单位、场所90处，及时消除安全隐患；完善落实重大决策信访风险评估机制和突发信访事件工作预案；发动治安志愿者1359人，1708个治安联保小组对辖区内的40个主要路口值班巡逻，对40个光接点布置专人看守，对28名重点人实行24小时监控。圆满完成国庆游行任务，经过公开选拔、领导把关、层层政审，街道73名残疾人、新婚夫妇、和谐家庭代表参加国庆“和谐家园”游行方阵活动。

（郭　玮）

【党建工作】 社会领域党建工作有新突破，经过充分摸底调查、接转组织关系、物色支部负责人及建立党支部四个阶段的扎实工作，京贸中心党支部成立，成为通州区首家商务楼宇党支部。进一步扩大了社会领域党建覆盖面，为更好地发挥社会党组织和党员的作用进行有益尝试。

（郭　玮）

【探索实施街道养老助残服务新模式】 采取政府扶持，社会组织参与，公司化运作的模式建成中仓养老助残服务中心。中心占地面积230平方米，投入资金35万元，设置餐饮、娱乐、家政、陪护、代办代购等服务项目，为辖区70多位老人提供免费送餐。基本形成覆盖全辖区、面向空巢、孤寡、日间无人照料老人的送餐服务网络，并保证服务的安全、及时、高效。

（郭　玮）

【就业服务再创佳绩】 全年推荐886名失业人员实现就业，对各类求职者和就业困难人员提供职业指导服务2615人次，举办大学生求职专场、民营企业招聘、春风行动等专场招聘洽谈会10场；全年开发社区就业岗位965个，实现创业30人，并带动116名失业人员实现再就业；为12800人次的退休人员办理医药费申报手续，报销药费单据11万张，报销金额1825万元；发放失业金357万元，报销失业人员药费2万余元。中仓社保所通过五星级社保所评估。

（郭　玮）

【社会保障工作到位】 全年发放低保、优抚等民政救助费450.76万元；按照“一户一档、一月一核”的标准重新规范建立民政低保工作档案；全年调整低保家庭64户，其中撤销28户、新增36户。累计为81名重残和180户特困残疾家庭发放各类助残补助款47.2万元；争取区级资金20余万元，建成街道残疾人“温馨家园”并通过市残联的验收，街道残疾人“温馨家园”和“职康站”共接待社区残疾人1300余人次，360余名残疾人在社区中得到职业康复和技能培训服务；全年为912名在册残疾人换发新一代残疾证。

（郭　玮）

【搞好计生服务】 年内，办理一胎“生育服务证”332件、“独生子女父母光荣证”299件；发放独生子女费12.7万元；一次性奖励费7.4万元，免费发放各类药具15.8万件，开展大型宣传活动5次，发放各类宣传资料2.5万份，拓展西上园、四员厅两个大型计生科普园建设，认真开展“双项清理”和流动人口管理服务工作。年内新出生342人，计划生育率达99.4%，圆满完成任务指标。

（郭　玮）

【规划与住房保障工作扎实有序开展】 全年参与区有关规划方案评审6次，拆除违建210平方米；窗口受理各类保障性住房136户，受理通过上营棚户区拆迁居民151户，实现零投诉、零退件，居民满意率100%。

（郭　玮）

【社区建设和社区服务不断深化】 建成36个特色示范文化楼门；完成5个试点社区的建设工程项目审批和项目设计，完成莲花寺社区办公和服务用房的规范化建设，实现对社区管理和服务制度的健全与完善；建成北京市首家社会组织论坛网站——“中仓社会化社区”。为发挥社区社会组织作用，建立枢纽型社会组织进行有益探索；全方位多层次广泛宣传流感基本常识和预防措施，严密部署积极防控甲型H1N1流感。第四届社区节各项活动组织严密，收效显著；“96156”品牌公益服务和便民服务得到推广，投资5万元对社区中心网站进行改建，规范工作流程；“96156”社区大课堂举办多场讲座，参加居民700余人；圆满完成社区两委班子换届选举工作。

（郭　玮）

【精神文明创建成果丰硕】 围绕国庆60周年和科学发展观两大主题，先后举行喜迎新中国成立60周年系列活动启动仪式暨“科学发展创和谐”舞蹈大赛等系列文艺活动，参加观众达6000余人；建立6处宣传思想文化墙和精神文明宣传专栏；中仓万册图书室及15处近3万册的益民书屋对外开放，总阅览人数达1.2万余人次；星河社区获评市、区科普园社区。王永珍、杨立章分别被评为通州区十大道德模范奖和提名奖。

（郭　玮）

新华街道

【概　况】　新华街道位于通州城东北部，东北起温榆河、北运河中心线，西至新华北路、通顺路中心线，南至新华大街中心线，面积3.25平方公里。下设如意、司空、贡院、东大街、天桥湾、新建、北关7个社区居民委员会，有户籍人口10373户、22440人，外来人口9829人。2009年，新华街道以科学发展观为统领，紧紧围绕“保增长、保民生、保稳定、促和谐”的工作大局，按照“推进社会建设，深化社区服务，建设文明、和谐新华”的工作思路，坚持脚踏实地的精神和真抓实干的作风，圆满完成服务平安国庆、全力保障民生、推进社区建设等各项任务，实现全面推进和谐社区建设的目标。

（邱伟明）

【建立人口计生七彩服务基地】　5月27日，新华街道人口计生“七彩”服务基地正式成立。该基地为辖区育龄群众提供专门的宣教场所，配备光盘、展板、书籍等宣传品，方便育龄群众就医、咨询、了解计生常识和健康知识。截至年底，累计为1.3万名辖区育龄群众提供健康指导服务。

（董文华）

【完成社区两委班子换届选举】　上半年，完成所辖7个社区两委班子的换届选举工作。选举产生党总支委员39人，平均年龄53岁，总支书记、副书记14人，其中大专以上文化程度11人，占79%。选举产生居委会主任7人、副主任7人、委员21人，平均年龄38岁；其中大专以上文化程度30人，占86%。

（刘　伟　张亚宾）

【启动爱心丝带助老服务】　8月26日，新华街道丰富居家养老服务新模式，正式启动“爱心丝带 情系夕阳”助老服务项目，切实解决辖区“空巢”老人的吃住等生活问题，拓展了社区志愿服务内容。

（张亚宾）

【举办“放歌新华”迎国庆文艺演出】　9月22日，新华街道以喜迎新中国成立60周年为主题，举办“放歌新华”迎国庆文艺演出，300余名社区居民、辖区单位和驻通部队代表参加演出，表达了军民共建、喜迎国庆的喜悦心情。

（程　涛）

【建立社会工作党委】　9月25日，新华街道作为试点单位率先成立街道社会工作党委，明确了社会工作党委组织、协调、指导街道辖区内社会组织和新经济组织党建工作的职责。截至12月底，独立建立党支部2个、归并建支1个、创建“五个好”非公党支部1个、下派党建指导员11人，社会领域党建工作实现新发展。

（刘　伟）

【通过创卫考核验收】　9月，新华街道通过对北小门空地停车场改造、清理西海子市场周边无照经营户、规范商业街广告牌匾等重点工作，社区环境得到优化，顺利通过市爱卫会专家检查组考核验收，创卫的组织管理、健康教育、市容环境、病媒生物防治等工作受到好评。

（曹　芳）

【做好国庆安保工作】　国庆期间，新华街道设立重点防控岗位52个，发动居民、治保积极分子、治安志愿者1500人次，开展专项清理活动5次，对辖区进行全天候、地毯式防控清查，实现“平安国庆”目标。

（苏宝玲）

【建立残疾人温馨家园】 11月20日，新华街道投资20余万元建设的残疾人温馨家园顺利通过市、区残联的考察验收并正式投入使用。该机构成立后，主要为辖区残疾人提供康复、娱乐、技能培训等综合性服务。

（常占伟）

【住房保障工作】 截至12月底，接待住房保障工作相关咨询近3万人次，发放宣传材料28012份。有533户保障性住房申请家庭通过市备案，475户申请家庭参加摇号，328户申请家庭参加选房。

（姜莉莉）

【开展深入学习实践科学发展观活动】 年内，新华街道按照“党员干部受教育、科学发展上水平、人民群众得实惠”的总体要求，以“推进社会建设，深化社区服务，建设文明、和谐新华”为活动载体，在机关、社区和辖区“两新”党组织的党员中开展深入学习实践科学发展观活动。活动期间，共有1300余名党员参加活动，为居民群众解决实际问题100件。

（刘　伟）

【加强党风廉政建设】 年内，按照“运河清风”廉政文化活动要求，征集24件作品。逐级签订《领导干部廉洁从政承诺书》37份，深入开展廉政风险防范工作，通过开展“得”与“失”对比分析活动，营造了良好的勤政廉政工作氛围。

（张振文）

【社区规范化建设有序推进】 年内，新华街道作为规范化建设试点街道，完成社区党组织、居委会、服务站的建章立制和人员配置工作，修订了主要职责，完成居委会硬件改造设计规划方案，社区服务站建设进展顺利。

（张亚宾）

【深化楼门文化建设】 年内，新华街道继续深化楼门文化建设，如意社区“一长六员”的楼门自治会制度、北关社区“星级楼门”评比制度等10项楼门管理制度有力促进楼门建设的管理升级，逐步形成楼门长负责、党员带头、居民参与的楼门建设管理模式。区委书记王云峰、副区长赵玉影等领导多次到如意和司空等社区检查调研。

（张亚宾）

【解决平房区防火难题】 年内，新华街道为辖区33条不能进出消防车的胡同投资30余万元购买消防摩托、手推式灭火车、消防水带等消防器具，解决1744个平房院的消防难题。

（王术军）

【社保工作】 全年城镇登记失业人员控制在298人（指标任务600人）；819名失业人员实现再就业，其中“4050”人员402人，完成全年任务的106%；推荐成功就业501人，完成全年任务的111%；采集空岗信息2090条；开发就业岗位1571个，安置661人，分别完成全年任务的209%和102%；召开11场招聘洽谈会；征集5个创业项目；累计为430名符合条件的失业人员办理自谋职业、灵活就业相关手续；零就业家庭实现动态清零；对2399名退休人员进行生存认证；为5943人次退休人员报销门、急诊医疗费1000余万元；为108名无业居民办理大病医疗保险参保手续；为544名失业人员发放失业金1710422元。

（赵文祥）

北苑街道

【概　况】 北苑街道位于通州城西部，北临通惠河，南至运河西大街，东起新华南北街，西与朝阳区接壤，辖区面积8.7平方公里，辖区内有17个社区，户籍人口近7万人，登记流动人口3.2万人。2009年，北苑街道以深入学习实践科学发展观活动为契机，以国庆服务保障、旧城拆迁改造、创建国家卫生区等工作为重心，求真务实，扎实工作，顺利完成年初确定的规范社区建设、楼门文化建设、创建国家卫生区、国庆安保等工作。基层党组织建设不断创新，民生工作和社会建设不断加强，宣传思想和精神文明建设工作不断深入，为民服务水平进一步提升，居民归属感、安全感进一步增加。

（金　禔）

【确保国庆阅兵空中辅指工程】　成立怡佳家园专项工作领导小组，抽调办事处副处级领导、机关干部、派出所民警、社区工作者和社区党员组成35人的应急事件协调处置队和居民思想工作队。加强与建委、部队、施工方的协调，使各项工作更切合实际，更顺利地开展。启动联合办公工作机制，耐心细致地做好居民工作。开展3次逐户入户走访，及时掌握居民的思想动态，答复居民关心的问题，了解业主的诉求。及时把施工扰民补偿发放到小区居民手中，保障居民的合法权益，有效地稳定居民的情绪，确保怡佳家园国庆阅兵空中辅指工程顺利完工。

（王国中　李友田）

【做好安全生产监管工作】　建立班子成员和科室干部包片的工作机制，实行层层抓落实的目标管理责任制。加大安全生产监督管理力度，出动3900人次对辖区商场、市场、地下空间等进行安全检查，消除隐患642处。与辖区所有单位逐家签订安全责任书，健全完善17个社区的企业安全生产台账，使每个社区都细致掌握辖区内各企业的详细情况及安全防范措施。

（刘玉龙）

【辖区环境整体提升】　开展“环境卫生整治月”、“爱国卫生月”、城市清洁日、两节两会期间环境治理、志愿者在行动、春季和冬季城乡环境综合整治、扫雪铲冰、专项治理小广告等环境整治活动。清除石油公司东侧10000平方米的规划预留地积存的垃圾渣土和杂草，完成中山街、帅府、新城南街拆迁工地砌筑围墙1750延长米，围挡500平方米。对玉带路、新仓路等主要大街两侧围栏、墙裙、破损、掉墙皮等处重新粉刷油饰10000平方米，增加辖区绿化面积12000平方米，全面提升整体创卫环境档次。

（赵全喜）

【基层党组织建设】　开展深入学习实践科学发展观活动，确定“坚持科学发展，打造‘四化’模式，构建和谐北苑”这一主题，通过实施多元化融合、层次化服务、个性化工作、精细化管理的“四化”工作模式，先后协调解决滨惠南三街施工扰民、中山街宏鑫花园施工噪音扰民等一批涉及群众切身利益的问题，党建工作取得实效。

（赵　宁）

【推进社区信息化建设】　按照“以人为本，居民互动，人人参与，共建和谐”的原则，投资120万元在办事处和17个社区之间建立宽带通信专网，建设社区管理与服务综合信息平台，包括综合数据库、街道内部管理系统、社区服务系统、视频会议系统的建设。并积极拓展社区居民享受信息化成果的途径，将信息化建设延伸到楼门，建设数字楼门。在相应的楼门设立显示屏、触摸屏等网络终端，为居民提供参与信息化社区建设的互动平台。

（李卫忠）

【精神文明建设工作】　继续开展“道德警察”主题活动，进一步提高居民的参与率，倡导“利他”行为，继续开展“爱心传递”主题活动，表彰社区劳模，推进精神文明创建工作，编辑制作完成法律宣传小人书，扩大法律宣传效果。扩大宣传典型人物张品正，编辑《平民英雄张品正》宣传册，与专题片一并发到社区。积极组织社区开展创新型科普社区创建，先后有果园西、复兴南里获评北京市科委“创新型科普社区”，在京贸国际、玉带路等4个社区建立数字科普图书室。

（李永刚）

【劳动保障工作】 年内，解决劳动争议举报案13起，追回拖欠工资12万元，结案率达到100%，维护用人单位和劳动者的合法权益。实现城镇失业人员就业1034人，“4050”就业困难人员实现就业542人。

（周士宽　宋卫红）

【扎实做好社救工作】 做好辖区90岁以上高龄老人津贴的发放工作。年内，为辖区低保、优抚家庭发放低保金、优抚金、临时救助金、医疗救助金共计422.6万元，基本做到应保尽保。年内受理保障性住房申请497份，完成入户调查497户，评议497户，公示497户，上报区住保办394户。

（王　刚　赵金虎）

【矛盾调处工作】 成立社会矛盾排查调处领导小组、信访督察督办小组、信访突发事件处置队。建立三级排查调处机制，全年办理信访案件74件，重访20件，办结56件、未办结1件，办结率98.5%。确保群众非正常上访和集体性事件“双零”指标，有效保证辖区的安全稳定。

（李友田）

【规范化社区建设】 年内，完成354个老旧楼门的粉刷工作，改善五里店、滨惠南三街等社区办公用房不足的问题。完成玉带路、复兴南里等5个社区的规范化社区建设工作，对后南仓小区的护栏进行修补，安装玻璃，重新粉饰墙体；对新华西街辖区内五条道路进行路面硬化，硬化面积2710平方米。

（魏志军　王　刚）

【街区文化生活繁荣活跃】 组织群众文化社团参加全区“喜迎60年大庆，我家住在运河旁”公共文化服务赛事活动。组织300多居民观看60周年大庆文艺节目，组织街道群众文化社团参加合唱、舞蹈、戏剧、绝活、花会等游园演出，建立健身舞蹈队、老年门球队、康益社、文体协会、棋类协会等32个文体组织，有力推动创建文明街道、文明社区的全面开展。

（阴　佺）

【各项服务工作扎实有序】 进一步开展以“传承社区亲情，特需服务为居民”为主题的送温暖活动。对辖区内的孤寡老人、空巢老人等开展整理家务、打扫卫生、疏通管道等服务。为社区内残疾人谋求福利，搭建政府、社会与残疾人之间的爱心桥梁，提供康复培训和生活帮助。办理生育服务证316个，办理独生子女证151个，为2107人发放独生子女费229995元。

（王文和　刘松霞）

【加强廉政建设】 年内，签订党风廉政建设工作责任书173份，充实调整健全廉政档案173份。以效能建设为切入点，深化全程代办和网上监察工作。

（崔志颖）

玉桥街道

【概　况】 玉桥街道位于通州城东南部，辖区面积11.2平方公里，北以京秦铁路为界，西南到果园环岛沿京津公路，东南由大运河接市六环路环绕。辖区下设社区居委会13个，有户籍人口4.3万余人，外来人口1.4万余人。2009年，玉桥街道以和谐社区建设为目标，加快推进以改善民生为重点的社会建设，街道各项工作取得显著成效。

（姚春娜）

【党建工作突出特色】 2009年，先后在街道和社区两个层面开展学习实践科学发展观活动，确定了“文化楼门小和谐推动社区大和谐”的主题。完善党的组织体系，使党组织覆盖各个居民小区，具备条件的两新组织建支率达到100%，党组织发展到97个。党员发展机制进一步完善，双推双公示得到全面落实，全年发展党员14名，其中发展新经济组织党员两名。1053名党员参加“设岗定责”活动，占总数的60%。

(姚春娜)

【楼门文化建设形成玉桥品牌】 2009年，街道坚持把楼门文化作为一种先进文化建设，按照两个100%和两个50%的标准，健全13个社区楼门长队伍，召开楼门建设研讨会、推进会，制定五星楼门评选标准，对36个楼门依据五星的标准进行评比，促进楼门文化建设朝着纵深发展，涌现出“民族团结一家亲”、“荷和苑”、“家和万事兴”等主题突出、特色鲜明、有亲近感和亲和力的精品楼门，涌现出潘淑清、聂兰英等一大批明星级楼门长，推动楼门文化建设整体水平。

(姚春娜)

【完成60周年国庆安全保卫任务】 玉桥街道建立社会面控制指挥部，将群防群治工作作为国庆安保工作的重要内容，落实防控力量实名制，确保防控岗位得到全天候控制。综治办、派出所会同辖区居委会，分片开展对群防力量的培训工作，提高巡逻防范工作的针对性。开展领导干部大接访活动、领导信访接待日活动，切实落实领导包案制度，充分化解各类社会矛盾，控制信访苗头，确保辖区安全。

(姚春娜)

【环境建设取得新突破】 以创建国家卫生区为契机，玉桥街道积极动员辖区单位、物业部门、各社区及居民群众投身到“创卫”工作中。协调区相关部门实施改厕12座、改造垃圾箱入地下10处，解决了葛布店北里、葛布店南里、玉桥北里、玉桥南里、运河大街等老旧小区居民生活垃圾桶破损问题，更换垃圾桶710个。

(姚春娜)

【做好社会保障工作】 年内，开发社区就业岗位889个，安置失业人员729人，新增充分就业社区4个，完成对15类服务对象12000余人的服务，满意度达98%。落实劳动合同制度，开展整治非法用工专项行动。新增低保家庭14户23人，停发3户7人，为16名低收入家庭子女申请助学金。加大保障性住房政策的宣传力度，健全医疗康复站、社区康复站和职业康复站管理制度和运行机制。做好社区甲型H1N1流感防控工作，建立办事处、社区和辖区单位三级上下联动网络。提高社区服务网点规范化管理力度，完善协议条款，约束和规范租赁和经营者行为。培育社区志愿服务意识，初步建立以社区志愿者队伍为支撑的无偿服务网络。

(姚春娜)

【计生工作稳步提高】 在13个社区建立77个人口文化楼门，充分挖掘计生宣传员、楼门长作为计生政策宣传主力军，营造良好的舆论氛围。围绕广大育龄群众尤其是流动人口中育龄妇女的实际需求，开展生育关怀服务和计划生育优质服务，扩大计生服务覆盖面。集中开展违法生育清理清查行动，清理清查户籍违法生育4例、流动人口违法生育9例。

(姚春娜)

【社区建设】 对玉桥北里、玉桥南里、梨花园、葛布店北里等社区进行规范化社区试点，使其从软硬件条件上达到要求。进一步完善居务公开制度、居民代表大会制度，社区事务通报制度、重大事情协商制度，重点探索“文化楼门”如何与社区自治有机结合、社区党组织如何在社区自治组织中发挥作用等问题。

(姚春娜)

【两社区获得“魅力社区”称号】 在北京市第四届魅力社区评选活动中，葛布店北里和玉桥东里两社区从全市458个参选项目方案中脱颖而出，最终分别荣获“十大魅力社区”和“魅力社区风采奖”。其中葛布店北里社区是唯一一个远郊区县代表入选“十大魅力社区”。

(姚春娜)

【精神文明建设不断推进】 以深入学习实践科学发展观为主题，组织中心组理论学习30次，全年被区电视台采用新闻45条，在《北京劳动就业报》和《通州时讯》刊登新闻40篇。协调区科协为玉桥北里、梨花园和玉桥东里社区建设数字图书室，配备图书500余册，圆满完成玉桥北里第二批创新型科普社区验收工作。举办五月鲜花群众歌咏文艺汇演、红歌大家唱、九九重阳节文艺演出和“我家住在运河旁”等活动。街道连续7年被评为首都文明街道，2009年被首都精神文明建设委员会评为“迎国庆 讲文明 树新风”先进集体，4个社区被评为首都文明社区，100%的社区为区级文明社区。

（姚春娜）

【勤政廉政建设】 全面推进廉政风险防范管理工作，重点围绕制约监督和规范权力运行，制定相应的防范措施。在街道社区干部中开展加强党性修养、弘扬良好作风实践科学发展主题教育活动。1月至11月，接待社区群众近28301人次，通过全程代办网上服务监察系统为群众办理事项637项，群众满意率100%。完成街道ISO 9001质量管理体系第二次年度审核工作，进一步规范街道各项工作。

（姚春娜）

【人大和群团工作稳步开展】 2009年，有7件涉及道路微循环改造、百姓休闲娱乐、重要节点停车难等代表建议得到落实。创建玉桥社区青年工作联席会，该联席会议是全市首家社区青年工作联席会，中青网、首都之窗、北青网等多家媒体给予报道。街道妇联组织辖区妇女开展健康知识讲座，工会联合会为810名职工进行信息采集，新建基层工会5家，发展会员110人。街道武装部超额完成2009年冬季征兵任务，连续十年被评为先进征兵单位，持续开展军警民共建活动，实现军地双方优势互补。

（姚春娜）

乡　镇

永　顺　镇

【概　况】 永顺镇地处通州新城核心区，辖区总面积43平方公里，辖25个村，其中行政村20个，整建制转非行政村1个（龙旺庄村），转居未撤队自然村4个（竹木厂村、杨富店村、岳庄村、后窑村）。辖区总人口近25万人，其中常住人口 16.1万人（含户籍人口5.3万），流动人口8.8万人。成型的居民小区79个，入住人口14万。形成的不涉及资产处置的居民小区54个，其中33个小区建立18个社区居委会。全年出生人口637人，死亡人口308人，人口自然增长率4‰。

（李浩培）

【经济指标实现新突破】 2009年，完成税收7.1亿元，同比增长57%。特别是第一季度，全镇上下克服金融危机的影响，率先在全区实现正增长，为全镇乃至全区实现全年经济增长任务树立起坚定的信心。其中杨庄村税收突破1亿元，成为全区第一个税收超亿元村，乔庄、焦王庄、新建完成税收超过3000万元，上营、永顺、北马庄、杨富店、耿庄、苏坨超过1000万元，小潞邑、前上坡、西马庄、范庄达到500万元以上。全镇人均可支配收入达到1.5万元，同比增长10%。

（李浩培）

【招商引资取得新成绩】 年内，全镇引进注册资本在千万元以上的项目18个，注册资金总额6.9亿元，其中注册资本5000万元以上5个。杨庄村引进千万元以上项目5个，新建、乔庄、永顺、范庄、竹木厂等村在引进投资千万元以上项目上均取得突破。商务园引进商务园示范园、国际企业园、超五星级酒店、泛华保险、中邮集团和北京威泰信息技术有限公司等6个实体项目，平均投资超过5亿元。

（李浩培）

【重点项目取得新进展】 中冶一局正元矿业大厦项目用地转让手续办理完毕，圣元惠仁检测项目审批手续报市卫生局等待审批。商务园金融街控股项目占地拆迁全部完成，完成一级开发结案，完成入市交易。完成金融街园中园项目设计方案。

（李浩培）

【新城基础设施框架进一步完善】 完成对潞苑东路、温榆河西路、温榆河东路、朝阳北路东延（一期）的决算评审工作。朝阳北路东延一期、温榆河西路、温榆河东路一期顺利竣工，潞苑北大街的拆迁任务顺利完成，朝阳北路东延线二期（通顺路——东六环西侧路）的拆迁工作顺利推进，新城北部地区基础设施网络基本形成。朝阳北路东延线二期搬迁涉及本镇范庄、焦王庄、李庄、刘庄4个村，搬迁总户数239户，总建筑面积9

万多平方米，拆迁工程预算评审价近3亿元。拆迁166户，建筑面积近6万平方米，拆迁补偿款7348万元。

（李浩培）

【城市开发与旧村改造统筹推进】 2009年，全镇房地产业发展态势良好，包括开发和旧村改造21个项目，全年开复工面积214万平方米，其中新开工面积44万平方米，竣工97万平方米。临空新区、运通人和良园二期、世纪星城二期等项目进入区绿色审批通道，为土地上市奠定基础。

（李浩培）

【上营棚户区改造工作扎实开展】 全力配合新城基业，在上营村的积极协助下，对6个标段落实责任，按期完成2156户村民住宅的拆迁任务，拆迁签约率高达97.4%，确保了上营棚户区改造的顺利进行。

（李浩培）

【社区建设工作】 完成北京市第七届居委会换届选举工作，8个社区党支部，18个城市社区居委会和2个农村社区居委会顺利换届；完成2个城市社区服务站和4个农村社区服务站建设；完成14个社区的楼门文化建设工作；在物资学院礼堂举办纪念"5·12汶川大地震"文艺汇演，成功举办五月的鲜花、金秋社区节等60多项丰富多彩的社区活动；打造一批精品社区，其中以盛业家园为示范点，建造50米文化长廊，制作2200块以国防教育、安全知识、温馨提示为内容的文化展板。

（李浩培）

【创卫工作取得阶段性成果】 以创建卫生区为契机，加大镇域内环境综合整治力度，投资1200多万元，改造旱厕37座，改造翻新垃圾大箱83座，新建水冲式公厕6座（每座15万元），垃圾箱入地项目完成16座（每座7万元），改造垃圾站底60处（每处0.5万元），清理各类垃圾渣土2万余吨（约计30万元），捡拾白色污染200公斤，清理卫生死角20多处，清除残标广告1万余张，粉刷油饰小广告5000余处，彻底整治冠榕大酒店北侧、乔庄西园子、六环西侧路小圣庙段等处长期存在的环境脏乱问题，顺利通过北京市卫生区考核验收。

（李浩培）

【城市生态治理】 年内，完成全年的绿化种植、除草、浇水、打药、防火等工作。投资20万元，种植树木3万余株，完成三八国际友谊林、温榆河绿色通道、六环路绿色通道、东方化工厂环厂林、上营发电厂林地、小中河西侧绿地、京哈公路北侧林地等处2000余亩的补植管护工作。投资120余万元，完成物资学院路、永顺南街、永顺路、永顺北街、规划七路、潞邑西路的7万多平方米景观绿化带的养护工作。投资50万元，有效防治美国白蛾、尺蠖等林木有害生物。投资6万元，用于机关国庆摆花活动。积极配合区园林绿化局、水务局等有关部门推进万亩滨河森林公园和温榆河生态公园绿化美化工作，完成评估拆迁600余亩，整治地形动用土方20万立方米。完成苏坨新村的市级花园式单位创建工作。

（李浩培）

【公路市政设施养护】 完成陈列馆南街、榆纪南路、榆纪北街3条乡级公路大修工程，完成靶场路的小修工程。全年补修路肩、边坡426公里，修补破损路面200余处，修补面积650平方米，挖掏雨水箅子2000余处，疏通排水沟1200米，清除堵塞下水管道生活垃圾500多立方米，及时抢修补装雨水箅子80块，更换补装井盖8套，抢修灯杆7次，更换各类灯泡2000多盏，确保16万瓦路灯的正常照明，高标准高质量地完成镇村两级55公里36条公路的市政设施养护工作。

（李浩培）

【土地监察卓有成效】 土地监察科自3月成立以来检查相对人80家，发现存在土地违法行为的有70家，送达责令改正通知书50份（含楼房住户）。相对人自行查处违法建设30处，总面积1310平方米，依法组织强制拆除16处，总面积970平方米，有效打击遏制了私搭乱建等违法行为。

（李浩培）

【城管执法工作】 在坚持人性化执法、文明执法的同时不断加大违法行为查处力度，进一步提高城管执法工作的整体水平。2009年，永顺分队纠正各类违法行为4451起，处罚1421起，罚款38080元，清理窗贴711处，规范灯箱牌匾108余处，拆除灯箱广告牌匾100余块，治理门前脏乱355处，有效地规范了辖区内门前三包单位的环境秩序，辖区面貌明显改观。

（李浩培）

【开展社救工作】 2009年，对城镇低保132户224人、农村低保98户127人开展临时性救济救助工作；对全镇27个因病致贫和因病返贫的特殊困难家庭实施每个家庭2000元的大病救助，并送去节日慰问品，救助金额达6.75万元；对低保家庭中60岁以上的农村低保和特困老人共计18人办理每人500元的免费慈善医疗救助卡。

（李浩培）

【优抚工作】 “八一”建军节在组织全镇老复员军人以及现役军人家属免费进行身体健康检查的基础上，为全镇85名老复员军人和军烈属等发放每人200元的购物卡，发放金额1.7万元；先后为20名优秀士兵给予立功奖励，发放奖励金4000元；为全镇42名现役军人家属发放每户1万元的优待金。

（李浩培）

【保障性住房办理工作取得进展】 年内，先后办理中低收入住房困难家庭申请保障性住房登记239份，审核通过131份。其中经济适用房登记审核通过45份、廉租住房审核16份、限价房69份、公租房审核1份。获得市级备案83份。相继完成本区县其他乡镇以及跨区县保障性住房的入户调查、公示工作。2009年，永顺镇被通州区城乡和建设委员会评为住房保障工作先进单位。

（李浩培）

【救灾备灾工作】 年内，完成区红十字会“博爱在京城”备灾救灾募捐工作，募集捐款4万元，并为10户因病致贫困难家庭申请救助金1.2万元；为3户家庭申请大宝真情互动救助金，救助金额1.5万元；开展扶贫济困送温暖爱心捐助活动，募集捐款4万元。

（李浩培）

【“九养政策”落到实处】 针对北京市“九养政策”措施的实施，对全镇950名80岁及以上老年人办理养老（助残）服务券补贴手续；为69名90岁及以上老年人每月发放高龄老年人津贴100元、为2名百岁老年人每月发放200元高龄津贴，发放资金总额5.48万元；为936名65岁老年人办理老年人优待卡手续，为294名60岁以上老年人办理老年人优待证手续，全面推动老龄事业健康发展。

（李浩培）

【人口和计划生育工作】 全年发放宣传材料1.5万份，受教育群众达3.6万人次。开展4次大型宣传活动，并组织落实“法规知识下乡”宣传，发动广大育龄群众参加演讲、摄影及文艺汇演等比赛，均在区里取得好成绩。完善村居委会人口学校宣传阵地。完成人口数据、人户分离、流动人口的调研工作。首次对镇域内计生药械市场进行检查，净化计生药械市场。在全镇范围内开展本市人口违法生育情况清理清查及流动人口违法生育的清理清查。通过padis（帕斯）系统对流动人口的婚育信息实行网络化管理，为流动人口查验证600余人次，发放避孕药具2650盒次。深入开展优质服务，为4000余名育龄妇女进行生殖健康检查，为贫困母亲捐款近24123.5元。

（李浩培）

【残疾人保障工作】 年内，为19名视力残疾人免费做白内障手术。为4名肢体残疾人免费装配普及型假肢，价值3万元。对233名贫困残疾人免费发放轮椅、拐杖等辅助器具，价值14万余元。对238名重度残疾人，每月发放生活补助金，年内合计发放676250元。对66名低保家庭残疾人，发放特困生活补助185400元。对全镇2户贫困残疾人家庭子女发放助学金2000元。为519名残疾人办理城乡居民养老保险补贴手续，183名重残人每年享受100%的补贴，336名残疾人每年享受50%的补贴。为70户残疾人家庭进行无障碍设施的改造，价值14万余元。

（李浩培）

【加强就业促进工作】 进一步加强就业培训和指导，通过镇、村共同努力，累计多渠道提供就业岗位5680多个，成功就业840人；举办各类培训班17期，完成职业技能培训723人。

（李浩培）

【社会保障工作有序开展】 全镇城乡居民养老保险参保人数达11850人，超额完成区里下达的任务指标；新型农村合作医疗参合人数达24644人，参合率98.4%；“一老一小”参保人数达到2865人；为1248名社会退休人员发放养老金1900万元。

（李浩培）

【新型农村合作医疗工作】 全镇有24644人参加新农合，有1.5万人报销，报销金额1497万元。其中住院2094人次、报销金额913.16万元，特病门诊149人次、报销金额116.71万元，普通门诊12757人次、报销金额467.73万元。全镇有697人实现出院即结算，报销金额299.99万元。有79名在校生享受到农村学生儿童医疗保障补偿，补偿金额24.16万元。

（李浩培）

【农转非工作】 全镇有超转人员433人，其中镇自管超转人员358人，区管超转人员75人。全年为超转人员发放生活补贴419.94万元，医疗补贴11.69万元。439人合计报销医药费170万元。完成历史遗留征地农转非工作，积极落实1993年10月以前建设征地农转工及超转人员补缴保险等相关政策，涉及9个村13个征地项目，区、镇两级累计出资2600万元，有效解决历史遗留问题。

（李浩培）

【大额资金管理制度实施情况】 2009年，核实审批大额资金895笔、金额10.23亿元，补充备用金118笔、金额3186万元。除年初各村就财务收支预算召开村民代表会以外，由于增加预算项目或金额，再次召开村民代表会的有15个村、20次，涉及资金项目27项、金额1.26亿元。因民主程序不合格退回村里，经完善民主程序合格后再批回使用的18笔、2123万元。

（李浩培）

【完成国庆60周年安保工作】 按照区里统一部署，精心组织“国庆平安行动”，扎实开展各项维稳工作。国庆期间，全镇累计发动群防群控力量7100余人，对600多个防控岗和800多个重点区域实施有效防控，圆满完成国庆60周年安保任务；切实加强信访调处，妥善解决一批敏感信访问题。

（李浩培）

【安全检查工作】 全年排查企业704家，检查锅炉房84座184台，下发检查记录704份，下发限改通知书50份，发现隐患557起。以政府名义下发各类安全生产文件42份，组织召开全镇各类安全生产会议20余次，与25个村、18个社区居委会、16家重大危险源单位签订《安全生产责任书》、《烟花爆竹安全管理责任书》、《国庆安全生产保障工作责任书》。国庆前夕与19家危化单位、40家涉危企业和55家特种设备使用单位签订《国庆安全生产保障工作责任书》。积极行动，开展八里桥市场六区安全隐患整治，组织联合执法2次，对14户居住在六区内的经营户进行夜查，对6户“三合一”住户进行清理。

（李浩培）

【流动人口管理工作】 2009年，以流动人口和出租房屋基础调查推进“平安通州”建设工作为目标，以“两会”和新中国成立60周年庆典活动的安保工作为中心，狠抓基础调查信息采录及安全隐患排查工作。流动人口信息录入83088人，出租房屋信息录入8220户，出租房屋征税220余万元，超额完成全年160万元出租房屋税收任务的137%。配合公安等执法部门开展流动人口服务管理和出租房屋专项整治行动126次，组织本部门开展清查活动97次，散发宣传资料59600余份。对流动人口聚集区、闲置厂房进行全面摸排，清查出租房屋7720余户，发现和排除出租房屋安全隐患690余起，摧毁制造假药、假酒、假证窝点47个，取缔食品店、按摩院、废品收购站等非法经营75户。查验流动人口65360余人。发现有警示信息人员362人，抓获犯罪嫌疑犯41人，发现邪教法轮功习练人员46人，登记散居社会在京维吾尔族人员36名。为确保一方平安发挥了流管工作的积极作用。

（李浩培）

【交通安全管理工作】　开展“两会”期间的交通安全监管及宣传教育工作。全面落实“三见面，三把关”工作，加强对专业运输单位的检查，加大宣传力度。加强重点、排查、驾驶员登记交通安全的教育管理；进行“两会”交通安全专题教育工作。为了缓解交通拥堵，“两会”期间切实做好消减交通流量工作。在“两会”期间，制定《2009年“两会”期间交通安全责任书》，并与辖区内各单位逐一签订。“国庆”期间制订永顺镇关于开展迎国庆保安全创和谐交通环境宣教活动工作方案，各单位按照方案进行工作。与辖区所属单位签订国庆期间交通安全责任书350份，并且每位司机都签订保证书。对交通安全隐患较为严重单位的重要车辆大客、大货、危化、校车等逐一进行排查造册登记，对四种车辆进行各种检查。对全镇所有19个危化单位车辆进行严格检查，尤其是对车辆司机情况进行摸底，要求必须达到安全标准才能上路。组织“国庆期间交通安全义务宣传员86名，从9月15日开始，在各村、各社区对进出车辆进行登记，并每天将车辆登记数上报安委会。9月15日至10月8日，各村上报检查车辆为33597辆，各社区上报检查车辆为32965辆。

（李浩培）

【精神文明建设】　围绕“保增长、保民生、保稳定”、创建卫生区和国庆60年工作，深层次开展文明村、文明新风户、文明示范街等创建活动，扎实开展别具特色的“五红五进”活动，即推进创红信、讲红史、颂红诗、赏红片、唱红歌活动进机关、进农村、进社区、进学校、进企业，丰富了精神文明创建活动载体。“公德之星”评选活动令全镇精神面貌焕然一新，不断加大宣传阵地的范围，建成具有永顺特色的精神文明宣传墙和精神文明示范街。加强基层文化体育设施建设，建成16个益民书屋室，巡回播放数字电影100余场，丰富群众业余文化生活，全镇精神文明建设水平取得新的进步。

（李浩培）

【法制建设】　认真落实《全面推进依法行政实施纲要》，支持人大依法履行职能，自觉接受人大代表监督，全年办理人大议案、建议21件，办复率为100%。狠抓制度建设、重点建设、载体建设、特色建设，扎实开展“五五”普法工作，依法治镇取得新的进展。认真贯彻实施政府信息公开条例，深化政务公开，大力推行阳光工程，政府工作透明度进一步增强。

（李浩培）

梨　园　镇

【概　况】　梨园镇位于通州新城南部，镇域面积24.87平方公里，辖26个行政村，19个社区居委会。辖区总人口18.4万人，其中户籍总人口44964人(农业人口10740人，非农业人口34224人),全年出生人口616人，计划生育率98.2%。全镇有56个基层党支部（党总支)，党员2162人。

（李克远）

【主要经济指标平稳较快增长】 年内，全镇税收实现72555万元，同比增长37.7%。其中一产实现税收 80.48万元，同比增长19.18%；二产实现税收8188.25万元，同比增长1.33%；三产实现税收64285.8万元，同比增长44.33%。地区农民人均纯收入达到14375元，同比增长21.2%。

（李克远）

【第三产业主导作用进一步发挥】 随着城市产业结构调整取得一系列成效，梨园商业服务业发展初具规模，产业作用进一步显现。年内商服业税收实现6890万元，同比增长43.5%。房地产项目支柱作用继续发挥，年内开复工面积达到124万平方米，竣工面积24.25万平方米，实现税收47188 万元，同比增长79.1%。

（李克远）

【投资促进工作成效显著】 年内，引进单体投资额1000万元以上的企业18家，累计投资总额7.17亿元。引进企业业态进一步丰富，包括：北京农投首诚小额贷款股份有限公司、物美超市果园店、北京金圣缘古典家具有限公司等金融、工、商企业；引进企业知名度进一步提高，包括：中国照相、北京苏稻食品有限公司等知名企业。积极为企业解决流动资金短缺、贷款贴息和符合条件企业相关人员户籍手续办理等10余种实际问题。落实与农商行梨园支行的两批债务打包协议，政府破产减债工作进展顺利。规范村级财务管理制度，保障了村集体经济良好运行；圆满完成第二次全国经济普查工作，并荣获北京市先进单位的称号。

（李克远）

【城市基础设施及公共设施进一步完善】 大力推动重点项目建设，完善新城基础设施，配合区相关部门完成消防指挥中心和特勤站规划手续、建设方案以及代建等工作，做好5号燃煤锅炉集中供暖区征地、规划、补偿、施工管线路由协调等各项工作；投入4000余万元，完成月异路、大京路等镇内5条道路新建、改建和3条排水方涵建设工程，完成贵友大厦人行过街天桥工程；投入1300余万元，实施镇派出所办公场所改造和敬老院扩建工程。

（李克远）

【旧村改造工作取得新进展】 年内，完成高楼金村、孙王场村、曹园村、小稿村4个村民自住楼建设审批手续的申报工作；启动高楼金村民自住楼建设；按照镇拆迁工作程序完成砖厂村和半壁店剩余地块的拆迁工作，拆迁房屋410余户、7万余平方米。全镇有19个村完成改造计划，73%的村民实现搬迁上楼。旧村改造的推进，加快了城乡一体化建设进程。

（李克远）

【城乡环境卫生和绿化美化管理】 圆满完成创建国家卫生区所承担的各项任务，落实一系列规范化、精细化管理制度深化环境建设管理，顺利通过国家卫生镇复检，连续荣获国家卫生镇称号。启动6个农贸市场的升级改造，半壁店等4家农贸市场竣工并通过验收。投入近200万元，做好镇域内的绿化美化建设，获得区2009年绿化美化先进单位称号。

（李克远）

【完成60周年国庆服务保障任务】 完善社会治安大防控体系，有效实施新中国成立60周年大庆等敏感时段安全稳定的工作方案，动员公安部门专业力量、安保部门职业力量、民兵巡逻队伍和红袖标等义务力量共8000余人，巩固了社会治安大防控体系，提高地区群众安全感。认真落实“领导干部大接访”、“重点案件领导包案”、“重大项目信访风险评估”等工作机制，有效处理和解决了群众反映的实际问题。落实强化安全生产责任体系建设，开展无缝隙拉网式检查，消除安全隐患1100余处，全年未发生重特大安全生产事故。加强交通安全宣传、教育、管理，完成国庆阅兵车队行径路线的交通保障任务。认真做好甲型H1N1流感防控工作，对全镇农产品养殖基地、农贸市场、食品加工企业进行6次专项检查，保障了全镇医疗和食品卫生安全。

（李克远）

【农村集体经济产权制度改革】 2009年，加大产权制度改革宣传力度，充分调动村干部及经济组织成员的积极性，稳妥地推进改制工作。半壁店、砖厂、高楼金3个村完成改制；小街一、二、三队，西小马，李老5个村完成摸底登报等工作。全镇累计完成16个村的改制，量化资产总额14.57亿元。其中集体股股额3.54亿元，个人股股额11.03亿元，享有股东资格人员11465人。实现“资产变股权，社员当股东”。

（李克远）

【劳动就业和社会保障全面加强】 年内，成功推荐镇内外就业人数1058人，实现农村劳动力转移就业540人，认定充分就业村5个。妥善解决了1993年前国家建设征地167名转工人员的社会保险补缴及安置费发放工作。五项社会保险累计扩面征缴6484人，参保覆盖率在90%以上。新型农村合作医疗人数14792人，参保率达98%以上。为5438名符合条件的城乡无养老保障人员办理了保障金申领手续。为793名超转人员发放养老金856万元，报销医疗费240万元。累计完成236人的“一老一小”参保工作，为退休人员发放养老金252万元。社会救助、优抚工作进一步加强，实现信息化管理。城镇、农村低保水平逐步提高，实现动态管理下的应保尽保，提高了困难群众大病救助补偿和“五保”对象年供养标准。退伍军人安置率达到100%。发挥群团组织作用，累计发放救助资金260万元。

（李克远）

【社区建设更加规范】 社区管理趋于规范化、制度化，为19个社区居委会办公服务用房配置相应设施，新建的4个社区居委会实现正式对外办公。在15个社区居委会中，采取居民代表选举方式，按照法定程序，历时3个月顺利完成北京市第七届社区居委会换届选举工作。同时根据市、区规范体系，建立一站式大厅、医疗服务室、大讲堂、图书室。

（李克远）

【社会公益事业进一步发展】 大力实施群众文化工程，争取专项资金200余万元，完成14个村的数字影厅建设，为8个村建立益民书屋。成功举办以“践行科学发展观，迎祖国60华诞，建南部文化新城”为主题的群众歌咏、舞蹈汇演。争取星火工程等专项资金近100万元，配合专业团体组织“星火工程”文艺演出58场，组织镇内非专业团体下村演出23场，丰富了群众的业余文化生活。依托韩美林艺术馆、区级爱国主义教育基地，接待社会各界10余万人次。举办镇第三届“和谐社区杯”乒乓球比赛，参与区级各项比赛均取得好成绩。做好“中、小、幼、成”各项教育工作。认真抓好甲型H1N1流感防控工作。城镇卫生服务体系不断完善，镇、村二级医疗卫生服务体系初步形成，做好2086人的流动人口国家计划内免疫“查漏补种”工作。建立人口计生工作新机制，财政投入79万元，促进了人口计生工作，连续九年获得市、区人口计生工作红旗单位称号。

（李克远）

【人大工作依法开展】 强化人大职能作用，依法组织召开两次镇人代会，对全镇国民经济、社会发展情况以及产权制度改革工作进行了审议和评议。做好区、镇人大代表建议督办工作，办理人大代表建议18件。积极贯彻落实《中华人民共和国食品卫生法》，组织区人大代表对镇域内学校、主要食品生产加工企业以及餐饮经营企业进行食品卫生执法检查，有效保障了地区群众食品卫生安全。积极发挥代表桥梁纽带作用，开展“代表联系选民月活动”，征集群众关心的热点、难点问题，促进了政府工作。

（李克远）

【基层党组织建设取得新成绩】 围绕“转变作风、加快发展、惠及百姓，打造创新文化、和谐南部新城”的活动载体，圆满完成镇机关和大稿村深入学习实践科学发展观阶段性活动任务，相继开展了镇村各基层党组织的学习实践活动。以农村党的基层组织“三级联创”活动为抓手，加强基层干部日常教育、培训、管理和述职评议工作，充分发挥基层党组织在“三保”工作中的领导核心作用。统筹城乡党建工作，成立全区首家镇级社会工委。顺利完成村级党支部换届选举工作，做好两委干部的培训工作。

（李克远）

【加强党风廉政建设】 加强作风建设，以开展领导干部作风建设年活动为载体，坚持“标本兼治、综合治理、惩防并举、注重预防”的方针，不断增强全镇各级领导干部的思想作风、学风、工作作风和领导作风；强化廉政风险防范，积极推进全镇廉政风险防范管理工作，进一步建立健全村级党风廉政建设和反腐败工作的监督体系，研究制定《梨园镇关于建立健全村级党风廉政建设和反腐败工作监督体系工作意见》，明确了镇党风廉政建设和反腐败工作领导小组，包村督导员、各村责任人、村监督小组四层监督机构的构成和职责，构建起覆盖全镇的村级“三务”公开民主监督体系，为村级党风廉政建设和反腐败工作提供了制度保障；履行监察职能，对重点工程和机关效能建设、安全生产大检查等项重点工作进行了监督检查，以全程代办为窗口，提高各部门服务质量，通过网络办理事项1900余件。

（李克远）

【宣传思想工作效果显著】 围绕学习科学发展观活动、国庆60周年庆祝活动等中心工作，精选报告专题，邀请北大教授宣讲科学发展观，以各种媒体为平台，编发深入学习实践科学发展观活动简报40余篇；围绕展现梨园经济发展成果，通州时讯刊发7期专刊，在区级以上媒体上发稿100余篇，在区电视台“今日梨园”专题节目中播放专题片24期，播发新闻76条，为全镇经济社会发展营造了团结向上的舆论氛围。

（李克远）

宋　庄　镇

【概　况】 宋庄镇位于通州区北部，东邻潮白河，西邻温榆河，是通州区连接顺义区、朝阳区以及河北省三河市燕郊之间的结合地，北部紧邻首都国际机场，机场南线穿境而过。全镇面积116平方公里，辖47个行政村，人口近10万人。2009年，全镇耕地面积57895.5亩，粮食产量14549.5吨，年末农户总户数8562户，户籍人口58162人，其中农业人口46122人、非农业人口12040人，外来人口30664人，出生572人，人口出生率9‰。

（许健雄）

【举办第五届文化艺术节新闻发布会】 7月28日，第五届中国宋庄文化艺术节新闻发布会在原创博展中心举行。发布会上通报了“2009第五届中国宋庄文化艺术节——群落！群落！”将于2009年9月19日～10月12日在北京宋庄文化艺术区举行。宋庄镇党委书记胡介报、镇长裴志刚，国家发改委国际合作中心文化产业研究所副所长陈喆，文化产业集聚区管委会主任李军，著名批评家栗宪庭出席发布会。

（许健雄）

【市长郭金龙到宋庄镇调研】 12月2日，

市委副书记、市长郭金龙，副市长苟仲文、陈刚，市政府秘书长、办公厅主任黎晓宏以及相关部门市领导17人到宋庄镇对文化创意产业进行调研，区委书记王云峰，区委副书记、区长邓乃平等区领导及宋庄镇主要领导陪同调研。

（许健雄）

【经济持续健康发展】 2009年，完成税收5.6亿元，增长15.6%。其中国税完成2.9亿元，同比增长19.5%；地税完成2.7亿元，同比增长10.3%。小堡、富豪、草寺、双埠头4个村税收突破千万元，其中小堡村3063万元。全镇地方财政收入完成7127万元。农民人均劳动所得实现12669元，同比增加1063元，增长9.2%。

（许健雄）

【文化创意产业集聚区项目全速推进】 2009年，启动占地1492亩的集聚区A、B、C地块土地一级开发。建筑面积40万平方米的三辰动漫网游基地项目与三辰集团签订合作框架协议。总投资7700万元、建筑面积1.3万平方米的公共服务平台项目主体工程完工。总投资18亿元、建筑面积18万平方米的北京世贸中心项目与投资建设方签订意向书。

（许健雄）

【现代都市农业稳步发展】 2009年，全镇申请入库农业项目21个。宋庄农业风情园、师姑庄湿地观光园、宋庄伯爵农艺园等一批重点农业项目开工建设，完成建设投资6008万元。年内，争取专项补贴874万元，加快了师姑庄、北寺等村的设施农业建设。新建温室大棚221栋，打机井45眼，修农田路42330平方米。同时鼓励农民专业合作社发展，为手牵手养殖、大邓犬业、北刘果树等农民专业合作社共争取项目扶持资金94.6万元，补贴发放了封闭式农用运输车7辆。

（许健雄）

【基础设施建设全面提速】 年内，京榆路三期全线通车，窑平路一二标段拆迁工作完成。徐尹路一期雨污水管线、京秦铁路箱函顶进、温榆河桥、小中河桥扩建工程完工。宋郎路北延、潞苑南大街、规划一路、规划三路拆迁工作进展顺利。同时，完成总长19公里的乡村道路建设工程。

（许健雄）

【新农村建设取得新成果】 2009年，完成23个村44.5万平方米的街坊路改造工程、全镇4803户户厕改造工程、14.3万只“绿色照明”灯的安装置换工作。新建村级邮站47个。年内，投资155万元购置环卫设备，并增加160名环卫人员和50名绿化养护人员。

（许健雄）

【改善教育文化卫生条件】 2009年，投资1142万元启动徐辛庄小学整体改造工程。镇村投资245万元完成14个村的数字影厅建设安装，使全镇42个村配有数字影厅。建设完成翟里村社区医疗卫生服务站，方便宋庄镇北部8个村的村民就医。

（许健雄）

【社会保障工作取得新进展】 2009年，镇财政补贴530万元推进新型农村合作医疗工作，全镇合作医疗参保率达到97%以上。区、镇两级向农低保、城低保、残疾人、五保户等15类救助对象1307人发放各类救助款429万元。全镇投入991万元，加大独生子女家庭利益导向力度，兑现独生子女家庭各种奖励扶助款项共129.6万元，为计生家庭办理小额贴息贷款174万元。

（许健雄）

【推进劳动就业工作】 2009年，登记求职农村劳动力2410名，以多种形式开发就业岗位2670个，推荐农村富余劳动力转移就业2012人次，新创建翟里村等10个镇级充分就业村。

（许健雄）

【安全生产水平不断提升】 2009年，排查生产经营单位436家、第五级区域场所292

家，清理死边死角142处，排查消防安全隐患285处，出动镇村检查人员1400余人次。安全生产死亡事故比上年同期减少50%。

（许健雄）

张家湾镇

【概　况】张家湾镇位于通州新城区东南，镇域面积105.8平方公里，下辖57个行政村。2009年，工业总产值、工业增加值、销售收入和利润分别实现86.1亿元、17.8亿元、87.2亿元和2.9亿元，同比分别增长3.5%、2.5%、2.6%和15.2%。实现国地两税5.85亿元，其中国税3.5亿元、地税2.35亿元，地方财政收入实现6646万元，农民人均纯收入达到11179元。全镇常住人口56834人，流动人口36345人，总户数20107户，其中农业人口42299人、非农人口14535人，全镇年出生433人，计划生育率达到98.1%。

（孙凤霞）

【镇规划体系进一步完善】　在2008年取得镇域总体规划批复的基础上，编制完成北京市通州经济开发区张家湾创业园用地规划，得到区政府的审批。1101、1102、1103街区规划通过市规委审批备案。完成南大化等21个村的村庄规划审批工作。本镇基本形成规划体系。

（孙凤霞）

【园区发展和项目引进初见成效】　年内，通过召开企业年会等途径，投资在5000万元以上16家企业和25个有潜力的项目落户本镇；完成数字科技企业孵化中心项目立项工作，截至年底，有10余家企业签约入驻园区；完成吉林森工股份有限公司销售中心项目研发楼主体施工；宏泰旸综合楼封顶，进入内部施工阶段；完成万生药业、新晨办公等企业改扩建工作。阿科玛、祥龙顺成、易华信、百纳威、三进精工、鸟取吉冈等土地转让项目的手续办理取得实质进展。完成渔场166亩土地的场地平整及排污、天然气、自来水等基础设施建设。成立北京市张家湾城镇开发建设有限公司，为土地一级开发项目手续办理和实施打下基础。

（孙凤霞）

【重点工程建设相继完成】　镇卫生院及社区卫生服务中心正式落成；万亩森林公园张家湾段的拆迁工作基本完成，流转土地1488亩，建设工程全面启动；实施张凤路二期拓宽改造工程，投资1.9亿元，年内光华路段竣工通车；全长4.2公里，投资3000万元的胜利干渠路建设全线竣工；投资3200万元的九德路凉水河至样田段1.8公里道路拆迁补偿及拆迁任务顺利完成并竣工通车；投资250万元，道路总长2.8公里的凉水河北堤、王翟路、南许场路等村级路建设顺利完工。

（孙凤霞）

【违章建设查处工作效果显著】　2009年，本镇先后组织十余次拆违行动，完成国土部9次卫片11处违章建设项目和姚辛庄村鑫绿园项目、枣林庄逸仙种植园项目共13宗违章建设项目的拆除工作，拆除面积近5万平方米。同时积极沟通农委、国土、劳动等相关单位，较好地解决了违章建设项目拆除后的遗留问题。

（孙凤霞）

【都市型现代农业快速发展】　投资1500万元规范张凤路都市型现代农业产业带建设，新发展苍上、西永屯、东永屯等7个村设施农业基地，建日光温室360栋，占地700亩，发展春秋棚1200栋，占地1500亩。完成万源生猪绿色养殖项目、世纪环美彩叶树等现代科技农业项目建设，实施华吉生态养殖基地、葡萄避雨栽培等项目。北京世纪环美采摘园、北京综艺达生态种植园、北京家祥园等4家单位8个品种的农产品，通过了农业部无公害农产品认证。

（孙凤霞）

【新农村建设步伐明显加快】 投资2700万元对26个村进行50万平方米的街坊路硬化；投资598万元，完成46个村3500平方米公共厕所建设工程；新建5个太阳能浴池；投资270万元，为15个村安装节能灯；投资30万元，在3个村实施老旧自来水管道改造工程。

（孙凤霞）

【农村集体经济产权制度改革稳步推进】 年内，新增流转面积2487亩，土地流转收益每亩平均800元左右；新发展农业专业合作社14个；5个村完成产权制度改革；发放惠农政策补贴款600余万元。

（孙凤霞）

【高度重视民生工作】 开展各类培训班15班次；组织招聘会12次，开发就业岗位1400个，为2890人次提供了职业指导；安置农村劳动力910人，帮助1351人实现再就业；为全镇410个城乡低保户发放低保金及取暖燃煤补助158万元；为300名60岁以上低保户老人办理每人500元的慈善医疗卡；继续实施农村社救对象危旧房改造工程，解决资金88.2万元，为21户翻建、维修房屋103间。出资37.8万元为7户优抚家庭危旧房进行翻建。38名孤寡老人实现敬老院集中供养；发放义务兵优待金39万元；发放优抚对象生活补助金154.6万元；为5000多名65岁以上老人办理优待卡；发放高龄津贴14.9万余元。发放超转人员生活补贴308万元，报销医药费29万元。围绕计生政策奖励、二孩审批、独生子女家庭奖励扶助政策开展大规模服务工作。

（孙凤霞）

【加大劳动和社会保障力度】 积极推进农保工作，将农保工作纳入村级年终考核。全镇2009年完成42154人的新农合参保工作，参合率达到98.4%，发放合作医疗报销款项总额达1059万元；完成20797人的城乡居民养老保险参保工作；“一老一小”大病医疗保险累计参保达到1280人；全年报销退休人员医药费612人次，达171万元，发放退休金877万元；发放丧葬补助金115.5万元。全年完成社会保险扩面征缴220万元。

（孙凤霞）

【解决农转非遗留问题】 组建征地转非安置办公室。完成梁各庄村开发区征地转非安置工作，启动六环路征地转非安置工作，对张湾村469人、土桥村555人进行转非安置，因六环高速路征地而引发的历史遗留问题得到解决。

（孙凤霞）

【教育基础设施进一步加强】 潞河中学分校体育馆基本建设完成；上店小学、枣林庄小学完成校舍改造。三间房小学顺利合并到陆辛庄学校；对13所中小学校、幼儿园进行2次消防安全检查；对镇儿童乐园及自办幼儿园进行抗震检测，牛堡屯学校、枣林庄小学完成抗震加固；统一颁发学校班车车证，依法取缔了不合格校车。

（孙凤霞）

【完成国庆60周年服务保障工作】 确保60周年国庆服务保障重心工作顺利进行，镇、村全力以赴做好服务阅兵村的安全保卫及社会治安综合大防控工作；投资1302万元，在张采路两侧建立文化宣传墙和绿化美化工程，极大地改善了张采路沿线整体环境；通过对阅兵村周边一级防范区域74家企业进行全覆盖、密篦式的安全检查和监督管理，确保了阅兵村周边的安全；高标准完成电力、水务等部门的协调；在阅兵村周边和张采路沿线，由土桥到小耕垡各村，全镇的群防群治巡防志愿者达3000余人，24小时不间断上岗执勤；在部门联动，捆绑执法中，累计取缔黑开场所65个，对全镇414名各类重点人面对面教育，24小时看守，未发生对社会产生不良影响的行为和事件，确保了60年大庆的阅兵服务保障工作顺利完成。

（孙凤霞）

【深化党建创新工作】 完成镇、村两级的学习实践科学发展观活动；实施新的科室包村机制；创办《今日张家湾》；坚持安全、维稳、环境、土地管理四项季度百分考核办法；推进领导干部家属“贤内助”座谈会、通过查找廉政风险点、廉政承诺责任书的签订和廉政防范措施的制定等一系列工作，增大了预防腐败的安全系数；实施信访矛盾定期排查、前期预警、领导干部“大接访”等机制，2009年接待群众来访96批、1018人，同比下降35%，信访形势好于往年。

（孙凤霞）

【精神文明建设蓬勃发展】 建设富裕、文明、和谐新张家湾进程中，全镇基层各单位按照科学发展观的要求，在各条战线上涌现出一大批工作业绩突出的先进单位和先进家庭，起到了表率带头作用。本镇对7个优秀村、纳税500万元以上的9个村和21家企业、6个新农村建设先进村、10个维稳先进村、17个环境治理先进村、13个文明标兵村、16个文明村、9个文明标兵单位、24个文明单位和150户文明十星户给予表彰。

（孙凤霞）

漷县镇

【概　况】 漷县镇位于通州区东南部，镇域面积113.68平方公里，辖61个行政村，全镇总户数33321户，总人口70309人，其中农业人口46940人、非农业人口23369人。年内出生人口367人，计划生育率为99.32%。耕地面积89460亩，其中粮食面积73736亩。工业企业413家。年内完成税收3.31亿元，同比增长10%；实现工业产值31.2亿元，同比增长18.2%；工业增加值7.6亿元，同比增长18%；利润总额6202万元，同比增长28.9%；农民人均劳动所得10002元，同比增长8%。

（王海山）

【招商引资和盘活工作取得新成绩】 加快推进工业产业发展，按照产业功能定位，加大招商引资工作力度。年内引进落地企业51家，总投资3.88亿元，税收2700万元，其中亿元以上4家、5000万元以上3家；引进注册企业257家，注册资金3.36亿元，其中500万元以上16家、1000万元以上5家。加大对建而未营、营而无税企业的盘活力度，引入一批成熟型的新项目，使闲置的厂房、场地得到重新利用。盘活企业13家，总投资1.2亿元，盘活土地近500亩，税收2000余万元。

（王海山）

【做好企业跟踪服务】 抓好企业的技术改造和升级，充分挖掘企业内部潜力，增强企业发展后劲。年内，帮助18家企业贷款3800万元，清理不良资产1759万元，完成4家企业的国际质量体系、国际安全体系和国际环境体系三项认证。

（王海山）

【加强农业基础设施建设】 加快实施6000亩都市型现代农业基础设施建设及农业综合开发项目，完成7个村万亩农田整理项目的现场核实、勘验等前期工作；完成漷大路产业带600亩农业设施建设；实施小麦籽种高产示范方基础设施建设，改善示范方的生产条件。

（王海山）

【开拓农业发展新途径】 以设施农业为突破，以富裕农民为目标，不断探索农业产业结构调整和机制创新新途径。实施林下经济种植300亩，发展籽种小麦种植1100亩；启动吉鼎立达花卉基地占地220亩的综合性月季园一期工程；创新“合作社＋基地＋农户”的产业合作模式，建成占地100亩立体种植面积达24.79万平方米双孢菇栽培示范基地和菌种厂，使农户每年单棚收入达到

3万余元。

（王海山）

【农村综合改革进展顺利】 年内，新成立5家农民合作组织，全镇农民合作组织达到21个。完成土地承包经营权流转1271亩，完成20个村的产权制度改革，为集体经济发展和农民增收奠定基础。

（王海山）

【家庭手工业发展初具规模】 全镇从事家庭手工业专业大小龙头户近50家，加工12大系列300余个品种，从业妇女3600人，年加工生产能力达800余万件，成为全镇富民工程中新的经济增长点。

（王海山）

【小城镇建设迈上新台阶】 中心区控制性详细规划取得市规委的正式批复，为全镇各项工程的建设奠定坚实的基础。完成镇中心区道路定线和实施方案的编制工作以及各专项规划。完成社区服务中心附属办公楼、李军路改扩建、漷大路部分道路改扩建、漷兴西二街道路建设以及垃圾转运站的主体建设工程；完成漷兴北一街、漷城西一路、漷兴六街道路工程的征地、拆迁工作；觅子店学校工程开工建设。

（王海山）

【新农村建设取得新进展】 不断完善环境整治季度考核办法，加大监督考核力度，全镇环境面貌焕然一新。完成西黄垡村市级生态村创建，完成村级道路硬化70万平方米，绿化面积68万平方米，植树48.3万株；完成31个村信息资源共享工程、27个数字影院建设及12000户户厕改造任务；安装节能路灯470盏，发放户用节能灯泡13.3万只；建成54个村邮站、55个公厕；完成25个村的村庄规划工作；筹建3个社区居委会、5个村级社区服务站。

（王海山）

【强化党建和精神文明建设】 不断深化村级党支部“六服务”创建活动，增强村级干部服务群众的意识，完善村级党组织的服务功能。完善村级支部书记考核激励机制，根据村干部“双述双评”考核结果，调整5个村的支部书记，增强支部书记的责任意识和发展意识，有效推动了工作开展。推行农村党员量化考核办法，激发党员在责任区内的模范带动作用。创新农村党员干部现代远程教育工作机制，巩固党员队伍建设成果。以领导干部作风建设年为契机，严格贯彻落实党风廉政建设责任制，深入开展“加强党性修养、弘扬良好作风，实践科学发展、推进新农村建设”主题教育活动。全面巩固首都精神文明乡镇创建成果，以《漷县时报》、《魅力漷县》为宣传平台，开创以镇带村、以村促户的精神文明建设新局面。

（王海山）

【进一步改善教育教学环境】 实施侯黄庄中学的校舍改造工程，启动马头小学校舍翻建工程，完成边槐庄小学的撤并工作和通州区漷县镇青少年爱国主义教育基地改扩建工程。

（王海山）

【劳动和社会保障工作不断推进】 年内，实现农村劳动力向二三产业转移923人；为8972人办理无保障居民养老保险，为19522人办理新型农民养老保险,为655人办理“一老一小”大病医疗保险；接收472份城镇失业人员档案，发放失业金29.5万元，报销失业医疗费1.7万元；办理灵活就业、自主创业手续78人，失业人员再就业505人；管理退休人员档案235份，发放退休金416万元；35372人参加合作医疗，发放报销款532.7万元；解决拖欠工资、经济补偿、劳资纠纷等案件45起，涉及金额21.8万元。

（王海山）

【不断加强民政优抚工作】 对农低保户和城低保户进行入户调查，实行动态管理。对低保户、烈属、伤残军人、老复员军人等弱势群体实行长期扶助和临时救助相结合。通过成年智力残疾人职业康复劳动站、残疾人康复站，多渠道开展残疾人康复服务。投资

300余万元对优抚、社救对象进行危房改造，为422个重残人员办理养老助残服务券，为790名残疾人办理养老保险，对370户重残人员进行家庭无保障设施改造。

（王海山）

【深入开展计划生育工作】 认真贯彻落实计生政策法规，进一步扩大计划生育宣传阵地，投资14.5万元建设1800平方米涉及14个村的人口计划生育文化大院、文化园和文化墙，在边槐庄村建设一条人口与计划生育宣传示范街，增强计生知识的知晓率，全力打造人口和计划生育的新型生育文化平台。

（王海山）

【强化安全生产工作】 建立专职安全员队伍，加强对企业安全生产的监督检查力度。强化安全生产监管职责，抓好安全生产责任制的落实，形成定期检查与突击检查相结合、普遍检查与重点检查相结合、强化检查与加强教育相结合的安全生产监督管理机制，确保企业和人民群众的生命财产安全。

（王海山）

【做好国庆60周年安保服务工作】 制定“国庆平安行动”社会面控制工作方案，形成“面上有人控、线上有人巡、口上有人卡、重点部位有人防”的社会面防控格局。发动社会力量3429人，加强对4个群防群治卡点的外围设卡，并分别与周边乡镇和交界的外省市乡镇签订《平安边界协议》和《护城河工程协议》。杜绝安全生产事故、各类危及社会安全的重大事件、食品安全等事件的发生，圆满完成国庆60周年期间的安全保障工作。

（王海山）

【全面做好甲型流感防控工作】 漷县镇认真落实通州区防控甲型H1N1流感工作会议精神，成立防控甲型H1N1流感应急工作领导小组，制定并下发《漷县镇防控甲型H1N1流感应急工作预案》和《漷县镇关于归国入境人员防控甲型H1N1流感工作预案》，建立防控信息上报制度，做好防控物资储备工作，强化卫生院预检分诊措施，加强防疫知识宣传，重点加强对各村、各企事业单位、医院、工地、学校以及人口聚集地等场所的宣传力度，严格抓好重点地区、重点人的防控，全面做好防控应急工作。

（王海山）

马驹桥镇

【概　况】 马驹桥镇地处通州区西南部，与北京、通州、黄村呈菱形布局，京津塘高速和公路六环在镇中交汇，与11条国道或主干道相互连接，驱车10分钟可达城区，30分钟可达首都机场，1小时可达塘沽新港。全镇行政区域面积82平方公里，辖45个行政村，18513户42334口人，其中农业人口29479人、非农业人口12855人，全年出生人口415人，出生率10‰。

（绳少红）

【市领导到马驹桥镇调研】 2月23日，市台办主任马玉萍等领导到马驹桥镇台资企业—北京金果冠农业有限公司进行调研。5月6日，市委常委牛有成、副市长夏占义及市农委主任王孝东等领导到马驹桥镇对小城镇建设工作进行调研。9月9日，市人大内司委主任王德修等领导到马驹桥镇小周易村就城乡社区居民自治情况进行调研。

（绳少红）

【经济持续健康增长】 2009年，实现税收9.43亿元，同比增长47.1%，总量列全区第二，增幅列全区第一。其中国税完成4.18亿元，同比增长49%；地税完成5.25亿元，同比增长45%；地方财政收入2.25亿元，同比增长10.3%。

（绳少红）

【平稳完成北五村集体资产处置】 4月29日，四届区委第76次常委扩大会议上审议并原则同意《马驹桥镇北五村集体资产处置兑现暨撤村设居的工作方案》。5月6日，按照《北京市农村集体资产管理条例》、《北京市建设征地补偿安置办法》、北京市人民政府办公厅关于印发《北京市撤制村队集体资产处置办法》的通知等文件精神，马驹桥镇北海、南海、壮丁屯、河北段、胜利5个村集体资产处置工作正式启动。进行最初入社原始股及劳龄、人员登记核实等项工作。7月31日，5个村的集体资产全面评估完毕。9月21日至22日，北五村统一进行集体资产处置实际兑现工作，共将1.97亿元资产兑现到5个村的4599名集体经济组织成员手中，其中北海村873人兑现金额3208.4万元，南海村721人兑现金额2973.4万元，壮丁屯村1599人兑现金额7516.8万元，河北段村795人兑现金额3319.1万元，胜利村611人兑现金额2703.9万元。10月10日，北五村原村集体财务账目及财务用品封存及移交工作全部完成。北五村经济组织就此解体。

（绳少红）

【村级党支部换届选举工作】 12月9日，马驹桥镇村级党支部换届选举工作启动，镇主要领导对选举工作进行了总动员、总部署。12月16日，对参加选举工作的包片领导、包村干部、村党支部书记和副书记、大学生村官及相关工作人员进行村级党支部换届选举工作培训。12月26日，村级党支部换届选举工作在全区率先完成，参加选举的45个村中直选的村有9个，占参选村的20%；新一届党支部班子成员共134人，新当选的支部委员29人，新当选的支部书记12名，其中新老交替4名，健全支部班子3名；连选连任的支部书记32名，两委交叉任职成员72名，较上届有了大幅提升；支部成员中高中及中专以上学历的有81人，占总数的60%；支部成员的平均年龄为49.3岁，较上届略有降低。

（绳少红）

【新农村建设稳步推进】 一是村庄规划和基础设施逐步完善。完成新农村村庄规划的全部编制工作及村村通邮工程；完成20个村43万平方米街坊路改造工程；完成11个村4076户改厕工程，建设公厕25座；在前堰上、南小营等10个村安装节能路灯328盏；完成小周易和大松垡2个村21公里的饮用水老化管网改造；为团瓢庄、杨秀店等村建设太阳能公共浴室6座。二是农业产业结构调整迈出新步伐。以蔬菜、食用菌为主的特色产品产业体系初步形成，全镇蔬菜面积达到1.8万亩，实现产值1.7亿元。其中设施蔬菜发展到6132.6亩，食用菌发展到600亩。三是农民专业合作社发展态势良好。年内，新成立食用菌等3个农民专业合作组织，全镇在工商部门登记注册的农民专业合作社累计有14个，合作社成员达到168人，带动农户500多户。四是加强对农业科技工作的推广。实施科技兴农战略，进一步完善农业科技体系及农民技术员队伍建设，为农民配备20名农业、林业技术员，10名畜牧防疫员，随时向农民进行种、养技术推广与传播。五是针对市场需求培育新型农民。举办各类培训班30期，其中蔬菜培训班20期，培训菜农2500人次；畜牧、水产养殖培训班6期，培训养殖人员400人次；优质粮培训班3期，培训农民260人次；测土配方施肥培训班1期，培训农民70人。同时，对全镇60名农村实用人才进行技术培训23次，发放技术资料2.2万份；建立金信食用菌、惠民工艺品、房辛店蔬菜专业合作社等6处农村实用人才实训教育基地，给实用人才提供一定的实践场所。

（绳少红）

【国庆安保工作措施到位】 一是组织领导到位。8月16日，成立马驹桥镇国庆60周年安全保卫工作指挥部，抽调人员组建国庆安保工作办公室，研究制定《马驹桥镇关于深入开展国庆安保社会面控制工作的方案》，先后两次召开由镇主要领导、包片领导、包村干部、各村党支部书记及村主任参加的国庆安保工作大会，全面部署全镇社会治安、安全生产、食品卫生、环境整治等各项工作。二是人员发动到位。9月15日，全镇社会面大防控正式启动，设置控制岗位384个。其中“看人”岗位95个、“控地”岗位289个，一级岗4个、二级岗31个、三级岗349个。全镇发动防控力量4474人，其中职业力量798人、义务力量3676人，同时每天出动20部巡逻车，每车配备至少3名力量，分片逐岗昼夜巡逻。三是整治行动到位。联合派出所、工商所、城管分队等相关职能部门共同参与各项专项整治行动，其中对镇域内“黑职介”进行集中清理整治6次，检查整顿“黑职介”36家，出动人员153人、车辆62辆；对非法发廊、网吧进行集中清理整治10次，检查复查非法发廊、网吧106家，出动人员420人、车辆83部；对交通秩序进行5次集中清理整治，出动警力65人次，罚没“黑摩的”9辆；对医疗市场集中清理整治2次，依法取缔“黑诊所”20户，登记封存药品及医疗器械20袋。四是信息反馈到位。坚持“每日信息反馈”制度，各村、各单位在每日10点前报送前24小时社会面防控工作情况，由镇安保办工作人员每天对全镇社会面防控工作情况进行汇总，发现问题，及时解决。2009年，马驹桥镇被国庆社会治安与安全警卫指挥部评为“国庆安保工作先进集体”，被北京市“国庆平安行动”指挥协调小组评为“北京市人民安全防线工作先进集体”。

（绳少红）

【强化城镇管理职能】　一是完善中心镇规划。合理调整西起步区和中心区控制性详细规划，充分整合现有市政公共设施资源，加强规划的科学性、指导性和可实施性。完成中心区电力、燃气、供热、雨污水、供水等管网和市政道路的规划编制工作，解决了中心区雨污水排除、道路衔接的交通节点等问题。二是稳妥推进旧村改造。完成25栋、14万平方米村民自住楼建设；完成21户、5100平方米商业门脸的拆迁工作。三是加强流动人口管理工作。深入推进流动人口和出租房屋基础调查工作，新登记流动人口6.4万人，出租房屋5981户；积极推进流动人口之家建设，在周营、房辛店、小周易等村探索建立3个流动人口之家，向流动人口提供就业、房屋租赁、暂住证和婚育证明办理等咨询服务，全年接待流动人口2000余人。四是严查违法用地。立案调查各类违法建设案件56宗，组织强制拆除违法建设12宗，拆除违法建设4.5万平方米，解决、处理纠纷103起，全面维护了土地规划的严肃性。

（绳少红）

【党风廉政建设扎实推进】　一是进一步健全领导体制和工作机制。3月，重新调整镇党风廉政建设工作领导小组，研究制定《马驹桥镇党风廉政建设和反腐败工作意见》，完善《马驹桥镇党风廉政建设和反腐败工作主要任务》，分别与各部门负责人和各村党支部书记签订党风廉政建设年度工作责任书，严格落实 “一把手”负总责，分管领导“一岗双责”制度。二是以开展活动为契机，增强党员干部的宗旨意识。5月，聘请区纪委领导以“加强党员干部作风建设”为主题，对全镇50个村（包括北五村）党支部书记及部分机关党员干部进行专题教育培训，受教育人员突破100人。6月，结合学习实践科学发展观活动，深入抓好预防职务犯罪教育，组织各村党支部书记和机关科室领导到北京市反腐倡廉教育基地参观，了解近年来北京市各类违纪违法案件，从典型案例中吸取教训。8月至9月，在全镇党员干部中开展以“加强党性修养、弘扬良好作风、实践科学发展、推进新农村建设”为主题的反腐倡廉、勤政为民主题教育活动，从学习教育、讨论提高、制定措施三个方面开展七项活动，着力解决党员干部在党性党风党纪方面存在的突出问题。三是推行廉政风险防范管理工作。围绕“思想修养、制度机制、外部环境、岗位职责、业务流程”五类风险，采取“个人查、相互帮、领导提、组织审”等方式，对全镇党员干部和工作人员全面查找风险点，全镇136个工作岗位查找风险点544个，针对风险点进行归纳、梳理后制定防范措施551条。四是提高群众参与意识。建立村级党风廉政建设群众监督小组45个、监督员185人，其中45人被聘为镇级党风廉政建设群众监督员。村级党风廉政建设群众监督小组按照“事前介入、事中监督、事后跟踪”的监控原则，对本村的干部履职、财务、重大事项、党风廉政建设、维稳等情况进行监督。

（绳少红）

【信访排查调处力度不断加大】 不断完善“日记录、周汇报、月汇总”和“零报告”等信访排查调处工作制度及“三位一体”调解工作机制（司法调解、行政调解、人民调解）年内,受理群众信访举报156件（批）次，其中来信64件次，来访92批次482人次；受理群众信访举报55件（批）次，其中来信18件次、来访19批次、政风行风投诉热线18件次，信访案件办结率达到100%。

（绳少红）

【改善学校办学条件】 多方投资338万元对中心小学教学楼实施抗震加固工程，加固面积1884平方米，同时新建教室和车库15间；投资150万元将小张湾小学的土操场改为200米跑道塑胶操场；投资133.5万元对大杜社中学400平方米的学生宿舍进行改造。投资70万元对马桥中学学生公寓内部宿舍进行整体装修。投资50.3万元改扩建中心幼儿园教室、睡眠室15间、储藏室2间、水房1间，并购置幼儿用桌椅、推拉床等生活用品。此外，投入资金129.5万元为各中小学校解决冬季取暖费及两所完小753名小学生班车车款补助。

（绳少红）

【教学工作成绩显著】 2009年，镇域内两所中学中考成绩突破520分以上的高分生有19人，考入潞河、运河等示范性高中校学生100人，全镇高中入学率达到70%；小学在期中、期末市、区两级学科成绩抽测中，位居农村学校前列；成人学校办学质量和水平有新的提高，在校中专以上学历教育人数达650人，创全区11所乡镇成人学校之首；实施的农民实用技术培训项目，在北京市农民教育培训项目评比中，被市教委评为二等奖。

（绳少红）

【村级集体经济合同实施“五关”制】 一是村级基础审核关。合同、协议签订前，先召开村“两委”班子会，对合同、协议项目的可行性进行分析，形成会议决议后拟定合同草稿。二是规划审核关。由镇规划办负责对合同标的，即土地、厂房的使用性质进行勘察，以确定是否符合镇、村规划各项要求。三是项目审核关。由镇农业办公室、经济发展科等部门负责对合同项目是否符合镇域产业规划进行勘察。四是安全稳定审核关。由镇安监科、社保所等部门负责对合同项目及合同标的使用是否符合安全生产要求及用工情况等进行勘察。五是司法审核关。由镇司法所负责对经济合同的草稿内容是否符合法律规定进行审核。除此之外，各村分别刻制一枚经济合同专用章，由镇农村集体经济合同监督管理小组统一保管并监督使用。

（绳少红）

【民生状况持续改善】 一是为56户困难家庭进行危旧房改造。二是加大与镇内物流、环保两大基地及北京经济技术开发区之间的横向联合力度，全面拓宽富余劳动力就业渠道，掌握用工动态，因需办班，全年举办各类培训班22期，培训人员1660人，提供就业岗位1300个，实现成功就业1200人，其中农村劳动力就业990人。三是投资2000万元启动了西马各庄村三乐老年公寓和陈各庄村温馨生态老年公寓建设工程，投资70

万元对马驹桥和大杜社两所敬老院进行改造；全镇新型农村合作医疗参保人数达3万人，参保率为96.2%。

（绳少红）

【发挥益民书屋传播载体作用】 一是加大投入。年内，在房辛店等村新设置益民书屋41个，全镇益民书屋总量达到46个，投资140万元分别为益民书屋配送了图书、音像和书架等实物。二是规范管理。统一制定益民书屋图书管理制度及图书借阅制度等，集中培训各村益民书屋管理员。三是开展活动。开展“读一本好书、益民书屋带给我知识”等征文、演讲、竞赛活动，发挥益民书屋为农民学文化、学技术、学管理传播载体作用。

（绳少红）

【阳光监审成效显著】 年内，审核工程建设项目108个，资金11753万元，审减资金1461万元；其中政府投资建设项目为61项，涉及工程建设资金6155万元，审减资金1151万元；村级投资建设项目为47项，涉及工程建设资金5598万元，审减资金310万元。

（绳少红）

【引导农民参加政策性农业投保】 年内，农民参加政策性农业投保面积27566.84亩，倒伏赔付面积6744.6亩，赔付款525861元。其中小麦投保面积14904.84亩，倒伏赔付面积3944.6亩，赔付款301829元；玉米投保面积12662亩，倒伏赔偿面积2800亩，赔付款224032元，农业投保将农民的损失降到了最低。

（绳少红）

【全民参与环境综合整治】 年内，组织出动人员14200人次、清运车辆700余辆次，清运垃圾渣土4500余方，清理整治乱堆乱放98处，清除卫生死角38处，捡拾白色污染物700余公斤，粉刷树木36.9公里，清除非法小广告97000余张，拆除影响市容环境的违建仓库5个。

（绳少红）

【举办非公经济组织发展论坛】 3月27日，北京首届铜加工工艺与现代装饰发展论坛在马驹桥镇举办。此次论坛采取“政府搭台、企业唱戏”的形式，为同行业的企业家提供沟通交流的机会，共同应对经济危机。国际铜业协会（中国）、人民大会堂基建工程部、中国历史博物馆等相关单位和马驹桥镇及周边地区铜加工行业的60余家非公企业代表参加论坛。市工商联副主席王克林，区政协副主席、区委统战部部长李淑华等领导出席论坛。

（绳少红）

【民主决策制度有效落实】 全镇45个村委会在决定涉及群众切身利益的重大事项时，都及时召开村民代表会进行讨论，广泛听取意见和建议，在集思广益的基础上决定实施。2009年，全镇45个村两次民主日活动共上会决策议题322条，讨论通过314条，村民代表共提出建议118条，村民代表的参与率突破92%。

（绳少红）

【二三产业融合发展】 一是加大资产盘活重组工作力度，利用现有闲置资源，引进投入产出比高、产业关联性强的优质项目，提高资源的利用效率，2009年盘活闲置资产17处，引进投资9280万元，解决380名劳动力就业。二是大力发展现代商业、服务业。引入百尚购物中心、肯德基等知名连锁企业，解决500名劳动力就业，提高了全镇商业、服务业整体水平。

（绳少红）

【加强民房审批和管理工作】 制定严格的审批手续，从现场调查、材料准备、上报审批、基础放线到竣工验收等全方位进行监管，并对各村申请新建或翻建房屋处启用GPS卫星定位和测量系统，遏制农村建房中的违法行为，减少建房矛盾和纠纷。2009年，完成28个村210户农民房屋翻建和8个村34户农民房屋新建报审工作。

（绳少红）

西 集 镇

【概　况】 西集镇地处通州区东南部，北运河和潮白河环镇而过。镇域面积90.65平方公里，耕地面积45053亩，辖57个行政村。户籍人口40494人，其中农业人口32676人、非农业人口7818人。年末人口总户数20769户，其中农业户数14199户、非农业户数6570户。

（王思文）

【四项措施确保经济平稳运行】 西集镇有实体企业363家，其中规模企业44家。面对金融危机给经济发展带来的严峻影响，制定出台四项促进经济发展的政策措施。一是成立招商引资领导小组，建立每月一次的例会制度，及时研究解决招商引资、项目建设中遇到的困难和问题；二是建立领导干部联系服务企业制度，积极协调有关部门、责任单位破解企业发展难题；三是制定“三保”工作折子工程，将“三保”工作目标明确到部门、明确到人，并采取月报进度、季度考核等有力措施，强化对折子工程的督查督办，确保全镇各项工作的落实；四是制定出台《促进企业发展和项目引进奖励办法》、《关于鼓励村级经济发展的暂行办法》和《引进注册企业奖励办法》三项奖励政策，有效调动各类人员引进企业、引进项目、引进税收的工作积极性。2009年，西集镇实现税收2.69亿元，同比增加10%。其中国税1.22亿元，同比增加14.7%；地税1.47亿元，同比增加6.4%。农民人均纯收入达到10609元，同比增长12%。

（王思文）

【三大项目开工建设】 中冶焊接（一期）项目建成投产，该项目占地面积134亩，设计年产值3.1亿元；潞电钱江变压器项目建成投产，该项目占地面积15亩，设计年产值6000万元；乔治费歇尔项目进入厂房主体施工阶段，该项目占地面积30亩，设计年产值1.5亿元。

（王思文）

【三大项目签约入驻开发区】 年内，北汽控股动力总成、冶科科技ITO靶材总部基地和广州珠江钢琴集团北方总部三个项目签订入驻通州经济开发区东区协议。其中动力总成项目占地面积990亩，总投资109.6亿元，设计年生产100万台发动机、100万台变速器。冶科科技和珠江钢琴两项目占地面积94亩，协议投资总额3.8亿元。

（王思文）

【两个核心区签订开发建设合作协议】 按照镇域总体规划，在完成行政服务中心区、综合配套服务区及环堤旅游带的控制性详细规划编制批复的基础上，积极寻求合作开发。1月15日和11月3日，分别与香港鸿基伟业投资有限公司、汇福粮油集团有限公司签订综合配套区和行政服务区的合作开发协议书。合作协议签订后，西集镇成立一级开发公司，积极协助两家公司做好合作区域内土地一级开发方案和回迁楼安置方案的编制、报批工作。

（王思文）

【四项重点工程进展顺利】 垃圾中转站项目建设完成，该项目占地5亩，总投资629万元，日处理能力100吨；通香路二期工程顺利开工建设，该工程总投资8950万元，道路总长5820米；政府路建设工程获得批复，该项目总投资19022万元，道路总长3999米；西集中学教学楼工程获得审批，该项目总投资5000万元，总建筑面积14000平方米，设计24个教学班。

（王思文）

【推进农业结构调整】 2009年，全镇种植结构调整面积达到3160亩。其中新发展樱桃3000亩，使全镇樱桃总面积达到8000亩，以樱桃为主导产业的农业生产格局基本形成；扩大反季节设施果品种植力度，发展反季节草莓545亩、反季节油桃160亩；成功举办第五届樱桃采摘节，以樱桃为媒，向社会广泛推介西集的生态环境和招商环境。全年接待采摘游客近10万人次，实现采摘收入4000多万元，实现周边民俗旅游接待及餐饮业间接收入近百万元。

（王思文）

【有机农产品生产示范基地建设】 为提升果品质量，促进食品安全，从2007年开始，西集镇着手有机农产品生产示范基地建设，至2009年底，示范基地建设不断取得新成效。一是推进有机农产品基地建设。在50多个村建立无公害农产品示范点。二是推行有机农产品认证工作。全镇有58家单位通过有机农产品认证，面积达到14396.3万亩，品种包括樱桃、李子、桃、核桃、葡萄、杏、枣、苹果、梨9个品种。三是加强农产品品牌建设。注册了“西集好农夫”品牌，对全镇农产品进行统一包装、统一销售，增加农产品的附加值。四是加强有机农产品管理体系建设。按照有机农产品的生产要求，统一制定《北京市通州区西集镇有机管理手册》，对“各种农产品的生产操作规程”、“污染控制程序”、“产品批次号的管理规程”、“客户申、投诉的处理办法”、“产品的追踪体系”、“有机管理体系”、“文件控制”、“农产品记录控制”、“资源管理”、“内部检查”等内容进行明确。

（王思文）

【旅游观光采摘带基础设施建设】 为了打造有规模、上档次的果品采摘园，投资500万元用于通香路及北运河沿线5个采摘园基础设施建设。一是加强采摘园基础设施建设，硬化采摘道路8条，新建农桥18座，铺设节水管道9600米，修建围栏4000多米，修建厕所3座。二是加强采摘园服务设施建设，在全镇主要路口安装指示牌14块，制作安装采摘园果品说明牌26块，进一步改善采摘环境。

（王思文）

【新农村建设进展顺利】 年内，完成23个村的村庄建设和产业发展规划编制工作，并取得相关部门批复；完成25个新农村建设推进村的户厕改造、道路硬化等各项工作，改厕5986个，硬化道路44.8万平方米；完成57个村文化共享工程建设和20个村数字影厅建设；组织开展80场星火工程文化演出活动；为10个村安装价值70万元的健身器材。

（王思文）

【环境质量进一步提升】 为提升镇域环境，营造舒适、优美的生活环境，制定出台《西集镇2009年环境整治办法》和《西集镇关于违法用地查处工作实施意见》等相关文件。全年投入5000多万元用于环境建设与整治。完成1800亩绿化美化任务，绿化美化街道1.58万延米；修砌排水沟3000米；修建地坑式封闭垃圾箱15个；建公厕50座；治理乱堆乱放2800处，整治卫生死角500处；拆除私搭乱建4000平方米。

（王思文）

【开展农民就业技能培训】 年内，通过充分整合教育资源，搭建培训平台，积极开展以提高农民就业技能为主的各类培训活动。开办种植、养殖、服装裁剪等培训班20期，培训753人，实现农村劳动力向二、三产业转移797人。

（王思文）

【社会保障工作】 全镇城乡居民社会养老保险参保率达到83.15%，新型农村合作医疗参合率达到95.15%；投入200余万元，加大对低保户、优抚对象、残疾人的救助帮扶力度，改善他们的生活状况。

（王思文）

【完成平安国庆任务】 按照“平安国庆”行动的任务要求，采取各项有力措施，实现60年大庆的社会安全与稳定。一是建立党委、政府统一领导，综治部门组织协调，政法部门发挥骨干作用，各部门、各村齐抓共管，全社会广泛参与的社会治安防控格局，把日常治安防范、预防刑事犯罪、公共安全管理、反邪教及重点人群防控等各项工作作为防控内容；二是实行包村干部和村级信息员矛盾纠纷情况每月双报制度、信访会商制度、每周一村级干部接待日制度、村两委班子信访工作考核奖惩制度，做到矛盾早发现、早处理，积极稳妥地化解各类矛盾纠纷，把矛盾化解在基层；三是利用西集月报、安全文化教育影厅等平台开展安全法规和安全知识宣传活动。四是集中力量深入开展全镇各行业、各领域的安全隐患大排查活动，建立安全隐患排查台账，加大对安全隐患的督查整改力度，实现重大安全事故“零”指标；五是推行社会面防控，各村组建治安巡逻志愿者队伍，每天设卡巡逻，圆满完成社会治安防控任务。

（王思文）

【“五星级”党支部创建工作】 以学习实践科学发展观和作风建设年活动为中心，在全镇村级党组织中深化开展“五星级”党支部创建活动。“五星”即“发展星、团队星、民主星、文明星、民心星”，成立“五星级”党支部创建考核领导小组，制定《西集镇2009年度村级创建“五星级”党支部考核内容及标准》。采取季度考核、半年述职、年终考评三个步骤对村级规划、村级安全、党建工作、民主管理、精神文明建设、环境整治、信访整治、社保等14项工作进行考核。“五星级”党支部创建全面提升了村级党组织建设的整体水平。经过一年的“五星级”党支部创建活动，全镇57个村中有9个村达到“五星”级标准，8个村达到“四星”级标准，16个村达到“三星”级标准，充分发挥了村级党组织推动发展、服务群众、凝聚人心、促进和谐的作用。

（王思文）

【“双述双评”“承诺办结”制度推进民主建设】 2009年，57个村共承诺涉及产业结构调整、种植养殖、维护稳定、环境整治、农民培训、民俗旅游、村民福利、精神文明建设等15个方面270项为民办实事项目，承诺事项办结率达到100%。“双述双评”、“承诺办结”制度促进村级民主化建设，提升了村级干部的服务意识，密切党群、干群关系，调动农民群众参与新农村建设的积极性。

（王思文）

【廉政风险防范管理体系建设】 扎实推进廉政风险防范管理体系建设。对查找出的廉政风险点进行确点划级、分级管理，确保对权力运行的有效监督；健全村级党风廉政建设群众监督机制，在全镇57个村建立群众监督小组，聘请227名监督员，加强对村级事务的监督；制定出台《西集镇关于在基本建设工程中实施“阳光工程”的工作意见》，将涉及新农村建设和农业基础设施建设的项目全部纳入其中，为确保全镇基本建设工程成为阳光、廉洁、优质、高效工程提供坚实的保障。

（王思文）

【完成村级党组织换届选举工作】 年内，57个村级党组织进行党支部换届选举工作，各村严格按照“两推一选”的程序选举产生了新一届村党支部班子。换届后，班子成员的年龄结构、知识结构进一步优化，为西集的新农村建设和其他各项工作的开展奠定坚实的组织基础。

（王思文）

潞城镇

【概　况】 潞城镇位于通州城东部，运河与潮白河两河之间，东与河北省大厂县相邻。镇域面积70.76平方公里，辖56个自然村，54个行政村，3个居民社区。常住人口

76599人，户籍人口39131人，其中农业人口28916人、非农业人口10215人，乡村户数18018户。2009年，完成税收60559万元，其中国税35893万元、地税24666万元，工业利润14577万元，工业产值40.09亿元，完成销售收入58.54亿元，工业增加值10.38亿元。全年出生366人，出生率9.1‰，人口自然增长率为0.2‰。有基层党支部(党总支）91个，党员总数2549人。

（石 慧）

【强化新时期党建工作】 制定出台《机关中层正职干部工作考核办法》，采取公开述职的方式每半年对正科级干部进行考核；采取“三荐两考”的方式选拔村级后备人才32人进行重点培养；围绕农村主导产业和重点项目创新农村实用人才开发培养模式；全面实行“票决”和“双推双公示制”，严格新党员发展程序；继续深化党员干部远程教育工程，54个站点的设施建设和设备安装调试相继完成并制定相应使用规章制度，定期举办管理员汇报交流会，纳入村级党支部年终考核，确保实用性；健全村级党支部书记队伍制度管理体系，为新一轮村两委班子换届选举奠定基础；镇党委5个党支部、147名党员高标准完成第一批深入学习实践科学发展观活动；继续深化农村党建“三级联创”工作，归纳形成《潞城镇村级党员干部管理体系》，正在编制管理体系软件实行网上教育。

（石 慧）

【精神文明和文化建设成果显著】 以迎国庆 讲文明 树新风等活动为载体深入开展公民道德教育和诚信教育；年内，涌现出首都文明村5个，区级文明十星户100户、精神文明先进单位5个，2009年本镇被评为首都文明乡镇。积极开展“爱祖国爱家乡”、“家住运河旁”等活动；52场“星火工程”专业演出宣传、教育群众3万余人；新建村级数字影厅39个，覆盖率达70%以上，流动电影放映车放映电影130场次，吸引观众3万余人；新建“益民书屋”38家、村级文化活动室6个，文化广场2个。深入各村进行普法、文明礼仪知识等培训18期，参加培训1.5万人；开展健康教育课堂活动，倡导健康科学的生活方式。完成全国第三次文物普查工作，普查不可移动文物77处。

（石 慧）

【产权体制改革进展顺利】 在完成郝家府试点村改制工作的基础上，先后启动10个村的改制工作并进行工商注册，共量化经营性净资产2095万元，注册资金1913.26万元。其中集体持股573.97万元、占总股本额的30%；个人持股1339.28万元、占总股本额的70%。11个村参与量化人员7708人，股东人数达到4281人，人均持股为2698.79元。整个改革过程中无一例集体上访事件发生。

（石 慧）

【盘活闲置资产】 年内，引进企业102家，注册企业87家，投资规模千万元以上的6家。盘活、引进实地经营企业15家，投资规模千万元以上的9家。盘活企业总投资约3.5亿元，占地面积100余亩，可安置富余劳动力600余人。经过简单改造、建设，部分企业已投入生产经营。

（石 慧）

【重点项目提速新城建设】 编制完成06片区街区深化方案、镇域规划实施方案、迁村并点专项规划、燃气专项规划、镇中心组团控规方案5个专项规划；完成通州三中、大型快速公交场站、通州区社会福利中心、潞河医院分院、河东污水处理厂5个区级重点项目选址工作；基本完成中心路网一期、垃圾转运站2个镇级重点工程前期手续的办理。北京华联商业楼开业，泰禾红御别墅区酒店式会所试营业；玉带河大街东延长线工程拆除完毕；完成宋郎路北延长线道路建设工程的地上物、宅基地测绘、评估工作，资金评审已上报区重点办；协助区园林绿化局完成滨河森林公园潞城段杨坨、郝家府等8个村60多户村集体地上物的拆迁补偿及土地流转工作；积极配合新城基业和区储备中心完成新城三号地杨坨村非住宅地块的拆迁工作，为新城建设打下基础。

（石　慧）

【加大企业帮扶力度】　为6家企业解决贷款近5000万元；对纳税大户和困难企业免收土地有偿使用费，其中对北京博格华纳汽车传动器有限公司免收45万元用于新增汽车检测线；协调区劳动局为北京嘉正伟业等企业解决特殊工时备案和产品质量认证等问题以缓解企业与员工之间的矛盾；积极协调工商、税务、卫生等部门集中时间、地点为企业办理相关审批手续，建立前期手续办理绿色通道协助北京华联购物中心等企业加快开业步伐。

（石　慧）

【稳步推进设施农业项目】　新发展设施农业1500亩，根据《潞城镇农业产业总体规划》，北部被列入新城范围的22个村逐渐退出农业生产，设施农业建设重点转向南部原甘棠地区。通过大运河配送中心产业协会把全镇松散的农户组织起来集体经营，进行农产品的加工和销售，同时引进新品种，增加蔬菜产业的附加值。兴各庄村林菌间作、兴各庄村设施农业、潮白河都市风情园、露地蔬菜基地、前榆村奶牛社、前疃村设施农业建设六个农业项目初具规模，带动了周边的农业发展和农民增收。完成前疃村大棚基地育苗温室、后疃村钢架春秋大棚、日光温室共计350亩的设施农业建设。建设潞城农业推广示范基地项目和建筑面积约1000平方米的农民培训基地。

（石　慧）

【新农村建设扎实推进】　普遍推行新农村工程建设招投标工作和镇村两级全过程监督。全年完成21个村40万平方米的街坊路修建和3万平方米两侧绿化工程；投资100万元完成大运河、潮白河、运河减河“三河”沿途可视范围内3.69万平方米建筑物墙体粉刷工作；新建公厕50个、太阳能浴室5个，投资262万元完成7个村共计18公里的污水管网铺设工程，使村内全部实现暗排；为5个村安装路灯416盏、节能吊炕400铺，完成13个村4355个改厕任务、发放节能灯约10万只；实现全镇54个村“村村通邮”及文化信息资源全覆盖；在潞城中路等村口、弯路增设交通标志18处共计32块交通安全标牌，预防交通事故发生，方便百姓出行。配合区供电局做好电气化乡镇改造工程，对全镇小系统插卡表陆续更新工作，历时3年全部完成，消除了用电隐患。全镇涌现出三元村、大营、武疃、前疃、东刘庄、崔楼6个北京市“文明生态村”，通过几个村新农村建设的示范作用带动了周围村的积极性。

（石　慧）

【镇域环境整体改善】　全年完成绿化121.2公顷，其中新增绿化面积117.2公顷，栽植乔木6.618万株、花灌木116.29万株、草坪5.6万平方米。全镇林地总面积达31725亩，林木覆盖率达到29%，小城镇绿地覆盖率达到53.4%。投资7000万元完成六环路、北运河、潮白河、工业园区、运河东大街、宋梁路、通胡路、40个村的环村林及3000亩平原治沙工程建设等市区重点绿化工程建设。协同相关单位检查因树线矛盾造成的高压线路安全隐患，涉及树木9000余棵，已完成审批手续的23处，涉及树木436棵。积极开展村庄环境百日综合整治活动，镇政府投资70万元累计出动2400余人、机动车100余辆，对丰字沟、减运沟、榆武沟、武兴沟和京秦铁路、京哈快速路两侧集中整治，清运垃圾、渣土等4000立方米，捡拾白色污染16公斤。投资7万元购置融雪剂撒播机，为快速恢复雪后交通奠定基础。

（石　慧）

【食品安全和公共卫生】　加大食品安全宣传力度、完善食品安全监管体系，专门成立10人的食品安全监督小组，在全镇54个村、2个社区设食品安全协管员114名，对辖区

535家食品加工制售企业、摊点进行拉网式排查，无证照单位已移交执法部门处理。加紧做好H1N1流感的宣传和防控工作，制定应急工作预案和长效管理机制，与辖区各村（居）企事业单位签订目标管理责任书326份，设立卫生管理员333个；对养猪人员、中小学幼儿园负责人、各企事业单位负责人、各村书记和宣传员进行培训，向群众发放宣传材料一万余份，普及甲流防控知识以提高应对流感疫情暴发的能力。

（石　慧）

【高度重视民生工作】 全面筹划提升中小学教育水平，北京二中通州分校改扩建（二期）工程已进场施工；完成南刘、杨坨2所小学10余间校舍的翻建；举办大型专场招聘会，提供就业岗位1150多个，实现农村劳动力转移就业906人次，完成失业人员推荐就业202人，开办“技能＋基础”中专班、家政、计算机、种养技能培训班11期，为“两新”建设培养新型农民；为9370人报销农村合作医疗516.1万元；累计14809人参加城乡居民养老保险，参保率达91.5%，为失业人员、退休人员、“一老一小”人员报销医药费共计58.3万元，超额完成扩面征缴指标的138%；严格落实国家保障政策，筹集危房建设资金54万元，为10户优抚对象翻建房屋35间，为低保群体发放补助金，给予困难群体临时救助；为残疾人发放残疾用品用具245件、为12例白内障患者免去治疗费6万元，完成创建全国康复达标区的验收和第一批残疾人养老保险缴费补贴；受理家电下乡补贴申请414件，拨付补贴资金120653元，汽车摩托车补贴申请102件，拨付补贴资金355950元；为45户住房困难家庭申请保障性住房，其中9户参加经适房摇号、12户参加限价房摇号，24户参加了玉桥东里选房；为武窑村协调修建移民路资金35万元，为210户农业户口移民和非农户口在校学生发放生活补助27.96万元，为34户自主搬迁的移民发放生活补助金3万元。

（石　慧）

【工会工作有序开展】 新建基层工会30个，新增会员1000人。为10553名会员建立会员档案；组织开展“经济技术创新评比”活动，800余名职工参加，组织岗位练兵等比赛42场次，参加企业20家，参加职工3000人次；91人获得首批“职工素质教育工程培训”合格证书；开通“12351”服务信息平台和职工服务网络，与市总工会联网，为职工提供劳动就业、法律援助、困难救助等服务；为100名单亲及困难女职工提供“在职女职工特殊疾病保险”。先后规范蒙牛、宝佳等企业的职代会制度，努力推进民主管理厂务公开工作，实现国有及其控股企业厂务公开和职代会制度全覆盖，非公企业建制率达到68%以上。

（石　慧）

【完成国庆保稳定促和谐工作】 采取“日常＋集中”、“拉网式＋地毯式”、部门联动等方式开展火灾隐患排查、“黑诊所”和“六小”专项整治、企业安全生产等各类隐患排查整治工作，实现国庆维稳工作双零目标。广泛发动各界力量参与平安国庆安保工作，核定防控岗位283个，发动群防群治力量3503人。出资30万元协助完成胡各庄派出所国庆阅兵指挥所和大台村雷达监测点的拆迁补偿、基础建设及民兵招聘工作。镇综治办协调公安、城管等部门对雷达站周边进行24小时巡逻防控和两次集中整治，对村内租户进行安全教育培训并签订《租赁房屋治安责任书》；各村委会连续广播禁飞通告，下发禁飞通知。镇安监科建立国庆期间三项重点监控单位台账；加大监测站周边200米内的经营单位安全检查力度，对17家单位下达《安全隐患处理通知书》限期整改。开展国庆期间信访排查调处工作，坚持重大集体访会商制、领导接访包案制、联合督查督办制，为存在矛盾的10个村制定化解措施，对17名疑似精神障碍上访人员采取稳控措施。开展国庆安保反邪教宣传活动，通过电子屏幕循环播放反邪教宣传片、悬挂横幅等形式宣传教育群众3000余人；对2名涉疆人员进行摸底调查并实施监控。加大对“两类人员”管控力度，开展帮扶活动，对现管社区服刑人员、帮教安置对象进行排查走访解决实际困难。组织113家企业参加“迎国庆构建和谐劳动关系劳动法律、法规培训会”，在街坊路工程款结算之际向各村及工程队提出工程款发放原则。

（石　慧）

台　湖　镇

【概　况】 台湖镇位于通州区西部，北接通州新城，西临北京经济技术开发区，地处北京五环路和六环路之间，辖区面积81.3平方公里，辖45个自然村，46个行政村，常住户数1.9万户，有4万常住人口和8万流动人口。

（王若莲）

【全镇税收实现新突破】 2009年，全镇坚持把应对金融危机、保增长作为首要任务，充分结合发展实际，采取有力措施，实现经济跨越式发展。2009年，税收总额实现12.9亿元，同比增长24%。其中国税完成9.6亿元，同比增长29%；地税完成3.3亿元，同比增长12%。农民人均劳动所得达到12000元，同比增长12%。

（王若莲）

【园区经济实现可持续发展】 2009年，光机电一体化产业基地税收总额实现9.3亿元，同比净增2.9亿元，增长45%，超额完成全年任务，为全镇经济实现跨越式发展做出较大贡献。星湖工业园区以蓬勃的态势推动镇域经济持续、协调、健康发展。大项目支撑作用日益凸显。2009年，李宁（中国）体育用品有限公司、北京摩比斯变速器有限公司及北京天宇朗通通信设备股份有限公司3家企业税收超亿元，分别为3.77亿元、1.28亿元和1.06亿元；北京光谷科技开发建设有限责任公司等9家企业完成税收千万元以上；北京东南压铸有限公司等14家企业完成税收500万元以上；另有30家企业完成税收200万元以上。

（王若莲）

【村级税收增长迅速】 2009年，全镇46个村的村级税收总额达到10700万元，有20个村税收完成100万元以上，其中太平庄、次一村税收均突破1000万元，为全镇经济总量提升增加了助力。

（王若莲）

【工业指标超额完成】 2009年，全镇完成工业产值127.2亿元、销售收入125.3亿元、利润6.85亿元、增加值24.1亿元，同比分别增长20.2%、21%、25%和20.3%，超额完成全年任务。全镇103家规模企业完成工业产值95.5亿元、销售收入93.2亿元、利润5.6亿元、增加值18.3亿元，同比分别增长23.5%、22.7%、20.3%和28.4%，全镇工业经济平稳、快速发展。

（王若莲）

【招商引资再创佳绩】 2009年，全镇引进企业92家，投资总额87.26亿元，其中投资亿元以上项目3个，分别为总投资80亿元的北京京开投资开发股份有限公司、总投资3亿元的中国动向（卡帕）集团总部和总投资1.2亿元的北京富思特制漆有限公司；投资1000万元以上项目12个。通过引进项目，盘活企业闲置资产1.75亿元，为实现全镇经济持续快速增长提供强劲动力。

（王若莲）

【农业产业蓬勃发展】 充分利用《台湖镇产业结构调整扶持政策》、《完善村级基础设施支持政策》和《关于新农村建设增加农民收入的若干扶持办法》等一系列惠农措施，在新农村建设、产业结构调整、农民技术培训、特色种植养殖、一村一品农业产业、龙头企业、农民专业经济合作组织、农产品认证、设施农业和籽种行业等多领域都取得可喜进步，村级综合实力不断提升。北京名枣园、金福艺农数字智能化精准农业示范园区和金福艺农日光温室等设施农业项目独具特色，全镇农业产业结构进一步优化，农业综合生产能力进一步提高，村级现代都市农业发展进程明显加快，呈现出蓬勃发展的态势。

（王若莲）

【重点工程进展顺利】 12月，台湖卫生院、次渠卫生院和次渠派出所项目竣工正式投入使用；台湖镇中心区路网建设工程包括台湖西路、京亦街、京湖路和湖亦路四条道路，完成市发改委立项、规划意见书、道路方案批复、管线方案批复等手续；台湖污水处理厂项目占地面积约23亩，设计日处理污水10000吨，完成市发改委立项、规划意见书、土地预审、环评批复等手续；台湖镇区集中供水厂项目占地约6亩，建筑面积约1900平方米，投资约3200万元，完成环评、土地预审、立项批复等手续；台湖中心幼儿园项目占地约10亩，建筑面积约4600平方米，投资约1400万元，完成立项、用地预审、规划意见书等手续；建设台湖村回迁楼二期项目，建筑面积约14万平方米，总投资约3.3亿元。

（王若莲）

【一级开发项目稳步推进】 台湖生态镇土地一级开发项目总用地面积约128公顷，涉及征收台湖村、前营村、田家府村和玉甫上营等村集体土地，计划投资约23亿元，用一年半的时间完成一级开发工作，于2011年1月底达到上市条件。星湖农民就业产业基地剩余地块一级开发项目拟分为两个地块进行开发，一级开发实施方案正在编制中。

（王若莲）

【“两站一街”建设项目高效推进】 轻轨L2线亦庄站和垡渠站、次渠站沿线商业街土地一级开发项目，占地17.19平方公里，项目范围内的14个村征地框架协议签订，首笔30亿元征地补偿款拨付到村；项目范围内的14个村、520家企业、约15000亩耕地的地上物清登任务全部完成；9月29日，举行安置楼建设工程奠基仪式；该项目涉及的14个村将全部搬迁，村民安置楼占地面积约61公顷，规划建筑面积约84万平方米，设计建设14～18层住宅楼，按“三定三限三结合”原则全部用于14个村村民定向安置；居住区内拥有小学、托幼、商业、地下停车场等配套设施，规划建成环境优美、生活便捷的中高档居住区。项目勘察、设计招标工作完成，土方施工、桩基施工、拆迁和评估招标工作有序推进；看护工作效果显著，累计拆除违建面积10.63万平方米。

（王若莲）

【新农村建设取得阶段性成果】 新农村“五项基础设施”建设和“三起来”工程进展顺利，街坊路工程基本完成，全年修路36万平方米，改造老旧管网45公里，修建太阳能浴室6处，修建排水系统50000米，改造农村户厕2073户，建公厕40座。村级服务中心功能不断强化，农民生活质量明显提升。

（王若莲）

【民生工作成效显著】 14所村级卫生服务站健康发展，镇域就医环境极大改善。新型农村合作医疗筹资机制稳步推进，参合率达到99%，超额完成市、区下达的参合率达到90%的目标，区内所有定点一、二级医院均实现住院直报，截至年底，全镇农村合作医疗报销金额达到830万元，报销人次达到8017人次；二次报销金额达到151万元，报销人次为2325人次。加强劳动就业服务和劳动技能培训，通过举办大型专场招聘会，提供就业岗位926个；积极举办各种培训班，专项劳动技能培训人数达到850人。以健全社会保障体系、逐步解决人民群众后顾之忧为出发点，进一步规范城乡低保工作，严格按标准发放低保补助金，对困难群体积极开展临时救助活动，切实解决了特困群众的基本生活问题。有效强化优抚工作，完成民政对象危旧房摸底调查和改造工作，优抚翻建房屋21户，全镇基础服务工作逐步完善。

（王若莲）

【完成国庆服务保障工作】 围绕“平安国庆”，制定《台湖镇大防控建设实施方案》，全镇设立防控岗位303个，动员群防群治力量3400余人。加大专项整治力度，实施区域防控和重点防控，对国庆晚会排练现场星湖园相邻区域进行认真排查，解决影响周边安全稳定的突出问题，确保社会秩序稳定。加强星湖园食品卫生监控，确保国庆晚会排练现场演职人员安全，服务保障工作严密到位，营造出整洁、和谐的环境氛围。

（王若莲）

【党建创新取得实效】 以深入学习实践科学发展观活动和作风建设年活动为契机，加强执政能力和先进性建设。坚持抓好党委理论中心组学习，学习型机关建设不断推进。圆满完成全镇第一批学习实践科学发展观活动各项任务。作风建设年活动顺利开展，党员领导干部领导作风、工作作风、生活作风进一步转变。“三级联创”活动不断深化，“双述双评”工作深入开展，村级党组织建设进一步加强，村级“两委”班子执政能力明显提升。廉政建设稳步推进，“阳光工程”高效实施。深入开展“加强党性修养、弘扬良好作风、实践科学发展、推进新城建设”主题教育活动，党员干部廉洁从政意识不断增强。积极开展廉政风险防范管理活动，机关廉政建设机制进一步加强，机关干部和工作人员风险防范意识进一步增强。

（王若莲）

【镇域文明全面进步】 加大对教育、卫生事业投入，坚持和完善学杂费减免制度，教育教学设施进一步完备，成教、幼教水平不断提高，教育环境不断优化。12月28日，投资1.2亿元的台湖卫生院、次渠卫生院新院建成并正式投入使用，均达到二级医院标准。以学习实践科学发展观为契机，深入开展一系列精神文明创建特色活动，涌现出一大批思想教育和精神文明创建先进单位。积极开展“落实科学发展观、图书配送到村”活动。成功举办第二届台湖全民运动会，2400人参赛。加强信访工作，坚持和完善主要领导信访接待日制度、重点信访问题领导包案制度和信访责任追究等制度，全镇大信访格局基本形成，信访量稳中有降，一批信访疑难案件得到妥善解决，促进了镇域和谐。

（王若莲）

【市领导到本镇调研】 8月21日，市委常委牛有成就五村整建制拆迁及城乡一体化工作到台湖镇调研，市委副秘书长李福祥、市农委主任王孝东等市区领导陪同调研。

（王若莲）

永乐店镇

【概　况】 永乐店镇位于通州区域东南部，距通州城30公里，京津塘高速公路、京津城际高速客运铁路穿境而过，京津第二条高速公路经镇域腹地且设有德仁务进出道口。全镇辖38个行政村。2009年，全镇坚持把应对经济危机、保增长作为首要任务，制定一系列促进经济发展的政策措施，经济实现平稳发展，全年完成税收26001万元，剔除车船税因素，同比增长19%，其中国税完成9216万元、地税16785万元，同比增长29.7%和13.9%；一般预算财政收入3008万元，同比增长35.9%。农民人均收入实现10109元，同比增长11.6%。

（杨存田）

【产业大项目引进取得新突破】 成城国际控股有限公司北京成城国际汽车城项目、美国摩天公司工业主题公园项目和世界名牌折扣店北京旗舰中心奥特莱斯项目先后签订了合作意向书。投资1800万元完成永乐开发区主干道路——永开路绿化美化工程和园区内凤河（北京段）1700余米的河堤整理修复工程。开发区与北京交通银行通州支行就融资贷款2.4亿元达成合作意向，并获得区政府批准，年内贷款的前期手续基本完成。

（杨存田）

【强化企业服务与管理】 针对金融危机对企业发展造成的不利影响，制定出台了促进企业发展的试行办法，镇成立帮扶企业领导小组，走访本镇的规模企业和重点企业，为企业协调解决问题16件，为8家企业协调办理中小企业流动资金担保贷款，总额达到2570万元，为三木化工有限公司等5家企业解决了安全生产许可证，申请发放工作使企业得以正常生产和经营。鼓励本镇企业挖潜改造，扩大生产，2009年落地企业增加税收2000余万元。加大镇域内闲置资产盘活力度，盘活闲置资产14家。

（杨存田）

【基础设施建设取得新成绩】 加快土地一级开发进程，镇中心区、德仁务片区一级开发的格局、思路逐渐清晰。完成污水处理厂、镇成人教育学校和教师楼配电工程等主体工程建设。完成11个村的村庄规划编制审批工作。永德路道路规划方案、道路工程设计方案获得市规委批复，并进入市发改委立项审批程序。加强农村用电管理，投资1600余万元，完成中以路重过载线路改造、小务站退运线路改建、半截河及小甸屯村变压器切改和32个村安装大系统卡表等工程。加强土地监察，查处违章建筑44宗。

（杨存田）

【都市型现代农业迅速发展】 全力打造林下经济特色品牌，全镇进行食用菌生产的林地设施生产面积达到3000亩，从业农户536户，生产销售各类食用菌产品300万公斤。设施农业面积达到8300亩，从业农户3560户。投资2000万元建设食用菌主题公园，年内完成工程量的80%，建成食用菌试验、示范、展示棚室150亩，引进10余种新品种，建成占地1200平方米的菌类文化馆。大力发展旅游休闲观光农业，桑瑞生态庄园和金篮子有机农业园初步建成，年内接待游客1万人次。“七〇”公社农业创意园、林泽嘉园、北京天下富祥农业科技园等项目进入评审、设计阶段。

（杨存田）

【农村产权改革进展顺利】 完成临沟屯、胡村、小南地、小安、前马坊5个村的农村产权制度改革工作，量化资产总额270万元，第一批改制的坚村股份合作社在2009年实现股金分红。创新模式，加速农村土地流转，成立永乐店镇土地流转管理服务中心，年内新增流转土地面积1245亩，使农民由过去单一的租金收入变成“三金”（租金、股金、薪金）收入，成立北京市第一家以土地入股的专业合作社——熬硝营村“林泽嘉园”土地股份专业合作社。

（杨存田）

【环境综合整治和重点工程建设】 严格执行“五无”标准，落实各项长效管理机制，坚决实行环境建设“一票否决”制度，环境建设成效显著。全镇21个村完成村域路面硬化工程，新增硬化面积47万平方米，修筑排水沟近2万米。完成22个村的街巷道绿化美化，新植树木、花卉达到60万株，砌花墙1.5万米，新建街头景观4处。小务村市级生态村创建达标。为全镇38个村构建村级生活垃圾分类系统，健全户分类、村收集、镇运输的管理模式，实现垃圾密闭化管理，日产日清。新建太阳能公共浴室5座，卫生公共厕所40座，完成政府补贴绿色照明工作。新建、改建21个数字影厅，全镇37个村建立数字影厅。38个村建立村邮站。老槐庄、德仁务前街、南堤东村、孔庄、应寺5个村完成高标准的村级文化室建设。

（杨存田）

【全面落实惠民政策】 民生状况持续改善，

惠民政策全面落实。就业培训服务成效显著，全年培训693人，完成农村劳动力就业转移782人，提供就业岗位728个，推荐介绍就业802人，超额完成全年任务指标。城乡居民养老保险参保率达到92%，6532名无保障老年人享受福利养老金。新型农村合作医疗参保率达到98.7%，全年发放报销款591万元。加大劳动执法检查力度，全年开展6次专项执法大检查，办理劳动关系举报案件37起。扎实开展民政工作，保障困难群体生产生活，完成90户社救对象危旧房改造，救助金额达到321万元。为低保家庭、特困老人、大病家庭等申请临时救助20万元。全镇5488名60岁以上老人领到镇政府发放的养老补助金。受理保障性住房164户。加大扶残助残力度，为499名残疾人发放补助金70万元，投资200万元为396户残疾人家庭进行无障碍设施改造，为16至79岁重度残疾人发放41万元的助残券。

（杨存田）

【社会各项事业全面进步】 继续落实中小学的规模办学规划，撤销东张各庄小学并入永乐店小学。落实区成人学校建设规划，镇成人学校主体工程基本完工。进一步做好人口与计划生育工作。群众文化活动丰富多彩，"星火工程"共为群众演出70场次，抓好农村电影放映"2131"工程，流动放映电影220场，固定影厅放映1000多场次。加强文化娱乐场所及文化市场的管理，完成全国第三次文物普查。科学有序做好甲型H1N1流感防控，免费开展育龄妇女健康体检8000人次。圆满完成征兵工作，13名适龄青年光荣入伍。以"平安国庆"为目标，建立社会面大防控网络，健全群防群治的工作机制，全面开展安全大检查，加强对重大危险源的监控，全力排除各类安全隐患，加强农村消防设施建设，为38个村配备手抬式机动消防泵。国庆60周年安全保障工作圆满完成，社会保持安全稳定。

（杨存田）

【各级领导视察永乐店镇】 1月9日，市委农工委率"三级联创"检查组到永乐店镇检查指导"创建"工作。3月4日，北京市副市长夏占义到永乐店镇调研、视察了富勤食用菌生产基地和金篮子农业园，就菌种的繁育、生产环境、市场销售情况与工作人员进行交流，听取了镇土地流转方式的汇报，对土地流转工作给予肯定并提出建议。6月23日，北京市人大常委会主任杜德印、副主任赵凤山到永乐店镇调研都市型现代农业建设情况。9月22日，北京市环保局及各远郊区县环保局代表一行观摩了通州区环保局与永乐店镇政府在永乐店镇域内同城化工厂进行的危险化学品生产企业突发环境事件应急处理演练。

（杨存田）

【继续狠抓生产安全管理】 7月6日至8月6日，永乐店镇在全镇范围内开展为期一个月的全覆盖、密篦式安全生产大检查工作，覆盖面达到100%。镇党委书记张振泉、镇长禹学河等10名有关领导班子成员组成领导小组，各行业主管领导进行了责任分工，对各类生产经营单位，特别是对有限空间作业场所、人员密集场所和建筑工地、危险化学品、道路桥梁施工、电力、地下空间、特种设备、道路交通、冶金以及农业机械等行业和领域进行检查，提出整改措施并监督落实，为新中国成立60年大庆创造良好的环境。

（杨存田）

【十一项措施保国庆安全】 在"国庆60周年平安行动中"，永乐店镇通过十一个方面工作加以保障。一是深入开展矛盾纠纷隐患排查专项行动；二是深入开展各类重点人排查行动；三是深入开展生产安全隐患排查专项行动；四是深入开展社会环境秩序整治专项活动；五是深入开展严打整治专项活动；六是加强重点人群的管控；七是加强重点路段管控；八是加强对水、电、气、燃油、易燃易爆场所、有线电视光节点等重点部位的管控；九是健全群防群治队伍，做好辖区安全保卫工作；十是做好信访排查调处工作；十一是加强宗教场所排查管控工作。

（杨存田）

【村党支部班子换届】　12月，按照党章规定和上级党委安排，村党支部进行换届选举，全镇38个村党支部经全体党员无记名投票形式，选举产生了38个村新一届党支部班子成员，其中37个村实行党员“直选”支部书记。

（杨存田）

于家务回族乡

【概　况】　于家务回族乡位于通州区南部，距通州城21公里，是北京市五个少数民族乡之一，也是通州区唯一的少数民族乡。全乡下辖23个行政村，总面积65.7平方公里，耕地面积50081亩。总户数10284户，人口24660人，其中农业人口20437人、非农业人口4223人，回族人口2784人，占全乡总人口数的12.8%。人口计划生育率达到98%，人口出生率控制在4.91‰以内。全乡主要经济指标实现较快增长，税收总额实现1.77亿元，同比增长8%。其中国税实现7845万元，同比增长6.4%；地税实现9831万元，同比增长9.4%。地方财政收入实现2368万元，同比增长4%。

（褚宏岩）

【市领导到于家务回族乡调研】　3月4日，副市长夏占义和市农委、市农业局主要领导到本乡东升农业发展有限公司农产品加工基地、南瓜园、加增食品有限公司进行调研。6月23日，市人大常委会主任杜德印、副主任赵凤山及市人大首都经济社会发展专题调研都市型现代化农业建设组，到本乡东升农业发展有限公司芽菜基地调研。8月19日，市政协副主席沈宝昌及30多名市政协委员，到本乡南瓜观光园参观调研。11月13日，市民族宗教侨务办主任席文启及30名市人大代表到本乡华德永佳地毯有限公司、南瓜观光园、于家务中学参观视察。

（褚宏岩）

【完成国庆60周年活动服务保障工作】　年内，完成永于路、德渠路等道路及小城镇居住区的绿化美化任务，绿化面积达49.4万平方米；完成张凤路、张采路沿线环境整治任务。加强社会治安综合整治，组织开展打击刑事犯罪、废品回收市场清理、文化娱乐场所整顿等专项活动。坚持安全生产隐患排查，相继在危化企业、建筑工地、有限空间作业、食品卫生、交通安全等领域开展专项安全检查工作，确保国庆期间安全生产工作有序进行。开展领导干部大接访和矛盾纠纷排查调处，落实大信访工作机制，加大土地确权、产权制度改革、拆违遗留问题等信访难点的排查力度，预防重大矛盾纠纷的发生。全方位、多渠道地宣传“迎国庆　讲文明　树新风”活动，广泛宣传动员和激励全乡广大居民群众积极参与到庆祝活动当中，充分展示于家务乡人民喜迎新中国成立60周年的精神面貌，为新中国成立60周年大力营造昂扬向上、欢乐祥和、文明和谐的社会氛围。

（褚宏岩）

【招商引资工作迈上新台阶】　年内，北京迪马工业有限公司、北京莱恩斯高新技术有限公司、北京正北元电器有限公司、北京森迪博尔装饰材料有限公司、北京意德法家木业有限公司（二期）等项目相继落户，协议投资总额达8亿元，盘活土地150亩、标准厂房3.6万平方米。北京环蔚科技有限公司厂房及办公楼建设、北京丰隆农业技术开发有限公司二期库房、北京东升农业种植有限公司台湾生态园等项目相继开工建设。工业产业对全乡经济发展的拉动作用逐步显现。

（褚宏岩）

【农业结构调整加快推进】 完成2008至2009年6000亩中低产田改造工程，完成于家务、渠头等15个村市区级土地整理项目，农业基础设施不断完善。在全市率先建立农村土地流转管理服务中心，年内，全乡流转土地3500亩，其中前伏村2000亩土地实现整体一次性流转。以发展都市型现代农业为主线，在建设好北京观光南瓜园的基础上，着力推进实施第五季富饶生态农业园（台湾园）、蓝莓采摘观光园、神仙千亩果品采摘园、小海子村400亩农业高效园、北虫草生产加工基地等项目建设。完成北辛店、富各庄村4000亩粮食丰产示范田建设。农业产业结构调整步伐加快。

（褚宏岩）

【基础设施建设不断完善】 年内，完成全乡天然气利用专项规划、土地利用总体规划、乡域总体规划优化实施方案的编制工作，全乡规划体系不断完善。完成乡中心区水厂集中供水工程的厂站建设并投入使用，顺利启动乡中心区路网及市政管线工程建设。乡中心区土地一级开发项目取得授权批复，城镇建设取得实质性进展。结合园林式小城镇建设，开展村庄环境综合整治，加大乡域内主干支路、街道、居住区、花园式单位的环境整治、违章建筑拆除和绿化美化工作力度，逐年实现全乡村庄“净、绿、美”的三年环境建设目标。完成1.8万亩中低产田林网建设重点绿化建设工程。完成违法用地专项整治任务，拆除违法建设面积3万余平方米。圆满完成北京郊区“环境优美乡镇”创建工作。

（褚宏岩）

【新农村建设扎实推进】 完成全乡12个村的新农村村庄规划编制工作，为本乡新农村建设提供科学的依据。新农村五项基础设施建设工程全部完工。完成后伏、西马坊等13个村的街坊路硬化23.3万平方米；完成东马各庄、前伏等4个村的自来水改造工程；完成富各庄、崔各庄等5个村建设太阳能公共浴室；完成大耕垡、吴寺400个农村节能吊炕建设；完成王各庄、满庄等17个村公共厕所39个；完成西垡、枣林等11个村户厕改造3892个。成立北京绿源宇鑫奶牛养殖、北京裕群养殖等农民专业合作社2家，提高农民组织化程度。推广农业政策性保险和完善农民合作社资金互助工作，有效提高农民抗风险能力和解决农民小额贷款难题。实施新型农民培育工程，评选出100名优秀新农民并进行了表彰，根据百名优秀新农民先进事迹，编辑《绿野新风》一书教育农民，树立典型，发挥榜样带动作用；新建16个益民书屋，实现了益民书屋全覆盖。

（褚宏岩）

【社会各项事业均衡发展】 加大教育投入，改善办学条件，中小学教育教学质量稳步提高。修订优秀教师、先进教育工作者表彰决定，加大奖励力度。乡成人文化技术学校建成并通过规范化验收。加强自办幼儿园甲型流感防控工作的管理，实施中小学、自办幼儿园校舍抗震加固安全工程。全乡13个村数字影院建设完成并投入使用，数字电影院总数达到20个。组织参加全区“我家住在运河旁”系列赛事、第三届全民运动会竞赛和工间操竞赛，分别获得歌手大赛二等奖、戏曲评剧组三等奖、大型表演组织奖。深化计生利益导向机制，稳定全乡低生育水平，为49户计生贷款户兑现利息17余万元；为计划生育家庭办理贴息贷款75.4万元；为全乡128户独生子女父母发放奖励扶助金。

（褚宏岩）

【劳动和社会保障力度加大】 成立“乡培训就业工作领导小组”，制订全乡富余劳动力培训工作计划，在于家务、西垡等村成立6个村级培训就业基地，全年培训3300人次，实现劳动力就业642人。拓宽劳动力转移输出渠道，保持“零就业家庭”动态清零。受理农民工讨薪案件85 起，涉及人员220人次，追回工资40余万元。实施新型农村社会养老保险制度，完成新农保向居民养老保险的过渡，全乡参保人数8708人，参保率86%。完成50余名优抚对象医药费报销转移。在巩固完善仇庄、东堡2个农村社区建设成果的基础上，完成西堡、渠头等5个村的社区服务站建设。办理保障性住房申请21户。完成城乡低保和专项救助制度，为35户村民进行危旧房改建；为135名残疾人配发辅助器具；为20户残疾人家庭做了无障碍改造；协调区红十字会、民政局、建委、基督教两会等单位40余万元，救助30户临时困难家庭、104个贫困家庭孩子上学、改造王各庄敬老院。

（褚宏岩）

【加强基层组织建设】 在圆满完成本乡第一批科学发展观学习实践活动的基础上，全面启动第二批学习实践活动。以村党支部班子建设为重点，落实村党支部书记工作手册制度和月例会制度。扎实推进基层党建创新，实行村级干部届中考察制度，全面完成村级两委班子考察工作，为2010年村两委换届奠定坚实基础；实行对新任农村党支部书记任职试用期制度，在两个村试行，取得明显成效；实施党建亮点村创建工程，按照三年规划完成14个村，其中有7个村初步成型。完善党员发展工程，加强党员干部远程教育，充分发挥大学生村官的作用，党员干部素质得到提升。扎实做好帮扶协调工作，争取帮扶资金155万元投入各村的新农村建设。扎实开展廉政主题教育活动，积极推进廉政风险防范管理工作，落实党风廉政建设责任制，基层组织的凝聚力、战斗力增强。

（褚宏岩）

【精神文明建设成果显著】 积极开展“迎国庆 讲文明 树新风——我参与、我奉献、我快乐”活动，圆满完成首都文明乡镇创建工作。以《今日于家务》为载体，深入开展送知识、送礼仪、送文明、送政策、送法律的“五送”活动，普及公民道德教育和社会公德教育。以《今日于家务》、《通州时讯》、《北京青年报》等媒介为平台，加强对内对外宣传力度，为全乡经济社会发展营造浓厚的舆论氛围。自觉接受人大工作监督，定期组织人大代表进行视察，落实乡人大代表联系制度和评议政府专项工作制度，提高人大代表参政议政能力。坚持依法行政，落实《政府信息公开条例》，按照规定的方式和程序实施政务公开、信息公开。全面推进依法治乡进程，落实“五五”普法规划，法制教育宣传工作有序开展，依法办事的意识得到进一步增强。全面推进民族、统战工作，注重发挥工、青、妇等群团组织的桥梁纽带作用。征兵、拥军优属工作取得新成绩。

（褚宏岩）

人　　物

组织机构负责人名单

一、区委序列

中国共产党北京市通州区委员会

书　记　王云峰
副书记　邓乃平　张文山(11月免)
常　委　王云峰　邓乃平　张文山(11月免)
王春元(11月免)　岳　鹏(4月任)
李玉君　张秀余　张永明(3月免)
尹双曼　尹燕京　郭旭升(11月任)
张　勇　储怀森
组织部部长　王春元（11月免）
郭旭升（11月任）
政法委员会书记　李玉君
宣传部部长　张秀余
办公室主任　肖志刚
精神文明建设委员会办公室主任　王增哲
统一战线工作部部长　李淑华(女，回族)
台湾事务办公室主任　孙月山
综合治理委员会办公室主任　王金成
防范和处理邪教问题领导小组办公室主任　刘海涛
维护稳定领导小组办公室主任　刘海涛
流动人口和出租房屋管理委员会办公室主任　王金成
研究室主任　李彦明
机构编制委员会办公室主任　罗明光
直属机关工作委员会书记　肖志刚
老干部局党组书记　姚广生
局　长　董思瑞
保密委员会办公室主任　田晓江
区国家保密局局长　田晓江
社会工作委员会（4月组建）
书记　宁秋君(3月任)
社会建设工作办公室（4月组建）
主任　宁秋君(3月任)

中国共产党北京市通州区纪律检查委员会

书　记　尹双曼(女)
副书记　赵潮英(女)　张希芳　陈广强
常　委　尹双曼(女)　赵潮英(女)
张希芳　陈广强　张永胜
王介民　李俊志　杨泽军

二、人大序列

通州区人民代表大会常务委员会

主　任　石进贤

副主任　蒋洪昉　王　平　韩振福　仇春利(9月免)　张晓燕(女)

委　员　马克生　王玉庆　王成江　王金凤(女)　刘玉山　刘学力　刘晓云(女)　刘维佳　杜俊红(女)　李文才　李清俊(女)　张春兰(女)　张俊胜　张梅菊(女)　张慧敏　赵　冬(女)　黄春来　曹歧连　崔大柏　韩克非(女)　潘月东

办公室主任　刘学力

财政经济工作委员会主任　潘月东

内务司法工作委员会主任　刘晓云(女)

教科文卫工作委员会主任　曹歧连

城乡建设环保工作委员会主任　黄春来

农村工作委员会主任　马克生

代表联络室主任　李清俊(女)

研究室主任　刘志刚

三、政府序列

通州区人民政府

区　长　邓乃平

副区长　张永明(3月免)　岳　鹏(4月任)　张　勇　赵玉影　于世疆　刘淑华(女)　张　华

办公室主任　马峰成

监察局局长　赵潮英(女)

信访办公室党组书记、主任　汤德月

民防局党组书记　王玉芳

局　长　谷维臣(8月免)　张玉和(8月任)

经济和信息化委员会(9月组建)

党组书记、主任　陈国庆(9月任)

园区管委会党组书记　陈国增

主任　张　华

农村工作委员会(更名)

书记　李柏松(9月免)　张福贵(9月任)

主任　李柏松

住房和城乡建设委员会(原建设委员会)

党委书记　张志强

主　任　张志强(9月免)　董维毅(9月任)

教育工作委员会书记　宋京璋

教育委员会主任　宋京璋

教育督导室主任　孙玉起

商务委员会(原商务局)

党组书记、主任　王士杰(9月任)

科学技术委员会党组书记、主任　季志会(女)

发展和改革委员会党组书记、主任　崔松光

国有资产监督管理委员会党委书记、主任　王栓成

人口和计划生育委员会

党组书记　张湛军

主　任　刘美俊(女)

市政市容管理委员会(原市政管理委员会)

党委书记　周鸿武(9月任)

主　任　薄立军(9月任)

新城建设管理委员会(7月组建)

主　任　贾君刚(7月任)

文化委员会党委书记、主任　杜德久

人力资源和社会保障局(9月组建)

书　记　罗明光(9月任)

局　长　王振良(9月任)

财政局党委书记、局长　刘汝林

审计局党组书记　吕咸生

局　长　孟繁虎

环境保护局党组书记　李冠健(9月免)　彭殿军(9月任)

局　长　彭殿军

统计局党组书记、局长 张春良
体育局党组书记、局长 车林平
卫生局党委书记 马月明
局　长 白玉光
交通局党委书记、局长 李永锋(3月免)
姜富龙(3月任)
园林绿化局(9月组建)
党委书记、局长 刘卉(女,9月任)
绿化委员会办公室主任 刘卉(女,9月任)
水务局党委书记、局长 张冠启
农业局(9月组建)
党委书记 刘庆生(9月任)
局　长 杜中方(9月任)
旅游局党组书记、局长 张兰荣(女,7月免)
李金玺(7月任)
民政局党委书记 史瑞堂
局　长 郭辉(7月免)
民族事务委员会主任 郭辉(7月免)
司法局党组书记、局长 宁秋君(3月免)
李永锋(3月任)
安全生产监督管理局党组书记、局长
朱志高
法制办公室主任 徐景发
人民法院党组书记、院长 高洪涛
人民检察院党组书记、检察长 东晓钟
城管监察大队党委书记、队长 闵乃水

四、政协机关

中国人民政治协商会议
北京市通州区委员会

主　席 王玉辉
副主席 高志禄　杜宏谋
李淑华(女，回族)　金建华
杜少勋　王子江
秘书长 张丽华(女)
常务委员 马玉敏(回族，12月免)　王昆
田春华(女)　边学锋(女)　吕东
刘进民　池雪斌　许淑泉(女，回族)
孙大公　杜伟　李旻杰(女)
宋金平(女)　张松　张京(女)
张绍武　陈越光　金文岭
周正　庞玉　郑岩(满族)
胡建功　洪岚(女，侗族)
胥振阳　贾光红(女)　郭枫
郭海螺　樊淑玲(女)
办公室主任 杨克杰
研究室主任 杨广文
专委会一室主任 李北江
专委会二室主任 赵振华
专委会三室主任 石国辉(9月免)
专委会四室主任 王昆

五、群众团体

区总工会党组书记、主席 林殿彪
共青团北京市通州区委员会书记 张若冰
区妇女联合会主席 张小艳(女)
区科学技术协会主席 杜伟
区工商业联合会党组书记 刘晓波(女,9月免)
主　席 金文岭
区残疾人联合会党组书记 尹宝宇
理事长 刘景山
区红十字会常务副会长 安志江
区文学艺术界联合会主席 杜德久

六、区直属事业单位

档案局（档案馆）党组书记 罗文路
局　长 高德澍
投资服务中心主任 王葆刚(4月任)
党史区志办公室主任 陈宏毅
区委党校党委书记 王青春
校　长 张文山
种植业服务中心党委书记 张福贵(9月免)
杜中方(9月任)
主　任 张福贵(9月免)

农机服务中心党委书记、主任　刘庆生
农村合作经济经营管理站
　党组书记、站长　张玉刚
广播电视中心主任　王志刚
职业教育中心党委书记、主任
　王雅岚(女)
成人教育中心党委书记　高孝锋
　主　任　张绍武
潞河中学校长　徐　华
潞河医院党委书记　马月明
　院　长　马春光
地震局党组书记　黄志伟
　局　长　王德胜
投资促进局局长　李金玺(9月免)
　李　霞(9月任)
通政国有资产经营公司
　董事长　刘汝林
　经　理　徐思清

七、街道 乡镇

中仓街道办事处
　工委书记　于海春
　人大街工委主任　于海春
　办事处主任　姜富龙(7月免)
　冯利英(7月任)
新华街道办事处
　工委书记　张玉震
　人大街工委主任　张玉震
　办事处主任　朱军辉
北苑街道办事处
　工委书记　孔维民
　人大街工委主任　孔维民
　办事处主任　刘德昉
玉桥街道办事处
　工委书记　袁廷权
　人大街工委主任　袁廷权
　办事处主任　刘立新(9月免)
　曹东波(9月任)

永顺镇
　党委书记　董维毅(9月免)
　刘立新(9月任)
　人大主席　王成江
　镇　长　张玉和(11月免)
　石国辉(11月任)
梨园镇
　党委书记　王岩石
　人大主席　王岩石
　镇　长　于立东
宋庄镇
　党委书记　胡介报
　人大主席　范玉全
　镇　长　裴志刚
张家湾镇
　党委书记　尚祖国
　人大主席　尚祖国
　镇　长　孙奎亮
漷县镇
　党委书记　杨连元
　人大主席　杨连元
　镇　长　囤国常
马驹桥镇
　党委书记　房亚军
　人大主席　房亚军
　镇　长　鲁新洪
西集镇
　党委书记　刘雪峰
　人大主席　刘雪峰
　镇　长　张德启
潞城镇
　党委书记　苏雅文
　人大主席　苏雅文
　镇　长　甄　宇
台湖镇
　党委书记　贾君刚(7月免)
　刘贵明(7月任)
　人大主席　贾君刚(9月免)
　刘贵明(9月任)

镇　长　刘贵明(9月免)
倪德才(9月任)

永乐店镇
党委书记　张振泉
人大主席　董建忠
镇　长　禹学河

于家务回族乡
党委书记　陈　宇
人大主席　魏金生
乡　长　何志强

八、双管单位

北京市规划委员会通州分局
党组书记、局长　禹学垠

北京市路政局通州公路分局
党委书记　段博新
局　长　段博新(2月免)
杨　帆(2月任)

通州区质量技术监督局
党组书记、局长　赵久治

北京市国土资源局通州分局
党组书记、局长　刘占恩

通州区气象局局长　池长春

通州区邮政局党委书记、局长　刘国军

中国人民解放军北京市通州区人民武装部
部　长　芦　峰
政　委　储怀森

通州区国家税务局党组书记、局长　张玉龙

通州区地方税务局党组书记、局长　牛明奇

工商行政管理局通州分局
党组书记、局长　廉建设

北京市公安局通州分局
党委书记、局长　尹燕京
政　委　王　健

北京市药品监督管理局通州分局
党组书记、局长　刘术旺

通州区烟草专卖局（公司）
局长（经理）　武玉清

九、重点企业

上海烟草集团北京卷烟厂厂　长　曲志刚
党委书记　马庆林

北京苏宁电器有限公司总经理　范志军

中国烟草总公司北京市公司物流中心
经　理　刘进民
党委书记　董宇康

北京东方石油化工有限公司东方化工厂
厂　长　宋春波
党委书记　张　琦

北京摩比斯变速器有限公司总经理　金成国

北京中丽制机工程技术有限公司
总 经 理　仝文奇
党委书记　刘福安

华润物流（北京）有限公司总经理　吴　桉

北京万生药业有限责任公司
董事长（总经理）　黄　河

北京鄂尔多斯羊绒有限公司总经理　张根才

十、其他单位

中国联合网络通信有限公司北京市通州区分公司
党委书记、总经理（局长）　李　健

中国人民财产保险公司通州支公司
党组书记、总经理　刘玉纯

中国人寿保险公司通州区支公司
经理　胡振英(女)

建设银行通州区支行行长　韩少卿

工商银行通州支行行长　齐兆惠

农业银行通州区支行行长　巩全禄

中国银行通州区支行行长　王海波

华夏银行通州支行行长　杜元平

北京银行通州支行行长　李　伟

农业发展银行通州区支行行长　常崇祥(11月免)
杨宝生(11月任)

北京农村商业银行通州支行
行长　张新忠(8月免)
单国俊(8月任)

北京电力公司通州供电公司

经　　理	王增志
党委书记	靳福东

北京新城基业投资发展有限公司

董事长	张　洪
总经理	胡克诚

先进人物

张丽晓　革命烈士。男，汉族，1990年1月出生，河南省郑州金水区人，初中文化，中国人民武装警察部队北京市通州区消防支队新华街中队战士。

张丽晓在平凡的岗位上做出了不平凡的业绩，以实际行动和突出成绩践行了一名消防战士坚定的理想信念，他把“国家利益、人民利益高于一切”的信念恪守于心。2007年12月，张丽晓参军入伍，当上了一名消防战士。由于训练刻苦、业务熟练，常常被中队领导委以重任。2009年7月3日14时许，北京市通州区新华联家园物业人员在污水井内维修作业时发生中毒事故。情况紧急，新华消防中队立即投入抢险救人，张丽晓又像往常一样冲在最前面，在和战友救出多名遇险物业人员后，一名被困者在挣扎中抓到张丽晓的空气呼吸器吸气管，一把拽断呼吸器接头，张丽晓也被拽到污水里……两名战士立即下去将张丽晓救出井口，送到通州区潞河医院抢救。由于吸入过多有毒气体，经抢救无效，于当日18时47分，张丽晓壮烈牺牲，年仅19岁。7月3日，共青团北京市委员会追授张丽晓北京市五四奖章。7月9日，公安部政治部批准张丽晓为革命烈士。

张慧敏　全国“五一”劳动奖章获得者。1956年出生，中共党员，大学文化。1974年参加工作，现任通州区总工会副主席。2008年北京奥运会、残奥会期间，张慧敏作为通州区职工拉拉队、文明观众常务副指挥长、总领队，以饱满的政治热情、无私的奉献精神、高度负责的工作态度、严谨细致的工作作风，投入到服务奥运会、残奥会任务中去。会前他先后组织拉拉队员培训82场次，培训人数12000多人次。奥运会召开期间，他指挥着由6000名队员组成的36支职工文明拉拉队，参加了北京奥运会、残奥会的全过程。为奥运会和残奥会服务28场次、参加人员16150人次。在组织过程中，张慧敏身先士卒，组织周密、协调有力，克服人员多、场馆距离远、交通不便、天气炎热等困难，确保了北京奥运会、残奥会服务任务的圆满完成。在奥运会和残奥会赛场上，通州区职工拉拉队以热情、专业的观赛服务，赢得中央、北京市、奥组委领导和各国运动员、工作人员的一致好评。通州区职工拉拉队被市组委会评为甲级队一等奖，被通州区评为精神文明建设创新奖，并多次代表通州区在奥组委志愿者工作会、中央文明办、全国总工会、北京市总工会进行经验介绍。2009年，张慧敏获得全国“五一”劳动奖章。

王春霞　女，全国三八红旗奖章获得者。马驹桥镇东店村人。1988年在大葛庄村创办惠民工艺品厂。截至2009年底，企业年生产景泰蓝摆件20余万件，产品全部出口国外，销

售额300余万元。企业职工120余人，外加工人员100余人，以家庭妇女为主，为马驹桥镇及附近地区解决劳动力就业近300人。在10余年的创业路上，她不退缩、不气馁，发扬“四自”精神，实现着人生价值。她身为企业法人，带领妇女敢于闯市场，创新产品和销售渠道，企业被通州区政府命名为“巧娘作品研发基地”。在2008年奥运会期间，她在鸟巢对面开设了景泰蓝专卖店，产品深受各国友人的喜欢。王春霞领导的惠民工艺品厂不断发展，为本地区发展经济、解决农村失地妇女就业起到积极作用。2009年，王春霞被评为全国三八红旗奖章获得者。

李　峥　女，全国三八红旗奖章获得者。1970年出生，中共党员，现任通州区人民检察院侦查监督处副处长。李峥在公诉处工作的12年间，参与办理案件近千件，在办案中她认真负责，力争还原每个案件的事实真相，多次收到当事人送来的锦旗和感谢信。自2007年初被任命为侦查监督处副处长以来，在审核全处案件把好审查批捕关的同时做到身先士卒，带头承办大部分疑难复杂案件和社会敏感案件，正确履行了侦查监督职责。通过她刻苦努力和过硬的业务水平，在市院组织的侦查监督岗位练兵活动中获得全市第一，并代表市院参加高检院举办的首届“侦查监督十佳检察官”评选活动，获得全国侦查监督十佳检察官称号，同时获得优秀文书奖。多年来，她先后荣立个人二等功一次、个人三等功一次，先后被评为北京市检察机关严打先进工作者、首都模范检察干部、首都五好检察干警、通州区优秀共产党员、通州区人民满意的政法干警等，并荣获2007年度北京市三八红旗奖章。2008年，李峥与一名承办人成立办理涉奥案件小组，对所有涉奥案件做到及时引导取证，并连续几个周末加班。受理的25件29人涉奥案件，批捕25件28人，平均审限只有1.6日，逮捕的犯罪嫌疑人均获有罪判决。其中李峥承办的常某某二人冒充奥组委涉嫌诈骗案被评为一类案件。2009年，李峥被评为全国三八红旗奖章获得者。

郑文会　全国税务系统先进工作者。女，汉族，1960年6月出生，中共党员。1980年参加工作，现任通州区国家税务局稽查局副局长。她政治立场坚定，讲党性重品行，讲管理重人本，讲学习重素质。2009年，在国家税务总局、北京市国税局的领导下，依托大要案、专项、专案查办工作，严厉打击涉税违法犯罪行为，整顿和规范税收经济秩序，净化区域税收环境，促进公平、公开、公正，弥补管理漏洞，维护税收正义，挽回经济损失，维护国家利益。在组织案件查办工作中屡立战功。参与检查了142起涉税案件，发现有问题126件，查补税款、加收滞纳金、处以罚款累计4407万元。参加工作以来，郑文会先后10次被评为先进工作者，7次荣立个人三等功，2000年被评为北京市税务系统十大杰出女税务工作者，2008年被北京市妇联授予奥运巾帼奉献奖奖章，2009年被北京市总工会授予“首都劳动奖章”，被国家税务总局评为“全国税务系统先进工作者”。

刘　庄　全国先进离退休干部先进个人。1926年12月出生，原通县政协主席，1987年离休。离休后，他加入到通县关心下一代协会工作中，1989年当选为通县关协会长，1994年通县建立关工委，他又担任关工委副主任，将关爱倾注在祖国的新一代身上。他积极发掘“老干部、老战士、老专家、老教师、老模

范”优势，开展撰写回忆录、讲革命故事、唱革命歌曲、参观城乡新貌、资助贫困学生、挽救失足青少年等系列活动。他在关心教育青少年的同时，还为通州区老年教育作出了贡献。他积极争取创办老年大学，带领老同志克服种种困难，通州老年大学于1993年3月成立，他时任老年大学校长。刘庄曾两次被评为北京市老干部先进个人，两次荣获首都精神文明建设奖章，两次被评为通县名人，1995年被评为通县优秀共产党员，2000年荣获全国关心下一代工作先进个人奖章。2008年，被中央组织部评为全国先进离退休干部先进个人。

王林杰　全国公安机关排查化解矛盾纠纷先进个人。41岁，中共党员，1989年参加公安工作，现任北京市公安局通州分局办公室副主任，主抓分局信访工作。先后荣立三等功3次，被分局评为优秀公务员3次，获分局嘉奖5次。

2009年，王林杰紧密结合通州分局信访工作实际，始终坚持分局党委提出的“减少存量、降低增量、加强管理、源头治理”公安信访工作思路，以国庆60周年安全保卫工作为中心，认真落实“从严从紧，从细从实”的工作要求，坚持抓好处理信访突出问题与抓好处理初信初访并行，坚持化解矛盾与源头预防并举，坚持创新方法与完善长效机制并重，进一步完善信访工作机制，促进执法规范化建设，规范信访秩序，深入推动了构建和谐警民关系工作进程，分局信访工作走上了存量大幅减少、增量有效控制、问题及时解决、工作规范高效的良性循环轨道。王林杰身先士卒，率先垂范，参与并成功化解市局、分局挂账的重点疑难信访积案15件，及时消除国庆60周年安保工作中的隐患；带领信访干部处理群众来信、来访、来邮、来电764件，其中初次信访328件，做到件件有回复、事事有结果，全年收到群众送来的感谢信、锦旗9件；狠抓涉法信访工作的考核，2009年分局涉法信访考核成绩优秀，进入市局先进行列。王林杰被公安部授予全国公安机关排查化解矛盾纠纷先进个人荣誉称号。

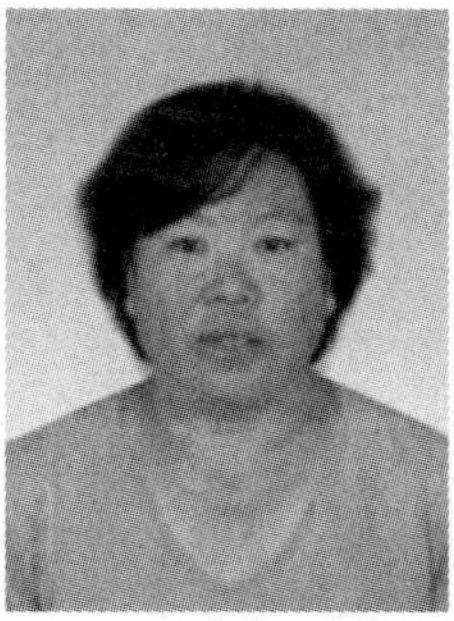

韩金平　女，全国城乡妇女岗位建功先进个人。现任宋庄镇手牵手养殖专业合作社社长。1991年开始进行家庭养鸡。经过几年的摸爬滚打，她家年均收入达到3万元。1998年，韩金平投资8万元，盖起10间新房，经营家庭养鸡场。为了扩大养殖规模，2004年，十几户联合起来成立养殖协会。协会成员越来越多，大家团结一致，群策群力，平安渡过了猪价下跌和禽流感的冲击。2006年4月，在区、镇两级政府领导的关心和帮助下，韩金平组织80余家养殖户在通州区工商局登记注册成立北京手牵手养殖合作社。韩金平为合作社的法人和社长，组织养殖户从事生猪、肉鸡、蛋鸡、水产等养殖，并注册了“运河人”商标。截至2009年底，合作社成员达到120余户。合作社为成员送饲料，提供种畜禽，销售商品猪、商品鸡、商品蛋，年销售收入达到380万元，养殖户平均收入3万余元。合作社运营状况良好，被授予市、区、镇“典型示范单位”荣誉称号。2009年，韩金平被评为全国城乡妇女岗位建功先进个人。

光 荣 榜

全国先进单位

全国文物工作先进区
通州区
全国精神文明建设工作先进单位
通州区邮政局
全国科技特派员工作先进集体
通州区科学技术委员会
国家卫生镇
通州区梨园镇
全国三八红旗集体
通州区妇女联合会
全国巾帼文明岗
通州区住房保障及旧城改造领导小组办公室
北京市通州区潞河医院护理部
全国城乡妇女岗位建功先进集体
通州区妇女联合会
全国和谐文明家庭
李春红家庭
王文玲家庭
2009年全国农村成人教育先进学校
通州区张家湾成人文化技术学校

北京市先进单位、先进个人

首都中华人民共和国成立60周年国庆阅兵活动筹备工作最佳服务保障奖
通州区
庆祝中华人民共和国成立60周年食品安全保障工作先进区县
通州区
首都群众游行工作优秀组织单位
通州区
首都庆祝中华人民共和国成立60周年游园活动优秀组织奖
通州区
北京市信访排查调处工作目标管理考核优秀单位
通州区
2009年度农田水利先进区
通州区
首都劳动奖状
北京市公安局通州分局
北京市工人先锋号
北京天宇朗通通讯设备股份有限公司研发部
北京市三八红旗集体
通州区潞城镇妇联
通州区市政设施巡查中心
北京贵友大厦有限公司通州店
北京市通州妇幼保健院
通州区中山街小学
通州区新城东里幼儿园
北京木真了时装有限公司
通州区财政局行财科
北京市妇女儿童工作先进集体
通州区妇女联合会
通州区统计局
通州区卫生局
通州区劳动局
北京市妇女就业示范基地
北京漷县“一品园”花卉种植基地
北京市梨园敖凤乌鸡场
北京金城众和生猪养殖场
北京垡头海霞编织专业手工合作社
北京海玲编制社
北京市农村妇女“双学双比”活动示范基地
通州区四季丰毛衫厂
北京海玲编制社
北京漷县“一品园”花卉种植基地
通州区潞城镇姐妹缘编制部
北京惠民景泰蓝厂
北京市人口和计划生育红旗单位
通州区永顺镇人民政府

通州区宋庄镇人民政府

北京市人口和计划生育先进集体

通州区梨园镇人民政府
通州区潞城镇人民政府
通州区西集镇人民政府
通州区漷县镇人民政府
通州区永乐店镇人民政府
通州区中仓街道办事处
通州区玉桥街道办事处
通州区新华街道办事处
通州区于家务回族乡人民政府
通州区广播电视中心
通州区教育委员会
通州区财政局
通州区地税局
通州区人力资源和社会保障局
通州区卫生局
北京市公安局通州分局人口管理处

首都文明乡镇

通州区永顺镇
通州区梨园镇
通州区台湖镇
通州区张家湾镇
通州区潞城镇
通州区永乐店镇
通州区漷县镇
通州区于家务回族乡

首都文明村

通州区梨园镇大稿村
通州区梨园镇西总屯村
通州区梨园镇车里坟村
通州区梨园镇曹园村
通州区梨园镇刘老公庄村
通州区梨园镇魏家坟村
通州区宋庄镇小堡村
通州区宋庄镇前夏公庄村
通州区宋庄镇六合村
通州区宋庄镇师姑庄村
通州区宋庄镇草寺村
通州区台湖镇外郎营村
通州区台湖镇桂家坟村
通州区台湖镇大地村
通州区台湖镇东下营村
通州区马驹桥镇小周易村
通州区马驹桥镇小杜社村
通州区马驹桥镇六郎庄村
通州区马驹桥镇周营村
通州区永顺镇龙旺庄村
通州区永顺镇南关村
通州区永顺镇小潞邑村
通州区永顺镇北马庄村
通州区永顺镇乔庄村
通州区永顺镇邓家窑村
通州区张家湾镇苍头村
通州区张家湾镇皇木厂村
通州区张家湾镇张湾村
通州区张家湾镇北仪阁村
通州区潞城镇留庄村
通州区潞城镇武疃村
通州区潞城镇刘庄村
通州区潞城镇霍屯村
通州区潞城镇堡辛村
通州区漷县镇许各庄村
通州区漷县镇李辛庄村
通州区漷县镇翟各庄村
通州区漷县镇草厂村
通州区漷县镇三黄庄村
通州区漷县镇边槐庄村
通州区于家务回族乡仇庄村
通州区于家务回族乡后伏村
通州区于家务回族乡西垡村
通州区于家务回族乡东垡村
通州区于家务回族乡果村
通州区西集镇史东仪村
通州区西集镇大沙务村
通州区西集镇太平庄村
通州区西集镇陈桁村
通州区永乐店镇西河村
通州区永乐店镇东张各庄村
通州区永乐店镇兴隆庄村

首都文明单位标兵

通州区市政市容管理委员会机关
通州区邮政局机关
通州区人民检察院
通州区殡仪馆
通州区潞河中学
通州区人力资源和社会保障局机关
通州区住房和城乡建设委员会机关
北京市电力公司通州供电公司机关
通州区司法局机关
北京市规划委员会通州分局
通州区地方税务局机关

首都文明单位

通州区国家税务局机关
通州区财政局机关
北京市公安局通州分局机关
北京市公安局通州分局胡各庄派出所
北京市工商行政管理局通州分局机关
北京市工商行政管理局通州分局永顺工商所
通州区国有资产监督管理委员会机关
北京市万通兴汽车检测站
通州区粮油贸易公司
北京八里桥农产品中心批发市场有限公司
北京中商上科大厦有限公司
通州区教育委员会机关
通州区运河中学
通州区官园小学
通州区青少年活动中心
通州区潞城水务一所
通州区住宅锅炉供暖中心
通州区卫生局卫生监督所
通州区宋庄卫生院
通州区人口和计划生育委员会
北京市国土资源局通州分局
通州区城市管理监察大队
北京市路政局通州公路分局
通州区住房和城乡建设委员会测绘所
北京联通通州分公司
北京京东正齐胜信息咨询服务公司(永顺镇)
北京北内汽车零部件有限公司(西集镇)
北京电力通州供电公司西集供电所(西集镇)
李宁(中国)体育用品有限公司(台湖镇)
北京方和正圆商贸有限公司(张家湾镇)
福耀集团北京福通安全玻璃有限公司 (张家湾镇)
北京佩特莱电器有限公司(宋庄镇)
邮政局新华支局

首都文明街道

通州区玉桥街道
通州区中仓街道
通州区北苑街道
通州区新华街道

首都文明社区

通州区北苑街道京贸国际社区
通州区北苑街道北苑桥社区
通州区北苑街道帅府社区
通州区北苑街道五里店社区
通州区北苑街道锦园社区
通州区新华街道如意社区
通州区新华街道司空社区
通州区中仓街道上营社区
通州区中仓街道西营社区
通州区中仓街道东里社区
通州区中仓街道星河社区
通州区中仓街道新华园社区
通州区玉桥街道玉桥东里社区
通州区玉桥街道柳岸芳园社区
通州区玉桥街道梨花园社区
通州区玉桥街道艺苑西里社区
通州区永顺镇永顺西里社区
通州区梨园镇颐瑞西里社区

首都文明旅游景区

中国民兵武器装备陈列馆
运河公园

首都绿化美化园林小城镇

于家务回族乡

首都绿化美化花园式单位

永顺镇苏坨村委会
通州区半壁店京洲园小区
通州区台湖小区
北京嘉隆衣业有限公司

通州供电公司漷县供电所
北京潞电电器设备有限公司
研创企业园
通州区小务中学
北京奇佳联合新型建材有限公司
北京瓜兴园农业观光有限公司
北京海港房地产开发有限公司(格拉斯小镇)
北京市规划委员会通州分局
通州区林业保护站
通州区烟草专卖局
中国人民解放军93427部队

首都全民义务植树先进单位

通州区妇女联合会
北京铜牛股份有限公司
通州区人民武装部
北京卫戍区66055部队

首都绿化美化先进单位

马驹桥镇小周易村
潞城镇前疃村
通州区林场

首都绿色村庄

张家湾镇西定福庄
张家湾镇中街
永乐店镇熬硝营村
潞城镇留庄村
潞城镇东夏园村
潞城镇东刘庄村
于家务乡小海字村

首都绿化美化花园式社区

通州区北苑街道北苑桥社区
通州区中仓街道星河社区
通州区新华街道如意社区
通州区玉桥街道柳岸方园社区

市森林防火先进单位

西集镇

北京市卫生镇

通州区永顺镇
通州区马驹桥镇

北京市改厕先进镇

通州区永乐店镇

北京市爱国卫生红旗单位

通州区区委机关
北京市同仁堂集团通州仓库
通州区人民检察院
北京公安交通管理局通州大队
通州区人民商场
通州区财政局
通州区建设委员会
通州区劳动和社会保障局

北京市爱国卫生先进单位

北京铁路成人中等公安学校
北京古船食品有限公司
北京同仁堂股份有限公司同仁堂药酒厂
北京东方石油化工有限公司东方化工厂
核工业北京化工冶金研究院
北京市公路局通州分局
北京市规划局通州分局
通州区运河中学
通州区林业局
通州区邮政局
北京金瑞物业管理有限责任公司
葛布店北里社区居委会
通州区卫生局
北京市电力公司通州供电公司
通州区成人教育中心
通州区司法局
北京东方宾馆
通州第六中学
通州区教师研修中心
通州区东方小学
通州区市政管理委员会
通州区新华街道办事处
北京市药品监督局通州分局
北京市农业干部培训中心
北苑街道办事处
北京护士学校
通州区委党校
北京潞河中学
北京北方红旗机电有限公司
工商银行北京通州支行

红旗宾馆
通州区第二中学
首都师范大学初等教育学院
通州区水资源局
永顺镇政府机关
永顺镇龙旺庄中学
月亮河度假村
永顺镇敬老院
梨园镇政府机关
中国电信通州分局

北京市健康社区

中仓办事处四员厅社区
中仓办事处悟仙观社区
中仓办事处西上园社区
中仓办事处小园社区
中仓办事处中仓社区
玉桥办事处柳岸方园社区
玉桥办事处艺苑西里社区
北苑办事处北苑桥社区
北苑办事处新华联家园北区
梨园镇大稿村社区
梨园镇九棵树社区
梨园镇三间房社区
梨园镇西总屯社区

北京市卫生村

永乐店镇邓庄村
永乐店镇前马坊村
永乐店镇德前街村
永乐店镇东河各庄村
永乐店镇永二村
永乐店镇兴隆庄村
马驹桥镇柴务村
马驹桥镇陈各庄村
西集镇大沙务村
西集镇太平庄村
宋庄镇北窑上村
宋庄镇翟里村
台湖镇东下营村
于家务乡富各庄村
于家务乡果村
潞城镇贾后疃村
潞城镇李疃村
漷县镇西黄垡村
漷县镇南屯村
张家湾镇仓头村
张家湾镇仓上村

北京市健康促进示范村

宋庄镇吴各庄村
宋庄镇摇不动村
漷县镇南屯村
漷县镇西黄垡村
台湖镇东下营村
台湖镇尖垡村
马驹桥镇房辛店村
马驹桥镇前堰上村
潞城镇崔家楼村
潞城镇七级村
于家务乡崔各庄村
于家务乡富各庄村
西集镇大沙务村
西集镇太平庄村
张家湾镇仓上村
张家湾镇张湾村
永乐店镇后马坊村
永乐店镇西河村

北京市清仓查库工作先进集体

粮油贸易公司

民兵执勤先进单位

通州区武装部

首都全民义务植树先进单位

通州区武装部

北京市村镇建设与既有建筑节能改造工作专项奖

通州区住房和城乡建设委员会

北京市校外教育先进集体

通州区图书馆

2007—2008年北京市未成年人保护工作先进集体

通州区法院

北京市规划委员会优秀分局

市规划委通州分局

北京市地方标准《公共停车场运营服务规范》宣贯达标先进单位

通州区市政市容管理委员会

2009 年度农村水务建设优秀水务站

马驹桥水务一所

2009 年度农村水务建设优秀循环水务村

漷县镇黄厂铺村

永乐店镇小务村

宋庄镇翟里村

西集镇老庄户村

2009 年度农村水务建设优秀村级农民用水协会

马驹桥农民用水协会后银子分会

宋庄农民用水协会塞辛庄分会

台湖农民用水协会前营分会

北京市水务系统服务保障国庆60 周年活动“最佳安全保障奖”

通州区水务局

国庆60 周年预报工作先进单位

通州区地震局

区县防震减灾工作综合评比三等奖

通州区地震局

北京市城管执法系统国庆60 周年庆祝活动跨区域支援环境保障先进单位

通州区城管监察大队

2009 年度“博爱在京城”募捐组织发动特殊贡献奖

区红十字会

应急救护培训工作二等奖

区红十字会

模范职工之家

潞河医院工会委员会

北京市体育彩票贡献奖

通州区体育局

市级消防工作先进单位

消防协会

市级青年文明号

通州区国税局第五税务所

北京市人民安全防线工作先进集体

马驹桥镇

首都中华人民共和国成立60 周年庆祝活动筹办工作先进集体

通州区经济信息化委

新中国成立 60 周年电力设备保护工作先进单位

通州区经济信息化委

第二次全国经济普查先进集体

通州区经济信息化委

2009 年度消防安全先进单位

通州区经济信息化委

北京市国庆安保工作先进集体

信访办接访科

首都全民义务植树先进单位

通州区妇女联合会

首都劳动奖章获得者

罗明光 毛洪其 刘晓峰 李迎新 李 峥
郑文会 张福志 刘国利 曹文明

北京市“三八红旗奖章获得者”

韩克非 杨秀芬 刘美俊 杨东莲 王秀珍
武燕伶 李 霞 龚春玲 李迎新 周彩云
康秀清 张春妹 郎浩俊 朱京萍 陈 红
蔺淑萍 倪晓燕

北京市妇女儿童工作先进个人

蔡立凯 张立芳 张秀华 刘瑞祥 金祥琴
马金玉 薛美丽

为新中国成立和新北京建设作出突出贡献的首都先进女性

蔡俊清 李银环 贾光红 荣永婴 田春华
杨秀芬

北京市巾帼创业明星

杨秀芬 刘玉凤 王春霞 韩金平 马宝金

北京市志愿服务终身成就奖

吉 姆 马金玉 张品正

北京市人口和计划生育先进个人

曹东波 孟轩昂 李宝华 囤国常 李凤苹
王会影 张梅菊 董文华 韩秋增 冯利英
王红蕾 任佳荣 禹学河 董建忠 甄 宇
杜妍杰 刘松霞 张海清 倪德才 刘贵明
陈 宇 冉金友 尚祖国 孙奎亮 胡介报
裴志刚 王 彤 王昊健 苏丽华 张玉玲

李永峰　王　堃　徐景发　王桂新　梁　健
刘汝林　王志刚　张立芳　史宝山　马金玉

2009 年度北京市村镇建设先进个人

高宝明

北京市内保工作个人三等功

任瑞启

北京市内保工作先进个人

姚嘉斌

北京市建筑材料管理工作先进个人

赵　欣

北京市建筑节能工作先进个人

郑　健

北京市2008—2009 年度建设监理行业“监理企业优秀管理者”

东　勇

北京市未成年人保护工作先进个人

张　萍

2009 年度水务工作先进个人

程　群

2009 年度农村水务建设优秀管水员

刘胜利　王金朋　苏宝增　李有君
贾红通　夏连宝　王　春　韩文禹
胡秋海　甄士玉

北京市优秀教育工作者

张佳春　赵昆山

北京市优秀教师

姚新平　杨丽华　刘玉琴　张学芳　王　新
黄明福　邓　坤　郭卫东　程春玲　毛金龙
闵艳丽　张宗霞　徐雪梅　张爱红　蔺文艳
齐玉连　李灵燕　李玉华　王　红　苏德苹
苗莹莹　蒋志超　范亚芳　胡文杰　杨毓馨
李翠红

国庆60 周年新闻宣传工作先进个人

杜德久　窦玉平　戴立军

扫黄打非文化市场管理先进个人

姚显强

文物安全先进个人

王德海　方业宏　郑旭升

区县文联先进工作者

刘姝平　山建宁

“有突出贡献的曲艺家”称号

田永玲

首都绿化美化积极分子

刘立新　刘希全　崔淑敏　张广仁　孙景山
成佃红　刘贵明　孙光仪　陈昌伦　赵　海
申　键　陈秋平　王永山　苏文明　刘春杰
金　凯　张　维　于增田　刘雪峰　裴　江
何廷栋　鲁新洪　房琪琪　胡卫东　王文清
李窈秋　宋秀芬　甄　宇　刘惠河　张国平

市森林防火先进个人

白冬生　张广仁　宗　飞　吴振铭

北京市爱国卫生先进工作者

杜妍杰　殷文平　王　彤　陈玉起　王玉英
乔玉华　李宝增　李国忠　李宝华　李艳梅
辛士华　刘　海　田玉娥　魏振东　钱玉东
朱长华　王　巍　张凤国　李凤苹　郝振亮
董建忠　蒋瑞东　崔淑敏　赵全喜　窦洪海
王文宝　赵士华　张玉平　刘宝全　张永来
荆功东　蔡力凯　果松海　姜军平　鲁　嵩
孔庆媛　唐一清　杨冬梅　王　瑛　张学军

统 计 表

2009年通州区国民经济主要指标统计表

项 目		2009	2008	2009年为2008年%
综合				
地区生产总值	(万元)	2789280	2258280	123.5
第一产业		141197	137236	102.9
第二产业		1180384	1077732	109.5
第三产业		1467699	1043312	140.7
地方财政收入	(万元)	660860	350563	188.5
#增值税		37609	36018	104.4
营业税		93278	66030	141.3
企业所得税		33662	32473	103.7
地方财政支出	(万元)	895808	597607	149.9
#农林水事务支出		71631	70569	101.5
社会保障和就业		83956	63516	132.2
各项税收	(万元)	836042	745914	112.1
#地税	(万元)	413113	349072	118.3
各项存款余额	(万元)	8738605	6226946	140.3
各项贷款余额	(万元)	2513792	1988328	126.4
人口和劳动力				
户籍人口	(人)	655509	649314	101.0
男		325776	322884	100.9
女		329733	326430	101.0
#非农业人口		319376	308091	103.7
出生率	(‰)	9.45	8.84	
死亡率	(‰)	7.41	6.35	
自然增长率	(‰)	2.05	2.48	

续表1

项目		2009	2008	2009年为2008年%
人民生活				
城镇居民人均可支配收入	(元)	22454.9	20708.0	108.4
农民人均纯收入	(元)	11361.0	10212.9	111.2
城乡居民储蓄余额	(万元)	4572766.0	3654785.4	125.1
固定资产投资	(万元)			
全社会固定资产投资		3101853.0	1571295.0	197.4
城镇固定资产投资		996156.0	544703.0	182.9
房地产开发完成投资		1758048.0	829646.0	211.9
农村固定资产投资		347649.0	196946.0	176.5
农村经济				
农业用电量	(万千瓦时)	19706.9	16344.9	120.6
现价农业总产值	(万元)	384584.9	379552.0	101.3
种植业		221701.6	194342.0	114.1
林业		9872.8	10526.7	93.8
牧业		123828.0	145449.2	85.1
渔业		22027.7	22695.6	97.1
农林牧渔业服务业		7154.8	6538.5	109.4
农作物总播种面积	(公顷)	55469.2	56657.0	97.9
粮食作物		39201.1	40670.6	96.4
经济作物		377.1	286.2	131.8
其他作物		15891.0	15700.2	101.2
农副产品产量	(吨)			
社会菜产量		685713.9	664363.1	103.2
水果产量		58310.1	56270.7	103.6
出栏生猪	(头)	331949.0	345737.0	96.0
鲜蛋总产量		7106.0	7429.3	95.6
鲜奶产量		80533.7	86768.0	92.8
水产品总产量		9580.0	9600.0	99.8
肉类总产量	(吨)	42435.9	45877.1	92.5
#猪		25366.3	27955.7	90.7
牛		2189.6	2254.3	97.1
羊		1748.5	1755.1	99.6
禽		13126.0	13903.3	94.4
工业				
全部法人单位工业总产值	(万元)	4564133.0	4639614.0	98.4

续表2

项　　目		2009	2008	2009年为2008年%
各乡、镇规模以上		4264219.6	4185197.0	101.9
各乡、镇规模以下		299913.4	454417.0	66.0
全部法人单位工业主营业务收入	（万元）	4947327.9	4917610.0	100.6
各乡、镇规模以上		4669555.7	4478107.0	104..3
各乡、镇规模以下		277772.2	439503.0	63.2
全部法人单位工业利润总额	（万元）	139792.0	80194.0	174.3
各乡、镇规模以上		155010.1	101631.0	152.5
各乡、镇规模以下		-15218.1	-21437.0	
建筑业				
产值	（万元）	2255186.1	1575031.1	143.2
开复工面积	（万平方米）	1558.6	1112.4	140.1
竣工面积	（万平方米）	245.5	184.9	132.8
利润	（万元）	55027.9	41421.4	132.8
商业				
社会消费品零售额	（万元）	1618463	1471601	110.0
按用途分				
吃类商品		367757	342735	107.3
穿类商品		148734	140207	106.1
用类商品		1036537	924314	112.1
烧类商品		65435	64345	101.7
按行业分				
批发和零售贸易业		1536377	1389897	110.5
#个体		436952	351242	124.4
餐饮业		69768	68249	102.2
#个体		43516	35005	124.3
住宿业		11241	12349	91.0
其他行业		1077	1106	97.4
按规模分				
限额以上企业		1080430	1016135	106.3
限额以下企业		56488	68113	82.9
个体工商户		480468	386247	124.4
其他		1077	1106	97.4
各类商品交易市场成交额	（万元）	458494	419666	109.3

续表3

项　　目		2009	2008	2009年为2008年%
外经、外贸				
实际利用外资	（万美元）	8088.0	13754	58.8
出口创汇	（亿美元）	9.4	10.4	90.4
旅游				
旅游收入	（万元）	52971.0	45964.1	115.2
接待旅游人数	（万人次）	271.2	113.4	239.2
教育				
学校数	(个)			
小学		89	89	100.0
普通中学		46	48	95.8
中等职业教育学校		9	9	100.0
招生数	(人)			
小学		7952	8126	97.9
初级中等学校		6134	6714	91.4
高级中等学校		4158	4406	94.4
中等职业教育学校		2974	1548	192.1
在校学生	(人)			
小学		45795	44589	102.7
初级中等学校		19412	20307	95.6
高级中等学校		12622	14665	86.1
中等职业教育学校		7726	6804	113.6
毕业生	(人)			
小学		7007	7512	93.3
初级中等学校		6378	6813	93.6
高级中等学校		4646	4800	96.8
中等职业教育学校		2171	1928	112.6
幼儿园、托儿所个数	(个)	77	79	97.5
幼儿在托数	(人)	13259	11701	113.3
文化				
公共图书馆	(个)	1	1	100.0
公共图书馆藏书	(万册)	30	30	103.4
区级以上重点文物保护单位	（个）	54	54	100.0
卫生				
卫生机构数	(个)	243	239	101.7
#医院		12	12	100.0

续表4

项　　目		2009	2008	2009年为2008年%
卫生院		18	18	100.0
床位数	(张)	2527	2538	99.6
#医院		1863	1811	102.9
卫生院		458	439	104.3
平均每千人拥有床位数	(张)	2.3	2.5	92.0
卫生技术人员	(人)	5379	4763	112.9
公用设施				
体育场馆	(个)	1	1	100.0
道路长度	(公里)	2767.3	2287	121.0

注：①2009年地区生产总值为初步核实数。

②2008年数据为经济普查数据。

③部门数据来源于通州区财政局、国税局、地税局、商务委。

④地方财政收入城建税征收地方分成比例增加、区财政局对2008年数据进行调整。

⑤存贷款、城乡居民储蓄数据来源于通州区工行、农行、农商行、建行、中行、交通银行、北京银行、邮政局。

⑥全社会固定资产投资为项目建设地口径。

⑦旅游收入及接待旅游人数为北京市统计局向区统计局反馈数据。

⑧对外、经贸数据来源于区商务委。

⑨部门数据来源于通州区教委、文化委、卫生局、市政市容管委、体育局、公路分局。

附 录

中共北京市通州区委主要文件目录

中共北京市通州区委文件

京通发〔2009〕1号	中共北京市通州区委 北京市通州区人民政府关于印发《2009年区委、区政府折子工程》的通知
京通发〔2009〕2号	中共北京市通州区委关于印发《区委常委会2009年议题计划》的通知
京通发〔2009〕3号	中共北京市通州区委 北京市通州区人民政府关于对2008年度考评优秀单位进行表彰的决定
京通发〔2009〕4号	中共北京市通州区委关于2009年干部理论学习的安排意见
京通发〔2009〕5号	中共北京市通州区委 北京市通州区人民政府关于调整通州区党风廉政建设责任制领导小组的通知
京通发〔2009〕6号	中共北京市通州区委关于做好2009年调查研究工作的意见
京通发〔2009〕7号	中共北京市通州区委 北京市通州区人民政府关于推进集体林权制度改革的实施意见
京通发〔2009〕8号	中共北京市通州区委关于深入学习实践科学发展观 开展弘扬北京奥运精神、加强领导干部作风建设年活动的实施意见
京通发〔2009〕9号	中共北京市通州区委关于在全区党员中开展深入学习实践科学发展观活动的实施意见
京通发〔2009〕10号	中共北京市通州区委 北京市通州区人民政府关于印发《通州区区级领导联系重点产业项目(企业)工作实施方案》的通知
京通发〔2009〕11号	中共北京市通州区委关于对涉及群众利益的重大决策进行信访风险评估的意见
京通发〔2009〕12号	中共北京市通州区委印发《关于进一步完善区级领导干部接待群众来访制度的工作措施》的通知
京通发〔2009〕13号	中共北京市通州区委关于加快形成城乡一体化发展新格局的意见
京通发〔2009〕14号	中共北京市通州区委关于加强和改进工会工作的意见
京通发〔2009〕15号	中共北京市通州区委 北京市通州区人民政府关于成立通州区国庆

筹备工作领导小组的通知

京通发〔2009〕18号 中共北京市通州区委印发《关于深化农村党的建设“三级联创”活动进一步加强新时期农村基层组织建设的意见》的通知

京通发〔2009〕19号 中共北京市通州区委印发《关于进一步加强全区农村基层党内民主建设的意见》的通知

京通发〔2008〕20号 中共北京市通州区委印发《关于进一步加强村党支部书记队伍建设的实施意见》的通知

京通发〔2009〕21号 中共北京市通州区委印发《关于大规模培训干部的实施意见》的通知

京通发〔2009〕22号 关于成立中共北京市通州区新城建设管理委员会党组的通知

京通发〔2009〕23号 中共北京市通州区委 北京市通州区人民政府印发《关于健全通州区新城建设管理体制的实施意见》的通知

京通发〔2009〕24号 中共北京市通州区委关于进一步加强和改进社会领域党建工作的实施意见

京通发〔2009〕25号 中共北京市通州区委关于通州区人民政府工作部门党组织设置及调整的通知

京通发〔2009〕26号 中共北京市通州区委关于认真学习贯彻党的十七届四中全会精神的通知

京通发〔2009〕27号 中共北京市通州区委关于批转《中共北京市通州区人大常委会党组关于召开通州区第四届人民代表大会第五次会议的请示》的通知

京通发〔2009〕28号 中共北京市通州区委关于批转《中共政协通州区委员会党组关于召开政协通州区第四届委员会第四次会议的请示》的通知

京通发〔2009〕29号 中共北京市通州区委关于做好全区村党组织换届选举工作的意见

中共北京市通州区委办公室文件

京通办发〔2009〕1号 关于成立通州区农村党员干部现代远程教育工作领导协调小组的通知

京通办发〔2009〕2号 中共北京市通州区委办公室关于对2008年度通州区党委系统办公室工作先进单位及先进个人进行表彰的通报

京通办发〔2009〕3号 中共北京市通州区委办公室关于对2008年度办理政协党派团体和委员提案工作先进单位、先进个人进行表彰的通报

京通办发〔2009〕4号 中共北京市通州区委办公室 北京市通州区人民政府办公室关于成立通州区集体林权制度改革领导小组的通知

京通办发〔2009〕5号 中共北京市通州区委办公室 北京市通州区人民政府办公室关于调整通州区调查研究工作协调联席会议组成人员的通知

京通办发〔2009〕6号 中共北京市通州区委办公室 北京市通州区人民政府办公室关于对2008年度调研工作先进单位 调研先进工作者和优秀调研成果予以表彰的通报

京通办发〔2009〕7号 关于成立中共北京市通州区委党的建设工作领导小组的通知

京通办发〔2009〕8号 中共北京市通州区委办公室 北京市通州区人民政府办公室关于进一步改进和端正会风问题的通知

京通办发〔2009〕9号	中共北京市通州区委办公室 北京市通州区人民政府办公室印发《关于全面推进廉政风险防范管理工作的实施方案》的通知
京通办发〔2009〕10号	中共北京市通州区委办公室 北京市通州区人民政府办公室关于成立通州区社会建设工作领导小组的通知
京通办发〔2009〕11号	中共北京市通州区委办公室关于印发《中共北京市通州区委党的建设工作领导小组2009年工作要点》的通知
京通办发〔2009〕12号	中共北京市通州区委办公室 北京市通州区人民政府办公室关于印发《贯彻落实〈北京市建立健全惩治和预防腐败体系2008－2012年实施办法〉的工作方案》的通知
京通办发〔2009〕13号	中共北京市通州区委办公室 北京市通州区人民政府办公室关于印发《通州区违法用地专项整治工作方案》的通知
京通办发〔2009〕14号	中共北京市通州区委办公室 北京市通州区人民政府办公室关于调整通州区机构编制委员会组成人员的通知
京通办发〔2009〕15号	中共北京市通州区委办公室 北京市通州区人民政府办公室转发《关于围绕庆祝新中国成立60周年深入开展群众性爱国主义教育活动的意见》的通知
京通办发〔2009〕16号	中共北京市通州区委办公室 北京市通州区人民政府办公室关于印发《通州区事业单位岗位设置管理实施意见》的通知
京通办发〔2009〕17号	中共北京市通州区委办公室 北京市通州区人民政府办公室印发《关于进一步精简会议活动和文件简报 厉行节约的规定》的通知
京通办发〔2009〕18号	中共北京市通州区委办公室 北京市通州区人民政府办公室关于印发《2009年通州区党风廉政建设和反腐败工作主要任务分工》的通知
京通办发〔2009〕19号	关于全区安全生产紧急会议纪要
京通办发〔2009〕20号	中共北京市通州区委办公室 北京市通州区人民政府办公室印发《关于在机构改革中做好档案工作的通知》的通知
京通办发〔2009〕21号	中共北京市通州区委办公室转发《关于深入开展“平安通州”建设的意见》的通知
京通办发〔2009〕22号	中共北京市通州区委办公室 北京市通州区人民政府办公室关于印发《通州区上营棚户区改造拆迁组织实施方案》的通知
京通办发〔2009〕23号	中共北京市通州区委办公室 北京市通州区人民政府办公室关于印发《关于加强首都国庆60周年通州区筹备工作档案管理的意见》的通知
京通办发〔2009〕24号	中共北京市通州区委办公室 北京市通州区人民政府办公室关于成立通州区知识产权联席会议的通知
京通办发〔2009〕25号	中共北京市通州区委办公室印发《关于开展“加强党性修养、弘扬良好作风、实践科学发展、推进新城建设“主题教育活动实施方案》的通知
京通办发〔2009〕26号	中共北京市通州区委办公室 北京市通州区人民政府办公室印发《关于进一步加强全区安全生产培训工作的通知》的通知
京通办发〔2009〕27号	中共北京市通州区委办公室 北京市通州区人民政府办公室关于印发《通州区委、区政府深入学习实践科学发展观活动整改落实方案》的通知

京通办发〔2009〕28号	中共北京市通州区委办公室 北京市通州区人民政府办公室印发《关于建立通州区重大项目拆迁工作联席会议制度的通知》的通知
京通办发〔2009〕29号	中共北京市通州区委办公室 北京市通州区人民政府办公室关于贯彻落实《中共北京市委办公厅 北京市人民政府办公厅关于进一步净化社会文化环境 促进未成年人健康成长的若干意见》的实施意见
京通办发〔2009〕30号	中共北京市通州区委办公室 北京市通州区人民政府办公室关于认真做好庆祝新中国成立60周年宣传环境布置工作的通知
京通办发〔2009〕31号	中共北京市通州区委办公室 北京市通州区人民政府办公室印发《通州区关于加快推进社会组织改革与发展的实施意见》的通知
京通办发〔2009〕32号	中共北京市通州区委办公室 北京市通州区人民政府办公室关于印发《通州区北苑商务区拆迁组织实施方案》的通知
京通办发〔2009〕33号	中共北京市通州区委办公室 北京市通州区人民政府办公室关于做好2010年度《人民日报》、《求是》杂志和《北京日报》、《前线》杂志等党报党刊发行工作的通知
京通办发〔2009〕34号	中共北京市通州区委办公室 北京市通州区人民政府办公室关于印发《通州区工程建设领域突出问题专项治理工作实施方案》的通知
京通办发〔2009〕35号	中共北京市通州区委办公室 北京市通州区人民政府办公室关于做好2010年元旦、春节期间有关工作的通知

北京市通州区人民政府主要文件目录

北京市通州区人民政府文件

通政发〔2009〕1号	北京市通州区人民政府关于表彰2008年度通州区安全生产先进单位、先进企业和先进个人的决定
通政发〔2009〕2号	北京市通州区人民政府关于印发区长邓乃平在通州区第四届人民代表大会第四次会议上作的《政府工作报告》的通知
通政发〔2009〕3号	北京市通州区人民政府关于公布以区政府、区政府办名义印发的文件清理结果目录的通知
通政发〔2009〕4号	北京市通州区人民政府关于印发通州区2009年在直接关系群众生活方面拟办重要实事的通知
通政发〔2009〕5号	北京市通州区人民政府印发关于党政机关事业单位购置配备公务用车规定的通知
通政发〔2009〕6号	北京市通州区人民政府关于印发区长邓乃平在区政府第三次全体会议上讲话的通知
通政发〔2009〕7号	北京市通州区人民政府关于印发通州区促进产业发展暂行办法的通知

通政发〔2009〕8号	北京市通州区人民政府关于表彰2008年度劳动保障工作先进单位和先进个人的决定
通政发〔2009〕9号	北京市通州区人民政府关于2006、2007年度通州区科学技术奖励的决定
通政发〔2009〕10号	北京市通州区人民政府关于表彰2008年度政府法制工作先进单位和重视政府法制工作的领导、优秀法制科长的通报
通政发〔2009〕11号	北京市通州区人民政府 北京市通州区人民武装部关于表彰2008年度先进人民武装部和先进专武干部的通报
通政发〔2009〕12号	北京市通州区人民政府关于贯彻落实《国务院关于加强市县政府依法行政的决定》和《北京市人民政府贯彻落实国务院关于加强市县政府依法行政决定的意见》的意见
通政发〔2009〕13号	北京市通州区人民政府关于印发通州区城乡居民养老保险实施方案的通知
通政发〔2009〕14号	北京市通州区人民政府关于印发通州区第十五阶段控制大气污染措施的通知
通政发〔2009〕15号	北京市通州区人民政府关于印发通州区扩大内需重大项目绿色审批通道实施办法(试行)的通知
通政发〔2009〕16号	北京市通州区人民政府关于印发区政府领导同志工作分工的通知
通政发〔2009〕17号	北京市通州区人民政府2009年通州区政府廉政工作意见
通政发〔2009〕18号	北京市通州区人民政府转发北京市人民政府关于深化改革转变职能提高效率进一步建设服务型政府意见的通知
通政发〔2009〕19号	北京市通州区人民政府关于做好到期农村土地承包合同延长土地承包期工作的意见
通政发〔2009〕20号	北京市通州区人民政府关于加快推进旅游产业发展的意见
通政发〔2009〕21号	北京市通州区人民政府关于印发2009－2010年通州区主要污染物总量减排工作方案的通知
通政发〔2009〕22号	北京市通州区人民政府关于迅速落实甲型H1N1流感预防控制工作有关文件精神的通知
通政发〔2009〕23号	北京市通州区人民政府关于进一步落实防控甲型H1N1流感工作的意见(试行)
通政发〔2009〕24号	北京市通州区人民政府关于印发通州区甲型H1N1流感防控工作检查、督查方案的通知
通政发〔2009〕25号	北京市通州区人民政府关于印发通州区土地储备开发项目资金监督管理办法(试行)的通知
通政发〔2009〕26号	北京市通州区人民政府关于进一步落实交通战备工作的通知
通政发〔2009〕27号	北京市通州区人民政府关于授予仇玉红、王岩等60名同志通州区"优秀教师"、"优秀教育工作者"称号的决定
通政发〔2009〕28号	北京市通州区人民政府关于印发通州区集中供热整合替代方案的通知
通政发〔2009〕29号	北京市通州区人民政府关于机构设置的通知
通政发〔2009〕30号	北京市通州区人民政府关于机构改革方案的实施意见

通政发〔2009〕31号	北京市通州区人民政府关于精简与规范区政府工作报告议事协调机构和临时机构的通知
通政发〔2009〕32号	北京市通州区人民政府关于党政机关事业单位公务用车编制、车辆使用标准管理等有关事项的通知
通政发〔2009〕33号	北京市通州区人民政府关于印发通州区帮扶工业企业应对金融危机实施办法的通知
通政发〔2009〕34号	北京市通州区人民政府关于组建通州区基层专职安全员队伍的通知
通政发〔2009〕35号	北京市通州区人民政府关于表彰第二届通州区教育教学成果奖的决定
通政发〔2009〕36号	北京市通州区人民政府关于印发区政府领导同志工作分工的通知
通政发〔2009〕37号	北京市通州区人民政府 北京市通州区人民武装部2009年冬季征兵命令
通政发〔2009〕38号	北京市通州区人民政府关于印发通州区对著名商标和驰名商标权利人奖励办法的通知
通政发〔2009〕39号	北京市通州区人民政府关于做好学习宣传和贯彻实施农村土地承包经营纠纷调解仲裁法有关工作的意见

北京市通州区人民政府办公室文件

通政办发〔2009〕1号	北京市通州区人民政府办公室关于开展2009年安全隐患排查治理工作的紧急通知
通政办发〔2009〕2号	北京市通州区人民政府办公室关于印发通州区政府规范性文件审核办法的通知
通政办发〔2009〕3号	北京市通州区人民政府办公室关于做好通州区四届人大四次会议代表建议和政协通州区四届三次会议委员提案办理工作的通知
通政办发〔2009〕4号	北京市通州区人民政府办公室关于印发通州区促进产业发展联席会议制度的通知
通政办发〔2009〕5号	北京市通州区人民政府办公室印发关于对纳税大户考核奖励办法的通知
通政办发〔2009〕6号	北京市通州区人民政府办公室转发市农工委市农委关于北京市村民一事一议筹资筹劳管理办法文件的通知
通政办发〔2009〕7号	北京市通州区人民政府办公室关于表彰2008年度区政府系统办公室工作先进单位及先进个人的通报
通政办发〔2009〕8号	北京市通州区人民政府办公室关于印发通州区第七届社区居民委员会选举工作意见的通知
通政办发〔2009〕9号	北京市通州区人民政府办公室关于印发西门地区环境综合整治工作方案的通知
通政办发〔2009〕10号	北京市通州区人民政府办公室关于清明节期间加强殡葬管理工作的通知
通政办发〔2009〕11号	北京市通州区人民政府办公室关于印发通州区加强对施工企业综合服务和税收征管暂行办法的通知

通政办发〔2009〕12号	北京市通州区人民政府办公室印发关于贯彻落实北京市社区管理办法(试行)建立社区服务站实施意见的通知
通政办发〔2009〕13号	北京市通州区人民政府办公室印发关于贯彻落实北京市社区工作者管理办法实施意见的通知
通政办发〔2009〕14号	北京市通州区人民政府办公室关于转发市政府办公厅关于北京市住宅区业主大会和业主委员会指导规则(试行)的通知
通政办发〔2009〕15号	北京市通州区人民政府办公室关于2009年安全隐患整改工作任务的通知
通政办发〔2009〕16号	北京市通州区人民政府办公室关于加强2009年度政务信息工作的意见
通政办发〔2009〕17号	北京市通州区人民政府办公室关于加强国旗升挂和使用管理的通知
通政办发〔2009〕18号	北京市通州区人民政府办公室印发关于进一步推进安全生产“三项行动”实施方案的通知
通政办发〔2009〕19号	北京市通州区人民政府办公室关于印发通州区乡村公路建设、养护资金管理办法的通知
通政办发〔2009〕20号	北京市通州区人民政府办公室印发关于进一步加强安全生产事故隐患排查治理工作的意见
通政办发〔2009〕23号	北京市通州区人民政府办公室关于印发通州区食品安全整顿工作方案的通知
通政办发〔2009〕24号	北京市通州区人民政府办公室关于印发迎国庆食品安全专项整治方案的通知
通政办发〔2009〕25号	北京市通州区人民政府办公室关于印发通州区中小学校舍安全工程实施方案的通知
通政办发〔2009〕26号	北京市通州区人民政府办公室关于委托安全生产行政执法的实施意见
通政办发〔2009〕27号	北京市通州区人民政府办公室转发市残联等六部门关于北京市残疾人“人人享有康复服务”审评实施细则(试行)有关文件的通知
通政办发〔2009〕28号	北京市通州区人民政府办公室关于成立通州区学校校舍安全工程领导小组的通知
通政办发〔2009〕29号	北京市通州区人民政府办公室关于做好2009年开斋(尔代)节及斋月期间工作的通知
通政办发〔2009〕30号	北京市通州区人民政府办公室关于部分少数民族职工开斋(尔代)节放假的通知
通政办发〔2009〕31号	北京市通州区人民政府办公室关于落实“双进入”体制推进管道、基站和宽带建设的通知
通政办发〔2009〕32号	北京市通州区人民政府办公室关于印发通州区迎接新中国成立60周年环境建设工作方案的通知
通政办发〔2009〕33号	北京市通州区人民政府办公室转发区财政局关于通州区政府机构调整变动部门和单位经费资产处置工作意见的通知
通政办发〔2009〕34号	北京市通州区人民政府办公室关于机构改革中调整变动部门文件发送印章使用及悬挂部门名称牌子等事项的通知

通政办发〔2009〕35号	北京市通州区人民政府办公室关于机构改革中行政执法工作衔接等有关事项的通知
通政办发〔2009〕36号	北京市通州区人民政府办公室关于抓紧拟订区政府有关部门主要职责内设机构和人员编制规定草案的通知
通政办发〔2009〕37号	北京市通州区人民政府办公室关于印发新中国成立60周年庆祝活动期间通州区危险化学品防恐检查工作方案的通知
通政办发〔2009〕38号	北京市通州区人民政府办公室关于加强供水安全保障工作的通知
通政办发〔2009〕39号	北京市通州区人民政府办公室关于印发通州区加快发展循环经济建设资源节约型环境友好型新城2009年行动计划的通知
通政办发〔2009〕40号	北京市通州区人民政府办公室关于编制《通州区2010年在直接关系群众生活方面拟办的重要实事》的通知
通政办发〔2009〕41号	北京市通州区人民政府办公室关于通州区城区垃圾粪便清运工作安全管理意见
通政办发〔2009〕42号	北京市通州区人民政府办公室关于印发通州区2009—2010年冬季供热工作方案的通知
通政办发〔2009〕43号	北京市通州区人民政府办公室转发市政府办公厅关于做好强降雪防范应对工作文件的通知
通政办发〔2009〕44号	北京市通州区人民政府办公室关于公布通州区第二批非物质文化遗产名录的通知
通政办发〔2009〕45号	北京市通州区人民政府办公室关于做好2009年圣诞节工作的通知
通政办发〔2009〕46号	北京市通州区人民政府办公室关于印发通州区节能发展专项资金管理办法的通知

通州区社区居委会名录

北苑街道办事处(17个)

新华西街	新华西街5号院北门外	69531046
新城南街	新城南街36号	69519160
后南仓	后南仓12号楼南侧	69553562
帅　府	帅府小区40号楼北侧	69516593
玉带路	复兴庄37号	80886601
果园西	运河西大街甲19号院内平房	81531314
新北苑	杨庄1号院新北苑社区	60534924
五里店	杨庄路5号	60533861
长桥园	长桥园小区会所206室	89503063
西　关	西关大街107号	80880548
中山街	新华大街174号201室	80880623

复兴南里	北苑南路38号院底商2楼6号	80814056
北 苑 桥	八里桥南街1号院E座地下室	60530243
锦 园	五里店西路6号院6号楼底商101号	60536578
新华联家园北区	新华联家园北区东北门旁	80812378
滨惠南三街	北苑135号院	69555117
京贸国际	八里桥南街16号院D座地下室	89506243

中仓街道办事处(16个)

中 仓	中仓小区10号楼东侧平房	69513099
四员厅	三官庙1号院	69536342
东 里	东里小区17号楼北平房	69536431
西 营	玉带河大街甲50号院内	69548171
悟仙观	南大街周仓庵2号楼北平房	69555872
莲花寺	南大街莲花寺5号	69554865
白将军	南大街东顺城街甲8号	69551915
小 园	窑场10号院	69513149
西上园	西上园小区物业办公楼一层	60562853
上 营	赵登禹大街53号	60561778
东 关	赵登禹大街35号	60561467
新华园	新华小区北侧平房	69536809
星 河	河东果园66号楼3单元地下室	80855652
中上园	玉带河东大街115号	60563020
运河园	通州区兽医站南侧	80852774
滨 河	玉带河东街2号运河明珠家园5号楼地下室	52113080

新华街道办事处(7个)

天桥湾	天桥湾13号楼前平房	69519272
东大街	东大街60号	69555734
新 建	新建小区1号楼前平房	69551274
贡 院	瓷器胡同10号	69519271
司 空	司空小区9号楼前平房	69526371
如 意	吉祥园甲18—1	69522210
北 关	姜厂子53号	80880104

玉桥街道办事处(13个)

乔庄北街	乔庄北街1号院	81585317
土 桥	滨河路108号	80586390

玉桥东里	幸福艺居14-422	81546160
艺　苑	艺苑西里7号楼南	81534001
运河东大街	格兰晴天21号楼111号	81525744
玉桥南里	玉桥南里22号楼北	81586364
玉桥北里	玉桥北里47号楼	81586392
葛布店南里	北杨洼262号院	81512199
葛布店北里	果园47号2-102	81524780
梨花园	梨花园6号楼北	60526533
柳岸方园	玉桥西里86号楼西一底商（柳岸方园小区）	52101079
柳馨园	柳馨园小区7号楼4单元地下室	60549175
玉桥南里南	玉桥南里31号楼南	81584071

永顺镇(21个)

天赐良园	天赐良园二期15号楼地下室	80544295
富河园	富河园小区29号楼104号	69556193
运乔嘉园	运乔嘉园小区23号楼地下室	81588242
盛业家园	芙蓉园小区209号楼3101号	51070549
龙旺庄	龙旺庄煤气站东院停车场院内平房	89517535
潞苑南里	潞苑南里三号院18号楼底商5门	89596035
东潞苑西区	东潞苑小区60号楼4单元302室	89596690
潞邑	新潮家园小区三区三单元201室	89597806
运通园	潞苑南大街85号北通集团院内西侧平房	89557072
西马庄	西马庄小区二期售楼处（17号楼南侧）	60512196
苏荷雅居	苏荷雅居14号楼地下室	58014723
世纪星城兴业园	通朝大街323号商务楼二层	52106137
杨庄南里西区	杨庄小区1号楼平房院内	60533302
永顺南里	永顺村甲266号院内	60514252
永顺西里	永顺西里甲36号院内（天线厂宿舍）	60511094
竹木厂	永顺镇竹木厂村	
岳庄	永顺镇岳庄村	
杨富店	永顺镇杨富店村	
艺苑东里	永顺镇南关村医院东里小区	81538215
杨庄南里南区	杨庄村22号院	60531051
潞苑家园	潞苑家园小区物业公司办公楼内	89590326

梨园镇(19个)

新华联家园南区	新华联家园南区10号楼502号	81557495
格瑞雅居	格瑞雅居小区北平房	81573413

靓景名居	怡乐园三区靓景明居会所三区	58013927
万盛北里	万盛北里小区361号楼地下室	81573410
龙 鼎 园	翠景南里西区6号楼104号	81551873
金侨时代家园	金侨时代小区353号楼411号	60524454
梨园东里	梨园东里南区物业楼一层	81573402
京洲园	梨园镇京洲南路40号（中泽雅园底商40号）	60545691
翠景北里	梨园镇瑞都国际小区（南区9号楼）	81518043
葛布店东里	北杨洼小区28号楼前平房	81541462
群芳园	云景东路66号院群芳园小区老年活动中心二楼	81524368
云景东里	梨园镇时尚街区南门平房5—7号	81577966
云景里	云景里小区25号、26号楼之间平房	60529914
颐瑞西里	梨园镇颐瑞西里5号楼底商	60529747
颐瑞东里	梨园镇颐瑞东里127号、128号楼之间平房	81578395
欣达园	九棵树东路998号1层	
曼城家园	曼城家园小区公建1层	
云景北里	云景北里小区公建1层	
翠屏北里	翠屏北里小区1号楼北侧	

潞 城 镇(3个)

三元	三元楼甲14号楼	89522535
紫荆雅园	紫荆雅园1号楼179单元一层	89524333
水 仙 园	水仙园9号楼7单元	89524333

漷 县 镇(3个)

绿茵小区	绿茵小区院内	80586010
绿茵西区	绿茵小区院内	80586382
金三角	金三角商贸城内	80566298

通州区村民委员会名录

永 顺 镇(21个)

上　　营	69544959	杨　　庄	81566933
乔　　庄	81589096	永　　顺	89532837
小 圣 庙	69571336	前 上 坡	69556752
南　　关	69559898	西 马 庄	60513606
果　　园	81525324	邓 家 窑	60519196

新　建	69535187	李　庄	89591962
北马庄	89551644	耿　庄	89593773
范　庄	69545204	龙旺庄	89590357
焦王庄	89590597	小潞邑	89597311
王家场	89597701	苏　坨	89597682
刘　庄	89597700		

梨园镇(26个)

半壁店	81567623	孙　庄	60521755
李老公庄	81563244	车里坟	60521574
刘老公庄	81522440	孙王场	60522744
小稿村	60522734	九棵树	60522782
东总屯	81525795	东小马庄	60521855
西总屯	81522184	魏家坟	60521733
小街一队	60525633	将军坟	60524095
小街二队	60525822	高楼金	61567166
小街三队	60525079	三间房	60526667
西小马庄	81521609	梨　园	60524999
大稿村	81564910	北杨洼	81514009
曹　园	60524038	公　庄	60522577
大马庄	81514851	砖　厂	69573088

宋庄镇(47个)

关辛庄	89571470	疃　里	89599022
郝各庄	89572596	六　合	69591536
西赵村	89572556	后夏公庄	69591012
港　北	89572534	前夏公庄	69591015
南马庄	89572537	邢各庄	69591031
高各庄	89571189	丁各庄	69593741
翟　里	89571481	高辛庄	69591049
北寺庄	89571591	菜　园	69591050
小杨各庄	89571519	小邓各庄	69599158
白　庙	69595380	大邓各庄	69594178
任　庄	69592297	师姑庄	69595098
喇嘛庄	69596776	北刘各庄	69591072
辛　店	69591318	摇不动	69591082
大兴庄	69596764	平家疃	89572384
宋　庄	69591208	大庞村	89567534
小　堡	69595829	小　营	89567347

内军庄	89567704	北窑上	89567864
徐辛庄	89567417	王辛庄	89567764
沟渠庄	89567694	寨里	89559724
双埠头	89567409	寨辛庄	89559934
富豪	89551542	葛渠庄	89559534
尹各庄	89551774	吴各庄	89559640
草寺	89567384	管头	89559504
岗子	89567814		

张家湾镇(57个)

张湾村	69573172	前街	69581366
张湾镇	61568516	中街	69581403
施元	69573004	后街	69581407
宽街	69572972	后坨	69581443
小庄	69573703	小耕垡	69583531
立禅庵	69573724	前南关	69581776
大高力庄	69573432	后南关	69571430
南许场	69571033	北仪阁	69571669
北许场	69571866	前青山	69581450
土桥	69572643	后青山	69571440
皇木厂	69573040	苍上	69588655
上马头	69571606	王各庄	69581457
张辛庄	69573093	东永和屯	69571462
梁各庄	69572441	西永和屯	69581459
东定福庄	69573431	小北关	69582358
西定福庄	69574789	大北关	69581417
贾各庄	69573743	垡头	69581420
姚辛庄	69573493	三间房	69588620
里二泗	69573348	北大化	69585050
烧酒巷	69573451	陆辛庄	69581126
上店	69571313	苍头	69581153
大辛庄	69571097	南火垡	69585262
枣林庄	69577014	十里庄	69581432
何各庄	69573746	南大化	69581415
瓜厂	69573747	柳营	69582178
南姚园	69572939	坨堤	69584487
齐善庄	69572938	高营	69587741
牌楼营	69573014	样田	69581147
马营	69573714		

漷县镇(61个)

村名	电话
马　头	80586102
马　堤	80586103
三黄庄	80586945
石　槽	80586105
毛　庄	80586107
高　庄	80586040
沈　庄	80585757
后　地	80586760
小香仪	80580180
大香仪	80588888
东黄垡	80586034
西黄垡	80586024
漷　县	80586132
杨　堤	80586109
长凌营	80586121
榆林庄	80586095
苏　庄	80586097
马　务	80586007
翟各庄	80585242
许各庄	80586275
南　阳	80586090
靛　庄	80586094
吴　营	80589309
王　楼	80586092
郭　庄	80587172
中辛庄	80586091
南丁庄	69568406
东　鲁	69569754
西　鲁	69569348
草　厂	80571215
大柳树	80573774
周起营	69568414
北堤寺	69568405
黄厂铺	69568457
小　屯	80566043
曹　庄	80566082
纪各庄	80569674
侯黄庄	80566515
马　庄	80566842
张　庄	80563274
东寺庄	80566123
凌　庄	80566350
前尖平	
后尖平	80566149
徐官屯	80562346
东定安	80561195
西定安	80562348
军　屯	80564522
柏　庄	80561195
龙　庄	80566131
李辛庄	80566059
尚武集	80565257
觅子店	80566221
南　屯	80566042
穆家坟	
军　庄	80566535
边槐庄	80566038
梁家务	80565218
罗　庄	80566045
前元化	80561003
后元化	80564186

马驹桥镇(50个)

村名	电话
北　海	60509296
南　海	60509398
胜　利	60509264
河北段	60509527
壮丁屯	60509308
北门口	60509484
马驹桥二街	60509416
马驹桥三街	60509202

马驹桥一街	60509492	史　村	60509491
西后街	60509494	前银子	60509338
辛　屯	60509516	后银子	60500244
大葛庄	60500272	驸马庄	60591198
东　店	60509861	南　堤	60591108
西　店	60509403	大杜社	61585729
马　村	60509581	小杜社	61585740
小白村	60509327	西马各庄	61582737
姚　村	60505858	六郎营	61582733
张各庄	60509272	大松垡	61584561
大白村	60509745	小松垡	61585747
张　村	60509227	神　驹	61585753
古　庄	60509490	柏　福	61585752
房辛店	60509517	东田阳	61583398
小张湾	60505058	南小营	61582571
周　营	60509228	团瓢庄	61582666
杨秀店	60509417	姚辛庄	61585996
郭　村	60501226	前堰上	61585951
柴　务	60509519	后堰上	61585935
小周易	60506702	陈各庄	61583508
大周易	60509219	西田阳	61582058

西集镇(57个)

曹刘各庄	61576083	牛牧屯	61576584
南小庄	61576061	桥　上	61576107
上　坡	61576063	杜　店	61576105
和合站	61576065	前东仪	61576121
安辛庄	61578189	史东仪	61576004
吕家湾	61576014	侯东仪	61576005
杨家洼	61579713	黄东仪	61576009
辛　集	61576238	尹家河	61576124
肖家林	61576040	赵　庄	61513442
前寨府	61577119	侯各庄	61576013
后寨府	61576093	于辛庄	61576015
东辛庄	61576095	车　屯	61571336
大灰店	61576109	武辛庄	61576371
大沙务	61576046	胡　庄	61579436
小灰店	61576113	协各庄	61576043
小沙务	61576119	西　集	61576041

石　上	61516914	金各庄	61558240
王　上	61576115	张各庄	61558132
林　屯	61576059	望君疃	61558243
岳　上	61576081	杜柳棵	61558259
郎　东	61558071	马　坊	61558126
郎　西	61558003	任辛庄	61558047
老庄户	61558374	太平庄	61558008
冯各庄	61558147	小　屯	61558186
耿　楼	61558230	小辛庄	61558148
陈　桁	61558203	供给店	61558618
王　庄	61558204	儒　林	61558184
金　坨	61558993	沙古堆	61558610
何各庄	61558213		

潞城镇(54个)

东杨庄	89521604	召　里	69594138
魏　庄	89521688	后屯村	69594387
霍　屯	89521653	孙各庄	89598871
古　城	89582750	兴各庄	61521186
杨　坨	89582757	燕山营	61521238
郝家府	89581857	凌　庙	61521313
辛安屯	89582031	李　疃	61521264
胡各庄	89582070	武　疃	61521995
大　台	89582151	前　疃	61521284
留　庄	89582352	东前营	61521294
东夏园	89582453	贾后疃	61521244
庙　上	89582475	前　榆	61522190
大　营	89584001	后　榆	61522642
东小营	89582652	卜落垡	61521711
前北营	89582674	刘　庄	61521314
后北营	89582760	岔　道	61521075
黎辛庄	89581373	侉　店	61521297
南刘各庄	89581206	大甘棠	61522818
八各庄	89583992	小甘棠	61521214
七　级	89581804	大豆各庄	61521394
堡　辛	69594175	小豆各庄	61521242
常　屯	69594280	武　窑	61521505
东　堡	89581927	夏　店	61521385
西　堡	89592060	崔　楼	61521364

肖　庄	61521090	谢　楼	61559044
大东各庄	61521324	康各庄	61559204
小东各庄	61521046	太子府	61551656

台湖镇(46个)

董　村	81501387	垛　子	69509471
北神树	81501276	徐　庄	69500545
丁　庄	69501281	台　湖	61536096
白　庄	69501282	玉甫上营	61531617
马　庄	69501280	西下营	61531639
孟　庄	69501384	东下营	61531705
郑　庄	69508385	北姚园	61531732
安定营	69508386	唐大庄	61534299
北　堤	69501822	碱　厂	61531737
崔　窑	69502246	尖　垡	61531743
水　南	69503089	兴武林	61531754
北小营	69502245	窑　上	61531763
西太平庄	69502474	北火垡	61534143
次渠一村	69501725	蒋辛庄	61531907
次渠二村	69501237	外郎营	61531916
东　石	69502248	周坡庄	61532380
桂家坟	69501578	胡家垡	61531936
麦　庄	69502417	江　场	61531950
永隆屯	69503727	口　子	61531952
大　地	69509494	铺　头	61531962
新　河	69500546	前　营	61532014
高古庄	69500416	田　府	61531335
桑　园	69501548	朱家垡	61531895

永乐店镇(38个)

永乐店一村	69569024	老槐庄	69568751
永乐店二村	69568744	陈辛庄	69560538
永乐店三村	69568632	邓　庄	69567975
新西庄	69568493	后　甫	69568355
南堤寺东村	69568489	东张各庄	69568736
南堤寺西村	69568487	德仁务前街	69569990
小南地	69569155	德仁务中街	69568153
大　羊	69569314	德仁务后街	69568308
孔　庄	69567366	西河各庄	80551310

东河各庄	80551978	应　寺	80511306
小　务	80551012	胡家村	80512105
大　务	80551192	柴厂屯	80511241
鲁　城	80551414	熬硝营	80511248
马合店	80553586	小甸屯	80511475
后　营	80551315	三　垡	80511407
西槐庄	80551454	半截河	80511097
坚　村	80551313	兴隆庄	80511424
小　安	80551312	前马坊	80511397
临沟屯	80511342	后马坊	80511492

于家务回族乡（23个）

于家务	80531963	小海字	80522196
东马各庄	80531950	渠　头	80521362
西马坊	80531951	南三间房	80521397
果　村	80531776	富各庄	80521367
神　仙	80531934	王各庄	80523898
北辛店	80532820	满　庄	80522084
大耕垡	80532945	崔各庄	80522074
南仪阁	80531946	东　垡	80521474
仇　庄	80521158	西　垡	80521359
南刘庄	80521997	前　伏	80521379
吴　寺	80522067	后　伏	80521543
枣　林	80521014		

通州区中小学校、幼儿园名录

中　学

通州区潞河中学	新城南关31号	69546337	Juan811023@yahoo.com.cn
通州区第二中学	玉带河西街28号	69544963	Bangongshi6954@sina.com
通州区第三中学	女师胡同3号	68542090	Zcping2001@sohu.com
通州区第四中学	新华西街45号	69522231	Tz4ztw@sina.com
通州区第六中学	西顺城街32号	69543268	lydiatzlz@163.com
通州区运河中学	运河西大街105号	81523528	yhdaiwei@163.com
通州区玉桥中学	梨园北街23号	81588780	Yqzx686@sina.com
通州区北关中学	永顺西街62号	69555728	Zhangsongchun2009@163.com
通州区新华学校	新华大街77号	69549645	lucktianchong@126.com
通州区宋庄中学	宋庄镇政府大街	69595470	Hyde4614@126.com

通州区潞州中学	宋庄镇徐辛庄村	89569796	luzhouzhongxue@126.com
通州区胡各庄中学	潞城镇胡各庄村	89581581	X1b2f3679@sohu.com
通州区南刘中学	潞城镇南刘村	89581056	nlschoolxinxi@163.com
通州区甘棠中学	潞城镇侉子店村	61521142	1234cfl@163.com
北京第二中学通州分校	潞城镇三元村	80851527	bjeztzfx@126.com
通州区西集中学	西集镇国防路47号	61576275	xjzhangshengwei@163.com
通州区郎府中学	西集镇郎东村	61558070	Qinyu1976@163.com
通州区漷县中学	漷县镇漷兴一街	80585485	Songca11111111@163.com
通州区觅子店中学	漷县镇觅子店村	80566041	Mizidian_zhongxue@126.com
通州区侯黄庄中学	漷县镇侯黄庄村	80566129	tzmhhz@sohu.com
通州区永乐店中学	永乐店镇永三村1号	69568463	qwhy@sohu.com
通州区小务中学	永乐店镇小务村	80552859	lxmgxj@163.com
通州区柴厂屯中学	永乐店镇柴厂屯村	80511402	chaichangtundyc@sohu.com
通州区于家务中学	于家务回族乡于家务村	80531147	Lichongjun1973@sina.com
通州区第一实验中学	马驹桥镇马二街村	60509343	ligengshi@126.com
通州区大杜社中学	马驹桥镇大杜社村	61582377	Zhangyinghua1210@163.com
通州区台湖学校	台湖镇台湖村	61536208	Zhang.chunyan@163.com
通州区次渠中学	台湖镇次渠一村	69502312	wudes@sina.com
通州区潞河中学分校	张家湾镇广源西街8号	69571821	Hanyu-if@163.com
通州区牛堡屯学校	张家湾镇牛堡屯中街村	69581391	Xiaoheiren116@sohu.com
通州区陆辛庄学校	张家湾镇陆辛庄村	69585189	
通州区龙旺庄中学	永顺镇龙旺庄村	89594808	Zhaoyuch408@sohu.com
通州区梨园中学	梨园镇公庄村	60523022	Dou_hai_xin@sina.com
育才学校通州分校	梨园镇群芳二街3号	81576616	yctzfx@126.com
陶情中学	南关窑厂10号	69531006	
私立树人•瑞贝学校	宋庄镇小堡南区甲一号	80856788	
剑桥中学	台湖镇台湖村	61531419	
时代中学	运河西大街35号	81584862	
北京中加学校	宋庄镇丛林庄园	89598885	
北京潞河国际教育学园	玉带河西街10号	69557324	
通州区自奋希望学校	永顺镇岳庄村147号	69513902	
通州区月河学校	台湖镇次渠一村	81509419	
通州区新未来实验学校	宋庄镇宋庄村	89578346	
通州区立华学校	梨园镇高楼金村	81528665	
通州区七彩学校	台湖镇田府村	61533117	
商务科技学校高中部	富河园小区26号	69521823	

特　　教

通州区培智学校	运河西大街6 号	81524430	Caojuan800420@sina.com

小　学

通州区东关小学	顾家坡1号	60562767	Feifeima0090@sina.com
通州区南关小学	东营后街9号	80886253	Gyz0082@sina.com
通州区北关小学	永顺镇牛作坊甲126号	69544207	bgcxg@126.com
通州区中山街小学	新华西街16号	69544116	zhshjxx@163.com
通州区后南仓小学	新仓路53号	69537055	Hxsxd1979@126.com
通州区东方小学	西顺城街甲32号	69542593	69542593@163.com
通州区运河小学	运河西大街246号	81513954	tzyhxx@163.com
通州区官园小学	新仓路29号	80888127	Zhanxin2006@126.com
通州区贡院小学	贡院胡同1号	69545603	tzlijanying@163.com
通州区司空分署街小学	司空小区10号楼	69543921	Wangyandong01@126.com
通州区玉桥小学	玉桥东路1号	81587322	Jianjian1128@yahoo.com.cn
通州区民族小学	回民胡同47号	69553754	Mzxx307@163.com
通州区永顺小学	永顺南街75号	69544474	Liudexiao1958@sina.com
通州区第一实验小学	梨园镇刘老村	81526570	Zhangruyan0424@126.com
史家小学通州分校	玉桥东路东小区A1区	81590986	
通州区北苑学校	北苑杨富店104号	69542948	zhangwenyan@sohu.com
通州区新华学校	新华大街77号	69549645	
通州区宋庄镇中心小学	宋庄镇宋庄村	69592651	Wjmm1970@126.com
通州区北寺庄小学	宋庄镇北寺庄村	89573204	
通州区师姑庄小学	宋庄镇师姑庄村	89513799	
通州区翟里小学	宋庄镇翟里村	89571609	
通州区徐辛庄小学	宋庄镇徐辛庄村	89563232	
通州区双埠头小学	宋庄镇双埠头村	52116030	
通州区富豪小学	宋庄镇富豪村	89551130	
通州区葛渠小学	宋庄镇葛渠村	59559876	
通州区潞城镇中心小学	潞城镇召里村	69591524	Tzlc2002@163.com
通州区南刘小学	潞城镇南刘村	89583724	
通州区大营小学	潞城镇大营村	89582099	
通州区后屯小学	潞城镇后屯村	69595020	
通州区杨坨小学	潞城镇杨坨村	89515162	
通州区大东各庄小学	潞城镇大东各庄村	61521136	
通州区大豆各庄小学	潞城镇大豆各庄村	61521334	
通州区卜落垡小学	潞城镇卜落垡村	61521714	
第二中学通州分校	潞城镇三元村	80851527	
通州区西集镇中心小学	西集镇政府街25号	61576249	xijixinxifankui@163.com
通州区肖林小学	西集镇肖家林村	61576144	
通州区大灰店小学	西集镇大灰店村	61576408	

通州区新东仪小学	西集镇前东仪村	61576064	
通州区郎府小学	西集镇郎东村	61558074	
通州区杜柳棵小学	西集镇杜柳棵村	61558108	
通州区沙古堆小学	西集镇沙古堆村	61558162	
通州区漷县镇中心小学	漷县镇漷县村	80586050	Zhangxuefeng0412@sina.com
通州区靛庄小学	漷县镇靛庄村	80586067	
通州区草厂小学	漷县镇草厂村	69569035	
通州区马头小学	漷县镇马堤村	80599336	
通州区大香仪小学	漷县镇大香仪村	80586537	
通州区黄厂铺小学	漷县镇黄厂铺村	69564035	
通州区觅子店小学	漷县镇觅子店村	80566040	
通州区东定安小学	漷县镇东定安村	80566385	
通州区张庄小学	漷县镇张庄村	80566079	
通州区曹庄小学	漷县镇曹庄村	80566583	
通州区永乐店镇中心小学	永乐店镇永乐店一村	80571768	Lja9137@126.com
通州区德仁务小学	永乐店镇德仁务后街村	69569364	
通州区小务小学	永乐店镇小务村	80551547	
通州区东张各庄小学	永乐店镇东张各庄村	69568184	
通州区柴厂屯小学	永乐店镇柴厂屯村	50511545	
通州区于家务乡中心小学	于家务乡于家务村	80531942	shangxuechao@126.com
通州区于家务乡渠头小学	于家务乡渠头村	80521541	
通州区西垡小学	于家务乡西垡村	80521422	
通州区马驹桥镇中心小学	马驹桥镇兴华大街9号	60500123	mqclj@126.com
通州区小张湾小学	马驹桥镇小张湾村	60500604	
通州区大杜社小学	马驹桥镇小杜社村	61586608	
通州区台湖镇中心小学	台湖镇次渠村	69507134	
通州区北神树小学	台湖镇北神树村	81502319	
通州区东石小学	台湖镇东石村	69505272	
通州区台湖镇麦庄小学	台湖镇麦庄村	69506220	fuzhenpo@126.com
通州区台湖学校	台湖镇台湖村	61536208	
通州区张家湾镇中心小学	张家湾镇新镇	69572781	Z69572781@yahoo.com.cn
通州区张家湾镇张湾村民族小学	张家湾镇张湾村	61561781	
通州区张湾镇民族小学	张家湾镇张湾村	69571173	
通州区枣林庄民族小学	张家湾镇枣林庄村	69573469	
通州区里二泗小学	张家湾镇里二泗村	69573448	
通州区上店小学	张家湾镇上店村	61562587	
通州区张辛庄小学	张家湾镇张辛庄村	69573197	
通州区牛堡屯学校	张家湾镇牛堡屯中街村	69581391	
通州区陆辛庄学校	张家湾镇陆辛庄村	69585189	
通州区永顺镇中心小学	永顺镇杨庄村	81564281	Lhh1971@163.com

通州区西马庄小学	永顺镇西马庄村	60513380	
通州区乔庄小学	永顺镇乔庄村	81585845	
通州区发电厂小学	永顺镇小圣庙村	61563183	
通州区龙旺庄小学	永顺镇龙旺庄村	89519604	
通州区焦王庄小学	永顺镇焦王庄村	89597737	
通州区范庄小学	永顺镇范庄村	69553172	
通州区梨园镇中心小学	梨园镇群芳园小区东	60523455	Xyl-liyuan@163.com
通州区大稿新村小学	梨园镇大稿新村	81566724	
通州区小街小学	梨园镇小街村	60528166	
育才学校通州分校	梨园镇群芳二街3号	81576616	
北京探矿机械厂子弟小学校	梨园地区半壁店大街8号院	81561689	
私立树人·瑞贝学校	宋庄镇小堡南区甲一号	80856788	
通州区自奋希望学校	永顺镇岳庄村147号	69513902	
通州区月河学校	台湖镇次渠一村	81509419	
通州区新未来实验学校	宋庄镇宋庄村	89578346	
通州区立华学校	梨园镇高楼金村	81528665	
通州区七彩学校	台湖镇田府村	61533117	
通州区私立博羽小学	台湖镇麦庄村	69508984	
通州区艺才小学	马驹桥镇大葛庄124号	60500839	
通州区红星小学	马驹桥镇二街村15号	60593305	
通州区兴顺实验小学	永顺镇刘庄村	89590564	
通州区明星小学	宋庄镇尹各庄村	89576788	
通州区台湖镇培彦学校	台湖镇东石村	81509138	
通州区古城小学	潞城镇古城村	89583721	

幼 儿 园

通州区幼儿园	中山街36号	69544030	1084137093@qq.com
通州区新城东里幼儿园	车站路2号	69545284	69545284@sina.com
通州区教工幼儿园	后南仓甲35号	69544818	jiaogongyoueryuan@yahoo.com.cn
通州区民族幼儿园	靳家胡同3号	69542233	yanhaoxinqi@sina.com
通州区如意中心幼儿园	如意园小区甲12号	69541360	
通州区宋庄镇中心幼儿园	宋庄镇宋庄村	69596550	
通州区宋庄镇邢各庄幼儿园	宋庄镇邢各庄村	69596550	
通州区宋庄镇大邓幼儿园	宋庄镇大邓村	60528948	
通州区宋庄镇任庄幼儿园	宋庄镇任庄村	69596550	
通州区宋庄镇徐辛庄中心幼儿园	宋庄镇徐辛庄村	89566415	
通州区宋庄镇葛渠幼儿园	宋庄镇葛渠村	69596550	
通州区宋庄镇尹各庄幼儿园	宋庄镇尹各庄村	89551416	
通州区宋庄镇沟渠庄幼儿园	宋庄镇沟渠庄村	52116229	

通州区宋庄镇寨辛庄幼儿园	宋庄镇寨辛庄村	89559934
通州区潞城镇中心幼儿园	潞城镇胡各庄村	89583867
通州区潞城镇宝宝乐幼儿园	潞城镇孙各庄村	89591427
通州区潞城镇杨坨幼儿园	潞城镇杨坨村	89583867
通州区潞城镇八各庄幼儿园	潞城镇八各庄村	89582138
通州区潞城镇郝家府幼儿园	潞城镇郝家府村	89583867
通州区潞城镇武窑幼儿园	潞城镇武窑村	89583867
通州区潞城镇侉店幼儿园	潞城镇侉店村	89583867
通州区西集镇郎府幼儿园	西集镇郎东村	61552961
通州区漷县镇靛庄幼儿园	漷县镇靛庄村	80589620
通州区漷县镇西黄垡幼儿园	漷县镇西黄垡村	80587780
通州区漷县镇高庄幼儿园	漷县镇高庄村	80585523
通州区漷县镇马头幼儿园	漷县镇马头村	52337760
通州区漷县镇吴营幼儿园	漷县镇吴营村	80580493
通州区漷县镇黄厂铺幼儿园	漷县镇黄厂铺村	69560874
通州区漷县镇东鲁村一园	漷县镇东鲁村	69560731
通州区漷县镇东鲁二园	漷县镇东鲁村	69567959
通州区漷县镇北寺一园	漷县镇北堤寺村	80571686
通州区漷县镇北寺二园	漷县镇北堤寺村	69565937
通州区漷县镇漷县二园	漷县镇漷县村	80588750
通州区漷县镇曹庄幼儿园	漷县镇曹庄村	80561893
通州区漷县镇觅子店幼儿园	漷县镇觅子店村	80566932
通州区漷县镇小屯幼儿园	漷县镇小屯村	80563705
通州区漷县镇侯黄庄幼儿园	漷县镇侯黄庄村	80563771
通州区马驹桥镇中心幼儿园	马驹桥镇西店村	60599598
通州区马驹桥镇大杜社幼儿园	马驹桥镇大杜社村	61582396
通州区台湖镇中心幼儿园	台湖镇台湖村	61531059
通州区张家湾镇中心幼儿园	张家湾镇西定村丙51号	69573184
通州区张家湾镇儿童乐园	张家湾镇中街村	69582371
通州区永顺镇中心幼儿园	永顺镇新建村	69551672
通州区永顺镇小潞邑幼儿园	永顺镇小潞邑村	89597311
通州区梨园地区中心幼儿园	梨园镇群芳园小区东侧	81529807
通州区梨园地区杨洼幼儿园	梨园镇北杨洼村	81529807
通州区梨园镇大稿村幼儿园	梨园镇大稿村	87998862
通州区情智幼儿园	通惠南路1号	60519296
双鹿艺术幼儿园	玉桥西路1号	69545541
通州区天鹅湖幼儿园	磁器胡同18号	69551013
通州区玉桥街道运河幼儿园	葛布店北里8号楼	81528111
中国科学院印刷厂幼儿园	北苑南路63号	60534592
北京七色光艺术幼儿园	永顺镇新建工业区5号	81579191

运乔蓝天幼儿园	运河大街乔庄东区2号	81591166
通州区天使宝贝双语艺术幼儿园	通胡大街25号	80855170
通州区贝乐康双语艺术幼儿园	梨园镇半壁店大街10号	81568844
通州区春蕾双语艺术幼儿园	艺苑小区东里1号楼	81510266
通州区玉桥幼儿园	玉桥北里47号	81587114
通州区新苗幼儿园	北关新建小区5号楼	69549895
通州区童乐幼儿园	通惠南路29号	69545714
通州区瀚林华馨幼儿园	台湖镇次渠大街19号	69505829
通州区东方幼儿园	玉带河大街141号	69545558
通州区小小兵幼儿园	新华北路144号	80883793
通州区小脚丫幼儿园	潞城镇三元村	89529068
通州区龙旺庄双语艺术幼儿园	永顺镇龙旺庄村	89595336
北京通州哈佛摇篮幼儿园	通胡大街68号	89527785
北京武夷大地幼儿园	通胡大街68号	89524395
通州区芬芳幼儿园	梨园镇砖厂村	69572943
通州区星河幼儿园	玉桥西里70号	81537959
通州区运河宝宝双语艺术幼儿园	永顺东街甲122号	80883815
通州区启智贝尔幼儿园	玉桥东路58号	81598268
北京通州天天双语艺术幼儿园	漷县镇长陵营村商业广场B段	80588786
通州区小海豚双语艺术幼儿园	潞苑南大街85号	89512389
通州区童心幼儿园	永顺镇西马庄村	60516183
通州区淘乐思艺术幼儿园	永顺镇果园路果园北区226号	81573037
陆航部幼儿园	总参陆航部大院内	66858361
北京北方精密机械厂幼儿园	佟麟阁大街3号	69518398

通州区卫生机构名录

潞河医院	佟麟阁大街54号	69543901
中医医院	车站路31号	69542682
妇幼保健院	玉桥中路38号	81588625
新华医院	新华大街47号	69544236
中西医结合骨伤医院	新华大街21号	69545941
老年病医院	永顺东街152号	69544987
第二医院	马驹桥镇	60509269
梨园卫生院	梨园镇葛布店南里11号楼	81511566
次渠卫生院	台湖镇次渠村	69502154
宋庄卫生院	宋庄镇宋庄村	69595708
漷县卫生院	漷县镇漷县村	69586031

郎府卫生院	西集镇郎府村	69578015
徐辛庄卫生院	宋庄镇徐辛庄	69597032
西集卫生院	西集镇西集村	69576285
张家湾卫生院	张家湾镇张湾村	69572762
于家务卫生院	于家务乡	80534409
牛堡屯卫生院	张家湾镇牛堡屯村	69581337
永乐店卫生院	永乐店镇永乐店村	69568653
觅子店卫生院	漷县镇觅子店村	69566218
甘棠卫生院	潞城镇侉店村	61521017-8020
大杜社卫生院	马驹桥镇大杜社村	61585937
潞城卫生院	潞城镇胡各庄	89584074
台湖卫生院	台湖镇	61532140
结核病防治所	梨园北杨洼221号	60526582
疾病预防控制中心	新城南关2号	69540023
卫生局卫生监督所	新城南关2号	69542957
中心血站	通胡大街21号	69543732
医学会	梨园北街6号	81591787
新型农村合作医疗办公室	西大街62号	69545239
社区卫生服务管理中心	西大街62号	80883994
药物依赖性医治疗养院	永乐店镇柴厂屯村	80513806
农村改水领导小组办公室	梨园镇西总屯村	81520382

通州区公证处、法律服务所及律师事务所

北京市潞洲公证处	中仓路5号	69553774
中仓街道法律服务所	玉带河大街人寿保险公司后身	69551794
玉桥街道法律服务所	玉桥北里41号楼玉桥办事处院内	81585143
北苑街道法律服务所	新仓路33号北苑办事处院内	69549401
新华街道法律服务所	吉祥路17号新华办事处院内	69531138
永顺镇法律服务所	新华北街33号永顺镇政府院内	69543029
梨园镇法律服务所	梨园镇云景东路80号梨园镇政府院内	60524279
西集镇法律服务所	西集镇政府院内	61576541
宋庄镇法律服务所	宋庄镇政府院内	69596207
台湖镇法律服务所	台湖镇政府院内	61531526
张家湾镇法律服务所	张家湾镇政府院内	61567086
漷县镇法律服务所	漷县镇政府社区服务中心	80580362
马驹桥镇法律服务所	马驹桥镇社会保障事务所办公楼	60509802
永乐店镇法律服务所	永乐店镇政府院内	80572599

潞城镇法律服务所	潞城镇政府院内	89581506
于家务乡法律服务所	于家务乡政府院内	80532826
北京市致宏律师事务所	玉桥西里财政局北侧	60527953
北京市天正律师事务所	通州法院西门北侧50米	60527874
北京市天安律师事务所	玉桥西里79号楼	52101033
北京市宝隆律师事务所	玉桥西里70号院	81536297
北京市亚东律师事务所	梨园小区51号楼	81570577
北京市德通律师事务所	格兰晴天小区西侧底商	81528173
北京市隆康律师事务所	玉桥西里79号楼	60528650
北京市明非律师事务所	八里桥南街68号院京贸国际公寓	66019802
北京市金帝律师事务所	翠屏北里1号瑞都国际中心	81531133
北京市陈晓琼律师事务	玉桥西里70号院	81534843
北京廉峰律师事务所	梨园北街186号楼	59011077
北京市周涛律师事务所	潞城镇岔道村村委会办公房	13366185341
北京市邵績律师事务所	玉桥西里70号院	81573471
北京王鸿飞律师事务所	梨园村51号楼	13241450456
北京市薛鹏律师事务所	梨园村7号楼	81515031
北京母福奎律师事务所	梨园东里北区五号楼	13371673971
北京市诚汇律师事务所	梨园路126号	81590686
北京李文恒律师事务所	梨园村51号楼	13031138751
北京市方禾律师事务所	八里桥南街68号院京贸国际公寓	89506499
北京崔慧律师事务所	后南仓26号楼	89906230
北京曹晋义律师事务所	通胡大街23号楼	13701035014
北京蔡丽萍律师事务所	玉桥西里70里院	13552811055
内蒙古大法杨律师事务所分所	梨园北街186号楼	81964999

通州区小区建设名录

建筑物名称	核准时间	地　址
天桥湾住宅楼	1995-04-06	新华北路东侧(区政府对面)
运通花园	1995-04-07	潞苑南大街南侧(原王家场西)
丛林庄别墅（丛林庄公寓）	1995-04-22	疃里新村北侧
云景苑	1995-05-09	云景里
枫露苑	1995-05-25	陈列馆路西
西潞苑	1996-06-25	安顺路东侧(原永顺镇范庄村)
华兴苑	1996-07-09	华兴园(原五里店)
东潞苑	1996-09-02	陈列馆路东(原焦王庄村)
武夷花园	1998-04-13	通胡大街两侧
梨花园	1998-07-23	梨园北街南侧
潞河名苑	1999-07-21	四员厅街两侧

源泉苑	1999-08-10	玉桥东路东侧
新华小区		故城东路西侧
西马庄园	2000-04-18	永顺镇西马庄
天赐良园	2000-05-30	永顺镇西富河园
鑫苑	2000-07-17	杨庄南街南侧(科印厂南)
运乔嘉园	2000-07-17	乔庄东区
景欣园	2000-08-31	九棵树东路东北侧(原肉联厂)
至善家园	2000-09-05	潞苑南大街北侧(原通县构件厂)
中泽园	2000-11-01	梨园镇京洲园(原大稿村)
新华联家园	2000-11-28	通朝大街南侧
荞馨园	2000-11-28	乔庄东区
运河园	2001-02-06	通胡大街南侧(东关大桥东)
怡佳家园	2001-04-26	新华西街北侧(原筛子庄)
达富苑	2001-05-16	北苑南路北侧(原酿造厂)
美然百度园	2001-07-27	玉桥东里北侧 运河西大街南侧
京贸国际公寓	2001-08-30	八里桥南街南侧
长桥星园	2001-09-20	八里桥南街北侧(长桥园)
新华联锦园	2001-09-24	五里店西路东侧
潇雅居	2001-11-12	新华南路东侧(红旗宿舍院内)
皓月苑	2001-12-20	玉桥西路西侧(原低压电器厂)
馨通家园	2002-01-10	永顺南街北侧(263医院西侧)
金源泉家园	2002-01-29	北苑南路北侧(原北京挂车厂)
岸芷汀兰家园	2002-04-08	西潞苑
龙鼎园	2002-04-22	翠景南里（西区）(梨园镇)
海通梧桐苑	2002-05-14	万盛北里(原梨园镇后场)
恒隆家园	2002-06-27	梨园村
园景阁	2002-07-08	云景东路
新华经典丽园	2002-07-15	新仓路
东逸佳苑	2002-07-23	潞邑西路东侧(原市农机仓库)
雅景嘉园	2002-08-22	新华南路东侧(原油脂公司)
京通新潮嘉园	2002-08-22	小潞邑村
柳岸景园	2002-09-25	运河西大街北侧
朝通嘉园	2002-10-11	三八友谊林西侧
亮雅嘉苑	2002-10-11	通胡大街北侧(原电机厂)
京艺天朗嘉园	2002-10-11	运河西大街南侧
澜花语岸佳园	2002-12-09	潞苑南大街南侧
中泽雅园	2003-02-19	京洲南街南侧(原大稿村南)
天地美墅家园	2003-02-25	万盛北里(梨园镇)
一世情园	2003-02-25	马驹桥兴华大街南侧
金侨时代家园	2003-02-25	云景南大街北侧

莲水怡园	2003-03-17	马驹桥西后街村
久居雅园	2003-05-25	云景东路东侧(原魏家坟村)
新华联家园北区	2003-05-26	通朝大街北侧(原北机厂)
蓝调沙龙雅园	2003-06-02	翠屏里(梨园镇)
映翠居	2003-06-02	云景西里（南区）
东阁雅舍	2003-06-11	永顺东里(万福家园内)
苏荷雅居	2003-06-20	翠屏北里（西区）
当代名筑家园	2003-07-08	九棵树东路东侧(原肉联厂)
达富雅园	2003-07-17	复兴北里(原农机修造厂)
靓景明居	2003-07-17	怡乐中街南侧
锋阁嘉园	2003-07-25	怡乐园二区
群芳丽景苑	2003-07-25	云景东路西侧
格瑞雅居	2003-07-28	翠屏西路东侧
月亮河休闲寓所	2003-08-07	运潮减河南堤外
通典铭居	2003-08-12	八里桥南街北侧(原塑料二厂)
祥云天地家园	2003-09-10	新华东街南侧（原二毛厂，现称摩卡空间）
土博仕园	2003-09-11	宋庄镇吴各庄东
瑞都景园	2003-09-23	翠景北里（果园环岛南侧 原铸石厂）
碧水明珠阁	2003-09-23	富河园居住小区
北杨名居	2003-10-10	北杨洼居住小区
世纪星河名苑	2003-10-14	东果园（运河园路东侧）
格兰晴天家园	2003-11-17	梨园路西侧
雅丽世居	2003-12-02	北苑南路东侧（原通县木材厂）
荔景园	2004-01-13	紫运西里
蓝谷竹园	2004-02-11	京洲园（原氮肥厂）
水恋佳庭	2004-03-11	芙蓉园（通胡大街北侧）
盛业家园	2004-03-22	芙蓉园（通胡大街北侧）
世纪星城兴业园	2004-05-24	杨庄南里（通朝大街北侧）
天时名苑	2004-11-29	杨庄北里（原北京水泵厂）
运河明珠家园	2005-03-15	玉带河东街南侧
泉蔷佳苑	2005-03-23	云景东里
龙尚小筑	2005-03-23	翠屏北里
上河美墅	2005-04-29	潞城镇普欣南里
润都嘉苑	2005-05-19	马驹桥镇新海南里
海阔名园	2005-05-23	云景北里
万福家园	2005-06-02	永顺东里
曼城家园	2005-06-24	万盛北里
柳岸方园	2005-07-18	玉桥西里

运乔嘉园北区	2005-08-01	乔庄东区
翠海花园	2005-09-12	芙蓉园
雅士居	2005-09-26	漷县镇长凌营村北
亦语林居	2005-11-22	马驹桥镇新海南里
云景大厦	2005-11-22	群芳三园
万驰家园	2006-01-10	漷县镇漷兴北大街
君合家园	2006-03-01	临河里（原小街村）
北美佳苑	2006-10-24	宋庄镇疃里东区
金地格外翠园	2006-12-15	马驹桥镇新海南里
金隅上河名居	2007-01-15	净水东路东侧（原水泥厂）
珠江逸景家园	2007-04-24	马驹桥镇环保园区内
中泽馨园	2007-04-24	梨园镇京洲园（原大稿村）
北京国际图书城	2007-07-18	台湖镇
钱潮古运家园	2007-09-18	梨园镇梨园西里
珠江逸景科技园	2007-09-18	马驹桥镇环保园区内
古韵新居	2007-10-22	潞苑南大街
京艺天朗雅园	2008-02-25	玉桥东里
欣艺景园	2008-03-17	玉桥南里
大方居	2008-04-21	怡乐中路西侧
华盛香堤苑	2008-04-21	怡乐中路西侧
香雪兰溪家园	2008-07-10	马驹桥镇国家环保园区
嘉明阳光苑	2008-07-25	颐瑞中二路东侧
蔚澜香堤苑	2008-09-10	马驹桥镇国家环保园区
新城康居家园	2009-04-09	永顺镇乔庄村
榆韵华都家园	2009-04-09	永顺镇新建村
京贸家园	2009-04-13	芙蓉东路东侧
东亚瑞晶苑	2009-05-25	马驹桥镇
海棠湾嘉园	2009-06-04	云景东路
珠江拉维家园	2009-08-31	永顺镇苏坨村
清水湾嘉园	2009-10-16	永顺镇王家场
合生时代中心	2009-11-09	马驹桥镇
东方玫瑰家园	2009-11-18	梨园镇小街（原君合家园）
怡然世家小区	2009-11-18	梨园镇半壁店

通州区标准地名命名

地名	命名时间	地　点
榆滨芳苑	2009-03-30	通州区宋庄镇葛渠村
榆滨二街	2009-03-30	通州区宋庄镇葛渠村

榆滨三街	2009-03-30	通州区宋庄镇葛渠村
创益中路	2009-08-10	通州区经济开发区东区
创益西二路	2009-08-10	通州区经济开发区东区
创益西三路	2009-08-10	通州区经济开发区东区
创益西五路	2009-08-10	通州区经济开发区东区
创益东一路	2009-08-10	通州区经济开发区东区
创益东二路	2009-08-10	通州区经济开发区东区
靓丽一街	2009-08-10	通州区经济开发区东区
靓丽二街	2009-08-10	通州区经济开发区东区
靓丽三街	2009-08-10	通州区经济开发区东区
靓丽四街	2009-08-10	通州区经济开发区东区
靓丽五街	2009-08-10	通州区经济开发区东区

通州区2009年度纳税千万元以上企业名录

上海烟草集团北京卷烟厂
北京龙湖中佰置业有限公司
北京顺华房地产开发有限公司
北京苏宁电器有限公司
北京东亚信鸿国际会展中心有限公司
北京珠江房地产开发有限公司珠江逸景分公司
北京华成通房地产有限公司
北京天时房地产开发有限公司
北京珠江房地产开发有限公司
北京新城基业投资发展有限公司
北京潞电电力建设（集团）有限公司
中国烟草总公司北京市公司
北京融科卓越房地产开发有限公司
北京卓越房地产开发有限公司
北京金隅嘉业房地产开发有限公司
国美电器有限公司
北京博宏房地产开发有限公司
北京武夷房地产开发有限公司
北京东亚信诚国际会展中心有限公司
中国农业银行股份有限公司北京通州支行
北京光谷科技园开发建设有限公司
北京通州商务园开发建设有限公司
北京通州房地产开发有限责任公司
北京龙湖时代置业有限公司
中国建筑第二工程局有限公司
北京市民望房地产开发有限责任公司
北京市土地整理储备中心通州区分中心
李宁（中国）体育用品有限公司
北京海港房地产开发有限公司
北京八里桥农产品中心批发市场有限公司
中国建筑技术集团有限公司
北京泰禾房地产开发有限公司
北京东亚信鸿国际会展中心有限公司一分公司
曼城置业（北京）有限公司
北京泽丰房地产开发有限公司
北京景欣世纪房地产开发有限公司
北京嘉禾远东置业有限公司
北京金马驹开发建设有限公司
北京东安恒新房地产开发有限公司
中国工商银行股份有限公司北京通州支行
北京金桥科技产业基地开发有限公司
北京嘉源置业投资有限公司第一销售分公司
北京凯瑞房地产开发有限公司
北京富新房地产开发有限责任公司
北京联东金桥置业有限责任公司
北京太和保兴房地产开发有限公司

北京同仁堂健康药品经营有限公司
北京天宇朗通通信设备股份有限公司
北京金地兴业房地产有限公司
北京联成房地产开发有限公司
北京华成建筑公司
北京马桥神龙市政工程有限公司
北京新华联置地有限公司
阳光人寿保险股份有限公司
上海复地投资管理有限公司北京分公司
北京聚富苑开发建设公司
北京中天顺通房地产开发有限公司
北京市欣达园房地产开发有限公司
中国建设银行股份有限公司北京通州支行
北京百成兴业房地产开发有限公司
北京华信鸿业房地产开发有限公司
北京豪光房地产开发有限公司
北京市高速公路交通工程有限公司
北京市开原房地产开发有限责任公司
北京欣东园建筑工程有限公司
北京鹏泽置业有限公司
北京潞电电气设备有限公司

通州区经管站

为推动农村集体财务管理规范化建设，进行了村级集体财务管理规范化试点。规范了财务制度及财务处理程序，建立了有效的民主管理机制，完善了财务管理相关的基础设施，村级财务规范化管理工作进一步加强。

开通农村土地流转信息平台，为土地流转双方提供免费的中介服务，提升了土地流转规模和质量。信息平台在服务农村土地流转和促进农民增收等方面取得了巨大成功。于家务乡农村土地流转管理服务中心的成立将为促进该乡土地资源合理流转和合理配置，规范农村土地经营权流转行为，维护流转双方当事人合法权益，加快都市农业项目招商引资力度发挥重要作用。

加强和完善四个体系建设　推动全区农民专业合作社规范发展

农村产权制度改革形成责权明确、有序高效的运行机制，为村级经济的健康发展创造了良好的发展氛围。新型集体经济管理体制的确立，使农民股东在农村城市化进程中有了基本的生活保障和稳定的收入来源，使农民切实分享到集体经济的发展成果

中仓街道办事处

中仓街道主要领导为“科学发展创和谐”舞蹈大赛获奖节目颁奖

中仓街道主要领导陪同政协主席王玉辉视察创卫工作

中仓街道助老服务中心启动仪式

中仓街道位于通州城中部，辖区总面积 6.5 平方公里，常住人口 20551 户、47257 人，流动人口 24366 人；有单位 114 个，门店 998 家；辖区有 13 个民族居住。2009 年，中仓街道紧紧围绕“保稳定、保民生、促服务”的工作目标，服务中心大局，服务百姓民生，以扎实的工作作风，做了大量卓有成效的工作，各项任务圆满完成，党员干部队伍得到锻炼、提高，街道各项事业取得新的发展。2009 年，中仓街道被评为市级“首都文明街道”、“计划生育工作优秀单位”；荣获通州区“社区建设先进单位”、“安全生产管理工作先进单位”、“计划生育工作红旗单位”、“环境整治先进单位”、“社会治安综合治理先进单位”等称号。

中仓街道国庆六十周年系列活动暨“科学发展创和谐”舞蹈大赛

中仓街道与社区服务商签约

中仓街道“96156”社区服务活动

中仓街道办事处

中仓街道召开年度安全生产工作大会

中仓街道承办通州区第四届社区节开幕式

中仓、宝洁公司共建和谐社区揭牌仪式

京贸中心楼宇党支部成立大会

举办社区共建文化活动

星河、运河园社区红歌对抗赛

上营社区金秋百家宴

北苑街道

区委书记王云峰调研北苑街道统战主题楼门

区委常委、宣传部长张秀余参观北苑街道60周年国庆图片展

副区长于世疆参加科普社区揭牌仪式

政协副主席李淑华视察北苑街道统战工作

区领导为北苑街道新华西街科普社区揭牌

街道领导慰问退休干部

街道主要领导走上街头为群众发放安全明白单

北苑街道

学习实践科学发展观总结会

市委科学发展观第二检查组到北苑街道检查指导工作

北苑街道位于通州新城中心城区西部，北临通惠河，南至运河西大街，东起新华南北街，西与朝阳区接壤，辖区面积 8.7 平方公里，辖区内有 17 个社区，户籍人口近 7 万人，登记流动人口 3.2 万人。2009 年，北苑街道以深入学习实践科学发展观活动为契机，以国庆服务保障、旧城拆迁改造、创建国家卫生区等工作为重心，求真务实，扎实工作，顺利完成了年初确定的规范社区建设、楼门文化建设、创建国家卫生区、国庆安保等工作。基层党组织建设不断创新，民生工作和社会建设不断加强，宣传思想和精神文明建设工作不断深入，为民服务水平进一步提升，居民归属感、安全感进一步增加。

丰富多彩的社区活动

环境水平不断提升

玉 桥 街 道

区委书记王云峰视察街道楼门文化建设

玉桥街道领导慰问辖区困难家庭

北京市“学习实践科学发展观”检查组参观指导玉桥街道楼门文化建设

葛布店北里社区被评为魅力社区

玉桥街道坚持把楼门文化作为一种先进文化，经过三年多的努力，辖区内13个社区100%的楼门已建成文化楼门，50%的文化楼门有较高的水平；100%楼门做到有“一老一小”楼门长，50%的楼门长家家户户全参与，整个街道的文化楼门发展水平有了质的提高。一是建设文化楼门的理念得到了彻底转变，无论在外在表现形式，还是在文化内涵的体现上，确实把楼门客厅化、立体四合院的理念得到很好的体现，在每个社区普遍改善的基础上，涌现出一大批有特色、高水平的文化楼门；二是群众参与的热情得到彻底转变，过去主要以街道和社区发动为主，现在已成为楼门长和居民的自觉行动，通过相互参观、组织研讨等方式方法，在各个社区形成比、学、赶、超的浓厚氛围。

文化楼门建设最突出的特点就是“看环境”、“看人气”、“看文化”。环境、人气、文化，三者相辅相成，相互促进，相得益彰，是一个有机整体。实践证明，文化楼门在推进和谐社区建设、创新社区发展思路、促进家庭和美、邻里和睦，有效带动街道精神文明建设上发挥了不可替代的作用。

玉桥街道的文化楼门建设，下一步要朝着精细化、个性化、有特色的方向发展，主要思路是开展和谐楼门创建主题活动；突出以人和为本，强调一切面向居民、一切依靠居民；突出以文化为魂；建立文化楼门建设长效机制。

发展楼门文化　构建和谐社区

街道主要领导慰问社区志愿者

“发展楼门文化，共创社区和谐”表彰大会

规范化社区建设

楼门新貌

街道开展安全宣传活动

创国家卫生区，建北京新城区。街道创卫工作宣传活动

玉桥街道妇联举办妇女编织培训班

宋 庄 镇

市长郭金龙到宋庄镇调研

副市长牛有成、区委书记王云峰到宋庄调研

经济持续健康发展

2009年，完成税收5.6亿元，增长15.6%。其中国税完成2.9亿元，同比增长19.5%，地税完成2.7亿元，同比增长10.3%。小堡、富豪、草寺、双埠头4个村税收突破千万元，其中小堡村3063万元。全镇地方财政收入完成7127万元。农民人均劳动所得实现12669元，同比增加1063元，增长9.2%。

国家动漫产业基地挂牌仪式

京榆三期工程

建设中的宋庄文化产业服务平台

文化创意产业集聚区项目全速推进

2009年，启动了占地1492亩的集聚区A、B、C地块土地一级开发。建筑面积40万平方米的三辰动漫网游基地项目已与三辰集团签订合作框架协议。总投资7700万元、建筑面积1.3万平方米的公共服务平台项目即将竣工。总投资18亿元、建筑面积18万平方米的北京世贸中心项目已与投资建设方签订了意向书。

文化创意产业聚集区

镇党委书记胡介报参观道具展

镇长裴志刚在第五届宋庄文化艺术节致辞

北京宋庄文化创意产业聚集区公共服务平台奠基仪式

宋庄六合村定向安置房项目开工仪式

现代都市农业稳步发展

2009 年，全镇申请入库农业项目 21 个。宋庄农业风情园、师姑庄湿地观光园、宋庄伯爵农艺园等一批重点农业项目开工建设，完成建设投资 6008 万元。年内，争取专项补贴 874 万元，加快了师姑庄、北寺等村的设施农业建设。新建温室大棚 221 栋，打机井 45 眼，修农田路 42330 平方米。同时鼓励农民专业合作社发展，为手牵手养殖、大邓犬业、北刘果树等农民专业合作社共争取项目扶持资金 94.6 万元，补贴发放了封闭式农用运输车 7 辆。

基础设施建设全面提速

京榆路三期全线通车，窑平路一、二标段拆迁工作已完成。徐尹路一期雨污水管线、京秦铁路箱函顶进、温榆河桥、小中河桥扩建工程已完工。宋郎路北延、潞苑南大街、规划一路、规划三路拆迁工作进展顺利。同时，完成总长 19 公里的乡村道路建设工程。

新农村建设取得新成果

2009 年，完成 23 个村 44.5 万平方米的街坊路改造工程、全镇 4803 户户厕改造工程、14.3 万只“绿色照明”灯的安装置换工作。新建村级邮站 47 个。年内，投资 155 万元购置环卫设备，并增加 160 名环卫人员和 50 名绿化养护人员。

张家湾镇

国家环保局领导到皇木厂调研

区领导调研新农村建设情况

市领导到本镇调研食品卫生

学习实践科学发展观调研成果汇报交流会

镇领导为优秀妇女代表颁奖

镇领导慰问困难群众

张家湾镇

区领导检查阅兵村周边的安全生产情况

区政协领导调研福耀集团

张家湾镇位于通州新城区东南，镇域面积105.4平方公里，下辖57个行政村。全年工业总产值、工业增加值及销售收入、利润分别实现86.1亿元、17.8亿元、87.2亿元和2.9亿元，分别同比增长3.5%、2.5%、2.6%和15.2%。实现国地两税5.85亿元，其中国税3.5亿元、地税2.35亿元，地方财政收入实现6646万元，农民人均纯收入达到11179元。全镇常驻总人口56834人，流动人口36345人，总户数20107户，其中农业人口42299人，非农业人口14535人，全镇全年共出生433人，计划生育率达到98.1%。

通州经济开发区西区商务年会

2009年度教育工作总结表彰会

机关干部植树活动

六十年国庆标旗标竿

马驹桥镇

2009 年，马驹桥镇全面贯彻落实党的十七大和十七届三中、四中全会精神，牢固树立科学发展观，紧紧围绕通州区建设“现代化国际新城”的宏伟目标和马驹桥镇打造更具实力、充满活力、富有魅力的现代化城镇的发展思路，按照“保增长、保民生、保稳定”的决策部署，经济、社会实现平稳、健康、快速发展。全年完成税收 9.43 亿元，同比增长 46.7%，总量列全区第二，增幅列全区第一，实现了全镇经济的快速发展和社会事业的全面进步

按照全面推进城乡一体化的要求，马驹桥镇积极推进各项重点工程建设，全面完善城镇基础设施，认真落实各项制度措施，切实增强城镇管理职能，取得了良好效果

努力构建城乡统筹党建工作新格局，建立了房辛店等 3 个流动人口临时党支部，基层党组织覆盖面进一步扩大

打造更具实力 充满活力
富有魅力的现代化城镇

市委常委牛有成调研村级党支部换届选举工作

民生状况持续改善，完成了 56 户困难家庭危旧房改造等 40 余项为民办实事工程，解决了群众关心的热点、难点问题

旧村改造工作取得实质性进展，完成 25 栋 14 万平方米村民自住楼建设

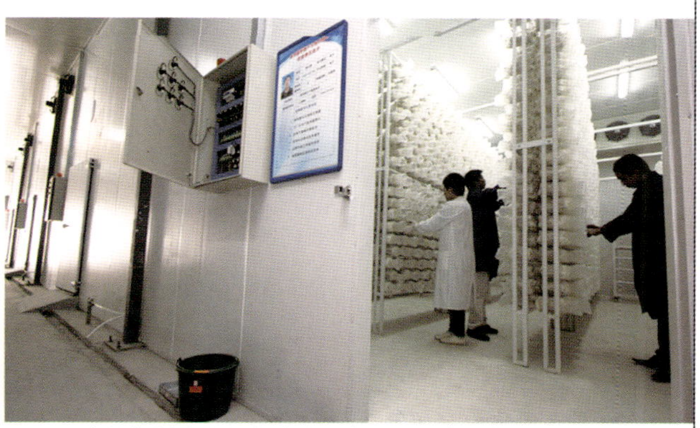

小杜社村食用菌基地建设为马驹桥农业产业化探索出一条新途径

西　集　镇

近年来，西集镇小城镇和园区建设发展迅速。西集镇将利用未来三年左右的时间，对 1.14 平方公里的综合配套服务区和 1.86 平方公里的行政服务中心区进行开发建设。图为副市长夏占义观摩西集镇小城镇及产业园区发展情况

2009 年，全镇结构调整面积达到 3160 亩。其中新发展樱桃 3000 亩，使全镇樱桃总面积达到 8000 亩，以樱桃为主导产业的农业生产格局基本形成；扩大反季节设施果品种植力度，发展反季节草莓 545 亩、反季节油桃 160 亩；成功举办了第五届樱桃采摘节，以樱桃为媒，向社会广泛推介了西集的生态环境和招商环境。全年接待采摘游客近 10 万人次，实现采摘收入 4000 多万元，实现周边民俗旅游接待及餐饮业间接收入近百万元

两个核心区签订开发建设合作协议。2009 年在完成了行政服务中心区、综合配套服务区及环堤旅游带的控制性详细规划编制批复的基础上，积极寻求合作开发。1 月 15 日和 11 月 3 日，两个核心区分别与香港鸿基伟业投资有限公司、汇福粮油集团有限公司签订了综合配套区和行政服务区的合作开发协议书

西 集 镇

三大项目签约入驻通州经济开发区东区。北汽控股动力总成、冶科科技 ITO 靶材总部基地和广州珠江钢琴集团北方总部三个项目年内签订了入驻协议。其中，动力总成项目占地面积 990 亩，总投资 109.6 亿元，预计完全达产后每年生产 100 万台发动机、100 万台变速器，上缴税收 23 亿元。冶科科技和珠江钢琴两项目占地面积 94 亩，协议投资总额 3.8 亿元，达产后预计实现税收 1.2 亿元

突出旅游观光采摘带基础设施建设。为了打造有规模、上档次的果品采摘园，投资 500 万元用于通香路及北运河沿线 5 个采摘园基础设施建设。一是加强采摘园基础设施建设，共硬化采摘道路 8 条，新建农桥 18 座，铺设节水管道 9600 米，修建围栏 4000 多米，修建厕所 3 座。二是加强采摘园软件服务设施建设，在全镇主要路口安装指示牌 14 块，制作安装采摘园果品说明牌 26 块，进一步改善了采摘环境

深入开展第二批学习实践科学发展观活动，举办第二批学习实践科学发展观专题报告会

加强法制宣传工作，团委、计生办、规划办等部门联合开展法制宣传活动

西集镇成人文化技术学校通过市教育专家组评审验收并投入使用

潞城镇

学习实践科学发展观活动深入开展，镇党委 5 个党支部、147 名党员高标准完成了第一批深入学习实践科学发展观活动。图为镇党委书记王晨作学习实践科学发展观辅导报告

重点项目提速新城建设。编制完成了 5 个专项规划、5 个区级重点项目选址，基本完成了 2 个镇级重点工程前期手续的办理。北京华联商业楼建成开业，泰禾红御别墅区酒店式会所试营业；玉带河大街东延长线工程已拆除完毕；完成宋郎路北延长线道路建设工程的地上物、宅基地测绘和评估工作；协助区园林绿化局完成滨河森林公园潞城段杨坨、郝家府等 8 个村 60 多户村集体地上物的拆迁补偿及土地流转工作；积极配合新城基业和区储备中心完成了新城三号地杨坨村非住宅地块的拆迁工作，为新城建设打下基础

蒙牛乳业二期

北京京裕大红门食品公司

镇域环境整体改善，完成了六环路、北运河、潮白河、工业园区、运河东大街、宋梁路、通胡路、40 个村的环村林及三千亩平原治沙工程建设等市区重点绿化工程建设。积极开展村庄环境百日综合整治活动，对丰字沟、减运沟、榆武沟、武兴沟和京秦铁路、京哈快速路两侧集中整治。图为镇长甄宇检查环境整治工作

通过大运河配送中心产业协会把全镇松散的农户组织起来集体经营 ，进行农产品的加工和销售。兴各庄村林菌间作、兴各庄村设施农业、潮白河都市风情园、露地蔬菜基地、前榆村奶牛社、前疃村设施农业建设六个农业项目已初具规模，带动了周边的农业发展和农民增收。潞城农业推广示范基地项目和建筑面积约 1000 平方米的农民培训基地正在建设当中。全镇涌现出三元村、大营、武疃、前疃、东刘庄、崔楼六个北京市“ 文明生态村 ”

大运河高尔夫球场

佳合企业

台 湖 镇

市委书记刘淇到联东U谷企业创业园考察

市委常委牛有成就五村整建制拆迁及城乡一体化工作到台湖镇调研

通州区“两站一街”安置楼奠基仪式在台湖镇举行。该项目涉及到的14个村将全部搬迁，村民安置楼占地面积约61公顷，规划建筑面积约84万平方米，设计建设14-18层住宅楼，按“三定三限三结合”原则全部用于14个村村民定向安置；居住区内还拥有小学、托幼、商业、地下停车场等配套设施，将建成环境优美、生活便捷的中高档居住区

镇域文明全面进步。加大对教育、卫生事业投入，投资1亿多元的台湖卫生院、次渠卫生院建成并正式投入使用，均达到二级医院标准；以学习实践科学发展观为契机，深入开展一系列精神文明创建特色活动，涌现出一大批思想教育和精神文明创建先进单位；积极开展“落实科学发展观、图书配送到村”活动；成功举办第二届台湖全民运动会；加强信访工作，促进了镇域和谐

节能 生态 特色台湖

区委书记王云峰调研两站一街工作

中央信访工作督导组调研信访工作

台湖镇郑庄、安定营、孟庄、北堤、崔窑五个村 1500 户农民因为北京经济技术开发区东扩搬迁，政府在交通便捷的孟庄给农民建设了生活中心区 —— 定海园。4300 多名台湖农民过上了现代化都市生活，并在生活中逐渐培养着更加文明的生活方式，这里将成为和谐的农民生活新区

萧太后河

农业产业蓬勃发展。在新农村建设、产业结构调整、农民技术培训、特色种植养殖、一村一品农业产业、龙头企业、农民专业经济合作组织、农产品认证、设施农业和籽种行业等多领域都取得可喜进步，村级综合实力不断提升。北京名枣园、金福艺农数字智能化精准农业示范园区和金福艺农日光温室等设施农业项目独具特色，全镇农业产业结构进一步优化，农业综合生产能力进一步提高，村级现代都市农业发展进程明显加快，呈现出蓬勃发展的态势

永乐店镇

市人大常委会主任杜德印到永乐店镇调研都市型现代农业建设情况

副市长夏占义到永乐店镇调研

永乐店镇二届六次人代会

镇长禹学河作政府工作报告

永乐店镇召开村党支部书记述职大会，全镇 5000 人参加

北京市“科技套餐工程”暨“三下乡”活动启动仪式在永乐店镇举行

永乐店镇

区委书记王云峰到永乐店镇调研“三保工作”

镇长禹学河与企业负责人签订安全生产责任书

通州区首家土地专业合作社在永乐店镇熬硝营村挂牌成立

永乐店镇高度重视安全生产工作，图为镇主要领导在2009年第五次安全生产工作会上部署工作

京津高速公路和京津城际铁路的开通使永乐店镇的区位优势更加凸显

永乐店镇建立环境卫生的长效机制，镇容镇貌标准逐年提高

永乐店镇菌类生产实现新突破，金篮子有机蔬菜生产基地生产的低温香菇鲜品远销美国

北京通州物流基地

跨越区域 实施联手 共同开发 优势互补 互利互惠

市委书记刘淇到基地调研

区委书记王云峰到基地调研

副区长张华出席基地与华强集团签约仪式

经济指标实现新突破。全年完成销售收入76.5亿元，利润2.73亿元，税收3.34亿元，分别增长26%、27%和34%。

重点项目开工建设实现新突破。华润物流、颢世中鸿、苏宁二期等项目先后开工建设，开复工面积达到40万平方米。

项目引入实现新突破。引入宝联成衣、深圳华强、邦达地产3个实体投资项目，吸引投资10亿元。

生活配套区开发实现新突破。完成开发方案调整工作，确定开发主体，获得区土地储备中心开发授权，项目一级开发全面启动。

发展思路实现新突破。提出“跨越区域、实施联手、共同开发、优势互补、互利互惠”的“大开发”战略，加快推进了基地的开发进程。

到2009年底，北京通州物流基地已累计完成投入9亿元，基础设施实现“九通一平”，产业发展初具规模，入区企业达到50家，吸引投资总额超过60亿元，成为通州区发展现代物流业的示范区。

区领导王云峰、邓乃平、岳鹏、张勇、张华出席华润物流项目奠基仪式

苏宁二期奠基仪式

基地绿化

招商局物流

中国工商银行北京通州支行

区委书记王云峰、区长邓乃平到工商银行通州支行慰问

九棵树支行贵宾理财中心贵宾接待区

运河上园支行财富中心贵宾接待区

中国工商银行股份有限公司北京通州支行位于通州区新华西街47号，全行现有在职员工近360人，全行共设7个内设部室，16个营业网点，代理人民银行国库业务和发行基金保管库业务。2009年，通州支行坚持以科学发展观为指引，积极开拓市场，推进结构调整，转变发展方式，加快改革创新，加速提升竞争能力，提高风险控制水平，加强党建和队伍建设，调动积极性和增强战斗力，有效提高服务管理水平和服务效率，各项工作取得显著成绩。

工商银行梨园支行营业大厅

支行办公大楼

新华分理处营业大厅

中国农业发展银行
北京市通州区支行

总行副行长孟宪斌、客户三部主任刘立轩、分行行长左志一行深入通州区宋庄镇进行工作调研

分行党委书记、行长左志赴通州区宋庄镇政府、吉鼎立达科贸有限公司进行调研

支行党支部书记、行长 杨宝生

中国农业发展银行北京市通州区支行位于通州区新华北路55号，是直属国务院领导的农业政策性银行，主要职责承担国家规定的农业政策性金融业务，代理财政支农资金的拨付，为农业和农村经济发展服务。贷款种类除政策性贷款、准政策性贷款外，有农村基础设施建设和农业综合开发贷款、农业科技贷款、农村流通体系建设贷款、农业产业化龙头企业贷款、农业小企业贷款及县域城镇建设贷款等。

分行党委委员、副行长焦基亮同赴通州区宋庄镇调研全国发展改革试点小城镇建设项目

分行党委委员、副行长王建荣赴鑫华星乳业有限公司进行调研

北京农村商业银行通州支行

副区长于世疆与本行领导共同启动“ 送贷下乡 ”活动仪式

通州支行行长单国俊在 2009 年年终决算会上讲话

行长单国俊与新入行大学生座谈

北京农村商业银行通州支行成立于 2005 年 10 月，是国务院首家批准组建的省级股份制农村商业银行，在职员工 445 人，营业网点 37 个。2009 年末，资产总额 174.38 亿元，比 2008 年增长 31.45 亿元，增长率 22%。作为“ 老企业 ”、“ 新银行 ”，农商行通州支行“ 立足首都、服务三农、服务企业、服务百姓 ”，全方位开展体制机制的系统创新，全面实施经营管理的规范化运作，致力于支持首都新农村建设和城乡一体化发展，为首都社会经济发展和社会主义新农村建设做出了积极贡献。

行领导慰问本行退休员工

迁址开业的翠福园分理处

庆国庆、行庆职工歌咏比赛

跨越 2009

生产经营

以中南海品牌发展为中心，以落实新厂搬迁工作为重点，积极完善管理创新和技术创新体系，努力提高六个能力和弘扬创业精神，取得新突破，新业绩，迈上新台阶。

品牌发展

积极落实“卷烟上水平”任务要求，明确了以中南海品牌发展为中心，调结构上规模工作目标，坚持“北京是基础、空间在外埠、拓展在海外”营销方针。在首都、外埠和海外市场取得新进展。

科技创新

“中南海二类烟产品开发项目”，在完成样品试制、包装设计和市场测试基础上，成功推出“中南海（蓝色风尚）”新产品，各项物理化学指标达到设计要求和国家局低危害卷烟要求。

上海烟草集团党组成员、北京卷烟厂厂长：曲志刚

企业文化

推进企业文化体系建设，制定实施方案，完成标识设计和部分实施，着手新工装设计和制作。搬入新厂后，开展“我把烟厂当成家，我爱烟厂胜似家”主题活动，全年收到职工合理化建议 333 条，采纳 176 条。组织开展文体活动，举办“三八”女工运动会，举行“迎国庆”大家唱活动，组织退休职工参加鸟巢“庆奥运”太极拳表演活动，丰富了职工业余文化生活。

公益事业

本厂积极参与公益事业，回报社会，捐赠中南海爱心基金 210 万元，其中出资 180 多万元，资助北京、青海、湖北和贵州四所中南海爱心学校和北京贫困学生，12 月又在云南建立起第五所中南海爱心小学。

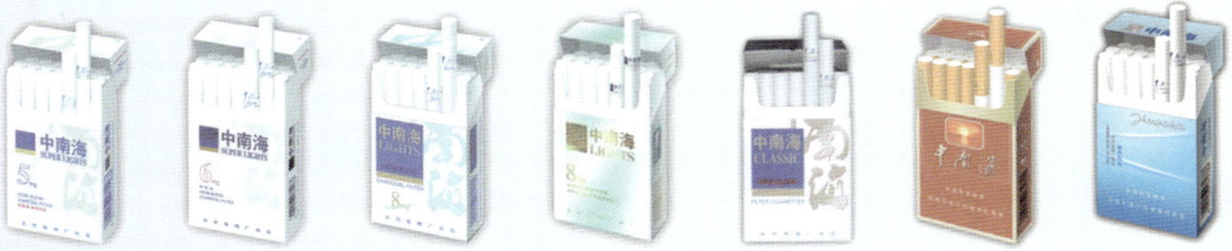

北京卷烟厂

中南海 走向世界的国际品牌

北京卷烟厂创建于1970年，2004年1月1日被正式纳入上海烟草（集团）公司管理，2009年年底搬入新厂，新厂投资12亿元，占地370亩，年产能力达到50万箱，现有资产29.62亿元，职工975人。

北京卷烟厂坚持“科技创新生活”，利用传统中草药技术和现代降焦降害等高新科技，不断推出新产品，先后荣获国家科技三等奖和二等奖。主导品牌“中南海”卷烟，2009年产销38万箱，占全国混合型卷烟总销量40%，产品不但销往32个省、市、自治区及香港和澳门，还出口日本、新加坡、马来西亚，是目前我国混合型卷烟销量、出口第一大品牌。

北京卷烟厂新厂在保持特色工艺，实现升级换代的基础上，采用ERP和MES等先进信息系统，形成生产决策集成管控一体化，系统化、智能化和精细化水平达到更高层次，成为我国混合型卷烟生产、研发、出口、对外技术合作基地和行业窗口企业。

地址：北京市通州区万盛南街99号
电话：01059028000
传真：01059028111
邮编：101121

北京鄂尔多斯羊绒有限公司

总经理张根才、副总经理董永绿和工商联领导座谈

总经理张根才陪同通州区工商联领导参观车间新设备

北京鄂尔多斯羊绒有限公司为内蒙古鄂尔多斯羊绒制品股份有限公司下属子公司，于1998年成立，当年正式投产。公司位于北京市通州区漷县经济开发区内，职工近500人。拥有国内一流的德国、日本、意大利服装设计师和国际一流水平的德国斯托尔(STOLL)电脑横机设备，意大利上领机和日本缩绒机等先进设备。

公司主要从事羊绒、羊毛及羊绒与其他各类纤维混纺产品的制造、加工和销售，并出口无毛绒、羊绒纱、羊绒制品、毛线混纺制品和针织服装等。年生产羊绒系列制品100万件。公司以“鄂尔多斯”品牌为基础，与国际、国内著名品牌和购买商合作，产品远销欧、美、日、俄罗斯和中国香港等市场，赢得良好的市场信誉。

公司建厂以来，累积上缴税金近亿元。几年来公司先后被授予“北京市劳动关系和谐企业”、“全国厂务公开、民主管理先进单位”、“守信企业”等荣誉称号。

每年进行安全、卫生知识培训

从德国斯托尔引进的电脑模机

每年进行车间各主要工序技能大赛

厂区全景

吉林森工
北京人造板销售分公司

总经理 张志利

吉林森林工业股份有限公司是由吉林森工集团独家发起，以社会募集方式设立的股份有限公司。是以森林培育和林木采伐及人造板生产和销售为基础的现代化大型森工企业。公司承担着吉林森工人造板产业的经营与管理，下辖十二家分公司，主要负责刨花板的生产和饰面。

吉林森工北京人造板销售分公司是吉林森工股份公司的下属企业，是吉林森工人造板与装饰材料的专业销售单位。销售公司总部设在北京通州经济开发区西区，主要职责是：直接领导东北销售区（沈阳）、华东销售区（上海）、西北销售区（西安）、华南销售区（广州）、华北销售区（北京）的销售工作。

吉林森工露水河刨花板发展目标是：十一五期末达到100万立方米，力争中国刨花板行业第一强，打造中国刨花板行业第一品牌。

公司拥有 12 条芬兰及德国最先进的刨花板生产线。吉林森工露水河牌刨花板年总产量可达60万立方米，年生产饰面刨花板40万立方米，已成为中国最大的MFC（三聚氰胺饰面板）生产基地。

吉林森工露水河牌刨花板不仅在国内人造板行业享有盛誉，而且在国际人造板行业也备受青睐。露水河牌刨花板的各项理化性能指标均达到欧洲质量、环保标准，甲醛释放量趋近于零。环保指标已达到目前最严格的F★★★★认证标准，被消费者称赞为绿色环保板材。被广泛用于办公家具、厨柜、室内家具的制造及装饰装修用材。

吉林森工已与意风、百强、东方百盛、强力、斯普丽、实创、耐特利尔、亚美特、康洁、凯蒂、标致、猫王等国内五十多家大型家具制造企业达成战略合作。

露水河E0级刨花板

浸渍纸生产线

超大幅面饰面刨花板

德国温康纳公司饰面板生产线一 自动铺纸系统

德国温康纳公司饰面板生产线

北京八方达客运有限

八方达通州分公司经理 魏东

北京八方达客运有限责任公司通州分公司前身为北京长途汽车公司通州分公司，成立于1959年，建站初期仅有17部运营车，至1995年“9”字头车开通之前，运营车辆仅有由老、旧、残组成的42部车，员工200余名，运营线路17条，主要从事长途客车运输。

2009年底，分公司拥有员工3710人，运营车辆916部，运营线路30条，日均发车5600车次，日均运营公里24万公里，日均运送人次43万人。分公司运营线路覆盖了整个通州地区主干线路，为通州地区百姓出行提供了方便，为通州的快速发展做出了贡献。

进行全员军训，提升了职工素质

八方达通州分公司注重先进典范的倡导引领作用，将企业文化理念通过先进的表率作用渗透到每个职工，从而造就了一支敬业爱岗、恪尽职守、过得硬的职工队伍。几年来，先后涌现出被全国总工会授予的930路全国工人先锋线路，被北京市共青团授予的938路青年文明号线路，被授予全国女职工建功立业标兵岗的陈娟、樊合华先进车组等先进个人、集体荣誉称号；还有以全国劳动模范王艳，全国女职工建工立业标兵岗、首都劳动奖章和全国五一劳动奖章获得者陈娟，北京市劳动模范王宝利、周志平、王小翠，被称为公交舒马赫、劳动榜样、服务标兵的公交技术能手陈德生等为代表的先进模范个人，“微笑公交，和谐先锋”的服务宗旨成为职工队伍的实际行动。

“以人为本，乘客至上”的公交文化理念，始终作为八方达通州分公司的服务宗旨，为通州地区百姓提供安全、舒适、方便、迅速和经济的出乘服务，以标准化、规范化的服务和良好的企业形象服务于广大的乘客。分公司全体职工抓安全、重服务，树立企业良好形象，开创通州公共交通市场的新局面。

北京市劳动模范周志平

北京市劳动模范王小翠

被称为公交舒马赫、劳动榜样、服务标兵的公交技术能手陈德生

全国女职工建功立业标兵岗、首都劳动奖章和全国五一劳动奖章获得者陈娟正在传授经验

劳模先进表彰，展示风采

责任公司通州分公司

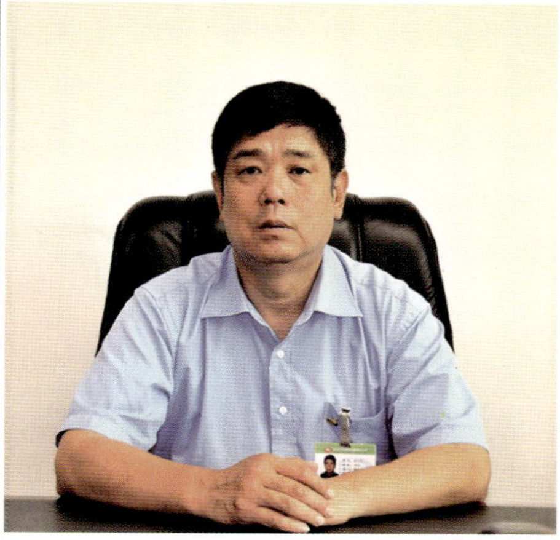

八方达通州分公司党委书记 刘中华

八方达通州分公司办公楼

求真创新 追求卓越 持续改进 永争第一

930全国工人先锋号线路

938北京市青年文明号线路

奥运会用车

全国女职工建工立业标兵岗、首都劳动奖章和全国五一劳动奖章获得者陈娟正在整理车辆

劳动的喜悦 — 全国劳动模范王艳

北京聚龙集团

Beijing Ju long Group

董事长 总裁： 夏曲

聚龙集团是以北京聚龙科技发展有限公司、北京磁通设备制造有限公司为主体的民营高新技术企业。位于北京市通州区北马庄工业园，占地面积两万多平方米，集研发、生产、销售为一体。濒临京杭大运河、京哈高速和通顺路，距首都国际机场16公里，北京站20公里，交通便利，环境宜人。

集团主要从事无损检测设备及铁路机车车辆检修工艺装备的研发、生产和销售，是《国家科技成果重点推广计划》项目“微机控制全自动磁粉探伤机”的技术依托单位。

根据《中国铁路中长期发展规划》，集团制定前瞻性的发展战略，研发出了系列动车运用设备：CRH-机车车辆转向架更换装置、YJL高速列车全自动三层作业立体检测平台、移动升降防护网作业车等，为高速铁路的安全运营做出了有力贡献。

集团产品基本覆盖全国铁路运输系统检测检修领域，在建立和完善具有我国自主知识产权的铁路技术体系中发挥了重要作用。实现中国铁路机车检测装备现代化、国产化，并惠及其它发展中国家铁路装备事业，是企业为之奋斗的目标。

集团在清晰的自身定位和前瞻性的战略发展的同时，作为非公企业代表，在党建、工会方面工作也开展得如火如荼，赢得了各方的好评。聚龙党支部7年来，紧紧依靠上级组织部门的培植、支持和领导，结合企业的实际情况，积极探索非公企业党建工作的新路子，从而为提升企业创新能力，增强企业发展后劲较好地发挥了战斗堡垒作用。多次被上级部门授予“优秀党支部”称号。

聚龙工会，搭建了职工和企业领导的交流平台，调节和稳固了劳动关系。2010年5月响应国家号召在北京市率先建立了集体协商工资制度。

党建、工会开展的系列工作为企业持续健康发展创造了良好环境，促进建立规范有序、公正合理、互利共赢、和谐稳定的社会主义新型劳动关系。2009年集团被北京市四部门联合授予“2008-2009年度北京市就业与社会保障先进民营企业”。

荣誉属于昨天，展望明天，作为无损检测设备及铁路机车车辆检修工艺装备制造领域的持续增长和领跑者，我们将保持永不停歇的激情与活力，在夏曲董事长的带领下，众志成城迈向更加灿烂的明天。

集团办公大楼

工资集体协商签字仪式

通州区粮油贸易公司

北京市通州区粮油贸易公司成立于2003年，是通州区国资委监管的一家国营粮油专业经营公司。公司位于北京市东南郊，地理位置优越，交通便利。公司下设一个购销企业：北京市通州粮食收储库，包括：直属粮库、永乐店粮库、徐辛庄粮库,漷县粮库、大杜社粮库五个分库；两个附营企业：军粮供应站和油脂公司。公司总资产17962.87万元，占地总面积1400亩，2009 年有员工 287 人。

公司拥有两条封闭式铁路专用线，总仓储容量达到34.5万吨。主要从事粮食存储、贸易经营、军粮供应等各项粮食业务。收储企业于2006年通过了ISO9001：2000质量管理体系认证。公司被国家粮食局评为国有粮食企业改革先进单位。

位于通州区永乐店镇的粮食收储库是目前公司建设的最新型的粮食储备库，仓储容量12.5万吨，拥有先进的生产工艺和完备的技术设施。经过几年的努力，已逐步成为北京市的一流示范库，成为北京市收储行业对外的重要窗口。

公司以规范化管理为核心，确立以品牌促发展的目标。不断完善制度建设，充分发挥制度的约束力，为实施规范化管理保驾护航；以绿色储粮、科技储粮为基调，不断提高仓储业务的科技含量，提高主业竞争力；以市场经济为背景，拓宽思路，开展多种经营，呈现企业多元化经营发展模式，增加企业经济增长点，进一步开拓粮食企业发展新空间。

思想同心　求真务实

拼搏发展是公司的企业精神

联东集团 LiANDO 北京联东投资（集团）有限公司

BEIJING LIANDO INVESTMENT (GROUP)CO.,LTD.

北京联东投资（集团）有限公司（简称联东集团，英文名称LIANDO）发展于1991年，集团总部位于北京市中关村科技园区通州园光机电一体化产业基地，是一家集地产开发，建筑模板和钢结构的研发、制造、租售，建筑总承包，金融投资等业务于一体的集团公司。集团公司注册资本6.2亿元，下辖十多家子公司，分布于北京、天津、西安、沈阳、成都、无锡、唐山等地，总资产50亿元人民币，员工5000多人。

北京联东投资集团董事长：刘振东

北京联东投资集团总部

市、区领导参观考察联东集团U谷项目

电话/Tel：8610 8150 3022

传真/Fax：8610 8150 3002

网址：www.liando.cn

地址：北京市中关村科技园通州园光机电一体化产业基地经海七路一号　网址：www.liando.cn

Add:No.1 Jinghai Rosd 7 Opto-mechatronics Industrial Park Zhongguancun Science&Tongzhou Park

联东U谷·北京

联东U谷·沈阳

联东集团核心业务包括地产开发、建筑模板和钢结构。在地产开发领域，联东集团在北京、沈阳、无锡拥有4座产业园区，其中已建成项目光联工业园，在建项目“联东U谷·北京”，“联东U谷·沈阳”，“联东U谷·无锡”工业园。总占地5300亩，规划建筑面积430万平方米。至2009年底，北京园区入驻企业近300家。

在建筑模板领域，联东模板公司集全钢大模板的研发、生产、租售服务于一体，是国内规模最大的模板企业，连续8年被中国模板协会评为优秀品牌，综合评比行业第一名。2005年成功推出桥梁模板，典型工程包括京津城际轨道交通工程、郑西铁路客运专线、北京电视台新址、太原南站等。在钢结构领域，联东钢构公司是享誉国内的综合型轻、重钢结构制造基地之一，年产能力10万吨，先后为奥体中心体育场、“水立方”、中央电视台新总部大楼等著名工程提供钢结构产品。

联东集团模版钢结构事业部承接经典工程

中央电视台总部新址

太原南站

奥体中心体育场

国家游泳中心

首都医科大学附属北京胸科医院

Beijing Chest Hospital, Capital Medical University

北京市结核病胸部肿瘤研究所

Beijing Tuberculosis and Thoracic Tumor Research Institute

朝气蓬勃的新一届领导班子

首都医科大学附属北京胸科医院、第十临床医学院揭牌仪式

首都医科大学附属北京胸科医院、北京市结核病胸部肿瘤研究所是以胸科疾病和结核病患者群体为主要服务对象，集医疗、科研、教学、预防为一体的三级甲等专科医院。创建于1955年，原名中央结核病研究所、中央直属结核病医院，兼设“WHO结核病研究培训合作中心”、“国家药物临床试验机构”、“中国CDC结核病防治临床中心”、“北京肺癌诊疗中心”、“北京骨关节结核诊疗中心”，是国家首批博士和硕士学位授予单位。

所院占地面积13万平方米，建筑面积6万平方米。结核病、胸部肿瘤两大学科为北京市重点扶植学科，建立了北京市高技术实验室——北京肿瘤分子生物学实验室肺癌分室。具备胸科疾病和结核病诊断、治疗的全套设备。

所院始终坚持临床与科研结合，不断开拓创新，在国内率先开展结核病短程化疗研究、开展第一次国内耐药结核病基线调查、首次建立了国内人体肺癌细胞系、较早开展胸部肿瘤侵犯上腔静脉系统血管的外科治疗，20余项成果填补了国内空白。多次承担国家“863计划”、“973计划”、国家自然科学基金、国家“十五攻关”和“十一五重大科技专项”等研究项目。自1978年以来，先后获得国家、部、市级及局级成果172项，培养研究生187人，为全国培养结核病、胸部肿瘤防治专业骨干15000人次。

结核病多学科协作中心成立

胸部肿瘤多学科协作中心成立

两大协作中心成功承担全国“十一五重大专项”课题十余项

创建“胸心港湾”特色品牌服务

医院外景

北京东方华正汽车集团

北京上海大众汽车通州销售服务有限公司
北京东方华正汽车销售服务有限公司
北京东方华中汽车销售服务有限公司

董事长 李桂生

北京东方华正汽车集团公司旗下拥有北京上海大众汽车通州销售服务有限公司(上海大众)、北京东方华正汽车销售服务有限公司（一汽大众）和北京东方华中汽车销售服务有限公司(东风日产)，三个公司均分别是经上海大众汽车有限公司、一汽大众汽车有限公司和东风日产乘用车有限公司批准建立的集整车销售、车辆维修、配件销售、二手车置换四位一体的特许经销商和特约维修站。

公司董事长李桂生是北京市运输协会常务理事，公司现有职工360余人，占地面积33000平方米，建筑面积68000平方米。位于通州梨园核心地带，公司地理位置优越、环境建设优美、技术力量雄厚、设备设施先进，销售服务业务管理网络畅捷。公司历经十余年的发展，无论是从企业的综合实力、创新先进的管理和规范的销售及售后服务质量方面，都在本地区汽车行业中遥遥领先。通过优质的服务，在本行业、本地区取得了很多的荣誉，深得用户的关爱和信赖。先后获得“全国服务满意单位”、“文明企业”、“诚信企业”、“五星级经销商”、“ A级维修站”、“管理先进企业”、“北京市政府采购指定修理单位”、“通州区政府采购指定修理单位”、“中国人民财产保险股份有限公司协作修理单位”等一系列荣誉称号。

公司始终秉承严谨就是关爱的服务理念，一切以客户为中心，让客户体验东方华正集团公司人的服务，继续以全体员工的辛勤付出，不懈努力来赢得客户的欣喜，更好的提升品牌及公司形象！用规范和领先一步的服务水平及一流的维修质量，为广大用户提供专业、优质、完善的服务。使东方华正汽车集团“引领汽车品牌文化，再造企业辉煌佳绩！

上海大众：400-650-0011　　整车销售：81535588　　售后服务：69548888
单位地址：北京市通州区梨园云景东路88号　　邮　编：101101

东方华中：400-650-1155　　整车销售：81579988　　售后服务：81579999
单位地址：北京市通州区梨园云景东路88号　　邮　编：101101

东方华正：400-650-0009　　整车销售：81535599　　售后服务：81518888
单位地址：北京市通州区梨园云景南大街56号　　邮　编：101101

香港联交所主板上市 股份代码：HK . 0754
亦庄地标 60万平米国际中心区
5.49米挑高・奢装・100-150M²全能私产
URBAN SYNTHESIS RULES ARE USED TO CREATE ULTIMATE ENJOYMENT OF METROPLITAN RECREATION AND ENTERTAINMENT CENTER--GOLF FIELD+FULL-FUNCTION CLUB+PLANNED HESHENG TIMES SQUARE, WHICH WILL INCLUDE 90,000M²COMMUNITY GARDEN, 30,000M²GOLF FIELD, 13,000M²SUPER-FIVE STAR CLUB AND 100,000M²COMMERCIAL AREA; IT REALLYREALIZES REFINED MATCHING SYSTEM THAT INTEGRATES "PRIVATE GARDEN", "DISTINGUISHED CLUB" AND "COMMERCIAL RADIATION THROUGHOUT THE WHOLE REGION".
World-class Private Golf Community
合生创展华北区名盘
合生创展
HOPSON
优质生活・完美体现
珠江帝景
(010) 87777771/2/3
No.8 Royal Park
(010) 84338888
麒麟社
KYLIN ZONE
(010) 87770007/8/9
世界村
(010) 59297771/2/3
合生・江山帝景
(0411) 39360777
京津新城
JING JIN CITY
(022) 29668888

新华联地产
MACROLINK REALESTATE
新华联
运河湾
Canal Harbor
壹湾·壹世界
GRAND CANAL BESIDE GARDENS INTERNATIONAL NEW-START HARBOR
运河畔·公园海·国际优态湾岸住区
通州新城核心，大运河畔，新华联运河湾，盛放传世之美
新华联集团荣誉钜献
新华联运河湾·京杭大运河东岸·实景合成图
VIP:+8610 69698888
更多详请: www.yunhewan.com
投资商新华联置地 / 开发商北京新华联伟业房地产有限公司 / 物业管理顾问北京悦豪物业 / 全案推广:众智集成
NEW START 优态生活主义 CBD居住新观念
N E W S T A R T
Nutrition 综合优势
CBD东，运河畔，公园海
通州新城腹地
Exercise 健身运动
运河奥体公园
专业级运动场馆近在咫尺
Water 千年运河
京杭大运河中华巨制
稀世水景私家珍藏
Sunshine 阳光建筑
瀚景飘窗，花厅阳台
365天阳光生活馆
Temperature 舒适温度
自成一体的水生态温度系统
舒适宜人
Air 怡人空气
368公顷运河公园
绿茵如盖鲜氧四溢
Rest 通勤体系
京通快速、地铁八通线
6号线直抵CBD
Trust 信心品牌
中国500强企业
新华联地产实力出品
规划M6号线
朝阳北路
通州新城核心区
京哈高速
新华东街
京通快速路
东三环
东五环
八通线
玉带河大街
玉带河大街站
本案
本广告中的图片及文字仅供说明使用，不构成双方买卖合同。本广告最终解释权归开发商所有。京房售证字(2010)49号

新华联地产
MACROLINK REALESTATE
新华联
运河湾
Canal Harbor
壹湾 · 壹世界
THE WORLD IS HERE BESIDE CANAL HARBOR
GRAND CANAL •THREE CANAL PARK•POSSESSION OF THE RARE SCENIC OF BEIJING
一线运河 · 三大公园 · 私藏北京稀世瀚景
通州新城核心，大运河畔，新华联运河湾，盛放传世之美
新华联集团荣誉钜献
新华联运河湾 · 京杭大运河东岸 · 实景合成图
VIP:+8610 69698888
更多详请: www.yunhewan.com
投资商:新华联置地 / 开发商:北京新华联伟业房地产有限公司 / 物业管理顾问:北京悦豪物业 / 全案推广:众智集成
NEW START 优态生活主义 CBD居住新观念
N
Nutrition 综合优势
CBD东，运河畔，公园海
通州新城腹地
E
Exercise 健身运动
运河奥体公园
专业级运动场馆近在咫尺
W
Water 千年运河
京杭大运河中华巨制
稀世水景私家珍藏
S
Sunshine 阳光建筑
瀚景飘窗，花厅阳台
365天阳光生活馆
T
Temperature 舒适温度
自成一体的水生态温度系统
舒适宜人
A
Air 怡人空气
368公顷运河公园
绿茵如盖鲜氧四溢
R
Rest 通勤体系
京通快速、地铁八通线
6号线直抵CBD
T
Trust 信心品牌
中国500强企业
新华联地产实力出品
京哈高速
新华东街
朝阳北路
东五环
玉带河大街站
本案
本广告中的图片及文字仅供说明使用，不构成双方买卖合同。本广告最终解释权归开发商所有。京房售证字(2010)49号

NORTH AMERICA GARDEN

北美佳苑 演绎新城核心NED墅居生活

通州新城核心
朝阳北路价值攀升

通州国际新城建设项目发布会提出运河源头五河交汇处将是今年新城建设的重点，通州新城核心区规划建设文化商务休闲区、高端商住区、会展综合服务区共 3 大区域，总面积 48 平方公里，包含 14 个项目的地块。沿朝阳北路、通惠河向东至东四环这片约 3 平方公里的土地还将成北京 CBD 东扩区，重点发展总部经济、国际金融以及高端商务等产业。北美佳苑别墅正位于通州高端商住区之中，朝阳北路东部，随着政府提出“两轴、两带、多中心”、东部发展带的重点发展战略，其位居通州新城核心的区位升值空间无限。

城市绿意墅居
完美生活配套

北美佳苑别墅被评为国家级生态环境示范住区(National Ecological Demonstration，简称 NED)，领衔东部生态居住形态。自然环境与人类建筑的融合要使阳光、绿树、碧水、蓝天触目皆是，伸手可及，人融入自然，成为自然环境的一份子。紧邻京哈高速、京通快速路，可直驱东长安街，距东六环仅 300 米，近距离迅抵首都机场和京沈高速。规划中的地铁 M6、S6 号线通车后，途径北美佳苑别墅门前。项目西侧配套建设幼儿园、小学、教师公寓，五星级酒店及高端超市。南端为会所所在，为业主提供健身、会客、休闲场所。北面是文化公园、宋庄艺术馆、博物馆，众多高尔夫球会与马场，随时尽享缤纷多彩的生活。

现房呈现
朝阳北路只此别墅

北美佳苑别墅，居朝阳北路沿线，宋庄镇疃里东区。聚合城市与别墅的特性，独占朝阳北路沿线稀缺土地与周边独特的自然资源，如今已现房呈现，形成绝无仅有的别墅居住区。而朝阳北路作为 CBD 延伸主要的交通枢纽，周边的土地升值潜力巨大。别墅的价值内核——稀缺与不可再生，朝阳北路上唯一的别墅，无疑如同王冠上最耀眼的一颗明钻，处于濒临界线的土地价值，难能可贵。

道法自然
与赖特相逢

美国建筑大师赖特以“道法自然”为核心思想，他认为自然界是有机的，因而取名为“有机建筑”。他主张建筑应与大自然和谐，就像从大自然里生长出来似的。北美佳苑别墅潜心打造赖特著名的北美草原别墅，融合大师的建筑精髓，不仅仅是简单的设计一座房屋，而是致力于建造一个完美的环境。

在北美佳苑每一幢别墅随地形景观自然分散布局，与周围环境完美融合，绝不人为地去破坏自然环境的和谐。设计师的艺术灵感，来自于蕴藏在自然中，树叶和流水中的流畅线条，将具有层次感的别墅有机地融入绿植与水相互环绕的景色中。总体规划设计方面，强化那种被自然环绕的感觉，保留地块上原有的大树，水系，将建筑与自然的景观形态无限融合、贴近。

立面色彩
建筑的精美诗篇

北美佳苑别墅基调是深红的，搭配青砖和褐色的石头一条条细劲的线条。或纵向上升，或横向跳跃，变化着立面的比例、尺度和细节。色泽是温暖的，暖色的铺地，暖色的街灯，暖色的座椅，围绕着暖色的建筑，穿行在庭院中，心中仍会涌动着暖意。

石材
自然无处不在

古朴而厚重，象征着真实和永恒，与墙砖搭配，衬托出豪放自由的情愫。石材切割规整，在明媚或隐约的阳光下，幻化出明暗和谐的肌理。传承赖特北美草原别墅的自然气质，充满细节变化的美感，每一处都有着精心打磨的手工感和恒久的时间感。

绿荫湖水
共谱自然之曲

一条水系由北向南，依地势由高到低，作为中心景观轴线贯穿全园，形成“三湾六潭九曲”，总面积达到 3500 平米，汇集在会所北侧形成湖泊，整个水系形如如意。漫步于此，碧溪、绿荫、花香，使社区沉浸在温馨的环境中。

Capitaland The Pines

珠江·拉维小镇
所有掌声与荣耀，
都献给在花园陪伴家人的时光！
赠送 80m²—100m²超大花园，别墅级精装空间
在城市里停留越久，越想回归自然简单，
珠江·拉维小镇创新力作“双院花墅”，
别墅级空间布局，醉享阳光双花园，
让您在生活点滴中，感受亲情至暖。
【新CBD核心】精装双院花墅
全球36席绝版定制
品鉴热线：86-10-5978 6666

◆200平米阔达大户型，赠送80平米私家花园，同时享有社区花园；

◆阳光地下空间功能多用，上跃层方正格局，卧室、客厅纯南向设计；

◆珠江地产品牌2010年的巅峰新平，18年积淀全成品精装。

◆开发商：北京珠江房地产开发有限公司

◆销售现场：通州区永顺镇珠江拉维小镇接待中心

◆京通快速（山海关方向）/京哈高速（耿庄出口）/京朝车管所西侧

鲁能地产

别墅生活缔造专家

LUNENG REAL ESTATE,NEW URBAN VILLA LIFE CIRCLE OF BEIJING

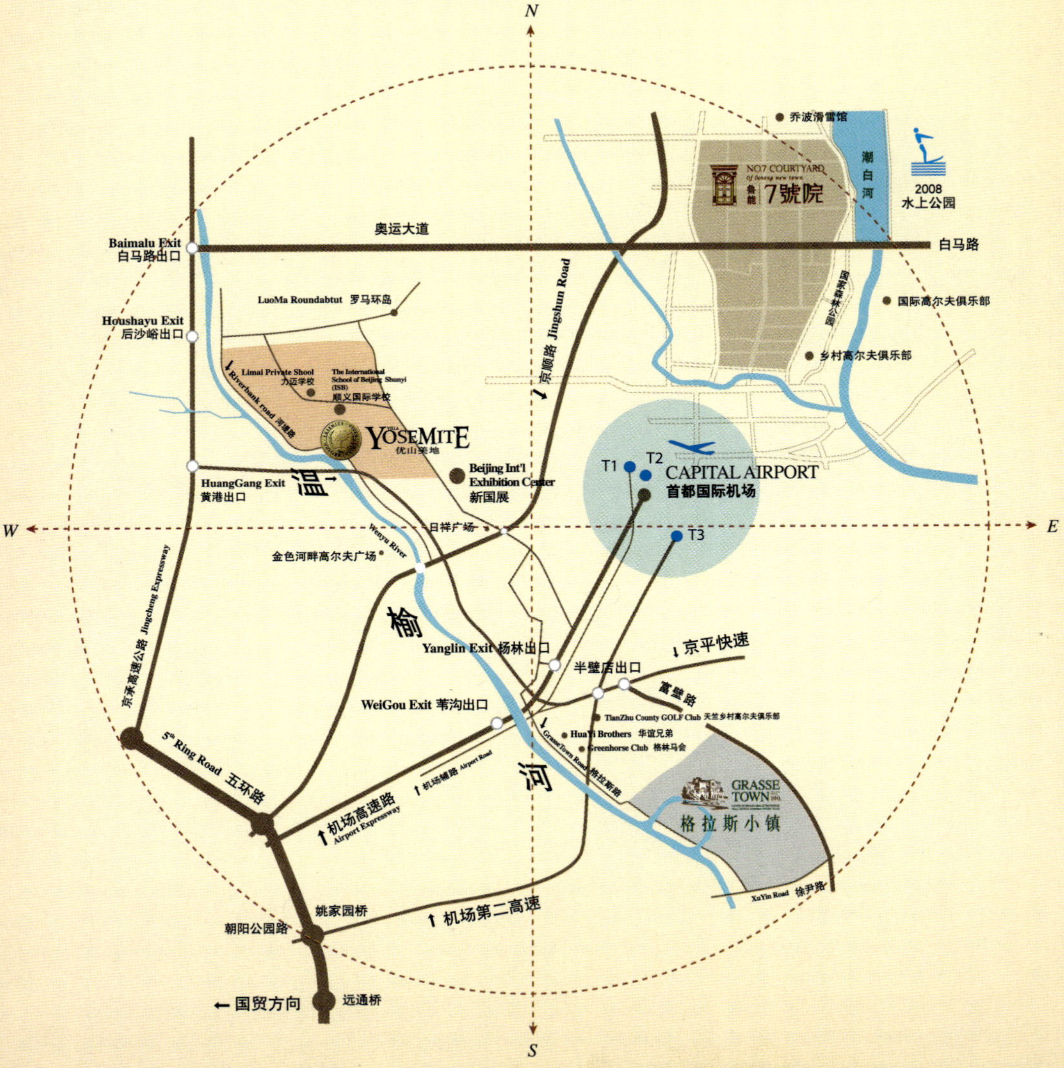